本书是中国社会科学院重大课题的研究成果
是中国历史研究院重大学术项目研究成果

耿云志 主编

中国近代思想通史

第五卷

耿云志 著

社会科学文献出版社
SOCIAL SCIENCES ACADEMIC PRESS (CHINA)

目　　录

第 一 章

民国初年思想界的焦虑与困惑

  清朝末年，清皇室的统治危机与历两千余年的皇权专制制度的危机交混在一起。清皇室卖国残民，绝大多数人都认识清楚了。加上明末以来的反满历史情结，革命党登高一呼，响应者众，立宪运动又从内部分化瓦解清皇室的统治力量；于是，辛亥革命一爆发，清王朝便土崩瓦解，倒下历史舞台。一个王朝被推翻了，但历时两千多年的皇权专制制度，怎样清算，怎样改造？诚然，当时既有建立共和国的主张，也有君主立宪或虚君共和的主张。继之，又有单一制共和国和联邦制共和国的主张。无论主张什么制度模式，大家都意识到必须照顾中国的国情。可是中国的国情到底如何，到底什么样的制度适合中国？大家争论不休，谁也说服不了谁。而现实是立宪制度始终难以确立，官场腐败，社会风气不良，道德失落，人们普遍陷入失望与迷蒙之中。少数先觉者，苦苦求索，希望找到引领国家进步发展的路径。

一　宪政之路的迷茫

  辛亥革命后国内主要有三种势力，即革命党人、立宪派，和以袁世凯为首的旧官僚与武人。革命党人和立宪派都是有政治理想的，他们是为实现自己的政治理想而奋争。推翻清朝统治，建立共和民国是革命党人的中心目标。虽然大多数革命党人对于革命后制度建设方面要做什么，怎么做，并不太清楚，但他们的领袖分子中，则确有人对此有比较明确的构想。孙中山在《革命方略》里，设想经过军法、约法两个过渡阶段以达到实施宪法的阶段。这是争取在共和国体下实行宪政的方案。革命党人中最杰出的宪政主义者是宋教仁。他在同盟会成立时期，就相当注意革命后的政治制度建设方面的构想。他很不满意于大多数人不关心革命后的种种建设问题，常感慨道："慓忽敢死者易得，条理缜密之士盖寡。非先植其基，虽满洲倾覆，犹足为忧。"[1] 为此，他不辞辛苦，利用一切可利用之机会，阅读和翻译政治法律方面的著作。从他对清政府预备立宪的批评也可看出他对宪政有相当程度的理解。于右任记载说，在 1911 年黄花岗起义前夕，宋教仁就为革命后之政治制度建设拟定出几种重要的文件草案。[2] 这可以使我们想到，宋教仁在组织同盟会中部总会时，对革命后的制度建设问题已有相当深刻的考虑。武昌起义爆发，他赶到武昌，起草《鄂州约法》。他为新成立的南京临时政府起草的《中华民国临时组织法草案》，虽未被整体采纳，但稍加研究就可看出，后来由临时参议院制定的《中华民国临时约法》，明显受到宋教仁所拟的《鄂州约法》及《中华民国临时组织法草案》的影响。

民国成立后，宋教仁在谈及制宪问题时明确指出，我们需要的宪法，乃是共和政体的保障。故制定宪法时，若"为外力所干涉，或为居心叵测者将他说变更共和精义，以造成不良宪法"，则共和无保障。即使制定出一部良宪法，"然其初亦不过一纸条文，而要在施行之效力，使亦受外力牵制，于宪法施行上生种种障碍"，则

---

① 转引自迟云飞《宋教仁思想研究》，湖南师范大学出版社 2010 年版，第118 页。本书征引文献，文字、标点有所校改，不一一注明。

② 骚心（于右任）：《宋先生遗事》，载徐血儿等编《宋渔父》，转引自迟云飞《宋教仁思想研究》，第 126—127 页。

共和政体亦无从保障。① 宋教仁的制法活动，以及革命党人的立法活动都充分表明，他们在努力建设一个实行宪政的新国家。

至于立宪派方面，他们自始就非常明确地以实行宪政为目标。所谓宪政，就是对统治者的权力加以限制。因为专制制度的最大特点就是统治权不受限制。要限制统治权，就必须让人民（部分或全体）有权力，让人民可以监督政府。梁启超对宪政有个最通俗、最简明扼要的说法。他说，宪政就是人各有权，权各有限。在晚清，立宪运动是由复杂的内外原因促成的。简单地说，一是为解除外患，为救国；一是为强国。他们认为，中国之陷于贫弱，受外强欺凌，时有亡国之忧，是因为没有立宪。日俄战争，日胜俄败，就是立宪胜于专制的明证。他们认为，立宪可使人民有权力；民有权，便增加责任心，爱国心；民有权，便有利于发展教育与实业，使国家走向强盛。这里最核心的问题是要民有权。民有权就必然要限制君主的权，甚至剥夺君主的权，使其成虚位君主，用梁启超的话说，君主只是一个"土木偶"。

梁启超是立宪派在思想理论方面的主要代表人物。在一定意义上可以说，梁启超是清末立宪运动的灵魂。从 1901 年发表《立宪法议》，到 1911 年 11 月发表《新中国建设问题》，他所发表的关于宪政问题的文章将近百种，其追求宪政的目标可谓明确而坚定。他后来不止一次地回顾说："吾侪平昔持论，只问政体，不问国体。故以为政体诚能立宪，则无论国体为君主为共和，无一而不可也；政体而非立宪，则无论国体为君主为共和，无一而可也。"② 因为他执着于追求宪政，所以他既不赞成革命，也不赞成复辟。绝大多数立宪派与梁启超持相同的立场。

于是，我们就看到，在民国成立以后的三种主要政治势力中，

---

① 见《国民党沪交通部欢迎会演说辞》（1913 年 2 月 19 日），陈旭麓主编：《宋教仁集》上册，中华书局 1981 年版，第 460 页。

② 梁启超：《异哉所谓国体问题者》，《饮冰室合集·专集之三十三》，中华书局1989 年影印本，第 88 页。

有两种势力，即革命党与立宪派都是追求宪政的。而以袁世凯为首的旧官僚和武人，其所关心的是自己的权与利。袁世凯等人虽也发表过拥护共和、推动宪政之类的言论，但那只不过是表面文章。袁氏本人屡次干预制宪就是与立宪精神正相反对的表现。

然而，宪政的伸缩性是很大的。革命党坚持国家主权在国民全体，是很彻底很激进的民权主义立场。（当然，即使不是全体，至少绝大多数革命党人并非真正要把权力完全交给全体国民。而且在当时的中国，也实在找不到一种可行的办法来实现这一点。所以，他们的主张基本上是为与袁世凯代表的旧专制势力做斗争的需要）立宪派持温和的态度，而比较强调国权重于民权，但必须实行宪政。

（一） 民国初立时向宪政方向的努力

实行宪政，第一要制宪，第二要使制定出来的宪法得以实行。然而由于上述的政治格局，注定了制宪将是一条十分艰难曲折的路，更不要说使制定的宪法能够付诸实行了。

我们前面说，革命党与立宪派都怀有实行宪政的理想。所以，由这两派势力造成武昌起义后南方数省革命独立的局面后，他们立即着手制定基本法律的工作。由起义各省都督所遣代表及部分省咨议局所派代表于 1911 年 12 月 3 日联合制定的《中华民国临时政府组织大纲》（简称《组织大纲》），可算是民国的第一部临时宪法。其产生之匆促（仅议两日而成），内容之简陋（于人民权利只字未提），制法者代表性之局限（仅八省都督府代表与二省咨议局代表与议），都使它的生命力和有效性大打折扣。

1912 年 1 月，南京临时政府成立，相继有 17 省代表莅南京，于 1 月 28 日成立临时参议院，随之便开始制定临时约法以取代那个不能令人满意的《组织大纲》。经一个多月的讨论，至 3 月 8 日，议决《中华民国临时约法》（简称《临时约法》）。《临时约法》补充了《组织大纲》所缺的关于人民权利的内容；作为具有临时宪法性质的文件，相对显得较为合体。但因与议代表仍非全国各省都有出席，而且所谓代表，并非民选，乃省都督指派，所以，其民主基础不无很大的缺欠。还有一点应指出，《组织大纲》原规定实行总统制，这是孙中山等人所极力坚持的，而《临时约法》却改为内阁制。这是因为，《临时约法》行将出炉时，由袁世凯接任临时大总统已成定局。为防制袁世凯专权，破坏民国，乃为削弱总统权力之计，而改定内阁制。此不免有对人立法之嫌，是立法之大忌。

虽有上述缺欠，《临时约法》毕竟出自一批有民主理想的人之手，在整个民国时期，"临时约法所曾获得的权威，仍然在一切其他宪法之上"。[①]

（二）国会初开的制宪工作

1913年4月8日，正式国会召开。按临时参议院所制定的《国会组织法》，起草宪法由参议院与众议院各选出同样数量的议员组成宪法起草委员会，制订宪法草案，然后交两院联合会审议决定。据此，参众两院各举出30人，于7月12日组成60人的宪法起草委员会。他们在天坛从事起草工作，后来所形成的宪法草案即被称为"天坛宪草"。

在此次宪法起草过程中，袁世凯屡次干涉，力图将自己的意志强使起草委员会接受。但因国会两院以国民党人居多数，宪法起草委员会中亦以国民党议员居多数，即使非国民党议员，亦多不肯屈服于袁氏赤裸裸的压力，所以，袁氏的干涉都未能得逞。最后所议定的宪法草案，迥非袁氏所希望者。例如草案明确拒绝总统制而规定实行内阁制。尽管较亲袁的起草员极力主张增加总统的权力（如颁布紧急命令权与财政紧急处分权），但国民党系的起草员复加上国会委员会的设置以牵制总统权力。

---

① 见王世杰、钱端升《比较宪法》，中国政法大学出版社1997年版，第356页。

有关袁世凯对宪法起草之种种干涉、破坏，后面再讲，这里先谈因袁世凯的强力施压而使宪法起草工作遭遇的重大曲折与危险。

袁世凯取得临时大总统的地位并不满足，他急于坐上正式大总统的宝座。

按常理，正式大总统的产生必依据宪法。故须先制定宪法，然后根据宪法之有关规定实施选举大总统。但宪法之制定，非可一蹴而即，必要经过许多时日。袁世凯既有野心，又有侥幸心，因害怕自己的实力不足以持久震慑大局，日久容易生变，所以急切需要使自己的地位多加一"合法"的保护层。在镇压了二次革命以后，袁世凯以为时机可用，乃大力推动先选总统，后定宪法。他指使亲信们散布说，因共和国尚无正式大总统，故列强不肯承认中华民国。亲袁派的议员，于是有所借口，极力赞成先选总统，后制宪法。二次革命失败后，地位岌岌可危的国民党议员，诚恐拒绝袁的意思，会招致解散国会的结局，乃亦不得不赞成先举总统，后定宪法。9月12日，参众两院联合会议定，委托宪法起草委员会先行起草总统选举法，并限其5日内完成。这样匆忙制定出来的总统选举法，并不完全符合袁世凯的本意，例如它规定总统任期5年，只得连任一次，又设副总统，当选票数规定也相当严格。这些均非袁氏所愿。所以，后来袁世凯为其复辟帝制做准备时，将总统选举法做了很大的改动。但当时，袁氏急于"正式化"总统之地位，暂未计较，即于《大总统选举法》公布（10月4日）后两日，10月6日，实行总统选举。选举之当日，袁世凯授意其亲信，"派出几千名便衣军警、侦探、兵痞和流氓组成所谓公民团"，[①] 包围国会议场，对议员施以强大压力，经三次投票，始选出袁世凯为中华民国大总统。

袁世凯取得正式总统职位之后，变本加厉地对国民党居多数的

① 陶菊隐：《北洋军阀统治时期史话》第2册，生活·读书·新知三联书店1957年版，第6页。

宪法起草委员会施压，10 月 15 日，发出对孙中山等二次革命首要
的通缉令，使国民党议员和宪法起草委员会中之国民党人处于非常
危险的地位。10 月 16 日，袁世凯向众议院提出"增修约法案"，
要求大增总统权力的条文。此时，袁世凯数次派员直接干预宪法起
草，又利用其外籍顾问及各地方亲信，猛烈攻击宪法起草委员会。
这一系列举措，令宪法起草委员会感受极大的压力与危险，深恐随
时有解散国民党、解散国会、解散宪法起草委员会的事情发生。所
以，宪法起草工作，是在岌岌可危的形势下匆匆收场的。其三读
会，在一月之内草草完成，于 10 月 31 日，宪草会内部通过宪法全
案。仅隔四日，即 11 月 4 日，袁世凯便悍然下令，取消国民党议
员资格，致国会两院均不足法定人数，无法召集。至次年 1 月 10
日，袁氏乃将国会解散，"天坛宪草"，遂被束之高阁。

（三）袁世凯的造法与违法

按道理，要走宪政的道路，袁世凯对宪草会起草之宪法案不满
意，尽可重新组织宪草会，另行起草。但袁世凯意不在此，他要与
临时约法时期的民国截然划开。就在解散国会后不久，便由袁氏一
手弄成的政治会议（由原行政会议转成，使之具有御用议会的职
能）提出，《临时约法》必须修改，遂议定"约法会议组织条例"，
尽以袁所亲信之人为约法会议议员。约法会议于 1914 年 3 月 18 日
召集，按袁世凯所提大纲，仅用 40 日便草定所谓《中华民国约
法》，5 月 1 日即予公布。由此，原有的虽有缺陷，但本质不失为
共和国民主宪法的《临时约法》，以及《国会组织法》、参众两院
选举法，皆被作废。

"袁记约法"给予总统以绝大权力（如规定大总统"总揽统治
权"，由他制定官制官规、任免官吏、颁发紧急命令、财政紧急处
分等），但袁世凯仍不满足，他决心要取得像皇帝一样稳固的最高
统治地位。

约法会议除了给袁世凯奉上一部较合其意的新约法之外，还为袁

氏炮制了《参政院组织法》，其参政员由总统委任。紧接着，袁世凯又下令，以参政院代行立法院职权。由此，袁世凯便可根据自己意志随时炮制自己所需要的法律了。

参政院按袁的意旨，建议修改 1913 年由宪法起草委员会制定的《大总统选举法》。修订工作仍由约法会议完成，于 1914 年 12 月 29 日公布新法。新的《大总统选举法》可谓一大奇文。它规定，总统任期十年，且连任无限制，而连任即以参政院决议行之。袁世凯遂以法律的手段保证自己可以做终身总统。犹不止此，该选举法还做出规定，总统继任人由现任总统向总统选举会推荐，再加上其他相关规定，则为袁世凯子孙世袭总统造成便利条件。

1915 年 4 月，参政院秉承袁世凯的意旨，推出李家驹等十人为起草员，起草宪法。这时，袁世凯帝制自为之心已渐暴露。十起草员工作到 8 月，仅拟定"宪法纲领"六条。有意思的是，这六条纲领并未配合袁世凯复辟帝制的步伐。① 而这时，帝制运动已公开化了。草宪刚刚结胎，即已死亡。作为宪法起草委员会成员之一的梁启超，在《宪法起草问题答客问》中，十分无奈地说："今日诚无汲汲制定宪法之必要也。"②

从武昌起义后的第一个宪法性文件《中华民国临时政府组织大纲》，到 1915 年 8 月的"宪法纲领"，民党一直期待的走上宪政轨道的第一步，制定出一部正式宪法的愿望屡屡落空。而制法过程，却越来越偏离民主立宪的轨道，而偏向于专制主义，甚至导向复辟帝制的轨道。无论这其中有多么复杂的背景，多少深层的原因，人们从观感上不能不得出立宪无望、立宪破产的印象。清末以来，仁人志士，为宪政而奋斗，抛无数烈士的头颅，流无数志士的

---

① 这六条纲领是：（一）主权在民；（二）人民平等；（三）大总统为国之元首；（四）立法权以人民选举之议员组织之立法机关行之；（五）行政以大总统为首长，置国务卿赞襄之；（六）司法独立。见国宪起草委员会编印《草宪便览》，民国 14 年再版，"附录中"，第 5 页。

② 梁启超：《宪法起草问题答客问》，《饮冰室合集·文集之三十三》，第 10 页。

鲜血，日期月盼，馨香祷祝，到头来却是如此结局，不免生出前路茫茫、何处是岸的感觉。

（四）民初宪政失败的原因

前面已经说过，民初政坛主要有三种势力：革命党、立宪派、旧官僚与武人。立宪派是忠诚的宪政主义者；革命党中亦不乏追求宪政的力量；唯旧官僚与武人，或根本不知宪政为何物，或知其于己不利而厌恶之，可以说他们是反宪政的力量。

反宪政力量的最主要代表人物就是袁世凯。早在清末就有人观察袁世凯其人，有帝制自为之心。不过，我们不去详细追溯那一段历史，只谈他民国成立后的所作所为。

综合各方面做一评估，不能不承认，以袁世凯为代表的反宪政派，在当时三种势力中是最有实力的。在二次革命前，革命党声望最高，但实力不能与袁派相比。二次革命瞬乎即败，即是明证。立宪派其主要社会基础是在实业界、教育界及新闻出版界等，他们既畏惧袁世凯派的官僚、武人，也畏惧革命党，其实力自然也很薄弱。如果革命党与立宪派联手，还可以与袁派势力周旋一番，但最终还是要败下阵来。我们即以1913年的天坛草宪为例。

民初的第一届国会虽然没有充分的民主基础，但那时一般人对共和新国，都不免有几分崇敬与期待的情怀，所以国会还是颇有一些权威性。革命党与立宪派在追求宪政这一点上，有着共同的关怀。按照《临时约法》的规定，制宪的责任与权力属于国会。所以，国会内的国民党议员与立宪派议员在制宪问题上颇多共识。袁世凯对《临时约法》极其不满，因为约法明定实行内阁制，而不是总统制，对总统的权力有诸多限制。一心想总揽大权的袁世凯，不能忍受约法对他的束缚。他担心国会制定宪法仍然会沿袭《临时约法》的基本原则，所以，对天坛草宪实在一百个不放心，想方设法加以干涉、破坏。但他在登上正式的中华民国大总统的宝座之前，只能忍隐不发，因为正式大总统的产生仍是以《临时约法》为其合法性基础。一旦他坐上了正式大总统的宝座，便毫不迟疑地向宪法起草委员会施加压力，力图把自己的意志强加于宪法起草委员会。

首先，袁世凯在就任正式大总统之后仅五日（即 10 月 16 日）即向国会提出增修约法，而且具体提出必须增加总统权力的条款，包括总统于宣战、媾和、缔约，制定官制官规，任命国务员、外交官、一切文武职员等，皆不须参议院之同意。总统享有紧急命令权和财政紧急处分权等。有宪法学者指出，袁氏所提条款是预示将来制定的宪法必须有这些内容。[①] 但当时的国会不买他的账，声称国会组织之宪法起草委员会的草宪工作行将完成，无增修约法之必要。而后来 1915 年由袁世凯聘请的十人宪法起草员，从其所拟六条纲领看，也不肯完全接受袁世凯的意旨。

袁世凯不甘心，又想以强力施压。他决定派出钦命八位委员列席宪法起草委员会，陈述意见，随后于该会开会时，令八委员闯入会场，结果还是被拒绝。

袁世凯几次干预制宪，都未能如愿，甚为气恼，乃于 1913 年 10 月 25 日发电给各省军政大员，要他们逐条研究由宪法起草委员会起草之宪法草案，五日内将研究结果电复。于是，从 10 月 28 日起到 11 月中旬，各省行政官员，凡亲袁者和不敢得罪袁氏者陆续发表通电，一致谴责或批驳宪法起草委员会所起草之宪法草案。这使袁世凯让"天坛宪草"流产这样一种本属反宪政的行为，看起来似乎是出于不得已，且有舆论基础。

从上述过程可以看出，在制宪问题上，革命党人与立宪派某种程度的联合，可以与袁世凯等旧官僚、武人做一定程度的较量。但这只限于《临时约法》的法律范围内才是可能的。一旦袁世凯抛开《临时约法》，诉诸实力，以他所掌握的行政权力资源，则无论

---

① 参见王世杰、钱端升《比较宪法》，第 365 页。

是革命党人，还是革命党人与立宪派的联合力量，都莫奈他何。国民党被解散，国会被解散，就是袁世凯与宪政力量、与国会较量的结果。

民初宪政的失败，令人们倍感失望，大家都很悲观，看不到出路何在。我们回顾这段历史，当时多数所谓政治家，所谓政论家，所谓法学者，皆未能深刻分析宪政失败之根本原因，所以除了失望、迷茫，无所建树，无所作为。

值得一提的是，梁启超在清末即曾指出，中国没有生成中等社会，是难以摆脱困境的主要原因。这是一个相当杰出的见解。但面对民初宪政无望的困境，他却不曾继续发挥这一思想，只是决定隐身于社会事业和学术事业。章士钊和另外几个人曾提到政治对抗力与当政者容忍对抗力的问题，似乎稍稍接近这个问题的边缘。但中国社会的政治对抗力何在，如果尚未形成，当如何促其形成，皆未尝论及。

中国乃是世界上君主专制制度发展最为完备，与之相应的理论和意识形态亦同样高度发达的国家。而这样一种国家形态与相应的意识形态已经历了两千多年，深植于四亿人的头脑中，他们的思想观念、行为习惯以及信仰等都紧紧地与之相联结。要使这样一个国家出专制而入共和，行宪政，其难度之大，可以说是古今中外所未有。

很明显，要引导这样一个国家，数亿人民，走上宪政之路，绝不是一个领袖所能为，也不是一个党派、团体所能为。它需要有一个在社会中自己生发出来的中坚的社会力量，它拥有的经济力量、政治力量以及思想舆论力量和道义的力量，足以影响和左右社会的大多数。如果有这样一种社会力量，而这个社会力量又致力于宪政，只有这样，才可以引导社会走上宪政之路。而中国有这样的社会力量吗？显然没有。梁启超即是因为看不到这样的社会力量，所以不得不降格以求，指望能造成一种开明专制的局面，利用这种过渡的形式，争取时间去努力造就所需的这种社会中坚力量。但这需要很长的时间，中国的大多数志士，都是急性子，他们要速成，要"迎头赶上"世界最先进者。所以，英雄好汉们争相取得统治权，想一旦政权在手，从头安排旧江山，造一个自己理想中的新世界。而结果无不事与愿违，他们无法揪着自己的头发升天，因为他们自己也不过是千年专制习俗的产物。所以，中国历来只有取而代之主义者、改朝换代者，而没有真正创建新制度者。有时看起来像是"咸与维新"了，过一阵子，就原形毕露了。

民初宪政之失败，乃势所必至，并非哪一个人、哪一个党派能承担起全部责任的。

二　社会道德危机的焦虑

制度、法律与道德都是维系社会稳定与进步的不可或缺的要素。大体说来，随着人类社会的发展，制度与法律越来越繁密，其所产生的作用亦越来越大。但无论社会如何发展，如何进步，道德的社会作用是不可替代的。而且，尽管制度与法律越来越繁密，社会制约作用越来越大，但它们基本上是应对社会越来越复杂的情况，它们不可能压缩道德的社会功能。

道德与制度、法律相互关联。通常，当政治制度积久而渐腐败时，往往影响于社会人心，道德亦渐失其效力。蔡元培说，道德即是"为其所当为"。① 道德失其效力时，人们，至少是一些人，尤其是那些担任社会角色的人，竟可以为所不当为，甚至为私利计而无所不为。对于大多数人，也会因固有道德权威失坠，新的道德权

---

① 蔡元培说："人之生也，不能无所为，而为其所当为者，是谓道德。"见《中学修身教科书》，中国蔡元培研究会编：《蔡元培全集》第 2 卷，浙江教育出版社 1997 年版，第 77 页。

威尚未树立而彷徨无所遵循，使社会整体呈现纷乱无序状态。清末民初，政治社会嬗代之际，人们普遍感受到这种状况。

（一）道德失范的忧虑

对于民初社会道德失坠现象最敏感的自然是那些不满于共和制度的人。例如康有为，戊戌变法失败后，他一直坚持走君主立宪的道路，以为共和民主绝不适于中国，只会导致长期动乱。清政府垮台，成立共和之后，果然未能像人们所期望的那样，顺利走上民主宪政之路。康氏认为，是人们不听他的话，才导致如此结果。后来，他曾将其反对中国行共和之文汇为一个小册子，名之曰《不幸而言中，不听则国亡》，可见其成见之深。他的说法难免有言过其实、随意夸大之处。

康有为说："今吾国以共和为名，而纲纪荡尽，教化夷灭，上无道揆，下无法守，一切悖理伤道、可骇可笑之事，万百亿千，难以条举。"① 又说："今中国四万万人乎，耳不闻道德之言，目惟见险诈之行，敢为残贼，敢为无耻，罔谈道义，罔存仁礼，夺攘矫虔，纰缪悖诞，盖无复人理矣。"② 他更具体地指称："平等盛行，属官胁其长上，兵卒胁其将校。自由成风，子皆自立，妇易离异。凡欧美之政治、风俗、法律，殆无不力追极模，如影之随形，如弟之从师矣。凡中国数千年所留贻之政教、风俗、法度、典章，不论得失，不揣是非，扫之弃之，芟之除之，惟恐其易种于新邑矣。"③ 又谓："若夫人心之陷溺，廉耻之扫地，狡诡贪诈，险诐重性，何以礼义为？财多而光荣，甚至父子、夫妇、兄弟、六亲之间，以谋

---

① 《忧问一》，原载《不忍》第 1 册，引自姜义华、张荣华编校《康有为全集》第 10 集，中国人民大学出版社 2007 年版，第 22 页。

② 《〈广东国报〉发刊词》，姜义华、张荣华编校：《康有为全集》第 10 集，第 181 页。

③ 《中国颠危误在全法欧美而尽弃国粹说》，姜义华、张荣华编校：《康有为全集》第 10 集，第 129 页。

诈相施争利而舍弃。乃至以进士入官，而父丧不服，旬日而挟妓高歌。若夫盗嫂蒸奸，鸟兽行而内外乱，不可复言也。日言公益则借公益以肥己，日言公德则借公德以行暴。钻营奔竞，反复盗窃，靦不知耻，恬不为怪。故两年来据势力者，得以金钱禄位鞭笞天下，散买党徒，人人欲救死求啖食之不暇，禽息鸟视。昔人言晦盲鄙塞坏乱极于五季，岂知有如今日之中国者哉？"①

总而言之，在他看来，"盖自羲、轩、尧、舜、禹、汤、文、武、周、孔之道化，一旦而尽，人心风俗之害，五千年来未有斯极"。②

如果说，康有为是反共和之成见太深，所以对民初社会道德有厚诬之嫌，那么，在思想上早已同他的老师康有为分道扬镳的梁启超，对民初社会道德的观感似乎不应被看作完全是出于偏见。

梁氏于 1915 年 10 月，即袁世凯复辟帝制已公开进行之时，发表《伤心之言》，分作两篇短文，一篇是《良心麻木之国民》。文中说，人之异于禽兽，在有良心，遇事总要先问"是可为"或"是不可为"，梁氏把这叫作"良心之第一命令"。以此为前提，梁氏说：

能服从良心之第一命令者，天下最圆满之道德，无以尚之矣。而良心之蟊贼，恒于其时起而挠之。于是不可为者，时见为疑若可为；不可不为者，时见为疑若可不为。良心之本能，遂以渐钝。如是挠之者再三，则其钝也亦愈甚。麻木之征候，于是乎现。然犹往往于屡挠之后，而最初之一念，飙然复泛出于脑际。若此者谓之良心之返照，亦称良心之最后命令。能服从良心之最后命令者，……斯亦豪杰之士也。病良心麻木者，

---

① 《参议院提议立国之精神议书后》，原载《不忍》第 9、10 册，引自姜义华、张荣华编校《康有为全集》第 10 集，第 203 页。

② 《〈中国学会报〉题词》，姜义华、张荣华编校：《康有为全集》第 10 集，第 17 页。

自宽纵其蟊贼，一事而任其再四挠之，浸假而事事皆任其再四挠之，挠之不已，而所谓良心之最后命令者，已不复现。更挠之不已，驯至并第一命令亦蜇缩而不复敢宣。孟子所谓夜气不足以存，则其违禽兽不远也。①

梁氏认为，当下之中国，已不是个别人良心麻木，甚至也不是一般人良心麻木，而是号为社会中坚者流已经良心麻木。梁氏说：

　　夫个人之堕落，则何国蔑有？何代蔑有？其不至骨人类而为禽兽者，则恃有社会之普遍良心以为之制裁，……人道所以不绝于天壤，赖此而已。若乃一国之大，而以良心麻木者为之中坚，权力之渊源由兹焉，风气之枢轴由兹焉，其极乃演为社会良心之麻木。社会良心麻木之征象奈何？善与恶之观念，已不复存于其社会。即善恶之名目犹存，而善恶之标准，乃与一般人类社会善恶之公准绝殊，而人人之对于善与恶，皆无复责任。②

严复也感叹："民国之建亦有年矣，他事未效，徒见四维弛，三纲隳，吏之作奸，如獬毛起，民方狼顾，有朝不及夕之忧。则无他，怵于平等、自由、民权诸说，而匪所折中之效也。"③ 严复指责"吏之作奸""民方狼顾"是有根据的，但把它们全归咎于"平等、自由、民权诸说"，显然殊欠公允。

一般知识界人士，也敏感到社会道德失坠现象之严重。如担任《东方杂志》主编的杜亚泉和主要编辑人之一的钱智修，两人对此都有很用力的观察与评论。杜亚泉在《吾人今后之自觉》一文中

----

① 梁启超：《良心麻木之国民》，《饮冰室合集·文集之三十三》，第55页。
② 梁启超：《良心麻木之国民》，《饮冰室合集·文集之三十三》，第56页。
③ 《太保陈公七十寿序》，王栻编：《严复集》第2册，中华书局1986年版，第351页。

说："从前闭关时代，无侵夺者蹑乎吾后，无强梁者睨乎吾旁，种族之界限未生，生事之艰难未甚。而当日之人心，则颇能奋勉图功，勤劳将事，虽其所企划，多域于家庭之小范围、一己之私生活，然在此范围生活之中，则固维日黾皇，终身淬厉，有坚苦忍耐之气，无苟且偷惰之风。今则不然，外围之逼压愈深，人心之颓丧愈甚，微特对于世界社会，漠不相关，即其家庭小己之间，亦且有我躬不阅遑恤我后之慨；又微特素性恬退，淡于名利之人，即力争上游，在政治社会上有所作为者，亦多存五日京兆之心，而不作谋及百年之计，凡所规划，但求及身或其任事之时期内，得以敷衍粉饰而止，永久之利害、他日之安危，非所虑也。大局之兀臬若彼，人心之泄沓若此，国事宁有豸耶？"① 这里，杜氏还是以鸦片战争之前的社会风气与民初的现实对比。在另一篇文章《国民共同之概念》里，他更以外患内忧都十分严重的清末与当前社会风气做对比。他说："数十年前，国势虽衰弱，社会虽陵夷，犹有伦理之信念，道德之权威，阴驱而潜率之。故纵无显然可指之国性，而众好众恶，公是公非，尚能不相悖戾。其判别邪正，对待事情，咸本其夙昔所储之智识，平日固有之良心，以为应付；个人之意见，推之群众而大体不殊，私室所主持，质之大廷而相距不远。而下级社会，则又有风俗之习惯，鬼神之迷信，以约束而均同之。今则不然，伦理道德，风俗迷信，均已破坏而无余，又别无相当者出承其乏，而利禄主义，物质潮流，复乘其虚而肆其毒。于是群情悄恍，无所适从，人心摇惑，失其宗主。"②

钱智修有一篇文章叫作《消极道德论》。他把当时社会道德堕落的现象分作五类加以鞭笞："一曰奢侈。……浮慕欧风者众，于是服食宴游，遂若非奢不足以炫异。……二曰圆滑。……究其

---

① 《吾人今后之自觉》，原载《东方杂志》第 12 卷第 10 号，引自田建业等选编《杜亚泉文选》，华东师范大学出版社 1993 年版，第 196 页。

② 《国民共同之概念》，原载《东方杂志》第 12 卷第 11 号，引自田建业等选编《杜亚泉文选》，第 205 页。

流极，必且士无信友，室无贞妇，疆圻无效死之兵，国家无心膂之将。异日外人有事于中原，其揭顺民旗以效奔走者，必以巧宦政客为前驱矣。……三曰侥幸。……今也不然，人人负不可一世之概，以出于冯河暴虎之途，谓一旦得志，则妻妾之奉，宫室之美，所以报偿我者，将无涯涘。故虽陟险濒危，亦有所不恤。……四曰躁进。……五曰权诈。……其诈且愈衍而愈奇，而人人皆以是相猜防，相倾轧，则社会之纲维亦立破。……我国今日，政治学术益臻于窳败，而倾险狙诈之风，则日益进化。政治家智囊中之蕴蓄，既变幻无穷，而闾巷细民之乘机射利者，亦百出其方以相胜，其良心上已不知是非羞恶为何物。而社会之尚论人材者，又方且以权谋术数为去取，则亦何惮而不自纵乎！"①

　　我们上面引述这些言论，其反映社会道德的实际状况之真实程度如何，这里无法做出准确的评估。我们已经指出，像康有为那样一向反对共和的人，有很深的成见，其对民初社会各个方面的负面观察难免过分。其实，即使其他人，因受现实各方面的刺激，包括外患内忧，情绪难免低落，受情绪的影响，出言亦难免有所偏宕。而且从语言学理论上说，凡语言、文字表达都有某种程度的抽象与概括。一般说来，除了叙述一件非常具体的事实，有可能做到比较忠于事实（注意，也只是比较忠实而已），在其他情况下，都不可能做到使言语、文字与所述对象完全一致。所以，我们这里只好将上述有关民初社会道德的忧叹，是否完全符合事实的问题忽略不计。因为我们没有关于民初社会道德方面的社会学调查统计资料可供评估之参考。况且，我们研究的是思想史，是探究思想家或思想者当时应对社会问题时是如何思考的。我们的目标是尽可能清晰地揭示出思想家和思想者的思想之产生、传播与所发生的社会影响。这一点不仅是针对此一问题说的，而且也是针对整个这部书说的。

---

① 钱智修：《消极道德论》，《东方杂志》第 10 卷第 4 号，1913 年 10 月。

（二）社会道德堕落的原因

思想家与思想者眼中的民初社会道德状况，如此之糟糕，那么，是什么原因造成这种状况的呢？我们检查当时的文献，他们几乎一致强调政治的混乱无序和新旧冲突，以及权威与标准的丧失是最重要的原因。

梁启超在《述归国后一年来所感》一文中说："一年来之中国，其状态变迁之剧烈，盖不可思议，如观电影百戏，倏忽曼衍，目无留瞬，一刹那间已成陈迹。如备四时之气管于一室，掞以万钧之机，忽而沸度，忽而冰点，居室中者，喘汗肤粟，疲于奔命。夫过去之迹则既若是矣，而后此之迁流，又莫测其所届。故举国彷徨迷惑，几无一人得安身立命之地，则社会杌陧之象，终无已也。"[1] 陈独秀在《爱国心与自觉心》一文中也说："时政乖违，齐民共喻。以今之政，处今之世，法日废耳，吏日贪耳，兵日乱耳，匪日众耳，财日竭耳，民日偷耳，群日溃耳。政纪至此，夫复何言。"[2] 当时号称政论家的章士钊在其主编的《甲寅》杂志上发表文章，列述国内之乱象，然后说："夫至全国人举为亡国之预备，是其国亡有征无可疑也。所谓亡征者何也？亦如前言，外患益益迫，财政益益穷，盗贼益益横行，地方政治益益紊乱，工商业益益衰败，官僚私斗益益急激是已。"[3] 应该说，以上三人的说法有一定的代表性，也有相当的权威性。盖政治之为物，乃社会得以正常运转的杠杆；政治乱了套，社会便不能正常运转，人们也就无法按常规办事。于是心理扭曲，行为失范，道德随之堕落，乃必然之结果。

政治，首先指的是一套制度；制度崩坏，必定导致社会混乱。

---

① 《述归国后一年来所感》，原载《庸言》第 2 卷第 1、2 号合刊，引自《饮冰室合集·文集之三十一》，第 24 页。

② 《爱国心与自觉心》，原载《甲寅》第 1 卷第 4 号，引自任建树主编《陈独秀著作选编》第 1 卷，上海人民出版社 2009 年版，第 149 页。

③ 章士钊：《政本》，《甲寅》第 1 卷第 1 号，1914 年 5 月。

其次是作为调剂手段的政策；政策不能保证制度的平衡，不能保证社会人群各得其所，势必人心动摇，上下四方皆不谐，冲突、倾轧之下，难以维持道德规范应起的作用。政治的另一个重要方面是用人；用人失范，也是毁坏社会道德的重要因素。中国自秦以来，一直"以吏为师"。百姓皆知"上梁不正下梁歪"的道理。诚如康有为所说，"上无道揆，下无法守"，造成普遍的社会道德堕落。张君劢还提出，法律方面的问题也是造成道德堕落的一个原因。他在《道德堕落之原因》一文中说："法律的原因有二：一曰法不完备，二曰无执法之机关及能力。法不完备，则无法可守，行为不入范围矣。无执法之机关及能力，则虽有法而无制裁之力，犯法者得逍遥事外矣。"① 张氏所言，不为无见。法律不健全，或有法不依，行法不力，尤其是行法不公，往往会直接毁坏人们的道德心，引发一些不顾及后果的恶性行为。还有人提出专制主义本身即与道德相悖，说："强权之为物，与进德之事相背而驰，未闻人民处于专制之下，而可以自由进德者也。"② 因为在专制制度下，权力可以支配一切，势必毁坏人格，毁坏人们的道德心。

人们也充分注意到，民初社会新旧交替，互相冲突，人民惶惑，无所遵循，或误以是为非，或误以非为是。这种情况尤其加重道德堕落的危机。

《青年杂志》创刊号上有一篇文章说："一切现象似新非新，似旧非旧，是谓新旧混杂之时代。新旧交哄之时（代），姑无论其是否，然人各本其良心上之主张不稍假借，国家一线之生机，犹系于此。独至新旧混杂，非但是非不明，且无辨别是非之机会。循此不变，势必至于举国之人，不复有精神上之作用。吾不知国果何所与立也。"③《甲寅》杂志第 1 卷第 3 号上刊出一篇读者通信，也表

---

① 见《民国经世文编·道德》，上海经世文社 1914 年版，总 5207 页。
② 见《民国经世文编·道德》，总 5242 页。
③ 汪叔潜：《新旧问题》，《青年杂志》第 1 卷第 1 号，1915 年 9 月。

示同样的意见。信中说："民国成立以来，自由平等之说风靡天下，竟欲举数千年来最尊崇信奉之孔教，亦悉弃靡遗。而不肖顽黠之徒，遂乘时奋起，排斥孔教，以遂其自私自利之心。既破灭其旧有之道德，而不道不德之事，乃日出而未有已。政治日形腐败，习俗日见偷苟，驯至法律不足以治，刑戮不足以惩，兵力不足以惧，而天下人心皇皇，如无柁之舟，随流飘荡，不知所届。"① 他辩护孔教的立场虽然不对，但所指现象不为无据。

这里所说的新旧混杂，旧者未除，新者未立，社会如失舵之舟，随风飘荡，道德、法守均失其效用，这种状况应大体是民初社会的真实反映。

杜亚泉提出，物质发达也是民初道德失范的一个原因，且看他是怎样说的。他说："盖物质主义深入人心以来，宇宙无神，人间无灵，惟物质力之万能是认。复以惨酷无情之竞争淘汰说，鼓吹其间，觉自然之迫压，生活之难关，既临于吾人之头上而无可抵抗，地狱相之人生，修罗场之世界，复横于吾人之眼前而不能幸免。于是，社会之各方面，悉现凄怆之色。悲观主义之下，一切人生之目的如何，宇宙之美观如何，均无暇问及。惟以如何而得保其生存，如何而得免于淘汰，为处世之紧急问题。质言之，即如何而使我为优者胜者，使人为劣者败者而已。如此世界，有优劣而无善恶，有胜败而无是非。道德云者，竞争之假面具也；教育云者，竞争之练习场也。其为和平之竞争，则为拜金主义焉；其为激烈之竞争，则为杀人主义焉。以物质欲之愈纵而愈烈焉，几若聚一世之物力，尽资其挥霍，而犹不足以快其豪举；以竞争心之愈演而愈剧也，几若驱多数之人民，尽投诸炮火，而犹不足以畅其野心。其抱极端之厌世主义者，以为死后之名，不如生前之酒，则有醇酒妇人以自弃其身者；其抱极端之奋斗主义者，以为我不杀人，毋宁自杀，则有行

---

① 见《甲寅》第 1 卷第 3 号，1914 年 8 月。

险侥幸以自戕其生者。"①

杜亚泉在进步主义者面前是保守主义者，在保守主义者面前他是一个进步主义者，有明显的折中主义的特点。折中主义貌似稳健，但与真正的稳健主义者实有区别。后者是纯从客观、理性出发，而前者则多半是从主观、感情出发。杜亚泉上述言论中颇不乏主观和感情的色彩。单从社会现象上说，杜氏所说，不为无据。但仔细分析，他的说法就有很大的片面性和主观性。我们不必否认物质上的进步发达，会对人增加诱惑力，但被物质诱惑因而堕落的人，必定有更重要的原因在起作用。例如，同出身于贵族或富家子弟，有的能注意修养自己，有美善的追求，所以最终不但没有堕落，反而成为有益于社会、受人尊重的人。有的则相反，只知吃喝玩乐，游手好闲，毫无美善的追求，终至堕落不可救药。这里面起作用的是家族传统、社会教育及个人种种遭遇。把物质发达看成社会道德堕落的原因是一种错误的观念。

曾积极参加清末立宪运动，并主编《国民公报》的蓝公武有专文论述清末民初中国社会道德堕落的原因。他认为，最主要的原因是原有之道德权威失坠。而原有之道德权威之所以失坠，其原因有多方面。他列举到第一个原因是外患。他指出，由于列强侵凌，"中国存亡系于一发，于是我国人始则惕亡，终则悲观，而绝望，而厌世，而放恣矣。夫国惟自奋，而后能强。今国人既以朝不保夕之心，甘晏安鸩毒之祸，则一切公共信条，又何怪乎其不渐灭以尽也。此则中国以外患日亟而失其道德之权威者也"。② 他又指出，因外国侨民之来中国，带来外国的文化，给中国固有文化造成强烈冲击。他认为，外国租界就是堕落文化的渊薮。蓝氏又指出，国内的变乱、灾异之频仍，物质文明的发达，社会生活之困难等，也都是社会道德堕落的原因。蓝氏的观察虽比较全面，但显得很表面，例如将物

---

① 《精神救国论》，田建业等选编：《杜亚泉文选》，第91—92页。
② 蓝公武：《中国道德之权威》，《民国经世文编·道德》，总5192—5193页。

质文明发达和外国文化的输入视为道德堕落之原因，就很欠说服力。

中国社会，世风之良窳，常因于上层社会。其实，不但中国如此，世界各国也无不如此。不过越是发达进步之社会，因自由、平等之实现程度较高，其上层社会之主导作用相较于欠发达社会会显得有所削弱。中国自然尚属欠发达社会，上层社会之主导作用，明显地表现强势。孔子说，君子之德风，小人之德草；草上之风必偃。到了清末时期，虽已揭开近代的序幕，但在这个问题上，仍无大变化。曾国藩曾说，社会风气之转移，常因于一二人之影响。正因为这个道理，民初思想家在追溯社会道德堕落之原因时，几乎一致地把矛头指向上层社会。

例如，梁启超在批评国人道德堕落现象时，就不是泛泛地指责所有国人，而是直指士大夫或所谓上流社会。梁氏说：

> 盖今日风气之坏，其孽因实造自二十年以来，彼居津要之人，常利用人类之弱点，以势力富贵奔走天下，务斩丧人之廉耻，使就我范围。社会本已不尚气节，遭此诱胁，益从风而靡。重以使贪使诈之论，治事者奉为信条，憸壬乘之，纷纷以自跻于青云。其骄盈佚乐之举动，又大足以歆动流俗。新进之俦，艳羡仿效，薪火相续，日以蔓滋，俗之大坏，职此之由。故一般农工商社会，其良窳无以大异于前，而独所谓士大夫者，日日夷于妾妇而沦于禽兽。此其病之中于国家者，其轻重深浅，以视众所指目之自由平等诸邪说何如。夫假自由平等诸名以败德者，不过少数血气未定之青年，其力殊不足以左右社会。若乃所谓士大夫居高明之地者，开口孔子，闭口礼教，实则相率而为败坏风俗之源泉。①

---

① 梁启超：《复古思潮平议》，原载《大中华》第 1 卷第 7 期，引自《饮冰室合集·文集之三十三》，第 71 页。

梁启超的观察与评论可谓相当客观、中肯。杜亚泉在批评社会道德堕落之现象时，也特别指出："国民既无定见，利用者又从而诱惑之、胁迫之，故利之所在，势之所存，虽个人之私心，不难成全体之公意，少数所唱导，亦可得多数之赞同，而所谓国民概念者，遂纷纭错杂，变幻离奇，而不可究诘焉。政治家者，国民之圭臬，对于国事，有一定之见解，不易之政纲者也。今则朝三暮四，转徙靡常。言论家者，舆情之标准，对于国民，负提撕之责任，劝导之义务者也。今则破碎支离，游移莫定，则亦何怪全国思想之彷徨怅触，而不衷一是也哉。"① 杜氏的批评亦将矛头指向上流社会，与梁启超可谓不约而同。钱智修则指出，道德堕落主要源于官吏阶层。他说："我国之恶道德，以官僚社会为渊薮。官吏之数愈多，则传播恶风之人亦愈众，而世间之可以享重名而获厚利者，又惟以此途为最捷。故四民以士为首，而士则以求官为事。未得者怀挟策干进之心，既得者极骄奢淫欲之致。此钻营奔竞之风所以盛，而礼义廉耻之防所以大溃也。"② 故作者极力提倡减政主义。

在研判民初社会道德堕落之原因时，集中揭示上层社会，特别是官吏阶层的责任，是非常有道理的。中国社会历来是个官僚社会。中国地广民众，最高统治者只能靠一个庞大的官僚系统来落实其统治。社会的运转，国家的所有作为，通通要靠这个官僚系统来承担。所以，这个官僚系统的状态如何，直接影响到政风、民风乃至文风。历代王朝行将腐朽破败之时，总是首先表现为官吏的腐败。老百姓常说那些官吏"口说的天官赐福，一肚子男盗女娼"。维系统治者权利的系统腐坏了，统治也就摇摇欲坠了。原来维系统治的一套礼仪道德也就都露出欺骗的性质，不受人尊信了。

---

① 《国民共同之概念》，田建业等选编：《杜亚泉文选》，第 205 页。
② 钱智修：《消极道德论》，《东方杂志》第 10 卷第 4 号，1913 年 10 月。

其实，统治者标榜的道德礼仪，原本就具有欺骗性。为了统治的需要，他们把某些道德意识形态化。他们标榜自己的统治是"代天御民"，他们所提倡的道德是天理的体现。历代开国的"圣君贤相"，大多尚有图治的抱负，尚能克己，表现出"公忠体国"的样子，故能赢得百姓的尊信。"上行下效"，于是全社会呈现出向上的道德风气。一旦统治者及其大小官僚，放恣而行，他们原来所宣扬的道德礼仪的欺骗性便暴露无遗。

梁启超等人在揭露上层社会的败德现象时，还指出他们常用的一种手法，就是提出响亮口号，以绑架舆论，借舆论之力，迷惑群众，冲击社会道德的堤防。梁启超说：

> 无论何种类之罪恶，皆得缘附一二嘉名以自文饰；无论何方面何种类之人物，皆能摭拾一二嘉名以自捍围以逃人责备。……顾所最可痛疾者，其所假之名，有时或可劫持多数人之良心，而使之失其本觉，或虽觉焉而遂无力以相抗围。例如当革命初起，假民族主义之名，可以劫持一切；当地方相持，假巩固中央之名，可以劫持一切；当民气甚张，假回复秩序之名，可以劫持一切。是故假军国主义之名，劫持一切，则可以拥兵；假纳税义务之名，劫持一切，则可以聚敛；假尊崇礼教之名，劫持一切，则可以复古；假乱国重典之名，劫持一切，则可以滥刑；乃至假维持现状之名，劫持一切，则使人不敢计及将来；假对外一致之名，劫持一切，则使人不敢谈及内政。当其假以相劫也，虽正人君子，犹或眩惑乎名实之间，而彷徨于是非之际。及其前此所假者，不足以相劫，复更端以假其他，天下之名可以假者无量，天下之人可以劫者无量，而天下之罪恶可以悍然行之者亦遂无量。……呜呼！数年以来，彼最优美高尚之名词，若自由也，平等也，平和也，人道也，爱国也，民意也，何一不为人捋扯蹂躏以尽，夫至于一切道德名词之效力，所余者惟以供天下后世嬉笑诟病之用，则国家社会更

何所赖以与立。呜呼！此岂直一人一家之孽，一时一事之忧云尔哉！①

梁氏所揭示的这种社会现象，研究中国历史，特别是研究中国近现代历史的人，都会有曾经沧海的感觉，我们都应深深地引为教训。

（三）　如何解救道德危机

面对政治无序、道德权威失坠的乱象，人们在焦虑之余，也力图寻求解救之道。有人认为，既然道德危机时，固有的道德权威失坠，那就重新把那些权威再恢复起来就是了。这是复古主义思想颇为盛行的重要原因。有这种思想的人相当不少。梁启超曾指出："二十年前，而所谓旧法者，已失其维持国家之功用，国人不胜其敝，乃骇汗号呼以求更新。今又以不胜新之敝也，乃更思力挽之以返于二十年前之旧。二十年前所共患苦者，若全然忘却；岂惟忘却，乃更颠倒歆慕，视为盛世郅治而思追攀之。"②

在复古思潮中最突出的事例就是孔教会之类的团体大行其道，而且屡次上书、请愿，要求将孔教定为国教并写入宪法。他们这些要求的核心理由正是要重树中国人的道德权威。定孔教为国教的要求，虽未实现，但"天坛宪草"中写入"以孔子之道为修身大本"，显然是从解救道德危机的目的出发，向复古主义者做出妥协。

孔教之不能成为国教，不足以重新立为国民的道德权威，原因甚多。一则从清末以来，随着新思想的输入，稍有开新意识的人皆多少摆脱了对孔子与儒学的迷信。人们至少会从常识出发，提出疑

---

① 梁启超：《天下几多罪恶假汝之名以行》，《饮冰室合集·文集之三十三》，第57—58页。

② 梁启超：《复古思潮平议》，《饮冰室合集·文集之三十三》，第73页。

问：如果孔子与儒学能够解决中国的问题，则崇信孔子与儒学的中国，又何至于弄到如此不堪的地步？再则，以孔教为国教，显然违反信仰自由的原则，其他宗教，基督教、佛教、道教、伊斯兰教皆一致反对。此外，还有不少头脑较清楚的人，虽对孔子与儒学仍怀有一定的敬意，但决不同意认孔子与儒学为宗教。孔教之受挫，是复古主义的一大失败。但既然找不到新的出路，复古主义的迷雾一时仍无法驱散。梁启超特做《复古思潮平议》一文，批评复古之无当。他指出，以复古为药饵，治当下危机之病，非但无益，反而有害。盖因"我民族尤以竺旧为特长，而以自大为凤禀；而坐谈礼教，吐弃学艺，又最足以便于空疏涂饰之辈，靡然从风。……而惰力性或且缘此大增，率国人共堕入于奄奄无生气之境。此则吾所为明明而忧者耳"。① 蓝公武也撰文批评复古主义，认为恢复旧道德的各种教条，实与"近世国家之个体有机组织不相容"，"与近世之经济组织不相容"，"与近世之法制制度不相容"，"与近世之教育制度不相容"，"与近世之人格观念不相容"。梁启超认为蓝氏有过当之嫌。其实，蓝氏亦不过是强调一意复古，其结果只能是事与愿违的道理。②

复古不是出路，但总得设法挽救道德之危机。有人提出："以科学知识与人道主义，同时普及于人民，进德之术莫宜于此矣。"③可惜，作者没有给出具体而充分的论述。也有人提出，唯有提倡消极道德论，可以解救当下的道德危机。彼云："救今日之中国，非提倡消极道德不可。"彼所谓"消极道德"就是"廉耻"二字。他说："我国人爱国之思想，冒险进取之精神，远不逮欧美，惟于消极道德，则颇有一日之长。故人臣以难进易退为美谈，论士者以行

---

① 梁启超：《复古思潮平议》，《饮冰室合集·文集之三十三》，第74页。

② 蓝公武：《辟近日复古之谬》，《大中华》第1卷第1期，1915年1月；阙名：《民德报发刊词》，《民国经世文编·道德》，总5246页。

③ 阙名：《民德报发刊词》，《民国经世文编·道德》，总5246页。

已有耻为标准。"① 知耻是道德的基础，正是因为人们渐渐不知耻，所以才发生道德堕落的危机。作者所提救济之法，实在等于没有办法。还有人提出，救济之法，在出现宗教领袖如孔子、耶稣、释迦牟尼等，据时势人情之变迁而提出道德的新科条。② 这同样也等于没有办法。历史提示给我们的经验，近乎圣人的宗教领袖是可遇而不可求的。尽管现实的危机有多么严重，人们又是如何企盼有圣人、杰出领袖出世，而圣人、杰出领袖之是否能够出现，谁也无法知道。政治的迷乱，无法求解，道德危机也是无解。

不过，我们不能完全听信悲观的道德家的言论。民初处青黄不接之时，道德失范的情况固属事实。但有一批为民主自由理想而奋斗的志士，仍然坚守自己的理想。他们中有新派的政治家，有新派的知识分子。在政治家中，那位为实现民主政治而献出生命的宋教仁，是中国近代政治史上一种新人格的典范。还有在被袁世凯武力包围的国会中，仍有 200 多位议员，拒绝在武力威胁下放弃自己的政治立场，这同样是中国近代政治史上值得敬仰的风操。

我们还应该记得，以蔡元培为代表的一批知识领袖，和包括宋教仁在内的一批优秀的政治家，在民国成立后不久，便发起道德改良会。虽无法具体指出此会在民初改善社会道德方面究竟有多大贡献，但总可从此看出，并不像道德悲观论者所说的那样，大家都在沉沦，有进取心的中国人，正在为建立新道德做着艰苦的努力。

三　复辟思潮的兴灭

民国初年，在政治昏乱与道德危机都无从求解的情况下，一些

---

① 钱智修：《消极道德论》，《东方杂志》第 10 卷第 4 号，1913 年 10 月。
② 见方南岗《予之国民道德救济策》，《东方杂志》第 10 卷第 7 号，1914 年 1 月。

人乃回头向后看，一方面乞灵于古圣先贤，一方面期望回复帝制。于是，复古、复辟思潮油然而生，一度沸沸扬扬，昏天黑地，尊孔读经之说有之，定孔教为国教之议有之，君主优于共和之说有之，回复旧朝之说亦有之。于是相继演出洪宪帝制与清室复辟的闹剧。闹剧收场，复辟之论亦烟消云散，但复古的暗流却延续甚久。

（一）尊孔思潮的抬头

在清末最后的十几年里，随着革命运动与立宪改革运动的兴起与不断扩展，西方新的政治思想学说得到相当的传播。君权神圣的观念逐渐被否定，与君主专制制度紧密相连的孔子及其儒家学说也随之逐渐丧失独尊的地位。但是民国成立后，持续的政治混乱使人们多感失望，乃致复古、复辟的思潮兴起。

提倡复古者，首先大力宣扬今不如昔论，认为现实比以往更坏，所以不如恢复往昔的一切制度与礼仪、习尚。

鼓吹复古，劳乃宣可算是一个代表人物，他是清朝遗老。劳氏提出一种理论，他说："道则古胜于今，器则今胜于古。何以言之？道本乎天，首出之圣既作，遂为万世所莫能违，故古胜于今。器成于人，积千百代之心思才力而后演而弥进，故今胜于古。"[1]比如在中国，"孔子之后以迄于今，又二千余年矣，其制度文为之损益百变而不穷，更有出于文质三统之外者，而三纲五常则奕代率由，永行古道，不得稍有变更。偶违乎古，其祸立见。道之古胜于今不确然有可凭哉！"他的结论是"道之从古从旧，器之从今从新"。[2]

劳氏认为，民国成立，蔑弃孔子所垂教的中国人必须遵守的纲常名教，闹得社会混乱，道德堕落，今不如昔。他说："夫纲常名教，中国数千年相传之国粹，立国之大本也。有之则人，无之则

---

① 劳乃宣：《论古今新旧》，《桐乡劳先生遗稿》卷1，出版者及出版时间不详，第26页。

② 劳乃宣：《论古今新旧》，《桐乡劳先生遗稿》卷1，第27页。

兽，崇之则治，蔑之则乱。……今者邪说流行，堤防尽决，三纲沦，九法斁，千圣百王相传之遗教，埽除破坏荡然无复几希之存，过于六朝五代远甚。则其乱之甚且久，必过六朝五代无疑。"[1] 在劳氏看来，共和制度所造成的现实，远不如旧朝时代。他说："今中国民主制实行已三年矣，不必上溯康雍乾嘉之盛，试问，国势之安危，民生之苦乐，比之光绪时何如？比之宣统时何如？虽乡曲愚民亦咨嗟太息而慨其不及也。"[2]

另一位遗老严复则发表《思古谈》一文，谴责民国蔑弃"先圣先王数千年陶熔渐渍"之"国性民质"，如此"则吾国虽有百华盛顿，千拿破仑，万亿卢梭以为之革命巨子，犹将无益于存亡之数。呜呼！蔑古之徒，可以返矣！"[3]

既然要尊古、复古，则中国古代第一大圣贤，就是孔子。所以尊古、复古第一要做的就是尊孔子，恢复孔子学说的权威。

自汉武帝罢黜百家、独尊儒术的国策确立以后，两千余年，孔子与儒家学说成为历朝历代意识形态的根基。读书人、官僚士大夫无不以读圣贤书为修身、齐家、治国、平天下的张本。科举考试以一种制度的强大力量把尊孔读经铸为型范，规定了国人的思想行为，其影响极为深远。当人们对现实普遍感到失望的时候，当思想失去向前展望的勇气与力量时，往日曾经遵信的那些享有圣贤尊号的人和他们的观念、学说，就可能重新获得人们的尊重。人是一种有精神生活的社会动物。人的精神最主要的两项功能，一种是学习、认知，从而获得生活的能力，以应对环境的各种挑战；另一种是内在的，协调人自身各种精神活动达到某种平衡，使思想、情感、理想、信仰等都各得其所。这后一种功能极其复杂，它来自个体的人生经验的总结和提炼，来自先辈传授，特别是民族文化中偶

---

① 劳乃宣：《续共和正解》，《桐乡劳先生遗稿》卷1，第37页。

② 劳乃宣：《君主民主平议》，《桐乡劳先生遗稿》卷1，第42页。

③ 《思古谈》，原载《平报》1913年4月21—22日，引自王栻编《严复集》第2册，第324页。

像般的圣贤们的遗教。在混乱的社会条件下，个人自身往往显得非常的脆弱，非常的无助。在这种情况下，往古的圣贤格外具有精神寄托的磁吸力量。

首先向往古圣贤寻求寄托的自然是那些本来就不赞成民主共和这类思想观念的人，例如清室贵族，以遗民自居的一大批旧官吏及其僚属，只读圣贤书而从未接受过各种新观念的旧读书人，等等。

康有为是必须提到的重要人物。一则，他早在戊戌维新时期就打着尊孔的旗号展开政治活动，实以继往圣的"现代圣人"自居。二则，他一直以光绪旧臣自居，辛亥年力主虚君共和；民国成立，则以遗臣身份从事社会活动。三则，既然自视"现代圣人"，又一贯尊孔，所以，他不是因政治昏乱、道德危机而陷入彷徨歧路的人，不是无可奈何才找到尊孔读经的办法。他是"先知"，他是"国民导师"，他早就看准了一条救国的路，而昏官愚民不听他的话，所以才弄到眼前的地步。所以他提倡尊孔读经特别武断自信，不容他人置疑。康有为说："中国数千年来奉为国教者，孔子也。大哉孔子之道，配天地，本神明，育万物，四通六辟，其道无乎不在。故在中古，改制立法，而为教主。其所为经传，立于学宫，国民诵之以为率由，朝廷奉之以为宪法。"① 为什么说"国民诵之以为率由"？康氏认为："中国立国数千年，礼义纲纪，云为得失，皆奉孔子之经。若一弃之，则人皆无主，是非不知所定，进退不知所守，身无以为身，家无以为家，是大乱之道也。"② 又说："举中国万里之土壤，历二千四百年之绵暧，合数万后王、卿士、绅缨、民庶、妇孺之礼俗，所信受奉行，诵读尊敬者，岂非先圣孔子之遗教耶？夫孔子之道，本于天而不远人。人之性出于天，故因人性以为道，若男女、食味、被色、别声，人之性也。但品而节之，而不

① 《孔教会序（一）》，姜义华、张荣华编校：《康有为全集》第9集，第341页。
② 《孔教会序（一）》，姜义华、张荣华编校：《康有为全集》第9集，第341页。

绝之。故至易至简，而人不可须臾离也。"① 为什么说"朝廷奉之以为宪法"？康有为认为，中国历朝凡能创太平局面者，其"省刑罚，薄税敛，废封建，罢世及，国人免奴而可仕宦，贵贱同罪而法平等，集会、言论、出版皆自由，及好释、道之说者，皆听其信教自由。……学校遍都邑，教化入妇孺，人识孝弟忠信之风，家知礼义廉耻之化。故不立辨护士，法律虚设而不下逮，但道以德、齐以礼，而中国能晏然一统，致治二千年者何哉？诚以半部《论语》治之也"。② 康氏甚至说："凡法国革命所争之大者，吾中国皆以孔子之经说先得之二千年矣。"③ 在康有为看来，孔子的学说，是绝对真理、永恒真理。过去两千年，遵行之，足以成盛世之治；今日乃至今后遵行之，仍可图治。而且只有遵行孔子之教，才可能晏然一统，修齐治平。康氏认为，孔子之说，已经包含法国大革命所争之自由平等之类的近代思想观念，尚何须于孔子之外求救国的真理？一切尊孔子之教足矣。

另一位积极提倡尊孔读经的人物是严复。严复本是把西方思想文化核心价值第一个介绍到中国来的人，可以说是第一个"窃火者"。然而，由于民初政象实在太坏，令此老大失所望，失望之余，乃亦退入复古行列，亦以为唯有尊孔读经可走出迷路。他于1913 年 9 月在中央教育会演讲时说："中国之特别国性，所赖以结合二十二行省、五大民族于以成今日庄严之民国，以特立于五洲之中，不若罗马、希腊、波斯各天下之云散烟消，泯然俱亡者，岂非恃孔子之教化为之耶！"④ 他又进一步说："中国之所以为中国者，以经为之本原。乃至世变大异，革故鼎新之秋，似可以尽反古昔矣；然其宗旨大义，亦必求之于经而有所合，而后反之人心而安，

---

① 《孔教会序（二）》，姜义华、张荣华编校：《康有为全集》第 9 集，第 343 页。
② 《孔教会序（一）》，姜义华、张荣华编校：《康有为全集》第 9 集，第 341 页。
③ 《孔教会序（一）》，姜义华、张荣华编校：《康有为全集》第 9 集，第 341 页。
④ 《读经当积极提倡》，王栻编：《严复集》第 2 册，第 330 页。

始有以号召天下。"①

在这里还应提到一个人，他就是以提倡今文经学著名的廖平。廖平与康有为在学术渊源上有一定的关系，康有为自己不大提及，他的弟子梁启超则坦然承认为事实。此事，这里无须详论。今文经学特别强调孔子学说的微言大义，也就是强调其学说的绝对价值或永恒价值。廖平于民国初年（1913）写成《孔经哲学发微·尊孔总论》，他把孔子大加神化，说他不仅是中国的圣人，也是全世界的圣人；说孔子的学说，不仅可以治中国，也可以治世界，甚至不仅可以治世界，还可以通宇宙。这显然是一套极端主观主义的夸诞之谈。但因廖氏有今文经学大师之誉，其说虽不如康有为的影响之广大，但在学术圈内，还是会产生一定的影响。

康有为影响之所以更为广大，是因为他有众多的弟子，帮助他做宣传。而且康有为通过立孔教为国教的运动，而造成很大的社会声势。这应是他发生大影响的重要原因。

在尊孔舆论颇盛的情形下，尊孔的团体纷纷出现。北京有孔社、孔道会，太原有宗圣会，青岛有尊孔文社，上海有读经会、孔教会。但以组织之严整，活动规模之大，影响之广，孔教会实具有非常突出的地位。孔教会初成立时，由康有为的弟子陈焕章出面任会长。陈于戊戌前即投拜康有为门下，戊戌后在家乡创办昌教会，1904 年考中进士；三年后赴美留学，在哥伦比亚大学读经济学，1911 年以《孔门理财学》一文获授博士学位，旋即回国；1912 年7 月，在上海创立孔教会，自任干事，次年又办起《孔教会杂志》，自任主编。陈焕章虽然也参与某些政界活动，但其主要精力皆用于孔教会。

在一时兴起的各种孔教团体中，以孔教会影响为最大。这是因为，第一，该会得到许多名流的支持。康有为是孔教会的真正领袖，这一点，无可置疑。他后来被公推为会长，但以各种原因，始

① 《读经当积极提倡》，王栻编：《严复集》第 2 册，第 331 页。

终未实际到任。而他的弟子陈焕章作为该会的干事，等于执行会长，自然会贯彻康的思想路线。孔教会初发起时，联名人除陈焕章外，还有麦孟华（也是康有为的名弟子）、梁鼎芬（曾任湖北提学使，民初常在上海活动，经常参加沈曾植、郑孝胥宅的聚会）、王人文（曾署四川总督）、陈三立（湖南巡抚陈宝箴之子，著名诗人）、沈曾植（曾任安徽布政使）等，多半是旧朝官宦或出身官宦之家，有相当社会地位和社会影响。后来参加孔教会活动的名人更多。

第二，它办有自己的机关刊物《孔教会杂志》。通过此杂志，康有为、陈焕章诸人的思想主张得以广泛传播，各地同气相求者，应声而起，于是有很多孔教会支会成立。《孔教会杂志》经常刊发各地孔教会活动信息，登载会友的文章，从而造成舆论声势。

第三，孔教会举办和参与一些重大尊孔活动。1913 年，孔教会决定在孔子诞生地山东曲阜举办孔教会全国大会。会议经过认真筹备，于孔子诞辰前三日开幕，除各地支会有代表参加外，北京的国会、副总统、内务部、大理院及港、澳亦均派代表参加，据称，参会者多达两三千人。有的地方政府为赴会代表提供旅费，铁道部门还宣布为赴会者提供票价优惠。与孔教总会在曲阜举办全国大会相呼应，全国多地亦于孔子诞日举办活动。总之，全国孔教大会引起很大社会反响。孔教会的活动分子还在曲阜大会开会前，在北京国子监举办一次所谓"仲秋丁祭祀孔"典礼，据称，参加者亦上千人。通过上述这些规模很大的活动，相当有力地扩展了孔教会的影响。

第四，孔教会发动了声势颇大的要求定孔教为国教写入宪法的请愿运动。要求定孔教为国教，乃是孔教会既定的主张。最早提出此种主张的自然是康有为，其弟子陈焕章也是早有此想。

戊戌之年，康有为上《请商定教案法律厘正科举文体听天下乡邑增设文庙谨写〈孔子改制考〉进呈御览以尊圣师而保大教折》。其中说道，鉴于连年发生教案，因国力弱，交涉每受迫压，往往虽赔款结案，但人民受害，怨愤益深。为保中国之教，亦保中国之民，当"开教会，定教律"，以后发生教案，以彼我教会按教律交涉。为此，需组织教会。中国教会自当是孔教会。因"吾举国皆在孔子教中"。孔子后裔，历朝"礼待优隆"，即请皇上下诏，令衍圣公开孔教会，并即以衍圣公为总理，再由士庶公举督办、会办，各地举分会办。既有了全国教会组织，即可派委妥员往传教之国，与其定约，定教律，以后交涉便有法可依。"从此教案皆有定式，小之无轻重失宜之患，大之无借端割地之害，其于存亡大计实非小补。"① 康有为创孔教会的想法，原是从变法救国的总体目标出发的，而且其组织有系统的国家教会的想法，还是多少受到西方教会的启发。但民国初年的大办孔教会，却是为抵制新思想、新制度，助其实行复古乃至复辟的政治主张的。

1913年4月，正式国会开会，7月，国会宪法起草委员会在天坛开会。康有为、陈焕章等急忙联络同党，准备联名上请愿书，要求宪法明定孔教为国教。8月15日，由陈焕章、夏曾佑、梁启超、王式通等联名的请愿书上达国会参众两院。

鉴于时局的迷茫，大多数人思想失去重心，能虚心接受新思想、新观念者，毕竟是少数；固执于旧日信仰者，亦属少数。在此种情况下，舆论声势足以"摇惑人心"。孔教会做了大量活动之后，又复联名上书国会，竟赢得不少支持者。据记载，当时各省、各地方的所谓教育会，或教育行政当局，有不少往北京发电，表示拥护定孔教为国教。尤其是一些握有权力的官员出面支持，更加起了推波助澜的作用。据记载，公开发电支持定孔教为国教的重要军政官员有：副总统黎元洪、山东都督靳云鹏、山东民政长田文烈、浙江都督朱瑞、江西护军使改署都督李纯、安徽都督倪嗣冲、吉林护军使孟恩远、山西都督阎锡山、河南都督张镇芳、河南民政长张凤台、江苏都督冯国璋、广西都督陆荣廷以及掌领武卫前军的张

---

① 该折见姜义华、张荣华编校《康有为全集》第4集，第93页。

勋等。

在中国，广大普通民众，几乎没有独立话语权，他们只在被逼到绝路时才用行动表达自己的意志。掌领话语权的，通常只有上层有实力的人群。中国的中间社会力量极其微弱，无非是一些在极不发达的实业、教育、新闻等领域里任事的人，他们虽有发声的机会，但实力甚弱。因此，请定孔教为国教的鼓噪，颇发生了一定的社会影响。在国会中，在宪法起草委员会中，都有一些人赞成定孔教为国教。只是当时在国会和宪法起草委员会中，均以国民党及其同情者占多数，所以，定孔教为国教的提案未能通过，但有鉴于国教运动的声势，又不便完全予以抹杀，乃通过了一个颇有些不伦不类的折中方案，即同意在宪法草案中写入"国民教育以孔子之道为修身大本"一句话。为什么说它有些不伦不类呢？因为"修身"属于道德范围的事，宪法、法律都不便对道德有所规定。再者，宪法草案中已明明规定人民有"集会结社、言论著作刊行、信仰宗教之自由"，则国民必须"以孔子之道为修身大本"，势必有碍于"言论著作刊行、信仰宗教之自由"。因为依照前者，国民可以批评孔子及儒家的学说；但若遵行后者，则批评孔子及儒家学说便违反宪法了。一部宪法草案存在如此不合逻辑的、互相矛盾的情况，岂不是不伦不类吗？

宪法草案的妥协文字不能满足孔教会的要求，他们继续有所活动。后因袁世凯镇压了国民党的二次革命，为进一步总揽大权，乃取消国会中国民党员的议员资格，致使国会因不足法定人数而无法召开，孔教会的请愿运动也只有偃旗息鼓。后来，袁世凯帝制失败，其"身与名俱灭"，国会复会，孔教会又再度掀起定孔教为国教的请愿运动，但仍无结果。此时新文化运动正在酝酿兴起，尊孔与定孔教为国教的鼓吹，遭遇到富有活力一批新人物的强有力的反击，终因有心无力而从思想的大舞台消退。

（二）复辟思潮的兴衰

我们一再强调说，孔子及儒家学说与君主专制有难以分割的紧密关系。鼓吹孔儒学说，重新树立孔子至高无上的圣人地位，欲将人民的思想仍用孔儒学说笼罩起来，则其他思想学说，特别是民主自由之类的新思想、新观念便被屏蔽在外了。由此，与孔儒学说不相谐的国体、制度，也就应该被屏蔽在外了。这样，君主制度就成为人们唯一可以托庇其间的国体制度了。

劳乃宣在辛亥即将鼎革之际，就极力反对以民主共和制取代君主制，力求保住君主制度，实际也就是保住大清王朝。他用老学究的姿态，用字义训诂的方法，以助其反共和的主张。他说，人们纷纷议论以共和制代替君主制，其论实属不通。他写了一篇《共和正解》的文章，说共和之名，中国古已有之，就是周昭共和。此共和是君主制下，由大臣负实际责任，类于君主立宪，而绝非民主。人们以共和来说民主，以共和制推翻君主制是完全错误的。他认为，由袁世凯担任内阁总理大臣，代幼帝执掌政府权力，可说是真正共和。他说："今摄政王退位矣，皇上幼冲，专心典学，用人行政均责成内阁总理大臣、各国务大臣担负责任。非所谓公卿相与和而修政事哉？是今之朝局乃真共和也，共和之正解也。"① 照劳氏的意思，革命党人要推翻清朝，另建一共和国，是没有理论根据的。以袁世凯为总理大臣，由清帝溥仪君临其上的当下之清政府即是真正的共和制。他认为，革命党和其他自命新进人物所说的共和，乃是民主，而非共和。民主则是西方小国最宜之制度。一来，古希腊、罗马时已有之；二则小国土狭民少，宜于民治。中国广土众民，不宜行此制。他说："中国之人号四万万，其中略晓欧美文明法律，具民主之见解者，通商大埠或有数百人，都会通衢或有百人数十人，偏僻郡邑，不过有数人或一二人。合二十二行省计之，

① 劳乃宣：《共和正解》，《桐乡老先生遗稿》卷1，第35页。

极多万人耳，此外三万九千九百九十九万人，不识不知，顺帝之则者居其大半，皆安于君主之下者也。读书有学识之士，及粗明常理之人，居其少半，皆笃守旧道德旧礼教，极端反对无君之说者也。今以极少数喜新之人，倡民主之说于三五都会、商埠而欲普天之下山陬海澨，数万倍大多数守旧之人，悉表同意，断断无此理。天下数万倍大多数之民皆不同意，而谓可以造成民主之治，岂情理之所有哉？"① 所以，他的结论是中国行共和则可，但那只能是周昭共和的共和，只能是君主制的共和。至于他所说，中国广土众民，人民不了解民主为何物，所以不能行民主，这是立宪派自清末以来经常说的话，已不新鲜。

在这个时候，康有为挺身出来，力图保住君主制度，实际也是要保住大清王朝。武昌起义后两个多月，康有为抛出自视为新发明的所谓"虚君共和制"的主张。他宣称："中国乎，积四千年君主之俗，欲一旦全废之，甚非策也。"若实行议院共和制，则政党争斗不已；若实行总统共和制，则为争总统大权，不惜兵戎相见。"今有虚君之共和政体，尚突出于英、比与加拿大、澳洲之上，尽有共和之利而无其争乱之弊，岂非最为法良意美者乎？天佑中国，事变最后，乃忽得奇妙之政体，岂非厚幸耶！"② 康氏说，以君主言之，向有专制之君主，有立宪之君主，今不妨亦有共和之虚位君主。以立宪言之，向有立宪之民主，有立宪之君主，今不妨亦有立宪之虚位君主。以共和言之，向有议长之共和，有总统之共和，亦正应有虚君之共和。康有为解释说，虚君共和，"盖立一无权之君主，人不争之，于是驱其国人，只以心力财力运动政党，只以笔墨口舌争总理大臣，而一国可长治久安矣，无复岁易总统以兵争乱之患，不陷于无政府之祸"。③ 康氏认为，虚君共和制，不过立一无

---

① 劳乃宣：《共和正解》，《桐乡老先生遗稿》卷1，第35页。
② 《共和政体论》，姜义华、张荣华编校：《康有为全集》第9集，第248页。
③ 《共和政体论》，姜义华、张荣华编校：《康有为全集》第9集，第246页。

权之君主，尊之为"土偶之神"而已，却可保不因争大位而动乱不已。他所提议可坐虚君之位的人选，一是清朝皇帝，一是孔子后裔。以中国人之心理和历史习惯，在辛亥鼎革之际，很难设想有多少人会赞同康氏的方案。

民国成立，虽也曾略显某些新气象，但根本的社会、政治问题不得解决，所以，复辟的思潮一直存在。复辟思潮是沿着两个不同的方向运行的：一是复辟旧朝旧君，即复辟大清皇帝；一是握有大权者袁世凯帝制自为。

谋求复辟大清皇帝的，除劳乃宣、康有为，还有众多曾为旧朝旧君效过力的清朝遗臣，如刘廷琛、于式枚、郑孝胥、沈曾植、梁鼎芬、李经羲、张勋等。他们受孔儒学说熏染太深，受纲常名教束缚太紧，全不顾清室腐败丧失人心，根本无法让人民再接受这个旧王朝的事实，却自欺欺人地称道旧朝的所谓深仁厚泽。劳乃宣在辛亥鼎革之际替清室辩护说："朝廷本无虐政，德泽犹在人心。虽近日当轴不得其人，致滋民怨，然怨者政府，非怨君上。与欧洲革命之怨毒生于其君者迥不相侔，尤不可同日语也。"①

另外就是所谓宗社党中人，包括一些亲王、贵族，如恭亲王、庄亲王、肃亲王以及升允、长庚等。他们一直不甘心清朝的灭亡，只是大势已去，一时无法挽回，乃大多于暗中活动。有的变卖家产，准备起事经费。有的频频奔走于北京、天津、青岛、上海间传递消息，密谋策划。他们不惜勾结外国势力（主要是日本），想取得帝国主义野心分子支持，联络军阀，组织人力，窥测时机，准备起事。他们中最活跃的人物之一——升允曾印发一种所谓《檄告天下文》，极力喧传清朝之亡，是亡于奸党误国，并非皇室过错。文中称："溯我大清，肇基东土。我世祖章皇帝自辽沈莅中国，为天下共主。传十世以至于今，凡二百六十有余岁。代无失德，昭在简册。读书有识者皆称远迈汉唐，庶几三代。此非独臣子阿其君之

---

① 劳乃宣：《共和正解》，《桐乡劳先生遗稿》卷1，第36页。

私言也。光绪季年，我孝钦显皇后春秋既高，我德宗景皇帝有疾弗豫，斯时执政大臣又非其人，于是奸人乘之，邪说惑之，引用者多新党，推行者皆新政，大经大法荡然无存，纲纪于是坏，民生于是困矣。"所以他号召怀恩于大清朝者要奋起夺回大清的天下。此文极力丑诋革命党人和民国社会，说"清室存，则尧舜以来三纲五常之道借以不坠；否则，自今以往，堂堂华夏长为无父无君之国，岂不哀哉！"文中要求"传檄到处，俾知民国之不能久据，清室之必将中兴。胁从者许其自新，投诚者待以不死，去逆效顺，建功立名，此其时矣"。①

民国 3 年是复辟思潮的一个很重要的关节。劳乃宣相继发表《续共和正解》和《君主民主平议》两文，一方面论述"民主之政完全无阙者独瑞士极小一邦而已，故除北美人民有特别知识外，非小国不能行民主之制，此一定不易之理也"；另一方面，则把更多的笔墨用于说明，民主在中国之实验已完全失败，必须回复旧朝旧君。文中说："民主之制之不适用于中国，已实行试验彰明较著不容讳言矣。长此不变，将来总统之攘夺必同于今之南美，宇内之扰乱必甚于昔之六朝五代，生灵涂炭，恐非百余年所能已也。"②

劳氏特将其辛亥年所撰之《共和正解》及上述两篇文章合订一册，广为散发，俨然有可以公开讨论复辟的气氛。于是，在京师以及各地，复辟之说传扬甚广。

但诚如我们前面已经指出的，复辟之论，是分作两支，一为鼓吹清室复辟，一为鼓吹袁世凯帝制自为。前者一面暗地活动，一面制造舆论；后者则主要以实际活动为帝制自为开路。鉴于清室复辟派舆论渐近嚣张，可能有碍于袁世凯的帝制自为之大计，袁氏乃决定吓阻之。先是由肃政史递呈，请求禁止清室复辟的谬说；然后袁

---

① 转引自劳祖德整理《郑孝胥日记》第 3 册，中华书局 1993 年版，第 1468、1469 页。

② 劳乃宣：《桐乡劳先生遗稿》卷 1，第 42 页。

世凯召集军政要员开会研究对策；再后，参政院代行立法院亦开会决议禁止清室复辟邪说；最后袁世凯下令将鼓吹清室复辟者治罪。

仔细研究每一步的策划与实施，很可看出，袁世凯及其幕僚为了吓阻清室复辟的鼓吹者，又不妨碍袁氏自己帝制自为的计划，颇费了一番心思。

肃政史夏寿康的呈文不吝笔墨缕述清朝灭亡的必然性，实则是反衬袁世凯的权力、地位的合法性。其呈称："近有人散布论说，主张变更国体，还政清室；又具奏清帝请恤邀恩；微特滋民国之疑，实亦非清室之福。伏念改革之起，实由晚清失政，皇族骄盈，把持政权，公行贿赂，疏宗见排于近宗，满人见排于皇族，而满人皇族又协力以排斥汉人，满汉恶感积不能解，满人皇族之擅权当国者，又惟知声色货利，无政治能力知识。平时混淆黑白，临事应变无方，坐成土崩瓦解之势。武昌兵起，各省独立，天命人心一去不返。加以庚子拳乱，皇族倡之，辛亥革命又皇族酿之。外人以皇族一再召乱，损害各国商务，且彼国在华教士侨民生命财产关系尤巨，预决清室之不能维持，故亦赞成国体之改革。其时上海领事团及各国商人联名请清廷退位。足见此次变更迫于中外大势所趋，非武力所能压制也。"这一段是着重说明，辛亥之年，不是袁世凯不肯用命，尽力剿灭革命，乃大势所趋，无可挽回。下面则说："民国甫建，风雨飘摇，又倡改弦更张之议，则是自求扰乱，与暴徒二次破坏用意何殊？抑清廷本以失民去位，民心断难再复，徒使反侧之徒用其阴谋拘煽内乱，而他国且利用此以收渔人之利。中国之危亡将万劫不可复。是争一姓之权利，陷五族以沦胥，不独为世界公例所不容，亦且背孔孟大同之经义，断不宜避嫌姑息致酿乱机。应请饬下内务部，将此等论说严行查禁，并移知清室内务府，遇事留意，杜莠绝嫌，用副民国优礼清室之至意。"① 这是明确要求清室自我检束，不可做复辟之想；否则，民国优礼清室之待遇将难以

保证。

其实，袁世凯有帝制自为之野心，是早被人看出来了。《郑孝胥日记》里有多处记载他们私下议及袁氏欲称帝的事，而劳乃宣在其《君主民主平议》文里，当说到共和制之实验已完全失败，国家扰乱将甚于六朝五代，生灵涂炭不知何时能已的时候，他说："然则欲救此祸，非复帝制不可乎？其复帝制也，复辟旧朝乎？总统自帝乎？"①劳氏自己当然是心向旧朝，但他毕竟一度从政，知道一点"因势利导"的道理。他在辛亥年做《共和正解》，企图阻止南北议和，保留清帝国的君主制。在当时实不啻"螳臂当车"。至民国3年，他做《续共和正解》一文，虽力主旧朝复辟，但不能不顾及袁世凯大权在握的事实。所以他主张，维今之计，袁世凯应当利用其权势与影响力设法规复旧朝。步骤是，制定"中华国共和宪法"，避去民主之名，亦避大清之名，定名中华共和国，按周昭共和之正解，为君主立宪之制。纪元则称共和某某年。总统任期定五年，可连任一次，到第十年第二任期满，袁总统还政于届时已满十八岁之皇帝溥仪，而由溥仪封袁氏王爵，世袭罔替。②劳氏此说，颇有点"曲线救国（亡清）"的味道！

前面已说及，袁世凯的复辟帝制，更多地用力于行动。在1915年帝制运动正式开场前，袁世凯和他的亲信党羽，从未曾公开声言帝制自为的计划。但他的行动暗指向这一目标，是明眼人都看得出来的。然1914年，他觉得准备尚未充分，复辟旧朝的舆论与活动若不稍加吓阻，恐妨碍他的大计。但怎样出手，打击到何种程度，他颇费一番捉摸。

按常理，旧朝的贵族公然发布《檄告天下文》，明言复辟旧朝，而且奔走于京、津、青岛、上海乃至日本东京之间，对于民国而言，实属大逆不道，其积极策划复辟的升允，和公开印刷复辟小

---

① 劳乃宣：《君主民主平议》，《桐乡劳先生遗稿》卷1，第42页。
② 劳乃宣：《君主民主平议》，《桐乡劳先生遗稿》卷1，第39页。

册子到处传播的劳乃宣应当首先拿办。但这两个人都平安无事，偏偏一个完全不被人注意的老学究，时在国史馆充闲差的宋育仁被步军统领逮捕。《申报》报道此消息时说，宋氏之被捕"盖因曾于寿徐相国文中有不谨之言论。后又以书生谬见往天津开会演说，颇足摇惑人心，故暂与之以警戒。其实，此公平平无奇，向来无何等政治上之野心。此次不过因行文好奇起见，故有此游戏滑稽之文字，于实际并无何等价值也"。[①] 记者说宋氏所言属"游戏滑稽之文字"是过为掩饰，但说宋氏"平平无奇，向来无何等政治上之野心"，则确属事实。升允做过陕甘总督，在清末最后几年颇以阻挠立宪新政之顽固派著闻。劳乃宣，清末数任知县、书院主持、督署幕僚、资政院议员等职，最后是以大学堂总监督兼学部副大臣之职伴随清亡而止。这两个人无疑要比宋育仁的影响力大得多了。但袁世凯当局何以要处分"平平无奇"的宋育仁，而放过比他的影响力大得多的升允、劳乃宣呢？我们可以试分析一下。

按袁世凯乃清朝旧臣，他最后得以清内阁总理大臣的地位，乘便掌握了国家最高实权，故不便与旧朝主子及一直忠于这个主子的旧日同僚发生正面冲突。这种心理是完全可以理解的。逮捕和处分宋育仁，几乎丝毫不会伤及旧朝主子及其遗臣。再者，还有一方面的考虑，袁氏只想吓阻公开主张复辟清朝的势力，并不想根本扼杀复辟舆论。因为在复辟帝制这一点上，袁世凯与主张复辟清朝的那些人有一致性。鉴于这些考虑，袁世凯当局最后对宋育仁的处分，也是敷衍了事，宣布将宋老先生送回四川原籍，一路妥善安排照应，并送川资 1000 元。

然而，袁氏当局的举措还是收到一定的效果。当时清室亲贵纷纷出面表态，绝不赞成复辟之事。那些鼓吹复辟清朝的人，表面上也有所收敛。

从当时报纸评论可以看出，人们知道，复辟的暗流绝不会就此

---

① 《申报》1914 年 11 月 23 日。

终止。《申报》的一则评论说，复辟之论，"所由产生之原因，亦有可以研究者在。今日议郊天，明日议祀孔；推引旧官之荐剡，不绝于官报；打消新政之讥评常见于外论；一若事事皆须复古而后快，甚或有以能回复前清末年之状态为幸者。宜乎惹起此等变本加厉之怪论矣"。① 事实上，袁世凯当局之所作所为，许多都是在为复辟帝制做铺垫，从他坐上正式大总统的宝座以后，接连出台重大复古举措。

1913 年 10 月 6 日，袁世凯当上正式大总统。11 月 26 日，袁发布厘定崇圣典礼令，同日接见孔子 76 代孙衍圣公孔令贻，颁赠一等嘉禾章。1914 年 2 月 7 日，袁发布总统令，将祭孔定为大祀，分别于春秋两季举行。3 月 12 日，袁派梁士诒代行主持春丁祀孔大典。9 月 25 日，袁发布将于 28 日举行秋丁祭孔大典令；28 日，袁世凯亲自参加祭孔大典。12 月 23 日，袁亲自主持祭天大典，这是过去皇帝之所为。这些举动客观上会给人们造成何种印象是不问可知的。

到 1915 年，袁氏觉得内外铺垫已大抵完成，内外亲信一致支持，纷纷鼓动上书劝进，且探知外国某些使者，亦表同情。这时，他才把自己欲登基做皇帝的打算渐渐公开。

为袁世凯造舆论的不是老朽旧官僚，而是受过新教育，颇吸收过一些新思想、新观念的人。1915 年 8 月，以杨度为首的所谓"筹安会六君子"，成立专为袁世凯称帝服务的小团体筹安会。这六人除杨度外，有孙毓筠、严复、刘师培、李燮和、胡瑛。杨度曾参与清末立宪运动，颇有宪政知识。严复是第一个有系统地介绍西方思想与学术经典的人。其他四位均曾籍隶革命党，迥非一般守旧之流可比。况其间又有所谓美国顾问古德诺助其舆论。所以，为袁世凯复辟帝制大造舆论之辈，与旧朝亲贵、遗臣、遗老们为复辟清朝所鼓吹者有很大的不同。

---

① 《复辟谬论传播之由来》，《申报》1914 年 11 月 20 日。

　　我们回看古德诺、杨度诸人当时所发表的文章，不能不承认他们对宪政和宪政史有所研究。他们的错误不在不懂宪政，而是利用他们的宪政知识为袁世凯帝制自为张皇、涂饰。例如古德诺所说，国体须与本国之历史习惯及其社会经济之情状相适宜才能稳定，此说无误。但他强调"就政权转移问题观之，君主制所以较共和为胜者，必以继承法为最要之条件"。① 他的意思是，君主制皇位继承有定制，届时不会招乱。共和制，大总统无继承之定制，届时必因争大总统之位而生乱。这就是在为袁世凯说话。袁要当皇帝，所以强调回复帝制，中国政治可期安定；否则每临近总统换人之际，必大乱。他又说："中国数千年以来，狃于君主独裁之政治，学校阙如，大多数之人民智识不甚高尚。而政府之动作，彼辈绝不与闻，故无研究政治之能力。四年以前，由专制一变而为共和，此诚太骤之举动，难望有良好之结果者也。"② 不良之结果，就在于"总统继承问题，尚未解决"，一旦现总统到解除职务时，必将陷入乱局。因此，他认为："中国如用君主制，较共和制为宜，此殆无可疑者也。"他断言："中国之立宪，以君主制行之为易，以共和制行之则较难。"③ 古德诺的文章完全谈不上有什么充分事实与严格逻辑的论证，都只是模糊影响之谈。因为人们普遍感到共和新国并未给他们带来所期望的局面，怎样摆脱目前的这种局面，又没有明确的路径与方法。古德诺的逻辑是，既然共和制下，立宪无成，那么，中国要想实行立宪制度，就必须回复到君主制。

　　杨度的《君宪救国论》，好像是跟古德诺事先商量好的，他是接着古德诺的话头讲。他也是从宪政学说和宪政历史的一个正确前提出发，认为"国家所最痛且最危险者，莫如人存政举，人亡政息。惟有宪政一立，则人存政举，人亡而政亦举。有前进无后

---

① 古德诺：《共和与君主论》，《东方杂志》第 12 卷第 10 号，1915 年 10 月。
② 古德诺：《共和与君主论》，《东方杂志》第 12 卷第 10 号，1915 年 10 月。
③ 古德诺：《共和与君主论》，《东方杂志》第 12 卷第 10 号，1915 年 10 月。

退"。"盖立宪者，国家有一定之法制，自元首以及国人，皆不能为法律以外之行动。人事有变，而法制不变。……国家有此一定之法制，以为之主体，则政府永远有善政而无恶政，病民者日见其少，利民者日见其多，国中一切事业皆得自然发达，逐年递进。循此以至于无穷，欲国之不富不强乌可得乎！"① 这里除了说立宪有法制，"则政府永远有善政而无恶政"一句过于绝对，其他说法都不错。追求宪政，希望在宪政之下，实现国家富强，这是近代中国仁人志士的最大愿望。杨度本人也有此种追求，而且我们可以承认他的这种追求是真诚的。但杨度自负才高，总想找机会展其长才。在清末，立宪运动初起时，他曾有过不凡的表现。后来运动高涨期，朝廷略有呼应之势，他投入宪政编查馆欲有所作为，却未如所愿。辛亥变起，他奔走南北议和，虽不无贡献，亦未得展布其才的充分机会。他对革命党早有看法，不可能与他们合作。袁世凯最拥有实力，杨度以为，袁是可以寄托其理想与抱负的人，于是决心帮助袁世凯实现其皇帝梦，借其实力实现君主立宪，使中国走上稳定发展之路，本人亦遂成开国重臣。

杨度明白宪政的道理，却因过于崇信袁世凯而鬼迷心窍地认为，中国只有在君主制下才能实行立宪。他断言，共和制下求立宪必无望。他说，中国"多数人民不知共和为何物，亦不知所谓法律以及自由平等诸说为何义，骤与专制君主相离而入于共和，则以为此后无人能制我者，我但任意行之可也"。又说："近四年中，设非政府采用专制精神，则国中欲求一日之安不可得也。故一言以蔽之曰，中国之共和，非专制不能治也。变词言之，即曰中国之共和，非立宪所能治也。因立宪不足以治共和，故共和决不能成立宪。"② 说共和不能成立宪，在理论上固不能成立，但就民国以来之事实，却恰好正中于多数人感到宪政无望的迷茫心理。

① 杨度：《君宪救国论》，《东方杂志》第 12 卷第 10 号，1915 年 10 月。
② 杨度：《君宪救国论》，《东方杂志》第 12 卷第 10 号，1915 年 10 月。

共和既不能成立宪，那么只好求之于君主。杨度说，君主制可使全国定于一，免祸乱。因君主之名义无竞争，而总统之名义有竞争。争总统，不为罪恶；争君主，便是大逆。所以，一般情况下，不会有争君主之事实发生；而争总统则是必有之事，一争必乱。只有定于一，才能稳定，才能实行宪政。

杨度在其《君宪救国论》中，没有做任何论证就武断说："中国将来竞争大总统之战乱，不知已于何时。后来之事，思之胆寒。方备乱之不遑，而何有于致治。"[1] 事实是，从袁世凯登上临时大总统的大位之后，所发生的历次争斗，都与总统之位无关，即1913年的所谓二次革命，亦与总统之位无关。谁都知道，那是为宋教仁被刺案与大借款案而起的。客观地说，袁世凯作为国家的最高领导人，拥有无上权力。他本人若肯守法守信，秉公执政，几乎不会发生任何乱事。然袁世凯不此之图，反而累次滥权违法，甚至干出暗杀政敌的事情。实际上，袁世凯正是争乱的制造者。杨度不顾事实，硬说，一切争乱都是因共和制不好，应废掉共和，取消总统，回归帝制。他下结论说："计惟有易大总统为君主，使一国元首立于绝对不可竞争之地位，庶几足以止乱。"其说既无理论根据，亦不合历史事实。杨度本人是否确信自己的说法都不无疑问。他从认定总统必有争位者，而皇帝则绝无争位者这一点出发，论证道，回复帝制，袁总统变成袁皇帝，天下"定于一"，"既以君主为国本，举国上下必思妥定国本之法，则除立宪又无他术。……欲求上安皇室下慰民情之计，皆必以宪政为归。故自此而言之，非君主不能发生宪政"。[2] 杨度所做《君宪救国论》分上、中、下三篇，洋洋万言，其要义不过如此。

杨氏这一套说辞，似是而非。中国历史上因争君主之位而杀人流血，甚至发生战乱的情况并非没有；而争总统导致天下大乱，在

---

① 杨度：《君宪救国论》，《东方杂志》第12卷第10号，1915年10月
② 杨度：《君宪救国论》，《东方杂志》第12卷第10号，1915年10月。

中国还未曾出现。杨氏说二次革命是为争总统大位而起，实在是睁眼说瞎话。但杨氏的话却可以迷惑不少迷信"真龙天子"下世的人。

如我们一再指出的，杨度等辈的言论、举动，客观上反映了民初宪政失败，以致人们对宪政前途十分迷茫的情势。但并非所有对宪政前途表示失望的人都返身求助于复辟帝制。梁启超当时何尝不是满怀失望而十分无奈，但他有自己的信仰和追求，有自己的原则和底线。他曾寄希望于袁世凯，希望凭借他的地位、声望和手中掌握的实力，控制大局，稳步将国家带上宪政之路。当他发现他的想法无法实现时，自求引退，绝不为求一身之荣利而牺牲信仰与原则。杨度自清末以来屡次改变自己的身份、角色，力求一身有所展布。杨氏确是身负异才，然而信道不笃，修德不厚，自以为才过群伦，如不得展布，不但对不起父母，亦对不起天下苍生。唐浩明先生小说《杨度》，说他有当宰相的野心，似亦非诛心之论。

政治发展完全依形势为转移。所以政治策略无外乎因势利导，客观上没有形势，只凭主观意志强行某种政策，没有不失败的。有时可得短暂成功，而终不能稳定持久。但人们在正确认识客观形势的前提下，可以向某一方向努力，帮助某种形势的发展，使其由弱转强，最终造成大势所趋，水到渠成。难的是，往往当局者迷，不易认清客观形势，所以常常是事与愿违。事过将近百年，我们平心研究当时的历史，对于宪政失败的原因可得一较为客观而切实的了解。知其原因，方可知当如何努力。

当时有汪凤瀛者批评杨度议论国体更张，拥袁世凯称帝，有"七不可"：一为袁世凯就总统任时及其后，屡屡誓言决不使帝制复活，今帝制自为，"悖礼伤义，动摇国本"。二为民元、民二年间，孙、黄辈曾揭露袁世凯有称帝野心，今袁果称帝，证实当日革党所言非虚。三为数千万华侨为国家重要支持力量，华侨欧化，一般皆反对专制帝政，今忽改共和为帝制，将失去华侨的支持。四为民国成立时，优待清室，允其保留帝号。今袁氏称帝，国中二帝并存，恐成酿乱之机。五为近来天灾不断，人民仍能输纳捐税，皆以民国为民所有；倘改民国为一家之私产，再强征捐税，必成怨府。怨气郁结，一旦爆发，国危之同时，皇室亦必至险。六为今在朝官员多前朝旧吏，以民国之故，彼辈尚可安然；若改为帝制，则明为贰臣。稍知自爱者必引去，留而不去者，必是嗜利无耻之徒。与此辈共图治理，危险实多。七为国家对外无力，变更国体，必征外人同意。外人必乘机攫取重利以为同意之交换条件。况国体变更之际，地方稍有不靖，外人可借词干涉，或提出更多条件，或直以兵力临我，其危险可以想见。

"七不可"，基本以事论事，其作者影响力亦有限。古德诺为当世最强大、号称最先进之国家美国的宪法学者。杨度自清末以来即是政坛名人。汪氏自不能比。不少中国人犯一大病：崇信古人，崇信外国人。此病染之殊深，至今无法根除。所以，要拨乱反正，消除古、杨二氏谬说之影响，还须更有分量的大人物出而辟之，方可定舆论之趋向。这时，梁启超发表《异哉所谓国体问题者》一篇大文。据说，此文尚未发表便为袁世凯亲信侦知。袁世凯欲出二十万金，使勿发表，为梁氏所拒。[①]

梁氏以高屋建瓴之势提出问题，他说："吾侪立宪党之政论家，只问政体，不问国体。"[②] 政论家"常在现行国体基础之上，而谋政体、政象之改进，此即政治家唯一之天职也。苟于此范围外越雷池一步，则是革命家之所为，非堂堂正正之政治家所当有事也"。[③] 这样一种论式，即置杨度等人于"非堂堂正正之政治家"的地位。

梁氏认为，"国体本无绝对之美"。此点甚为重要。国体是在

① 见丁文江、赵丰田编《梁启超年谱长编》，上海人民出版社 1983 年版，第724—725 页。

② 梁启超：《异哉所谓国体问题者》，《饮冰室合集·专集之三十三》，第85 页。

③ 梁启超：《异哉所谓国体问题者》，《饮冰室合集·专集之三十三》，第86 页。

已成事实的基础之上，不是可以任意挑选的。在既成国体之下，政体不断改进，可以富民强国；反之，政体不改进，任治者胡作非为，无论何种国体，都将走向衰落乃至灭亡。所以，梁氏说："政体诚能立宪，则无论国体为君主为共和，无一而不可也。政体而非立宪，则无论国体为君主为共和，无一而可也。"① 既然关键只在立宪与不立宪，与国体无关，则古德诺、杨度辈，拿国体来说事，认为国体不改，便不能立宪，就是无根之论。梁氏的看法显然既符合政学理论，也符合历史事实。英国、日本皆君主国体，然能立宪，所以，民富国强。南美诸国以及中国，虽建共和，然不能立宪，所以贫穷又动乱不已。

由此，梁氏质疑杨度等人："如诚以希求立宪为职志也，则曷为在共和国体之下，不能遂此希求，而必须行曲以假涂于君主，吾实惑之。"② 他指出，中国不能立宪原因甚多，例如官僚之擅权，人民之无参政经验与能力等。这些原因都不因共和国体而生，亦不会因改君主国体而消灭。所以，如真想立宪，须先使官员严格守法，多给人民以接近和参与政治之机会，而不是"壅其智识，阏其能力，挫其兴味，坏其节操"。如此坚持数年，必生效果。"不此之务，而徒以现行国体为病，此朱子所谓不能使船嫌溪曲者也。"③

杨度在其《君宪救国论》中最强调的是，共和制，大总统任期有定，届时重选，争此大位者必多，遂陷国家于混乱。而且，此乱循环往复，无有已时。而实行君主制，君位继承法有定，不会发生争君位而起混乱。杨氏之说，煞有介事，其实全无道理。共和之乱，并非皆因争总统，即使表现为争总统，其实亦有更深层的原因在。而说君主之下，便没有因争君位而起争乱，亦属不顾历史事实。梁氏说："试历览古来帝王家之掌故，其陈尸在堂，操戈在阙

---

① 梁启超：《异哉所谓国体问题者》，《饮冰室合集·专集之三十三》，第88页。
② 梁启超：《异哉所谓国体问题者》，《饮冰室合集·专集之三十三》，第90页。
③ 梁启超：《异哉所谓国体问题者》，《饮冰室合集·专集之三十三》，第91页。

者，又何可胜数。从可知国家安危治乱之所伏固别有在，而不在宪典形式上之共和君主明矣。"[1]

梁氏很不客气地指斥杨度，指其所说乃欺饰之谈。他指出，立宪的最根本要求是以监督机关与行政机关相对待，使政权之行使受若干限制。君主立宪之最要条件是君主不负责任。杨度等人难道是为限制当道者（谁都知道要当皇上的是当今大总统袁世凯），使之不负责任，甘当受尊崇的木偶吗？当道者会接受这种君主立宪制吗？[2] 明眼人一看便知，袁世凯要的是不受限制的君主大权和世袭罔替，子孙的皇位永续。

梁氏大文发表，复辟派欺骗舆论的种种说辞都站不住脚。袁世凯及其党羽，本来就是依靠实力强行帝制。梁启超可以驳倒他们的谬论，却不能制止他们复辟帝制的行动。但袁世凯的帝制自为，终究是倒行逆施，很快因激起各方反对，终在四面楚歌中垮台，还搭上自己的性命。

袁世凯的帝制失败后，1917 年 7 月，张勋利用中央府院之争的机会，带"辫子兵"入京，搞了一场 12 天的清室复辟，那更像是一场闹剧而已。虽然清室的遗老并没有完全放弃他们的复辟梦想，十几年后，借日本之力，在东北复辟清室得逞。但作为一种影响及于全社会的复辟思潮，已可谓寿终正寝了。

推翻清朝政府，建立共和民国，数年之后仍是一片乱局，人心失落，前路迷茫。两度复辟闹剧，虽短时间收场，然而政治仍然不上轨道。

不过，既然复辟不得人心，说明共和民主仍是多数人的价值期待，这就给先觉者留下努力奋斗的空间。社会上层没有希望，则面向下层民众；政治上找不到出路，则别求他途，试从思想文艺上打开出路。于是，始有新文化运动之发生。

---

① 　梁启超：《异哉所谓国体问题者》，《饮冰室合集·专集之三十三》，第 92 页。

② 　见梁启超《异哉所谓国体问题者》，《饮冰室合集·专集之三十三》，第 89 页。

第 二 章

《新青年》出世与新文化运动的兴起

在共和国体之下，短短几年之中，竟然两度帝制复辟。人们不得不考虑，共和民主制度为什么不能坚实地确立起来？先觉者认为主要是人们的思想观念仍停留在帝制时代。要想确立共和民主制度，必须改变人们的思想观念，使人们懂得自己作为国家主人，自居于主动的地位，负起国民的责任才行。于是他们创办报刊，宣传新的思想观念，想塑造一代共和国的国民，以为民主共和国建立起坚实的基础。

一　新旧思想冲突的聚焦

人们满怀期待的共和新国，历经数年，给予人们的却只是接连的失望。国会成立，却未曾立宪；二次革命，未歼独夫，而国会解散，法度尽失；帝制自为，天下反戈，护国虽成，而乱局仍旧。思想文化领域，更是混乱、纠结。新旧思想、观念、礼俗、习惯，相互错杂，是非不清，善恶不明。国内凡属稍知国事者，无不唏嘘叹息，前路茫茫，不知所屆。民国著名大记者黄远庸，以多年记者生涯，亲历各种事变，目睹军政乱局，他指出，有势力者，唯势、利是求；无权百姓，只有痛苦呻吟。在此情况下，无人从根本上为国家谋出路，为人民解冤苦。他非常沉痛地说道："国家之亡，盖以人心为之朕兆，今以全国稍有知识者之心理卜之，莫不忧伤憔悴，皇皇然不可终日。于是乃以沈冥旷废淫乐无道出之，以求旦夕之苟活。"① 又说："国家为理性造成之物，而吾国人乃以一时之感触为之。感触剧烈时，则将一时政局搅得海涌云腾；感触停息时，则奄奄作死人睡去状。一般人但求旦夕无事，究竟'中华民国之究竟如何'，大众既不加以思量，而所谓势力家者，亦但求保持其特殊之势力为已足。惟无理想，故无解决；惟无解决，故无希望。"② 在黄氏看来，国家所遭遇的最大问题是人心失落，用他自己的话说，是"人心之枯窘"。他说："今日吾国大患安在，不佞以为决不在外交、财政、议会、政党等等，……所可疾首痛心引为大患者，则人心之枯窘无聊，希望断绝是也。晚清时代国之现象，亦曷甚矣。然人心勃勃，犹有莫大之希望。立宪党曰，吾国立宪则盛强可立致；革命党曰，吾国革命而易共和，则法美不足言。今以革命既成，立宪政体亦既确定，而种种败象莫不与往日所祈向者相左。于是全国之人丧心失图，皇皇然不知所归。犹以短筏孤舟驾于绝潢断流之中，粮糒俱绝，风雨四至，惟日待大命之至。惟是一部分之人呼号冲突，一部分之人鼠窃狗偷，互相角觚以为戏，而实响已虚，元气大尽。以国中最优秀之政治家，最重要神圣之机关，莫能决定政治之路径，以确定国家前途之希望。……全国之人，厌倦舆论，厌倦议会，厌倦政府，厌倦一切政谈。其结果，将厌倦共和，厌倦国家。"③ 国人心理如此，岂不是危殆已极。

陈独秀与黄远庸有着差不多同样的观察。他指出："自国会解散以来，百政俱废，失业者盈天下。又复繁刑苛税，惠及农商。此时全国人民，除官吏兵匪侦探之外，无不重足而立。生机断绝，不

---

① 黄远庸：《我今要求政治界之灵魂》，《黄远生遗著》卷2（《近代中国史料丛刊》第3编第21辑），台北，文海出版社，出版时间不详，第132页。

② 黄远庸：《无理想无解决无希望之政治》，《黄远生遗著》卷3，第132页。

③ 黄远庸：《论人心之枯窘》，《黄远生遗著》卷1，第88—89页。

独党人为然也。"①

黄远庸、陈独秀能如此尖锐地提出问题，说明他们已有觉醒。他们不是仅仅为了揭出真相，令大家都唏嘘浩叹，忍痛待死。他们是看到一线希望，才把严峻的形势告诉大家，刺激大家警醒。尽管这时他们的希望还不是非常明确，非常自信。

黄远庸曾痛诉过渡时期之无奈。他说："旧者既已死矣，新者尚未生，吾人往日所奉为权威之宗教道德学术文艺，既已不堪新时代激烈之风潮，犹之往古希腊神道之被窜逐然，一一皆即于晦匿，而尚无同等之权威之宗教道德学术文艺起而代兴。吾人以一身立于过去遗骸与将来胚胎之中间，赤手空拳，无一物可把持，徒彷徨于过渡之时期中而已。"② 但他毕竟是身历清末民初的改革与革命历程的人，这时期相继传入中国之种种新思想、新学说，他颇有了解。而在这过程中，中国毕竟也涌现出一部分新的社会力量。因此，他对国家前途并不绝望。

我们研究先觉者的议论，可以看出，尽管经历数年的乱局，新旧思想不断冲突，但至此，已可清晰显现新旧思想冲突的焦点所在。

民初政坛的各种争斗，其实质都不过是民主宪政与专制独裁的较量。这两者的争斗，是民初一切政治问题的核心。

但为什么有了共和国的体制，要施行民主立宪制却屡屡受挫，不能成功，乃至相继出现两度帝制复辟呢？

在前一章里，我们在分析民初宪政失败的原因时曾指出，当时的多数政治家、政论家、法学者，都未能深刻剖析宪政失败的深层原因。但少数思想家和先觉者，却为我们道出了个中缘由。例如，陈独秀在1915年到1916年发表的多篇文章里揭示，人民中广大阶

---

① 《生机（致〈甲寅杂志〉记者）》，原载《甲寅杂志》第1卷第2号，引自任建树主编《陈独秀著作选编》第1卷，第143页。

② 黄远庸：《想影录》，《黄远生遗著》卷1，第161页。

层不曾参与民主宪政的进程，他们毫无宪政观念与宪政知识，他们甚至根本不关心政治，视政治如观隔岸之火。而民主宪政若没有广大民众阶层的参与，则是不可能的。有之，则必定是伪宪政。陈独秀说："今兹之役，可谓为新旧思潮之大激战。浅见者咸以吾人最后之觉悟期之，而不知尚难实现也。何以言之？今之所谓共和，所谓立宪者，乃少数政党之主张，多数国民不见有若何切身利害之感而有所取舍也。盖多数人之觉悟，少数人可为先导，而不可为代庖。共和立宪之大业，少数人可主张，而未可实现。"① 又说："第以共和宪政，非政府所能赐予，非一党一派人所能主持，更非一二伟人大老所能负之而趋。共和立宪而不出于多数国民之自觉与自动，皆伪共和也，伪立宪也，政治之装饰品也，与欧美各国之共和立宪绝非一物。以其于多数国民之思想人格无变更，与多数国民之利害休戚无切身之观感也。"② 其实还不止于此。广大民众，因困于愚昧、迷信以及习惯，往往对自己所不了解的未来有些恐惧，而误以为在旧秩序、旧习惯中生活会更安适、更保险一些。因此，旧势力的宣传和作为，他们不以为怪，甚至乐于随风顺流而去。这是长期生活于君主专制制度之下所养成的国民性。所以，建设真正共和民主制度，必须努力改变这种国民性，须在全体人民中做一次启蒙的功夫。像陈独秀所说，"如今要巩固共和，非先将国民脑子里所有反对共和的旧思想，一一洗刷干净不可"。③ 去掉君主专制的一套思想观念、行为习惯，培育民主自由的新思想、新观念；由君主专制下的奴隶性的臣民变成共和国的独立、自由、平等的国民。这显然是一项十分艰巨的任务，须做长期的奋斗，绝不是凭激情一蹴可即的。

黄远庸回顾自中西文化相遇以来的情形时说："盖在昔日，仅

　　① 《吾人最后之觉悟》，原载《青年杂志》第 1 卷第 6 号，引自任建树主编《陈独秀著作选编》第 1 卷，第 202 页。

　　② 《吾人最后之觉悟》，任建树主编：《陈独秀著作选编》第 1 卷，第 203 页。

　　③ 《旧思想与国体问题》，任建树主编：《陈独秀著作选编》第 1 卷，第 334 页。

有制造或政法制度之争者，而在今日，已成为思想上之争。此犹两军相攻，渐逼本垒。最后胜负，且夕昭布。识者方忧恐悲危，以为国之大厉，实乃吾群进化之效，非有昔日之野战蛮争，今日何由得至本垒。盖吾人须知，新旧异同，其要点本不在枪炮工艺以及政法制度等等，若是者犹滴滴之水，青青之叶，非其本源所在。本源所在，在其思想。夫思想者，乃凡百事物所从出之原也。宗教哲学等等者，蒸为社会意力，于是而社会之组织作用生焉，于是而国家之组织作用生焉，于是而国际界之组织作用生焉。"[1] 黄氏指出，在欧洲诸国，因思想自由，新旧思想得以公开自由竞争，"所有文明，非独其固有，乃吸收古今东西世界各国方面之文化而成"。[2]所以，新旧代谢，文明日进。而"吾国秦汉以来，推崇一尊，排斥异说，闭关据守，习常蹈故，以至今日，余焰不死"。[3] 要促进中国社会进步，制度转化，思想观念的更新是必要的前提。要更新思想观念，则必须提倡怀疑与批评。"中国今日，盖方由无意识时代，以入于批评时代之期。夫批评时代，则必有怀疑与比较之思想，怀疑之极，必至破坏，比较之后，必至更新。而当此之时，笃旧守故者，方在不识不知顺帝之则之中，必将出其全力以与斗，于是乃生冲突。冲突之后，有知识者胜，不知不识者败，而后新说成焉。"[4] 新思想新观念取代旧思想旧观念，须经过怀疑、批评与斗争，新的战胜旧的，才能达到目的。好在经过民初数年的混乱之局，思想观念领域的冲突、斗争，已渐渐彰显出其焦点所在，表明先觉者已找到启蒙民众的入手途径。黄远庸说：

> 吾所谓新旧思想冲突之点，不外数端：第一则旧者崇尚一尊，拘牵故习。而新者则必欲怀疑，必欲研究。第二新者所以

---

[1] 黄远庸：《新旧思想之冲突》，《黄远生遗著》卷1，第154—155页。
[2] 黄远庸：《新旧思想之冲突》，《黄远生遗著》卷1，第156页。
[3] 黄远庸：《新旧思想之冲突》，《黄远生遗著》卷1，第157页。
[4] 黄远庸：《新旧思想之冲突》，《黄远生遗著》卷1，第156页。

敢对于数千年神圣不可侵犯之道德习惯社会制度而批评研究者，即以确认人类各有其自由意思，非其心之所安，则虽冒举世之所不韪，而不敢从同。而旧者则不认人类有此自由。第三新者所以确认人类有此自由，因以有个人之自觉，因以求个人之解放者，即以认人类各有其独立之人格。所谓人格者，即对于自己之认识，即谓人类有绝对之价值，与其独立之目的，非同器物，供人服御，非同奴仆，供人役使，在其本身并无价值，并无目的。而旧者则视人类皆同机械，仅供役使之用，视其自身，亦系供人役使者，故为奴不可免，而国亡不必悲。第四新者所以必为个人求其自由，且必为国群求其自由者，即由对于社会不能断绝其爱情，对于国家不能断绝其爱情。而旧者则束缚桎梏于旧日习惯形式之下，不复知爱情为何物。故其现象，一尚独断，一尚批评；一尚他力，一尚自律；一尚统合，一尚分析；一尚演绎，一尚归纳；一尚静止，一尚活动。以此类推，其他可罕譬而喻。[1]

陈独秀在《青年杂志》的创刊号上所发表的《敬告青年》一文所标举的六大宗旨："自主的而非奴隶的"，"进步的而非保守的"，"进取的而非退隐的"，"世界的而非锁国的"，"实利的而非虚文的"，"科学的而非想象的"，[2] 其实也是揭示新旧思想冲突之所在。

黄、陈两位研判新旧思想冲突的焦点，都把问题归结到"人"和人的思想观念上。以往文人儒士谈及"人"，都只是抽象的"人"；黄、陈二氏所谈的"人"，都是指具体的人，都是指活生生的一个一个的"个人"。黄氏已明白提到"个人之自觉""个人之解放""独立之人格"等。陈独秀在解释其"自主

---

① 黄远庸：《新旧思想之冲突》，《黄远生遗著》卷1，第159—160页。
② 《敬告青年》，《青年杂志》第1卷第1号，1915年9月。

的而非奴隶的"宗旨时，反复强调"独立自主之人格"，"以自身为本位"。显然黄、陈两位都不是说的抽象的人，而是具体的"个人"。

他们聚焦到"个人"，于是就有了他们建设民主共和新国家的一个全新的起点。那就是从改变每一个"个人"的思想观念入手，期以达到改造国民性的目的，造就可以建设共和民主国家，可以巩固共和民主国家的人民。有了这样的人民，自然会有新国家的出现。表面看起来，这似乎回到清末梁任公先生的命题：有新民，何患无新国家？实则并不相同。在梁任公那里，尚无黄、陈二氏如此明晰的"个人"的观念，仍然是不太清晰的"国民"。况且，梁氏不久因为太强调国家主义与大民族主义，他的"国民"也变得苍白了。

我们看黄、陈二氏谈改革、谈改造社会时，都紧紧抓住"个人"这个主体。

黄远庸在《忏悔录》一文中说："今日无论何等方面，自以改革为第一要义。夫欲改革国家，必须改造社会，欲改造社会，必须改造个人。社会者，国家之根柢也；个人者，社会之根柢也。国家吾不必问，社会吾不必问，他人吾亦不必问，且须先问吾自身。吾自身既不能为人，何能责他，更何能责国家与社会？"① 因此，他又说："自今以往，吾人当各求其能力之发达。而欲自求此，则必先问以前吾曹何以能力之衰薄如彼。故必先有一种自觉，至其能力之将发达于何方面，或于政治，或于社会，各视其人性质境遇之所宜，不必定须一律。须知，今日凡百现象之不振，皆因全国优秀之绝无真实力量，而妄冀非分之获之所致。"② 这是他历观革命与改革的多次失败得出的一种教训，即要每个人先自觉醒，脚踏实地，尽力之所能勉者努力做去。清末立宪改革运动中，张謇所谓"得

---

① 黄远庸：《忏悔录》，《黄远生遗著》卷1，第134页。
② 黄远庸：《反省》，《黄远生遗著》卷1，第140页。

寸则寸，得尺则尺”即同此意。

经历袁世凯复辟帝制的闹剧之后，陈独秀认为，中国人有望起一种觉悟。他说：“三年以来，吾人于共和国体之下，备受专制政治之痛苦。自经此次之实验，国中贤者，宝爱共和之心，因以勃发；厌弃专制之心，因以明确。”① 但他声明，他自己既不乐观，也不悲观。他只是希望国人此后能渐渐觉悟起来。他期待的觉悟，第一步是要认清：“国家为人民公产”，国家政治，人人都应该关心，不能“悉委诸政府及党人之手；自身取中立态度，若观对岸之火”。第二步是要明白：“吾国欲图世界的生存，必弃数千年相传之官僚的专制的个人政治，而易以自由的自治的国民政治。”即必须弃专制而为共和民主。第三步则是必须认清：“所谓立宪政体，所谓国民政治，果能实现与否，纯然以多数国民能否对于政治，自觉其居于主人的主动的地位为唯一根本之条件。”② 这里第三步是关键，是所有三步的集成。由此我们明白，摆脱专制政治，进入民主政治，关键是要每一个人觉悟到自己是国家的主人，自己要担负起国家社会的责任。这就是陈独秀所说的“自觉其居于主人的主动的地位”的含义。

那么，怎样才能让每个人“自觉其居于主人的主动的地位”呢？这正是少数先觉者要致力解决的问题。

黄远庸认为，现代文明的根本，是要求“个人的解放”。他说：“今日世界何谓文明？曰科学之分科，曰社会之分业，曰个性之解放，曰人格之独立，重论理，重界限，重分画，重独立

---

① 《吾人最后之觉悟》，任建树主编：《陈独秀著作选编》第 1 卷，第 202 页。按，陈氏这里所说三年以来，当是指 1913 年以来的三年。因这句话的前边，陈氏明确以民国初元为一期，此后到他写此文之时为新的一期。又须指明，陈氏说“自经此次之实验，国中贤者，宝爱共和之心，因以勃发”，当是指袁世凯复辟帝制终归失败一事。陈氏此文发表于《青年杂志》第 1 卷第 6 号，标明是 1916 年 2 月 15 日出版，实际可能是在袁氏取消帝制之后，甚至可能是袁氏已死之后。

② 《吾人最后之觉悟》，任建树主编：《陈独秀著作选编》第 1 卷，第 203 页。

自尊。"① 陈独秀认为,当头第一最要之旨,是要改变人们的思想观念,思想观念改变了,才可能逐渐改变行为习惯,才会逐渐由奴隶式的国民,变成主人式的国民。他说:"若夫别尊卑,重阶级,主张人治,反对民权之思想之学说,实为制造专制帝王之根本恶因。吾国思想界不将此根本恶因铲除净尽,则有因必有果,无数废共和复帝制之袁世凯,当然接踵应运而生,毫不足怪。"② "如今要巩固共和,非先将国民脑子里所有反对共和的旧思想,一一洗刷干净不可。因为民主共和的国家组织社会制度伦理观念,和君主专制的国家组织社会制度伦理观念全然相反,一个是重在平等精神,一个重在尊卑阶级,万万不能调和的。"③

然而,改变人的思想观念,谈何容易!只靠几个先觉者做一些说教式的文章在报刊上传布,是很难收效的。黄远庸已经意识到这一点。他在准备到美国游历的前夕,写信给《甲寅》杂志的编者章士钊说:"此后将努力求学,专求自立为人之道,如足下之所谓存其在我者。即得为末等人,亦胜于今之所谓一等脚色矣。愚见以为,居今论政,实不知从何处说起。洪范九畴,亦只能明夷待访。果尔,则其选事立词,当与寻常批评家,专就见象为言者有别。至根本救济,远意当从提倡新文学入手。综之,当使吾辈思潮如何能与现代思潮相接触,而促其猛省。而其要义,须与一般之人生出交涉,法须以浅近文艺普遍四周。史家以文艺复兴为中世改革之根本,足下当能语其消息盈虚之理也。"④ 这里有几个要点值得注意:第一,黄氏认为,今后当以求得做人之道为最要紧的事。此非仅限于他本人,国人都是如此。第二,须使吾辈思想与现代思潮相衔接,方法是从提倡新文学入手,须以浅近文艺普遍四周。第三,须

---

① 黄远庸:《国人之公毒》,《黄远生遗著》卷1,第152页。

② 《袁世凯复活》,任建树主编:《陈独秀著作选编》第1卷,第271页。

③ 《旧思想与国体问题》,任建树主编:《陈独秀著作选编》第1卷,第334页。

④ 黄远庸:《致〈甲寅〉杂志记者》,《黄远生遗著》卷4,第189页。

使新思潮"与一般之人生出交涉"，即是要唤醒平民大众。总之，是要改变人；而改变人须从改变其思想观念入手；而改变人的思想观念最便捷的途径是从文学入手；而文学须是"浅近文艺"，能"与一般之人生出交涉"。

在这个时期，不约而同地产生类似想法的还有许多人。

例如李大钊在讨论自杀问题时，顺势发挥说：

> 文学为物，感人至深。俄人困于虐政之下，郁不得伸，一二文士，悲愤满腔，诉吁无所，发为文章，以诡幻之笔，写死之趣，颇足摄入灵魂。中学少年，智力单纯，辄为所感，因而自杀者日众。文学本质，固在写现代生活之思想，社会黑暗，文学自畸于悲哀，斯何与于作者？然社会之乐有文人，为其以先觉之明，觉醒斯世也。方今政象阴霾，风俗卑下，举世滔滔，沉溺于罪恶之中而不自知。天地为之晦冥，众生为之厌倦，设无文人应时而出，奋生花之笔，扬木铎之声，人心来复之几久塞，忏悔之念更何由发！①

想以文学作为警醒国人之利器，显与黄远庸氏同意。至于鲁迅之决心以文学唤醒民族之觉悟，更是人所熟知的事。在美留学的胡适决心要使文学能普及于大多数之国人，这也是大家熟知的事。

在时局混乱、众皆迷蒙的情势下，少数先觉者，想致力于改变人的思想观念，改变人，并试图从文学入手达此目的。这是中国自清末以来，千寻百觅，为国家民族求生存、求解放、求自由的一个结论。上面所引黄远庸氏的《致〈甲寅〉记者》一文最后提到欧洲走出中世纪的启蒙运动，预示了即将发生的新文化运动。

---

① 《厌世心与自觉心》，中国李大钊研究会编注：《李大钊文集》第 1 卷，人民出版社 1999 年版，第 143—144 页。

二 《新青年》出世，思想文化革新的思考

（一）陈独秀与《新青年》的创刊

《新青年》的出世，其最大的动因是辛亥革命所创建起来的共和国，让人们感到太失望，先觉者于混乱与苦闷中，想为国家、为民族寻找一条新的出路。

我们在前面一章已经说过，辛亥革命的主动力虽是以孙中山为首的革命党，但革命党未能独力完成推翻帝制的大业。清朝最后退出历史舞台，是通过由革命党和立宪派为一方，与以袁世凯为代表的仍打着清王朝的招牌，却亟亟于取而代之的旧势力为一方，进行谈判所达成的结果。因此，民国建立之后，主要有三种政治势力：一是以革命党为基本核心的革命势力；一是以清末立宪派为核心的改革派；再一个是以袁世凯为代表的，在辛亥之变中谋得实权的旧官僚和武人的势力。革命党势力中，有一部分人仍想用革命的方式夺取政权，只苦于力有不逮。另一部分人想走政党政治的路，依靠政策的调整，获取多数的拥护，谋得政治优势，通过选举，合法掌握政权。后者取得了相当的进展，以致引起袁世凯势力的高度紧张，乃暗杀其杰出领导人宋教仁，以图消弭这一政治势力，结果引起二次革命。革命党积聚不起足以打败袁世凯的力量，二次革命迅即失败。立宪派历来不赞成暴力革命，他们对于革命党中的激进派很不满，称他们是"暴烈派"。他们指望袁世凯收拾了"暴烈派"之后，能够接受他们的指引，一步一步走上宪政之路。袁世凯当然不听他们的。他镇压二次革命之后，先是取消国会中国民党议员的资格，然后又解散国会，把立宪派也踢到一边。

表面上，袁世凯似乎使天下"定于一"了，实际上他的有效统治只限于北方数省。革命党与立宪派分别在南方数省保持着相当

的控制力和影响力。但真正拥有权力，衣租食税的，除了袁世凯的
势力之外，是各地大小军阀、政客。

承清末数十年腐败政治之后，加以数年革命与动乱，人民早已
穷蹙不堪，国家外债累累，外患频频，内则官、军征伐，土匪遍
地，复以灾荒连年。于是变乱迭出，民不聊生。

身历清末民初的革命、改革与动乱的梁启超有一段话最能表明
当时人们的失望心理。他说："我国民积年所希望所梦想，今殆已
一空而无复余。惩守旧而谈变法也，而变法之效则既若彼；惩专制
而倡立宪也，而立宪之效则既若彼。曰君主为之毒也，君主革矣，
而其效不过若彼；曰乱党为之梗也，乱党平矣，而其效不过若彼。
二十年来，朝野上下所昌言之新学新政，其结果乃至为全社会所厌
倦所疾恶。言练兵耶，而盗贼日益滋，秩序日益扰；言理财耶，而
帑藏日益空，破产日益迫；言教育耶，而驯至全国人不复识字；言
实业耶，而驯至全国人不复得食。其他百端则皆若是。"他形容当
时社会之险象"譬犹悬千石之钟于坏宇，而恃一发以系之，旁无
化身，而后无替人，天下险象孰过于是"。① 坐是之故，全国人之
心理几以中国必亡为前提。

在这种状况下，先觉分子们，秉承中国历代士大夫以天下为己
任的使命感，乃苦苦寻觅国家的出路。

陈独秀是其中特别有代表性的一个人。他是清末著名革命党
人，却不曾参加同盟会。安徽响应起义独立后，他被安徽都督孙
毓筠委任为都督府秘书长。当时，他的一位老朋友、在清末办过
芜湖科学图书社的皖南同乡汪孟邹去找他，意思是想新国开幕，
为国家做点事。据记载，当时，陈独秀"光着眼"（大约是瞪大
眼睛的意思——引者）对汪说："做什么！这里是长局吗？马上
会变的。回去，回去，你还是回到芜湖，卖你的铅笔、墨水、练

---

① 　梁启超：《大中华发刊辞》，《大中华》第 1 卷第 1 期，1915 年 1 月。

习簿的好。……你还是到上海去再开一个书店的好。"① 这个情节
表明，陈独秀在革命烽火正盛之时，保持着难得的清醒。二次革
命后，他就想到要办杂志，从改变人们的思想观念入手，为国家
寻找走出愚昧、穷困、动乱，走向长期发展的路。他到上海向汪
孟邹说，他要办一个杂志，"只要十年、八年的功夫，一定会发
生很大的影响"。② 这是陈独秀创办《青年杂志》的最初动机。但
直到1915年的9月，陈独秀才在朋友们的支持和帮助下把一个具
有崭新面目的刊物《青年杂志》创刊号推出来。

为什么以"青年"为刊物的名号呢？这是因为当时头脑比较
清醒的人都认为，中国社会积腐太深，中年以上的人大抵都为旧污
所染，旧习所困。唯有青年是国家民族一线生机所系。李大钊说：
"国中分子，昏梦罔觉者去其泰半，其余丧心溃气者又泰半"，③ 希
望只能寄托于青年。陈独秀认为，当下"充塞社会之空气，无往
而非陈腐朽败焉，求些少之新鲜活泼者，以慰吾人窒息之绝望，亦
杳不可得。循斯现象，于人身则必死，于社会则必亡"。所以他
说："予所欲涕泣陈词者，惟属望于新鲜活泼之青年，有以自觉而
奋斗耳。"④ 高一涵是陈独秀创办《青年杂志》的积极支持者和主
要撰稿人。他说："澄清流水，必于其源，欲改造吾国民之德知，
俾之脱胎换骨，涤荡其染于专制时代之余毒，他者，吾无望矣，惟
在染毒较少之青年，其或有以自觉，此不佞之所以专对我菁菁苗苗
之青年，而一陈其忠告也。"⑤ 就连梁启超也是这样看的。他对青
年学生说："以诸君一己之命运，即吾中国将来之命运也。我辈年
已老大，对于国家已负莫大之罪孽。国家之所由致此者，皆吾辈中

① 汪原放：《回忆亚东图书馆》，学林出版社1983年版，第20页。
② 汪原放：《回忆亚东图书馆》，第32页。
③ 《厌世心与自觉心》，《李大钊文集》第1卷，第141页。
④ 陈独秀：《敬告青年》，《青年杂志》第1卷第1号，1915年9月。
⑤ 高一涵：《共和国家与青年之自觉》，《青年杂志》第1卷第1号，1915年
9月。

年人之责也。而吾国将来惟一之希望，即未来之学生，即今日在座诸君是也。"① 他断定"吾国处飘摇欲倒之境，所恃者厥惟青年"。②

　　他们都认为，创造一个新国家，求得真共和，只能把希望寄托于青年，所以他们的杂志主要是面对青年说话。请看其创刊号所揭登的《社告》，第一条即明言："国势陵夷，道衰学弊，后来责任，端在青年。本志之作，盖欲与青年诸君商榷将来所以修身治国之道。"而这一期上的重头文章就有陈独秀的《敬告青年》、高一涵的《共和国家与青年之自觉》。汪叔潜所写的《新旧问题》，实际也是向青年说话，其文章最后一语即请"吾社会未来之主人翁"，对新旧问题要"急择所趣舍"。陈独秀翻译的《妇人观》，无疑也是对青年女子说话。还有自署"一青年"的人翻译美国人的《青年论》也在创刊号上登出。

　　我们从《青年杂志》（后改名《新青年》）"通讯"栏的内容也可以看出，对这个刊物感兴趣的，做出回应的，也恰恰主要是青年人。他们有问求学门径的，有希望介绍新书的，有讨论卫生问题、女子问题、文学问题、统一国语问题、政党问题、国体问题、对孔子的态度问题，等等。尤其值得注意的是，有一次，青年读者毕云程致信陈独秀说："先生撰著，虽多鞭策劝勉之语，然字里行间恒流露一种悲观。"他认为这对青年会发生消极影响。他诚恳地劝告陈独秀，不要悲观，务以教育青年之重任，坚持"一意著述，造福青年"。陈独秀说他自己也反对悲观主义，但又不禁感叹"执笔本志几一载，不足动青年毫末之观听"，③ 还是不自觉地流露出悲观情绪。毕云程在下一期的"通信"里，再次写信给陈独秀说，悲观是不必要的。他坚信，只要耕耘，只要播种，就一定会有收

_____

① 梁启超：《在上海南洋公学之演说词》，《时事新报》1916 年 12 月 21 日。

② 梁启超：《在南开学校演说词》，《校风》第 56 期，1917 年 2 月。

③ 《新青年》第 2 卷第 2 号，1916 年 10 月，"通信"。

获。并说，《新青年》"出版迄今，仅有八册，然我青年界所受之
影响，已属不可数记。仆之友人爱读大志者甚多"。① 毕氏所言非
虚。湖南青年舒新城说："贵杂志不啻为吾国青年界之晨钟。"② 山
东青年王统照说："校课余暇，获读贵志，说理新颖，内容精美，
洵为最有益青年之读物。绎诵数过，不胜为我诸青年喜慰也。"③

值得一提的是，许多人把《青年杂志》看成《甲寅》之续。
如自称"贵阳爱读贵志之一青年"致信说："近年来各种杂志，非
全为政府之机关，即纯系党人之喉舌，皆假名舆论以各遂其私，求
其有益于吾辈青年者，盖不多觏。唯《甲寅》多输入政法之常识，
阐明正确之学理，青年辈受惠匪细。然近以国体问题，竟被查禁。
而一般爱读该志者之脑海中，殆为饷源中绝（边远省分之人久未
读该志矣），饥饿特甚，良可惜也。今幸大志出版，而前之爱读
《甲寅》者，忽有久旱甘霖之快感，谓大志实代《甲寅》而作
也。"④ 另有一位湖北陆军预备学校叫"叶挺"的，在给《青年杂
志》的信中也说："足下（当指陈独秀——引者）之孤诣，略见于
《甲寅》，渴慕綦岁。呜呼！国之不亡，端在吾人一念之觉悟耳。"⑤

《甲寅》1914年5月在日本东京创刊，创办人是章士钊，他同
时也是最主要的撰稿人。人们把《青年杂志》看成《甲寅》之续，
大概有两层原因。一是就思想内容上说，它们都努力引进一些他们
认为是中国最缺乏而又最急需的世界新思想、新观念；二是《青
年杂志》的好几位作者，都曾是《甲寅》的撰稿人，如陈独秀、
高一涵、李大钊等。但实际上《青年杂志》与《甲寅》还是有很
大不同的。第一，《甲寅》杂志的内容，基本上是讨论政治问题，
而且着重于学理上的讨论，如"政本论""调和立国论""联邦

---

① 《新青年》第2卷第3号，1916年11月，"通信"。
② 《新青年》第2卷第1号，1916年9月，"通信"。
③ 《新青年》第2卷第4号，1916年12月，"通信"。
④ 《新青年》第2卷第1号，1916年9月，"通信"。
⑤ 《新青年》第2卷第6号，1917年2月，"通信"。

论"等。杂志的创办人原来本有向当道者条陈治国大计的意向，但撰稿者多为留学生或读书人，于实际政治知之甚少，难以拿出可行的方案。况且，以当时的政局，即使拿出稍稍可以讨论的方案，也只能引起同样是留学生与读书人的兴趣，当道者没人会理睬。《青年杂志》则不然，它开始不谈政治，而大谈令人切感痛苦的一些思想观念、社会习俗的问题，有意引进一些新思想、新观念，让人从中渐渐窥得新的出路。这比空谈政理更容易引起一班人，特别是青年人的兴趣。第二，《甲寅》的作者热衷于探讨政治学理的问题，这在中国，只有顶尖的知识精英才感兴趣，才有能力参与讨论。所以，本来想为现实政治开药治病，结果是当道者不予理睬，普通人不发生兴趣，就只变成狭小圈子内的一个自由论坛。《青年杂志》的作者不是泛泛地讨论问题，而是直接向一代青年人说话，谈的都是他们能感觉到、能理解得了的问题。所以，《青年杂志》能比较快地在青年中引起回响和共鸣。第三，《青年杂志》的作者与大量青年读者建立起思想上的沟通，《青年杂志》（《新青年》）成了杂志作者与读者青年交流互动的平台，渐渐形成他们之间亦师亦友的关系。从胡适保存下来的大量书信中，我们看到当时受到《新青年》的启发和感召的青年们，对胡适、陈独秀、蔡元培等人几乎可以无话不谈，可以看出他们之间不但有思想上的交流，而且也存在着挚切的师友之情。我们知道，历史上曾经发生过的运动，没有一次是一种纯理性的行为，只有发生情感的作用，才有可能把许许多多的人召唤起来。《甲寅》杂志是 1915 因反对袁世凯复辟帝制的问题而被迫停刊的，《青年杂志》刚好在《甲寅》停刊不久的时候出世，满足了读者的需要。《甲寅》因政治问题而被迫停刊，《青年杂志》起初避免谈政治，应当与此有关。

《青年杂志》出版后，受到青年读者的热烈欢迎，据第 1 卷第 2 号所登出的，在全国各地代派处 76 处。汪原放回忆说，《青年杂志》初办时，每期只印千余册。后来增加到一万五六千册。这一万五六千册的数字，恐怕是到五四前后的时候了。但从第 2 卷改称

《新青年》后，发行量应有较大增长。《青年杂志》改称《新青年》，原属偶然。负责印行《青年杂志》的群益书社受到教会方面的压力，借口教会办有《上海青年》，反对他们用"青年"的名号。群益经理人遂提议改名《新青年》，这恰好正中陈独秀及其朋友的下怀。《新青年》出世，带动了受新思想、新观念影响的一代"新青年"登上历史舞台。

（二）从思想文化上提出问题

为了叙述方便起见，本章以下一概用《新青年》的名号来表示创刊初期的《青年杂志》与后来改名的《新青年》。

我们前面说，《甲寅》的作者兴趣在辨析政理；而《新青年》的作者是从青年读者感兴趣的思想文化方面提出问题，这些问题直接关涉随时随地可以感受到的社会现象、生活习俗等，因此能够引起他们的回响和共鸣。

我们且略为检视、分析一下《新青年》初期（迁北京前）的主要内容，看看其创办者和主要撰稿人究竟提出一些什么样的问题。

（1）唤醒青年之自觉

《新青年》创刊伊始，其第 1 期（《青年杂志》第 1 号）开篇第一文，陈独秀的《敬告青年》，实即是发刊宣言。它提出的问题无论其内容还是提问的方法，都极具代表性。可以说，《新青年》的精神基本上都是从这里发酵出来的。文章开宗明义说："窃以少年老成，中国称人之语也；年长而勿衰（Keep young while growing old），英美人相勖之辞也。此亦东西民族涉想不同现象趋异之一端欤！"[1] 这几句话，平易近人，深入浅出，人人皆得而明之，青年人尤倍感亲切。盖中国以家庭、家族为社会之细胞，家长、族长即为青少年教育之责任者。而其教育宗旨即是千年不变的伦常规矩。

---

[1] 陈独秀：《敬告青年》，《青年杂志》第 1 卷第 1 号，1915 年 9 月。

青少年之言语行为必中规中矩，方能令长辈满意。所以，常以"少年老成"作为称赞和奖誉少年人的口头禅。记得，梁启超在其《三十自述》里曾说道，少年时，言语举动稍不谨，长辈辄加呵斥，谓："汝自视乃如常儿乎？"① 不类常儿，即是言语行为，不中规中矩，即不够"老成"。其实，即在笔者这一辈人，少年时也有此类深刻记忆。凡比较喜欢独抒己意的孩子，一般都不讨人喜欢；而言行都很谨慎，特别是自觉迎合长辈心理的孩子，都格外讨人喜欢。《红楼梦》里的林黛玉，因个性突出，直抒己意，渐渐失去长辈的疼爱；而薛宝钗，因善体人意，遂深得长辈的欢心。在中国宗法社会的环境下，少年自幼就不敢表现天然的个性。西方人恰相反，最不喜欢未老先衰的气象，奖励活泼有个性的少年。这种思想观念上的差异，反映出两种文化的不同。陈独秀提出这个问题，是普遍存在于生活中的现象，是青年人最容易理解的问题。从这里出发，陈独秀要青年们自觉自己的地位和责任。文章说："青年如初春，如朝日，如百卉之萌动，如利刃之新发于硎，人生最可宝贵之时期也。青年之于社会，犹新鲜活泼细胞之在人身。"② 国家、社会犹如人身，经常处于新陈代谢中，旧的、朽败的细胞遭淘汰而去，新鲜活泼的细胞代之而起，使生命保持常新。否则，新陈代谢之机制失灵，个人则衰病以至于死，国家社会则衰落以至于亡。所以，陈独秀说："予所欲涕泣陈词者，惟属望于新鲜活泼之青年，有以自觉而奋斗耳。自觉者何？自觉其新鲜活泼之价值与责任，而自视不可卑也。奋斗者何？奋其智能，力排陈腐朽败者以去，视之若仇敌，若洪水猛兽，而不可与为邻，而不为其菌毒所传染也。"③为此，他向青年们提出必须树立几种新的观念：自主的而非奴隶的，进步的而非保守的，进取的而非退隐的，世界的而非锁国的，

① 梁启超：《三十自述》，《饮冰室合集·文集之十一》，第 16 页。
② 陈独秀：《敬告青年》，《青年杂志》第 1 卷第 1 号，1915 年 9 月。
③ 陈独秀：《敬告青年》，《青年杂志》第 1 卷第 1 号，1915 年 9 月。

实利的而非虚文的，科学的而非想象的。这六大观念，我们在以后的论述中再做必要的分析。这里须指出的是，这六大原则都是从思想文化的意义上提出来的。它们不是道德规条，也不是处世方法，而是人生的价值追求，是应对世界各种事物应有的心态。青年们的自觉和奋斗，只有具备这样一些基本的思想观念才会有真实的意义。

陈独秀在《新青年》一文中深情地告诫青年们，一定要扫除世代相传的"做官发财"的思想，树立新的信仰，即"内图个性之发展，外图贡献于其群"。① 高语罕在《青年与国家之前途》一文中说"盖民为国之根本，而青年又民之中坚"，② 也是要唤起青年之自觉心与责任心。高一涵在《共和国家与青年之自觉》一文中说："此篇主旨，在述我青年对于国家之自觉"。故又说："吾共和精神之能焕然发扬与否，全视民权之发扬程度为何如。……他者吾无望矣，惟在染毒较少之青年，其或有以自觉。"他要青年们立志，"要当纵横一世，独立不羁，而以移风易俗自任"。③

这些都十分清楚地表明，陈独秀等创办《新青年》，最大宗旨就是要唤醒一代青年。

（2）认识个人之价值

陈独秀在《敬告青年》中，第一点就提出"自主的而非奴隶的"，其核心观念即是要求青年务必"完其自主自由之人格"，"盖自认为独立自主之人格以上，一切操行，一切权利，一切信仰，唯有听命各自固有之智能，断无盲从隶属他人之理"。④ 他要青年们认识自己应有独立的人格，不是家族、家长的私有物，也不是师长的仆从；应有权独立判断是非，独立决定弃取。

高一涵的《共和国家与青年之自觉》一文，连载于《新青年》

① 陈独秀：《新青年》，《新青年》第 2 卷第 1 号，1916 年 9 月。
② 高语罕：《青年与国家之前途》，《青年杂志》第 1 卷第 5 号，1916 年 1 月。
③ 高一涵：《共和国家与青年之自觉》，《青年杂志》第 1 卷第 1 号，1915 年 9 月。
④ 陈独秀：《敬告青年》，《青年杂志》第 1 卷第 1 号，1915 年 9 月。

第 1 卷的第 1、2、3 号。这里有必要申明一句，高一涵是《新青年》作者中一位极其重要的人物，过去却一直不太为人注意。他是中国政治学的重要先驱，建树颇多。他在这篇长文中，向中国人系统深入地说明个人与国家的真实关系。他强调，国家"乃人类创造物之一种"，是为保护个人和发展个人而设，所以是"先有小己后有国家"，而"非先有国家后有小己"。① 高氏之论，可谓石破天惊。盖中国自秦始皇建立大一统的专制帝国数千年来，都是皇帝代天统民，皇帝就是国家，国家在上，小民在下。小民之生命财产，国家可以任意裁制，莫敢谁何。如高氏所指，"在上者持伪国家主义，以刍狗吾民，吾民复匿于家族主义之下而避之。对于国家之兴废，其爱护忠敬之诚，因之益薄。卒致国家、社会、小己交受其害，一至于此"。他认为"吾国数千年文明停滞之大原因，即在此小己主义之不发达一点"。② 高氏在《近世国家观念与古相异之概略》一文中进一步申明此义。他说："夫国为人而设者也，国家权利，即以人民权利为根基。……今者国本在民之理，大阐明于西方，举国家全力，保护人民之权利。人智日启，即国家之文化日高；国家文明，因人演进。自今以往，日新月盛，将永绝一治一乱突兴突败之局，而立不退转之文明。然则保障人权，其今日立国之神髓也欤！"③ 在高氏看来，离开人民权利，则国家权利无所附着，是国家权利基于人民权利，而不是相反。④

李亦氏著《人生唯一之目的》一文，说："撒格逊民族，以个人主义，著闻于世。其为人也，富于独立自尊之心，用能发展民族

① 高一涵：《共和国家与青年之自觉》，《青年杂志》第 1 卷第 2 号，1915 年 10 月。

② 高一涵：《共和国家与青年之自觉》，《青年杂志》第 1 卷第 2 号，1915 年 10 月。

③ 高一涵：《近世国家观念与古相异之概略》，《青年杂志》第 1 卷第 2 号，1915 年 10 月。

④ 见高一涵《国家非人生之归宿论》，《青年杂志》第 1 卷第 4 号，1915 年 12 月。

精神，以臻今日之强盛。我国惩忿窒欲之说入人最深。凡事涉利己者，皆视为卑卑不足道；必须断绝欲求，济人利物，乃能为世崇仰。不知自我欲求，所以资其生也。设无欲求，则一切活动立时灭绝，岂复有生存之必要？顾欲以人力禁制之，于是日言合群，日言公益，而所谓合群公益者，尽变为涂饰耳目之名词，人人心中各怀一最小限度之个人主义，实不可以告人，亦不肯举以自白，而虚挢诈伪之习乃日益加剧。"① 其揭示汩没个人的中国社会之真相，可谓入木三分。

《新青年》的作者们，之所以费如许的笔墨来澄清个人与国家的关系，是因为在中国，数千年来统治者一直都是把国家的权利说成小民得以生存的根据，动辄以国家的名义向小民任意诛求。个人在国家面前，简直没有任何人格、没有任何权利可言，就是奴隶、刍狗。所以要想确立个人主义、个性主义的价值，必须首先打破国家的迷信，指明由于有个人，有千千万万独立的个人，然后才有国家。国家的一切权利完全来源于人民，亦即那千千万万的个人。所以，个人有权利，国家才有权利；个人有尊严，国家才有尊严；个人之个性得以发扬，国家才有创造的活力。

从个人与国家的关系上，认识个人的独立地位，认识个人的价值，这一点十分重要。传统意识的国家，是伦理意义上的最高主体，隶属其下的所有臣民，都以此为最后的依归，都必须无条件地效忠于它。任何人不可能有独立的欲求和权利。现在《新青年》作者们要大家明白，先有个人，后有国家，国家是个人集合而成，没有个人就没有国家。而且千千万万的个人之所以要组成国家，是为了保障每个个人的利益。每个个人的利益得到保障，国家才会安定。反过来，既然国家能够保障每个个人的利益，因而每个个人也就愿意贡献自己的力量去保卫国家，也就愿意贡献自己的力量去建设国家，使之更足以保障和增进全社会的利益。认清这个道理，一

---

① 李亦氏：《人生唯一之目的》，《青年杂志》第 1 卷第 2 号，1915 年 10 月。

方面使广大青年摆脱奴性的国民心理，自觉其主人的地位与权利；另一方面，更因而意识到自己的责任与使命，努力提升自己，运用自己的知识、能力去改善社会，改善国家。

当然，个人真正获得独立的地位，必须有一些最基本的经济、社会条件。《新青年》的作者是先行者，他们走到社会实际发展的前头了。启蒙思想固然都须走在社会的前头，但中国社会之"蒙"，太深、太厚、太重，几个先觉者纵有大力，仍无法从根本上撬动它。不过，我们仍然要对这些中国的启蒙者表示敬意。

（3）探求西方文化之基本精神

西方文化之输入中国，已几百年。有些已进入人们的生活之中，有些则停留在书本上、文字上，有些甚至引起争论。大抵人们都还不曾从总体上和精神本质上加以关注。如黄远庸所说，"盖在昔日，仅有制造或政法制度之争者，而在今日，已成为思想上之争"。① 进入思想的层面，就要求对西方文化要有总体上的把握和实质性的认识。认真地说，当时实在并不具备对西方文化做出总体把握和实质性评判的条件。因为比较能够代表西方文化精神的经典，这时候，还绝大多数不曾翻译介绍进来，更谈不上对它们的研究、理解与借鉴。后来有计划地着手这项工作，又因时局混乱乃至战争而无法进行下去（这项工作到今天也还远没有做好）。这是从精英层面上考察。至于说到大众层面，则由于中国自成一统已数千年，普通民众根本不知世界为何物，不知中国之外尚有文明。近代被迫开放，但长期只限于沿海沿江一带，内地之视外国人，如今日之视外星人。在这种情况下，要对西方文化做深入了解与整体把握，实在是难乎其难。但近代中国社会的突出特点是，像一头老牛拉着破旧的大车，载着巨大的传统艰难前行的时候，有少数先觉者已经产生超前的意识。鲁迅曾说，在

---

① 黄远庸：《新旧思潮之冲突》，《黄远生遗著》卷1，第154页。

中国，从最先进的到最落后的都同时存在。按黑格尔的说法，凡存在的都是合理的。就是说，凡存在的，都有其合理性。所以，对于林林总总的各种思想观念，我们可以不必津津于春秋义法，过多加以褒贬，只须尽量理性地加以分析，探寻其在当时背景下的真实含义。

《新青年》上第一个试图对西方文化做出总体把握和探寻其精神实质的，是陈独秀发表在第 1 卷第 4 号上的《东西民族根本思想之差异》一文。陈独秀是从东西文化对比的角度来说明西方思想文化的根本特点，当然，这种对比只能是基于粗浅的表面观察。他提出西方思想文化的主要特点有三：一是西洋民族以战争为本位，对比之下，东洋民族（不只中国，也包括日本、印度等所有东方民族）是以安息为本位。这一点似是而非，姑不深论。二是西洋民族以个人为本位，相比之下，东洋民族是以家族为本位。这一点说得没错，差不多绝大多数学者可认同。三是西洋民族以法治为本位，以实利为本位，而东洋民族以感情为本位，以虚文为本位。此说亦大体符合实际。陈独秀的这些比较东西思想文化的言论，不论其说鞭辟入里也好，大体不错也好，甚或似是而非也好，我们理解他的根本用意是取人之长补己之短。这个基本意思是很好的，这里不须深论其理论上的得失。就其第一点而言，我们可以理解为，西洋民族外竞之精神特强；相比之下，我们中国人，内斗不断，而外竞之精神明显缺乏。要有外竞之精神，必须有开放的意识，必须看到中国之外，有广大的世界，有具备高等文明的诸多民族。这一点对于中国人是极重要的。第二点，提倡个人主义，反对家族主义。这是中国人走出中世纪，朝向近代发展的最关键的一点。中国专制帝王以天下为其一家之私有物，以万民为刍狗、奴隶，可以任意宰制。家族、家庭，是帝国的细胞，亦俨然一小王国，族长、家长亦有生杀大权。他们牢笼人心的说教都是一样的。其中虽有善、不善之别，然不给个人意志自由则是一样的。以此，个人之独立，个人之自尊、人格、个人之创造力，往往都被抹杀、被窒息。这当然不利于社会国家之生机活泼，富有竞争力。第三点所说，自然不宜绝对化。但中国历代法治不能持久有效运行，常因以情乱法的事情普遍盛行，而有法如同无法，这是事实。至于崇尚虚文，不求实际，更是不可掩的事实。

《新青年》的创办者和作者们，力图从思想文化层面上提出问题，启发人们调整对世界、对西方思想文化的认识与态度，这是很有眼光的。他们着力介绍西方事物、社会风俗人情等，也同此用心，如介绍《近世思想中之科学精神》《美国人之自由精神》《戴雪英国言论之权利论》《德国青年团》《英国少年团》等。在其"国外大事记"一栏里，更有许多这类介绍外国事物、外国习俗、外国社会现象等的文字。这对于培养国民养成开放的意识、世界化的新观念是很有意义的。

三　《新青年》同人对孔子、儒学及孔教的态度

民国初年，出现政治脱轨、道德失序、社会昏乱的现象，本来不满于共和取代君主制的人，乘机大造舆论，认为所有社会乱象都是效法西方，改君主为共和，否定孔子与儒学的至尊地位所致，于是要求恢复孔子与儒学的独尊地位，恢复君主制。孔子、儒学与孔教之成为争议问题，实有此大背景为其前提。实际上，晚清时期，随着君主专制制度遭遇质疑和挑战，与君主专制紧密相关的孔子及儒学也同样遭遇质疑和挑战，其延续两千余年的独尊地位已经动摇。我在《近代中国文化转型研究导论》一书中曾说道："一方面，孔子与儒家学说确有其不可磨灭的价值。另方面，由于历代统治者大力提倡，使儒家思想与君主专制政治紧紧地捆绑在一起。到了清末，君主专制制度愈来愈暴露其阻碍现代社会发展的弊病，因此愈来愈遭到严重的挑战。在此种情况下，与其紧密相连的孔儒思

想学说也就难免愈来愈遭到质疑，其独尊的地位愈来愈加动摇。"①

实际上，自西方传教士及西学入中国，孔子与儒家学说就开始受到质疑，起初虽未产生大影响，但此后，孔子与儒学独尊的地位便日渐动摇。康有为为推行其变法主张，把孔子打扮成与诸子同样谋求改制的改革家，不小心"则已夷孔子于诸子之列"。②戊戌以后，梁启超在思想上渐渐与其师分道扬镳，他严厉地批判孔子与儒学独尊所造成的恶果。彼云："自汉以来，号称行孔子教二千余年于兹矣。"实际上大家互争正统，皆自以为真孔学，斥他人为伪孔学，"如群猿得一果，跳掷以相攫；如群妪得一钱，诟骂以相夺"，丑态毕露。应当彻底摈弃对孔子一人、儒家一家之学说的迷信，自开生面，去追求真理。③ 章太炎等学者在对先秦诸子做深入研究的基础上，指出孔子与儒家学说的根本弱点。他认为，孔子及其弟子一心要得君行道，要得君，必然奔竞以求上达，要行道，必定猎取权力。所以在他笔下，"儒家之病在以富贵利禄为心"，"惟在趋时"。所以，"儒家之道德"，"艰苦卓厉者绝无，而冒没奔竞者皆是"。④孔子与儒学已由至尊，降而为学者所批判，其变化可谓大矣。《国粹学报》主编邓实把这个变化过程说得很清楚。他说："我国自汉以来，以儒教定一尊，传之千余年。一旦而一新种族挟一新宗教以入吾国，其始未尝不大怪之。及久而察其所奉之教，行之其国，未尝不治，且其治或大过于吾国。于是而恍然于儒教之外复有他教，六经之外复有诸子，而一尊之说破矣。"⑤

---

① 耿云志：《近代中国文化转型研究导论（修订版）》，社会科学文献出版社2016年版，第135页。

② 梁启超：《清代学术概论》，《饮冰室合集·专集之三十四》，第58页。

③ 梁启超：《保教非所以尊孔论》，《饮冰室合集·文集之九》，第55、56、59页。

④ 章太炎：《诸子学略说》，《国粹学报》第2年第4期，1906年5月。

⑤ 邓实：《古学复兴论》，《国粹学报》第1年第9期，1905年10月。

　　此时，诸子学渐次发达，孔子与儒学一尊之说，在学术上已完全不能成立，而孔子与儒学在历史上发生负面影响的事实，越来越显现出来。所以，当清朝垮台的时候，孔子与儒学的统治地位本该宣告结束，惟因新的民主共和制度，迟迟不能稳定地确立起来，复古乃至复辟之风乃渐渐兴起。在此情况下，定孔教为国教之说，定孔子为千古之圣，中华世代永尊不替之议遂起。这本身亦正是促成新文化运动起来的一个重要背景。在此背景下起来的新文化运动，自然必定是持批孔批儒的态度。

　　胡适在提到新文化运动的批孔批儒这件事时说，陈独秀与吴虞"是近年来攻击孔教最有力的两位健将。……独秀攻击孔丘的许多文章（多载在《新青年》第二卷）专注重'孔子之道不合现代生活'的一个主要观念"。吴虞在四川"也做了许多非孔的文章，他的主要观念也只是'孔子之道不合现代生活'的一个观念"。①

　　胡适说得没错。

　　我们且看陈独秀是怎样批评孔子、儒学与孔教的。

　　陈独秀有一篇文章，标题就是《孔子之道与现代生活》。其中说道："现代生活，以经济为之命脉，而个人独立主义，乃为经济学生产之大则，其影响遂及于伦理学。故现代伦理学上之个人人格独立，与经济学上之个人财产独立，互相证明，其说遂至不可摇动，而社会风纪，物质文明，因此大进。中土儒者，以纲常立教。为人子为人妻者，既失个人独立之人格，复无个人独立之财产。"如此，则必限制个人能力之发挥，大阻社会之进步。陈独秀又说："孔子生长封建时代，所提倡之道德，封建时代之道德也；所垂示之礼教，即生活状态，封建时代之礼教，封建时代之生活状态也；所主张之政治，封建时代之政治也。封建时代之道德、礼教、生活、政治，所心营目注，其范围不越少数君主贵族之权利与名誉，

────────────

　　①《〈吴虞文录〉序》，《胡适文存》卷4，外文出版社2013年影印本，第256—257页。

于多数国民之幸福无与焉。"① 不但如此，孔子及儒家所倡之道德，实质最有害于下层社会。陈氏说："儒者作伪干禄，实为吾华民德堕落之源泉。宗法社会之奴隶道德，病在分别尊卑，课卑者以片面之义务，于是君虐臣，父虐子，姑虐媳，夫虐妻，主虐奴，长虐幼。社会上种种之不道德，种种罪恶，施之者以为当然之权利，受之者皆服从于奴隶道德下而莫之能违，弱者多衔怨以殁世，强者则激而倒行逆施矣。以此种道德支配今日之社会，维系今日之人心，欲其不浇漓堕落也，是扬汤止沸耳，岂但南辕北辙而已哉！"②

以上所引，一则指出孔子与儒学，不利于个人独立，因此妨碍社会进步；一则指出，孔子学说只为君主贵族设想，不为广大民众设想。其道德说教，尤其专为在上者设想。这与现代社会之为平民的社会，实属扞格不入。

但胡适说陈独秀与吴虞等批评孔子都集中在孔子思想不适合现代生活一点，这个说法是不全面的。实际上陈独秀特别着重的还有一点，那就是坚决反对人为地把孔子思想定为一尊。即使孔子思想或任何一种思想，哪怕它还能够适应现代生活，也不能强为定其一尊的地位。因为一旦某种思想被定为一尊，势必禁锢人们的思想，不能发挥人们的创造力，障碍社会进步。而且还必定会引起如梁启超所说的，互相争夺正统地位，出现如同"群猿得一果，跳掷以相攫；如群妪得一钱，诟骂以相夺"③ 的丑态。

陈氏批评道："自汉武以来，学尚一尊，百家废黜，吾族聪明，因之锢蔽，流毒至今，未之能解。又孔子祖述儒说阶级纲常之伦理，封锁神州。斯二者，于近世自由平等之新思潮，显相背驰，不于根本上词而辟之，则人智不张，国力浸削，吾恐其敝将只有孔子而无中国也。"他进一步指出："即以国粹论，旧说九流并美，

---

① 《孔子之道与现代生活》，任建树主编：《陈独秀著作选编》第 1 卷，第 266、268 页。

② 《答傅桂馨（孔教）》，任建树主编：《陈独秀著作选编》第 1 卷，第 305 页。

③ 梁启超：《保教非所以尊孔论》，《饮冰室合集·文集之九》，第 55 页。

倘尚一尊，不独神州学术不放光辉，即孔学亦以独尊之故，而日形衰落也。人间万事，恒以相竞而兴，专占而萎败。不独学术一端如此也。"① 提倡思想定于一尊，必然厉行思想专制、陈独秀反对独尊孔子及儒家学说，正是从反对思想专制、提倡思想自由的立场出发的。

在新文化阵营中，陈独秀是对孔教和孔教会批判最多最严厉的人。因为他是躬与辛亥革命，身历缔造共和的人，而孔教会恰是在共和肇始之时，一班反对共和的人搞起来的。所以，作为为革命、为共和事业奋斗过来的人，陈独秀最能看穿孔教会的实质。孔教之所以遭到陈独秀的激烈反对，主要是两个理由：一是从科学的立场出发；一是从民主共和的立场出发。

从科学的立场出发，陈独秀反对任何宗教。他在《再论孔教问题》一文中说："或谓宇宙人生之秘密，非科学所可解，决疑释忧，厥惟宗教。余则以为科学之进步，前途尚远。吾人未可以今日之科学自画，谓为终难决疑。反之，宗教之能使人解脱者，余则以为必先自欺，始克自解，非真解也。真能决疑，厥惟科学。故余主张以科学代宗教，开拓吾人真实之信仰，虽缓终达。若迷信宗教以求解脱，直'欲速不达而已！'"陈独秀还指出，"孔教"这一名词，根本不能成立。他说，孔子当时与诸子都是各立学说，以求行于当世，并非建立宗教，自为教主。孔子创立儒家，"其为教也，文行忠信，不论生死，不语鬼神。其称儒行于鲁君也，皆立身行己之事，无一言近于今世之所谓宗教者"。② 现在凡被大家公认为宗教者，无论佛、道、基督、穆斯林，都必设定一个彼岸世界，作为人生的归宿，好人到彼岸世界升入天堂，坏人到彼岸世界坠入地狱，其名称或有不同，然大意皆如此。儒家从不言彼岸世界，故本

---

① 《再答常乃惪（古文与孔教）》，任建树主编：《陈独秀著作选编》第 1 卷，第 293 页。

② 《再论孔教问题》，任建树主编：《陈独秀著作选编》第 1 卷，第 278 页。

质上非宗教。这是陈独秀以科学的态度冷静观察所得的结论，非常有道理。

从民主共和的立场出发，陈独秀激烈地反对定孔教为国教的主张。方才说过，孔教会就是在共和国成立伊始，一伙反对民主共和的人士搞起来的，他们是有政治目的的。孔子学说中心是维护君主权威，以定天下之秩序。将孔子学说定为国家宗教，显然是要恢复君主制度。孔教会的灵魂人物康有为后来的实际活动也清楚地证明了这一点。所以，陈独秀从维护民主共和制度的立场出发，批评孔教，尤其是批评定孔教为国教的主张，特别坚决而激烈。

陈独秀首先从法理上抨击定孔教为国教之说。他指出："盖政教分途，已成公例，宪法乃系法律性质，全国从同，万不能涉及宗教道德，使人得有出入依违之余地。……孔教而可定为国教，加入宪法，倘发生效力，将何以处佛、道、耶、回诸教徒之平等权利？倘不发生效力，国法岂非儿戏？政教混合，将以启国家无穷之纷争。"即使退一步，不定孔教为国教，而将"孔子之道可为修身之大本定入宪法，则先于孔子之尧、舜、禹、汤、文、武、周公之道，后于孔子之杨、墨、孟、荀、程、朱、陆、王之道，何一不可为修身之大本？乌可一言而决者？其纷争又岂让于教祸？"① 这是从法理上驳斥定孔教为国教。其次，陈独秀又从孔教本身的内容与现代社会生活完全不相适应，来说明其主张之谬。陈氏提出：

（1）孔门修身伦理学说，是否可与共和立宪政体相容？儒家礼教是否可以施行于今世国民之日用生活？

（2）宪法是否可以涉及教育问题及道德问题？

（3）万国宪法条文中，有无人之姓名发现？

倘不能解答此三种疑问，则宪法中加入孔道修身之说，较之定孔教为国教尤为荒谬！因国教虽非良制，而尚有先例可

---

① 《再论孔教问题》，任建树主编：《陈独秀著作选编》第1卷，第279页。

言。至于教育应以何人之说为修身大本，且规定于宪法条文中，可谓为万国所无之大笑话！①

其实，康有为等辈倡尊孔、倡孔教，实在是民初复辟思潮与复辟活动中的一种伴奏曲。陈独秀在《新青年》同人中写批孔、驳孔教的文章最多，但其实他自己也知道康有为等人的说辞"本无辩驳之价值"。只是"中国人脑筋不清，析理不明，或震其名而惑其说，则为害于社会思想之进步也甚巨，故不能已于言焉"。②

我们再看看吴虞是怎样批评孔子及儒家思想的。

吴虞是学过法律的，他特别着重于揭示孔子和儒家思想与中国君主专制制度的紧密关系。中国要摆脱专制制度的羁绊，就必须批判深中人心的孔子及儒家为专制制度粉饰、辩解的一套说法。

吴虞指出，孔子学说最基本的一点是鼓吹孝道。他在《家族制度为专制主义之根据论》一文中说："孔氏之学说，既认孝为百行之本，故其立教莫不以孝为起点，所以教字从孝。凡人未仕在家，则以事亲为孝；出仕在朝，则以事君为孝。能事亲事君，乃可谓之为能立身，然后可以扬名于世。由事父推之事君事长，皆能忠顺，则既可扬名，又可保持禄位。"又指出，孔子之孝无所不包。他说："《大戴记》所言，居处不庄，非孝也；事君不忠，非孝也；莅官不敬，非孝也；朋友无信，非孝也；战阵无勇，非孝也。盖孝之范围，无所不包，家族制度之与专制政治遂胶固而不可分析。"提倡孝道，以固家族制度。而家族制度又与国家之君主专制制度紧密联结。可见，孝道实为君主专制制度之关键。吴虞进而分析道："而君主专制所以利用家族制度之故，则又以有子之言为最切实。有子曰：'孝弟也者，为人之本。其为人也孝弟，而好犯上者鲜。

---

① 《再论孔教问题》，任建树主编：《陈独秀著作选编》第 1 卷，第 279 页。

② 《驳康有为致总统总理书》，任建树主编：《陈独秀著作选编》第 1 卷，第 237 页。

不好犯上，而好作乱者未之有。'其于销弭犯上作乱之方法，惟恃孝弟以收其成功。而儒家以孝弟二字为二千年来专制政治家族制度联结之根干，贯澈始终而不可动摇。使宗法社会牵掣军国社会，不克完全发达，其流毒诚不减于洪水猛兽矣。"①

　　吴虞的批判颇有上纲上线的味道，但就问题之实质而言，是不错的。他在另一篇文章《说孝》中说道，孔子与儒家教孝、教忠，根本目的"是教一般人恭恭顺顺的听他们一干在上的人愚弄，不要犯上作乱，把中国弄成一个'制造顺民的大工厂'"。②

　　吴虞之批评孔子与儒家学说，也是从反对思想定于一尊的立场出发，并不是否定孔子的历史地位。他说："不佞常谓，孔子自是当时之伟人，然欲坚执其学以笼罩天下后世，阻碍文化之发展，以扬专制之余焰，则不得不攻之者，势也。梁任公曰：'吾爱孔子，吾尤爱真理。'区区之意，亦犹是耳。"③

　　李大钊也有批评孔子与儒家学说的言论。他在《孔子与宪法》一文中，批评宪法草案中加入"国民教育以孔子之道为修身大本"一条，是一件"怪诞之事"。他说："孔子者，数千年前之残骸枯骨也。宪法者，现代国民之血气精神也。以数千年前之残骸枯骨，入于现代国民之血气精神所结晶之宪法，则其宪法将为陈腐死人之宪法，非我辈生人之宪法也；荒陵古墓中之宪法，非光天化日中之宪法也；护持偶像权威之宪法，非保障生民利益之宪法也。"接着李大钊又依次指出，孔子乃"历代帝王专制之护符"，与作为现代国民自由之证券的宪法不相容；孔子只是"国民中一部分所谓孔子之徒者之圣人"，与作为中华民国全体国民"所资以生存乐利之信条"的宪法不能相容；况且，"孔子之道"本身是"含混无界之

① 吴虞：《家族制度为专制主义之根据论》，《新青年》第 2 卷第 6 号，1917年 2 月。

② 《说孝》，原载《星期日·社会问题号》1920 年 1 月 4 日，引自赵清、郑城编《吴虞集》，四川人民出版社 1985 年版，第 173 页。

③ 《致陈独秀》（1916 年 12 月 3 日），赵清、郑城编：《吴虞集》，第 385 页。

辞"，列入"一文一字均有极确之意义"的宪法，亦属不当。①

在《自然的伦理观与孔子》一文中，李大钊也明确指出孔子之道乃君主专制时代之产物，其为专制君主所利用，在所必然，于今日社会已完全不相适应。②

在《新青年》上发表过不少文章的鲁迅，不曾对孔子、儒学和孔教有什么专门的论述。他那几篇猛烈批判礼教的文章至今仍为人所乐道，似乎可以看作他对孔子、儒学及孔教的态度的一种折射的反映。

钱玄同是《新青年》同人中思想颇为激进的一个。他虽没有专门抨击孔子、儒学与孔教的文章，但其反对孔子及其学说的态度是颇为激烈的。他在给陈独秀的信中说："先生前此著论，力主推翻孔学，改革伦理，以为倘不从伦理问题根本上解决，那就这块共和招牌一定挂不长久（约述尊著大意，恕不列举原文）。玄同对于先生这个主张，认为救现在中国的唯一办法。"信中提到他废除汉字的主张，说："自诸子之学兴，而后汉字始为发挥学术之用。但儒家以外之学，自汉即被罢黜，二千年来所谓学问，所谓道德，所谓政治，无非推衍孔二先生一家之学说。"所以《四库全书》中，"十分之八都是教忠教孝之书"，另外的十分之二则是宣扬道教的谬说。所以，"欲废孔学，欲剿灭道教，惟有将中国书籍一概束之高阁之一法。何以故？因中国书籍千分之九百九十九都是这两类之书故；中国文字，自来即专用于发挥孔门学说及道教妖言故"。③钱氏反孔态度之激烈，实在算得上《新青年》同人中之首屈一指。

胡适对于孔子、儒学的态度，与上述诸人在表现上略有不同。

第一，胡适明白地表示赞同陈独秀与吴虞等人对孔子与儒学的

---

① 《孔子与宪法》，《李大钊文集》第 1 卷，第 245—246 页。

② 见《自然的伦理观与孔子》，《李大钊文集》第 1 卷，第 249—250 页。

③ 《新青年》第 4 卷第 4 号，1918 年 4 月，"通信"。

批判，这主要是在为《吴虞文录》写的序里面表现出来的。他在这篇文章里，引了陈独秀批评把汉宋以来的儒者所说的孔教与孔子学说截然分开的说法。陈独秀说："足下分汉宋儒者以及今之孔道、孔教诸会之孔教与真正孔子之教为二，且谓孔教为后人所坏。愚今所欲问者，汉唐以来诸儒，何以不依傍道、法、杨、墨，而人亦不以道、法、杨、墨称之？何以独与孔子为缘而复败坏之也？足下可深思其故矣。"在引了上述陈独秀的话之后，胡适说："这个道理最明显：何以那种种吃人的礼教制度都不挂别的招牌，偏爱挂孔老先生的招牌呢？正因为二千年吃人的礼教法制都挂着孔丘的招牌，故这块孔丘的招牌——无论是老店，是冒牌——不能不拿下来捶碎，烧去！"① 从这段话看起来，胡适的态度还是很激烈的。他在这里强调的是要打碎孔子、孔教的招牌。对孔子本人及其学说到底应如何对待，他没有讲清楚。

　　第二，据我们现在所知，"打孔家店"的口号，是胡适最早提出来的。有人据此认为，胡适是完全否定孔子和他的学说的。现在我们就要说，胡适与陈独秀、吴虞等的批判孔子与孔教所不同的主要之点。

　　胡适是现代治中国哲学史的开路人，是这方面的专家。他在《中国哲学史大纲》里有专章讨论孔子的哲学。在谈到孔子的生平活动时，胡适说他是"孳孳恳恳终身不卷的志士"，② 对于孔子的学说也都从正面做了论述，最后评论道："孔子那样的精神魄力，富于历史的观念，又富于文学美术的观念，删《诗》《书》，订《礼》《乐》，真是一个气象阔大的人物。"③ 后来到30年代，胡适写了近五万字的《说儒》一文，对孔子学说做了深入系统的论述。这是后来的事，这里不论。总之可以看出，胡适对以传播礼教为职

---

① 《〈吴虞文录〉序》，《胡适文存》卷4，第259页。
② 胡适：《中国哲学史大纲》（耿云志等导读本），上海古籍出版社1997年版，第52页。
③ 胡适：《中国哲学史大纲》（耿云志等导读本），第102页。

志的孔家店，采取严厉批判和否定的态度；而对于孔子本人及其学说则采取严谨的客观研究的态度，多有肯定的评价。

胡适对于孔教会大倡孔教的活动，没有做什么评说，似乎是很不屑的态度。他在1921年10月12日的日记里，记下辜鸿铭嘲讽孔教会的话。辜鸿铭说："俗话有'监生拜孔子，孔子吓一跳。'我替他续两句：'孔会拜孔子，孔子要上吊！'"① 胡适明确表示同情于辜氏的态度。在胡适看来，孔教会的活动不过是一场闹剧。与孔子本人的历史地位及其学说的真实意义，没有多大关系。

这里还必须指出，即使像陈独秀、吴虞及李大钊他们，虽然对孔子及其学说主要是采取批判和否定的态度，但他们也没有忘记从历史态度出发，肯定孔子在他自己生活的时代里曾经是有贡献的人。陈独秀在多处说到这一点。如他说"孔教亦非绝无可取之点"。② 又如他说，孔子的"伦理学说，虽不可行之今世，而在宗法社会封建时代，诚属名产"。③ 又如他说："我们反对孔教，并不是反对孔子个人，也不是说他在古代社会无价值。不过因他不能支配现代人心，适合现代潮流，还有一班人硬要拿他出来压迫现代人心，抵抗现代潮流，成了我们社会进化的最大障碍。"④ 这里明确指出，他之所以批判孔子与孔教，不是针对孔子本人或其学说本身，而是因为有人硬要拿已不适合现代需要的孔子及其学说来压迫现代的人心，抵抗进步的潮流。

吴虞也曾声明："不佞亦称孔子自是当时之伟人。"⑤ 李大钊则认为："孔子于其生存时代之社会，确足为其社会之中枢，确足为

---

① 曹伯言整理：《胡适日记全集》第3册，台北，联经出版公司2004年版，第376页。

② 《答俞颂华（宗教与孔子）》，任建树主编：《陈独秀著作选编》第1卷，第309页。

③ 《答〈新青年〉爱读者（孔教）》，任建树主编：《陈独秀著作选编》第1卷，第362页。

④ 《孔教研究》，任建树主编：《陈独秀著作选编》第2卷，第92页。

⑤ 《对于祀孔问题之我见》，赵清、郑城编：《吴虞集》，第240页。

其时代之圣哲，其说亦确足以代表其社会其时代之道德。"之所以要批评孔子，"非掊击孔子之本身，乃掊击孔子为历代君主所雕塑之偶像的权威也；非掊击孔子，乃掊击专制政治之灵魂也"。[①]

可见，近年来海内外不少学者关于新文化运动的领袖分子全盘反传统，全盘否定孔子及其学说的说法是没有根据的不实之词。

胡适在 20 年代末期批判国民党思想日趋反动的时候，曾对他们在新文化运动时期批评孔孟做过一段非常精确评估。他说："我们当日批评孔孟，弹劾程朱，反对孔教，否认上帝，为的是要打倒一尊的门户，解放中国的思想，提倡怀疑的态度和批评的精神而已。"[②]

四　新文化运动的切入点：文学革命

《青年杂志》从第 2 卷起改名为《新青年》。这一改变，并没有直接引起该刊思想内容发生明显的变化。真正导致这种变化的，是《新青年》从上海迁到北京这一变动。

1916 年 12 月 26 日，北京政府以大总统名义发布命令，任命蔡元培为北京大学校长。蔡于 1917 年 1 月 4 日到校就职。当时，陈独秀正在北京。他是 1916 年 11 月下旬与汪孟邹一起来北京的，目的是为担任发行《新青年》的群益书社与亚东图书馆合并成立公司扩大招股。碰巧，此时蔡元培正急着为北京大学物色一位新的文科学长。由于陈独秀在清末办《安徽俗话报》的经历，以及刻下所办《新青年》杂志，皆为蔡元培周围的朋友们所看好，乃纷纷向蔡元培推荐陈独秀做文科学长。蔡对陈亦颇有良好印象，于是

① 《自然的伦理观与孔子》，《李大钊文集》第 1 卷，第 249、250 页。
② 《新文化运动与国民党》，季羡林主编：《胡适全集》第 21 卷，安徽教育出版社 2003 年版，第 439 页。

他以三顾茅庐的精神多次亲访陈独秀所住旅馆。据说，陈因不忍舍弃《新青年》，不想应聘。蔡元培说："把杂志带到学校里来办好了"。① 就这样，《新青年》的编辑工作，后来便从上海移到北京。作为《新青年》主编的陈独秀，又是全国最高学府北京大学的文科学长。蔡元培正在大力改革北京大学的教育，这里本来就是当时全国知识精英最集中的地方，又有大量渴望求知的青年在此聚集。《新青年》可谓在最适当的时候，来到了最适当的地方。

由蔡元培担任校长的北京大学发生深刻的变化。原来，北京大学是从清末建立的京师大学堂延续下来的。1912 年 5 月，北京政府以大总统名义下令将京师大学堂改名为"北京大学校"，并颁发新的关防。然而随后的公私文献中都习惯直称为"北京大学"（有时，也有人称之为"北京大学堂"）。但名称虽改，而学校风气并无大的改变，仍延续着清末以来官僚子弟作为官员养成所的旧习气，学生带着仆人上学，学生被称为"老爷"。可以想见，这样的大学距离近代高等教育有多么遥远。民国成立后，如果说，在南京临时政府时期还颇有一点万象更新的气息；那么，政府北迁之后，到了旧官僚与武人盘踞的大本营里，袁世凯以垄断权力为目标，以复旧为手段，吸附旧势力为其所用，在这样的环境下，不消说，无人顾及北京大学的改革。因此，民国成立五六年，中国唯一的国立大学，简直不曾受过一丝一毫民主自由的洗礼，一切仍如清末之旧。袁世凯的复辟使民初复旧的风潮达到了极点。随着袁世凯的帝制失败，人们对复旧之风有了一些反省。就在这种情况下，北京政府乃决定聘请曾担任过南京临时政府教育总长，多年留学在外的蔡元培，回国担任北京大学的校长。

蔡元培是抱定改革的宗旨走马上任的。我们从他上任之后的言论与行动就可看出，在他的领导下，北京大学将要发生脱胎换骨的

---

① 见唐宝林、林茂生《陈独秀年谱（1879—1942）》，上海人民出版社 1988 年版，第 75 页。

变化。

蔡元培在就任北京大学校长的就职演说中，第一点强调的是抱定追求学问的宗旨。他说，大学是研究高深学问之所。然而以往来学者多怀有"做官发财的思想"，所以学校风气腐败。要改变此风气，必须每个学生都要立志向学。第二点强调的是要求学生砥砺道德，修己励人，改变社会风气。第三点强调的是要改良讲义，添购图书。从这三点可以明显看出，蔡元培决心要把北京大学改造成研究学问的高等学府。稍后，他在清华学校高等科演讲时，更概括他的教育思想为：一是发达个性；二是信仰自由；三是服役社会。

为贯彻他的教育思想，建设一个高水准的新型大学，蔡元培竭力邀请优秀的人才来北京大学任教。他请陈独秀担任文科学长，即有吸引优秀人才到北大任教的意思。陈独秀答应蔡元培的要求之后，即极力配合蔡校长，向各方努力，延聘好教员。蔡元培就任前，北京大学已有一些学问很好的教员，如黄侃、刘师培、马叙伦、朱希祖、章士钊、沈尹默、钱玄同、陶孟和等，但大多属旧学一派，只有陶孟和可说是完全新派的教授。后来新文化运动起来，其中有些人紧紧跟上，成为新派人物，如钱玄同；也有些虽大体拥护新文化运动，但仍保持一定距离，如朱希祖、沈尹默。在蔡元培、陈独秀努力之下，文科陆续请到一批具有新思想、新观念而且学问很好的教员，如胡适、李大钊、周作人、高一涵、刘复、刘文典、鲁迅等。

陈独秀为了拉胡适为《新青年》撰稿，乃至进而加入《新青年》，加入北京大学，可以说是用了最大的真诚、最大的努力。

因胡适曾给《甲寅》编者写过信，投过稿，[①] 所以，章士钊、陈独秀等对胡适都颇有印象。《青年杂志》创刊不久，陈独秀就拜托他与胡适共同的朋友，原芜湖科学图书社的主办者，此时正在上海经营亚东图书馆的汪孟邹先生给胡适写信，一则请求他在美国的

---

① 见《甲寅》第 1 卷第 10 号，1915 年 10 月，"通讯"。

中国留学生中代为销售《青年杂志》，而更重要的是，恳请胡适为《青年杂志》撰稿。汪氏于 1915 年 10 月和 12 月，两次写信给胡适，要他务必抽时间为《青年杂志》写文章。其 12 月 13 日的信上写道："陈君望吾兄来文甚于望岁，见面时即问吾兄有文来否，故不得不为再三转达。每期不过一篇，且短篇亦无不可，务求拨冗为之。……否则陈君见面必问，炼（汪氏原名汪炼——引者）将穷于应付也。"① 语气如此恳切，实所表达的乃是陈独秀本人之殷殷情切也。现在能查到的陈独秀致胡适的信，最早的一通是 1916 年的 8 月 13 日。这时，陈独秀已收到胡适所译短篇小说《决斗》一文，即在 9 月 1 日一期的《新青年》上发表了。陈在信中说："弟仰望足下甚殷，不审何日始克返国相见。"② 可见，这时陈独秀盼望胡适早日归国与之共同合作的心情，真是望眼欲穿。后来陈独秀答应蔡元培，出任北京大学文科学长，其第一个想到的就是要请胡适归国后来北大任教，甚至希望胡适接替自己的文科学长一职。他在当时写给胡适的信中说："蔡子民先生已接北京总长（原文如此，当是指接任北京大学校长一事——引者）之任，力约弟为文科学长，弟荐足下以代，此时无人，弟暂充乏。子民先生盼足下早日回国，即不愿任学长，校中哲学、文学教授俱乏上选，足下来此亦可担任。……他处有约者，倘无深交，可不必应之。中国社会可与共事之人，实不易得。恃在神交颇契，故敢直率陈之。"③ 可见，陈独秀虽尚未与胡适谋面，却已以知友视之，极渴望与之携手合作。

胡适于 1917 年夏返国，抵达上海第一个要见的人就是陈独秀。谈妥入北京大学担任教授的事，短暂回里探望母亲之后，胡适于 9

---

① 见耿云志《胡适年谱》，四川人民出版社 1989 年版，第 45—46 页。

② 《致胡适信》（1916 年 8 月 13 日），任建树主编：《陈独秀著作选编》第 1 卷，第 207 页。

③ 《致胡适信》（1917 年 1 月），任建树主编：《陈独秀著作选编》第 1 卷，第 288 页。

月赶到北京，蔡元培亲自设宴欢迎。

陈独秀与胡适的携手与后来的分手，在民国时期的政治、思想、文化上，都是有重要影响的事情。陈独秀有激情，胡适富理性。当大目标一致时，他们紧密合作，可以打开新局面，办成许多新事业；当大目标不一致时，则会产生深刻的思想分歧，足以令相关的事，蒙受巨大的影响。我们之所以略为详细地叙述陈、胡两人合作的由来，是想强调，他们由《新青年》与北京大学而结合到一起，对于文学革命，对于新文化运动，是具有关键作用的一件事。

蔡元培之长北大，促成北京大学的革新，又促成《新青年》迁入北大，得到最丰润的滋养。在这个过程中，北大形成了一支兼容并包的优秀的教师队伍。而在这个队伍中，有陈独秀与胡适的紧密结合，充当新思想、新观念的先驱。

在北京大学这个当时的最高学府里，集聚起新旧两派学问优秀的教员，在蔡元培"思想自由，兼容并包"的方针之下，很快就相互擦出火花来，而在自由讲学风气之下，又出现了一批思想敏锐、朝气蓬勃的青年学子。

《新青年》迁到北京大学，第一个变化是编辑力量更强大了，读者也更多了，随之，影响也就更大了。从前，这个杂志基本上是陈独秀一个人编的刊物。来到北京大学以后，上面提到的新教员中，有好几位加入编辑队伍中来。到1918年初，更明确组成编辑组，实行大家轮流主编。① 于是，有时各期的内容会显出不同的特点。

但最重要的是，《新青年》同人找到了改变人们思想观念的突破口。我们在本章第一节的最后部分，已经说过，先觉者们已经意识到，为了改造社会，改造国家，须要先改变人们的思想观念，而

---

① 有记载称，由六位教授轮流担任主编，他们是陈独秀、胡适、李大钊、钱玄同、刘半农、沈尹默。

改变人们的思想观念最好的办法是用浅近文艺去影响大众。可是，如何造成浅近文艺，使之成为广大普通民众喜闻乐见的东西，通过这些东西感动人群，使之发生思想观念的变化？这可绝不是一个简单的问题，这需要一场堂堂正正的文学革命。

因为第一，要使文艺为广大民众喜闻乐见，必须文字通俗浅显，识字的人看了，都能懂、能解。但长期以来，中国文学正宗是古文，普通民众看不懂，更不用说让他们用这种古文来表达自己的意思了。清末以来，革命党和立宪派为宣传和动员群众加入革命运动或加入立宪运动，曾大力办白话报刊，运用白话写文章，也出现一些服务于宣传目的的白话小说、快板书、竹枝词、莲花落之类的东西。此时也有一些并非宣传品，算得上是文艺性的，但只是娱乐性的东西，比较低俗，不足以发生真正感动，使读者产生新的思想观念。所以，清末民初，政治运动，风起云涌，却不能与广大的社会下层民众发生切身的关系。这类政治运动偶尔吸引一部分群众参与，或则只是一个具体的目标与群众的认知发生联系，或只是一些响亮的口号迷惑了群众，甚或只是一场热闹裹挟了一部分人。这些都不能发生什么足以改变人们思想观念的作用。这也正是陈独秀所说，共和国虽已开国数年，而人们的思想观念却仍然停留在帝制时代。

所以，文学革命的首要任务就是必须真正运用人民大众能懂、能解的语言文字，写出与大众生活密切相关的文学作品。

第二，文艺要发生改变人们思想观念的作用，作品本身必须贯穿新的思想观念；要使这些新的思想观念深入读者的心灵，作品必须有好的表现方法。而这些都是旧文学所缺乏的。所以新文学必须在总结本国文学优秀传统的基础上，吸收、借鉴先进的外国文学。这就需要倡导文学革命者须对本国文学与外国文学都有很深刻的了解，并有丰富的相关经验。

第三，文学革命须有一定的社会条件的支持，才可能发生。清末有白话报刊，有近乎白话的小说等文艺作品出现，但并未发生文学革命。胡适在谈及这个问题时曾说，清末的白话文只是应付当时的政治需要，并非从文学领域自身发出的有意的文学主张。这个说法自然不错。但我们还应该看到，清末尚不具备发生文学革命的必要的社会条件。清政府于1905年始废科举、兴学校，但这个以新代旧的过程不是短时间可以完成的，学堂建筑、设备问题，师资问题，课程设置问题，教材编选问题，样样都不是容易解决的问题。所以新教育的发展是受到各种因素的制约的。那时，中国的新教育主要是模仿日本，而当时中国赴日留学生绝大多数是受的速成教育，未得日本教育的好处，却很容易沾上其许多毛病。所以，清末民初，中国新教育虽有其名却大多未得其实。这就决定了，新教育尚未造就出足够多的愿意并能够接受新思想新观念的人。辛亥革命前后中国赴欧美留学的人逐渐增多，欧美文学的介绍亦渐增多。《新青年》出世后，留学生参与国内学术文化活动的人有迅速增加之势。这就是说，能够运用新思想新观念，并运用新的文字风格、新的表现方法从事教育、新闻及各种文化事业的人比以前大大增加了。他们中的许多人，都可成为文学革命的积极推动者。

还有一点更值得注意。民国初年曾有一个很突出的大办实业的潮流，城市人口大量增加，新教育与新文化的需求有明显的提高。过去识字的人，往往仅限于能记简单的账目，能写极简单的家信。如果白话文通行，使识字的人可以阅读更多的东西，摄取更多的知识，甚至还可以很方便地在适当场合发表自己的意见，乃至用文字表达出自己的思想感情，这是何等惬意的事！这对于青年人具有极大诱惑力！所以说，到民国5、6年的时候，文学革命运动可以说有了相当的社会基础，只要有人登高一呼，申明其道理，晓之以便利，喻之以方法，就会有大批大批的人跟随上来。

文学革命的开篇之作，是胡适的《文学改良刍议》一文。这篇文章发表于1917年1月出版的《新青年》第2卷第5号。这一期我们难以断定它是在上海还是在北京完成编辑的，因为陈独秀11月26日便从上海出发来北京了，而那时编辑工作差不多全靠陈独秀本人完成。可以肯定的是，第 2 卷第 6 号是在北京完成编辑的。在这一期上，陈独秀发表《文学革命论》，像是投出了一颗重磅炸弹，发出巨响，使人们不能不注意到由《文学改良刍议》所提出的问题的重要性。陈独秀说："文学革命之气运，酝酿已非一日，其首举义旗之急先锋，则为吾友胡适。"过去有一段很长的时间，因《文学改良刍议》中，没有"革命"的响亮词句，人们多认为文学革命是由陈独秀发动的，而不是胡适所发动。或者说，因《文学改良刍议》中，没有革命主义的宣传，所以是不成熟的意见。有了陈独秀三大革命主义的宣布，文学革命的思想才算成熟。这些说法，在那个"革命主义"笼罩一切的年代里是可以理解的，而今天也并非完全没有人这样想。为了说明问题，不能不把《文学改良刍议》的思想形成过程略做追述，并说明为什么胡适在此文中有意回避"革命"的词语。

　　二十年前，我应邀为中华书局成立 90 周年而写的《胡适与梅光迪》一文，曾比较详细地论述胡适在美国留学的最后两年里，其文学革命的思想主张逐渐形成的过程。现在简括归纳如下。

　　1. 1915 年 8 月 26 日，在所做英文论文《如何可使吾国文言易于教授》（胡适自译题）中提出："汉文（指文言——引者）乃是半死之文字"，白话因是日用语言，所以是活文字。此文还提倡文法和用文字符号，即后来所谓标点符号。[1]

　　2. 是年 9 月 17 日，在《送梅觐庄往哈佛大学》的白话长诗中，提出"文学革命"的口号。[2]

　　3. 是年 9 月 21 日，在《戏和叔永再赠诗却寄绮城诸友》一诗中，提出"诗国革命"和"作诗如作文"的主张（意思是诗中宜用文之文字时，不可避之）。[3]

---

① 见《胡适留学日记》下册，商务印书馆 1947 年版，第 759—764 页。
② 见《胡适留学日记》下册，第 784 页。
③ 见《胡适留学日记》下册，第 790 页。

4. 1916 年 2 月 3 日，胡适提出："今日文学大病在于徒有形式而无精神，徒有文而无质，徒有铿锵之韵，貌似之辞而已。今欲救此文胜之弊，宜从三事入手：第一，须言之有物；第二，须讲文法；第三，当用'文之文字'（覯庄书来用此语，谓 Prose diction 也。）时不可避之。"①

5. 1916 年 2—3 月间，胡适已认识到，中国之文学自古以来经历了多次的革命，而这些革命都是文学形式、体裁的逐渐解放。②他总结道："一部中国文学史只是一部文字形式（工具）新陈代谢的历史，只是'活文学'随时起来替代了'死文学'的历史。文学的生命全靠能用一个时代的活的工具来表现一个时代的情感与思想。工具僵化了，必须另换新的，活的，这就是'文学革命'。"③

6. 1916 年 4 月 17 日，胡适提出"吾国文学三大病"：无病而呻；模仿古人；言之无物。④ （其实，言之无物即可包括前两项——笔者）

7. 1916 年 4 月 13—26 日做《誓诗》并五易其稿。《誓诗》是表示胡适经过将近一年的探索、讨论和实验，下定决心要做文学革命事业的志向。其一、二稿中，均有"为大中华造新文学，此业吾曹欲让谁"之句。⑤ 三、四稿中有"但求似我，何效人为？语必由衷，言须有物，此意寻常当告谁？从今后，倘傍人门户，不是男儿"。⑥ 第五稿的最后一句又改作"从今后，待铲除臭腐，还我神奇"。⑦

8. 1916 年 5 月，胡适用力从古代名家诗文中求得诸多白话或

---

① 见《胡适留学日记》下册，第 844 页。

② 《胡适留学日记》下册，第 862—863 页。

③ 《逼上梁山——文学革命的开始》，曹伯言选编：《胡适自传》，黄山书社 1986 年版，第 111 页。

④ 见《胡适留学日记》下册，第 893 页。

⑤ 《胡适留学日记》下册，第 889—890、892 页。

⑥ 《胡适留学日记》下册，第 892、896 页。

⑦ 《胡适留学日记》下册，第 902 页。

近似白话的名句，以证白话文学之有渊源。①

9. 1916 年 6 月，胡适在绮色佳停留 8 日，与任鸿隽、杨杏佛、唐钺诸友反复讨论白话文学问题，总结出九条结论：（1）文言已是半死的文字；（2）白话是活的语言；（3）白话并不俗，俗儒才谓其俗；（4）语言以达意为主，不能达意即不美，白话能达意，故优美适用；（5）文言之长，白话皆有之，而白话之长，文言未必能及之；（6）白话并非文言之退化，乃文言之进化；（7）白话能产生第一流文学；（8）非白话的文学，皆不足与于第一流文学之列；（9）文言可读而听不懂，白话可读、可听、可歌、可讲、可记，故最适用。这时，胡适已明确提出，要"用白话作诗作文作戏曲小说"，总之是要用白话做一切文学。经此一番讨论，任鸿隽决定下届科学社年会，皆用白话讲演。②

10. 1916 年 7 月 13 日，胡适提出："吾以为文学在今日不当为少数人之私产，而当以能普及大多数之国人为一大能事。吾又以为文学不当与人事全无关系。凡世界有永久价值之文学，皆尝有大影响于世道人心者也。"③

11. 1916 年 7 月间，因任鸿隽全用古文写的一首《泛湖即事诗》，而致胡适与梅光迪之间的争论达到最高潮。

7 月 10 日左右，任鸿隽与数友在康奈尔大学所在之绮色佳城的小湖中驾小舟游玩，突遇风浪，致舟覆。《泛湖即事诗》即写此事。胡适认为，其诗关键部分，没有用力写其实状，反用古人写江海大风浪的陈套语，殊觉无味。胡适的评论，惹起梅光迪的义愤，写信指责胡适"于叔永（任鸿隽字）诗中稍古之字皆所不取"，而主张以俗语白话入诗，而白话乃"鄙俚不可言"，认为胡适如此醉心于俗语白话，简直不可理喻。④

---

① 见《胡适留学日记》下册，第 908—918 页。
② 见《胡适留学日记》下册，第 939—944 页。
③ 《胡适留学日记》下册，第 956 页。
④ 见《胡适留学日记》下册，第 977、978 页。

　　胡适写了一首很长的打油诗，一以回答梅的批评，一以化解梅的气愤，不想，结果却让梅更加愤怒。梅光迪写信给胡适说"读大作如儿时听'莲花落'，真所谓革尽古今中外诗人之命者"，认为胡适是"喜以前无古人，后无来者自豪"，"喜诡立名字，号召徒众，以眩骇世人之耳目，而己则从中得名士头衔以去"。① 这已近乎人身攻击了。胡适觉得，任鸿隽虽不赞成他的主张，但为人忠厚质直，故特写了一封数千字的长信给任，再次详述其白话文学的主张，最后表示："吾志决矣，吾自此以后，不更作文言诗词"，决心实地试验白话诗词的写作。此信写于 1916 年 7 月 26 日。不到一个月，8 月 21 日，胡适分别给朱经农和陈独秀写信总结出他文学革命的八项主张，即不用典；不用陈套语；不讲对仗（文当废骈，诗当废律）；不避俗字俗语（不嫌以白话作诗词）；须讲求文法之结构；不作无病之呻吟；不模仿古人；须言之有物。② 这八条与 1917 年 1 月 1 日登在《新青年》第 2 卷第 5 号上的《文学改良刍议》的八项主张是完全一样的，只是次序稍做调整。这是他 1915 年夏季以来探求中国文学革命所得的结论，是相当成熟的见解。陈独秀接到他的信后，十分高兴，"以为今日中国文界之雷音"，要他"详其理由，指陈得失，衍为一文，以告当世"。③

　　从以上追述看出，胡适立意从事文学革命，与陈独秀决心办一个杂志以影响当世青年，差不多是同时发生的事。一个在万里之外的异国他乡，一个在本国之内。陈独秀办《新青年》的初期，也曾感到寂寞（见前节之文）；胡适的文学革命主张更是遭到他的同学诸友的强烈反对。一旦胡适的主张与陈独秀思想相合，情形就立即改观。胡适的文学革命主张逐渐成熟，但在异国他乡却无处下种，更谈不上收获。在国内由于《新青年》播下若干新种子，如

---

① 《胡适留学日记》下册，第 981 页。
② 见《新青年》第 2 卷第 2 号，1916 年 10 月，"通信"。
③ 《新青年》第 2 卷第 2 号，1916 年 10 月，"通信"。

同酵母，正在一部分社会中发酵。所以，胡适与陈独秀的结合对于文学革命乃至新文化运动在中国的兴起，实是一个绝不可小视的关键。

胡适的《文学改良刍议》之所以故意避去"革命"的字样，他自己后来解释说："这是一个外国留学生对于国内学者的谦逊态度。……可以不引起很大的反感。"① 因为他在美国朋友中发表自己的文学革命见解，竟遭到几乎所有人的反对，则这种见解在比较更为封闭、保守的国内，恐怕更不易得同情和支持了。他的顾虑是完全可以理解的。但他对自己的主张必定终将赢得成功是完全有自信的。就在这篇《文学改良刍议》中，胡适就写道："白话文学之为中国文学之正宗，又为将来文学必用之利器，可断言也。"②

胡适温和而平实地提出文学必须改革的议题和应当进行的途径，供大家讨论，陈独秀则把这问题说成你死我活的革命，警醒大家必须关切这个问题。事后近百年，我们平心地看，这倒好像是两人商量好的一场双簧戏，对于文学革命的开展和凯歌行进都是必不可少的。胡适后来回忆说，若没有陈独秀的"必不容反对者有讨论之余地"的革命精神与坚决态度，那么，"文学革命至少还须经过十年的讨论与尝试"。③

《文学改良刍议》在《新青年》上发表后，逐渐引起人们的注意。在紧接着出版的第 2 卷第 6 号《新青年》上，除陈独秀的《文学革命论》以外，在"通信"栏，有三位读者谈及文学改革的问题，其中有两位是针对第 2 卷第 2 号上胡适与陈独秀的通信内容，只有钱玄同是针对胡适的《文学改良刍议》而发，他表示无保留地拥护胡的主张。值得一提的是，钱玄同在这篇简短的通信里，给古文派上了"选学妖孽""桐城谬种"的"谥号"。

---

① 《四十自述·逼上梁山》，季羡林主编：《胡适全集》第 18 卷，第 130 页。
② 胡适：《文学改良刍议》，《新青年》第 2 卷第 5 号，1917 年 1 月。
③ 《五十年来中国之文学》，《胡适文存二集》卷 2，第 157 页。

从第 3 卷开始，《新青年》关于文学革命的讨论渐渐增多，有更多的人响应胡适文章，发表自己的意见。总的说，都是赞成胡适的主张，而在具体节目上互有商榷，如对胡适所提八项主张在实行中的广狭范围、某些主张的具体解释问题，文学革命的进行程序问题，白话韵文的写法问题，小说戏剧如何改良的问题，古今小说的评价问题，等等。加入讨论者，有钱玄同、刘半农、常乃惠、傅斯年等，有些治旧学功底甚深的学者，像朱希祖等亦陆续加入讨论。

可以说，讨论大体都是在赞成文学革命的基本前提下进行的。真正反对文学革命的人，除了张厚载应胡适的要求，在《新青年》第 4 卷第 6 号和第 5 卷第 4 号上发表两篇辩护旧剧的文章外，没有人正面与胡适等人展开辩论。正因此，主张比较激烈的钱玄同与刘半农两位先生，似乎觉得寂寞，乃炮制出"王敬轩攻击文学革命"的故事来。[①] 当时比较著名的古文家严复认为，《新青年》之文学革命的主张完全不足道。他在给友人的信中说："北京大学陈、胡诸教员主张文白合一，……须知此事全属天演，革命时代学说万千，然而施之人间，优者自存，劣者自败，虽千陈独秀，万胡适、钱玄同，岂能劫持其柄，则亦如春鸟秋虫，听其自鸣自止可耳。"[②] 严氏认为文学变迁出之天演，此话甚有理。但，社会事物，由人参与其中，天演亦包括人的认识与行为在其中。顺应发展趋势者，与拂逆发展趋势者，其命运自不相同。严氏忽略了事物进化中之人的因素，是因其自立于拂逆发展趋势而有以致误。另一位古文家林纾则与严复不同。他只发表一篇《论古文之不宜废》，公开表明反对白话文学的态度，不肯与《新青年》诸子多做正面交锋。但此老

---

① 主张最激进的钱玄同，化名"王敬轩"，著文《文学革命之反响》，猛烈攻击《新青年》提倡文学革命诸人"虽欲不谓之小人而无忌惮，盖不可得矣"。文中极力颂扬古文家。刘半农则做答复王敬轩之长文给予反击。初，外间不知真相，以为真有两军对垒之事。不久，人皆知之，谓为钱、刘二人的"双簧"戏。大约《新青年》同人中，只有胡适对这种做法不以为然。

② 王栻编：《严复集》第 3 册，第 699 页。

又怨愤难平，一则写讽喻小说斥骂陈独秀、胡适、钱玄同等人，甚至还捎上蔡元培。① 一则写公开信给蔡元培，施加压力。信中说，北京大学教员"尽反常轨，侈为不经之谈"；乃至"覆孔孟，铲伦常"，又"尽废古书，行用土语为文字"。他要求蔡元培，要"留意以守常为是"，"为国民端其趋向"。② 意思是要蔡元培对陈独秀、胡适等严加管束。蔡元培的复信，批评林纾不该以谣诼为根据来责备大学，并提出他那著名的办学精神"循'思想自由'原则，取兼容并包主义"，以圆融大度之气概，恰如其分地驳回林纾的指责。③

对白话文学的倡行，对文学革命运动的高歌猛进，守旧派是极不甘心的。可是，他们没有什么像样的武器可以同革新派正面过招。于是他们采取造作谣言④、搞恐吓信⑤、运动武人政客等阴暗手段，企图打击革新派。当风潮趋向激烈时，什么匿名揭帖、恐吓信、报纸上的假新闻、市井流传的谣言等，颇曾闹得乌烟瘴气。这当然不只是因文学革命而起，也包括思想革命、伦理革命。但白话文学之取代文言实在是其中一项重要原因。

────────────

① 林纾在《新申报》上发表两篇小说，一是《荆生》，其内容是说，某日，有三个少年，田其美（影陈独秀）、狄莫（影胡适）和金心异（影钱玄同）在陶然亭公园里聚谈如何反孔、倡白话。正谈得起劲，忽然冲出一位"伟丈夫"，将三人痛打一顿，乃各自逃去。一直有人说，"伟丈夫"是暗指与林纾有师生之谊的，当时正在段祺瑞手下握有实权的徐树铮。另一篇小说名《妖梦》，内容是说，有一个"白话学堂"，校长叫元绪公（影蔡元培），教务长叫田恒（影陈独秀），副教务长叫秦二世（胡亥，影胡适）。田、秦二人终日里倡白话，毁伦常，校长元绪公不加制止，却点首赞成。这一日，忽然来了一个妖魔，将三人活活吞下，化为一堆臭粪。两篇小说无疑反映了林纾对文学革命运动的深刻怨愤之情。

② 林纾的公开信收入《中国新文学大系·建设理论集》，上海文艺出版社 1935 年版，第 171—173 页。

③ 蔡元培答林琴南书，收入《蔡元培全集》第 10 卷，第 376—381 页。

④ 如有人发匿名揭帖造谣说，陈独秀与某某为一妓女争风而弄伤该妓下体；发假消息称，陈独秀、胡适、钱玄同、刘复被驱逐出京云云。

⑤ 有人投恐吓信给陈独秀、胡适，说有人要买炸弹炸死他们。见《蔡元培与胡适》，载《耿云志文集》，上海辞书出版社 2005 年版，第 394 页。

　　何以白话取代文言会引起旧势力如此激烈的反抗呢？我在将近三十年前，曾着力分析过这个问题。

　　我们试回顾一下清末民初这个时期的历史，南社诸子搞"诗界革命"，闹了很长时间，也不曾听到有什么强烈反对的声音。林纾翻译西方文学，那些作品的内容多与中国传统道德不相容，也没有引起什么反对的声浪。严复翻译西方政治学说，其思想观念与中国传统政治观念完全不相侔，章士钊等以西方学说为理据，议论时政，批评当轴，也没有遭到有势力者的严重讨伐。

　　但文学革命却不同了。首先是它打破了千百年来贵族文化的樊篱，如今有了白话这种利器，只要读书识字，有心要表达自己思想感情的人，都可把它们用文字表现出来。从前，白话写成的文章，根本登不了大雅之堂。如今白话文的小说、散文甚至白话诗，都堂而皇之地登诸报刊。这些东西还居然拥有广大的读者。过去要花重金邀请旧文人写文、写诗以光报刊的篇幅。现在，却因白话的盛行，报刊以白话诗文争宠，得以扩大篇幅，得以扩大发行。文言文和专擅此道的旧文人简直交了霉运，留给他们的天地越来越狭窄了，他们的心理感受是可想而知的。况且，白话的盛行，意味着过去一向被压在社会下层，而为社会上层不看在眼里的平民大众，从此有可能经常在社会上发出声音，提出他们的要求，表达他们的愿望。一旦某种社会问题牵及他们的切身利害，白话告示、白话传单、白话演讲，可迅速将他们聚集起来，成为巨大的社会力量，将给上层势力，特别是居统治地位的人们造成极大的麻烦。清末以来十几年的历史经验，足以提醒统治者想到这一点。所以，在文学革命运动兴起的当时，以及白话国语已经盛行之后，旧势力的反抗、反扑都是有着深刻的利害关系的。

　　过去一个很长时期，有些人对于文学革命，何以总是围绕着文言与白话、是否用典、有韵无韵等纯属形式方面的问题争论不休，表示不解，甚至有人认为这是胡适有意把文学革命引向只关心形式而不关心内容的歧路上去。这是非常错误的看法。

第一，不论是胡适还是陈独秀，他们发起文学革命的初衷，都是要求文学的内容与形式的全面革新。或许还可以说，他们正是为了从根本精神上革新文学，才不得不首先打破那已完全不适合表达新内容、新精神的旧的文学形式。这一点他们是说得非常清楚的。周作人在《新青年》第5卷第6号上发表《人的文学》一文，更显示《新青年》同人在倡导文学革命的过程中，对文学思想、精神层面的重视。

第二，从理论上说，无论是自然界还是人类社会，新生命总是在旧形体中孕育出来的，新生命的出世，只有打破旧形体才有可能。文学革命亦是如此。胡适早在1916年2—3月间即已发现自古以来，文学，无论是诗歌还是散文，都曾经历过若干形体或形式上的变化。而每一次变化，都因形体或形式变得更自由了，从而赢得新的发展空间。

第三，因为古文通行了近两千年，偶有文人尝试作一点白话，或稍近似于白话的文字，皆被视为旁门左道，没有合法地位。直到清末，人们为了改革和革命的需要，想要把群众动员起来，才真正感觉到需要用白话来写文章、写宣传品散发到群众中去，于是有人办起白话报，写白话小说给那些识字不多的老百姓看。但仍无人提出用白话取代文言，用白话创作一切文学，使白话文学成为文学正宗的主张。现在居然有人明白地提出要用白话作文、作诗、作小说、作戏曲，作一切文学，要完全取代文言，成为文学的正宗。进取的人感到空前的解放；年轻的人感到轻易可得一种人生的利器；只有保守的人感到不舒服，不自在。所以拥护白话的人，兴高采烈，争相表示意见；反对的人则或以沉默以示抗议，或像林纾那样炮制几篇讽刺小说来泄愤。直到几年之后，才有几个有点西洋学问，受到西洋式的保守主义影响的人，站出来正面与文学革命阵营交锋。但不管这一切，文学形式与文学形体的变与不变，是用白话还是用文言，这是当时大家最关心的问题。正如蔡元培所说："国文的问题，最重要的就是白话与文言的竞争"。① 这个竞争，即使在北洋政府明令小学、中学的国文教科书逐渐改为白话文之后，也并没有完全结束。这其中的原因，我们在后面适当的地方再讲。从大局上说，白话文取代文言文，占居文学的正宗地位，这个问题是根本上解决了。

① 《国文之将来》，《蔡元培全集》第 3 卷，第 731 页。

第 三 章

思想革命与道德革命

《新青年》不但是文学革命的倡导者，而且也是思想革命与道德革命的倡导者。《青年杂志》一创刊，就宣明宗旨，称"本志之作，盖欲与青年诸君商榷将来所以修身治国之道"。① 修身自是属于道德范畴，是表示要提出一些新的道德观念。治国，当然是指如何治当下的共和民主之国。原来中国人一直都生存于专制国之下，现在要解决如何治好共和民主之国，必然会引致思想观念上的一系列重大变化。所以，《新青年》立意要倡导思想革命和道德革命。对于这一点，其创办者和主要撰稿者，都是非常明确的。

陈独秀在《敬告青年》中所提的六项要求，都是思想革命的重要内容。而其中的第一项，即"自主的而非奴隶的"，则是思想革命和道德革命最核心的内容。

《新青年》的主要作者所发表的倡导思想革命与道德革命的文章甚多。与此同时，在当时有很大影响的《东方杂志》及《大中华》杂志以及其他报刊上，也有人发表文章，阐扬以"个人"之解放与新道德之主要精神。我们试将它们的内容略加归纳和分析，以便大致看出，陈独秀、胡适等人当时最着意的要向青年传递一些什么样的新思想和新道德观念。

---

① 《社告》，《青年杂志》第 1 卷第 1 号，1915 年 9 月，首页。此《社告》一直登到第 1 卷第 4 号。

一　"个人"的发现

从 20 世纪末期以来，我在关于近代思想文化问题，以及研究梁启超、胡适等人的著述中，都一再地强调，提倡个性主义、高扬个人独立的思想乃是中国近代思想史上一件有特别重大意义的事。

梁漱溟先生曾说："中国文化最大之偏失，就在个人永不被发现这一点上。"[①] 这是梁先生一个极有价值的见解。他后来与新文化的几位主要代表人物发生争论，其实都不在这个问题上。梁氏骨子里还是受到西方文化的影响的。

中国自秦汉以后两千余年里，绝大多数情况下是高度集权的君主专制制度。这一制度的构建与持续完善，儒家思想起了无可替代的作用。它的伦理－政治一体化的思想是集权专制主义的理论基础。中国社会的细胞是家庭，家长是一家之主，是统治全家的最高权威，每个家庭成员必须服从他的意志。君主以天下为一家，"普天之下，莫非王土，率土之滨，莫非王臣"，所有臣民，都必须服从天子（君主）一人的意志。当然，在君主专制制度形成与巩固的过程中，天子、君主、皇帝已成为最高权威的一个符号，在实际上，容有他人，或他种势力操控天子，以行其意志的现象。但这不改变君主专制制度的本质。

这样伦理－政治高度统一的社会制度，臣民对皇帝的"忠"，与子弟对家长的"孝"，十分紧密地连贯在一起。自然，随着社会历史的发展，语词、概念会产生不同的解释，如今我们仍不完全否定"忠"与"孝"的部分伦理意义。但在君主专制社会里，以及虽然没有了君主，却仍行专制主义制度的社会里，"忠"与"孝"是有其确定的意义规范的，那就是子不能逆父，臣不能叛君。只有

---

① 梁漱溟：《中国文化要义》，上海人民出版社 2005 年版，第 221 页。

不是的子女，没有不是的父母；只有不忠的臣子，没有犯错的天子。因此，在通常情况下，个人都是被"忠""孝"两条伦理规范紧紧束缚着，很难，甚至根本无法发挥个人的天性和创造精神。整个社会，都是这样的人，或至少绝大多数是这样的人，则国家、民族缺乏创造力，缺少鲜活的能动精神就是不言自明的了；其社会制度两千多年没有根本变化也就不足为怪了。

自从西方列强以强力打开中国的大门，一向不知中国之外有世界，并且又已有两千年几乎不闻政治自由与平等为何事的中国人，手足无措，备受屈辱，创巨痛深。

慢慢地才有人想到，也许我们的制度，我们的文化真的有什么毛病，需要做些调整，做些改变，才能摆脱这种受制于人的状况。于是才有类似冯桂芬所谓"不如夷"的觉悟，于是才有改革的运动接续地发生。而且随着对外部世界的认识的增加，随着改革运动的一次次失败和一次次地再起，国人之先觉者，终于渐渐悟出两个重要的道理，一个就是必须向世界开放，一个就是必须解放"个人"，激发人们的创造力。前者就是世界化，后者就是发现"个人"。前者暂且不论，这里着重讲"个人"的发现。

我前面说，秦汉以后两千年，中国人几乎不闻自由、平等为何事，当然也就无从了解"个人"是怎么回事。但秦汉以前不是这样的。

中国古代本有个人主义的学说，如杨子的"为我"说，就是非常显著的例子。只是因为它不适合君主专制、大一统和思想定于一尊的政治需要，便遭遇到以孟子为代表的儒家一派人的拼命围剿，才逐渐被窒息、埋没。杨子"为我"之说，本是强调个人不弃所固有，不求所不当有，是一种理性的"个人本位主义"，并非孟子所说的，"拔一毛以利天下而不为"的绝对自私自利的思想。查《韩非子》《淮南子》《吕氏春秋》诸书，所引述杨子之说，皆与孟子说法不同。如《韩非子·显学篇》说到杨子时，有这样一段话:"今有人于此,义不入危城,不处军旅,不以天下大利易其胫一毛,世主必从而礼之,贵其智而高其行,以为轻物重生之士也。"① 所说"不以天下大利易其胫一毛",其意明显与孟子所说"拔一毛以利天下而不为"的说法大异。孟子说杨子自私自利,捐一毫小利以利天下他都不干。韩非子所述,则是说,以天下之大利,换取杨子胫上一毛,杨子也不干。一个说的是自私自利,一个说的是不取非个人所当有之利,这正是君子之风。再看《淮南子·氾论训》中说:"全性保真,不以物累形,杨子之所立也。"② 这里说,杨子全性保真,不逐身外之物,不谋分外之利。其意与《韩非子·显学篇》略同。《吕氏春秋》之《本生》《贵生》《情欲》等篇,亦涉及与杨子之说相类的思想,皆与孟子所说不同。可见,孟子为批判杨子而故意曲解杨子的思想,用今天的话说,即把对方妖魔化,以便于进行不讲理的大批判。中国之有大批判的恶传统,实是孟子开其端。而其最大的恶影响莫过于将杨子的个人本位思想完全抹杀,使专制主义毒焰贯穿古今,弥漫天下,缺少抗衡的力量。孟子固自有其卓识特见,然不能因以掩其陋。

中国文化自独尊儒术以后,"人"这个词,就总是作为一个类概念而存在,绝少把"人"作为一个具体的个体的人来对待,基本上是指所有的人,即与自然界之动物、植物相区别的人;或是指某一类的人,如"大人""小人""贵人""贱人"等。

西方思想家自摆脱中世纪的教条之后,就产生一种觉悟,认识到只有个体的真实的个人,才是发现人性的本体。个体高于类,具体高于抽象和一般。一般只能在具体中体现出来。黑格尔对此有过精彩的论述。同样,人性,只有通过具体的个人才能体现出来。因此,要尊重人,就只有从尊重每一个具体的个人做起;保护人,也只有从保护每一个具体的个人做起。经过几百年的历史积淀,经济

---

① 《二十二子》,上海古籍出版社1986年版,第1186页。
② 《二十二子》,第1265页。

的、社会的、政治的进步，遂使尊重个人、保护个人，成为一种百炼成金的信条。相反，在中国，自从杨子"为我"之说被剿灭以后，"个人"成了一个负面的词语，强调个人，就成了罪过。要求个人必须服从集体。但集体应当是由个人集合起来组成的，才是真集体。没有个人，泯灭了个人，哪里来的集体？人们通常所说的"集体"，其实不是集体，只是一个整体，是从一个更大的整体派生出来的小的整体。整体的意志不是由各个个人集中起来的意志，而是从更大的整体派生出来的意志。大一级的整体，支配着小一级的整体。这是秦始皇以来一直占统治地位的大一统观念支配的结果。在此观念牢笼之下，个人完全没有地位。晚明时的李贽强调"私"的重要，清后期戴震主张"遂情达欲"之说，这才稍稍向承认个人接近了一步。

近代的学者和思想家，面对救亡图存、民族复兴的巨大挑战，发现儒家力主思想定于一尊的主张，只是为专制君主说话，大不利于激发民族创造精神；进而发现，古代个人主义学说，被儒家完全抹杀，是完全错误的，应当予以纠正，使国人了解，个人主义思想学说，并非纯粹舶来品，我们自己民族的思想史上，早有人阐发和提倡，为了民族复兴，应当恢复古代个人主义思想应有的历史地位，使国人在应对现实挑战时，多一份思想智慧的滋养。

"西学中源"之说，固非确论，但在中央集权的大一统政治奠定之前，在儒家一尊的地位确立之前，先秦诸子中有某些与西方哲人思想略相近之处，则是事实。

严复是第一个向国人介绍西方思想原典的人，他在《论世变之亟》一文中，提出中西文化最基本的区别在于"自由与不自由之异"。他说：

　　夫自由一言，真中国历古圣贤之所深畏，而从未尝立以为教者也。彼西人之言曰：唯天生民，各具赋畀，得自由者乃为全受。故人人各得自由，国国各得自由，第务令毋相侵损而

已。侵人自由者，斯为逆天理，贼人道。其杀人伤人及盗蚀人
财物，皆侵人自由之极致也。故侵人自由，虽国君不能，而其
刑禁章条，要皆为此设耳。中国理道与西法自由最相似者，曰
恕，曰絜矩。然谓之相似则可，谓之真同则大不可也。何则？
中国恕与絜矩，专以待人及物而言。而西人自由，则于及物之
中，而实寓所以存我者也。①

　　严复在这里提出"存我"的概念，这应当是对个人自由的一
种比较吻合的中文表述。但严复此处所说"自由一言，真中国历
古圣贤之所深畏，而从未尝立以为教者"，实不确。严复如此议论
的时候，那是 1895 年，甲午战争刚刚结束之时。二十年之后，严
复在《庄子评语》中，极力推崇庄子、杨朱尊崇个人的思想。严
氏评论道："杨之为道，虽极于为我，而不可訾以为私。"② 能见到
杨子之"极于为我"，不归结于私，可谓透辟之见。严氏一度以
为，庄子或即是杨子；即使不是杨子，而庄子思想实与杨子极相
类，故借评庄子之书，而阐杨子之说。可贵的是，严氏还揭出，孟
子歪曲了杨子的学说。他说："为我之学，固原于老。孟子谓其拔
一毛利天下而不为，固标其粗与世俗不相知之语，以为诟厉，未必
杨朱之真也。"③
　　盖杨朱的思想学说，受到儒家学派的大力围剿，其学说几乎完
全被绞杀、湮灭，只剩下经孟子歪曲过的一句话："拔一毛利天下
而不为"。但既然当年孟轲等辈那样奋力排击杨子的学说，并谓天
下学子，不归于杨，即归于墨，则可以想见，杨子必有略成系统的
学说传之当世，亦即必有如其他诸子相类的著述存于当世。然而两
千年后，我们终未能得杨子学说的本来面貌，以做出深入详尽的研

① 《论世变之亟》，王栻编：《严复集》第 1 册，第 2—3 页。
② 《〈庄子〉评语》，王栻编：《严复集》第 4 册，第 1138 页。
③ 《〈庄子〉评语》，王栻编：《严复集》第 4 册，第 1147 页。

究，良可浩叹！此皆孟子及其学派，以及他们所献功邀宠的统治者之罪。

继严复之后，倡导个人主义思想的另一位重要的启蒙思想家梁启超，于 1901 年在《清议报》上发表《十种德性相反相成义》一文，在谈到"自由与制裁"的问题时说："自由者，权利之表证也。凡人所以为人者有二大要件：一曰生命，二曰权利，二者缺一，时乃非人"。[①] 他还提出个人自由的界说，谓："自由之公例曰：人人自由，而以不侵人之自由为界。"[②] 梁氏深为感叹地说："吾以为不患中国不为独立之国，特患中国今无独立之民。故今日欲言独立，当先言个人之独立，乃能言全体之独立。"[③] 他把"个人之独立"置于优先的地位，这在中国思想史上可谓石破天惊之论。值得注意的是，梁氏此时，即早于严复 15 年，就注意到，中国最早倡导"为我"之说的杨朱思想，实可为我民族"个人独立"思想的最早资源。他大力称扬杨朱的"为我"之说，他说道："昔中国杨朱以为我立教曰人人不拔一毫，人人不利天下，天下治矣。吾昔甚疑其言，甚恶其言。及解英德诸国哲学大家之书，其所标名义，与杨朱吻合者，不一而足；而其理论之完备，实有足以助人群之发达，进国民之文明者。盖西国政治之基础在于民权，而民权之巩固，由于国民竞争权利，寸步不肯稍让，即以人人不拔一毫之心以自利者利天下。……故今日不独发明墨翟之学足以救中国，即发明杨朱之学亦足以救中国。"[④] 他把杨朱"为我"的思想提到可以救国的高度，实不愧为启蒙思想家。

严复和梁启超两位思想家，在诠释西方自由主义思想时，都引出古代杨朱尊崇个人的思想资源，所以，我们可以说，他们是在中国"重新发现个人"的先驱者。

---

① 梁启超：《十种德性相反相成义》，《饮冰室合集·文集之五》，第 45 页。
② 梁启超：《十种德性相反相成义》，《饮冰室合集·文集之五》，第 46 页。
③ 梁启超：《十种德性相反相成义》，《饮冰室合集·文集之五》，第 44 页。
④ 梁启超：《十种德性相反相成义》，《饮冰室合集·文集之五》，第 49 页。

　　可惜，那个时代，敌国外患太严重了，他们未能一以贯之地坚守"存我"或"个人之独立"优先的原则。严复在其《政治讲义》中将"自由"与"管理"相对，谓"管理与自由，义本反对。自由者，惟个人之所欲为；管理者，个人必屈其所欲为"。① 这里，严氏实际已经抽换了自由的本义。自由就是意志自由，由于群体生活的需要，个人基于自由意志做出选择，服从公定的某些约束，这并不是放弃自由的原则。蒋梦麟初到美国留学时，感觉美国人比中国人的自由还要少些。② 这是一个没有深刻领会西方自由之真义的青年，把自由与管理相对应而得出的错误观念。由于将自由与管理相对应，而管理是任何国家、社会所不可少，于是，严复得出自由必须加以很多限制的结论。他没有深加分析，管理如是出于众多个人自由意志所认可，便不存在侵害或限制自由的问题。梁启超则鉴于外患的严重威胁，径直主张，当先倡国家之自由，民族之自由。因为他认定，对于中国人来说，最切要者是争参政权和民族建国两个目标，故不得不稍抑个人之自由，而伸团体之自由。③

　　民国初期，继续有人阐发"个人"的地位与价值。如杜亚泉在《东方杂志》上发表《个人之改革》一文，其中说到，中国数千年之积腐，不改革绝不可。然数十年来改革无成，实因分子腐败，团体不能善。所以他说："吾侪不改革自己之个人，而侈言改革社会，是实吾侪之大误也。"又说："凡游历西洋诸国及觇览西洋人在东亚各地所建设之市场者，未有不喟然兴叹，谓吾侪社会苟不从事于改革则将无以自立。然更进而与西洋社会中之个人相接触，则其身体之强健，精神之活泼，技能之熟练，服务之精勤，无在不足使吾侪相形而见绌，于此而不发生改革个人之思想者，非狂人即愚者矣。"④ 可以看出，作者已不是笼统地议论社会改革，或

　　① 《政治讲义》，王栻编：《严复集》第 5 册，第 1279 页。
　　② 见蒋梦麟《西潮》，台南，大孚书局 1993 年版，第 70 页。
　　③ 参见梁启超《新民说·论自由》，《饮冰室合集·专集之四》，第 44—45 页。
　　④ 杜亚泉：《个人之改革》，《东方杂志》第 10 卷第 12 号，1914 年 6 月。

国民性的改革，而是把着眼点放在"个人"的改革上。稍后，署名"抱木"的作者在《大中华》杂志上发表谈论孔子教义的文章，这位作者显然不是很激进的人。他对孔子思想尽量做出与现代观念相协调的解释。他说，孔子是注重个性的。他发挥说："人人能发育其个性，而扩充其能力于将来者，是德之至大者也。"[1]

接着，《东方杂志》接连发表有关"个人"的文章。一位署名"民质"的作者颇近似于古代杨子"为我"的思想，亦可以说很接近于西方思想家的个人主义思想。他说："上天下地，惟我独尊。世间无我，即无世界。凡事我之所不能为，未有他人能代而为之者也；他人所不能代而为之，未有孤特蕲向，存乎理想之物，独能代而为之者也。……一有可为，为之者断乎在我。是故我者真万事万物之本也。"[2] 此文所说，充满唯我主义的味道。我倾向于认为，这只是说明，那个时候的人，尚未能得到表述个人价值的恰当的说法。另一位署名"家义"的作者，发表《个位主义》一文，说："个位主义（Individualism）者，近世一切新文明皆导源于此思潮者也。"又说："人之第一天职即在发育其个性，使之至于极度也。"他认为："我国人惟不知个人本位主义，故其于社会也，惟现一片笼统，只见有家族，有地方，有国家，有其他社会，而不见有个人……究之，家族、地方、国家、其他社会，本以个人为主。既无个人，而所谓家族、地方、国家、其他社会者亦同等于无。一国之中，只见有无数寄生之物，不见有独立之人格，此我国数千年所以毫无进化也。欲医国人此种笼统之公毒，则必力倡个人本位主义，使人恍然知我在社会之位置。"[3] 这位作者把"个人"的意义说得比前此诸人要清楚一些，颇似对梁漱溟先生说法所做的注释。

梁启超在他主办的《大中华》杂志上，也重新提起并发挥他

---

①　抱木：《孔子教义实际之研究》，《大中华》第 1 卷第 9 期，1915 年 9 月。

②　民质：《我》，《东方杂志》第 13 卷第 1 号，1916 年 1 月。

③　家义：《个位主义》，《东方杂志》第 13 卷第 2 号，1916 年 2 月。

在清末提出的个人主义的命题。他在《孔子教义实际裨益于今日国民者何在，欲昌明之其道何由》这篇文章里说："孔子教义第一作用实在养成人格"。"即以今日论，而国家之基础，岂不在个人。分子不纯良而欲求健全之团体，其安得致？彼泰西诸国，正惟前此尽力于个人主义之教育，已收全效。……夫诚能国中人人有士君子之行，则国家主义，何施不可。……教育之职务原在导发人之本能，而使之自立自达。……故今日中国，凡百事业，与其望诸国家，不如望诸社会；与其望诸社会，又不如望诸个人。"① 梁氏在这里相当明确地指出，个人在国家、社会的地位和作用。每个个人都能自立、自达，由个人组成的团体才能健全，才能发挥建设性的作用。同样，由个人组成的最大团体——国家，因其所由组成之各个分子——每个个人都是好的——则国家一定健全，社会一定进步。

可见，新文化运动前夕，已有不少先觉者着力阐发关于解放个人的思想。而且，他们所阐发的思想已与清末时期关于"个人"的阐述有所不同，从思想史的角度看，它们已可与新文化运动领袖分子的思想衔接起来。

新文化运动领袖分子对个人独立与个人自由的问题，具有更为明确和更为坚定得多的态度。

陈独秀说，每个人都应有"自主自由之人格"。要"自谋温饱"，"自陈好恶"，"自崇所信"，"一切操行，一切权利，一切信仰，唯有听命各自固有之智能，断无盲从隶属他人之理"。② 又说："人间百行，皆以自我为中心，此而丧失，他何足言？"③ 我们不能把这误解为"老子天下第一"，而是堂堂正正地有个"我"在，所言所行概由自我负责。胡适较多地使用"个性主义"这个词。因

---

① 该文原载《大中华》第 1 卷第 2 期，引自《饮冰室合集·文集之三十三》，第 67 页。

② 陈独秀：《敬告青年》，《青年杂志》第 1 卷第 1 号，1915 年 9 月。

③ 陈独秀：《一九一六年》，《青年杂志》第 1 卷第 5 号，1916 年 1 月。

为传统意识形态一直把个人作为负面的意义来了解，为避免不必要的纠缠，"个性主义"这个词较新，亦较中立。胡适说："真的个人主义，就是个性主义。"① 又说："发展个人的个性，须要有两个条件。第一，须使个人有自由意志。第二，须使个人担干系，负责任。""个人若没有自由权，又不负责任，便和做奴隶一样，所以无论怎样好玩，无论怎样高兴，到底没有真正乐趣，到底不能发展个人的人格。"② 与胡适同出于杜威门下的蒋梦麟试图把个性主义与个人主义加以区别。他说："何谓个性主义（Individuality）？曰，以个人固有之特性而发展之，是为近世教育学家所公认，教育根本方法之一也，无或持异议者矣。何谓个人主义（Individualism）？曰，使个人享自由平等之机会，而不为政府、社会、家庭所抑制是也。"③ 照蒋氏的意思，似乎个性主义是从教育的角度谈；个人主义是从社会、政治的角度谈。他本人主要是教育家，他要做此区别，可能有他的理由。实际上个性主义、个人主义本质上是一回事。胡适的朋友、《新青年》主要撰稿者之一高一涵，则主要从个人与国家的关系上说明个人主义的真义。这在前一章里已有明确论述。他的主要意思是强调，有个人才有国家，国家不是个人的目的，国家只是人造之物，人们建立国家，是为了保护每个个人的权利。④ 这就打破了对国家的迷信，揭破了少数人借国家的名义，压制普通个人的合法外衣。

　　总起来看，新文化运动时期，以《新青年》主要撰稿人胡适、陈独秀、高一涵等和他们的朋友为代表，他们所阐述的个性主义（亦即个人主义），与清末时期（包括民初一部分人）所宣传的个

---

① 《非个人主义的新生活》，《胡适文存一集》卷 4，第 174 页。

② 胡适：《易卜生主义》，《新青年》第 4 卷第 6 号，1918 年 6 月。

③ 《个性主义与个人主义》，明立志等编：《蒋梦麟学术文化随笔》，中国青年出版社 2001 年版，第 43 页。

④ 见高一涵《共和国家与青年之自觉》，《青年杂志》第 1 卷第 1、2、3 号（1915 年 9、10、11 月）连载。

人主义至少有三点不同。第一，清末民初，人们对个性主义、个人主义的本质意义尚不能界定十分清楚。严复以"存我""絜矩"来表达，显然不够清晰。梁启超、谭嗣同等用"独立""自主"等词语来表达，仍不够清晰。胡适把个性主义与个人主义的关系说清楚了。因个人主义在中文语境中，被赋予许多负面意义，所以胡适说，个性主义就是最健全的个人主义。他又把个性主义的本质含义说清楚了。他指出，个性主义首先是强调个人意志自由，其次是个人必须对自己的言行负责任。这样，就把人们附加给个人主义或个性主义的种种负面的东西清除出去；同时也使个性主义与任何形式的奴隶主义严格区别开来。第二，在个人与国家关系的问题上，克服了严复、梁启超这些早期启蒙思想家摇摆不定的困惑，坚定明确地承认个人自由优先的地位。他们认为，由自由的人们所建立的国家，才可能是真实的自由的国家，没有个人自由的国家，不可能是自由的国家。胡适明确指出，现代的共和国家，绝不是一群奴隶能够建立起来的。第三，与第二点相关联，清末和民初的某些人在讲个人自由的时候，没有厘清个人自由与民主政治的真实关系。胡适、陈独秀、高一涵等人，清晰地揭示了，个人主义、个性主义是现代民主政治的出发点，也是它的落脚点。也就是说，没有健全的个人主义、个性主义的确立，民主政治只能流为一种口号。

发现"个人"，对于建设现代国家的目标来说，具有极其重大的意义。

从前在君主专制时代，君主自称天子，代天御民，民如群羊，天子是牧人。不是群羊养活牧人（及其一家），而是牧人赐给群羊以牧场，有草吃，赖以活命。同样的，不是人民养活天子（及其一家，乃至各级贵族），而是天子给人民以生存的条件。那时，国家就是君主主持的朝廷，所有的臣民都必须服从朝廷，等于所有臣民皆是君主和朝廷的奴隶。普天下只有君主有自由意志，有自主言行的权力。这样的国家，这样的社会，能有多少主动创造的精神可以发挥？非君主制的其他专制形式的国家社会，也是一样的。中国两千年的君主专制之下，国家社会之进步缓慢，乃是必然的。

近代的民主国家（包括君主立宪和民主立宪的国家），是建立在民权的基础上。而民权主要不是笼统的参政权和监督权，核心是在于各种基本的人权。任何一个国家，如果基本的人权没有落实，就算不得近代的民主国家。基本的人权就是每一个具体的个人的基本权利，例如发表言论与著作的权利，居住和迁徙的权利，人身不受侵犯的权利，通信的权利，等等。只有真正独立自主的个人，才会有对于这些权利的自觉意识；也只有这些权利获得充分保障，民主制度才算落到实处。

所以，发现"个人"的第一个意义是对于国家，个人独立自在。国家是由许许多多的个人组成的，因有个人才有国家。所以，用国家的名义抹杀个人是错误的。

发现"个人"的另一层重要意义是从抽象的人，提升为具体的人。把抽象的人民变成由一个一个的具体的个人组成的群体。中国古代思想家，尤其是儒家一派的思想家，总以为"类"高于个体。人所禀赋的本质，在普通个体的人身上，总是不完全的，有缺陷的。所以，他们总是强调各个人要克制自身的种种欲望，力求达到他们说的玄之又玄的人性。他们以抽象的人性来罩住每个人，任何一个个人都没有机会展示自己真实的人性。而真实的人性，其实只有在具体的个体的人身上才能展现出来。抽象的人，作为一个类概念的人，是无从展示其人性的。个人的发现，突破抽象的人对所有真实的个人的笼罩，迷雾散去，每个具体的个人则鲜活地呈现出来。人性，人的权利，都被要求在一个一个具体的个人的身上彰显出来。由无数这样的个人组织起来的社会，才够得上现代的社会。近代以来，某些热衷于专制独裁的人，他们可以承认抽象的人民，却绝对不承认个人。这个事实也足以证明，"个人"的发现有多么重要。

个性主义、个人独立自主的人格，个人的权利，是《新青年》

最重要的核心观念之一。这个观念得以确立，引发了对专制主义旧思想、旧伦理的猛烈批判，推动一系列新思想、新观念的传播。对于《新青年》所带动的，对个人主义、个性主义的现代阐释，其思想史上的意义，是无论如何加以强调，都不为过分。

二　批判专制主义的伦理道德

对个人地位与价值的不同认识，是区分新旧道德意识的基本分界。比较稳健的蓝公武曾较早地指出这一点。他说："古之所谓礼教，皆与今日之所谓自尊、独立、自由、明思、合群、公德至不能相容者也。"① 一位叫高硎若的作者试图对此做社会学的分析。他认为，现代社会是一种生存竞争的社会，与所谓"封建时代、闭关时代、人给物裕时代、物质朴野时代"大不相同。但大多数人尚未认清新时代与旧时代的不同，尚不能自觉适应新时代。因受骤然来袭的欧风刺激，"日用其竞，日用其争，举凡足以胜人者，诈虞相尚，残酷不顾。举凡足以利己者，蝇营狗苟，廉耻不恤。昔日之目为罪恶者，今殆视为当然。无形之制裁亡，密法严刑，不足济其穷。旧道德既因是而废，新道德亦因是而不立。举国机关，几尽为罪恶之薮，举国上下，几尽为罪恶之人，各人之处境以危，社会之秩序以乱。忧国之士，睹世风日下，归之人心不古，新说为害，尊孔尊孟，旧道德复活之说，风行一时。欲以古人揖让高风，道德美谈，普及于今日社会，泯其相争相夺，非道不德之行。究其实，哄从者仅五分钟之热潮，提唱者仅少数人之僻见，匡正于社会者，数年来成绩毫无"。② 高氏所说，有涉夸张。但他指出"旧道德既因是而废，新道德亦因是而不立"，则是不争的事实。同时他指

---

① 蓝公武：《辟近日复古之谬》，《大中华》第 1 卷第 1 期，1915 年 1 月。
② 高硎若：《生存竞争与道德》，《新青年》第 3 卷第 3 号，1917 年 5 月。

出，有些人鉴于道德失范的危险情况，而寄希望于复辟旧道德，是不可能成功的，这也是对的。

然而，究竟怎样才能建立起新道德，他没有给出明确的答案。他只是说了些要人们"明乎世界潮流""鉴乎生存关系""审乎天演真理"等笼统的大而无当的话。

社会学家陶孟和对此有较为深刻的认识。他认为，只是严词谴责世风如何之坏，人心如何不古，是没有什么实际意义的。他指出："当世之人，观乎吾群滥污不可收拾之状态，充其极量，亦不过怆焉忧愤，惕然危惧，疾首蹙额，长吁短叹而已。及夷考其行，其能奋发自强，振拔流俗者，吾诚不数数觏，而众生之大多数，固犹攘攘熙熙，醉生梦死，日惟沈湎于吃喝嫖赌之中，征逐于功名利禄之场，即其嘲骂社会，睥睨群氓，要亦不过述人云亦云之口头禅而已。"陶氏对于建立新道德提出了自己的看法。他说："社会之腐败，要在个人与个人之关系有所未当，个人不得辞其咎。风俗之浇漓，端在个人与个人之交涉有失其正，个人未能卸其责。凡社会状态之所呈，吾人可以善恶、良窳、进退、文野诸形容词加之者，莫不肇端于个人之行为，原因于个人之努力。"陶氏的看法显然与前述关于"个人"的发现的思想直接相关联。基于此，他提出："吾人苟有所不满于今之社会，移风易俗，化弊为良，其责任端在吾各人之身。吾人之行为举动，凡有影响于吾以外之人者，莫非多少有移化社会之势力，故必慎必戒，谨恪将事，以期无负于人，无罪于社会，然后更进而抉社会之弊害，除社会之积毒。"[1]

由此可见，建立新道德之能否实现，端在个人是否真正获得解放，其人格能否真正独立。人格真正独立的个人，其新道德必定"为自觉的，为自动的，不以社会习俗为准绳，不为腐旧礼法所拘

---

[1] 本段引文，均见陶孟和《新青年之新道德》，《新青年》第 4 卷第 2 号，1918年 2 月。

囿"。① 由此又必然得出结论，要建立新道德，就要提倡个性主义，要把个人、"小己"摆到优先的地位。而这样就必须下大力气批判在中国根深蒂固的专制主义伦理观念。因为，以专制主义为基本精神的旧道德和以个人自由为基本精神的新道德是根本不相容的。

(一)"孝悌"观念为专制主义伦理之根干

陈独秀说："如今要巩固共和，非先将国民脑子里所有反对共和的旧思想，一一洗刷干净不可。因为民主共和的国家组织、社会制度、伦理观念，和君主专制的国家组织、社会制度、伦理观念全然相反，一个是重在平等精神，一个是重在尊卑阶级，万万不能调和的。"② 他认为，儒家三纲之说，是专制主义的政治与道德的精神支柱，必须彻底批判。他说：

> 儒者三纲之说，为一切道德政治之大原。君为臣纲，则民于君为附属品而无独立自主之人格矣；父为子纲，则子于父为附属品而无独立自主之人格矣；夫为妻纲，则妻于夫为附属品而无独立自主之人格矣。率天下之男女，为臣，为子，为妻，而不见有一独立自主之人者，三纲之说为之也。缘此而生金科玉律之道德名词——曰忠，曰孝，曰节——皆非推己及人之主人道德，而为以己属人之奴隶道德也。③

陈氏之结论，看似武断，实则基本符合事实。君是国家的最高权威，臣民须绝对服从，如违君命，就是大逆。古云，君要臣死，臣不得不死，只有服从的分儿。父为家庭的最高权威，子女不得违抗父命，违抗则亦是大逆。为父者处罚逆子，以至于死，法律不过

---

① 陶孟和：《新青年之新道德》，《新青年》第 4 卷第 2 号，1918 年 2 月。
② 陈独秀：《旧思想与国体问题》，《新青年》第 3 卷第 3 号，1917 年 5 月。
③ 陈独秀：《一九一六年》，《青年杂志》第 1 卷第 5 号，1916 年 1 月。

问，族党不过问。夫对于妻也是最高权威，有出妻之制（"七出"），而无制夫之条；有殉夫之崇奖，而未闻有殉妻之俗。为君者、为父者、为夫者，要维护自己的权威，不允许为臣者、为子者、为妻者有任何自主的权利，只能服从于权威一方的意志。所以，专制主义之下，奴隶主义是道德规条的核心。

前引蓝公武在《大中华》创刊号上发表的《辟近日复古之谬》一文中，批评旧礼教是旧道德的张本。他说："礼教者，其义解虽多，要可一言蔽之曰，报恩服役而已。"这种礼教或所谓道德，"皆与今日之所谓自尊、独立、自由、明思、合群、公德至不能相容者也"。他强调："有独立之人格而后有自由之思想，而后有发展文化之能力，而后有平等受治之制度。此人格观念，实今世文化之中核，不明此者，不足与语今世之文化也。然中国之礼教亘古不重人格。君臣父子夫妇之间，主与奴耳，安有所谓人格？"① 所以，要做现代的国民，必须摒弃礼教的一套旧道德。

当然，古代也有"仁君""慈父""好丈夫"。但那是为君者、为父者和为夫者一方主动修为；为臣者、为子者、为妻者，绝无强行约制君、父、夫必为仁君、慈父和好丈夫的权利。

吴虞是《新青年》作者中攻击专制主义旧道德最有力者之一。我们在前面讲《新青年》对孔子、儒学及儒教的态度时已较详细地说明这一点。他批评孔子学说，以"孝"为本，因为从孝出发，事父、事君、事长，便"皆能忠顺"；既忠顺，便不会犯上作乱，于是便可以维系一套专制制度于不坠。吴氏说："盖孝之范围无所不包，家族制度之与专制政治，遂胶固而不可分析。"所以，"儒家以孝弟二字为二千年来专制政治家族制度联结之根干，贯澈始终而不可动摇"。② 吴虞抓住"孝"这个孔儒最为重视的核心观念，指

① 蓝公武：《辟近日复古之谬》，《大中华》第 1 卷第 1 期，1915 年 1 月。

② 吴虞：《家族制度为专制主义之根据论》，《新青年》第 2 卷第 6 号，1917 年 2 月。

出专制主义者如何利用这一点做成紧紧束缚千百万人民的绳索，维护其等级尊卑的统治制度。"君主以此为教令，圣人以此为学说，家长以此为护符。"只是要"教一般人恭恭顺顺的听他们一干在上的人愚弄，不要犯上作乱，把中国弄成一个'制造顺民的大工厂'"。①

人们都会记得，鲁迅是用文艺的手法向专制主义进行猛烈的攻击的。他的第一篇小说《狂人日记》，即因此而名声大振。他在文中借"狂人"之口说道："凡事总须研究才会明白。古来时常吃人，我也还记得，可是不甚清楚。我翻开历史一查，这历史没有年代，歪歪斜斜的每页上都写着'仁义道德'几个字。我横竖睡不着，仔细看了半夜，才从字缝里看出字来，满本都写着两个字是'吃人'。"②这话真是写得深刻极了。唯其太深刻，倘滥加引用，会走向偏激。吴虞看过鲁迅这篇文章后，发其感想写成《吃人与礼教》一文，揭示道，自古以来，从天子到庶人，凡为上者，哪个不是满口仁义道德，而实际上对所谓"犯上者""忤逆者""不贞者""异己者"却大开杀戒！

当然，陈独秀、吴虞、鲁迅诸人也并非提倡不忠、不孝、不检私行。他们要批判的是旧道德的虚伪和反人道。只有在承认人人自主、平等的基础上，才会有真实的道德。

（二）对旧家庭制度的批判

"孝"的观念，基于血缘、家族关系。家庭、家族是君主专制国家的基本构成单位。国家等于是以君主为家长的一个超大家族。一个大家族可以包含许多家庭，所以，家庭是人们生存的最基本的单位，是"孝"的观念及其功能实践的初始园地。前面我们已引述思想家揭示出，"孝悌"乃是将家族专制与君主专制紧密联结在一起的根干。现在我们要进一步分析家庭专制本质及其对个人、对

---

① 《说孝》，赵清、郑城编：《吴虞集》，第173页。
② 鲁迅：《狂人日记》，《新青年》第4卷第5号，1918年5月。

社会的极端弊害。

在梁启超主办的《大中华》杂志上，吴贯因发表《改良家族制度论》一文。他指出，现代国家，本以每一个公民为组成分子。但在中国却不然，因中国社会最基本的组成单位不是个人，而是家庭。在家庭制度牢笼之下，中国四亿五千万之人民，实只等于四千万或八千万。一家之内，每一人依赖于家长，家长为众家人所牵累。"举一家之人，其心思材力仅萦绕于室家之内，……直谓之为家族之分子而非国家之分子可也，直谓之为家奴而非国民可也。"① 由于每个人被牢笼于家庭之中，各人皆无国家思想、民族观念，只知有家庭，不知有国家；只知有家族，不知有民族。每个人成人之后，大多皆全身心贯注于一家一室之事，于公民权利、义务、责任皆一无所知。这样，怎能求得国家的独立与富强？吴虞说：在中国家庭制度之下，"为人子者，无权利之可言，惟负无穷之义务。而家庭之沉郁黑暗，十室而九，人民之精神志趣，半皆消磨沦落极热严酷深刻习惯之中，无复有激昂发越之概。其社会安能发达，其国家安能强盛乎？"②

家庭制度严重限制甚至戕害了个人的健全发展。家庭制度之下，养成其成员对于家长，乃至家庭成员之间严重的互相依赖的习惯，杜亚泉称之为互助观念。但他指出："互助的家庭制度，为害于国家者，亦复甚大。……害之所在，不可缕述。综而论之，则我国之人，少年者多浮浪，老年者多贪鄙，二者皆家庭制度所养成也。……浮浪之徒，一切不负责任，好自由而恶束缚，骛理想而昧事实，喜则放恣以为乐，怒则破坏以泄忿。贪鄙之徒，心目中无复有社会之观念，与夫道德之防维，惟汲汲焉图一己之权利；苟有可以达其目的者，虽遭举国之唾骂，受良心之责备，亦悍然不复顾忌。"③ 家庭成员未成年时，依赖家长或家中其他成年人，不知生

---

① 吴贯因：《改良家族制度论》，《大中华》第1卷第3期，1915年3月。
② 《家庭苦趣》，原载《蜀报》第8期，引自赵清、郑城编《吴虞集》，第20页。
③ 《家庭与国家》，原载《东方杂志》第13卷第3号，引自田建业等选编《杜亚泉文选》，第208页。

计之艰苦，受父兄之宠爱，遂养成浮浪习气。而家长或家中其他长辈，因有养家之责，力求为家人谋优裕的生活，故追逐名利往往不择手段，所以养成贪鄙之心。杜氏举出一个实例，他说，某一家族，"现男女共二百人，均享有中等生活。此家族自清初至今，以官商获利者仅七人，有职业可自给者仅二十余人，余皆以家庭关系，直接间接分享此七人所得也"。① 这个实例足以使人认清，家庭制度之养成互相依赖习性之严重程度。200 口人中，有 173 口是不劳而食者。假定其中有一半是未成年人，则还有 80 多本应自谋生计的人却要靠别人养活。这就是梁启超在清末所讨论的生利之人少，而食利之人多的不合理社会状况。这一方面于国家不利，另方面于个人亦不利。因为在这种情况下，许多人几乎成了不能自活的废物，还谈何个人才性的发展？而那些挣钱养家的人，因为要担负养家的责任，"不能不想尽方法，赚钱养家，不能不屈了自己的人格，服从别人；去连累的他上下前后，寸步不由自己，譬如带上手铐脚镣一般"。这样，由于"逼着供给，弄得神昏气殆；逼着迁就别人，弄得自己不是自己；逼着求衣求食，弄得独立的事业，都流到爪哇国去"。②

限制和戕害个人健全发展的另一个重要因素，是中国家庭制度中家长的无上权威和极端的专制。有一位叫张耀翔的作者说："父母之辖境限于家庭，子女即其属民也。父母得任意驱使之，玩弄之，督责之，据之为私产，视之为家仆，乃至售之为奴婢，献之为祭品。举凡天下一切暴政苛刑，父母皆可一一施诸子女之身。其罚子女也，又从无规定之刑律，往往以父母之气平怒息为止点。'君要臣死，臣不可不死；父要子亡，子不可不亡。'"③ 这里说的当然是比较极端的现象，但这是旧家庭制度会必然发生的事情。作者还

---

① 《家庭与国家》，田建业等选编：《杜亚泉文选》，第 207 页。
② 傅斯年：《万恶之原（一）》，《新潮》第 1 卷第 1 号，1919 年 1 月。
③ 张耀翔：《论吾国父母之专横》，《新青年》第 5 卷第 6 号，1918 年 12 月。

说道："吾国父母人人以造物主自命，对于子女，不以平等之人类视之（常见人对客称己子为犬子，又以各种下贱走兽命其名，荒谬绝伦），而以受造物视之。故父母得享其专利，以后种种残暴之待遇，及过分之要求（如拜祖宗之类），皆假此名分以行。"既然视子女为父母为自己而创造之物，则父母要子女绝对服从自己的需要那就是理所当然，势所必至的了。"父母何贵乎有子女以其能服劳、奉养、承欢、送终、继嗣、扫墓也。"[1] 以此心态对待子女，还能有子女健康成长的机会吗？当然，还须强调一句，这里所说，都是极而言之家庭专制制度之弊端，不能由此得出结论，说中国旧家庭一无例外，全都如此。

傅斯年对旧家庭制度戕害个人的个性有更加深刻的批判。他首先说，良好的社会有赖于个人的个性得到健全的发展。因为真正"善"的东西，都是由个性中发出来的。一个没有个性的人，也就是没有权利、没有责任心的人，是发不出真正"善"的东西来的。所以，是否给予个性发展以良好的条件，是一切制度好坏的基本标准。中国社会有着种种破坏个性发展的势力，"然则什么是破坏'个性'的最大势力？"他毫不迟疑地答道，是中国的家庭。他说："可恨中国的家庭，空气恶浊到了一百零一度。从他孩子生下来那一天，就教训他怎样应时，怎样舍己从人，怎样做你爷娘的儿子。决不肯教他做自己的自己。一句话说来，极力的摧残个性。"[2]

旧家庭抹杀个人的个性，所重全在家族利益，而家族利益之最大者，莫若繁衍后代，所谓"不孝有三，无后为大"。将以延续家族香火为婚姻的最大动机，所以"男子娶妻是一方面为父母娶的，一方面为子孙娶的，自己全不能作主"。[3] 于是，强迫的婚姻，早婚的习俗，纳妾的习俗，都是司空见惯的事。这不但不利于家庭的

---

① 张耀翔：《论吾国父母之专横》，《新青年》第 5 卷第 6 号，1918 年 12 月。

② 傅斯年：《万恶之原（一）》，《新潮》第 1 卷第 1 号，1919 年 1 月。

③ 《说孝》，赵清、郑城编：《吴虞集》，第 176 页。

和谐，尤不利于子女的健康成长，败坏国民之气质，确是有百害而无一利。

作为旧伦理的核心支柱，家庭制度必须改革，这已成为大部分多少受过一些新教育，懂得一点新知识，树立起一点新观念的人们的共识。

（三）批判歧视女性，提倡女子解放

新道德注重自由与平等，中国社会到处可见的最显著的不平等是男女的不平等。所以《新青年》的作者和读者们都很关注这个问题。

《新青年》最早是在第 2 卷第 5 号上有一个署名"烨"的女子写信给《新青年》编者，表达坚决反对将"以孔子之道为修身大本"写入宪法，因为她知道孔子和儒家都蔑视女人，她要"独欲为女子扬眉"。接着，有两位女士在第 2 卷第 6 号上又发表《哀青年》和《贤母氏与中国前途之关系》两篇文章，讨论女子解放的问题。这说明，《新青年》关于个人的解放、个性主义的提倡，以及对专制主义的批判，震动了女界，引起她们的主动响应。从第 3 卷开始，讨论女子问题以及有关于家庭、婚姻、教育、职业等问题的文章接连不断地发表出来。《新青年》同人中，最重要的社会学家陶孟和专为女子问题发表文章，其题目便是《女子问题》。陶氏说："所谓女子问题者，在今日已无国界之可言，自欧至美，自美至亚，女子之申诉呼吁几无宁日，今日已成为一般女子之大觉醒，即吾国二万万之女生灵鼾睡方酣者，终亦必为世界女子活动之潮流所卷收，相与共谋解决之方。"① 他从世界的眼光来看女子问题，显然较之一般投稿者从缠足、婚嫁、教育等具体问题来谈女子问题者，要高出一筹。陶氏又从经济、教育、职业、思想等几个方面的发展变化上来阐述女子问题的发生及其社会的解决之道。陶氏说：

---

① 陶孟和：《女子问题》，《新青年》第 4 卷第 1 号，1918 年 1 月。

"昔之女子，以育儿、煮饭、缝衣为惟一天职。今则以社会上经济状况之蜕化，而另谋活动之方。昔之女子，以家庭为世界，为学校，为工场，生于兹，育于兹，受教于兹，劳动于兹，老死于兹。碌碌终生，舍生殖传种而外，所事惟满足家庭经济之需要而已足。今日大工业勃兴，物品不复产于家庭，而产于工场，女子不复操作于家庭，而受佣于外人。此欧美今日之现状也。女子之位置于以变，女子之问题于以起。"① 女子问题根源于社会经济发展变迁。大工业兴起破坏了向来的家庭经济组织，由此催生女子的经济独立，由经济独立而导致历史遗留下来的种种束缚得以解脱。同样的，由于经济的变化，女子有了拥有社会职业的机会，进而又发生受教育的需要。受到教育的女子眼界与知识开阔，思想水平亦随之提高，于是女子问题成为具有普遍社会意义的问题。而实际解决女子问题的社会条件，也逐渐成熟起来。陶氏对女子问题的分析具有普遍的社会意义和深刻的理论意义。

李大钊写过一篇《战后之妇人问题》，是说欧战之后，因妇女社会作用加大，其社会地位也随之提高，于是女子参政问题逐渐获得解决，女子的政治地位得到提高。这时李大钊已开始接受马克思主义，他从阶级分析的角度，提出无产阶级妇女的问题。他说："我以为妇人问题澈底解决的方法，一方面要合妇人全体的力量，去打破那男子专断的社会制度；一方面还要合世界无阶级妇人的力量，去打破那有产阶级（包有男女）专断的社会制度。"②

在女子问题上，受到关注最多的还是中国现实中最令人惊心触目的问题，如女子的贞操问题，这是曾经造成许多大悲剧的问题。胡适、鲁迅、周作人等都写（或翻译）过专文讨论这个问题。如胡适写过《贞操问题》《论贞操问题》《论女子为强暴所污》等多

---

① 陶孟和：《女子问题》，《新青年》第 4 卷第 1 号，1918 年 1 月。
② 李大钊：《战后之妇人问题》，《新青年》第 6 卷第 2 号，1919 年 2 月。

篇文章。胡适认为，中国社会传统，鼓励和褒扬女子殉夫，甚至鼓励褒扬未嫁的女子去殉未婚之夫，乃是极不文明、极不人道的。政府立褒扬女子殉节的法律是完全错误的。那些摇笔弄舌，劝女子做贞节烈女自杀殉夫的人，是全无心肝之辈，其罪"等于故意杀人"。他提出："贞操是男女相待的一种态度，乃是双方交互的道德，不是偏于女子一方面的。"由此胡适认为："（一）男子对于女子，丈夫对于妻子，也应有贞操的态度。（二）男子做不贞操的行为，如嫖妓娶妾之类，社会上应该用对待不贞妇女的态度来对待他。（三）妇女对于无贞操的丈夫，没有守贞操的责任。（四）社会法律既不认嫖妓纳妾为不道德，便不该褒扬女子的'节烈贞操'。"① 他在《论女子为强暴所污》一文中还提出，要破除对于"处女"的迷信。在《论贞操问题》一文中，他还详细解释自由恋爱本身就是男女之间的道德。② 这些在当时的中国，都是极富现实意义的。

鲁迅的《我之节烈观》是紧接在胡适文章发表后的下一期《新青年》（第5卷第2号）上发表的。此文立意甚高。他不是直接向女子说话，而是通篇讨伐男人主宰的社会表彰节烈的虚伪和残忍。鲁迅认为，女子节烈与否与世风无关，况且，节烈根本算不上道德。因为凡道德都有普遍性，且都是实际可行、自利利他的。鲁迅完全同意贞节应是男女双方都应遵守的契约。周作人的《贞操论》是翻译日本学者与谢野晶子的文章，中心意思也是主张在贞操问题上应当男女对等。张崧年有一篇《男女问题》的文章，是专意提倡自由恋爱的，认为这是男女之间真正合乎自然、合乎人情的一种最少弊病的男女关系。③

胡适另有一篇重要文章《美国的妇人》。这篇文章的根本旨趣

---

① 胡适：《贞操问题》，《新青年》第5卷第1号，1918年7月。
② 两文均见《胡适文存》卷4。
③ 两篇文章分见《新青年》第4卷第5号（1918年5月）、第6卷第3号（1919年3月）。

是提出美国妇人比较普遍具有的"特别精神"，这种"特别精神""只在他们的自立心，只在他们那种'超于良妻贤母人生观'"。而"这种观念是我们中国妇女所最缺乏的观念"。胡适希望"我们中国的姊妹们若能把这种'自立'的精神，来补助我们的'依赖'性质，若能把那种'超于良妻贤母人生观'，来补助我们的'良妻贤母'观念，定可使中国女界有一点'新鲜空气'，定可使中国产出一些真能'自立'的女子"。他还寄望社会普遍养成这种"自立"的风气。"造成无数'自立'的男女，人人都觉得自己是堂堂地一个'人'，有该尽的义务，有可做的事业。有了这些'自立'的男女，自然产生良善的社会。良善的社会决不是如今这些互相倚赖，不能'自立'的男女所能造成的。"[1] 在这里，胡适提出了女子问题实质上是人的解放与社会向善发展的基本问题，大大拓宽和加深了女子问题的社会意义和历史意义。

三　新道德与新观念

（一）提倡进取精神，反对保守与退隐

陈独秀在《敬告青年》中所提六点希望，其第二（进步的而非保守的）、第三（进取的而非退隐的）两点即是提倡进取精神，反对保守退隐的观念和心理。

自从清末进化论思想传入中国，先觉之士，皆欣然接受，视为至理。从那时以来，他们就极力宣传进化主义和进取精神，力图灌输人民，要他们振拔精神，转弱为强。奈何中国人受古来保守主义和退隐思想影响太深，所以，陈独秀还要苦口婆心地加以强调。陈独秀说，新陈代谢是普遍的规律，"人身遵新陈代谢之道则健康；

---

① 胡适：《美国的妇人》，《新青年》第 5 卷第 3 号，1918 年 9 月。

陈腐朽败之细胞充塞人身，则人身死。社会遵新陈代谢之道则隆盛；陈腐朽败之分子充塞社会，则社会亡”。他认为："自宇宙之根本大法言之，森罗万象，无日不在演进之途，万无保守现状之理。"所以，"以人事之进化言之，笃古不变之族，日就衰亡；日新求进之民，方兴未已；存亡之数，可以逆睹"。正因此理，陈独秀表示："吾宁忍过去国粹之消亡，而不忍现在及将来之民族，不适世界之生存而归削灭也。"① 他这话，感慨之极，往往被人抓住，说他要全盘反对传统文化。凡能平心静气地看待问题的人都看得出，陈独秀并不是要全盘否定传统文化，他只不过是极而言之，如果要他在保存国粹和保存民族两者间做出选择，他只能选择保存民族。民族且不能保存，安有国粹？反之，民族得以保存，则国粹自不会完全化为乌有。这道理其实是很明白的。只因某些人中了古来就有的"大批判"遗毒太深，总希望尽量把对方妖魔化，然后才能轻而易举地战胜对方，"得胜回朝"，邀功请赏。

因相信世界万事万物都在进化演变之中，所以，个人应顺应演化之规律，以求进步，而不当存退避的心理，想逃出进化的公例。陈独秀批评退隐的思想，他说："以善意解之，退隐为高人出世之行；以恶意解之，退隐为弱者不适竞争之现象。""人之生也，应战胜恶社会，而不可为恶社会所征服；应超出恶社会，进冒险苦斗之兵，而不可逃遁恶社会，作退避安闲之想。"② 说退隐的思想是"弱者不适竞争之现象"，这是非常正确的。害怕竞争，想逃出竞争的大潮流，独享安闲的日子，在中世纪因某种机遇，或许可能，在近代社会，则完全不可能。要么在竞争中求进取，要么因不适竞争而遭淘汰。

李大钊有多篇文章发挥进步主义和进取精神。其所撰《今》之一文，意思最为显明。他说："吾人在世，不可厌'今'而徒回

---

① 上引皆见陈独秀《敬告青年》，《青年杂志》第 1 卷第 1 号，1915 年 9 月。
② 陈独秀：《敬告青年》，《青年杂志》第 1 卷第 1 号，1915 年 9 月。

思'过去'，梦想'将来'，以耗误'现在'的努力；又不可以'今'境自足，毫不拿出'现在'的努力，谋'将来'的发展。宜善用'今'，以努力为'将来'之创造。"①他在《新纪元》一文中又说："人生最有趣味的事情，就是送旧迎新，因为人类最高的欲求，是在时时创造新生活。"②这都是进步主义、进取精神的最明白的表示。《新青年》的其他几位主要编者和作者，如胡适、鲁迅、钱玄同、刘半农、周作人等，都无例外地拥护进步和进取的精神，我们这里不做更多的引述。

（二）提倡现实主义、实利主义

陈独秀在《敬告青年》中所提的第五点，就是"实利的而非虚文的"。他说："夫利用厚生，崇实际而薄虚玄，本吾国初民之俗。"而如今"名教之所昭垂，人心之所祈向，无一不与社会现实生活背道而驰。倘不改弦而更张之，则国力将莫由昭苏，社会永无宁日"。又说："若事之无利于个人或社会现实生活者，皆虚文也，诳人之事也。诳人之事，虽祖宗之所遗留，圣贤之所垂教，政府之所提唱，社会之所崇尚，皆一文不值也。"③盖中国社会长期滞留于君主专制和家族专制主义之中，统治者为维护自己的统治，口里说的，纸上写的，都是冠冕堂皇的大道理，借以欺骗被统治者。那些大道理，统治者自己是从不想认真实行的，只是用来欺骗和束缚老百姓的。这就注定养成重虚文而轻实际的坏风气，这种风气像传染病似的传染到人间百行。

新文化运动中，与陈独秀齐名的胡适，更是一个彻头彻尾的实际主义者。他信仰实验主义，最反对虚文涂饰、玩弄口号名词以欺世盗名者之所为。他考察农村教育，切嘱办学堂"须要注意课程

---

① 李大钊：《今》，《新青年》第 4 卷第 4 号，1918 年 4 月。
② 李大钊：《新纪元》，《每周评论》第 3 号，1919 年 2 月 5 日。
③ 陈独秀：《敬告青年》，《青年杂志》第 1 卷第 1 号，1915 年 9 月。

的实用"。① 他的《多研究些问题，少谈些"主义"!》，他的《新思潮的意义》等，都是极诚恳地劝告人们要时时处处注意观察实际存在的问题，并从实际生活中寻找解决问题的办法。他告诉人们，有意义的生活，就是能够说出为什么要这样生活的道理的那种生活，也就是能够产生于己于人有益的实际效果的生活。胡适曾发表许多类似的、引起巨大反响的文章，其宗旨都是强调重视实际问题，不要迷信好听的名词、口号和各种主义。他切嘱，迷信纸上的主义，而忽视实际问题的解决，是非常危险的。中国人喜欢"务虚"不"务实"，此病中之甚深，不易根除。

胡适有一篇文章，题目是《名教》，他指出，在中国，儒教不时兴了，佛教、道教也衰落了，唯独自古相传、影响遍及于各阶层的"名教"，却至今不衰，反而大行其道。文章解释说，名教就是信仰"名"，崇拜"名"的宗教，"名"就是"字"，书上、纸上写的字。推演开来，则凡是写的、说的名字、话语，都是崇拜、信仰的对象。从小儿取名，到招牌名号，从对联到标语口号，无不是具有神力的，值得信仰、值得崇拜的对象。胡适在文中淋漓尽致地揭露崇拜和信仰名教的种种现象。他认为，信仰和崇拜名教的人，无非是出于"心理上的过瘾"和"无意义的盲从"，毫无实际作用。但老祖宗传下来的这一宗教，深中于人心，以致"'名教'之道遂大行于今日，而中国遂成了一个'名教'的国家"。"墙上处处是标语，人人嘴上有的是口号"。② 信仰和崇拜名教，直接的后果便是养成人们务虚不务实的坏传统。鸦片战争后，一位外国人请一位中国官员到一艘军舰上参观。参观后，外国人问这位中国官员的感想。这位官员说，我们中国人所重者在文章。③ 这是一个非常生动而典型的例子，证明中国历久相传的这种务虚不务实的坏传

---

① 胡适：《归国杂感》，《新青年》第 4 卷第 1 号，1918 年 1 月。

② 《名教》，《胡适文存三集》卷 1，第 101—102 页。

③ 参见耿云志《近代中国文化转型研究导论》，四川人民出版社 2008 年版，第 78 页。

统，其毒害之深。戊戌维新时期，一意想改革的光绪皇帝感慨说，西人日日治有用之学，国人日日治无用之学，实是道破真情。

许多人容易误解，以为道德是一种纯精神性的东西，不能染上一点功利的色彩，这是不合实际的。古代有人盛倡"正其谊，不谋其利；明其道，不计其功"。这本是自欺欺人之语，却因此话出于受人崇敬之儒学宗师董仲舒之口，遂人皆误信之，以为真理。实际上，凡是道德的行为，都会产生某种实际有益于人或有益于社会的效果。反之，不道德的行为，也一定会产生某些有害于人或有害于社会的效果。完全不产生任何效果的道德行为是不存在的。董仲舒的话出自其《贤良对策》，就在这篇对策中，董仲舒屡次谈到功利与实效的问题。例如，他说："强勉学问，则闻见博而知益明；强勉行道，则德日起而大有功。此皆可使还至而（立）有效者也。"又比如，他说："为人君者，正心以正朝廷，正朝廷以正百官，正百官以正万民，正万民以正四方。四方正，远近莫敢不一于正，而亡有邪气奸其间者。是以阴阳调而风雨时，群生和而万民殖，五谷孰而草木茂，天地之间被润泽而大丰美，四海之内闻盛德而皆徕臣，诸福之物，可致之祥，莫不毕至，而王道终矣。"① 这里，从头到尾，都在讲功利，讲效果。所以我说，所谓"正其谊，不谋其利；明其道，不计其功"是自欺欺人之语，并非厚诬古人也。近代社会所应提倡之新道德绝不回避功利的问题，只是不赞成自私自利、损害他人、损害社会公益的私利主义而已。

（三）提倡科学，力戒玄想

陈独秀在《敬告青年》中，所提的第六项要求，是"科学的而非想象的"。

"科学"一词，早于清末已为国人所知，介绍科学知识的期

---

① 《汉书·董仲舒传》，中华书局 1962 年版，第 2498—2499、2502—2503 页。

刊、读物亦早有之；然于科学究为何物，怎样思考、观察、行事才算科学，则多懵懂无知。如今喜欢批判并否定新文化运动的人，都指责陈独秀、胡适等人均非科学家，本身不懂科学，所以，他们没有资格谈科学。此类议论实在过于浅薄，似是而非。陈、胡等人提倡科学，是要人们养成一种实事求是地对待问题的态度。陈独秀把科学与"想象"对举，就可以看出他要强调的是什么。陈独秀对科学的界说，确是不很精专。他说："科学者何？吾人对于事物之概念，综合客观之现象，诉之主观之理性而不矛盾之谓也。"① 这无非是说科学要求主观的理性与客观的事实要相符合。这样理解科学是不够准确的。但他特别提出，与科学正相反对的，就是主观想象，不求实证，无法验证。科学家任鸿隽在解说科学精神时这样说："科学精神者何？求真理是已。"怎样求真理呢？"以事实为基，以试验为稽，以推用为表，以证验为决，而无所容心于已成之教，前人之言。又不特无容心已也，苟已成之教，前人之言，有与吾所见之真理相背者，则虽艰难其身，赴汤蹈火以与之战，至死而不悔，若是者吾谓之科学精神。"② 任氏的说法比较近于准确。

值得注意的是，稍晚几年（1920年），陈独秀提出他对科学的进一步评述。他说："科学有广狭二义：狭义的是指自然科学而言，广义的是指社会科学而言。社会科学是拿研究自然科学的方法，用在一切社会人事的学问上，像社会学、论理学、历史学、法律学、经济学等，凡用自然科学方法来研究、说明的，都算是科学。这乃是科学最大的效用。"③ 从清末引进"科学"这一概念以来，中国人原来理解的科学，就是指自然科学。把科学当作一种对待客观事物的普遍适用的基本精神、基本态度和基本方法，应该

① 陈独秀：《敬告青年》，《青年杂志》第1卷第1号，1915年9月。
② 《科学精神论》，原载《科学》第2卷第1期，引自樊洪业、张久春选编《科学救国之梦——任鸿隽文存》，上海科技教育出版社、上海科学技术出版社2002年版，第70页。
③ 陈独秀：《新文化运动是什么？》，《新青年》第7卷第5号，1920年4月。

说，是到新文化运动时期才明确起来的。而陈独秀、胡适等人之提倡科学，亦正是在这个意义上。陈独秀接着说："我们中国人向来不认识自然科学以外的学问，也有科学的威权；向来不认识自然科学以外的学问，也要受科学的洗礼；向来不认识西洋除自然科学外，没有别种应该输入我们东洋的文化；向来不认识中国底学问有应受科学洗礼的必要。"因此，他强调："我们要改去从前的错误，不但应该提倡自然科学，并且研究、说明一切学问（国故也包含在内），都应该严守科学方法，才免得昏天黑地乌烟瘴气的妄想、胡说。"① 要求把研究自然科学的基本精神、基本态度、基本方法应用到一切学问上去，甚至应用到处理人生各种事物上去，这是新文化运动的领袖们的重要主张。有些批判和否定新文化运动的人，把这叫作"科学主义"而苛加讥评，这是基于新保守主义的偏见，是没有道理的。把严格求实证的科学精神、科学态度、科学方法应用到人生各种实际领域与场合，这是完全合理的。胡适在解释"科学的人生观"时说："'科学的人生观'有两个意思：一是充分采纳科学对于宇宙万物的解释，使这些科学研究的结果成为我们人生观的一部分；一是随时随地用科学的态度和方法来应付一切人生问题。"② 稍晚些时候，科学家任鸿隽也表达出同样的意思。他说："科学的精神是求真理，真理的作用是要引导人类向美善方面行去，……我们可以说，科学在人生态度的影响，是事事要求一个合理的。这用理性来发明自然的秘奥，来领导人生的行为，来规定人类的关系，是近世文化的特采，也是科学的最大的贡献与价值。"③可见在科学的社会功用的认识上，陈独秀、胡适们与科学家们是相一致的。那种因陈独秀、胡适本身不是科学家，因而就怀疑他们对

① 陈独秀：《新文化运动是什么？》，《新青年》第 7 卷第 5 号，1920 年 4 月。

② 《科学的人生观》（讲演），耿云志编：《胡适语萃》，华夏出版社 1993 年版，第 167 页。

③ 《科学与近世文化》，原载《科学》第 7 卷第 7 期，引自樊洪业、张久春选编《科学救国之梦——任鸿隽文存》，第 280 页。

科学精神的理解是不对的，是对科学史和文化史缺乏认真研究而产生的误判。

陈独秀、胡适等人之所以如此强调科学精神、科学态度、科学方法的普遍价值，是因为，中国文化传统中本来缺乏这种东西，武断、迷信之风猖獗。我们说，传统文化中缺乏科学的理念、科学的精神，并不是说完全没有。科学精神的缺乏，作为统治思想的儒家学说是要负相当的责任的。而历代统治者以各种手段束缚人的思想，特别是利用科举的手段将读书人的智力牢牢捆绑在几部经书之上，致使读书人不屑于实际观察、研究现实事物，不屑于动手动脚。于是科学实验的精神只稍稍留存于各行工匠之中，少有机会将实际经验加以理论总结。不管醉心国粹的人们如何涂饰，其缺乏科学精神这一点是无法否认的。我们后来者应当充分了解陈独秀、胡适等人所处的时代环境，理解他们提倡科学精神的良苦用心。其实直到今天，我们仍然感到非常需要提倡科学精神、科学态度和科学方法，把它们应用到我们的一切实践中去，减少武断、盲从与迷信。

（四）世界化：开放的文化观念

《青年杂志》创刊时，陈独秀在《社告》中郑重声明："今后时会，一举一措皆有世界关系，我国青年虽处蛰伏研求之时，然不可不放眼以观世界"，一开始便提出世界化的精神。他在《敬告青年》一文中，所提第四点要求是"世界的而非锁国的"。显然也是提倡用世界的眼光来看待一切问题，也就是在提倡世界化。他说："古之所谓绝国，今视之若在户庭。举凡一国之经济、政治状态有所变更，其影响率被于世界，不啻牵一发而动全身也。立国于今之世，其兴废存亡，视其国之内政者半，影响于国外者恒亦半焉。"所以，"居今日而言锁国闭关之策，匪独力所不能，亦且势所不利。……各国之制度文物，形式虽不必尽同，但不思驱其国于危亡者，其遵循共同原则之精神，渐趋一致，潮流所及，莫之能违。于此而执特别历史国情之说，以冀抗此潮流，是犹有锁国之精神而无世界之智识。国民而无世界智识，其国将何以图存于世界之中？"[①]
要图存于现代的世界之中，就必须与世界相交流，引进和吸收世界
一切优秀的文化。他在《法兰西人与近世文明》《近代西洋教育》
等文章里都积极提倡学习西洋的优秀文化。胡适在其《归国杂感》
中强调，英文的教学应取"思想和文字并教"的办法，即从学生
接触外国文字的时候起，就要注意培养他们善于学习外国的优秀文
化。胡适是他那一代人中最具世界化胸怀的人。他于 1917 年写作
的《先秦名学史》"导论"中，非常明确地提出："我们应怎样才
能以最有效的方式吸收现代文化，使它能同我们的固有文化相一
致、协调和继续发展？"[②] 这表达出非常明确的世界化观念。为推
动世界化的进程，他终生不懈地促进中西文化的相互交流。而且，
他始终信守一个原则，即在国内讲述西方文化，只讲她的优点，引
导人们去学习、借鉴；在国外讲演中国的文化，也只讲她的优点，
令西洋人了解中国文化的长处。这种态度，只有真正具备世界化的
胸怀的人才能做到。

　　鲁迅、李大钊也都是具有世界化意识的人。鲁迅对西方优秀文
化主张"拿来主义"，李大钊最早从欧战结束和俄国革命的事件中
看出世界最近将来的趋向，成为最早接受马克思主义的人。

　　中国文明开化较早，又较早地形成大一统的局面，长期没有
遇到较高的文化的挑战。由此，形成相对封闭的文化环境。在相
对封闭的文化环境中，历久而形成相对封闭的文化心态，不知道
还有广大的外部世界，不知道在广大的外部世界中还有着和我们
差不多，甚至可能超过我们的优秀文化。人们易于自我满足，自
为中心，歧视外来的、与我相异的文化。研究鸦片战争前后中国
人的文化心态，可以证明我们这些说法是有根据的。[③]所以，努

---

① 陈独秀：《敬告青年》，《青年杂志》第 1 卷第 1 号，1915 年 9 月。
② 胡适：《先秦名学史》，学林出版社 1983 年版，第 8 页。
③ 参见耿云志《近代中国文化转型研究导论》，第三章第一节、第四章第一节。

力提倡世界化的观念，对中国人来说，具有至关重要的意义。要建设一个现代的国家，中国人必须牢固地树立起世界化的观念。

《新青年》的同人们所倡导的思想革命与道德革命，我们指出上述最主要的几点，当然不能囊括全部。但上面所讲的这些，足以看出《新青年》的同人，亦即新文化运动的领袖们，表达出要改变中国人固有的观念，树立新的观念，以达到改造国家，立于现代世界的强烈愿望。

四　民主政治的起点与落脚点

在中国，近代的国家观念是从西方引进来的。古代的中国人，知有天下，不知有国家；知有朝廷，不知有国家。自从中国封闭的国门被打开，不由自主地被卷入整个世界的发展进程之后，中国人才开始知道，中国之外还有许多类似中国一样的国家存在。中国同它们发生关联，要处理贸易、外交、人员往来等实际事务。从这时起，中国人才渐渐产生近代的国家观念，但起初只是从组成国家的民族整体上认识国家。而且由于中国处于被侵略、被压迫的地位，中国人的国家观念是与强烈的民族主义纠结在一起的。那时，救国是中国人觉醒的核心内容。所以，第一位将近代国家观念和近代民族主义引进中国的梁启超，一面鼓吹新民，以求国民的觉醒；一面又鼓吹国家主义与民族主义，要求人们为国家、民族暂时牺牲个人的自由。这就是说，当近代国家观念与近代民族主义引进中国的时候，人们是把个人的自由和权利与国家、民族的权力看成两回事，要争国家、民族的权力，就要放弃或减少争个人的权利。几乎没有人明确地指出，两者之间具有一致性。而那个时候，接受近代国家观念和近代民族主义思想的，绝大多数是年轻人，他们往往又同时强烈地向往个人自由。所以，在清末民初一个时期内，国家、民族命运与个人自由是个十分纠结、令人困惑的问题。

辛亥革命，清朝统治崩溃，成立中华民国。按理，民国应是人民之国，应是民主之国，但事实远非如此。擎着民国的招牌，官僚、政客、武人等以民国的名义，滥借外债，搜刮人民血汗，供其争夺地盘、争夺权力和财富之用。人们都感到，"在共和国体之下，备受专制之苦"。于是，先觉者开始从人民的角度，从构成人民的每个个人的角度，重新思考国家与民族的问题。

在这一方面，政治学家高一涵贡献最大。他的《共和国家与青年之自觉》是一篇很长的文章，在《青年杂志》第1卷的第1、2、3号上连载，约11000字。这在该杂志中可算是少有的长篇大作。

高一涵首先要青年明白国家之为何物。中国两千余年来，一直是君主专制的帝国。所谓"普天之下，莫非王土；率土之滨，莫非王臣"。天下、土地、人民，皆王者一家一姓之私有物，亦即"朕即国家"。高氏要青年们明白，共和国家与君主专制的国家相反，是人民创造国家，人民再以选举的方式建立政府，而政府则是受人民之托而执行人民之意志。所以共和国家的精神是平等自由的精神。国家、政府之所营为，全在"致人民之心思才力各得其所。所谓各得其所者，即人人各适己事，而不碍他人之各适己事也"。所以在共和国家里，应当是人各自尊自重，而同时互相尊重。高氏进一步深加阐释说，人相集而成社会。个人必须自利，方能利他、利社会。"损社会以利一己者固非；损一己以利社会者亦谬。"所以共和国家之社会道德最基本的应循"自利利他主义"，但必须以小己主义为始基。因为"一己之天性完全发展，即社会之一员完全独立。积人而群，积群而国，则安固强盛之国家，即自其本根建起。……国家、社会，举为小己主义所筑成"。所以，小己主义是自利利他主义之始基。高氏说："总之，今者既入于社会生计时代，社会利益，乃根基于小己利益之上积合而成者。欲谋社会之公益，必先使一己私益着着落实，乃克有当。非然者，全其一以丧其一，则社会利益，将终古无完全发达之时。"① 在君主专制的一套思想观念深中人心的中国，高一涵这里所宣示的思想观念，可谓石破天惊之论。

从前人们都以为是国家在先，人民在后。因为国家是某一位救世主、某一位真龙天子为黎民百姓而艰苦缔造的，所以是先有国家，后有人民。现在，高氏竟说是先有一个一个的"小己"，也就是先有人民，而后才有国家，国家是由人民创造出来的。没有人民，就没有国家。依现代国家学说，国家有三要素：土地、人民、主权。没有可资人民长养的土地，自然什么都谈不上。人民是构建国家的最要之件。主权实即是人民的意志。所以，谈国家，必以人民为第一。这是现代国家观念的核心。

这里有一个十分重要的问题，即是对人民如何理解。专制主义者和受其影响的人根本不承认人民的地位，总是欺骗宣传说，是他们所掌控、所代表的国家给予人民以生存的机会。待专制君主垮台后，各种变相的专制主义者，不敢再公然蔑视人民，也经常把"人民"二字高悬在上。但他们所说的人民，只是一个抽象的名词。他们不承认组成人民的一个一个的个人。说人民是国家的主人，他们不反对；但如果有一个人站出来，以国家主人的身份说出他的意见和要求，那就不行了。这种现象实在是太普遍了。所以，高一涵特别强调"小己"的地位，说先有"小己"，后有国家；说"小己"以国家为凭借，谋求个人的幸福；不是国家利用人民去达到其他与每个"小己"无关的目的。他指出："建筑国家之权利，必端赖握有权利，富有自治能力之人民。以人民必先能确保一己权利者，乃能高建国家权利也。今欲以剥尽权利之国民（分子）结成一权利张皇之国家（全体），是犹聚群盲以成离娄，集群聋以为

---

① 高一涵：《共和国家与青年之自觉》，《青年杂志》第 1 卷第 2 号，1915 年 10 月。

师旷也。"① 正如胡适所说："自由平等的国家不是一群奴才建造得起来的！"②

陈独秀对个人与国家关系的问题，也有同样的论述。他引述欧美政治学者的思想说："国家者，乃人民集合之团体，辑内御外，以拥护全体人民之福利，非执政之私产也。"③ 他又指出："集人成国，个人之人格高，斯国家之人格亦高；个人之权巩固，斯国家之权亦巩固。"④ 这显然也是个人在先、国家在后的意思，即必须个人有权利，然后国家才能有权利；必须个人能发展，国家才能发展。李大钊也有类似的思想。他指出："今日吾之国民，几于人人尽丧其为我，而甘为圣哲之虚声劫夺以去，……则我之既无，国于何有？"⑤ 有民始有国，无民则无国。这样厘清个人与国家的关系，一则与前述个性主义有紧密的内在联系；二则与民主政治有直接的关联。民主政治的起点和落脚点，都是个人与国家的关系问题。个人不独立，个人淹没在笼统的"人民"的汪洋大海之中，虽有人民的字样，却没有具体的人民显现。统治者高高在上，驾临人民之上，却还自称代表人民。只有构成人民的每个个人都赫然独立起来，他们自伸权利，自谋生计，自断是非，自崇信仰。如是，方是民主政治的起点。而民主政治的落实，就是落实每个个人的权利。若每个公民都确实享受到个人权利的保障，民主政治就算落到实处了。这个问题得不到切实的解决，民主政治就只是一句空话。

---

①　高一涵：《国家非人生之归宿论》，《青年杂志》第 1 卷第 4 号，1915 年 12 月。

②　《介绍我自己的思想》，《胡适论学近著》，商务印书馆 1935 年版，第 635 页。

③　陈独秀：《今日之教育方针》，《青年杂志》第 1 卷第 2 号，1915 年 10 月。

④　陈独秀：《一九一六年》，《青年杂志》第 1 卷第 5 号，1916 年 1 月。

⑤　李大钊：《民彝与政治》，《民彝》创刊号，1916 年 5 月。

第 四 章
新文化的核心观念逐渐彰显

　　新文化运动从文学革命切入，却引发了广泛的文化变革运动，涉及政治、思想、学术、道德、家庭、社会等。尤其是五四运动爆发之后，将新文化运动迅速推到各个地方、各个领域。那么，如此浩浩荡荡、影响广泛的运动，其核心观念到底是什么？长期以来，人们都说新文化运动最主要的两个口号是科学与民主，于是以为，科学民主就是新文化运动的核心观念。其实，科学所讲的就是思想和做事的根本方法问题；民主就是政治制度的问题。这两个口号，一来不在同一层次，二来很难涵盖新文化运动的所有方面。经过多年的研究和深入思考，我觉得，新文化运动的根本指向，是要建立一个完全的现代国家。它的核心观念是世界化与个人的解放。世界化，就是对外开放，在世界各个国家各个民族文化互动的大平台上，贡献其所特有，增益其所不能，使自己更快地发展进步。个人的解放，就是对内不断地改革，以求释放人民的创造精神和创造能力。这是发展和进步的最根本的动力。我们并不否认科学民主的重要性及其意义，只是希望认识进一步深化和更具有涵盖性。

一　五四前青年界的思想状况

　　新文化运动之成为波及全国的运动，主要得力于广大青年的响应。而五四运动，这个对当时社会、对以后数十年中国历史的走向都发生重大影响的事件，更是以青年为先导和主导的运动。为了更深切地了解这两个运动，细心考察一下五四前青年界的思想状况是很必要的。

研究历史的人，永远无法得到绝对完整的历史资料。对于得以保存下来的资料，往往只能像做社会学研究的人搞抽样调查那样，对所能得到的材料做分析，努力揭示各种材料之间的内在关联，做出尽可能逼近真实的描述，并解释其意义。而研究同一历史事件或历史人物的学者，其所得的材料、所运用的方法往往不尽相同，甚至差别甚大。因此，历史的描述与解释不断在争论中进行。

我现在对五四前青年界思想状况的描述与解释，根据的材料是有限的，因此不可能做到全面和精确无疑。但这种工作，对加深我们对上述两项历史运动的认识与理解肯定会有些帮助。

五四时期的青年大致可分为三种情况：一种是热衷于社会运动与政治运动的；一种是热衷于追求学问的；一种是受长辈和传统意识束缚比较厉害，除个人身家利害，无所用心的人。我们这里只考察前两种青年。

经过清末与民初的动荡与混乱之后，一些比较关心国家与民族命运，关心世风与时局的青年，都有一种不安于现状的心态，面对腐旧空气，希望有所作为，以求改变现状，引国家于进步发展之途。

（一）恽代英和他创办的小团体

恽代英，祖籍江苏武进，1895 年出生于湖北武昌。据记载，其远祖杨恽，为汉平通侯。后遭陷害，其子逃难到江苏武进，为避祸，改以父亲的名"恽"为姓。恽家后世，多为中下官吏。恽代英的祖父恽元复曾入张之洞幕，其父曾在老河口做官，民国后，1913 年，回到武昌。根据上述，恽代英也算是出身世家。恽代英 6 岁入塾读书，10 岁进入新式学堂，1913 年考入武昌中华大学预科，

1915 年转入本科。是年，逢日本提出灭亡中国的"二十一条"要求，恽代英参与抗议宣传活动。自此，社会、国家、民族之事，时时攫其心。我们看他 1917 年至 1919 年五四前这段时期的日记，充分显示出一个有志气的青年是怎样思考问题，怎样谋求开出自己的道路。

《恽代英日记》反映出，他主要有这样几种思想和行动的趋向。

其一，厌恶复旧、倒退。

其 1917 年 7 月 12 日日记记道："吾之意见，素于正名一事视为最要。窃以共和国宜崇尚朴实，屏去虚华，而于迹近君政文字，尤宜绝对禁用为佳。明明大总统也，不曰大总统，而曰元首，然则盍不竟曰皇帝乎？曰首座，曰极峰，然则盍不竟曰至尊乎？明明国务总理也，不曰国务总理，而曰总揆，然则盍不竟曰宰相乎？此外，爱戴、望阙、拜命、北面等名词尤习不为怪。嗟乎！此等名称看似细事，然奸人因以生复古之心。前有袁氏，后有张氏，吾人安可不自悟耶。"①

其二，为了国家、民族走上发展进步之途，应有所作为。

1917 年 8 月，恽代英参加由武昌基督教青年会组织的暑期夏令会，前往庐山游览。他为此次旅行确定的宗旨中，有如下几点很值得注意：考察夏令会办法及其优点；出外略增阅历；得略结识异方友人。他果然不虚此行。还在离庐山返武昌之前，他就下决心回武昌后组织团体。8 月 27 日日记称：

> 余拟归鄂后创 Good Student Society〔好学生社〕，此会既经发起，当力求不失败。故余发起时，（一）当极力谨慎，从小处作起，务求可以计日程功。（二）凡会员皆当使有职务，

---

① 《恽代英日记》，中共中央党校出版社 1981 年版，第 114 页。袁氏指袁世凯，张氏指张勋。

群策群力。（三）极力减少不必须发生之阻力。余决不以使此会含基督教精神。余决不惜选会员以吾与人为善之旨。

但有二种根本之义：（一）此会为自治的非他治的，故无罚则。（二）此会为利他的非利己的（除关于道德方面外），故不为任何人利用。①

回武昌后，恽代英即与诸好友商量进行，自己先拟出会章十条，9 月 19 日开发起人会，因故未即正式成立，辗转于 10 月 8 日创立互助社，其精神与前所拟议的基本相同。他们确定的《互励文》很有意思。其文曰："我平心静气，代表我们大家说，以我们的良心做见证。……我们所说的，都是出于我们的真心。我们都晓得：今日我们的国家，是在极危险的时候，我们是世界上最羞辱的国民。我们立一个决心，当尽我们所能尽的力量，做我们所应做的事情。我们不应该懒惰，不应该虚假，不应该不培养自己的人格，不应该不帮助我们的朋友，不应该忘记伺候国家、伺候社会。我们晓得：我们不是没有能力，国家的事情不是没有希望。……我们从这以后，是实行的时候了。"②

这篇《互励文》极其朴实，极其诚恳，而又坚定有力。他们给自己定的戒约也极平易可行。如果都做到了，就会焕然出一番新气象。

用结团体的办法，通过互励与协作，来推动一些有益于社会进步的活动，这是像恽代英这一类青年在当时所能入手的最好途径。当时像他这样想法的人很多。许许多多的社会团体，就是这样搞起来的，如新民学会、少年中国学会等。

其三，为结团体，以推动个人与社会进步，严格要求自己，磨炼自己。

---

① 《恽代英日记》，第 138 页。
② 《恽代英日记》，第 159 页。

　　由恽代英发起组织的团体有好多个先后继起。除上述的互助社之外，还有学生会、校际联合会、仁社、黄社、辅仁社、云梦同志社、启智图书室等。在组织这些团体并开展活动的过程中，恽代英不断地总结、反省，不断对自己提出要求。他认识到中国社会一些根本性的弱点。他说：“吾国善人多即为独善其身之人。故善人团结力恒小，而因以其势力亦小。又善人多属消极的非积极的，故其活动力亦不如恶人。此所以我国社会乃永无改良之望也。吾意当设法联络一般善人，鼓励其勇气，又须告以可为之事，无以过高之事语之，使彼以为不值一听。如此，庶几可以逐渐养成一种良好势力，渐与恶势力争。……又须注意者，君子每不肯苟同。吾人须任其有自由各顺其性而发展之机会，而又养其互相容让之精神乃可。”① 由此，恽代英知道，若结成有活动力的团体，使之发生社会影响，必须有一批有志气、有胆量又有能力的人，就是所谓领袖人物。曾国藩曾说，社会风气之转移，始于一二人之倡导厉行。青年恽代英从自己切身体会中，领悟这一道理，所以每暗下决心，陶铸自己。他在给一位朋友的信中说：“天下未有不恒而能成，不信而能得人信者。吾愿足下顺良心以行良心，以为应改之过或应作之事，无以其难而不为。庶几能力愈运用而愈大，困难以愈奋斗而愈小，不运用求能力，犹昏睡求膂壮也。不奋斗而求胜困难，是不举足而欲登山也。况轻轻自恕，不几放舟，顺水下流，安知其所届乎？”② 自己要有恒心有毅力，坚持奋斗；从奋斗中增益自己的能力，如此方能有助于人。“吾有能力，人自信我，肯助人，人自爱而敬我，如此，则陶冶之效可期矣。”③ 所以，他的经验是“将来欲维持一会社或发起一会社而能成功者，必自己几于无情无欲。自己为喜怒所动，酒食所迷，赖他人救正，则自己安能时时救正他

---

①　《恽代英日记》，第183—184页。

②　《恽代英日记》，第329页。

③　《恽代英日记》，第329页。

人？又救正他人以极意委曲为第一义"。① 无情无欲的说法，略涉绝对化，其义在于尽可能地严格要求自己，凡希望他人如此，团体如此，必先自己做到如此。

我们从以下的材料中可进一步看出，恽代英是如何坚持不懈地严格要求自己，有意识地磨炼自己的。

1918 年 4 月 3 日给瞻叔的信中他写道："代英在此亦颇获同人信仰，此皆常时聚集：（一）以自己真人格示之。（二）以赤心血诚之语言感化之。（三）以大公无我恒久不懈之精神灌注之。"② 恽代英对于感召比自己年轻的少年尤有心得。他说："今言教育，最妙莫如以平等博爱之真精神灌注生徒，此似新奇而实平正，最易得多情而智慧之少年的同情。加以促其活动与服务，其能力有所发，其心志有所托，则庶几蔚为良学风矣！"③

同年 4 月 20 日给瞻叔的信上他又说："每日作事记分，颇可自见德育智育之实在情状（不知此事在情状者，每易生虚伪之自信心或沮丧心），且使人不倦不怠，确有可见之成效。"信中继续写道："发起一会社能维持长久，且常有才发起之精神，此中须有善与人共事之技能，善引导人之技能，善扶助人之技能，且须熟习心理人情，又语言须周到，态度宜和悦而庄重。"④

同年 5 月 2 日致舒邈庵的信中，恽代英深入总结了他在创办团体事务中所得感受及宝贵的经验教训。他写道：

> 代英在互助社所得之教训：（一）办会社欲其持久，须有不倦的坚忍心，即维持至最后一二社员仍不可懈怠或灰心。（二）又须自己以身体力行为诸社员倡。如自己不力行，观望他人，则所议必尽成虚话矣。（三）又须常研究其办法之当

① 《恽代英日记》，第 412 页。
② 《恽代英日记》，第 333 页。
③ 《恽代英日记》，第 505 页。
④ 《恽代英日记》，第 438 页。

否，以为进行或改良之标准。如成效稍不良即灰心丧气，必不能成一事矣。（四）以诚心相感应，以高尚品性相观摩，以爱心与勇气相鼓荡，则同人多少易受感化，即基督教之盛行，其教徒之品性较教旨尤能感人也。（五）常助人则卑劣之感情自少，常进取则向上之精神愈大，为社会尽力而享受良心及爱我者之同情，其愉快不可言喻。（六）屈己下人则易得友，随时随地则感化大，又常于已受吾助者，必继续以不倦之精神，为有秩序之审察而扶掖之，则较偶然之助人其效百倍。（七）凡助人者，皆所以自助。如办会社，即习办事能力；为有秩序之教人，即习一种教法。（八）与一二人约同作一件事，而互审其成绩，则因交相督责之力，易于有恒，为自助助人两利之良法。（九）规人过失能带笑容，且引自己过失以喻之，最易动人而不生反感。（十）与人立约或结社，必要求在事者均神圣其事，如嬉戏侮慢，其事之败必矣。（十一）修养及作事之标准各顺其良心，不必强同，即甲所为乙绝对反对，亦止有劝解，无强迫。如此则顺人情而易有功效。彼为自己修养来，断无假托良心以为恶之理也。（十二）办会社自己虽暗中可以恒久之力维持之，然仍不宜太居主要地位，使他人不能发展实力，如此非求此社长久之道。①

由于恽代英和他的几个主要朋友的努力，他们除了结合成立多个团体，还编刊《互助》《新声》等刊物，宣传他们的理想和反映他们的活动。《新青年》杂志曾对《新声》表示欢迎和敬意，说明他们办得很有声色。

从以上材料可以看出，五四前，像恽代英这样开始觉醒的青年，时时处处都在严格要求自己，磨炼自己。因为他们懂得，要摆脱社会混乱、世风隳堕、国弱民穷的困境，引国家社会上进步发展

___
① 《恽代英日记》，第440—441页。

之途，必须有多数人觉悟，发挥其愿力。而为此必须结团体，实行联合的奋斗。要联合他人，结成团体，必须有人去向他人做联络、感化的功夫。要使这种功夫有效，就须像恽代英总结的这样去做。从恽代英这时期的思想看，他与当时组织少年中国学会的一些人的想法是不尽相同的。少年中国的一些主要活动分子，标榜无政府主义很极端，他们不承认领袖与中心人物的存在。其实，他们结团体和进行活动的本身就与他们的主观想法不完全一致。他们这种无政府主义的心态多少影响到其活动的实效。少年中国学会是当时最具全国性规模的大团体，然而他们的工作实绩却难以相称，差不多每次聚会，都是在无休止的争论中散去。

五四前开始觉醒的青年们，有着大致相同的思想状态：热衷于结团体；有意识地磨炼自己。毛泽东早于1915年就以"二十八画生"相邀约，欲为联络同志，1918年与朋友蔡和森等聚集，成立新民学会。他和他的朋友们互相切磋学问，砥砺道德，磨炼意志，以为投身于社会国家之事业的准备。后来成为革命家的许许多多人物都经历过这一过程。恽代英，因其保存下完整、充实的材料，成为我们研究的一个典型。

组织国民杂志社和新潮社的青年中的一些人，和恽代英也略有些不同。

国民杂志社的创办者，一开始就是因政治诉求而聚集起来的。1918年5月，日本军国主义政府胁迫中国政府签订《中日共同防敌协定》，激起留日学生及国内学生的不满，曾有大批留日学生归国，北京学生且组织游行示威。当时有学生救国会的组织领导抗议活动。是年10月，以北京大学学生为主，并得到蔡元培、邵飘萍等名流的支持，组织成立了国民杂志社。其宗旨是：（1）增进国民人格；（2）灌输国民常识；（3）研究学术；（4）提倡国货。这其中，除了第三条研究学术，其他三条都与政治相关。正因此，他们中一些最活跃的分子，后来都成了政治人物。

新潮社则是由一批直接受到《新青年》的主要编者，亦即新文化运动的主要领袖的熏陶、感召而组织起来的。他们一开始就明确摆出《新青年》的响应者和同盟军的姿态，而且还有胡适亲为顾问指导。

与国民杂志社和新潮社相较，恽代英创办的互助社等团体，则纯然是觉悟青年自动组织起来的。所以了解他们当时的想法和做法，对于了解五四前青年界的真实思想状况，实在具有极重要的意义。也正因为它是觉悟青年自动组织起来的，所以每一个进步，都是他们自己严格律己，不断总结、反省，不断提升自己的结果。像恽代英这样货真价实的领袖，时时处处都严格要求自己，凡希望别人做到的，他自己一定要先做到；对别人总是充满热情，无比真诚，以真情和榜样的行为去感化、感召自己周围的人。

最后，我们再引证一段话，显示恽代英是如何重视创办团体的人，也就是成为群体领袖的人，其品性、人格的重要。他说："凡一团体中，其主要人物冗阘而懦弱者，此团体必无生气。主要人物阴险而自私者，此团体必无实力。主要人物发扬而嚣张者，此团体必无团结精神。故必通达事情，能任劳任怨，而复能博爱无私，然后能使此团体结合而发达。"①

中国社会由于长期处于高度集权的专制主义制度牢笼之下，当统治强有力时，普天之下如一整块冻土，生硬、板结，天子下令，动则全动，止则全止。当统治乏力时，整块的冻土，崩裂散碎成无数小块，甚而细碎如沙砾；国人习谓之"一盘散沙"。向近代社会过渡，人民贵有自治力。要实现自治，先要从结团体开始。中国在专制社会有整体而无团体、无集体。集体与团体是由各个独立的个人志愿结合在一起的。他们共订契约，规定一致的目标、宗旨，明确个人之权利、义务及活动规则。整体则不然，整体是由专制权力逐级派生出来的小团块，其精神、规则全自上而下发纵指示，并非出于自下而上的自动。近代中国之较早觉悟者，常叹中国社会有群

---

① 《恽代英日记》，第514—515页。

众而无团体。人们习惯于听令服从，而不习惯于大家平等协商，必要时舍己从人，以大多数之意志为意志。在这种氛围之下，亦很难孕育出像恽代英所觉悟的那样肯牺牲、肯奉献的领袖人物。这就是长期不能完成向近代社会过渡的最深层的原因。因此，我觉得，恽代英给我们树立的榜样，他从实践中总结出来的办团体、会社的经验教训，显得特别珍贵。

　　当然，人们可以说，恽代英也并非完全是自觉自动，他应该是受到《新青年》的影响。此说不算错。但是，第一，恽代英创办互助社是受基督教青年会团体活动的启发，那时，新文化运动还远未形成全国规模。第二，《恽代英日记》中第一次提到《新青年》是在他从事创办互助社之后，而且他对《新青年》倡导白话文学，颇持保留的态度。他说："《新青年》倡改革文学之说。吾意中国文学认为一种美术，古文、骈赋、诗词，乃至八股，皆有其价值。而古文诗词尤为表情之用。若就通俗言，则以上各文皆不合用也。故文学是文学，通俗文是通俗文。吾人今日言通俗文而痛诋文学，亦过甚也。又言中国小说，不合于少年阅览，因谓中国无一本好小说。究之《红楼梦》，虽不宜于少年读之，而其结构之妙，必认为一种奇文，不可诬也。故此亦一种过论。"① 他对《新青年》和新文化运动之主张有所保留，还表现于他对孔子的态度。1919 年 4月 27 日，他在日记中写道："孔子之学说，自然不尽可信，然苟确有所见之大学者，其根本观念每每不谬，其余则受当时社会之影响，有不正确处，亦有不可讳者。如孔子《礼运大同》及《论语·道之以政》章，何曾不好。至谓女子比于小人，事君期于尽礼，则囿于时见，此人之常情。以此责孔子，犹责其不用阳历而行夏之时，不坐摩托车而乘殷之辂，此岂非可笑事耶！甚者，必周纳孔子之言行，而《礼运》则必谓非孔子所作，此纯为批评陈死人之闲话则可，不然，必是与孔子结下不共戴天之仇。不然，何苦必

————————
　　① 《恽代英日记》，第 153—154 页。

以如此凌辱孔子为快？一个人必定要争孔子是大圣，没有一句错的；一个人必定要争孔子是大愚，没有一句是不错的。若不是为孔子，是为世界人，我看这都错了。"①

这些材料可以说明，我把恽代英看作五四前一个开始觉悟的青年，在远离新文化运动中心的地方积极地、自动地训练自己，为自己开拓进路的典型，是有充分根据的。我们找出这样的典型，对以后的发展做实事求是的分析，是很有关系的。

（二）傅斯年、顾颉刚及新潮社

湖北武昌的互助社，湖南长沙的新民学会，北京的国民杂志社、少年中国学会等，其中许多人后来走上革命或搞政治的道路，甚至新潮社中有些人也是如此。但其中也有一部分人走做学问，服务于学术、教育界的道路。

我们可以傅斯年和顾颉刚为例，对这一类典型做进一步了解和一点必要的分析。

傅斯年是新潮社的主要领袖。他与顾颉刚、徐彦之、罗家伦、俞平伯等创办新潮社，非常明显的是响应他们的老师胡适、陈独秀、李大钊等人所发起和领导的新文化运动。他们办《新潮》杂志，是自觉地充当《新青年》的同盟军。很明白的，胡适与陈独秀发起新文化运动时，曾有意识地避谈政治，这一点影响到新潮社的几位青年人。傅斯年在《新潮》上发表的文字，基本上都是思想、学术方面的东西。傅斯年在《〈新潮〉发刊旨趣书》中说："今日出版界之职务，莫先于唤起国人对于本国学术之自觉心。"②开宗明义，把学术放到第一位。全文谈的都是思想、学术、文化、道德精神之类。他在《新潮》创刊前，发表在《新青年》上的文章，如《文学革新申义》《文言合一草议》《中国学术思想界之基

---

① 《恽代英日记》，第530页。
② 傅斯年：《〈新潮〉发刊旨趣书》，《新潮》第1卷第1号，1919年1月。

本谬误》《中国历史分期之研究》《戏剧改良各面观》《再论戏剧改良》等，都在思想学术之范围内。《新潮》创刊后，傅斯年所发表的文章，除了关于朝鲜三一运动的文章涉及政治外，亦绝少涉及政治的文章。值得注意的是，即使在五四运动发生之后，傅氏表示，自己的兴趣仍然在思想学术方面。他在《〈新潮〉之回顾与前瞻》一文中说："五四运动过后，中国的社会趋向改变了。……以后是社会改造运动的时代。"[1] 但他本人和他的一部分朋友，并不打算从政治入手，去参与这社会改造运动，而是仍坚持在思想学术与教育事业中尽自己的力量。他说："以个人的脾胃和见解的缘故，不特自己要以教书匠终其身，就是看见别人作良善的政治活动的，也屡起反感。同社中和我抱同样心思的正多。"他还说："《新潮》的将来，大约也是宣传文艺思想、人道主义的"。[2]

应该说，五四运动确曾改变了绝大多数热血青年的人生道路，使他们急剧地卷入政治风潮中，并从此终身从事政治和革命运动。前面我们较详细介绍过的恽代英也是如此。在五四前，他是一个很稳健的改革派，一向不取激烈主义，但五四以后，他很快进入政治运动和革命运动的快车道。这是一种很普遍的现象。

那么，傅斯年和他的一部分朋友，如顾颉刚，为什么不愿卷入政治旋涡，愿意坚守思想学术的岗位呢？下面我们分别做一些追述和分析。

先说傅斯年。

傅斯年远祖乃江西永丰人，先祖傅回于明成化年间到山东东昌府出任冠县县令。其任满回原籍，但有三个儿子（傅回共有七子）留居东昌府，其中叫傅祥的定居聊城。傅斯年的七世祖傅以渐，是清初第一次会试（1646 年）的状元，官至兵部尚书、武英殿大学士，其后人亦多走科举做官的道路。到傅斯年的祖父辈，家境始急

---

① 傅斯年：《〈新潮〉之回顾与前瞻》，《新潮》第 2 卷第 1 号，1919 年 10 月。
② 傅斯年：《〈新潮〉之回顾与前瞻》，《新潮》第 2 卷第 1 号，1919 年 10 月。

剧衰微。其父傅旭安，以掌教塾馆为生，门下出了一些有所成就的学生，其中有一位叫侯延爽的，在清末立宪运动中崭露头角，有名于时。侯因感师恩，对傅家颇多关照，对傅斯年尤有直接影响。

傅斯年生于 1896 年，四岁起，与祖父同居，日夕受教；五岁起，入塾读书，至十岁，已熟读十三经，里巷父老皆赞誉有加。但这一段塾馆教育，给傅斯年留下的记忆并不好，他对死记硬背的教育方法和八股文风很反感。1908 年，傅斯年十二岁时，由侯延爽安排他到天津第一中学堂读书。中学于 1909 年春开学时，学校宿舍尚未建成，傅斯年便暂住在侯延爽的朋友、《大公报》主人英敛之先生家里。侯与英两人都是立宪派骨干人物，他们的渐进主义的和平改革思想对傅斯年产生一定的影响。傅斯年搬到学校宿舍后，每逢假日常到英敛之先生家，两人成了忘年交，经常一起讨论学问兼及中外时事。

1913 年，傅斯年从天津第一中学堂毕业，考入最高学府——北京大学文预科。1914 年，好学深思的傅斯年与同学结成学术小团体文学会。恰在这一年，留美学子成立了科学社。当然，傅的文学会远不能与科学社相比，但这种历史的耦合，值得我们留意。

1916 年，傅斯年转入本科国文门即后来习称的国文系。当时的北京大学国文门，全在章太炎一派人的掌控之下，章太炎的门生与好友如刘师培、陈汉章、黄侃、马裕藻、朱希祖、钱玄同、沈兼士等都在这里担任教授。此种局面之所以形成，一则自戊戌维新运动失败之后，今文经学的最后一位大师康有为逐渐被人们所遗忘，代之而起的是古文经学的最后一位大师章太炎。他因反满革命而被革命党聘为《民报》主编，当时在日中国留学生多曾到过他的门下听讲国学课程。民国成立，章太炎有革命元勋的风光，又有门生拥戴，遂成一时学界泰斗，青年学子无不仰视之。当时，北大国文门既然聚集了这么多的章氏弟子，则其学派的压倒性优势就丝毫不奇怪了。好学如傅斯年者，无疑对章氏抱有相当崇敬的态度。但是，从 1917 年蔡元培担任校长，又陆续聘请胡适等留学归来的年轻学者担任北京大学教授之后，这种情况便开始发生变化。

　　这个变化的发生情况，顾颉刚为我们保留下可贵的记录。这里，我们就谈谈顾颉刚。

　　顾颉刚是江苏苏州人。据顾氏自己考证，其远祖乃越王支系的后裔，明万历间定居苏州，先祖累代读书求仕进。据说，康熙下江南时，因闻顾家世代读书的情形，乃誉称"江南第一读书人家"。从此可见，顾颉刚的家世渊源与傅斯年颇为类似。

　　顾颉刚生于 1893 年，不满两岁，祖父即教他识字，不满三岁，母亲教以《三字经》《千字文》等，以后又学对对子，五岁入塾读书。由于祖父及嗣祖母皆善讲故事，给幼年的顾颉刚培植起历史的兴趣。1906 年，始入新式学堂，其读书兴趣仍主要在国学，当时有《国粹学报》发行，每乐读之，亦兼及《时报》等报刊。1908 年，顾入苏州第一中学堂，读书渐多，仍以文史为主，读到姚际恒的《古今伪书考》颇受震动。民元时，受江亢虎影响，其一度加入社会党，颇喜社会主义之说。1913 年，顾颉刚考入北京大学文预科，与傅斯年同学。是年 12 月间，顾与同学每晚到化石桥共和党本部，听章太炎之国学讲演。此项讲演因章氏被袁世凯软禁而停止，前后只有三周，但给顾氏的印象却极深。他自记道："我从蒙学到大学，一向是把教师瞧不上眼的，……到这时听了太炎先生的讲演，觉得他的话既是渊博，又有系统，又有宗旨和批评。我从来没有碰见过这样的教师，我佩服极了。"[①] 可见，顾颉刚与傅斯年都曾经历过崇仰章太炎的一段思想历程。

　　顾颉刚自己说，他后来读了被章太炎及其弟子们猛烈攻击的康有为的《新学伪经考》《孔子改制考》，发现其说自有其道理，乃渐渐明白，太炎先生"信古之情比较求是的信念强烈得多，所以他看家派重于真理，看书本重于实物"。他判定章太炎"只是一个

---

① 顾颉刚：《古史辨》第 1 册，海南出版社 2005 年版，"自序"，第 13 页。

从经师改装的学者"。①

　　但使顾颉刚与傅斯年等一批学生从章太炎所代表的经学起家的旧学中解放出来的，是蔡元培、陈独秀等所营造起来的北京大学"学术自由""兼容并包"的精神氛围，和以胡适为代表的新的学术观念与新的学术方法。顾颉刚是这样记述他们的转变过程的。他在《古史辨·自序》中写道：

　　　　蔡孑民先生任了北京大学校长，努力破除学校中的陈腐空气。陈独秀先生办的《新青年》杂志以思想革命为宗旨，也渐渐地得到国民的注意。又有黄远庸先生在《东方杂志》上发表《国人之公毒》一文，指斥中国思想学术界的病根非常痛切。……哲学系中讲中国哲学史一课的，第一年是陈伯弢先生（汉章）。……他从伏羲讲起，讲了一年，只到得商朝的《洪范》。……第二年，改请胡适之先生来教。……他不管以前的课业，重编讲义，辟头一章是"中国哲学结胎的时代"，用《诗经》作时代的说明，丢开唐虞夏商，径从周宣王以后讲起。这一改把我们一班人充满着三皇五帝的脑筋骤然作一个重大的打击，骇得一堂中舌挢而不能下。许多同学都不以为然；只因班中没有激烈分子，还没有闹风潮。我听了几堂，听出一个道理来了，对同学说："他虽没有伯弢先生读书多，但在裁断上是足以自立的。"那时傅孟真先生（斯年）正和我同住在一间屋内，他是最敢放言高论的，从他的言论中常常增加我批评的勇气。我对他说："胡先生讲得的确是不差，他有眼光，有胆量，有断制，确是一个有能力的历史家。他的议论处处合于我的理性，都是我想说而不知道怎样说才好的。你虽不是哲学系，何妨去听一听呢？"他去旁听了，也是满意。从此

　　──────────

　　①　顾颉刚：《古史辨》第1册，"自序"，第15页。

以后，我们对于适之先生非常信服。①

关于这段学术史上的公案，四十多年后，胡适自己也有追述。他在纪念傅斯年逝世两周年的集会上讲演时说道："那时候，孟真在学校中已经是一个力量。那些学生们就请他去听听我的课，看看是不是应该赶走。他听了几天以后，就告诉同学们说：'这个人书虽然读得不多，但他走的这一条路是对的。你们不能闹。'"②

这件学术公案应是发生在 1917 年的下半年至 1918 年的上半年这段时间。此后，胡适便逐渐取代了章太炎及其弟子们在傅斯年、顾颉刚等这些学生头脑中的地位。据罗家伦记述："在胡适之先生那里，那时我们常去，先则是客客气气的请教受益，后来竟成为讨论争辩肆言无忌的地方。"③ 可见，傅斯年、顾颉刚、罗家伦等，这时已彻底成为胡适的门生了。而新潮社的结集和《新潮》杂志的创刊，则是一个更为明显的标志。

我们选择傅斯年与顾颉刚作为典型，是因为他们不像中国近代史上常见的那样，有些青年读书不多，阅历不广，在时代风潮激烈鼓荡下，往往容易冲动，迫不及待地跟上潮流向前，哪种口号最响亮，哪种理想最美妙，就跟着哪个趋向走。如果明天遇上更响亮的口号，更美妙的理想，他们会不假思索地放弃原来的口号与理想，以避遭"落后"之讥。傅、顾两人阅历也许算不上太广，但书是读得相当多的。胡适曾多次谈到，他认为，傅斯年的古书，比他自己读得多。所以他们接受一种新的观念、新的学术方法，绝不是很容易做到的。他们必定运用自己已有的知识、阅历加以反复思索、检验，又往往与朋友切磋、琢磨，以至没有疑义之后，始能确定转

---

① 顾颉刚：《古史辨》第 1 册，"自序"，第 20 页。

② 《傅孟真先生的思想》，《胡适作品集》第 25 册，台北，远流出版公司 1986 年版，第 55 页。

③ 罗家伦：《元气淋漓的傅孟真》，载氏著《逝者如斯集》，台北，传记文学出版社 1967 年版，第 166 页。

换自己之所信。傅、顾之类有独立思想能力的青年，他们的思想转变需要一个过程。而旁人看到他们转变，承认他们转变，也需要一个过程。李小峰在《新潮社的始末》一文中谈到傅斯年他们创办《新潮》时，苦于没有经费，在没有其他办法的情况下，去向文科学长陈独秀请求援助。陈独秀答应了。但作者在这里加了一个注解，说道："据说，陈独秀的同意协助，是经过一些曲折的。原来傅斯年本是国文系黄季刚派的得意学生（黄季刚是北大国文系教授，反对新文学最力），这时来了一个一百八十度的大转变，独秀便很有些怀疑：是不是那方面派来的间谍呢？后经过胡适从中作保，才接受傅斯年等的要求，由学校负担经济。"① 这一条材料虽没有百分之百的可靠性，但其参考价值是很高的。这里有三个要点。一是通过前面所引顾颉刚所记录的亲身经历，以及后来胡适的认证，还有傅斯年在《新青年》《新潮》上所发表的文章，都可证明，这时傅斯年确实从章太炎及其弟子黄侃（即黄季刚）的崇拜者变成了胡适的追随者。二是陈独秀是文科学长，想必未曾亲授课给傅斯年等，傅斯年等学生，跟陈的直接来往肯定比同胡适的来往要少得多。三是自从傅斯年听过胡适的中国哲学史课，认同胡适的学术方向和学术方法之后，他们这一群颇有独立思考能力的青年就时常向胡适请益学术上的问题。而当他们酝酿创办《新潮》杂志的时候，就更多地向胡适征询意见。在胡适自己保留下来的民国 7 年 8 月至 8 年 3 月的《来往信簿》中记载，民国 7 年 10 月，仅一个月的时间里，傅斯年至少三次写信给胡适（另有一次只记一"傅"字，不能确定是傅斯年），而这正是他们筹办《新潮》杂志最关键的一段时间。从此也可见，傅斯年他们请胡适为其担任顾问，确非偶然。所以我说，创办《新潮》杂志是一个标志，标志着傅斯年等一班最肯读书、最有学问基础、最能独立思考的北大学

---

① 转引自中国社会科学院近代史研究所编《五四运动回忆录》（续），中国社会科学出版社 1979 年版，第 201 页。

子，从以章太炎为首的旧学营垒中摆脱出来，转到以胡适为首的新学营垒中来。这是新文化运动中一件很重要的事。

以上我们主要以恽代英为例，说明五四前一部分有志青年如何为求社会国家的进步，而己立立人，结合团体，办有益活动。在此过程中，他们严格要求自己，自觉磨炼自己，为将来做准备。我们又主要以傅斯年、顾颉刚为例，说明五四前一部分有志于为中国新思想新学术新教育做奉献的青年，如何从旧学营垒中挣脱出来，走上新思想新学术新教育的道路。一开始我们就强调，这只是一种类似社会学的抽样调查的办法，我们无法全景再现当时所有青年的思想状态。除了一部分热衷于社会服务，因而后来投入政治运动和革命运动，又一部分因有志于学问，而投身到教育学术界，其他更多的青年是一种什么状态呢？历史证明，最大多数的人，如果没有极其巨大的社会震荡，一般是不会根本改变他们的生活轨迹的。如果说，我们前面重点考察的两部分青年，似乎已经为即将到来的伟大事变做好了相当的准备；那么其他大多数的人，就只有等待那历史的大风暴到来时，将他们鼓动起来，参加到时代的大潮流中去。

二　新文化的核心观念：世界化与个性主义

在说明《新青年》所倡导的文学革命、思想革命与道德革命之后，我们不禁要问：《新青年》的核心观念到底是什么？

多年来研究五四新文化运动的人都一致认为，《新青年》所倡导的新思想、新观念最主要的是科学与民主。这种说法，固然不错。但仔细考察《新青年》所着力倡导并加以深刻论述和身体力行的，我觉得还可以有更具涵盖力，也更容易与清末以来先觉者们所大力宣扬的东西有所区别的说法。我在将近二十年前提出，这个说法可以用世界化和个性主义来概括。民主和科学作为一种观念，在清末都已经比较普遍流传。在新文化运动中，这两个概念虽然显得更清晰一些，更充实一些，但经过将近一百年的实践、反思和探索，我们应该可以透视出比清末更高、更深和更有涵盖力的思想意蕴来。首先应当指出，民主与科学，两者并不在同一个层面上，将它们并列起来以概括那个时代的基本精神或奋斗目标是不完全恰当的。其次，百年来的实践证明，人们多半没有从价值观上理解民主的本质，而是致力于提出种种看来比较惬意的民主制度的模式。对科学也一样，不是从基本价值和基本方法上看待科学，而是更多地从应用的层面，从与技术相关联的层面去看待科学。

显然，照我们上面所揭示的，百年来人们对民主和科学的理解上的偏向，不利于民主的落实与科学精神的普及。

鉴于上述原因，我们有必要重新检视新文化运动领袖当年所倡导的新思想、新观念最根本的东西到底何在？

陈独秀在《青年杂志》创刊号上所发《敬告青年》一文，实相当于发刊词。他提出六条倡议：自主的而非奴隶的，进步的而非保守的，进取的而非退隐的，世界的而非锁国的，实利的而非虚文的，科学的而非想象的。这里，二、三两项，基本是进化主义观念，在清末，已经相当流行。第五项，与嘉道时期以来的经世致用观念有着相承的关系。第六项科学，上面已说过。剩下的，第一条，自主的而非奴隶的。陈独秀所发挥的是个人主义，或个性主义的精义。因个人主义在汉语文献中经常被扭曲，故《新青年》的作者们，更多地使用个性主义的提法。这种个性主义观念，清末虽有梁启超等宣传过，但不曾普及，而且梁启超本人因倡导民族主义和国家主义而在个性主义的问题上，颇有犹疑。《新青年》的作者们，则是把个性主义看成青年们是否能够觉醒、民主制度能否在中国得到落实的最大关键。这在前一章里，我们已说得很清楚。第四条，世界的而非锁国的，应当说，是比较新鲜的提法，而且它可以涵盖更多东西，实际上就是世界化的祈向，其基本的要义是开放的观念。个性主义追求的是人的解放，个人的解放，即个人的创造精神、创造力的解放。世界化追求的是与世界文化的充分互动。人家有好的东西，我们尽量地学习、借鉴；我们自己有好的东西，则要尽量地介绍给别人，完全打破"夷夏之防"，消除"中西文化"的困惑。一个国家，一个民族，能够解放自己的每一个成员的创造力，又能够没有人为障碍地学习和借鉴世界先进文化，如此，还有什么力量能够阻止其进步与发展呢？根据我对《新青年》和新文化运动的研究，我认为，个性主义和世界化，应是当年陈独秀、胡适等人和他们所呼唤的新青年们所热烈追求的基本目标，也是他们要传递给全体人民的主要的新思想、新观念。

现在，我们试从新文化运动领袖和受他们影响的青年们两方面来论证上述的结论。这里先揭示《新青年》主要作者，亦即新文化运动领袖们的论述，青年界所发生的反响，留在下一节论述。

我们可以检索一下《新青年》主要作者从创刊到五四运动爆发前所发表的思想性较强、较有分量的议论文章，其所强调的重心所在。

在这个时期，发表思想性的议论文章较多的是陈独秀、胡适、高一涵等。先看陈独秀。

从1915年9月《青年杂志》创刊，到1919年4月15日《新青年》第6卷第4号止，陈氏在《青年杂志》和《新青年》上所发表的文章之较重要者，约有20篇。在这些文章中，大多数都曾着力强调我们所指出的个性主义与世界化这两个基本观念。

试举例以明之。

《敬告青年》，上面已说过，这里不再重复。

《今日之教育方针》（《青年杂志》第1卷第2号，1915年10月15日）。他强调："盖教育之道无他，乃以发展人间身心之所长而去其短"。发挥人之身心所长，当然是主张伸展个性。又谓，谋教育之方针，"以求适世界之生存而已"。[①]"求适世界之生存"，意即求得与现代世界相协调，拥有自尊和自信地立于世界民族之

---

① 引自任建树主编《陈独秀著作选编》第1卷，第171页。

林。这显然是追求世界化。

《东西民族根本思想之差异》（《青年杂志》第 1 卷第 4 号，1915 年 12 月 15 日）。文中说："国家利益，社会利益，名与个人主义相冲突，实以巩固个人利益为本因也。"又说："欲转善因，是在以个人本位主义，易家族本位主义。"① 这都是明显地提倡个性主义。

《一九一六年》（《青年杂志》第 1 卷第 5 号，1916 年 1 月 15 日）。文章用很大篇幅张扬个性主义，批判儒家三纲之说。如谓："尊重个人独立自主之人格，勿为他人之附属品。"② 又谓："集人成国，个人之人格高，斯国家之人格亦高；个人之权巩固，斯国家之权亦巩固。"接着批判儒家三纲之说，致"天下之男女，为臣，为子，为妻，而不见有一独立自主之人"。所以，所谓三纲"皆非推己及人之主人道德，而为以己属人之奴隶道德也"。陈氏进一步结论道："人间百行，皆以自我为中心，此而丧失，他何足言？"③ 这里明明白白地提倡个性主义。

《吾人最后之觉悟》（《青年杂志》第 1 卷第 6 号，1916 年 2 月 15 日）。陈独秀在说明政治上应有的觉悟时说："吾国欲图世界的生存，必弃数千年相传之官僚的专制的个人政治，而易以自由的自治的国民政治"。在他看来，自由、自治的民主政治之下，才能有"世界的生存"。是以世界化的眼光来看待中国的政治革命与改革的问题。他又强调："所谓立宪政体，所谓国民政治，果能实现与否，纯然以多数国民能否对于政治，自觉其居于主人的主动的地位为唯一根本之条件。"④"自觉其居于主人的主动的地位"，这又是强调个人的真正独立，是个性主义之在政治上的必然要求。谈到伦理的觉悟时，他说："盖共和立宪制，以独立、平等、自由为原

① 引自任建树主编《陈独秀著作选编》第 1 卷，第 194 页。
② 引自任建树主编《陈独秀著作选编》第 1 卷，第 198 页。
③ 引自任建树主编《陈独秀著作选编》第 1 卷，第 199 页。
④ 引自任建树主编《陈独秀著作选编》第 1 卷，第 203 页。

则，与纲常阶级制为绝对不可相容之物，存其一必废其一"，[1] 仍是强调个人的自主、自立，强调个人的解放。

《新青年》（《新青年》第 2 卷第 1 号，1916 年 9 月 1 日）。这篇文章可用陈独秀自己的一句话来概括之：要做新青年，"不得不内图个性之发展，外图贡献于其群"。[2]

《孔子之道与现代生活》（《新青年》第 2 卷第 4 号，1916 年 12 月 1 日）。此文之意旨十分清楚。陈独秀说："现代生活，以经济为之命脉，而个人独立主义，乃为经济学生产之大则，其影响遂及于伦理学。故现代伦理学上之个人人格独立，与经济学上之个人财产独立，互相证明，其说遂至不可摇动，而社会风纪，物质文明，因此大进。"[3] 而孔子所倡之道德、所垂示之礼教皆其生存时代之旧物，孔子后学以三纲为教，个人无独立性，与现代生活之大则，截然相反。所以说，孔子之道完全不适应现代生活。

《近代西洋教育》（《新青年》第 3 卷第 5 号，1917 年 7 月 1 日）。文中强调，西洋教育远在中国之上，应当虚心学习、借鉴。这自然是他世界化眼光的体现。对西洋教育，他主要指出三点：一为西洋教育是自动的，而非被动的，是启发的，而非灌输的；二为西洋教育是世俗的，而非神圣的，是直观的，而非幻想的；三为西洋教育是全身的，而非单独脑部的。第二点是强调务实，第三点是强调全面发展。第一点最关紧要。陈氏说："西洋近代教育，……自幼稚园以至大学，无一不取启发的教授法，处处体贴学生心理作用，用种种方法启发他的性灵，养成他的自动能力，好叫人类固有的智能得以自由发展。"启发智能，启发性灵，这无疑是强调个性主义，无疑是近代个人主义，或者说个人解放主义的明确表现。

《人生真义》（《新青年》第 4 卷第 2 号，1918 年 2 月 15 日）。

---

[1]　引自任建树主编《陈独秀著作选编》第 1 卷，第 204 页。

[2]　引自任建树主编《陈独秀著作选编》第 1 卷，第 209 页。

[3]　引自任建树主编《陈独秀著作选编》第 1 卷，第 266 页。

在这篇文章中，陈氏以列举的方式讲人生意义的几个主要方面，应当说基本意旨是要阐明个人与社会与群体的关系，以及个人所当追求者何在。他指出："社会的文明幸福是个人造成的，也是个人应该享受的。""社会是个人集成的，除去个人便没有社会。所以，个人的意志和快乐是应该尊重的。"他又指出："执行意志，满足欲望，自食色以至道德的名誉，都是欲望，是个人生存的根本理由。"又说："人生幸福，是人生自身出力造成的，非是上帝所赐，也不是听其自然所能成就的。"[①] 这些说法都是要使人明白，个人的意志、欲望的合理性，以及个人只有依靠自己去造成个人的幸福。这是与中国传统的人生观截然不同的以个性主义为核心的新人生观。

《再质问〈东方杂志〉记者》（《新青年》第 6 卷第 2 号，1919 年 2 月 15 日）。此文批评《东方杂志》记者思想模糊，概念混淆，表面并不反对民主共和，而实际宣扬尊君尊孔、名教纲常。陈氏指出："立宪共和，倘不建筑于国民权利之上，尚有何价值可言？"[②]

实际上，在我们所讨论的这段时间里，陈独秀在《新青年》上发表的数十篇短文，包括随感录、通信等，有很多都谈到上述的主题，而且非常明确而犀利。我们这里所引为例证者，只是一部分而已。

下面我们再看看胡适。

胡适在《新青年》上发表文章，是从第 2 卷第 1 号发表其翻译小说《决斗》开始。但直到 1918 年 1 月的《新青年》第 4 卷第 1 号止，其所发文章除了有关文学革命的文字和翻译小说之外，就是其所作诗词和他的《藏晖室札记》。他的第一篇思想性很强、有影响力的文章是 1918 年 1 月发表在《新青年》第 4 卷第 1 号上的《归国杂感》。胡适说他写这篇文章时，已归国四个月，应是写于

---

① 引自任建树主编《陈独秀著作选编》第 1 卷，第 386 页。

② 引自任建树主编《陈独秀著作选编》第 2 卷，第 40 页。

1917 年的 11 月间。

此文用很大的篇幅谈他归国后的所见所闻，特别是学术界、教育界和出版界的现状，差不多都还是清朝末年他离开祖国时的老样子，他为此而深深感到遗憾。他显然是从世界化的眼光来观察中国的问题。他在谈到学校中的英文教育问题时说："我们学西洋文字，不单是要认得几个洋字，会说几句洋话，我们的目的在于输入西洋的学术思想。所以我以为，中国学校教授西洋文字，应该用一种'一箭射双雕'的方法，把'思想'和'文字'同时并教。"他还深为中国人普遍不爱惜时间、不尊重生命、不尊重人的现象感到难过。

《易卜生主义》（《新青年》第 4 卷第 6 号，1918 年 6 月 15日）。这篇文章曾被誉为"个性解放的宣言"，可见在当时，它曾发挥怎样巨大的影响。

胡适此文的第一要点，是他借易卜生之口，揭露社会势力、社会习惯以及所谓"社会舆论"，怎样压制和排斥，甚至疯狂迫害有独立思想、有真知灼见、主张维新变革的人。[1] 要保护这些有独立思想、有真知灼见、主张维新改革的人，就必须提倡尊重个人、尊重个性。文中说："社会最大的罪恶莫过于摧折个人的个性，不使他自由发展。"[2]

胡适此文的第二要旨，是他在深入理解易卜生主义的核心思想，深入理解西方自由思想的基础上，结合中国的国情，给个性主义提出了一种明确、清晰的界说。他指出："发展个人的个性，须要有两个条件：第一，须使个人有自由意志；第二，须使个人担干系，负责任。"[3] 既然讲个性主义，则自由意志是绝对第一要件。一个人，如果没有自由意志，他就只是别人的工具，别人的奴隶，

---

① 见该文的第二、三、四节，《新青年》第 4 卷第 6 号，1918 年 6 月。

② 引自《胡适文存》卷 4，第 34 页。

③ 引自《胡适文存》卷 4，第 35 页。

别人的玩偶，还有什么个性可言？所以，讲个性主义，第一要强调个人意志自由。一切欲望，一切言论主张，一切行为，皆出自自我，出自个人的自由意志。正因为这些都出自自我，出自个人的自由意志，所以很自然地，个人就必须要对自己的欲望、言论主张和行为负完全的责任。

　　胡适此文的第三要旨，是他揭示出，个性主义与社会进步之间的关系。他指出："社会最爱专制，往往用强力摧折个人的个性，压制个人自由独立的精神。等到个人的个性都消灭了，等到自由独立的精神都完了，社会自身也没有生气了，也不会进步了。"① 他又说："自治的社会，共和的国家，只是要个人有自由选择之权，还要个人对于自己所行所为都负责任。若不如此，决不能造出自己独立的人格。社会国家没有自由独立的人格，如同酒里少了酒曲，面包里少了酵，人身上少了脑筋，那种社会国家决没有改良进步的希望。"② 所以，后来胡适又更加明确地说："自由平等的国家不是一群奴才建造得起来的！"③

　　由上所述，可见胡适这篇文章，确实称得起是"个性解放的宣言"。

　　《贞操问题》（《新青年》第5卷第1号，1918年7月15日）。此文严厉批评文人舞文弄墨，表彰"贞节""烈女""节妇""烈妇"之类的滥调文章乃是"全无心肝的贞操论"，指出："劝人做烈女，罪等于故意杀人"。④ 文章对于号称民国的国家，竟然有褒扬烈女、烈妇之类的法律，认为此种法律"都是野蛮残忍的法律，这种法律，在今日没有存在的地位"。⑤ 胡适提出他自己对于贞操问题的看法。他认为："贞操是男女相待的一种态度，乃是双方交

---

① 引自《胡适文存》卷4，第24页。
② 引自《胡适文存》卷4，第36页。
③ 引自《介绍我自己的思想》，《胡适论学近著》，第635页。
④ 引自《胡适文存》卷4，第65、66页。
⑤ 引自《胡适文存》卷4，第77页。

互的道德"，所以不能单求女子守贞。① 其实，文章的基本立场还是尊重个人，尊重个性，提倡人格独立。女子也是人，但男人统治的社会，实际上并没有把女人真正当作人看待，没有把女子当作有独立人格的人来对待。试问，残害妇女的缠足风俗，片面的贞操论，竟至要求女子自杀从夫，这哪里有一丝一毫独立人格的存在？所以我说，胡适的贞操论，完全是基于他对个性主义的坚持，对人的解放的价值追求。而这又是同他的世界主义的人类共同发展进步的观念分不开的。

《美国的妇人》（《新青年》第5卷第3号，1918年9月5日）。如果说，在《贞操问题》一文中，个性主义的精神还须透过纸背才能看出，那么，《美国的妇人》便是"明火执仗"地鼓吹个性主义的"自立"精神了。胡适说："别国的妇女大概以'良妻贤母'为目的，美国的妇女大概以'自立'为目的。'自立'的意义只是要发展个人的才性，可以不倚赖别人，自己能独立生活，自己能替社会作事。"② 胡适提倡女子解放的目的，就是男女都成为"自立"的个人。"人人都觉得自己是堂堂地一个'人'，有该尽的义务，有可做的事业。有了这些'自立'的男女，自然产生良善的社会。"所以，他认为，"自立"的精神，"其实是善良社会绝不可少的条件"。③

胡适在这篇文章里，不仅阐发了自立的个性主义精神，而且还从一个非常有实践意义的角度阐明了世界化的精神。他说："我们观风问俗的人，第一个大目的在于懂得人家的好处。我们所该学的，也只是人家的长处。……所以我在美国演说中国文化，也只提出我们的长处；如今我在中国演说美国文化，也只注重他们的特别长处。"④ 这是胡适一生都坚守的一项原则，这正是坚持世界化者

---

① 引自《胡适文存》卷4，第75页。
② 引自《胡适文存》卷4，第40—41页。
③ 引自《胡适文存》卷4，第61页。
④ 引自《胡适文存》卷4，第60页。

所应有的胸怀。

《不朽》（《新青年》第 6 卷第 2 号，1919 年 2 月 15 日）。这篇表达胡适一种新人生观的文字，既彰显了他的个性主义，也发挥了他的世界主义，因为他强调个人对历史、对周围世界的责任。

再看高一涵。

高一涵是《青年杂志》创刊时期一位极其重要的作者。他曾在日本留学，习法政，在《甲寅》时期即经常发表文章，故与陈独秀相识甚早。《青年杂志》的创刊，他可能是重要的推动者和支持者。他在《青年杂志》第 1 卷的第 1—6 号，每期都有重要文章发表（第 6 号是翻译文）。下面我们就选其主要的几篇加以论述。

《共和国家与青年之自觉》（《青年杂志》第 1 卷第 1、2、3 号连载，1915 年 9 月 15 日、10 月 15 日、11 月 15 日）。文章强调，青年须了解共和国家的本质，指出："共和国家其第一要义，即在致人民之心思才力各得其所。所谓各得其所者，即人人各适己事而不碍他人之各适己事也。"他要求"青年立志，要当纵横一世，独立不羁，而以移风易俗自任"。他更强调说："共和国家之本质，既基于小己之言论自由。"① 如此强调个人自由，这是个性主义之表现于政治上必有之义。

高氏将共和时代之道德，归结为自利利他主义。而这种自利利他主义"必以小己主义为始基"，即以个人为出发点。他认为，作为"共和国民"的个人，应是"以国家为凭借之资，由之以求小己之归宿"，亦即在国家的保障之下，"得以自力发展其天性，进求夫人道之完全"。他以个性主义来澄清个人与国家之间的真实关系，实言人所未曾言者。他又从此出发，揭示中国政治社会落后的原因。他说："吾国数千年文明停滞之大原因，即在此小己主义之不发达一点。"他相信："一己之天性完全发展，即社会之一员完

---

① 本段引文，皆见《青年杂志》第 1 卷第 1 号，1915 年 9 月。

全独立，积人而群，积群而国，则安固强盛之国家即自其本根建起"。① 这种说法与西方自由主义大师们的思想是完全相契合的。

《一九一七年豫想之革命》（《新青年》第 2 卷第 5 号，1917 年 1 月 1 日）。此文批判专制主义之变种，所谓"贤人政治"。他指出，往岁之革命，在形式；今岁之革命，在精神。精神之革命，在求精神之独立，思想之解放。故他说："人群进化之原动力，宜万而不宜一；宜互竞于平衡，而不宜统摄于一尊。"因此他又进而提出："教育主义隶属于专制思想而下，则群众之心灵泪没，而进化之机息矣。"他再次强调："国家惟一之职务，在立于万民之后，破除自由之阻力，鼓舞自动之机能，以条理其抵牾，防止其侵越，于国法上公认人民之政治人格，明许人民自由之权利。此为国家唯一之职务，亦即所以存在之真因。"② 所以，任何人，包括国家，都不得束缚人群之思想自由。

《读弥尔的自由论》（《新青年》第 4 卷第 3 号，1918 年 3 月 15 日）。高一涵把弥尔的《论自由》归结于"反对好同恶异"和"任人人之自择"两条基本原则，大体上是恰当的。在弥尔那里，个人之自由远比平等更重要。他坚决反对以所谓多数的习俗与多数的舆论，来压制个人或少数人自由地表达其意见。

《非"君师主义"》（《新青年》第 5 卷第 6 号，1918 年 12 月 15 日）。高氏针对北洋政府大总统所颁的提倡道德的命令，发表感想谓，民国本应脱离中世纪的政教合一，总统不应还是"身兼天地君亲师之众责"；总统只是人民公仆，人民是主人。"主人的道德须由主人自己培养，不能听人指挥，养成奴性道德。""道德必须由我们自己修养，以我们自己的良知为标准，国家是不能攒入精神界去干涉我们的。"中国作为共和国家而出现总统命令干预道德，是因为"单换一块共和国招牌，而店中所卖的，还是那些皇

---

① 本段引文，见《青年杂志》第 1 卷第 2 号，1915 年 10 月。

② 本段引文，见《新青年》第 2 卷第 5 号，1917 年 1 月。

帝'御用'的旧货"。作者的指向很明显是提倡思想革命，使人们都自觉自己的主人地位，彻底摆脱奴性的精神羁绊。

其他如李大钊、鲁迅、陶孟和等，在《新青年》上所发表的文章，也有明确揄扬个性主义和世界化的内容。如李大钊的《青春》（他有不少重要文章发表在《甲寅》日刊、《言治》季刊、《晨钟报》等报刊上），鲁迅的《我之节烈观》，还有他的许多小说作品，也充溢着鼓舞青年自立、奋进的个性主义精神。陶孟和的《女子问题》《我们政治的生命》，也是大力批判旧的专制时代遗留下来的旧制度、旧道德、旧风俗、旧习惯，提倡自主、自立的新国民精神。

由上可见，《新青年》的作者所最为关注的，第一是呼唤国民的自觉，养成独立、自主、自尊的人格，去除奴性的遗毒，使人的个性得以解放，而从个人与国家的关系上阐明个人应有的地位，直接将个性主义同民主政治的能否落实联系起来。这一点尤其值得注意。第二是要人们睁眼看世界，知所进取，造成一个"世界的国家"，使中国成为一个有资格立于 20 世纪的真正民主共和国。

三 青年界之反响

《新青年》的主要作者，亦即新文化运动的领袖们所着意传播的新思想、新观念，即个性主义与世界化的意识，在青年中引起怎样的反响呢？或者说，受到《新青年》思想影响的一代新青年，是怎样接受这些观念，摆脱旧思想的羁绊，走上改造自我、改造社会的新舞台的？

我们前面论述《新青年》的主要作者阐扬他们的新思想、新观念时，主要考察他们在五四运动爆发之前的作品。现在我们考察，青年们在他们的新思想、新观念影响下做何反响时，就不能不把考察的时间段适当后延，延到五四运动爆发后一段时间。因为，一种新思想、新观念，对受众发生影响，需要一段吸收、容受以至发酵的过程。我常说，五四运动就其思想、观念层面说，是新文化运动，亦即《新青年》为代表的新思想、新观念在青年中发酵的结果。

我们首先看到的是，《新青年》的读者们，受该杂志的感发，出黑暗而见光明，产生奋然进取、自觉并进而觉他人的责任心。例如湖南学生舒新城表示："迭读嘉言谠论，心焉向往，振聋启聩。……新城不敏，愿提倡社会服务于青年界，冀成风尚，以改良社会。"① 又如山东学生王统照说："贵志出版以来，宏旨精论，夙所钦佩，凡我青年，宜手一编，以为读书之一助，而稍求其所谓世界之新学问、新知识者，且可得借知先知先觉之责任于万一也。"② 青年读者顾克刚表示："及今春一读大志，如当头受一棒喝，恍然悟青年之价值，西法之效用，腐旧之当废，新鲜之当迎。于是连续购读，如病者之吸收新鲜空气，必将浊气吐出。迄今虽不能如先生所云之完全新青年，然自认确能扫除往日脑中之旧式思想。"③ 武昌中华大学中学部新声社（其负责人是恽代英）致信给《新青年》编者说："我们素来的生活是在混沌的里面，自从看了《新青年》，渐渐的醒悟过来，真是像在黑暗的地方见了曙光一样。我们对于做《新青年》的诸位先生，实在是表不尽的感谢了。我们既然得了这个觉悟，但是看见我们的朋友还有许多都在黑暗沉沉的地狱里生活，真是可怜到万分了。所以我们'不揣愚陋'，就发了个大愿，要做那'自觉觉人'的事业，于是就办了个《新声》。"④

我觉得，这里引述的几条材料是具有代表性的。《新青年》给他们打开了一个新世界。他们被唤醒，他们产生了理想，起了向前进取之心。

---

① 见《新青年》第 2 卷第 1 号，1916 年 9 月，"通信"。
② 见《新青年》第 2 卷第 4 号，1916 年 12 月，"通信"。
③ 见《新青年》第 2 卷第 5 号，1917 年 1 月，"通信"。
④ 见《新青年》第 6 卷第 3 号，1919 年 3 月，"通信"。

他们的理想是什么？他们向前进取的目标是什么？这要看他们从《新青年》那里主要吸收了一些什么东西？据我的观察，他们主要接受的，就是前面我们所引证的，《新青年》的主要作者们，所着意阐扬的个性主义与世界化的新观念。

著名作家茅盾曾回忆说："（五四）那时候我主张的新思想只是'个性之解放''人格独立'等等资产阶级民主主义的东西。"①这是茅盾后来回忆时的说法。五四时期的青年们当时的说法，其表达方式是不很相同的，但其意义指向，还是比较一致的。

例如，一位叫孔昭铭的青年在读了《新青年》之后感慨道："仆以为今日中国之社会之政治，信堕落腐败矣。然积人存国，我固社会中之一分子，人人苟能标榜个体改良主义，积极进行，互事劝勉，积之既久，安知他日之中国，不朝气光融，欣欣向上耶？故仆年来颇确守'个人与社会宣战主义'。"②这里虽没有个性主义的字样，然其追求个性解放的豪气跃然纸上。又如，当年在湖北武昌早于1917年10月就有互助社的组织，在它的影响下，又有许多小团体产生。其中有一个叫日新社，它发表一篇《自励词》，说道："我不是来瞎混的，我也不是来乱闹的，我确是来求学问、讲道德，把我自己弄成一个顶好的人。"③通过求学问、讲道德，把自己弄成一个顶好的人，这正是个性主义的必然追求。又如，新民学会的会员蔡和森给毛泽东的信上说："吾人之穷极目的，惟在冲决世界之层层网罗，造出自由之人格，自由之地位，自由之事功。"④又如《浙江新潮》的发刊词中说，人类怎样能够得"生活的幸福

---

① 《茅盾回忆五四前后的思想和文学活动》，中国社会科学院近代史研究所编：《五四运动回忆录》（上），中国社会科学出版社1979年版，第201页。

② 见《新青年》第2卷第4号，1916年12月，"通信"。

③ 见张允侯等编·《五四时期的社团》（1），生活·读书·新知三联书店1979年版，第140页。

④ 《蔡彬彬的信》（1919年7月24日），张允侯等编：《五四时期的社团》（1），第17页。

和进化"呢？他们自己回答说，要达到这种目的，必须有三个条件，而其第一条就是自由，并解释说，自由"就是我的思想、感情、言语、动作，都要凭着我的自身；我只受我良心的支配，不受我以外的种种羁缚"。① 《〈新潮〉发刊旨趣书》中所说的"造成战胜社会之人格，不为社会所战胜之人格"，也同样是揄扬个性的意思。一个化名"宏图"的青年发表一篇《平民教育谈》，其中说道："平民教育第一个宗旨，是要人民都有独立的人格。所以其教育的方法首在发展儿童的本能，尊重儿童的个性。"② 河南省第二中学学生组织的青年学会发表其宗旨称："青年学会的宗旨是：发展个性的本能；研究真实的学问；养成青年的真精神。"③ 《浙江第一中学校学生自治会半月刊发刊词》中说："自从今天起，学生拿自己管束自己，尊重个人的人格，发展个人的本能。凡一切言行举动，凭天职做去，统出于自然轨范，毫不勉勉强强的。总之处自动地位，不处于被动地位。扫去旧日陈腐的习惯，改造出一种异彩夺目的新花样。"④

我们都知道，个性主义所追求的是人——每一个个人——的解放，所以女子的解放、男女平等自然是题中必有之义。《新青年》的个性主义也感召了当时的青年女子，她们读过《新青年》后，也奋然兴起，发出自我的声音。前一章里我们曾引证一个化名"晔"的女青年写信给陈独秀，表达自己醒悟到"女子之人格"的情形。这里再引证一位用英文署名 Miss N. U. Mou 的女青年致信《新青年》的诸位编者所说的话，她说："你们所编的《新青年》，我是十分欢喜读的，我自去秋读起，直到现在，觉得增了许多智

---

① 中共中央马恩列斯著作编译局研究室编著《五四时期期刊介绍》第 2 集下册，生活·读书·新知三联书店 1959 年版，第 587 页。

② 宏图：《平民教育谈》，张允侯等编：《五四时期的社团》（3），第 19 页。

③ 《青年学会的宗旨》，张允侯等编：《五四时期的社团》（3），第 101 页。

④ 《浙江第一中学校学生自治会半月刊发刊词》，《五四时期期刊介绍》第 2 集下册，第 599 页。

识。此乃诸君之所赐也。我是一个女学生，所以我要同诸君讨论点女子问题，……我自愧智识浅陋，眼界狭小，每欲有所发挥，辄恐不当。……我想做一新女子！并使他人也做新女子！但是我的新女子，不是现在一辈轻薄的女学生，假自由、平等的好名辞，以行他的邪僻、淫乱的意思。我的新女子，乃要合着二十世纪新潮流的趋势！除去四千余年玩物的名字，及免终身做男子的婢女，享国家平等的幸福。"接着她谈到自律和自励的几条："（1）学他们西洋女子的志趣高尚，学识充足，以至能够自立（我的自立并非一定要独身主义，乃能以相当的才力，对于社会上有效用的意思）；（2）要明白世界的大势；（3）对于我们自己的国家有何等责任。"[①]

从上面所引证的材料，我们看到，新文化运动中的青年男女们，在《新青年》的主要作者，亦即新文化运动的领袖们所传递的新思想、新观念的启发下，如何热烈地追求个性解放，如何想望使自己成为一个独立的，有自由意志的，能够自主、自择地为社会、国家的进步贡献力量的人。从此也可见，那时候的青年男女，从他们的导师那里接受过来的个性主义的新思想、新观念是纯洁而健全的。他们所要的，只是"把我自己弄成一个顶好的人"；[②] 只是追求"人人苟能标榜个体改良主义，积极进行，互事劝勉，积之既久，安知他日之中国，不朝气光融，欣欣向上耶？"[③]

可见，那种攻击个性主义是废弃道德、人欲横流的指责纯属无稽之谈。

《新青年》所传递的世界化的新思想、新观念，在当时的青年界，也同样引起了相当的反响，这也同当时中国所处的国际环境，或者说，与当时的世界大势有密切的关系。著名的少年中国学会一位主要的组织者王光祈说："世界潮流排山倒海直向东方而来，中

---

① 见耿云志主编《胡适遗稿及秘藏书信》第 24 册，黄山书社 1994 年版，第 647—649 页。

② 张允侯等编：《五四时期的社团》（1），第 140 页。

③ 《新青年》第 2 卷第 4 号，1916 年 12 月，"通信"。

国青年受此深刻刺激，顿成一种不安之象，对于旧社会、旧家庭、旧信仰、旧组织以及一切旧制度，处处皆在怀疑，时时皆思改造，万口同声的要求一个'新生活'。"① 在世界潮流冲击之下，原有的思想观念动摇了，新的思想观念便容易被接受。当时在北京大学读书的张崧年写信给《新青年》的编者说："居今讲学，宜以能与世界学者共论一堂为期。苟不知人之造诣，何由与人共论？今之世界所谓大通之世，处斯时世，倘欲有所树立，必应受世界教育，得世界知识，有世界眼光，具世界怀抱，并令身亲种种世界事业。"② 这已是很清晰的世界化的观念。傅斯年所写的《〈新潮〉发刊旨趣书》明确提出："同人等以为国人所宜最先知者有四事：第一，今日世界文化至于若何阶级？第二，现代思潮本何趣向而行？第三，中国情状去现代思潮辽阔之度如何？第四，以何方术纳中国于思潮之轨？持此四者刻刻在心，然后可云对于本国学术之地位有自觉心，然后可以渐渐导引此'块然独存'之中国同浴于世界文化之流也。"③ 坚认中国应"同浴于世界文化之流"，这是当时被唤醒的一代青年很可宝贵的觉悟。事实证明，近代以来，中国凡较开放的时期，凡多少表现出一点愿意"同浴于世界文化之流"的时候，中国的进步与发展便快些；相反，则会停滞，甚至倒退。有这种觉悟的青年实在很多。例如《少年世界》的发刊词说："全世界的事业和一切待解决的问题，应由全世界的少年采'包办主义'。我们既是世界少年团体的一个，所以把它标出来，以表明中国青年要与各国青年共同负改造世界的责任。"④《北京大学学生周刊》的发刊词说："中国是世界的单位，所以不能不和世界的潮流，同其步骤。"⑤《湘潮》特刊号的发刊词在谈到"研究社会的解放与改造"

① 王光祈：《工读互助团》，张允侯等编：《五四时期的社团》（2），第369页。
② 《新青年》第5卷第4号，1918年10月，"通信"栏之"劝读杂志"。
③ 《新潮》第1卷第1号，1919年1月。
④ 《五四时期期刊介绍》第1集下册，第403页。
⑤ 《五四时期期刊介绍》第2集下册，第560页。

的问题时说："现在世界的制度，一日一日的文明，人类的思想，也一天一天的彻底，现在什么'人道''意志自由''平等''互助''提倡劳工''打破私产''女子解放'的声浪，唱得高入青云，研究这些问题的思想文字，也如雨后春笋一般的发生了。这是文化进步一种大变革，我们既是人类的一部分，总应该设法去应付这种潮流，细心去研究适应环境的方法。……所以我们救湘救国以外，也还应注意到人类社会的问题——迎合世界潮流，应付环境的重要问题。"① 当时所讲的世界潮流、世界文化，其实都是指的西方的潮流，西方的文化。一些保守的人，对于西方的文化，始终有些抗拒。他们有一种根深蒂固的观念，以为若论物质文化中国或不如西方，但若论起精神文化来，中国是最好的。他们完全不了解西方的真实情况。只有真的了解西方文化，才能加以比较，才能知道人家的进步和我们自己的不足。这样，才有可能产生"同浴于世界文化之流"的觉悟。傅斯年在答余斐山的信中说："人类文明的进化，有一步一步的阶级，西洋文化比起中国文化来，实在是先了几步，我们只是崇拜进于我们的文化。我们的文化也是人类进步上的一种阶级，他们的文化也是人类进步上的一种阶级，不过他们比我们更进一步，我们须得赶他。"② 要追赶世界先进的东西，必须努力去了解，必须大力翻译介绍外部世界的东西。有许多青年写信给《新青年》的编者，请教阅读西书方面的指导意见。而当时不少报刊都把"灌输世界新思潮"，③ 作为自己的主要宗旨。

　　青年们被世界化的新观念鼓动起来之后，有时表现出比较急激的追求世界化的情形，例如他们对于世界语的态度。世界语的问题，最早在中文世界里加以提倡的是清末无政府主义者办的《新世纪》杂志，但当时响应者不多。到了新文化运动时期，因有一

---

① 《五四时期期刊介绍》第 2 集下册，第 576 页。
② 《新潮》第 1 卷第 3 号，1919 年 3 月，"通信"。
③ 《觉悟的宣言》，《五四时期期刊介绍》第 1 集下册，第 416 页。

部分《新青年》的编者参与提倡和鼓吹世界语，例如陈独秀、钱玄同、鲁迅、周作人等，于是，一些青年以为得着可以推进世界化的捷径，也跟着大力宣扬世界语。如黄凌霜、区声白、胡天有、姚寄人、周祜等都先后在《新青年》上发表意见，拥护在中国推广世界语，大赞世界语的种种好处，乃至赞同钱玄同废弃汉字的主张。① 当时《新青年》诸编者中，只有胡适、陶孟和等少数人明确地不赞成推行世界语的主张，他们无疑是比较理性、稳健的一派。钱玄同等人的主张明显地不切实际。我在这里提起此事，是为了说明，世界化的观念在当时的青年中确有很大的反响，尽管有些是不够健全的。

世界化，绝不是拿某种所谓"世界的文化"来取代我们固有的文化，而只是提倡一种健全的文化心态，用开放的眼光看世界，与世界各民族、各国家在文化上建立起一种良性的互动关系，从而既可以无障碍地学习别人的好东西，也可以无障碍地将自己的好东西贡献于世界。这是谋求人类共同的进步与发展，或者说，是在人类共同进步发展中实现自己的进步与发展。

世界化与个性主义，是近代文化发展的两个根本趋势。清末以来有极少数先觉者逐渐对此有所认识，但直到第一次世界大战和新文化运动起来，由一批先觉者，引领差不多一代青年之有觉悟者，循着这两个根本趋势，努力奋斗。他们有的参加了革命，有的投身各种社会事业，其中不乏佼佼者。当然，无论在个性主义的问题上，还是在世界化的问题上，都曾出现某些负面的现象，这是不足怪的。农民播撒到地下的种子，长出来的，不一定都是好苗；工人按同一图纸生产出来的产品，不一定都是上品。海涅曾说："我播下的是龙种，收获来的却是跳蚤。"这是没有办法的事。我们不应当因为有某些负面现象，就否定整个进步发展的大潮流。

---

① 见《新青年》第 5 卷第 2、5 号（1918 年 8、10 月）及第 6 卷第 1、2 号（1919 年 1、2 月）之"通信"。

第 五 章

五四运动与新文化运动的迅猛扩展

五四运动本身因政治问题而起，事关国家主权，民族兴衰，因而使人民普遍被动员起来。而在其中起着引导和联络作用的是在新文化运动中被唤起的青年学生，于是新文化运动的种种新思想新观念也就被带到各地、各行业、各阶层的人民群众中。新文化运动借了五四运动的东风，如潮水般地涌向各地、各行业、各阶层，迅猛地发展起来。

一 第一次世界大战与俄国革命对中国思想界的影响

（一）中国参战与否的抉择

1914 年欧洲爆发战争，列强为争夺利益陆续加入对立的两方，一方为发动战争的德国及奥地利、土耳其等国，称为同盟国；一方为法、英以及后加入的美、日等国，称为协约国。1917 年 2 月初，德国宣布其"潜艇政策"，要封锁国际航道，威胁中立国商轮的安全，随后接连发生击毁中立国商轮事件。中国始出现要求对德国反人道的"潜艇政策"提出抗议的呼声，在此基础上又陆续提出对德断交以至对德宣战的主张。这其中有外国政府进行游说、劝促所起的作用。

当时，于内政外交都很乏力的北京政府，内部矛盾重重，表现于对德政策上，意见分歧，难以决策。就政府官员和一般政治派别的代表人物而言，无论主张抗议、断交乃至宣战的，还是反对抗议，或止于抗议而反对断交，更反对参战的，都不免有为自己或自己一派的权利的考量，但也都在一定程度上考虑到世界趋势与中国生存环境的变化。

当时主持中央政府的段祺瑞等人主张加入协约国参战。他们公开的理由是，参战可撤免对德、奥的庚子赔款，暂缓交付协约国各国的赔款；可修订增加关税；可修改《辛丑条约》，收回部分主权。他们声称，战后必可提升中国的国际地位。[①]

当时在野政治家积极主张参战的代表人物是梁启超。他认为，对德、奥，对协约国各取何种态度，是中国外交面临必须抉择的大问题，必不容回避。他说，从公法、从人道上说，作为立于世界之林的国家，对德国无视中立国人民生命财产安全之"潜艇政策"不能置之不问。从中国国际地位上说，当世界发生影响及于各国的大事件，不能不结与国并取同进退的方针。否则，无论事件如何结果，中国必限于孤立无援之境。所以，梁氏说，当前所面临的抉择，"其根本义乃在因应世界大势而为我国家熟筹将来所以自处之途"。他并且具体指出，熟筹之法，"从积极进取方面言之，非乘此时有所自表见，不足以奋进以求厕身于国际团体之林。从消极维持现状言之，非与周遭关系密切之国同其利害，不复能蒙均势之庇"。[②] 梁氏指出："中国国民可谓数千来年未有国际之生活。自海

---

① 参见王芸生《六十年来中国与日本》第 7 卷，生活·读书·新知三联书店 2005 年版，第 88—89 页。

② 梁启超：《外交方针质言（参战问题）》，《饮冰室合集·文集之三十五》，第 4—5 页。

禁开后，始有国际外交之可言。"① 而"我国自海通以来，虽亦与各国使节往还，然一切皆自甘处于被动之地位，非受缠扰受压迫至无可奈何，决不肯与人开襟抱以相交际"。中国人还有一种偏见，认为"弱国无外交"。梁氏批评道："吾以为不然。强国可以兵力增高其国际之地位；弱国舍利用外交机会外，更无术以增高其国际之地位。"他并举德、日由弱国而渐成强国的历史以为证明。梁氏此见，甚为可贵。他说，弱国开展外交必须善于把握机会，过去由于受"弱国无外交"之谬见的影响，"十余年来予我以可乘之机正已不少，惜乎机屡当前而我屡逸之耳"。他指出，当前对德方针的抉择，就是中国展开外交的好机会，既可明示维护公理、道义之立场，复可因此"一举而获六七强以为之友，此后若能善因应之，则国家对外之关系，遂廓然开一新局"。梁氏自称，这是他"主持参战之根本理由"。②

当时反对派主张集中在两点上，一是认为某些当权者"借外交为内争，以觊觎大利"。③ 这主要是指，当局借参战大借外债，广购军火，以增强实力，用以镇压反对势力。他们有此种担心是完全可以理解的。二是认为参战会引起内乱，如排外事件之蜂起，回民反叛（当时土耳其立于德奥一方，而土为回教国家），以及因大量输出物资以援欧，引起国内贫民之暴动等。④

综观两造之言论主张，基本上，主参战者是从国际上、从外交上立言，而反对参战者是从内政上立言。

---

① 梁启超：《在国民外交后援会成立大会之演说》，原载《大公报》1917 年 3 月 4—6 日，引自夏晓虹辑《〈饮冰室合集〉集外文》中册，北京大学出版社 2005 年版，第 698 页。

② 以上引文，见梁启超《外交方针质言（参战问题）》，《饮冰室合集·文集之三十五》，第 5—7 页。

③ 《致各省省长、督军、各省商会等电》，姜义华、张荣华编校：《康有为全集》第 10 集，第 365 页。

④ 见《致北京参议院众议院电》《致英国首相劳合·乔治电》及《中国存亡问题》，《孙中山全集》第 4 卷，中华书局 1985 年版，第 18—20、39—99 页。

其实，当时所面对的问题，基本上就是一个外交问题，不是战争与和平的选择，也不是内政与外交孰轻孰重的选择。当时主张参战者都明确，中国不会实际派遣军队出征，最多出些人力物力以为支援。而那些希望和劝促中国参战的国家，也没有指望中国出兵参战，主要是看重中国的人力物力资源可以利用。中国之主张参战者，希望借此机会能够解决一向期待而一直无法解决的一些涉及中国主权的外交问题，即前面提到的诸如赔款问题、关税问题及其他主权问题等。当时中国驻美公使，最活跃、最有眼光的外交家顾维钧还提到，因日本悍然出兵占领原属德国占据的中国山东青岛一带地方，为使这一问题战后获得解决，"中国必须参加协约国"。① 可惜，顾维钧以及所有主张参战者，甚至包括积极劝促中国参战的美国政府都不知道，日本已与英、法、俄等协约国达成秘密谅解，战后承认日本在中国山东的权益。

这次对德外交和参战与否的争论，是中国人第一次就关系自身利益和国际地位问题主动进行抉择。最终决定参战，从客观上说，从后来局势的发展演变来看，这种选择是利多于弊。而最重要的是，它是中国第一次采取主动的积极进取的姿态参与国际事务。这说明中国人的世界化观念有了决定性的进步。

（二）大战前后欧洲思想界的变化

这次大战无疑是一场浩劫，不仅仅是物质上的浩劫，而且引起思想界巨大震荡并导致裂变。这种变化自然不仅是在战争的几年时间发生的。斯宾格勒的《西方的没落》早在大战前即开始写作，并在战争结束前出版。应该说，欧洲思想界的变化早在19世纪晚期即已开始。

欧洲的哲学思想，从柏拉图到黑格尔，一直存在着一种很有力

---

① 《顾维钧回忆录》第1分册，中国社会科学院近代史研究所译，中华书局1985年版，第152页。

的理性主义传统。有人说，黑格尔是这种理性主义哲学思想的集大成者。理性主义认为感觉、感情都是不可靠的，只有理性才能帮助我们认知事物，指导我们的行动，到达我们所期待的目标。伴随着理性主义的，是对自然探索的极大兴趣。四五百年的时间里，科学知识有巨大的进步，有无数的发现和发明，更增加了人们对理性的自信；对于自然界，几乎以为可以无所不知，可以无限索取。这又不可避免地鼓励起人们对物质的欲望。黑格尔曾说，绝对精神一旦过于陷入琐碎的实际事物中，它就会迷失自身。人们一旦太忙碌于实践，其精神生活必然降低。在黑格尔之后，怀疑主义、意志主义、直觉主义等终于再度兴起，哲学家更加关注感觉、感情的作用。叔本华的唯意志论、尼采的超人哲学、柏格森的直觉主义等，代表了这种哲学的新趋向。叔本华认为不是理性，而是意志才真正具有创造力。尼采认为，不受任何外在的束缚，不受他人评价的影响，完全自主自由地创造，这才是真正自由的人，就是超人。柏格森则认为，人的本能是直觉，只有直觉才能引向生命的深处，才能展现生命的力量，才能做创造的活动，才会有鲜活的世界。这就是他所谓的"创造进化论"。

　　第一次世界大战的浩劫，使人们的思想发生剧烈的转折。因为这场战争"动摇了欧洲人生活与思想的基础"，"相信这场战争粉碎了人类对自己的价值的信仰以及对世界的理性结构的信仰"，显现出"一个文化时代正在瓦解"。[①] 过去认为确定不疑的东西，现在都有疑问了；理性所认知的外在世界不再令人满意。人们转而诉诸内在，诉诸内心。于是主观主义、怀疑主义、直觉主义代替了理性主义、客观主义，进入"历史上第一个不承认过去的东西可以充当现在的标准的时代"，一个被尼采预言过的"重新估量一切价值"的时代。[②]

---

　　① 〔美〕富兰克林·鲍默：《西方近代思想史》，李日章译，台北，联经出版公司1988年版，第480、481页。

　　② 〔美〕富兰克林·鲍默：《西方近代思想史》，第478、479页。

应当承认，这种主观主义、怀疑主义、直觉主义一度成为大战后欧洲乃至西方世界的主流思潮。但两千多年的理性主义传统也绝不是可以一朝毁灭的。科学、理性、实证知识等，仍然是人们不能舍弃不用的。孔德的实证主义，罗素的逻辑实证主义，杜威的实用主义或实验主义，好像有意要与上述种种非理性主义相竞争似的，在相当一部分人中保持着强大的影响。正当欧洲到处散发着悲观、怀疑，甚至颓唐的情绪时，有一批思想家和学者纷纷撰文，批评悲观主义与怀疑主义，坚定相信人类理性的力量，相信人类的前程是光明的。[①]

（三）俄国革命

欧洲在大战期间，尤其是在大战后，社会主义思潮与社会主义运动有很大的发展。自 1848 年前后的欧洲革命运动高潮起，社会主义思想和运动就登上了欧洲的政治舞台，先后成立第一国际和第二国际，努力把各国的社会主义运动、工人运动联合起来。自从俄国布尔什维克领导的革命发展起来，第二国际趋于分裂。十月革命后不久（1919 年），俄国共产党主持建立起第三国际，它成了以后多年世界革命运动的指导中心。

在大战期间，由于工人的力量得到显现，社会主义运动和工人运动都有明显的发展和壮大，在对前途一片悲观的气氛中，社会主义也被许多人看成可供选择的解决社会危机的方案之一。不过，各阶级、各阶层的代表人物，都是按照他们自己的立场来理解社会主义，所以有各种各样的社会主义思潮出现，如科学社会主义、工团社会主义、基督教社会主义、基尔特社会主义、无政府主义等。

俄国是参战的协约国集团重要国家之一。沙皇统治下的俄国，其国内政治状况相当严峻，官员腐败，政府无能，沙皇本人也是个昏聩无能的人。这样一个国家，这样一个政府，竟在支撑着一场力

---

① 见〔美〕俾尔德编《人类的前程》，于熙俭译，商务印书馆 1947 年版。

不能及的战争。军队指挥不力，组织混乱，军无斗志，后勤匮乏，连连惨败。种种迹象表明，俄国已无力继续参与战争。其时，城市、乡村也为种种矛盾搅得混乱不堪，饥民遍地，人人厌战。在这种情况下，已失去民心的沙皇政府，于1917年3月（俄历二月）被轻而易举地推翻，临时政府成立。但临时政府完全不了解外部形势，更不了解国内民心所向，仍然撑着继续进行战争，这使人民大失所望。原属社会革命党之左派，又称多数派，即所谓布尔什维克，充分利用工农兵代表苏维埃这种组织，并利用人民对临时政府的极度失望和对和平的渴望，做了充分动员，于是又轻而易举地推翻了临时政府。这一起义行动发生在11月7日，是俄历的十月，所以又称为"十月革命"。布尔什维克一方面发布了颇得民心的土地与工厂的政策，同时又宣布立即停止战争，赢得和平。这些能够满足人民最基本愿望的政策，使布尔什维克政权在极端险峻的内外环境下站住了脚。

　　值得注意的是，俄国二月革命的消息传到中国之后，在报刊上很快出现比较热烈的反应。而十月革命，除了一些报纸和极个别刊物，大多数报刊却过了相当一段时间，才反映出来。我们就以这个时期，在思想界最抢眼的《新青年》杂志为例。俄国二月革命发生后，当年4月1日出版的《新青年》第3卷第2号上，陈独秀就发表了《俄罗斯革命与我国民之觉悟》一文。文中说道："俄罗斯之革命，非徒革俄国皇室之命，乃以革世界君主主义、侵略主义之命也。吾祝其成功。"① 在同期杂志上，还有以记者名义发表的《俄罗斯大革命》《俄罗斯新政府之设施》《俄国新政府之改组》《俄国骚乱与内阁更迭》等四篇文章。这时距二月革命仅仅一个多月而已。但十月革命发生后，《新青年》直到一年之后，于1918年11月出版的第5卷第5号上，才发表李大钊所写的《BOLSHEVLSM的胜利》一文。两次革命在中国一部分最富进取心

---

　　① 《俄罗斯革命与我国民之觉悟》，任建树主编：《陈独秀著作选编》第1卷，第323页。

的知识分子圈内引起反应之迟速竟有如此大的差别，我以为，主要是因为，中国人对俄国情况的了解是通过西方国家的媒体，而西方媒体对二月革命几乎是无保留的欢迎，而对十月革命却有相当的抵触。他们不可能对下层工农兵代表拥护的布尔什维克政府有好感，尤其憎恶该政府断然退出协约国，与德国单独媾和。所以，他们的媒体不可能对这场革命及其所产生的政权有什么热烈的反应。但已经燃烧起来的火光是不可能一直被遮蔽的，大约一年后，中国的先觉分子们终于做出了很有深度的反应。

（四）大战前后中国社会的变化

　　欧战期间，中国社会虽然经历过袁世凯的复辟与反复辟的护国战争，但大部分时间还算相对安定。这期间，列强忙于战争，中国的民族资本因外部压力减小，而为投资民族工业提供了较好的机会。由此，资本积累有所增加，民族工业有所发展。据统计，在民国北京政府注册的工商企业，1914 年为 89 家，到 1919 年为 104 家，累计达 582 家。注册的资本额，1914 年为 2450 余万元，1918 年为 11830 余万元，到 1921 年累计总额达到 32182 万余元。城市工商业的发展势必带来城市人口的增加。关于城市人口的变化，尚未见统计资料，但我们有不很精确的工人数量增加的数据。有人估计，1913 年全国工人数量约为 50 万—60 万人，[1] 另有一种估计则为 117 万余人。[2] 两者差距太大，或许实际数量是在两种估计之间。到欧战结束后的 1919 年，中国工人数量有很大的增加。有三种不同的估计数字：刘立凯、王真估计，1919 年全国工人数量约为 260 万人；张宗仁估计，约为 190 万人；法国研究中国问题的专家谢诺估计，约为 149 万人。三者差距也很大，实际数量或在 190

---

　　[1]　见汪敬虞编《中国近代工业史资料》第 2 辑，科学出版社 1957 年版，第 38—39 页。

　　[2]　见刘明逵编《中国工人阶级历史状况（1840—1949）》第 1 卷第 1 册，中央党校出版社 1985 年版，第 89 页。

万左右。这只是工人数量的变化，此外其他进入城市生活的人口，如从事工商业、各种服务业、教育、文化事业等领域的人也必然有大幅度的增加。城市居民的生活方式与农村居民的生活方式迥然不同，他们的物质生活与精神生活的需要和满足这些需要的方式，都与农民有很大不同。为适应城市人口数量大幅的增加，相应的，各种服务业、教育事业、文化事业，包括新闻出版等项事业也必然得到相应的发展。我们只以教育与报刊发行为例，即可说明一般。据不完全统计，从 1914 年到 1919 年，全国新创报刊有 840 多种。虽然有许多报刊寿命很短，但这个数量还是足以说明，中国社会思想与文化的发展活跃状况。

教育方面，在第一次世界大战前后，亦获得明显进步。据不很精确的统计，全国初级学校（指小学，包括初等小学与高等小学）1913 年在校学生为 279 万余人；到 1919 年，这个数字增加至 484 万余人，[①] 增加了 73.5%。而据袁希涛的统计，1919—1920 学年度在校学生是 572 万余人，[②] 增加了 105%。中等教育，有人统计，1915 年全国中等学校在校学生为 69770 人，[③] 另据统计，1920 年时，中学在校学生达到 132432 人，[④] 增加了将近 90%。高等教育缺乏比较可靠的统计和比较的资料。我们只知道大战前，全国只有三所国立大学，到 1921 年，增加了两所。私立大学及外国人所办教会大学，则战后有较多的增加。到 1921 年，全国专科以上学校在校学生有 25948 人，海外留学生达 2184 人。[⑤]

以上所引都是在校学生数字，如果估计一下，截止到大战结束

---

① 见舒新城编《中国近代教育史资料》上册，人民教育出版社 1961 年版，第 368、383 页。

② 见袁希涛《五十年来中国之初等教育》，载申报馆编《最近之五十年》，上海书店出版社 1987 年影印本，无统编页码，下同。

③ 见廖世承《五十年来中国之中学教育》，载申报馆编《最近之五十年》。

④ 见舒新城《中国近代教育史资料》上册，第 377 页。

⑤ 见郭秉文《五十年来中国之高等教育》，载申报馆编《最近之五十年》。

的 1918 年底或 1919 年，中国受过新教育的人数必然更多。正是这些受过新教育的人，特别是受过中等以上教育，有较好的阅读能力和思考能力的人，他们中的大多数，成为战后接受、传播从海外引进来的各种新思想的担当者。

（五）战后至五四前夕的中国思想界

历史常常会有某些奇怪的巧合，当近代文明发展走前一步的欧洲陷入空前浩劫之时，中国却因反思清末以来为追求近代文明而相继进行的革命与改革累次遭遇失败而产生新的觉醒，先觉者开始构建近代征程的新起点。1915 年，在反复古、反复辟的呼声中，诞生了《青年杂志》；1917 年，发生了文学革命，随后道德革命、思想革命相继而起。新的理念，新的世界观，新的伦理观，新的知识与新的信仰，逐渐在新一代青年人中间传播、渗透，激发起他们对新生活的渴望。随着中国加入协约国战团，中国进一步拉近了与世界各重要文明国家的距离，20 万华工赴欧，成百成千的青年赴法勤工俭学，这是中国史上从未有过的世界化的举动。华工虽然也遭遇到巨大的苦难，甚至也遭遇到歧视与压迫，但他们与清末被迫、被挟、被骗到美澳等地做苦工的华人毕竟不同，他们是作为中国参战的主要力量，承担起战争后勤、急救等多种责任，为战胜德国做出巨大贡献的功臣，他们为争得战后中国国际地位做出最直接最实际的贡献。他们的经历与见闻，开阔了中国人的世界视野，推动了中西文化的交流。至于赴法勤工俭学的青年，因在欧战中，多与下层社会，特别是工人一起活动，使他们直接观察到法国乃至欧洲工人阶级状况。他们中的许多人，曾在华工中做过文化教育与宣传活动。在战后工人运动高涨、社会主义运动高涨过程中，他们受到直接影响，很多人走上工人运动与社会主义运动的道路。

中国自清末以来，就有人做社会主义和无政府主义的介绍与宣传，《新世纪》《天义报》即因此而著名。

欧战爆发后，特别是中国要求参战的呼声起来以后，社会主义，尤其是无政府主义的宣传更加活跃，相继有《实社自由录》《工人宝鉴》《进化》等杂志出刊。介绍社会主义的文章则在许多杂志上都有刊登。

被看成《甲寅》之续的《太平洋》杂志，本以政治、法律、经济、社会等内容为主，大量介绍西方相关制度、法律以及最有影响的一些思想学说。特别值得一提的是，在杂志界，《太平洋》是最早介绍十月革命的。在该刊的第 1 卷第 8 号上发表的《革命后之俄罗斯政变》（著者"沧海"）一文，[①] 以批评的口吻介绍十月革命，认为它是一次暴动的政变，批评以雷林（列宁）为首的布尔什维克是"持极端社会主义者，得寸思尺，得尺思丈，气焰愈张，几有不能抑制之概"；并说"杀人流血之惨剧，恐终不获免，而俄事愈不可问矣"。[②] 但从第 1 卷第 10 号起，该刊开始宣传一种温和的所谓民主主义的社会主义。

检查一下《五四时期期刊介绍》所载"期刊目录"，我们可以得到一个总的印象，即受欧战及协约国胜利的影响，国内知识界越来越靠近新文化运动的主流，关于民主、科学、个性主义和世界化的思想学说在大多数刊物上占有越来越重要的地位。

四大副刊的出现，是这一总趋向的一个突出的反应。《京报副刊》特重于新文学；《觉悟副刊》创刊于五四以后。这里我们主要介绍一下《晨报副刊》和《时事新报》的副刊《学灯》。

1919 年 2 月 7 日，《晨报》将其第 7 版加以改组，新辟"自由论坛"和"译丛"两个栏目，更集中地介绍和宣传新思想。一般所讲的《晨报副刊》即指此而言，1921 年 10 月，改称《晨报副镌》。我们且看《晨报副刊》的"自由论坛"在五四前这段时间所

---

　　① 此期杂志标明出版日期是 1917 年 11 月 15 日。估计实际出版日期可能稍晚，因为这个日期距离十月革命发生的 11 月 7 日只有 8 天，该刊恐怕不可能在如此短的时间，对一场极其重大的国际事件做出评论。但可以肯定这是中国报刊界对俄国十月革命最早做出的反应。

　　② 沧海：《革命后之俄罗斯政变》，《太平洋》第 1 卷第 8 号，1917 年 11 月。

发表的重要论说文字，诸如《战后之世界潮流》（守常）、《新时代之根本思想》（一湖）、《俄罗斯之研究》（若愚）、《新旧思想之激战》（守常）、《现代青年活动之方向》（守常）、《实验主义的方法论》（彦之）、《社会主义的派别》（若愚）等。再看其"译丛"所发表的重要译文，诸如《俄国式革命之由来》（潜译）、《大战后之民主主义》（英国哈白生作，志希译）、《民主主义－社会主义－布尔塞维克主义》（日本吉野博士作，晨曦译）、《社会问题之本质及其解决》（福岛耀三作，杨贤江译）、《个人的胜利》（美国查尔斯不台作，毕任庸译）、《各国社会党之情形及社会主义概论》（Ensor Zuo 作，竞仁译）、《现代社会改造论》（卡彭塔作，渊泉译）、《思想自由史》（柏雷作，志希译）、《正义自由与财产》（中泽临川作，邱景尼译）、《社会改造之原理》（罗素作，余家菊译）等。从以上所列目录，不难看出该刊在介绍和宣传新思想方面是何等努力。

《学灯》创刊于1918年3月4日，是四大副刊创刊最早的。这反映出以梁启超为首的研究系知识领袖对时代思潮之敏感。主持《时事新报》的张东荪，政治上是梁启超的追随者，思想上与梁启超亦十分接近。

《学灯》表明其创刊宗旨："一曰借以促进教育，灌输文化；二曰屏门户之见，广商权之资；三曰非为本报同人撰论之用，乃为社会学子立说之地。"①《学灯》初创时，每周一刊，5月起每周两刊，12月起每周三刊，1919年1月起，改为日刊，但周日休刊，是年12月起，每日出刊。

《学灯》设了许多栏目，如"讲坛""教育小言""思潮""译述""青年俱乐部""科学丛谈""新文艺""来函"等。可以看出，它对新思想、新思潮相当关切，对教育问题、对青年界十分注重。其所发表的文字，广涉中西文化问题、个人人格问题、女子贞

---

① 《时事新报·学灯》1918年3月4日。

操问题、民主思想、社会主义与无政府主义、教育思想与教育方法问题，以及科学思想与科学知识等，内容非常广泛。特别值得注意的是，该刊明确宣布在思想文化领域坚持一种不激不随的渐进主义立场。它在 1918 年 9 月 30 日声明说："于原有文化主张尊重，而以科学解剖之。于西洋文化主张以科学哲学调和而一并输入，排斥现在流行之浅薄科学论。"① 这与张东荪个人的思想主张完全吻合。他在《新与旧》一文中说："我们若认定中国今日既需要新道德、新思想、新文艺，我们就该尽量充分的把它输入，不要与那旧道德、旧思想、旧文艺挑战，因为它自然而然会消灭的。"② 张东荪的这种立场和态度，是有其代表性的。从抽象的意义上说，这种态度不算错，但在实践中是难以如愿实行的。因为，无论新的、旧的思想观念，都是由具体的人承担的，而具体的某个人之所以持新的思想观念，而另一个人之所以持旧的思想观念，都有其很实际的理由，一定与他们切身所处的地位、与他们的实际利害相关联的。比如，一个受到新思想、新观念影响的青年，为了追求自由自主的婚姻，他不可能耐心等到其父母及宗族长辈都改变其思想观念的时候，再来解决他的婚姻问题，而毫不抗争。所以，主张自由平等的人，一定要批评旧礼教的不合理，主张科学的人一定要批评各种迷信的错误，主张白话新文学的人，一定会批评旧的文言文学的种种缺点。而被批评的一方，也会为自己做辩护。因此，要想在新旧思想、观念代谢的过程中，两方都互不干涉，井水不犯河水，恐怕是完全不可能的，也是世界上迄今不曾有过的。我们只能尽量提倡理性地、平和地讲道理，不诉诸人身攻击，不做暴烈的举动，坚持以理服人。事实上，在被认为激进派的《新青年》的圈子内，是有不同的声音的。外界比较客观的评论者，也曾指出《新青年》圈子内有激烈派与稳健派的不同。

---

① 《本栏之提倡》，《时事新报·学灯》1918 年 9 月 30 日。
② 张东荪：《新与旧》，《时事新报·学灯》1918 年 12 月 14 日。

　　《新青年》同人的思想变化，尤其值得注意。1918 年 11 月，欧战以协约国胜利告终，消息传到中国，知识界一片欢欣。11 月14 日，由教育部出面，在天安门前举行主要由学生和市民群众号称 3 万多人参加的庆祝大会。16 日、17 日，又连续两天在天安门前举行庆祝欧战胜利的演讲大会，蔡元培、陈独秀、胡适等都相继发表演说。中国人把这场战争的结果，以美、英、法等为主的协约国战胜德、奥等国，看成公理战胜强权。人们干了一件标志性的事：把当年为被义和团杀死的德国公使克林德所立的纪念碑拆掉，以其原用的材料在故宫旁边的公园里搭建起一个新牌楼，上面大书"公理战胜"四个大字。必须指出，中国知识界所理解的"公理战胜强权"是有丰富而又深刻的含义的。请看陈独秀为他们新创刊的《每周评论》所写的发刊词。他说："自从德国打了败仗，'公理战胜强权'这句话几乎成了人人的口头禅。列位要晓得什么是公理，什么是强权呢？简单说起来，凡合乎平等自由的，就是公理；倚仗自家强力，侵害他人平等自由的，就是强权。……这'公理战胜强权'的结果，世界各国的人，都应该明白，无论对内对外，强权是靠不住的，公理是万万不能不讲的了。"他还引证当时发生绝大影响的美国总统威尔逊的演说，指出："他（指威尔逊）说的话很多，其中顶要紧的是两主义：第一不许各国拿强权来侵害他国的平等自由。第二不许各国政府拿强权来侵害百姓的平等自由。"他接着说："我们发行这《每周评论》的宗旨，也就是'主张公理，反对强权'八个大字。"① 在国际上反对强权，主张公理，是要争取一个自由平等的和平的新世界；在国内反对强权，主张公理，是要争取一个自由民主的新社会。五四前后民族主义空前高涨，但在受过新文化运动洗礼的人们中间，大多数因有世界化的新观念，所以，民族主义增加了理性，对外，可与国际主义相结

---

　　① 原载《每周评论》第 1 号，引自任建树主编《陈独秀著作选编》第 1 卷，第453 页。

合，对内可与民主主义相结合。

过去人们都说，是因《新青年》主要以思想文艺为主，戒谈政治，陈独秀、李大钊等人为了更多地谈政治，所以特别创办了一个专谈政治的刊物《每周评论》。这个说法一直没有人提出异议。实际上，这个说法虽然不错，但不是很全面，很准确。第一，《每周评论》的谈政治，不但与以往政客的谈政治不同，而且也与以往的政学家的谈政治不同。陈独秀和他的朋友们此时的谈政治，是和他们数年来的思想启蒙事业紧密相关的。他们认为，欧战终结，带给世界，尤其是带给中国一个非常难得的机遇。他们预感到世界将要发生某种转折，中国也必将发生某种转折。他们意识到，从《新青年》出世以来他们所做的工作，他们所呼唤的"新青年"，所向往的新时代，有可能借欧战公理战胜之机，较快地开花结果。正因如此，《每周评论》的谈政治，是以启蒙思想为主导的，他们不满足于简单的政治批评，而要揭出政治背后的一些深层的东西。正因此，《每周评论》发生最大影响的，并非其直接批评时政的文字，而是它的思想评论，如问题与主义之争。第二，正因此，实际在《每周评论》上，思想文艺性的文章，改造社会风俗之类的文章，介绍新书、新思潮的文章仍然很多。所以，《每周评论》不应只被看作是为了谈政治的方便，而在《新青年》之外另创的一个刊物；应该说，陈独秀等人是在欧战结束后，中国新文化运动即将进入最高潮的时候，为适应思想斗争的需要而创办的一个更加灵敏、更加迅捷、更加集中地进行思想论争的前沿阵地。《每周评论》站在《新青年》的肩头上，奏出了时代的更强音。只可惜，它存在的时间太短促了。

在欧战后新出现的重要刊物，都具有思想性极强的色彩。如《新潮》，这是北京大学一群特别优秀的学生创办起来的。他们衷心信仰他们的几位老师所提倡的新理念、新价值观。他们觉得有必要响应他们的老师，加力推动新文化运动前行。胡适说，这些学生比他们的老师们还更成熟。我想这只是指他们较少受到旧思想的羁绊，对新思想、新观念、新文化更少犹疑，表现得更加勇敢和坚定。

傅斯年为《新潮》杂志所写的发刊旨趣书，说到他们抱持四种责任，一为"导引此'块然独存'之中国同浴于世界文化之流"；二为导引中国国民脱离宗法社会，成为新社会之人；三为导引学术之兴趣以提升民质、民德；四为在学生青年中倡首做起，培植个性主义，造成可以战胜社会，而不为社会所战胜之人。其实归结起来，他们所标举的是世界化与个性主义两大目标。

于大战后不久新创刊的杂志都表现出明显的新色彩。例如《国民》杂志，它的发刊词本是以提倡爱国主义为基调，但它毫不含糊地强调"为国家计，亦当以有利于国而又有利于世界，或无害于世界者为标准。……愿《国民》杂志勿提倡绝端利己的国家主义"。[①] 这是对世界化潮流的一种呼应。

可以说，欧洲大战以中国加入其中的协约国的胜利告终，对中国已经在进行的新文化运动起到了一定的推进作用。前面我们在第四章里讲的新文化运动的核心理念，世界化与个性主义的逐渐彰显，特别是广大青年的热烈响应，所据大量材料多是在大战结束后的报章中显现出来的。

我们还要指出，原则上应属于知识界和思想界的一个重要现象，即青年学生的精神状态所发生的变化。

中国近代的学生运动起于清末。那时，因受列强侵略而清政府累次以割地赔款、出卖主权为应对。而内政之腐败又愈演愈烈，青年学生受此刺激，往往起而奋争，罢课、退学之事时有发生。民国以后，曾相对安静一段时间。但 1915 年日本压迫中国接受它所提出的灭亡中国的"二十一条"，引起学生和各界爱国群众的抗争。1916 年在反对袁世凯复辟的斗争中，青年学生也有活跃的表现。1917 年，新文化运动兴起，最受益、最受鼓舞的就是青年学生。

_____

① 见《国民》第 1 期，1919 年 1 月。

1918 年 3 月 25 日，《中日共同防敌协定》在东京换文。消息传出后，首先是留日学生起而抗争。随后，国内各地学生纷起响应。5 月 21 日，以北京大学为首的各大专学校学生 2000 余人到总统府前请愿，要求拒绝在《中日共同防敌协定》上签字盖章。政府没有答应学生的要求，学生运动继在各地纷起，10 月，进而组织起全国学生联合的学生救国会。这一次的学生运动差不多是后来发生的五四运动的一场预演。

一部分知识分子觉醒起来，呼号倡导，虽可造成一定的舆论，对政局可以发生某种影响，但握有统治权的人，通常不很惧怕这种情况。中国素有"秀才造反，三年不成"的俗谚，是说，知识分子没有可以撼动统治权的实际力量。在中国，武力是最后决定一切的东西。但是，如果知识分子掌握了群众，那就不可等闲视之了。由于新文化运动迅猛推进，相当多的青年学生在科学、民主的大旗下，在世界化和个性主义激励之下，逐渐积聚起来。这是社会上最有活力的一部分力量，他们一旦动员起来，积聚起来，将可以撼动固有的秩序，发生某些不可预测的社会变动。这种朕兆，在大战后的中国已经若隐若现。

（六）五四前夕因思想之冲突而暗潮汹涌

欧战前后在欧洲抬头的保守主义，还没有来得及在中国显示多大的影响，而欧美近代主流思想的各种学说，却以加速度向中国传播，本已形成某种强势的新文化运动更加高歌猛进，反对的势力竟无人敢撄其锋。但不敢正面迎战是一回事，千方百计发泄不满则又是一回事。新文化最强势的、影响面最大的是白话国语运动。而在这一方面，感受最大压抑的是古文家。而古文家当中，当时发表古文作品最多，有某种"市场影响力"的，要算以古文翻译西方小说的林纾（林琴南）先生。林纾对陈独秀、胡适等北京大学的新派教授所倡导的文学革命、思想革命非常不满。与他思想相近的人也颇有一些，他们的门生故旧，有不少在北京政府，乃至军队中任职。他们的情绪很容易感染到这些手握权柄的人。在人们庆祝欧战结束和协约国胜利的欢欣刚刚过去，就传出，政府中人正在酝酿针对北京大学，针对新文化运动的"整顿文科"的行动。据钱玄同日记，其1919年1月7日记道："关于所谓'整顿文科'的事，蔡君（指蔡元培——引者）之意，认为他们如其好好的来说，自然有个商量，或者竟实行去冬新定的大学改革计划，废除学长，请独秀做教授。如其他们竟以无道行之，则等他下'上谕'革职，到那时候，当将两年来办学之情形和革职的理由撰成英、法、德文，遍告世界文明国。这个办法，我想很不错。"① 一个多月之后，林纾激烈攻击新文化运动领袖诸人的小说《荆生》就在上海《新申报》登出。② 其攻击的矛头指向陈独秀、胡适、钱玄同三人，这是人们一看便知的。所以，这篇小说在报上一发表，人们都一目了然，林纾是专为攻击新文学而作。人们也不难看出，他指望一个"伟丈夫"出来痛剿新文化，说明他期望政府出面干涉。对照前引钱玄同日记的内容，可见林纾与当局真可谓"心有灵犀一点通"。

　　林纾毕竟是颇有名气的读书人，况且他与蔡元培亦是旧识。恰好蔡氏受人之托，要请林氏为刘应秋之遗著题词，借此由头，林氏乃写一封长信给蔡元培，表示他对北京大学新派教授的强烈不满。其原信写于何时，未见记载，全文是与蔡元培的复信一起登在3月18日北京的《公言报》上。

　　林氏之信，主要表达两方面的意见：一方面是指出北京大学新派教授的两大罪状：一是"尽废古书，行用土语为文字"；二是"覆孔孟，铲伦常"，简直是"人头畜鸣"。前者是反对文学革命，反对白话文；后者是反对批评旧伦理，提倡新道德。林氏指出，蔡元培应对北京大学"趋怪走奇之教育""叛亲灭伦之论"负责任；

---

① 《钱玄同日记》第4卷，福建教育出版社2002年影印本，第1716—1717页。
② 见《新申报》1919年2月17日。

要求他"留意以守常为是","为国民端其趋向"。林氏实际是要蔡元培或辞退或管束陈独秀、胡适诸人,不得任其所为。

在蔡元培看来,北京大学有如今之新气象,正是他坚持兼容并包、思想自由方针的结果。林氏要他做的,是压制新派教授,不许他们发表自己信为真理的思想学说,是回到思想专制的老路。蔡氏当然不能迎合林纾而改变其办学方针。他在回复林纾的信中首先指出,林氏攻击北大的言论皆根据外间诋毁大学的各种谣言,而非事实,如所说"尽废古书,行用土语为文字"即是夸大其词。北大教授有多人从事古文字、古书、古史的研究,何尝"尽废古书"?提倡白话文者,也并非皆以土语著书讲学,更不能与"引车卖浆者流"混为一谈。而所谓"覆孔孟,铲伦常"更是存心诋毁之词。北大教授对孔子与孔孟学说,只有研究与批评,从未有全盘否定、任意诋毁之意。对于五伦的旧道德,除君臣一伦已不存在,其他四伦,亦未有教授以不伦教导学生。所以,林氏攻击北大的说法,皆非事实。蔡氏批驳了林氏的不实之词以后,便堂堂正正地说明他的办学方针。蔡氏说,他在大学坚持两项主张:"(一)对于学说,仿世界各大学通例,循'思想自由'原则,取兼容并包主义。……无论何种学派,苟其言之成理,持之有故,尚不达自然淘汰之运命者,虽彼此相反,而悉听其自由发展。……(二)对于教员,以学诣为主;在校讲授,以无背于第一种主张为界限。其在校外之言动,悉听自由,本校从不过问,亦不能代负责任。"[①] 蔡元培所述的办学方针,是中国自有历史以来,所有官方文献所不曾见过的,是破天荒第一次被公然宣布出来的充满近代精神的办学方针。只可惜,他把这一真正近代的办学方针说给一位完全不懂近代为何事的古文家林纾先生,真是"对牛弹琴"了。所幸,蔡元培这封信是公开发表在报纸上,则闻之者,便不止林纾一人了。自此以后,凡多少受过近代思想影响的人,皆

① 《公言报》1919 年 3 月 18 日。

以蔡氏所宣告之办学方针为唯一标的，克服种种阻力，努力践行之。只是往往阻力远远大过践行之力，所以真正近代的教育一直很难在中国得到健全发展。

对蔡元培的复信，林纾大为不满。就在报纸上公开发表蔡元培复信的第二天，林纾又在上海《新申报》上发表其第二篇攻击谩骂的小说《妖梦》。这篇小说不但攻击和诅咒陈独秀与胡适，还包括了蔡元培。（见本书第 98 页注 1）我们都知道，在第一篇小说《荆生》里，林纾只影射攻击陈独秀、胡适和钱玄同三人。而这篇《妖梦》里，则把蔡元培列为主要攻击对象，而且这篇小说攻击谩骂的恶毒之程度，也超过《荆生》。这正是我上面说的，林纾对蔡元培的答复很不满意的证据所在。

林纾及其同道者，除了影射攻击之外，还采取许多不正当手段，对付新文化运动诸领袖。当时报载有张元奇其人者，面见教育总长傅增湘，要他出面干涉北京大学之新潮运动。不然，参议院将对其提出弹劾案。此张元奇可称是三朝为官，清进士，翰林院编修，历任监察御史、知府等官。入民国后，张曾任内务部次长，袁世凯帝制时期任参政、肃政使等职。此人之思想境界如何，看其履历便可知大概。张元奇的活动在五四前，没有什么直接效果。但北京大学及其新派教授却遭遇到极大的压力。4 月 4 日，上海《申报》登出消息谓"北京大学有教员陈独秀、胡适等四人驱逐出校，闻与出版物有关"云云。事实固非如此，但此消息必定有其来源。造此消息者，一定是希望发生此种事实的人。后来查明，制造此消息者，原来是北京大学的一个学生，名字叫作张厚载。此人喜欢旧剧，曾与胡适进行辩论。胡适完全以学者态度，一方面明确说出自己对旧剧的看法；一方面邀请张厚载写文章，表达他拥护旧剧的主张，胡适替他在《新青年》上发表。这正是蔡元培所提倡的精神。为此，钱玄同对胡适很不满意，批评他对旧势力"未免太与他们周旋了"。胡适解释说，与反对的意见进行公开的辩论，这是拥护真理应有的态度，请一位确实反对白话国语的人，公开说出他的主张，我们据理与其展开辩论，这比凭空杜撰一个王敬轩来，要有意义得多。① 这件事也反映出，新文化运动内部，在如何对待旧派人士和他们的主张的问题上，是有不同意见的。大体说来，胡适与蔡元培的精神最为接近，钱玄同则与陈独秀及后来加入的鲁迅更为接近。

中国思想史也同政治史一样，不是东风压倒西风，就是西风压倒东风，东风与西风旗鼓相当地互相争持一番则很少有。大多数人随大溜，一旦发现某方势力占优，便急忙站过去，或躲在后面摇旗呐喊，或偃旗息鼓做蛰隐状。稍有活气者，通常也不敢正面交锋，只能造造谣言，或借助思想以外的势力来加害于对方。这是中国思想、学术的大不幸。由此而致思想无论新旧、对错，都不能充分展现，臻于成熟。李大钊感叹说："我们中国，新的旧的，都是死气沉沉。偶有一二稍稍激昂的议论，稍稍新颖的道理，因为靡有旗鼓相当的对立，也是单调靡有精采，比人家那如火如荼的新潮，那风起潮涌的新人运动，尚不知相差几千万里"。② 陈独秀则说："中国人有'倚靠权势''暗地造谣'两种恶根性。对待反对派，决不拿出自己的知识本领来正正堂堂的争辩，总喜欢用'倚靠权势''暗地造谣'两种武器。"③

思想、学术上的问题，不能通过堂堂正正的讨论，而依靠思想学术以外的手段来定是非，决胜负，对于胜者和败者，都是极大的不幸。胜者因没有经过充分的辩论而使自己的思想更加成熟，理据更加坚挺；败者因未经充分的辩论而不知所以败的道理，不能弃误归正，增长经验与智慧。而总结果是整个民族不能借辩论而磨砺出如百炼之真金一般的思想与智慧，摆脱不出周期性的混沌重来。在新文化运动中，只有如蔡元培、胡适等极少数人懂得这个道理。

不过我们注意到，1919 年最初几个月的新旧斗争的暗潮，多

---

① 《致钱玄同的信》，季羡林主编：《胡适全集》第 23 卷，第 271—272 页。

② 《新旧思潮之激战》，《李大钊文集》第 2 卷，第 296 页。

③ 《关于北京大学的谣言》，原载《每周评论》第 13 号，引自任建树主编《陈独秀著作选编》第 2 卷，第 60 页。

少锤炼了新派的教授与青年们，在五四运动爆发之后，他们没有陷入无所措手足的境地，他们追求新的国家与新的世界的热情，很快都各依自己的性情与理想而投注到新的运动中去了。

二　五四运动

1919 年 1 月，商讨战后各种问题的巴黎和会在法国巴黎凡尔赛举行，中国作为协约国之一员派代表参加会议。会前，美国总统威尔逊倡导各国平等、尊重主权、成立各国共同维护和平的国际联盟等主张，很得中国各界的同情与热烈拥护。中国人亟盼通过巴黎和会，争回被日本强占的山东主权，取得与各国平等的国际地位。国人认为，这些愿望与要求的合理性是不言而喻的，毫无疑义的，应当得到美国和其他协约国的充分赞同与支持。

但是，事情远不像中国人所期望的那样。首先，中国在代表权问题上就没有受到公平的对待。根据英、法、美等国商定的会议规则，中国只有两个正式代表权，而英、法、美等国，甚至日本，则都有五个代表权，这显然没有体现平等协商的原则。中国代表团曾进行力争而无结果。

更严重的是，英、法等国竟然支持日本占有原德国在中国山东的一切权利，其依据竟然是被全中国人民坚决反对的"二十一条"，和 1918 年，欧战结束前夕，日本与北京政府的秘密换文。按和会反对秘密外交的精神，这些是理应被否定、被废弃的东西。中国代表团据理严正申述。而英、法等国，实际在战争结束前即已与日本达成默契，对中国的正义要求不予理会，甚至连原来对中国表示同情的美国也转而附和英、法的立场。4 月 22 日，参加和会的美国总统威尔逊、英国首相劳合·乔治、法国总理克里蒙梭，向中国代表团告知他们与日本达成的关于中国山东问题的方案。其内容是，德国在山东胶州的租借地和原中德条约给予德国的一切权利均归日本所有。日本将与中国谈判归还租借地事宜，而即使归还租借地之后，一切经济权利及胶济铁路仍由日本享有。中国代表团尽一切努力要求修改此方案，均未得同意，甚至要求将中国的立场说明作为保留意见附在和会正式文件之后，也未能得到同意。按顾维钧的回忆，从这时起，出席和会的中国代表团就一致认为，中国不能在和会的和约文件上签字。但直到和会举行签字仪式的 6 月 28 日之前，北京政府给代表团的指令仍然是同意签字。代表团最终没有签字，这个事实是如何造成的，历来说法不一。有些当时在欧洲留学的学生回忆说，是他们阻止了中国代表团前往签字。据顾维钧回忆，代表团自己已决定不签字，所以没有出席签字仪式。① 但不管怎么说，中国代表团拒绝在巴黎和约上签字，实际上还是由五四运动激发起来的全国沸腾的抗议运动所促成的。

早在 1919 年 4 月下旬，国内即陆续得到巴黎和会中国外交失败的消息。把这个消息传到国内的，是充当中国代表团会外顾问的梁启超，接收此消息的是梁氏的好朋友林长民。林长民以《外交警报敬告国民》为题，撰文送交《晨报》，于 5 月 2 日在该报的第一版显著位置发表。而这时，北京政府仍然决定令中国代表团在和约上签字。林长民和另一位梁启超的朋友汪大燮，当时都是为争取战后收回主权和提高中国国际地位而成立的国民外交协会的主要成员。汪大燮于 5 月 3 日得知政府态度后，特地找到北京大学校长蔡元培商量对策。原来，自巴黎和会开会以来，就不断有关于日本在会上强横表现及各种不利于中国的消息传到北京，以北京大学为首的各大专学校学生已多次举行过抗议活动。蔡元培随即召集北大学生领袖傅斯年、罗家伦、段锡朋等讨论此事。随后就有当日晚上各校代表会议。在这同时，北京高师的学生组织、工学会中的骨干分子亦秘密会议。他们情绪激昂，纷纷主张以激烈的行动表达他们的抗议。5 月 4 日，各校学生齐集天安门

---

① 见《顾维钧回忆录》第 1 分册，第 209—210 页。

前示威游行，向外国使馆递交抗议书。在一部分激进分子的带动下，游行学生前往赵家楼，随之发生痛打章宗祥、火烧曹宅的事件。为此，许多学生被逮捕。北京所发生的事迅速传遍全国，并陆续有学生分赴全国各地联络。历史上所称的"五四运动"便在全国沸腾般地开展起来。

关于五四爱国运动，已有数不清的文章和著作加以叙述，这里没有必要再详细述说其经过。但因此次运动对中国近代历史的发展走向实在关系太大，有必要提出几个问题来深入讨论和加以澄清。

（1）"五四运动"正名

在各种叙述中国近代史的著作中，"五四运动"一词被经常提到，而且往往意义并不一致。如果人们提到"五四运动"一词时，只是指 1919 年 5 月 4 日那一天，北京学生为巴黎和会的山东问题而示威游行这一事件而言，则其意义是比较清楚的，不会发生什么疑义与混淆。但实际上，在我们见到的各种著述中，提到"五四运动"时，都不同程度地超出上述的简单含义。有的可能指"五四运动"所引发的后来在全国各地开展起来的学生、工人、工商业者、各种自由职业者，以及市民等参与的爱国运动（包括支持学生运动，抗议巴黎和会对中国的不公平，要求北京政府坚持主权、拒绝签字、惩办卖国贼、抵制日货，等等）。有的还可能泛指1915 年或 1917 年以来，思想、文化及教育界渐渐兴起的革新运动，即把五四前后的思想、文化及教育的革新运动，与五四及其前后的各界爱国运动都包括在内，把它们看成近代历史一个巨大而深刻变动的过程。

我觉得，首先应当明确，五四前后思想、文化及教育界的革新运动，即人们通常说的"新文化运动"，是有其独立的地位与独立的历史含义的。而五四运动作为一场政治运动，也同样有其独立的地位与独立的意义。人们应当视谈论问题的具体场合，对两者加以区别，但是我们研究历史的人也都注意到，两者是有密切关联的。新文化运动革新了一些人的思想，造就了一大批被新思想、新观念鼓舞起来的青年，正是这些青年成为五四运动的发动者和中坚力量。由于五四运动的激荡，新文化运动中逐渐彰显的一些基本的新思想、新观念得以迅猛地在全国各地、各阶层中间传播开来，于是推动新文化运动向社会的政治、经济、教育、学术乃至一些基本的生活方式等方面渗透，启动了许多看得见的和看不见的变化。我们研究这一段历史，发现它既是把清末民初这一段历史与五四后的历史区别开来的一个节点，同时，又是把前后两个时段连接起来的一个过渡的桥梁。所以，当我们谈论一个更大的历史时段，把五四前后所发生的思想、文化与教育革新运动以及五四运动所引发的遍及全国的政治运动看成划分历史节点的时候，可以把两者囊括在一起，作为一个概念来使用。

这一节里，我们把"五四运动"仅仅作为一场爱国的政治运动来加以讨论。事实上，"五四运动"这个名词，本来就是为概括这场政治运动而产生的。

较早使用"五四运动"这一名词的，可以举出两三种有代表性的文献。

研究五四运动的权威学者周策纵先生指出，最早提出"五四运动"这一名词的历史文献，是 1919 年 5 月 18 日（或 19 日），北京中等以上学校学生联合会的罢课宣言。

这个宣言一开头便说："外争国权，内除国贼，五四运动之后，学生等以此呼吁我政府而号召我国民，盖亦数矣。"[①] 往下则概述他们对政府之失望，不得不实行罢课，并组织"义勇队""讲演团""救国十人团"，以进行实际的爱国运动，所谈都是爱国的政治行动。可见，宣言的作者和它所代表的北京中等以上学校学生联合会的成员，所闻所见的五四运动，纯是指他们所进行的爱国运动。差不多与这个宣言同时发出的致徐世昌总统的信中，也使用了

—————————

①　见中国社会科学院近代史研究所近代史资料编辑组编《五四爱国运动》（上），中国社会科学出版社 1979 年版，第 465 页。

"五四运动"这一名词。信中说："五四运动，实国民之义愤所趋"
云云。① 以上两份文献是由同一团体同时所发，也很可能是出于同
一人的手笔。

另一个较早使用"五四运动"这一名词的是，五四运动的著
名学生领袖、北京大学新潮社的主要成员罗家伦。他在《每周评
论》第 23 号上发表《"五四运动"的精神》一文。文章一开始就
说："什么叫做'五四运动'呢？"他解答道："民国八年五月四日
北京学生几千人，因山东问题失败，在政府高压的底下，居然列队
示威，作正当民意的表示。这是中国学生的创举，是中国教育界的
创举，也是中国国民的创举。"② 接着他举出五四运动的精神，一
是学生牺牲的精神；二是社会裁制的精神；三是民族自决的精神。
很明显，这里所用的"五四运动"这个名词，也完全是指学生爱
国运动而言。

根据以上所引的材料，五四运动直接参加者自己最早提出并界
定了"五四运动"这一名词的真正含义。我们不能无视这一点，
而无条件地滥用这一名词，应当把它与新文化运动区别开来。在广
义地使用这一名词概括五四前后一整段历史变化的时候，应当有一
定的语言环境为条件。

（2）五四运动迅猛发展为遍及全国的政治运动

此次运动因巴黎和会中国外交失败而起。欧战结束时，中国人
以极其兴奋的心情关切巴黎和会的召开。因为中国人第一次觉得自
己的国家是作为一个平等的主权国家参与世界事务，而恰巧我们又
是战胜国一方。无论从任何角度看，中国都应该受到平等的对待，
应当享受一个战胜国应有的权利。早在国人讨论参战问题时，人们
即已听说到，参战之后，中国可得某些权利，战胜之后，又应得某些
权利。对于日本人乘机窃夺原来德国侵占山东青岛等诸项权利，提出

---

① 龚振黄编：《青岛潮》，《五四爱国运动》（上），第 323 页。
② 罗家伦：《"五四运动"的精神》，《每周评论》第 23 号，1919 年 5 月。

灭亡中国的"二十一条"要求，以及随后迫使中国接受其掠夺山东权益的秘密协定等侵略行为，中国人已经有了较高的警惕。山东于德国战败后应无条件地归还中国，大家都认为是理所当然，毫无疑义的。有此等意识的中国人（除了与外界相对隔绝、僻处乡曲的农民和没有机会接触时事新闻的底层劳动人群），可以说要占绝大多数。

然而，巴黎和会上英、法等国却因早已同日本达成秘密协定，而支持日本的无理要求，拒绝中国从战败国德国手中直接收回山东青岛等诸项权利的正义要求。按此次会议的精神，特别是美国总统会前宣布的十四项原则，秘密协定以及武力强制下所定的各种协议文件，都是应该废弃的。但日本侵略中国的野心，由来已久，复得极端自私的英、法帝国主义者的支持，最后，连美国也不能坚持其原则，附和英、法，迁就日本，牺牲中国。这样的情况，在中国人看来，于理、于法、于情，真可谓"是可忍，孰不可忍"！大多数人都有如此意识，如此情绪，一旦有人登高一呼，便群情奋起，乃势所必至。

有一点值得特别注意，即在此次运动中，在某些关键环节，起了关键作用的，是一些举世公认的稳健派人物。例如，将巴黎和会外交失败消息第一时间报告国内的是梁启超；将这一消息登诸报端，警醒大众的是梁氏的好友林长民；将此消息亲自告知北京大学校长蔡元培的是梁氏的另一位朋友汪大燮，此人早在戊戌维新时期即与梁氏交厚。蔡元培自然也属稳健派。我强调指出这一点，是想说明，这次运动是有极其广泛的社会基础的，所以，一旦运动爆发，能得到各个阶层大多数人的热烈响应。不但北京的各个学校的学生相继奋起，组织中等以上学校学生联合会，示威罢课，要求释放被捕同学，惩办卖国贼，拒绝在和约上签字；随后各地响应的学生也都组织学生联合会，罢课示威，提出同样的要求。学生爱国运动遍及 22 行省 200 多个大小城市。①

---

① 见〔美〕周策纵《五四运动史》，陈永明等译，岳麓书社 1999 年版，第 210 页。

　　这次爱国运动得到工商界的积极响应和大力支持。前面提到，欧战期间，中国工商业得到较好的发展机会，工商业者对国家主权和帝国主义都有了进一步的认识。巴黎和会能否争回国家主权是关系到每个国民的事情，尤其关系到工商业者的切身利益。他们一直密切关注巴黎和会的进展，早在和会正式开会之前，上海商界领袖就发起主张国际税法平等会，要求和会召开时，达成平等税法的决议。和会开始后，他们又起草宣言，送交巴黎和会，要求"全国人民得与世界万国享同等福利"。① 五四运动爆发，因当局封锁消息，两日后，上海等南方各地才得到北京大学等学校学生奋起"外争国权，内惩国贼"，游行示威，火烧曹汝霖住宅，痛打章宗祥的消息。他们毫无犹豫地立起支持北京学生，发电北京当局，要求立刻释放被捕学生，电令巴黎和会中国代表拒绝签字，撤办卖国有责的曹汝霖、章宗祥、陆宗舆。

　　当时全国绝大多数报刊鲜明地支持学生爱国运动。著名记者、新闻学家、主办《京报》并担任北京大学新闻学会导师的邵飘萍，第一时间参加了 5 月 3 日晚在北大举行的各校学生代表及北大学生的集会并发表演说。此前北京各报已接连报道巴黎和会的消息。五四学生游行，痛打章宗祥，火烧曹汝霖住宅，军警逮捕 32 名学生，这些事件发生后，全国各大报陆续显著报道，对学生完全取同情和支持的态度。商界团体纷纷发表声明，支持学生爱国行动，要求速速释放学生，拒绝在巴黎和约上签字，惩办卖国贼曹汝霖、章宗祥、陆宗舆。各界知名人士也纷纷发表支持学生爱国运动，要求北京政府释放学生、拒绝签字、惩办卖国贼的上书和通电。其中有康有为、孙中山、张謇等，甚至还有军阀吴佩孚。可见五四运动极得人心。

　　学生运动完全出诸爱国至诚，于法有据，于理可通，于情可悯，凡有人心者，绝不忍站到学生的对立面。这是五四运动能够迅

---

　　① 　见虞和平《五四运动与商人外交》，《近代史研究》2000 年第 2 期。

速得到全国响应的最基本的原因。

爱国运动如火如荼，持续高涨。与此同时，许多团体和个人，纷纷发电给巴黎和会的中国代表团，坚决要求拒绝签字。据说，这类电报有 7000 份之多，这其中包括海外华侨，以及同情中国的外国人士。

运动发展到 6 月初，由于北京当局大批逮捕上街宣讲的学生，激起教育界、新闻界、工商界及各阶层人民的愤怒。上海是全国工商业最大中心，也是近代新教育发展的重要中心，6 月 5 日，上海发生大规模的罢课、罢市、罢工运动。这是中国历史上空前的，由近代思想观念引发起来的，有广大社会阶层参与并互相联络起来的伟大群众运动。运动的规模之大、影响之深远，是运动发起者和企图压制运动的人们都未曾料到的。

我们试归纳一下，为什么五四运动能够迅速扩展为遍及全国的空前规模的伟大群众运动。其一，自日本提出"二十一条"要求以来，中国人对日本侵略和灭亡中国的野心，有越来越高的警惕心。而巴黎和会上关系中国的核心问题正是日本窃取山东青岛等诸项权利，拒绝交还中国的问题。其二，早在欧战结束前，中国学生针对日本的侵略活动即已多次举行抗议运动，并得到其他阶层一定程度的响应。其三，中国加入协约国，并派出 20 万华工赴欧从事最艰苦的各种保障工作，可以说为协约国的胜利做出了重要贡献。所以，中国收回战败国德国从前在山东掠取的各项权利是天经地义，稍有良知的中国人绝不肯听凭日本将此等权利强行抢夺过去。其四，学生不怕牺牲的爱国精神感召全国民众，北京相继有学生因参加爱国运动过度辛劳而病死。在其他地方，例如武汉，甚至有学生因游行中与军警冲突直接伤重致死。这种情况的发生，起了无比巨大的激励作用。其五，由于新文化运动，特别是文学革命的成功，新思想、新观念得到最有力的传播手段，经学生运动的横广推进，而动员起各阶层的群众。

对于五四运动之成为遍及全国的大规模群众爱国运动，身临其境的一些领袖分子曾有过总结性的论述。前面引述罗家伦在五四后仅仅二十多天，在《每周评论》上发表文章谈"'五四运动'的精神"，他总结有三点：第一是学生牺牲的精神；第二是社会制裁的精神；第三是民族自决的精神。① 蒋梦麟于当年6月16日，在上海全国学生联合会成立会上演说时，说此次运动之原因有三：一是普通世界之民主主义；二是南北政府为人民所不信任；三是北京大学之新思潮。② 匡互生则认为，运动的起因是：一为新书报的出版；二为事实的压迫，包括国内外；三为革命暗示的残留（清末革命党）。③ 不难看出，三位作者的说法互相包含。例如，罗家伦说的"社会制裁"，与蒋梦麟说的"南北政府为人民所不信任"，与匡互生所说的"事实的压迫"，所指是大体相同的。另外，罗家伦说的"民族自决"，与蒋梦麟说的"普通世界之民主主义"，也是意义相通的。而蒋梦麟说的"北京大学之新思潮"，与匡互生说的"新书报的出版"，都是指的新文化运动。唯罗家伦说的"学生牺牲的精神"与匡互生说的"革命暗示的残留"，须另做解释。"学生牺牲的精神"，我在下一小节里要做详细说明，匡互生的"革命暗示的残留"将在后面适当地方再做解释。

（3）学生青年成为时代先锋

五四运动是以北京大学学生为主导引发起来并波及全国的伟大爱国运动。这一点，无论当时人或后来者都是一致公认的。即使全国各地的运动，一般也是由学生们率先发动起来的。所以说，学生青年是这次运动的发动者和先锋，是没有任何疑问的。

现在我们要谈的问题是，为什么学生青年成为运动的先锋？进而要问，通过这次运动，学生青年在中国近代政治运动中扮演何种角色？

---

① 见罗家伦《"五四运动"的精神》，《每周评论》第23号，1919年5月。
② 见蔡晓舟、杨景工编《五四》，《五四爱国运动》（上），第473页。
③ 见匡互生《五四运动纪实》，《五四爱国运动》（上），第490—491页。

　　本来，在各重要文明国家的历史上，都不乏学生运动的事实。但像中国近代史上，学生运动发生之频密，规模之浩大，所生影响之深远，则属仅见。

　　早在清末的时候，因外部列强之侵略压迫，内部政治腐败，学生青年感受极大的痛苦，每遇刺激，往往会做出强烈的反应，罢课、退学，乃至举行示威游行的活动经常发生。民国以后，从1915年日本提出"二十一条"要求起，学生青年反帝爱国的活动屡见于报端。可以说，正在受教育和受过教育的学生与青年对国家民族命运攸关的问题最为敏感，最勇于表达他们的关切。这是近代特殊历史条件下，中国政治的一个重要特点。盖中国两千余年都处在君主专制政治的循环圈里。秦始皇自确立大一统的高度集权的中央帝国，为统治广土众民，建立起庞大的官僚体系，以吏为师，再加以严刑苛法，束缚人民。汉帝国继起，在官僚统治、以吏为师的基础上，又颁定独尊儒术，以"孝悌"为伦理核心，以"定于一"为政治圭臬。从此，以政治制度与意识形态双重枷锁牢笼百姓，一姓之王朝，往往可以统治二三百年。到末世因王纲不守，而遭新王取代。新朝继起，还是依靠老一套，再统治二三百年。这样循环两千年，而人民终未能逃脱旧牢笼。因为在上述双重枷锁下，人民累代遵行"安分守己，不可犯上，不惹是非"的人生训诫，上有亲长，下有妻室儿女，皆不敢造次。只有到了生路已绝之时，人们才肯铤而走险，起义反叛，结果或做了改朝换代的工具，或自己做了新朝统治者的一员。到了近代，中国人，特别是学生青年，因受教育，能读书看报，始知大一统的中央高度集权的帝国式的政治制度并非最好的制度，世界上尽有更好的制度可供选择；愚忠愚孝也并非最好的道德，自由平等博爱更易于提升人的素质。为了有一个更强大的国家，为了得到更美满的人生，富于理想的学生青年有了更高的追求目标。

　　我们在第二章里曾指出，陈独秀和他的朋友们，身历多次革命与改革的政治运动，终未获得所期待的结果，失望之余，乃把希望寄托于唤起青年一代。从《青年杂志》创刊，到五四运动爆发，一代新青年真的被唤起了。他们表现出勇敢、自信和有理想，走上创造历史的前台，成了民族进取心的表达者，成为时代的先锋。当时各阶层人士对五四青年都表示出相当的敬意。

作为国民党主要领袖的孙中山先生，在 5 月 8 日批复陈汉明的信中指出："此次外交急迫，北政府媚外丧权，甘心卖国，凡我国民，同深愤慨。幸北京各学校诸君奋起于先，沪上复得诸君共为后盾，大声疾呼，足挽垂死之人心而使之觉醒。……对诸君爱国热忱极表同情，当尽能力之所及以为诸君后盾。"其后孙中山两度约见上海学生领袖谈话，亲为学生请英籍律师以为后援。① 8 月，孙又出席全国学生联合会成立大会，发表热情洋溢的讲话，赞扬学生爱国奋争的大无畏精神。

因参与张勋复辟而遭人们谴责，几被青年人遗忘的戊戌维新的领袖康有为，得知五四运动之事，且闻学生被捕，特发通电称赞学生之义举。其电文称："幸今学生发扬义愤，奉行天讨，以正曹汝霖、章宗祥之罪。举国逖闻，莫不欢呼快心，诚自宋大学生陈东、欧阳澈以来希有之盛举也。试问四万万人对于学生此举，有不称快者乎？……自有民国，八年以来，未见真民意、真民权；有之，自学生此举始耳。"②

国内外舆论一致认为，学生是这次爱国运动名副其实的发动者和先锋。《申报》评论说："今北京学生争青岛，为学界人心未死之表示；各省团体争北京学生被捕事，又为各界人心未死之表示。我国将来救国负担全赖此一线未死之人心。"③《时报》则指出，上海的罢市是由学生运动引起。它评论说："上海商人之罢市，北京大捕学生促成之"；而且指出，过去虽亦有过商人罢市之举，但那

---

① 《复陈汉明函》，《孙中山全集》第 5 卷，中华书局 1985 年版，第 54 页。

② 《请诛国贼救学生电》，姜义华、张荣华编校：《康有为全集》第 11 集，第 105 页。

③ 《申报》1919 年 5 月 7 日。

都是为地方问题，为实际利害问题，而这一次在学生运动带动下，是为国家问题。①

特别值得注意的是，此次运动中一些外国人士和一部分外国在华办的报纸，都在一定程度上同情中国，并对中国青年学生的爱国举动表示敬意。美国驻华公使芮恩施在他的回忆录《在中国的一个美国外交官》一书中，称赞五四学生运动："他们的游行示威，是展开学生运动的第一步，这学生运动创造了历史。"② 当时正好来中国讲学的美国著名哲学家杜威在给他女儿的信中谈到五四学生运动，他说："要使我们国家14岁多的孩子，领导人们展开一场大清扫的政治改革运动，并使商人和各行各业的人感到羞愧而加入他们的队伍，那是难以想象的。这真是一个了不起的国家。"③ 显然，照这位美国外交官和这位美国哲学家的观察，中国的青年学生确实充当了中国的引领者。有人记述在学生游行时北京街头所见的情景说："游行示威的队伍给北京民众深深的留下了印象。很多观众静静地站在街上，小心倾听学生呼喊的口号，感动得掉泪。许多西洋的旁观者喝彩、脱帽，或是摆动帽子来欢迎他们。"④ 这是学生青年通过五四爱国运动，成为民族先锋和时代的引领者的一幅生动写照。美国的《大陆报》似乎从更深层次上揭示出此次学生运动的意义，它评论说："在此罢课中，苟有新中国之胚胎，而为中国新青年刷新中国之起点，则区区代价，亦甚值得矣。"它表示确信："中国学生应为担负刷新中国之责任之人"。⑤ 英文《沪报》的评论，与《大陆报》的说法颇相近。该报说，此次运动，"足以显中

① 《时报》1919年6月16日。

② 转引自〔美〕周策纵《五四运动史》，第157—158页。

③ 《杜威夫妇中国日本家书集》，转引自〔美〕周策纵《五四运动：现代中国的思想革命》，周子平等译，江苏人民出版社1996年版，第135页。按，本书引用周策纵先生的书，基本采用岳麓书社版，唯此段译文，该版本的译文不很通顺，乃用江苏人民出版社版。

④ 见〔美〕周策纵《五四运动史》，第155页。

⑤ 龚振黄编：《青岛潮》，《五四爱国运动》（上），第362—363页。

国学生之领袖各界。中国今已知何人为有力量，何人为可恃矣"。①

学生青年走上历史的前台，成为国家民族进步的引领者，这一点于中国近代史十分重要。青年思想敏锐，对于时代环境的挑战能够迅速做出反应。这对于老大帝国和变得麻木的中国人来说，应是一件幸事。但青年毕竟不成熟，一是经验的不成熟，一是思想的不成熟。经验上不成熟，往往虑事不周，目光不远，举动不慎。思想上不成熟，悟道不深，信理不定，遇挫或则迷失，或则趋向极端。虽不能说，所有青年都必定如此，但至少有相当多的青年难免此病。这一点正可帮助我们理解近代中国政治社会之各种得失。

须要指出一点，即五四运动从一开始就蕴蓄着两种不同的思想趋向：一种是较多接受自由主义思想影响，比较能够运用理性控制感情；一种是较多接受革命主义思想影响，比较倾向激烈的言论与行动。如前所说，五四运动把青年推上历史前台，成为引领时代潮流的先锋。他们的不同倾向后来也就日益影响着中国政治发展历程。所以，揭示和分析五四运动中的两种不同思想趋向，对于了解此后的民国历史是很有意义的。

还在五四运动爆发的前夜，北京的学生青年在酝酿和筹备第二天的游行示威活动时，这种不同的趋向就已经表现出来。在北京大学，以新潮社主要骨干为核心的学生们对第二天的行动，基本确定为一种和平的示威行动。但同时间，北京高师的一些学生也在开会商议第二天的行动，他们是以一个叫工学会的团体为核心，多主张采取激烈行动。据参与其事的匡互生回忆：5月3日夜，北师大的工学会讨论第二天示威活动应取何种态度。"大多数主张采用激烈的手段"对付曹、章、陆，"决定次日联络各学校的激烈分子，伴大队游行至曹、章、陆等的住宅时候，实行大暴动，并一面派会员先将曹、章、陆等住宅的门牌号数调查明白，以便直接行动。于是，五月四日早晨，凡在各校主张激烈的分子，就由这个工学会的

---

① 訾盦编：《学界风潮纪》，《五四爱国运动》（上），第435页。

代表实地联络的结果，暗中已心心相印了。……各校的热烈分子——二十人以内——都有相当的准备，甚至于有连身后的事都向亲密的朋友商托好了的！"① 这一部分人秘密策划了第二天所有激烈的行动，而第二天担任游行总指挥的傅斯年及其志同道合的好友罗家伦、段锡朋等，对此毫无所知。

5 月 4 日那天下午，当示威大队在东交民巷向美国使馆递交了对巴黎和会的抗议书之后，群众情绪仍然甚为高涨，匡互生等激进同学要求游行大队前往曹汝霖住宅。担任总指挥的傅斯年，怕大家的行动失控，不同意前往。但在群情激愤的时候，少数人的劝阻是很难生效的。到曹宅之后，大家找不到卖国贼曹、章、陆，乃愈加愤激，匡互生遂决定放火烧宅。当时段锡朋在场，力劝未果。②

我们看当时的几种重要的宣传品，也透露出不同思想趋向的存在。罗家伦起草的《北京学界全体宣言》，尽管有足够表达激愤和号召群众起来的词语，但并无直接采取激烈行动的具体主张。再看许德珩起草的《北京学生界宣言》，其最后竟直接喊道："至有甘心卖国，肆意通奸者，则最后之对付，手枪炸弹是赖矣！"③ 要用手枪炸弹，这是何等急激的态度！再看 5 月 5 日发出的《北京学生致各界文》，态度很是平和。文中说："吾辈此举，纯为力争主权，伸张公理起见，决无仇视日人之心理。务恳贵督军省长鉴此愚忱，转饬所属各衙门，晓谕人民，万不可对于日人加以野蛮，致惹国际交涉，俾日本政府借词，以遂其狡焉思逞之计。此则学生等所栗栗危惧，而不得不先为陈明者也。"④ 这篇颇为平和的写给全国各省各界的通告文，很可能是出于北京大学的学生，甚至很可能是出于

<hr>

① 匡互生：《五四运动纪实》，《五四爱国运动》（上），第 493 页。
② 见匡互生《五四运动纪实》，《五四爱国运动》（上），第 494、496 页。
③ 原载《时报》1919 年 5 月 6 日，转引自张德旺《新编五四运动史》，黑龙江人民出版社 2009 年版，第 109 页。
④ 龚振黄编：《青岛潮》，《五四爱国运动》（上），第 327 页。

新潮社中某人的手笔。

傅斯年、段锡朋与匡互生之间的不同态度，反映了五四运动爆发的当时，学生青年中即有两种不同的思想趋向。同时我们也看到，一旦群众运动起来，当群众情绪高涨的时候，往往激烈的言辞、激烈的主张更容易左右群众的心理，而比较理性的言辞、温和的主张，则不易打动群众。这在以后数十年中国思想、政治论争和实际政治运动中，屡次得到证明。

三　五四运动推进新文化运动迅猛扩展

五四运动是新文化运动发酵的结果，又反过来给予新文化运动以巨大的推动力。前面在讲五四运动爆发的情形时已经揭示，发动五四运动的那些青年领袖，正是受新文化运动影响最深的青年学生。他们经历五四运动，如同又受一次洗礼，使他们所接受的新思想、新观念在运动实践中接受检验，同时把他们的新思想、新观念运用到运动实践中，做改造国家、改造社会的实际尝试。经由他们的努力，新文化运动借力迅速向横广方面扩展，并且在某些方面也向深层次渗透。

这里我们着重从两个方面来讲：一个是，因五四运动造成全国社会动员的效应，大大推动了白话国语的盛行；另一个，同样是因五四运动造成的全国社会动员的效应，撼动了中国数千年牢固不破的家庭制度，使大量青年得以走出家庭，成为社会活动的积极力量。这两点的客观作用与意义，无疑是其他任何方面都无法比拟的。

（一）白话报刊的大盛行，促成白话国语的成立

文学革命的攻坚战，是以白话取代古文的正宗地位。而白话之作为国语得以实现，正是文学革命所要达到的一个目标。

　　如果说，在五四前，人们还在争论白话与文言的优劣，以及白话应有的规范，乃至白话之能否成为诗的语言等；那么五四以后，在空前遍及全国的群众运动中，白话竟不须任何形式的批准与认可，它就直接成了所有参与运动的人共同的交流工具。有两种实际的迫切需要使这一点成为无可争议的事实。一是五四运动的发动者和骨干分子，迫切需要尽可能多的群众响应他们，加入运动中来，于是就需要大力做宣传鼓动的工作。早在五四前即已存在的平民教育讲演团，自然继续发挥其作用。还有五四后普遍建立的救国十人团以及应时兴起的其他许多小团体，都积极活动于街道、胡同里弄，以及商店、车站、工厂，甚至还有某些农村。他们组织讲演、散发传单、张贴标语等，用的自然都是白话。这样，讲演者、写作者于短时间内得到运用白话的频繁训练，而听者、读者也得到了运用白话的各种知识与训练。这对于白话的普及，乃至白话国语的成立，无疑起到十分重要的作用。

　　第二个迫切的实际需要是，五四后，大批在北京直接参加过运动，并受过组织团体、开展群众活动的初步训练的青年学生，纷纷出发到全国各大中城市从事联络，推动各地的运动向前发展。他们为了与各当地青年深入沟通，势必努力运用白话国语，即大体以北京官话为基础的全国各地基本能接受的一种通用语言。这一情况显然直接有利于白话国语的通行。

　　由于以上的两个原因，五四后，各地白话报刊如雨后春笋般遍地迸发出来。

　　除了北京已有巨大影响的《新青年》《新潮》《每周评论》以外，五四后新创刊的白话报刊就有数十种，较有影响力的如《少年中国》、《新生活》、《平民教育》、《解放与改造》（后改名为《改造》）等。在上海有《星期评论》《建设》以及《觉悟》（《民国日报》副刊）、《学灯》（《时事新报》副刊）、《平民》《平民导报》等。在天津有《觉悟》《天津学生联合会报》《南开日刊》等。长沙有著名的《湘江评论》以及《新湖南》《女界钟》等。

南京有《少年世界》《少年社会》等。广州在五四前出版有《广东省会学生联合会报》，五四后创刊有《新学生》。武汉有《学生周刊》《武汉星期评论》等。杭州有《浙江新潮》《钱江评论》《浙江学生联合会周刊》《杭州学生联合会报》等十余种白话报刊。此外，差不多全国各省会城市或交通发达的中等城市也都因五四运动高潮的推动，而陆续创办一些白话报刊。据当时人的估计，五四后一年左右的时间里，全国陆续创办的白话报刊有四百种之多。[①]

白话报刊的盛行说明，在这个社会里，教育者（并非仅限于学校里的教师，而是泛指一切用笔、用舌来宣达自己思想主张、知识经验者）和受教育者都认同了白话是他们进行交流、索取知识、宣达意见的最好工具。

原来，早在清末就已发生两种主张：一是鼓吹白话，一是提倡国语统一。但这两种主张在当时是互不相干的，是各自分别进行的。而且，鼓吹白话的人，主要是把白话视为最方便的宣传工具和应用工具，提倡者只是用白话来写宣传品和应用文字，未曾明确提出用白话做一切文学的主张，所以还算不上是文学革命。而当时的国语运动，也只是停留在读音统一之类的层面上，提倡者的意思不过是想提出一种方便下层群众识字读书的简便办法。他们有的提出拼音字母，有的提出简化汉字的种种方案。这些办法、方案要实行起来，都必须先统一文字的读音，由统一读音，进而希望形成统一的国语。这两种主张虽然都有人去身体力行，但始终是少数人的活动，不曾造成社会广泛的关注，不曾形成真正的社会运动。照胡适的说法，是提

---

① 见罗家伦《一年来我们学生运动底成功失败和将来应取的方针》，《新潮》第2卷第4号，1920年5月。罗家伦的估计得到胡适的肯定（见《五十年来中国之文学》，《胡适文存二集》卷2）。蒋梦麟估计有350种，杜威估计有300种，而研究五四运动的周策纵认为，从1917年文学革命开始，到1921年，白话报刊可能有上千种之多。（见〔美〕周策纵《五四运动史》，第261页注解）

倡者未能与群众打成一片，他们提倡白话，提倡读音字母，提倡简化汉字，提倡统一国语，都是想给下层群众一点施舍，让他们也能识字读书，却始终未曾想过要与广大普通民众分享一样的文字、语言，一样的文学。提倡者继续用古文，继续用古字，甚至读古音；而下层的小百姓，则可以识简字，读国音，读白话。这样一种分裂的、二元的白话主张与国语主张，注定了不可能取得真正的成功。

文学革命的主张从一开始，就明确提出，要用白话做一切文学。我们在本书第二章第三节里就提到，胡适还在归国前，于1916年6月，与朋友讨论文学革命问题的时候，就提出要用白话做一切文学的主张。只有如此主张，才算得上是文学革命。但文学革命的正式开场，大家公认是以胡适发表《文学改良刍议》为标志，那是1917年的1月。在这篇文章里，胡适已经提出了文学革命的基本议题，以后所有具体的讨论与论争，也都是围绕这篇文章所提出的议题展开的。但，胡适在归国前，不很了解国内思想界、学术界的具体情况，自己身为一个留学生，作文发言，都极其谨慎，皆以讨论、切磋的态度为之。回国以后，他很快了解到，国内赞成文学革命的人甚多，态度亦甚积极。所以回国任北京大学教授不到一年，他便有足够的勇气对文学革命的总体目标、文学革命与国语统一的问题发表纲领性意见。这就是1918年4月他发表的《建设的文学革命论》一篇大文章。这篇文章，除了从建设的角度提出文学革命的基本要求之外，更重要的是，他提出"国语的文学，文学的国语"的纲领。他说："我的'建设新文学论'的唯一宗旨只有十个大字：'国语的文学，文学的国语'。我们所提倡的文学革命，只是要替中国创造一种国语的文学。有了国语的文学，方才可有文学的国语。有了文学的国语，我们的国语才可算得真正国语。"① 这一纲领的提出，把从前互不相干的各自分别进行的两

---

① 《建设的文学革命论》，《胡适文存》卷1，第73—74页。

个运动，即白话文运动与国语运动结合起来，统一起来。胡适说：

　　民元以后的音标文字运动变成了读音注音的运动，变成了纸上的读音统一运动。他们虽然也有小学国文教科书改用国语的议论，但古文学的权威未倒，白话文学的价值未得一般文人的承认，他们的议论，是和前一期的拼音文字运动同样的无力量的。士大夫自己若不肯用拼音文字，我们就不能用拼音文字教儿童和老百姓；士大夫自己若不肯做白话文，我们也不能用白话教儿童和老百姓。我们深信，若要把国语文变成教育的工具，我们必须先把白话认作最有价值最有生命的文学工具。所以我们不管那班国语先生们的注音工作和字典工作，我们只努力提倡白话的文学，国语的文学。①

　　于是人们逐渐认识到，只有在白话文学上升到文学正宗的地位，白话文学得到充分发展、提高的机会，白话文得以普及与提高的过程中才能逐渐确立国语的地位，这才是国语统一可行的途径。所以胡适认为，是白话文运动"把当日那半死不活的国语运动救活了"。② 著名的国语运动参与者黎锦熙则说，由于白话文运动的大力提倡与实际进展，使原来互相分离的白话文运动与国语运动"双潮合一"了。③ 但白话文学的迅猛扩展，在广大人群中得到承认和被充分运用，实在是五四运动有以助成之。诚如前面所说，五四运动爆发以后，大批学生到全国各地从事联络、宣传，帮助当地的活跃分子发动各阶层响应北京的运动。在这个过程中，他们之间的交流，他们用以发动群众的口号、传单、小册子，都是用的白话。这就大大地推动了白话文运动的大发展。这种形势又直接推动

---

①　胡适：《导言》，《中国新文学大系·建设理论集》，第24—25页。
②　胡适：《导言》，《中国新文学大系·建设理论集》，第24页。
③　黎锦熙：《国语运动史纲》，《民国丛书》影印本，上海书店出版社1992年版，第71页。

了中央政府做出小学国文教材逐渐推广采用白话的决定。1920 年 1 月 12 日，教育部发布通令称："案据全国教育联合会呈送该会议决推行国语以期言文一致案，请予采择施行。又据国语统一筹备会函请将小学国文科改授国语，迅予议行各等因到部。查吾国以文言纷歧，影响所及，学校教育固感受进步迟滞之痛苦，即人事社会亦欠具统一精神之利器，若不急使言文一致，欲图文化之发展，其道无由。……体察情形，提倡国语教育，实难再缓。兹定自本年秋季起，凡国民学校一二年级，先改国文为语体文，以期收言文一致之效。"① 后不久，教育部又通令全国，国民学校之国文教材一律改用语体文即国语。这一行政举措，意义非常重大。这并非政府官僚英明，而是文学革命运动的伟大胜利。它标志着白话取代文言的正宗地位，已获朝野一致的认同。从此凡入学读书的人，他的听受、口说与手写所用之语言文字，就是白话的国语，人们期待已久的国语统一即将成为事实，广土众民、历史悠久的中国，从此才有了全国人都能接受的一种互相交流的工具。这对于中国社会的发展与进步，对于现代化事业的推进，其意义无论如何估计，都不为过分。

（二）家庭制度变革，"社会的结合"骎兴

大量报刊的出现，是五四运动与新文化运动迅猛发展的结果。北京爆发的五四运动，像平静的湖水中突然爆炸重磅炸弹，掀起狂波巨浪，迅速向四面八方推进。在天津、上海、山东、湖北、江苏、浙江、湖南、广东、江西、安徽、四川等地，都相继爆发学生、商人乃至工人、农民参加的大规模群众运动，抗议巴黎和会祖护日本、伤害中国主权的决定，谴责北洋政府外交无力，要求罢免曹、章、陆，掀起抵制日货运动。六三运动之后，更显出全国联合

---

① 陈元晖主编：《中国近代教育史资料汇编·普通教育》，上海教育出版社 2007 年版，第 514—515 页。

之势，政府在巨大的压力下，终于拒绝在巴黎和约上签字，并罢免了曹、章、陆。

无疑的，像在北京一样，学生在各地的运动中也是充当了先锋和领袖的角色。上述四百多种新的白话报刊，即使不是百分之百是学生创办的，至少也有百分之九十是以学生为主创办起来的；这些报刊即使不是百分之百因响应五四运动和新文化运动而创办的，至少也有百分之九十是响应五四运动和新文化运动而创办的。青年们在创办刊物的同时，往往也创办起一个团体，这是非常值得注意的社会现象。青年们出来参加团体的活动、办报刊等，首先一定要在一定程度上摆脱家庭的束缚，摆脱家长的束缚，成为有独立意志的个人。

家庭在中国传统社会，乃是宗法制度的中心和枢纽。朝廷是家庭制度的最顶端，皇帝为一国之尊，权至大而无限，整个国家，实为皇帝一家之私有物，故有"家天下"之说。各个小家庭则成为皇帝所有之大家庭的各个细胞，一家之长为一家之尊，权亦至大无限，不但家中一切财产归其所有，全体家庭成员亦如其私有物，归其主宰、支配。这种专制主义的宗法制度成为中国社会进步的主要障碍，是中国进入现代社会必须克服的障碍。早在清末，中国部分先觉者，就已开始批判宗法制度、家庭制度，期待进行改革，以有助于中国社会的进步。比如，当时就有人指出，家，是人们私心的根源，因此也可以说是"万恶之源"，或者说是"万恶之首"。一位署名"汉一"的作者说："盖家也者，为万恶之首，自有家而后，人各自私；自有家而后，女子日受男子羁縻；自有家而后，无益有损之琐事因是丛生（今人动言家务累人，其实皆是自寻烦恼。今既无家，则此等琐事亦随而俱无矣）；自有家而后，世界公共之人类，乃得私于一人（婴孩为人类之孳生，关系于社会全体，而有家者，则以之私于其父一人矣）；自有家而后，世界公共之婴孩，乃使女子一人肩其任（婴孩之生，既关系于社会全体，则宜公共鞠养；若有家室，则男子必迫女子鞠养，而以之续一己之祭祀矣）。略举数端，而家之罪恶已如铁案之不可移易矣。"① 另一位署名"鞠普"的著文称："原人之始，本无所谓家也，有群而已。自有家而后，各私其妻，于是有夫权；自有家而后，各私其子，于是有父权。私而不已则必争，争而不已则必乱，欲平争止乱，于是有君权。夫夫权、父权、君权，皆强权也，皆不容于大同之世者也。然溯其始，则起于有家，故家者，实万恶之原也。"② 这两篇议论分别发表在两种同属无政府主义的刊物《天义报》与《新世纪》上。无政府主义根本理论上固然有错误，但其对于家庭与私有制及国家起源的关系的认识，显然是有道理的。旧传统之所谓三纲说，其父为子纲，夫为妻纲，皆自家庭出来。所以，欲打破三纲，必须实行家庭革命。只有脱离家庭之羁绊，才有争取自由国民的前提；只有家庭革命，才能打破旧道德的基础，建立新道德的轨范；只有家庭革命，才会有"个人"的发现。而"个人"之发现，实是社会向现代转型的关键。这一点，可以说在清末已有很少数的人开始意识到了。但那时整个内外环境最逼人的问题是救国于危亡。革命党人与改革派都把救国看得高于一切，他们对于家庭革命的认识，基本上限于唤起人们破家庭之障碍，投身于政治救国事业。所以他们讲破三纲的道理，家庭革命的道理，远不如无政府主义者讲得清楚。而无政府主义，在长期封闭的中国人心目中，终究是难以被认同的。而且，清末的时候，新式教育刚刚起步，能读新书、明新理的青年人为数甚有限。当时的启蒙思想家，尚在自由主义与国家主义之间，在个人自由与民族自由之间犹疑，不足以导青年入于健全的个人主义之途，不足以正确处理家庭与个人之间的关系，以为解放个人创造切实的条件。

---

① 汉一：《毁家论》，原载《天义报》第 4 期，引自张枏、王忍之编《辛亥革命前十年间时论选集》第 2 卷（下），生活·读书·新知三联书店 1963 年版，第 916—917 页。

② 鞠普：《毁家谭》，原载《新世纪》第 49 期，引自张枏、王忍之编《辛亥革命前十年间时论选集》第 3 卷，生活·读书·新知三联书店 1977 年版，第 193 页。

　　到了新文化运动时期，情况有了重大的变化。

　　新文化运动之所以兴起，最重要的思想动因就是意识到，人，具体的一个一个的"个人"，如果不首先解放出来，不向健全的个人的方向成长，则政治的进步，国家的得救，都是不可能的。所以，陈独秀把废除"纲常阶级制"视为继学术的觉悟与政治的觉悟之后的"伦理的觉悟"。他断然说道："伦理的觉悟为吾人最后觉悟之最后觉悟。"① 这种觉悟的核心是："盖自认为独立自主之人格以上，一切操行，一切权利，一切信仰，唯有听命各自固有之智能，断无盲从隶属他人之理。"② 基于此，他对于个人与国家的关系就有了全新的认识。他说："集人成国，个人之人格高，斯国家之人格亦高；个人之权巩固，斯国家之权亦巩固。"③ 胡适更是十分强调这个道理。胡适说："争你们个人的自由，便是为国家争自由！争你们自己的人格，便是为国家争人格！自由平等的国家不是一群奴才建造得起来的！"④ 试比较一下，清末时期，严复、梁启超等早期启蒙思想家，因特别关注国家的命运，而顾虑个人的自由、个人的独立会妨碍争取国家的独立与自由的事业，因而主张暂时牺牲个人的自由，先要争国家的自由。我们看，这两个时代的启蒙思想家对两者关系的认识与处理是何等的不同！毫无疑问，胡适、陈独秀的认识更加深化，更加合乎理性。现在，只要稍稍受过现代的新教育，稍稍具备现代知识素养的人，都能知道，依靠古代的奴隶、中世的农奴，是无论如何无法建立现代社会与现代国家的。所以，要走现代化的路，要建立现代社会与现代国家，必须先要用现代的思想观念教育出现代的人。正因此，胡适说，最重要的事，是先要把自己这块材料铸造成器。⑤ 在清末，先觉者们是呼唤

---

① 《吾人最后之觉悟》，任建树主编：《陈独秀著作选编》第 1 卷，第 204 页。
② 陈独秀：《敬告青年》，《青年杂志》第 1 卷第 1 号，1915 年 9 月。
③ 陈独秀：《一九一六年》，《青年杂志》第 1 卷第 5 号，1916 年 1 月。
④ 《介绍我自己的思想》，《胡适论学近著》，第 635 页。
⑤ 见《易卜生主义》，《胡适文存》卷 4，第 32 页。

大家，要先去救国，国家独立了，富强了，然后每个人的问题也都解决了。但在经历清末的改革与革命运动，到辛亥革命爆发，随后民国成立，大家以为国家得救了，独立了，共和民主了，可是，人们实际见到的是连年的混乱，甚至战争。外患依然存在，内政依然不修，民主连影儿也没有。这才促使人们反思，人们的思想观念不改变，不可能建造起一个真正独立、富强、民主的新国家。陈独秀说："我们中国多数国民口里虽然是不反对共和，脑子里实在装满了帝制时代的旧思想，欧美社会国家的文明制度，连影儿也没有，所以口一张，手一伸，不知不觉都带君主专制臭味。""我们要诚心巩固共和国体，非将这班反对共和的伦理、文学等等旧思想完全洗刷得干干净净不可；否则，不但共和政治不能进行，就是这块共和招牌也是挂不住的。"①

要救国，须先救出个人；要建立新国家，须先要使人有新思想。这就是新文化运动时期的思想领袖的结论。

而要救出个人，要使人接受新思想、新观念，要造成一代新人，必须从唤起青年做起。要青年们冲出旧伦理的束缚，以一个独立的个人的资格参与社会运动，则必须从破除旧家庭的樊篱始。这一点，因受五四运动的强力震撼而成为带有普遍性的事实。

我们在前面第三章第二节里，曾专门讨论过新青年及其导师们（即新文化运动的领袖们）对旧的家庭、家族制度的批判，表达出一代新青年要摆脱旧家庭的束缚，造就独立人格，成为社会的独立一分子，参与改造社会、改造国家的事业的强烈愿望。五四运动给他们提供了实现其愿望的契机。许多人激发爱国热情，勇敢地投入以"外争国权，内惩国贼"为中心目标的群众运动中。他们组织起志同道合的朋友，进行活动，不畏强权，不怕危险，互相援助，互相鼓励，坚持斗争。可以推测，他们中的大多数，可能并不曾征

① 《旧思想与国体问题》，任建树主编：《陈独秀著作选编》第 1 卷，第 333、335 页。

得家长的同意，而是出于自觉，听命于各自的良知。这是他们摆脱家庭束缚，养成独立人格的起点，是实现个性解放的真正实践。在五四运动高潮中，这样的青年为数甚多，全国可能有数十万。另有些人，是受到五四运动的震撼之后，才了解到在他们生活其中的腐旧的宗法的家庭制度所笼罩的四壁之外，还有一个充满新鲜空气的世界。那里有实行新式教育的学校，讲的不再是四书五经，而是有趣的新教材；那里有从前未曾见到的许多新书、新报、新杂志，介绍许许多多的新道理；那里有无数年龄和自己相仿的青年男女，他们已不再被"教忠""教孝"，而是崇尚自由、平等，尊重个性；而且，那里不再歧视女性，提倡男女平等、婚姻自由。所有这些，对于青少年男女们都是极富有吸引力的。他们对照一下身处其中的旧的家庭环境，不禁产生要走出去的强烈愿望。我们试举出若干典型事例加以说明。

第一个例子。

五四后，各地群众运动继起，发生了一些较有震撼作用的事件和事例。杭州浙江第一师范学生所办《浙江新潮》，在其 1919 年 11 月出版的第 2 期上发表施存统（后改名施复亮）的《非孝》一文。作者因亲身经历一件极痛心的事，[①] 而痛切感到"孝"的虚伪和非人道，令一个决心上进的青年无法忍受。故作者在文中对"孝"的观念，对以"孝"的观念强制晚辈顺从明显不合人道的父亲的命令，做了无情的批判与鞭笞。此文一出，舆论大骇，深深刺痛了以卫道者自居的一些人士。从当局的官僚到一般士绅，皆出而

---

① 施存统（1899—1970），浙江金华人，1917 年入读浙江第一师范学校。1919 年五四运动爆发，施存统热烈响应。是年因其母病危，回家探望。其父拒不肯拿钱给其母治病，其与父争，而被以逆父命为"不孝"。施存统眼睁睁地看着母亲痛苦地奄奄待死，而自己却被以"不孝"罪之，殊为痛恨。他从而大悟"孝"之不合人道，与自由、平等、博爱等新思想绝不相容，回校遂做《非孝》一文，发其感触。其文发表一个月后，其母病死。施存统从此下决心投身改造社会的革命事业。（施存统：《回头看二十二年来的我》，《民国日报·觉悟》1920 年 9 月 23 日）

攻击浙江一师，攻击新派人士，斥责青年新进。最后竟闹到不仅刊物无法续出（其第 3 期到另外的地方印出，后来又明确遭禁），而且校长被免，进步教师离校。经此一事件，施存统成了"名人"，在本地已待不下去。1920 年初他跑到北京，在那里参加一段工读互助团，然后又到上海，在那里投身创办共产主义小组的活动。

第二个例子。

福建的郑超麟（1900—1998）也是一个很典型的例子。五四前，他在龙岩的省立第九中学读书，当时还仅仅是一个普通的学生，没有什么独立的见解。"除了抵制日货，打卖国贼，拒签和约等等之外"，他不知道"还有其他意义的五四运动"。[1]　就是说，当时他还不曾接受由《新青年》《新潮》等杂志所传播的新思想、新观念。也就是五四运动那一年，他中学毕业了，感到很苦闷。后看到《新青年》杂志以及这一类的报刊，被深深地吸引，渐渐地，他对线装书不感兴趣了。他赴法留学，当在马赛登陆时，他觉得："我的外表虽同香港上船时一样，内心则完全改变了。潜伏的个人意识已经觉醒，从此我是自己的主人，我能支配自己的命运，而再不是父师及其他长辈给我安排的家族链条中一个环节了。"[2]　成为"自己的主人"，可以"支配自己的命运"，不再是"家族链条中一个环节"，这个转折，非常典型地反映了经历五四的洗礼，而改变人生轨迹的一代中国青年的人生际遇。

第三个例子。

湖南有一位女子叫李欣淑，她在自治女校读书，接受了新文化运动的影响，不肯遵父母之命嫁人。为逃避逼婚，她毅然决定出走，到新文化的策源地北京。她在长沙《大公报》上公开发表声明："我于今决计尊重我个人的人格，积极地同环境奋斗，向光明

---

① 《郑超麟回忆录》（上），东方出版社 2004 年版，第 161 页。

② 《郑超麟回忆录》（上），第 165 页。

的人生前进。"① 她到北京后得到同乡前辈、文艺家黎锦晖的援助。黎氏还把她介绍给胡适。李欣淑写信给胡适说她自己的情况，她说："长沙《大公报》鼓吹新思潮很力，所以我出走之后，他们对于我的事实的讨论，都极力的研究。还有许多热心新文化运动的人，都愿意帮助我。……我这次出走的原因，一来是我的父母要强迫我从人；二来是我自从看了五卷《新青年》杂志，我就不满意我的环境，这都是去年秋季的事。后因结婚的期近了，我无法脱逃，只得三十六计，走为上计，一人冒险跑到北京来。"②

以上所述三个典型事例，都非常明显地表明，五四后投入社会的青年，或是参加革命，或是做其他事业，无例外地要经历一次摆脱家庭限制的奋争。

从前的青年，都离不开家庭作为依托，即使离开家乡到外地，还是须经家长或家族亲戚朋友介绍，才能寻得落脚之地，才能进一步寻找出路。有些从家族、乡党圈子游离出来的人，没有其他出路，只好"入江湖"，加入会党，以求庇护。这是数千年中国社会的通例。现在，经历过新文化的熏陶，经历五四运动的震撼，从家族、家庭的束缚中摆脱出来的青年，他们虽然仍有少数可能走同乡、会党的路，但大多数有了新的人生轨迹，他们以志同道合为条件，以纯粹个人的身份，互相结合起来。这种情形，虽然在清末已经出现，但为数甚有限。到五四运动前后，这种社会的小团体几乎到处都有，名目繁多，人数不等，其所标榜，都是追求个人独立、个性解放，致力于改造社会。

值得注意的是，经历五四运动的实践，从家庭中走出来的青年，对于"社会的结合"的意义有相当程度的认知。

傅斯年是五四运动中一位非常重要的学生领袖。他在五四后三个多月，写信给他的好朋友袁同礼，信中对五四运动加以反省。他

① 长沙《大公报》1920 年 2 月 27 日。
② 耿云志主编：《胡适遗稿及秘藏书信》第 28 册，第 213—214 页。

说:"自从五四运动以后,中国的新动机大见发露,顿使人勇气十倍。不过,看看过去的各般动机,都是结个不熟的果子,便落了。所以我所盼望的,还是思想界厚蓄实力,不轻发泄。清华学生的 Sociability 实在是改造中国的一种好原素。"[1] 这里包含几个非常重要的意思:第一,傅斯年认为五四运动为中国社会的进步开启了很大的新的"动机"。第二,他认为过去中国也曾发生过几次新的"动机",但都因没有厚蓄实力,过早发泄,以致结个不熟的果子,便落了。这次应当深记教训,思想界要注重厚蓄实力,以期培育出成熟的果子,即造成比较成熟的"社会的结合"。第三,他认为清华学生提倡的"社会的结合"是一个很好的办法。以前的运动,都因没有"社会的结合",所以不能持久。大家努力做"社会的结合",可以使改造社会的工作,持续地坚持下去。

傅氏在五四前就对中国社会做过剖析。他认为,传统的中国社会,其实是没有实质内容、没有生机活力的社会。也可以说,只有群众,而无社会。群众是一盘散沙,没有有机的结合。那是因为"两千年专制的结果,把国民的责任心几乎消磨净了"。[2] 没有责任心,没有公益心,便没有"社会的结合"的需求了。所以,傅斯年提出两个极其重要的见解:一是努力造社会,但要造成有生机活力的新社会,则必须要造成有责任心,有公益心,有做"社会的结合"的欲望的个人;所以,第二便是要从改造个人做起。可以说,傅斯年对中国社会的解剖已经相当到位。

五四运动另一个重要的学生领袖罗家伦,在五四过去仅仅三个星期,就开始有所反省。一年之后,他又撰写长文,对运动做出更深入的总结。他在《一年来我们学生运动底成功失败和将来应取的方针》一文中,总结运动成功的因素主要有三点:(1)思想改

---

① 《傅斯年致袁同礼的信》(1919年8月26日)。十多年前,袁同礼先生的哲嗣袁清教授将此信的复印件送给我。我看此信内容极其重要,即以此信为讨论的中心,写成《傅斯年对五四运动的反思》一文,在《历史研究》2004年第5期上发表。

② 傅斯年:《〈新潮〉之回顾与前瞻》,《新潮》第2卷第1号,1919年10月。

革的促进；（2）社会组织的增加；（3）民众势力的发展。其中的第二点，讲的就是"社会的结合"。他说："请看五四以前中国的社会可以说是一点没有组织。从前这个学校的学生和那个学校的学生是一点没有联络的，所有的不过是无聊的校友会，部落的同乡会；现在，居然各县各省的学生都有联合会。从前这个学校的教职员和那个学校的教职员也一点没有联络的，所有的不过是尸居余气的教育会，穷极无聊的恳亲会；现在居然有好几省已经组织成了什么教职员公会。"① 他同时也提到工界、商界组织的发展。我们这里关注的主要是学生青年的组织。现在没有人对当时学生青年组织团体的情况做专门的研究，没有起码的统计资料可以利用。但可以从当时全国各地运动的发展情况做出不太离谱的估计。其一，全国各地中等以上学校基本上都有学生会的组织，而且这个组织大体都承担了组织和宣传民众的任务，所以是有一定活力的团体组织。其二，各交通较方便、工商业较发展的城市（包括大、中、小城市）大多建立起学生联合会，有的还按县、按省组织起学生联合会。其三，除了学生会、学生联合会之外，还有学生志同道合地组织起来的小团体，如讲演团、工读互助团、救国十人团，还有各种学会等。我们前面说过，青年创办报刊，同时也就以报刊为中心，成了一个小团体。根据以上情况，我们可以估计，五四运动中及其前后产生的各种团体肯定在千个以上。这确是中国社会前所未有的现象，它意味着传统的中国社会已着实进入了解构的过程。当然，要使这一过程进入有序发展的轨道，中国还不具备条件。这些小团体都是旋生旋灭，不能持久发生作用。我在研究清末立宪团体时，曾指出，当时在那么多的团体中，真正能够按照带有民主性的章程坚持长期活动的就只有上海的预备立宪公会。其原因在于，这个公会的参与者都是退休官僚、工商业者和有稳定职业、稳定社会地位的

---

① 罗家伦：《一年来我们学生运动底成功失败和将来应取的方针》，《新潮》第2卷第4号，1920年5月。

人士。这里包含两个最重要的条件，一是有经济力量支持；二是成员有稳定的社会地位。有了这两个条件，才会有较长时期坚持活动的社会团体。只有有众多这样的社会团体的活动，才能达到改造社会的目的。五四时期的青年学生，当然都不具备这两种条件。

在五四运动一年之后，与学生青年有着极为密切关系的胡适、蒋梦麟两人，联名发表一篇很重要的文章（由胡适起草），叫作《我们对于学生的希望》。这两位在学生中享有极高声望的北京大学的教授（蒋梦麟一度代理校长），提出希望学生们学会过三种有意义的生活：一是学问的生活，二是团体的生活，三是社会服务的生活。这里第二点是我们要讨论的重点，它是讲"社会的结合"的。

文章说："五四运动以来，总算增多了许多学生的团体生活的经验。但是现在的学生团体有两大缺点：（一）是内容太偏枯了。（二）是组织太不完备了。"补救内容偏枯的办法，应加强学术的团体生活，体育的团体生活，游艺的团体生活，社交的团体生活，组织的团体生活，等等。补救组织不完备的办法，须从学习议会法规入手。既然是团体，有事必须大家商量，做出决定，再去施行。这必须有一定的程序、法规。胡适详细列出其要点：法定的开会人数；动议的手续与修正议案的手续；发言的顺序；表决的方法；复决制的规定；议案必须有讨论的时间；等等。此外，他们还提醒学生，要容纳反对党的意见，要人人负责。[①] 从这些建议可以看出，胡适、蒋梦麟他们，是真心希望五四一代学生青年，要努力在实践中学会运用民主的方式解决所遇到的各种问题，有了这种训练，这种实际经验，才谈得上建立民主的新社会、新国家。简单一句话，民主就是在团体生活的训练中培育起来，建设起来。所以，组织团体，做"社会的结合"，并在其中认真训练自己，这才是建立民主

---

① 见胡适、蒋梦麟《我们对于学生的希望》，季羡林主编：《胡适全集》第21卷，第224—225页。

制度的切实基础。

胡适、蒋梦麟对学生青年的建议与劝告，自然是很有道理的。但如我们前面所说，没有经济力量的支撑，没有稳定的社会地位，要实行胡、蒋两位先生的建议，是事实上非常困难的。所以，五四后，绝大多数的学生团体，都像傅斯年所说，"结个不熟的果子，便落了"。

第 六 章

新文化运动的性质、实绩
及其意义与影响

新文化运动的高潮期（大约 1917—1923 年），距今已上百年，但对它的性质和它的历史作用与意义，至今仍存在争论。一般地说，在学术界多数持肯定的态度，有一部分人持否定的态度。持肯定态度的人们，往往在有些方面，有些问题上，仍有不同的认识；持否定态度的人们之中，也不尽完全一致。

我以为，对这一场曾经发生重大影响的历史活动，应当平心静气地加以研究，从中国当时在世界格局中所处的地位，和中国历史发展的脉络，对这个运动进行历史的全面的考察，然后加以评估，说清它的性质，揭示它的实绩，阐明它的影响，并指出它实际存在的流弊与负面影响。

一　新文化运动的性质

在具体讨论新文化运动的实绩及其影响之前，我们须首先对新文化运动的本质及其历史定位有一个基本的认识。关于新文化运动性质的讨论，几乎与新文化运动研究的历史同样长。当时躬与其事的人们，有过"新思想""新思潮""新文化"等不同的提法。后来，人们渐渐地都习惯于使用"新文化运动"的提法。但新文化究竟是什么？新文化运动到底是什么性质？它在历史上起的作用到底如何？这些问题，一直有不同的看法。近年来，有关新文化运动是否是启蒙运动、是否是文艺复兴运动的问题，再度成为争论的热点。① 有意思的是，无论是认定新文化运动具有启蒙性质或文艺复兴的特点的人，还是否认新文化运动具有启蒙的性质或文艺复兴的特点的人，都是拿中国的新文化运动与欧洲的文艺复兴及启蒙运动做比较而得出自己的结论的。

中国人最早对欧洲的文艺复兴运动加以考察的，应推蒋百里先生。他于 1920 年写成、次年出版的《欧洲文艺复兴史》，开篇即对欧洲的文艺复兴做一概括。他说："当十五六世纪时，欧洲诸民族间，发生一种运动，起源于伊大利，传播于英法，而终及于日尔曼。是为中古时代与近世时代之蝉蜕，历史家名之曰 Renaissance，译言者再生也，东人则译为文艺复兴。"② 应该说，蒋氏的概括还是相当准确的。就本人所见而言，欧洲的文艺复兴运动最主要的性质和特点似可概括为以下几点。首先是它的人文主义精神。人文主义是针对旧有的宗教教条及教会统治而起的。把人从神光笼罩中拉回到俗世来，承认人的需求、人的欲望的合理性，承认追求幸福，追求自我完善，追求荣誉，是每个个人的权利。于是个人主义得以确立。总之，是人取代神成为关注的中心。其次，重新发现古代文化典籍的价值，从古希腊、罗马时期的文化典籍中，人们重新发现古代人鲜活的个性和伟大的创造精神。那时代的人们把自己的创造

---

① 十年前，寓美学者余英时先生提出，五四新文化运动既不是文艺复兴，也不是启蒙运动。（余英时：《文艺复兴乎？启蒙运动乎？——一个史学家对五四运动的反思》，载余英时等《五四新论——既非文艺复兴、亦非启蒙运动》，台北，联经出版公司 1999 年版）2007 年，在北京举行的纪念新文化运动 90 周年国际学术研讨会上，香港学者陈方正先生的论文报告，则论证，即使以中国的五四新文化运动与欧洲，主要是法国的启蒙运动相类比，也仍然不能否认其为启蒙运动的性质。

② 蒋方震：《欧洲文艺复兴史》，商务印书馆 1921 年版，"导言"，第 1 页。

性思想与活动都看作追摹古代先贤的典范。其三，人文精神的发扬，削弱了对神与宗教的依赖，人们对外在世界认知的兴趣与能力得到提升，自然科学随之逐渐发展起来。

在中国，胡适最早以文艺复兴来说明新文化运动。他在向西方世界介绍中国的新文化运动时，为了让西方人比较容易地了解，便找出这个运动与西方人比较熟悉的与之有些相类似特点的西方历史事件来加以比附。现在所见最早一篇以欧洲的文艺复兴运动来说明中国的新文化运动的文章，是胡适 1926 年 11 月 9 日在英国伦敦皇家国际问题研究所的演讲，题目就是《中国的文艺复兴》（The Chinese Renaissance）。胡适在开场白中讲道："说到文艺复兴这个词，人们自然会联想到西方历史上那场预示着现代欧洲诞生的伟大运动。这同样的名词与过去十年来席卷全中国的一场思想与行动的意义深远的变革非常吻合。为了方便起见，我就用这个名词，并且会尽力给你们讲述一些它所包含的那场运动的意义。"① 这里有两个要点：其一，中国的新文化运动与欧洲的文艺复兴运动，在思想与行动的意义上相吻合；其二，因"文艺复兴"这名词和它所含的意义，是欧洲人所熟悉的，所以用文艺复兴作参照来介绍中国的新文化运动，易于为西方人所了解。1933 年 7 月，胡适在美国芝加哥大学做《中国的文艺复兴》系列演讲时，进一步解释说中国的新文化运动与欧洲的文艺复兴运动两者"有惊人的相似之处"。胡适说：

　　该运动有三个突出特征使人想起欧洲的文艺复兴。首先，它是一场自觉的，提倡用民众使用的活的语言创作的新文学取代用旧语言创作的古文学的运动。其次，它是一场自觉地反对传统文化中诸多观念、制度的运动，是一场自觉地把个人从传

---

①　这里引用的是我的几个学生在十几年前翻译的文字，我只改了很少几个字。见胡适《中国的文艺复兴》，邹小站等译，湖南人民出版社 1998 年版，第 94—95 页。

统力量的束缚中解放出来的运动。它是一场理性对传统，自由对权威，张扬生命和人的价值对压制生命和人的价值的运动。最后，很凑巧的是，这场运动是由既了解他们自己的文化遗产，又力图用新的批判与探索的现代历史方法论去研究他们的文化遗产的人领导的。在这个意义上，它又是一场人文主义的运动。在所有这些方面，这场肇始于 1917 年，有时亦被称为"新文化运动""新思想运动""新潮"的新运动，都引起了中国青年一代的共鸣，被看成是预示着并表明了一个古老民族和一个古老文明的新生运动。①

我认为，胡适这里所指出的中国的新文化运动与欧洲的文艺复兴运动非常相似的三点，是符合事实的。事实上，以欧洲的文艺复兴来说明中国的新文化运动的不只胡适一人。蔡元培可谓是新文化运动的护法神。他为《中国新文学大系》所写的《总序》一文，全篇都是论证中国的新文化运动在许多方面与欧洲的文艺复兴运动极其相近，因而他认定，新文化运动，就是中国的文艺复兴运动。不过要说明，蔡元培文中不用"文艺复兴"的提法，而全用"复兴"的提法，但谁都看得出，他说的"复兴"，就是指"文艺复兴"。例如，文章开头一段说："欧洲近代文化，都从复兴时代演出；而这时代所复兴的，为希腊罗马的文化，是人人所公认的。我国周季文化，可与希腊罗马比拟，也经过一种烦琐哲学时期，与欧洲中古时代相埒，非有一种复兴运动，不能振发起衰；五四运动的新文学运动，就是复兴的开始。"② 可见，在中国学界，以新文化运动与欧洲的文艺复兴运动相比拟，并不是一件不好理解的事。认为中国的新文化运动具有文艺复兴的性质，并无不妥。

在中国，认为新文化运动是中国的启蒙运动，可能比较更普遍

---

① 胡适：《中国的文艺复兴》，第 38 页。
② 蔡元培：《总序》，《中国新文学大系·建设理论集》，第 3 页。

一些，至少对于中国内地学术界是如此。据现在所看到的文献，最早将新文化运动认定为启蒙运动的是艾思奇。这种说法最早出现在艾思奇于 1934 年初发表的《二十二年来之中国哲学思潮》一文。在提到思想文化之进入近代新时期时，艾思奇说："真正的新时代之到来，是在新时代已完成了自己特殊的武器而能独立与传统作战的时候。在欧洲，这就是文艺复兴以至启蒙运动的时期；在中国，就要举出五四。"[1] 艾氏做此种判断可能是出于某种政治动机。但政治上与他立场不同甚至相反的人，也有认定新文化运动是中国的启蒙运动的。[2] 比如五四后成长起来的一代思想家之佼佼者殷海光，他在《论胡适南来》这篇文章里说："由于自由主义者和社会主义者底合作，产生了启蒙性质的五四运动。"[3]（在许多前人的著作中常常将五四运动与新文化运动混为一谈）殷氏在后来的著述中，讲到新文化运动时，不再用"启蒙运动"的提法，但仍认为该运动有"启蒙"的性质和"启蒙"的作用。

我个人接受关于新文化运动具有启蒙运动的性质和带有文艺复兴的特点的提法，完全是基于运动本身的内容及其所产生的影响。在这里，我要声明一下，我通常是把新文化运动与五四爱国运动区分开来对待的。新文化运动是指从 1917 年由文学革命开始引发，后来渐次展开的思想解放和文化革新运动（包括个性主义、女子解放、自由平等、批判专制主义与宗法伦理、打孔家店与否定儒学一尊、提倡移风易俗等）。这个文化运动所反对、所批判的是古代的专制主义的政治和宗法伦理以及各种武断迷信；它所提倡的是近

---

① 《二十二年来之中国哲学思潮》，原载《中华月报》第 2 卷第 1 期，引自《艾思奇文集》第 1 卷，人民出版社 1981 年版，第 62 页。

② 余英时在《文艺复兴乎？启蒙运动乎？——一个史学家对五四运动的反思》（载余英时等《五四新论——既非文艺复兴，亦非启蒙运动》）一文中提到的罗家伦和李长之，都认为新文化运动是启蒙运动。

③ 《论胡适南来》，《殷海光文集（修订本）》第 2 卷，湖北人民出版社 2009 年版，第 3 页。

代的自由平等、个人独立以及科学精神与科学方法，应当说，具有明显的启蒙性质。五四爱国运动，纯然是一场爱国的政治运动。在五四运动爆发前，新文化运动基本上是一批大学教授和受他们影响的青年学生及其他知识分子参加的运动，虽然在社会上已有所传播，但所涉及的地域和社会阶层毕竟有限。五四爱国运动吸引了众多的商人、工人甚至部分农民等大规模卷入其中。而在这个过程中起联结作用的基本上都是受过新文化运动洗礼的青年学生，他们在联络和发动各地、各阶层群众的时候，也就把新文化运动的许多新思想、新观念传播到他们所接触的群众中，大大地扩大了新文化运动的影响。所以五四运动与新文化运动有着极其密切的关系，但绝不是一回事。我认同启蒙运动和文艺复兴的说法，是专指新文化运动而言。

欧洲的文艺复兴与启蒙运动发生在两个不同的历史时段，在两个不同的社会环境中，因此是性质不很相同的两个运动。文艺复兴的重心是在复活古代人鲜活的个性和创造精神。启蒙运动是用理性战胜权威，科学祛除迷信。这两个运动都对欧洲历史发生了普遍性的影响。在持续三四百年的时间里，新思想、新观念、新制度经历一番从容孕育、从容成长和从容巩固的过程。而在中国，这个过程是在紧迫的内忧外患的大背景下，被压缩在短短的几年之中。令人应接不暇的各种新思想、新观念、新制度，如大河决口一样，奔腾泄下，没有来得及形成众多的涓涓细流，从容灌溉农田和滋润花草树木，便匆匆入海。对此，不免有所遗憾。

文艺复兴与启蒙运动最重要的是，它是一个发现个人和解放个人的过程，在这个主要点上，中国的新文化运动确与欧洲的文艺复兴和启蒙运动相似和相通。在欧洲，是从宗教和教会的束缚中解放个人；在中国，则是从专制制度和宗法制度中解放个人。在欧洲，人们所追摹的精神典范是古希腊、古罗马和所谓法兰西文明；在中国，人们所追摹的是先秦时代。在欧洲，理性所对抗的权威是教会与神学；在中国，理性所对抗的权威是专制权力、宗法制度与儒学一尊的地位。

稍为细致地梳理一下新文化运动中诸代表人物的思想言论，可以发现，有些人比较更多地强调文艺复兴的一面，比如胡适；有些人则比较更多地侧重启蒙的一面，比如陈独秀。

当然，我们承认中国的新文化运动与西方的文艺复兴及启蒙运动有许多重要的相同点，本质上、精神上有相通处，但这不等于把中国的新文化运动与西方的文艺复兴、启蒙运动完全视同一事。世界上的事物都有其复杂性，正如哲学家所谓，一棵树上找不到两片完全相同的叶子。在比照两个相关事物时，从中找到一些相同点，或找到一些不同点，都是不难做到的。就中国近代史上的一些事物而言，有很多是参照和借鉴西方的事物而得其名、命其义的，比如文艺复兴与启蒙运动就是如此。须知，当中国人把西方的事物用中国文字翻译出来时，就把中国人，首先是翻译者对该事物的理解注入其中。而他的理解，以及其他中国人的理解，与西方事物的原型，肯定已经产生距离。后之读者与研究者，通常只能按其基本的特征或基本的意涵去理解该事物。

语言文字本来的基础，就是约定俗成，没有这样的基础，表达和交流是无法进行的。我们不能把一个概念所涵盖的事物，都看成一模一样的，毫无差别。哲学家懂得，具体高于抽象，个别比一般更丰富。真正认识事物，还须从个别的、具体的事物本身入手，不可停留在对一般概念的了解上。但我们同样不能因个别的具体事物各有不同的特点，就否认某一类事物之间的共同性。没有分类的概念，没有运用类概念来概括事物和区分事物，人类知识的进步、认识的发展就是不可能的了。所以，我们既要看到具体事物的复杂性，又要承认某一类事物的共通性。比如，吴稚晖曾经是个无政府主义者，他与法国的无政府主义者蒲鲁东、俄国的无政府主义者巴枯宁肯定有许多不同，但我们不能因此否认吴稚晖曾经是个无政府主义者。殷海光在谈到中国的自由主义时说："当我将'自由主义'一词用在中国社会文化时，我希望不要因此以为中国版的

'自由主义'与西方原版的'自由主义'是完全一样的。翻版总是翻版。虽然，中国社会文化里的自由主义与西方的自由主义有共同的地方，但二者也有不同的地方。在某一个社会文化里滋长出来的观念、思想和学问，传到另一个社会文化里以后，因受这一个社会文化的作用，而往往染出不同的色调。"[①] 在我们中国的学术语境里，凡指称西方事物的，有一些约定俗成的概念、词语，或它所指称的事物本身起了某种变化，或人们对它的认识有了某种变化，由此产生分歧是难免的。但就新文化运动而言，数十年来，绝大多数中国学者以及部分外国学者，[②] 都认同它具有启蒙运动的性质，认同它具有文艺复兴的意味，这种认识是有充分理由的。

二　新文化运动的实绩及其影响

因五四运动产生伟大的推动力，新文化运动迅猛发展，在许多方面取得实在的、不可磨灭的成绩，从而造成中国民族文化复兴的重大契机，成为近代中国文化转型的一大枢纽。

（一）文学革命的实绩

文学革命要达到两个最主要的目标：一个是要用白话做一切文学，以白话文学取代文言文学的正宗地位；与此同时，实现统一的白话的新国语。另一个目标是，创造反映现代生活的中国新文学。前者主要是文学形式与语言形式的变革；后者主要是文学思想内容的变革。我们在第二章和第五章的有关部分曾做过论述，现在我们着重地谈谈白话国语成立的深远意义和现代新文学的诞生。

---

① 殷海光：《中国文化的展望》，中国和平出版社 1988 年版，第 277 页。

② 如美国的薇拉·施瓦支（Vera Schwarcz），对五四新文化运动有很深入的专门研究，她就毫不怀疑这个运动的启蒙性质。

（1）白话国语成立的深远意义

文学革命最重大的成就是白话国语的成立和广泛应用。它极有利于推动新教育的发展，极有利于打破精英文化与大众文化之间的壁垒，极有利于各种人群之间、各种文化之间的沟通和互动，特别是，极有利于中国与世界各国，主要是西方国家的文化沟通，这都是文化的创造与发展所需要的条件。白话国语是最方便的创造民族新文化的利器。

我们在前一章里谈到，因五四运动的爆发，大大推动了文学革命的扩展，主要是加速白话国语在广大范围的推行。

语言文字是一种精神生产的工具。历史上凡是生产工具的革新，都会大大地解放生产力和提高生产力，在物质生产领域是如此，在精神生产领域也是如此。[1]

人之所以能创造文明，是因为人能思维。思维是因认识外界事物而起，一般动物只能凭借感觉器官感知外界事物，留下对事物的大小、软硬、颜色、味道等的直觉，积累经验，以辨别事物。而人则不停留于感觉印象，他们靠思维的能力，在感知经验的基础上进行分类、概括、推理，得出深入事物本质的认识。思维必须依赖语言。语言是思维的直接现实。无论是表达出来，还是不表达出来，思维都是借助语言才能进行的。表达的方式是说话，或写成文字。说话只有面对面才能互相沟通；要把自己所想到的让不在眼前的人知道，须写成书信，邮寄或请人带到异地去。要想让更多的人知道，就要写成文章或书，印刷出来，发行出去。到今天，传播的工具更多了，更方便了。我们可以确信，古人思维和说话其所运用的语言应是完全一致的。后来文字发明，作为一种语言的符号，加之书写工具的不方便，所以，文字的数量必力求精简。这是文字表现的语言与说话（口语）的语言产生一定程度的差别的最初原因。

---

[1] 参见耿云志《胡适与五四文学革命运动》，载《中国现代文学研究丛刊》第 1 辑，北京出版社 1979 年版。

可以想象，其最初的差别应该不会太大。随着人类的生活越来越丰富，越来越复杂，语言自然也变得越来越丰富，越来越复杂，文字自然也是越来越繁多。但能熟练运用文字的人，自从文字产生之后，就一直只能是少数人。这少数人的生活比较优裕，他们与普通民众的距离越来越大。他们用文字表达，与普通人说话之间的差异逐渐拉大。再随着文字表达的艺术功能加强，少数人越来越把文字的运用艺术化。由此，文字与普通大众的语言越来越呈现分离的趋向。这就是所谓言文不一致，甚至某种程度是相互对立的由来。其实，这种语言史上的现象在世界各国都是有的，只是形式与程度不尽相同罢了。

就中国而言，言文不一的趋势发展到极端的程度。最底层的是百姓日用口语，最顶层的是文人"创作"的文艺性的文字（我这里把"创作"二字打上引号，是因为中国古文学家写的诗、文作品并不都具备创作的性质，有些颇类似无聊的游戏）。介乎两者之间的有各种不同程度的文言与白话混合的表现形式，如各种应用文：官方文告、上下移咨文件、奏折、书信、文契等，这些虽亦出于文人手笔，但因属实用性文字，故较注意通顺明白。另有一些应用文则不同，如寿序、祭文、诔文、各种赞颂文，往往都追求尚古、奇诡、僻典，故多不通畅易懂。至于文艺性的作品，凡出于伟大作家带有现实主义意味的作品，多亦比较通顺明白；而那些纯粹文人游戏性的作品，则很艰涩难懂。到了近代，由于中西文化交流的需要，有人利用古文翻译西方作品（包括文学、哲学、政治学、社会学以及自然科学），不得不适当追求通顺明白。还有一部分人用古文做时论、政论，不但要追求通顺明白，还要注意合乎逻辑。我们现在看当时那些用古文做翻译和做政论文的前辈的作品，可以深感到他们的艰辛和无奈。用那早已脱离现实生活的古文，来写传达现实社会内容的文章，是多么地不顺手，多么地费力，多么地不惬意。其实，那些古文家自己也知道用古文的不方便，只是文人自矜的毛病，令他们放不下身段来与普通大众讲同样的话，写明白如话的文章。

前面说过，自古能熟练运用文字的人就是少数，这种角色地位，自然地使这少数人成为社会的上层。中国虽然较早地消灭了贵族，却不可能消除社会上层与下层的区别，只因科举制的存在，可以随时调整上层与下层的个别成分而已。傲据上层的文人不屑与下层同流，这种意识极其顽固地扎根在文人心里。本来，语言是随现实生活变化而变化的，而文字则相对稳固，不会紧随语言立即发生变化，这也是言文分离的一个重要原因。而文字为少数人享用，这少数人又以精神贵族自傲，更加重了文字的保守性。大概，汉字结构的特殊性，其组词造句功能变化的复杂性，也多少加剧了文人居奇的心态，从而加剧了言文分离的极端性。由此，古文成了一种极其特别的东西，它被营造出一个几乎独立于所有人的特殊世界。我这样说是基于以下的认识。

一般人，其思维和讲话都是凭借日常习用的语言，不可能用古文，这是不消说的了。那么，用古文做文章的人，他们的思维和日常说话，是否也用古文呢？我认为，肯定不是。因为古文是要特别用力气做出来的，其用字、用词、造句都是要加以斟酌的。古文家若每想一件事，每说一句话，都要像做古文那样费力，岂不是活得太辛苦了吗！

到了近代，有意识坚持用古文作表达工具的，多半是那些靠给人家写家传、写寿序、写祭文、做墓志铭得到厚赐的老先生。凡有进取心，想做实事的人，一般都不愿再为用古文表达意思而浪费工夫。所以白话国语的地位确定之后，人们不但思维与说话一致起来，而且说话与写文章也大体一致起来，如胡适所主张，话怎么说，就怎么写。他的意思是，话是怎样说的，文就怎样写，真正做到言文一致。如此，就省去了人们许多的时间和精力。

说话、写文，都是要让别人了解自己的意思。言文一致之后，作者、听者与读者，都不用把白话翻译成古文，或把古文翻译成白话的功夫，大家都直截了当，互相沟通。这就是我们前面开头时所说的，白话国语的成立和广泛应用，极有利于推动新教育的发展，极有利于打破精英文化与大众文化之间的壁垒，极有利于各种人群之间、各种文化之间的沟通和互动。多年来我一直强调，文字乃人类精神生产的工具，工具改善了，生产的效率自然会提高。人类的精神生产，反过来推动物质生产的进步。所以，白话国语成立，中国社会之进步，文明之发展，民族之提升，都会加速度前进。

（2）现代新文学的诞生

白话的国语因得五四运动的大力推动，而较快地得到通行，得到社会的确认，可算是取得基本的成功，但创造现代新文学却需要更长期的努力。这一方面是因为提倡文学革命最力的几个人，他们自己都是"提倡有心，创造无力"。胡适自己直言如此，其他几位，如陈独秀、钱玄同、刘半农、周作人等，也都差不多，有的可能还不如胡适。真正为文学革命、为白话新文学造就出最初的作品的，是原来并不出名的鲁迅，从1918年的《狂人日记》到1922年的《阿Q正传》，真正表现出"文学革命的实绩"。其他作者和作品简直是太不足道。新文学之不易产生，还有一个重要的原因，是可以借鉴的东西太少，新作家需有一个较长的成长过程。胡适、陈独秀开始提倡文学革命的时候，都深感到国内新文学的极端枯窘，既无现实的思想内容，又极端缺乏新文学的手法。所以，他们曾极力主张大力介绍西方文学，但大力介绍西方文学同样存在人才贫乏的问题。像清末时期那种古文家依靠别人的口译，再用文言表述出来的所谓翻译文学，无论在思想内容方面，还是写作手法方面，都已非作品的原来面貌，不足以成为创作新文学的模范。更何况，以古文翻译的西方文学，能读的人甚有限，对于受文学革命之洗礼而开始步入文学的青年们，更不足以发生有力的影响。中国的旧文学，以小说而论，绝大多数是说教性或猎奇斗艳之类的东西，如读书做官、帝王将相、英雄美人、恩怨相报、福善祸淫等。其最大的缺点是缺乏现实性和艺术表现力，不能产生真切、生动的感染力。

它们都是围绕着几个人人熟知的基本观念打转，而不是用真实的人生内容和情节描写来打动人。清末曾有新小说的提倡，但那时所谓的新小说，其内容基本是配合当时的各种社会政治运动的，其创作手法简单，结构松散，仿佛可以随意无限编下去，未脱旧章回体小说的窠臼。

　　白话国语的胜利，使创造新文学的工具问题得以解决。然而新文学在思想内容方面，应当有怎样的变革呢？1918 年 4 月，胡适发表《建设的文学革命论》一文，文中除了着重宣示他"国语的文学，文学的国语"的根本主张之外，主要谈到建设新文学的工具与方法。至于新文学的实质及内容，基本没有论述，只在谈新文学的方法时，他第一个强调的是"搜集材料的方法"。其中说道，新文学必须向当下社会中去寻求真实的材料，"如今日的贫民社会，如工厂之男女工人、人力车夫、内地农家、各处大负贩及小店铺"等。① 可以看出，胡适是主张新文学应当以现实社会、真实的人生作为写作的内容。是年 12 月，周作人在《新青年》上发表《人的文学》一文，他把新文学对于思想内容的主张说得更加清楚。文章开篇就说："我们现在应该提倡的新文学，简单的说一句，是'人的文学'。"要了解"人的文学"须先要了解"人"是什么。他说："我们承认，人是一种生物，他的生活现象，与别的动物并无不同。所以我们相信人的一切生活本能，都是美的善的，应得完全满足。凡有违反人性不自然的习惯制度，都应排斥改正。但我们又承认，人是一种从动物进化的生物，他的内面生活，比他动物更为复杂高深，而且逐渐向上，有能改造生活的力量。所以我们相信，人类以动物的生活为生存的基础，而其内面生活，却渐与动物相远，终能达到高上和平的境地。凡兽性的余留，与古代礼法可以阻碍人性向上的发展者，也都应排斥改正。"周氏认为，这些，就应该是今天人道主义的基本内涵。所谓"人的文学"，就是

---

　　① 《建设的文学革命论》，《胡适文存》卷 1，第 88 页。

提倡人道主义的文学，反对非人道主义的文学。所以他又给"人的文学"下一定义说："用这人道主义为本，对于人生诸问题，加以记录研究的文字，便谓之人的文学。"① 周作人的主张得到文学革命的首倡者胡适的充分赞同。胡适在回顾文学革命的一篇长文中，称赞周氏此文是"当时关于改革文学内容的一篇最重要的宣言"，并许为"最平实伟大的宣言"。②

新文学应有什么样的内容，在观念上清楚了，但在实践上真的创造出新文学来，还需要很长的奋斗时期。胡适在《建设的文学革命论》中表示，期望大家努力，"要在三五十年内替中国创造出一派新中国的活文学"。③

可以代表文学发展水准的，也许最主要的是小说、诗歌和戏剧，其中尤以小说为最重要。据前人的总结，从文学革命初起的 1917 年算起，到 1926 年所谓"第一个十年"，文学革命的实绩在小说方面，实在不能算是很辉煌。

前人的总结，最有权威性的，一个是胡适写于 1922 年的《五十年来中国之文学》，另一个是赵家璧主编的《中国新文学大系》（10 卷）。后者各分卷主编都是各该领域的权威，如主编《建设理论集》的是胡适，主编《诗集》的是朱自清，主编《小说一集》的是茅盾，主编《小说二集》的是鲁迅，主编《散文一集》的是周作人，主编《散文二集》的是郁达夫，等等，可见其权威性是不容置疑的。

胡适的《五十年来中国之文学》写于 1922 年的 3 月。那时文学革命的提倡刚刚五年多一点，文言白话之争，总算有了结果。但用白话创作新文学，则仅仅起步而已。胡适说道：

---

① 周作人：《人的文学》，《新青年》第 5 卷第 6 号，1918 年 12 月。
② 胡适：《导言》，《中国新文学大系·建设理论集》，第 29、30 页。
③ 《建设的文学革命论》，《胡适文存》卷 1，第 72 页。

这五年以来白话文学的成绩，因为时间过近，我们还不便一一的下评判。但是我们从大势上看来，也可以指出几个要点：第一，白话诗可以算是上了成功的路了。……最近两年的新诗，无论是有韵诗，是无韵诗，或是新兴的"短诗"，都很有许多成熟的作品。……第二，短篇小说也渐渐成立了。……但成绩最大的却是一位托名"鲁迅"的。他的短篇小说，从四年前的《狂人日记》，到最近的《阿Q正传》，虽然不多，差不多没有不好的。第三，白话散文很进步了。……这一类的作品的成功，就可彻底打破那"美文不能用白话"的迷信了。第四，戏剧与长篇小说的成绩最坏。①

但胡适认为长篇小说的无成绩是很自然的现象，他并且说："与其多出几集无穷无尽的《官场现形记》一类的小说，倒不如现在这样完全缺货的好。"② 胡适的总结是符合实际的。应当说，新文学的诞生，主要就表现在新诗的成功，白话散文的进步和短篇小说的渐渐成立。

先说新诗的成功。

无论当时的人或是后来的人，都不否认胡适是新诗成功的奠基人。他早在1915年就开始尝试创作白话的新诗，但他的白话新诗真正成立，应是1918年。他的《尝试集》出版于1920年，是中国新诗的第一本诗集，也可以说是中国白话新诗走上成功之路的标志。文学史家陈子展说，《尝试集》最大的意义与价值在于它"与人以放胆创造的勇气"。③ 还在《尝试集》出版之前，1919年10月，胡适在《星期评论》上发表《谈新诗》一文，他提出，新诗的成立，是辛亥革命以来的一件大事。此文为新诗提供了坚实的理

① 《五十年来中国之文学》，《胡适文存二集》卷2，第169—170页。
② 《五十年来中国之文学》，《胡适文存二集》卷2，第170页。
③ 陈子展：《最近三十年中国文学史》，上海书店出版社1989年影印本，第227页。

论基础和创作方法上的启示。我在 1979 年发表的《胡适与五四文学革命运动》一文中写道：胡适认为，"只有诗体解放了，'丰富的材料，精密的观察，高深的理想，复杂的感情，方才能跑到诗里去'。……最重要的是，胡适关于新诗音韵问题的见解。……他指出，做旧体诗词的人，只知道句脚有韵，句中有平仄，完全不懂得人们语言中自然的音节，自然的和谐。他主张，新诗废弃旧格律后，'诗的音节全靠两个重要分子：一是语气的自然节奏，二是每句内部所用字的自然和谐。至于句末的韵脚，句中的平仄都是不重要的事。'……胡适的见解最终打破了对旧诗格律的迷信，推翻因袭的谬见，有力地削弱了一部分人对新诗的反对，增加了新诗作者们的创造的勇气，为新诗的创作提供了崭新的理论依据，其意义是十分重大的"。[1]

《尝试集》出版的第二年，郭沫若的诗集《女神》出版，其革命浪漫主义的情调，颇感染了一些青年。以后陆续出现的许多青年诗人，如康白情、汪静之、俞平伯、朱自清等，他们的风格各有不同。到 1922 年已出版了七八种新诗集，新诗的成功，已无可怀疑了。

再说散文。

散文算不上是新文体，古人留下不少可传颂的散文作品，但现代散文的进步，与新文化运动所造成的"个人"的发现密切相关。郁达夫在《散文二集》的导言中说："五四运动的最大的成功，第一要算'个人'的发见。"所以"现代的散文之最大特征，是每一个作家的每一篇散文里所表现的个性，比从前的任何散文都来得强"。郁达夫认为，"现代散文的第二特征，是在它的范围的扩大"。郁达夫认为，现代散文的第三个特征是增加了幽默感。[2] 他认为，中国人过去的生活一向比较单调、枯窘。近年因受内外环境

---

① 耿云志：《胡适与五四文学革命运动》，《中国现代文学研究丛刊》第 1 辑。

② 郁达夫：《导言》，《中国新文学大系·散文二集》，第 5、8、10 页。

的刺激，加以外国文学的影响，渐渐增加了幽默的意味。这些特点既是因时代环境之刺激影响而生，反过来又大有助于散文的发达与进步。周作人所编的《散文一集》收了 17 家的作品，郁达夫编的《散文二集》收了 16 家的作品，所收散文从 1918 年到 1925 年，以后四年的作品居多。

通常大家都认为，反映一个时代的文学水准最主要是小说的创作与批评。而新文化运动在小说方面的成就却最不令人满意。主编《小说一集》的茅盾对此有颇为详细的说明。他说，民国 6 年《新青年》倡导文学革命的时候，还完全没有"新文学"的小说创作。民国 7 年只有鲁迅的短篇小说出现。民国 8 年，"小说创作的'尝试者'渐渐多了"，然而也不过"三数人"，也没有算得上成功的作品。民国 10 年，《小说月报》改革，归文学研究会来主持，特设"创作"一栏，以示鼓励创作之意。但所谓创作，每期多则六七篇，还包括散文在内，少则仅得三四篇。民国 10 年以后，小说创作才渐渐热闹起来，然而水准不高，存在内容狭窄和观念化的毛病。① 茅盾认为民国 10 年以后，情形逐渐改变，内容比较充实，有一定感染力的小说作品渐渐多起来，比较成熟的作家也渐渐多起来，但成功的长篇小说的创作，仍付阙如。

前面所提到的"内容狭窄"的毛病，是指作品仅仅反映作者个人的主观经验、感受，看不出社会大背景的真实情形，显然缺乏写实主义的训练。文学革命的首倡者胡适是极力主张写实主义的。写实主义在当时，往往也被称作"自然主义"（后来自然主义单指消极反映事实，而没有批判精神，没有理想指向的作品）。胡适曾与茅盾面谈过，提议《小说月报》应当有力地提倡写实主义。《胡适日记》1921 年 7 月 22 日记载，他看过《小说月报》第 7 期，对其讨论创作的诸文不满意。他对郑振铎、沈雁冰说："创作不是空泛的滥作，须有经验作底子。"他劝沈雁冰说："不可滥唱什么

_____

① 茅盾：《导言》，《中国新文学大系·小说一集》，第 1、10 页。

'新浪漫主义'。现代西洋的新浪漫主义的文学所以能立脚，全靠经过一番写实主义的洗礼。有写实主义作手段，故不致堕落到空虚的坏处。"[1] 当时主持《小说月报》编务的沈雁冰非常重视胡适的意见，他随即拟出一份提倡写实主义的计划，拟将《小说月报》的第12期，做成"自然主义专号"。他接连给胡适写了三封信，都跟此事有关，而其第一封信则详细谈到这期专号的内容安排。他向胡适报告说："前次听了先生的话，就打算从第八号起的《小说月报》上，期期提倡自然主义；……拟把十二号作为自然主义号。"专号的内容拟为：一是自然主义讨论；二是何谓文学上之自然主义，选一篇论自然主义最好的文章译出；三是译丛，全登自然主义作品。沈雁冰恳切要求胡适亲撰一篇讨论自然主义的文章，同时帮助推荐其他人的文章。[2]

这件事反映出，从1921年起，人们曾极力提倡写实主义文学，虽然没有特别大的成功，至少使新成长起来的一代作家重视社会现实生活的观察与体验。

当年酝酿提倡新文学的人们，包括我们曾提到的著名记者黄远庸，他们都认为，文学是转变人们思想观念、转变人们生活方式的一种极其重要的手段。这在西方国家的历史上也有同样的情形。所以，创造新文学是大家一致的期待。然而这方面却迟迟没有好的收获。真正优秀的长篇小说，即使到后来，也是很少见。这本身，从一个侧面反映出，新文化运动并没有收获预期的成功。这一点，在后面适当地方，我们再做深入分析。

（二）新教育的进步

中国有所谓新式的学校教育，恐怕是从外国人在中国办的教会

---

[1]　曹伯言整理：《胡适日记全集》第3册，第222—223页。

[2]　见《沈雁冰致胡适的信》（1921年8月16日），耿云志主编：《胡适遗稿及秘藏书信》第27册，第162—165页。

学校开始的，但其影响有限。中国人自办新式教育始于洋务时期。照陶行知的说法，"见人以外交强，故设同文馆；见人以海军强，故设水师船政学堂；见人以制造强，故设机器学堂；见人以陆军强，故设武备学堂；见人以科学强，故设实学馆。同治以后，甲午以前的学堂，几乎全是这一类的"。[1] 这时期办的学堂，极端地注重实用性，谈不上有多少新的教育理念，但它们又确与旧式教育不同，故应看作向新教育过渡期的一种现象。甲午战争以后，中国人看到日本之所由强，很大程度是发展教育的结果。于是有成批的中国留学生赴日留学，还有不少官员和绅商到日本考察，他们对日本教育有了较多的了解。到庚子事变之后，中国官绅迫切感到发展新教育的重要和刻不容缓。于是 1902 年有钦定学堂章程的发布，次年又根据督抚大臣等的奏请，重新厘定、发布学堂章程（包括初等小学堂、高等小学堂、中学堂、高等学堂和大学堂）。从此中国算是有了与旧时不同的新式教育的学制系统，成为清末数年发展新教育的依据。

但清末开始办的新教育，其学堂之大部分的教育方式并未发生根本的变化。因为许多学堂都是由旧的私塾或书院改成的，加上新教员的缺乏，教材、教学方法都难以讲究，所以，所谓的新教育，其实与旧教育相去未远。民国初期，这种情况仍没有太大的改善，但新文化运动使这种情况发生了根本性的变化。

（1）新的教育理念

这些变化首先表现于引进新的教育理念。我们不妨研究一下清末民初历次公布的教育宗旨。所谓教育宗旨，就是讲教育的目的或教育所欲达之目标。

清政府所宣示之教育宗旨是：忠君、尊孔、尚公、尚武、尚

---

① 陶行知：《中国建设新学制的历史》，陈元晖主编：《中国近代教育史资料汇编·学制演变》，第 1073 页。

实，① 讲的都是教育的目标。这个教育宗旨明显地反映出中国旧的传统教育向近代新教育过渡初期的状况。忠君与尊孔是旧教育的根本点，是维护中国传统政教制度，即所谓纲常伦理所必需的，再配上尚公、尚武、尚实，这是"中体西用"在教育上的反映。

民国元年所提出的教育宗旨为"注重道德教育，以实利教育、军国民教育辅之，更以美感教育完成其道德"。② 这个教育宗旨给人的印象是不够完整和集中，且颇有些主观、空泛的特点，大概是民国初创，还没有不同于清末的教育实践，不免出于主观的拟想。按理，民国的新教育宗旨最重要的一条，应是努力造成共和国民的资格，但此项宗旨中却根本没有提及，而是以空泛的注重道德教育作为新教育的首要目标。

民国 8 年即 1919 年 10 月，全国教育会联合会要求废止这个教育宗旨，而代之以该年 4 月教育调查会所提议的教育宗旨。其内容是以养成健全人格，发展共和精神为根本宗旨。该提议还揭示健全人格的具体条件是：私德为立身之本，公德为服务社会国家之本；人生所必需之知识技能；强健活泼之体格；优美和乐之感情。其所揭示之共和精神，具体为：发挥平民主义，俾人人知民治为立国之本；养成公民自治习惯，俾人人能负国家社会之责任。③ 这显然比清末民初那两次公布的教育宗旨，有了基本性质的变化，吸收了新文化运动所提倡的一些理念。

1922 年 11 月制定并公布新学制系统，其中关于教育宗旨者有七项：一是适应社会进化之需要；二是发展平民教育精神；三是谋个性之发展；四是注意国民经济力；五是注意生活教育；六是使教

---

① 见《学部奏陈教育宗旨折》，陈元晖主编：《中国近代教育史资料汇编·学制演变》，第 543 页。

② 《教育部公布教育宗旨令》，陈元晖主编：《中国近代教育史资料汇编·学制演变》，第 661 页。

③ 《教育调查会第一次会议报告》，陈元晖主编：《中国近代教育史资料汇编·学制演变》，第 844—845 页。

育易于普及；七是多留各地方伸缩余地。① 这其中最值得注意的是三、五、六三项：谋个性之发展，极明显地反映出新文化运动的重要观念；注意生活教育是对中国传统的脱离实际的旧教育的根本改造；教育普及则是中国教育史上第一次提出这个问题，极富近代意义。这个新学制系统，俗称"壬戌新学制"（1922 年按旧历是壬戌年）。这个新学制总结了办新教育二十多年的经验与教训，充分吸收了世界（主要是美国的）先进教育制度设施的优点，基本上适合中国社会的实际，实行了三十年而不曾发生什么大的弊病。就是当下中国的学制系统也与壬戌学制没有大的区别。所以，我们可以说，壬戌新学制的诞生，是中国新教育渐臻成熟的重要标志。

中国新教育的走向成熟，很大程度上是因为有了一批具有新教育理念的教育家。从清末到民初，办所谓新教育的，大多是留学日本和深受日本教育影响的人。其中留学日本的所谓留学生，大多未曾受过良好的正规的和完整的高等教育或师范教育，许多是出身于各式各样的速成师范之类的学校。更何况，日本的教育本身也未尝没有缺点。新文化运动起来之后，有大量留学欧美的学生归国，他们带来比较成熟的西方新教育理念，除了在所从事的岗位上，秉承这些新理念从事教育，直接影响着成百成千的学生之外，因五四运动的推动，他们的新理念得以向全国传播。所以，新文化运动和五四运动给予中国的新教育以直接的重大影响。

在新文化运动期间和五四后一段时间，进入中国教育界服务，并发挥较大影响的，有许多重量级人物，他们的思想和教育实践活动在中国教育界产生很大的影响，例如蔡元培、蒋梦麟、胡适、陶行知等。在一些重要的新教育理念上，他们是很一致的；在有些方面，他们又各有特别侧重的主张。

---

① 《记第八届全国教育会联合会讨论新学制的经过》，季羡林主编：《胡适全集》第 20 卷，第 96 页。

新教育理念最重要的是把教育对象看成教育的主体，一切教育设施、制度安排、教学方法、管理方法，皆是从受教育者的健全发展的需要出发。正因此，新教育理念把个性主义置于最重要的地位。蔡元培在讲新教育与旧教育的区别时说，新教育尚自然而不拘于成法，宁展个性而不求划一。[①] 他在讲解孔子的教育思想时指出，孔子的教育"是重在发展个性，适应社会，决不是拘泥形式，专讲画一的"。[②] 蔡先生的意思就是，教育者不可先怀一成见，要把受教育者塑造成什么样，而是要了解受教育者的个性、特点，因材施教，使其得以健康成长。如此在教学及管理上都应充分尊重学生的主动精神。大学实行选科制，中学提倡讨论式的教学，都是从尊重个性这一基本原则出发的。胡适的《易卜生主义》被视为"个性主义的宣言"，对青年学生产生了极大的感召作用。胡适说："你要想有益于社会，最好的法子莫如把你自己这块材料铸造成器。"[③] 如果说，蔡先生是面向教师说的，要他们转变观念，从过去旧教育把学生完全看成被动的受教育者，转变过来，把学生看成教育的主体，一切应按有益于学生的自我成长来施教；胡适则直接向学生青年说话，要他们自尊个性，自重人格，勇担责任。胡适强调，只有受教育者都成为能够自尊、自立，勇担责任的人，社会才可能成为良善的社会。因为良善的社会绝不是一群不能自立的人所能造成的。[④]

曾经代理、后来接任北京大学校长的蒋梦麟，跟胡适一样，也是杜威的学生，不过他是主修教育的，所以他可配称为真正的教育家。蒋氏直截了当地说："新教育之效力，即在尊重个人之价值。"因为"个人之天性愈发展，则其价值愈高。一社会之中，各个人之价值愈高，则文明之进步愈速"。所以，"吾人若视教育为增进

---

① 见《新教育与旧教育之歧点》，《蔡元培全集》第 3 卷，第 338 页。
② 《杜威六十岁生日晚餐会演说词》，《蔡元培全集》第 3 卷，第 716 页。
③ 《易卜生主义》，《胡适文存》卷 4，第 32 页。
④ 见《美国的妇人》，《胡适文存》卷 4，第 61 页。

文明之方法，则当自尊重个人始"。①

简要地说，新教育是注重个人、注重个性的教育，这是新文化运动以解放个性、解放个人为核心，在教育上的直接反映。

新教育的第二个重要理念，是使教育面向社会，面向实际，与生活打成一片。

在新文化运动中得到广泛传播的西方新教育思想，以美国杜威的教育思想为最重要，其影响也最大。原因大致有四：一是杜威的教育思想确是西方现代教育思想的最新成果。二是杜威教育思想最突出的特点，是强调教育与生活打成一片。教育必须适应社会，适应生活实际的需要，不能把教育与生活看成两件事，要打成一片。这个核心思想，最能唤起一代新人要打破旧式的脱离实际的教育的自觉心。三是在新文化运动中已确立地位，在教育界发挥领袖作用的人物，胡适、蒋梦麟、陶行知都是杜威的学生，他们得心应手地传播杜威的教育思想，那是非常自然的事。四是杜威本人在新文化运动高潮期间来中国讲学两年之久，得其有力弟子的支持和助阵，其教育思想在中国发生最大的影响，同样是很自然的事。

杜威在中国讲学，讲教育问题用时最多。他在《现代教育之趋势》的讲演里解释他的教育理念说："从前的教育，把学生当做被动的，把许多教授的材料装进学生心里去，就算了事。现在的教育，要是学生自动，是以学生个人的本能做主，拿教育做发展他们本能的工具。"② 这正是前面讲新教育主张个性主义教育的张本。杜威又特别强调，教育必须与社会生活紧密结合。他说："教育的方针就在怎样训练、怎样引导个人的本能，叫他和社会的生活相合，必定要把个人的本能和现在的社会生活沟通一气。"所以，他认为："现代的教育可说是沟通个人本能和社会生活的一种工

---

① 《个人之价值与教育之关系》，原载《教育杂志》第 10 卷第 4 期，引自明立志等编《蒋梦麟学术文化随笔》，第 7 页。

② 《杜威罗素演讲录合刊》，泰东图书局 1921 年版，第 26 页。

具。"① 杜威的教育哲学，一个很重要的观念，就是学校即社会，社会亦即是学校。教育是训练人适应社会、改造社会的能力。因此学生在学校里就应该受到这些训练，这种训练主要是一种"共同生活"。社会就是一个大的"共同生活"。学生因在学校里受过共同生活的训练，到了社会上自然能够适应，并在社会的共同生活中继续充实和提升自己。在这个过程中，社会亦即得到改善和提升。

胡适在介绍杜威的教育思想时，总结说，杜威教育哲学的"根本观念是：教育即是生活；教育即是继续不断的重新组织经验，要使经验的意义格外增加，要使个人主宰后来经验的能力格外增加"。② 后一句话稍稍费解。胡适有很长一段解释，大意是说，经验本就是生活，生活就是应付环境、力求改善生存的环境的过程。所以，生活中每经验一种新事物、新过程，都会得一种新经验。新经验与过去已得的经验相互参酌，即是重新组织经验的过程。重新组织的结果，会产生新的认知，便成为以后的参考。这个过程不断地继续，就使经验的意义不断增加，应付以后的种种新经历的能力得以增长。③

杜威认为，教育的出发点是个人，教育的本质就是要使个人的本能与社会生活相沟通，不断地改善社会生活。他的这种教育新理念，通过中国的新教育家们，在中国得到广泛的传播。

在教育界最负盛名的蔡元培，非常服膺杜威的教育思想。他说："治新教育者，必以实验教育学为根柢；实验教育学者，欧美最新之科学，自实验心理学出，而尤与实验儿童心理学相关。"④ 他还具体谈到杜威所著《学校与普通生活》一书，说明其大旨即反对学校教育与生活隔离。杜威曾亲自主持办起各种生产劳动的实验课。蔡元培在北京大学积极鼓励创办各种业余的带有实验性质的

---

①　《杜威罗素演讲录合刊》，第 28、29 页。

②　《实验主义》，《胡适文存》卷 2，第 145 页。

③　见《实验主义》，《胡适文存》卷 2，第 133—134 页。

④　《新教育与旧教育之歧点》，《蔡元培全集》第 3 卷，第 338 页。

学校、学会或团体，如画法研究会、新闻学研究会、平民夜校等，注重学生实际生活能力的训练，这明显是受杜威教育思想的影响。

胡适作为杜威的弟子，他在《实验主义》这篇长文中，专用一节阐述杜威的教育思想。他在自己的教育实践中也一直注重培养学生的实际能力，强调学校设课、请教师，都要注意从学生的实际需要、社会对学生的实际需要出发。他在参观自己家乡的小学之后对学校的负责人说："列位办学堂，尽不必问教育部规程是什么，须先问这块地方上最需要的是什么。譬如我们这里最需要的是农家常识、蚕桑常识、商业常识、卫生常识，列位却把修身教科书去教他们做圣贤！又把二十块钱的风琴去教他们学音乐！又请一位六十块钱一年的教习教他们的英文！列位且自己想想看，这样的教育，造得出怎么样的人才？所以我奉劝列位，办学堂切莫注重课程的完备，须要注意课程的实用。尽不必去巴结视学员，且去巴结那些小百姓。视学员说这个学堂好，是没有用的。须要小百姓都肯把他们的子弟送来上学，那才是教育有成效了。"①

蒋梦麟是跟从杜威主修教育的博士，他对杜威教育思想的领悟，在教育实践中的力行，自是忠诚而积极的。在蒋梦麟看来，教育就是一种方法，"以此方法而解决国家、社会、个人、职业种种之问题"。"教育而不能解决问题，则是教育之失败"。② 以此为出发点，蒋梦麟在教育发展之各时期各方面都注重解决实际问题。

蒋梦麟的思想综合起来，最核心的观念是通过教育要养成什么样的人。他提出三点：一是要养成活泼泼的个人，二是能改良社会的人，三是能生产的人。

陶行知也是跟杜威主修教育的学生，他归国后一直都在教育界服务。他对杜威的"教育即是生活""教育要与生活打成一片"的思想尤为重视。他特别强调杜威的实验精神，很早就提倡实验式的

① 《归国杂感》，《胡适文存》卷4，第9页。
② 《教育与职业》，明立志等编：《蒋梦麟学术文化随笔》，第22页。

教育。后来他创办晓庄师范，全力以赴地实践"教育即是生活""教育与生活打成一片"的教育理念。他对后者，"教育与生活打成一片"，似乎尤有心得，晓庄师范的教育实践最能体现出这一点。

新教育理念的输入与传播对中国新教育的发展，具有至关重要的意义。无论是强调个性主义的教育，还是强调与社会、生活打成一片的教育，都有利于造就有思想、有创造力、能适应社会并进而改造社会的新国民。

（2）课程、教材与教学法的改进

清末颁定学制，已算是兴办新教育的重要节点。但当时兴学的基础条件实在太差，没有新校舍，缺乏新教员，课程的设置，教材的编选，无不因陋就简，很难改变旧教育的基本面貌。

民国初年，最明显的改变是中小学课程中去掉了读经（但并非所有学校都遵从此规定）。按民国元年规定的课程设置是，初等小学：修身、国文、算术、手工、图画、唱歌、体操、缝纫；高等小学：修身、国文、算术、本国历史及地理、理科、手工、图画、唱歌、体操、农业、缝纫、英语。实际上很少有学校完全按此规定，设置如此繁多的课程。① 值得注意的是，手工课、农业（城镇里相应改为商业）课、缝纫课等的设置，充分体现了教育与实际生活相适应的新教育理念。袁希涛认为，受新文化运动之影响，学校科目之受注重的程度也颇有变化。他指出，其一，公民科之注重，渐有以公民科包含修身课或独立设科的趋势；其二，自然与社会科之增加；其三，国文科改为国语科，以民国9年1月教育部之通令的形式，全国统一执行之。② 著名教育家陆费逵曾讲过他本人对于推行国语教育的切身感受。他说，他家里有十口人，一个人一个出生地，一个人操一种口语。其父为浙江嘉兴人，其母为浙北

---

① 见袁希涛《五十年来中国之初等教育》，申报馆编：《最近之五十年》。
② 见袁希涛《五十年来中国之初等教育》，申报馆编：《最近之五十年》。

人，陆费逵本人生于汉中，其妻是福建人，妾是杭州人，两个弟弟，一个生于兴安，一个生于南昌；家有四个用人，一个是江苏人，一个是福建人，一个是浙江人，一个是安徽人。长期下来，形成了依他本人的国语为基准的家庭国语。① 像陆费逵这样的家庭，全国不知有多少个！再想一下，各种大小团体、各种集中办事的机关、各种工厂及学校等，其中人们互相交往需要一种大家都能听得懂的语言。但让各家有各家的国语，各团体有各团体的国语，各部门各机关有各部门各机关的国语，各工厂各学校又有各工厂各学校的国语，那成了什么样子？所以，推动全国统一的国语，是无可替代的选择。正因如此，民国政府当时各种政令，很少有能畅行全国的效力，而唯独教育部 9 年 1 月，令全国小学改行白话国语教材的通令，几乎没有受到任何抵制就得以贯彻实行了。而这一通令是根据民国 8 年全国教育界人士的要求做出的。想一想，如果没有新文化运动以来教育界人士的同心努力，我们今天普通话的畅行是难以想象的。

教材的编选，清末民初一段时间，多由民间分散进行，有出版社、书局组织人力系统编写的，也有个人编写一种或几种，各学校自由选用。新文化运动时期和以后，一大批新教育家和相关学者得到社会的认可，他们在编选教材过程中，起着关键的作用。他们注意把新的教育宗旨和新教育理念贯彻到教材编写实践中，在编辑新教材时，充分注意培养自由、平等的精神，守法合群之德行教育，以期造成共和国民之人格；充分注意把实际生活有关的内容编入教材中，还提倡乡土教材作为辅助教材；等等。② 这些都大有助于克服中国旧教育严重脱离实际的缺点，有助于发展学生的个性，培养其自尊自立的人格和适应社会、适应实际生活的能力。

---

① 见陆费逵《小学校国语教授问题》，陈元晖主编：《中国近代教育史资料汇编·普通教育》，第 710 页。

② 见商务印书馆《编辑共和国小学教科书缘起》，陈元晖主编：《中国近代教育史资料汇编·普通教育》，第 678 页。

　　新教育理念推动了教育方法的革新。从前谈教育方法多是教育的组织方法，什么单级、复式等，其实最重要的还是教学方法本身的改进。中国旧式教育一向多用灌输式或注入式的教学法，即先生讲，学生听、记、背诵。学生的学习完全是被动的，显得枯燥、生硬，不易引起学生的兴趣，不易调动学生主动学习的精神，所以往往是事倍功半。新教学法，主张启发式，尽量调动学生学习的主动性，使学生充满兴味，学起来是活泼有趣的过程，这样会取得事半功倍的效果。这种启发式教学方法，胡适在他写的《中学国文的教授》一文中有很具体的表述。他主张语文课本所选小说、戏剧乃至议论文，都可令学生先阅读指定段落，然后在课堂上讨论。先生应注意引导讨论的重点，然后就文章的布局、描写技术、体裁等加以讲解。如果是戏剧，可以让学生分任角色，进行演读，甚至有条件的话，还可以做舞台演出。如此，既可提高学生兴味，又可加深学生的理解。他还提倡组织学生进行讲演和辩论，这最有利于提高学生的语文能力。[1] 这种启发式的新教学法，新文化运动时期及以后，已颇流行。袁希涛在《五十年来中国之初等教育》中也认定，"教学方法由注入式进为启发式"。[2]

　　（3）职业教育的提倡

　　职业教育在清末已有萌动，但职业教育观念尚不明晰，人才匮乏，又无资力，所以成效甚微。《中国之职业教育》的作者谓："徒弟制度与清代之实业教育实为吾国职业教育进化史上之阶段，而非即真正纯粹之职业教育。"[3] 民国成立后，在政府之文告上确有重视职业教育的表示，但政治不上轨道，政府之威信、效率甚有限，所以，真正职业教育之发展仍不可期。伴随着新文化运动的兴起，有识者乃出而奔走呼吁，大力倡导职业教育，其中最著名者是

---

① 见《胡适文存》卷1，第309—313页。

② 袁希涛：《五十年来中国之初等教育》，申报馆编：《最近之五十年》。

③ 邹恩润、秦翰才：《中国之职业教育》，申报馆编：《最近之五十年》。

黄炎培。1917 年 5 月，黄炎培联络从事教育与关心教育之知名人士袁希涛、张元济、史量才、沈恩孚、郭秉文、杨廷栋、穆湘玥、王正廷等，在上海成立中华职业教育社（简称职教社），发表《宣言书》，通过章程，成立议事会与办事部，办事部主任为黄炎培。《宣言书》反映出黄炎培和他的同事诸人对于兴办职业教育的基本共识。《宣言书》称："今吾中国至重要、至困难问题，尚有过于生计者乎？兴学二十余年，全国学校亦既有十万八千余所，何以教育较盛之区，饿莩载涂如故，匪盗充斥如故？更进言之，谓今之教育而能解决生计问题，则必受教育者之治生较易于其未受教育者可知，而何以国中自小学以至大学，学生之毕业于学校而失业于社会者比比？此同人所谛观现象，默审方来，而不胜其殷忧大惧者也。"又谓："同人于此，既不胜其殷忧大惧，研究复研究，假立救济之主旨三端：曰推广职业教育；曰改良职业教育；曰改良普通教育，为适于职业之准备。"① 这是他们建立中华职业教育社的理由。《宣言书》还批评已有的职业教育存在的问题，指出其缺点：一曰其设置拘统系而忽供求；二曰其功课重理论而轻实习；三曰其学生贫于能力而富于欲望。针对这些问题，黄炎培提出，第一，要确立职业教育制度，了解各国在这方面的制度设施，参酌本国本地实际情况，制定相应的制度，以期达到改良现有职业教育的目的。第二，要大力改变社会积习，"重士而轻农、工、商，贵劳心而贱劳力"。"极意提倡职业神圣之学说，发挥职业平等之精神"，且"务先于普通教育植其基础"。② 除了确立制度，必须要国家议会与政府积极响应，做出相应努力之外，其余绝大部分问题，可通过民间势力的奋斗加以促进。故职教社的章程规定该社的任务有三大类：第一类，包括调查、研究、劝导、指示（答复咨询）、讲演、

---

① 陈元晖主编：《中国近代教育史资料汇编·教育行政机构及教育团体》，第 444、446 页。

② 黄炎培：《职业教育实施之希望》，陈元晖主编：《中国近代教育史资料汇编·教育思想》，第 799 页。

出版、表扬、通信答问等；第二类，设立职业学校（有示范之意），设立教育博物院（采集资料，多备教材，以供其他学校观览、采用），酌设实施职业教育之机关，如农场、工场、商店之类；第三类，组织职业介绍部。

职教社成立伊始，群贤同心勠力，成绩斐然。《中国之职业教育》一文指出，职教社"应运而生，挟笔舌奔走之力，竭鼓吹提倡之能，曾几何时，而职业教育乃如狂澜怒涛，一发而不可遏。迄今有社员五千余人，占籍殆遍全国各省区，即远至南洋等处之华侨，英美德法日之留学生，亦纷纷加入，共认识职业教育为根本解决我国社会经济问题之唯一方法。所谓人同此心，心同此理者也。社之实业若调查，若讲演，若出版，若通讯，若职业指导，若职业介绍等等甚夥。而其最著者，则有两端：一曰《教育与职业》杂志，为其研究之中心。……二曰中华职业学校，为其实施及实验之中心"。① 前者于矫正人们的观念，进而讨论设施方法，推动职业教育之进步，发挥很大作用；后者颇有示范的意义，于实际扩展和改良职业教育发挥其重要影响。

职业教育在职教社及全国教育界人士的共同努力之下，有了很明显的进步与发展。据统计，1918 年（即职教社成立之次年）全国有各类职业学校 531 所，到 1921 年，则发展为 842 所。职业教育的发展，特别是接受职业教育的学生之思想观念的进步，对于中国社会经济的进步是大有益处的。

（4）女子教育和男女同校的提倡

中国近代的女子教育，滥觞于清末，民国以后有所发展，但主要是初等教育与中等教育，而且就学之女生为数甚少。刚刚起步的女子教育，一般都是特设女子学校来实行，男女不能同校，或即使同校也不能同班。新文化运动有力地推动了女子教育的发展和进步。新教育最根本的理念之一是个性主义，是个人的解放，是人人

---

① 邹恩润、秦翰才：《中国之职业教育》，申报馆编：《最近之五十年》。

平等地接受教育。从这些根本观念出发，自然就会特别注意到数千年来被歧视的女性群体。所以，新教育的代表人物无不积极提倡女子教育，重视推动男女平等的教育，并提倡男女同校。如蔡元培先生就在多种场合强调要重视女子教育，他本人作为大学校长，多次对大学不能招收女生一事表示遗憾。在《战后之中国教育问题》的演说里，他说："说到女子教育，高等学校既不允许男女同校，又不专设女校，与战前各国教育相较，我国还远远不如。难道我们没有从这次大战中获得教训吗？"① 胡适从留学时期起就特别关注女子教育问题。② 归国后，每次谈及女子问题，差不多都要强调女子教育问题，特别对男女同校的问题可谓"三致意焉"。如他在《美国的妇人》这篇著名的文章里，谈到美国妇女的自立精神时，说道："这种精神的养成，全靠教育。美国的公立小学全是'男女共同教育'。……这种共同教育所发生的效果，有许多好处。女子因为常同男子在一处做事，自然脱去许多柔弱的习惯。男子因为常与女子在一堂，自然也脱去许多野蛮无礼的行为（如秽口骂人之类）。最大的好处在于养成青年男女自治的能力。"③ 讲到高等教育，胡适也是极力推动大学招收女生，发展女子高等教育。1919年，甘肃循化女子邓春兰因受新思潮的影响，写信给北京大学校长蔡元培，要求入北大求学。次年又有江苏女子王兰向北大教务长陶孟和提出要求入北大哲学系旁听。当时为大学是否应当招收女生一事，报纸上颇有讨论。蔡元培公开表示："教育部所定规程，对于大学学生，本无限于男子之规定，……北京大学明年招生时，倘有程度相合之女学生，尽可投考。如程度及格，亦可录取"。④ 胡适亦发表文章赞成大学招收女生，并且提出实施大学招收女生之步

① 《战后之中国教育问题》，《蔡元培全集》第 3 卷，第 690 页。
② 见《胡适留学日记》第 3 册，第 806—807 页。
③ 《美国的妇人》，《胡适文存》卷 4，第 42 页。
④ 引自徐彦之《北京大学男女共校记》，《少年世界》第 1 卷第 7 期，1920年 1 月。

骤、方法：第一步，大学聘请女教员；第二步，招收具备一定程度的女子入大学做旁听生；第三步，切实改革现有的女子教育，使女子中等教育与高等教育能够衔接。[①]　有蔡、胡等相关人士的主张，加上舆论的支持，北京大学于 1920 年招收邓春兰、王兰等九名女生分别进入北京大学哲学系、国文系和英文系旁听，开中国女子得享高等教育之先河。

在新教育理念广泛传播，新教育家极力推动下，政府当局也做出重视女子教育的表示。1918 年，教育部下发了由全国教育会联合会决议的《请推广女子教育案》。1922 年，教育部公布教育统计资料，其中有一份《全国公私立初等教育无女生县数分省表》。[②]这样一份调查统计，其意显然是在督促和推动女子教育。

（5）新学制的确立

教育的社会作用得到公认，教育本身有了一定的发展，自然会提出建立学校系统也就是确立学制的问题。

学校系统或学制包括贯彻教育宗旨、设定上下相衔接的各层级学校系统，规定各层级学校最基本的课程标准等基本内容。

要发展教育，以至普及教育，或实施义务教育，必须要有全国统一的学校系统。比如说普及教育或义务教育的目标确定为四年，则在学校系统中必定要划出初等教育四年的一种制度规定。以后逐渐提高普及教育或义务教育的年限时，必须相应地做出制度调整。

升学的需求也需要有学校系统的设定。社会上总有一部分人因其经济条件较好，或个人资性较好希望接受更高一级的教育。他们要升学，需要使自己已经受到的教育，与更高一级的教育相衔接，既不浪费以往的学习时间，又不发生已受之教育不足以接续更高一级的教育，而无法升学，或勉强升学而跟不上更高一级教育进度的问题。

---

① 见胡适《大学开女禁的问题》，《少年中国》第 1 卷第 4 期，1919 年 10 月。
② 见舒新城编《中国近代教育史资料》上册，第 382 页。

几乎各个国家的教育都分成两个层级，即普通教育与高等教育。普通教育是为培养合格国民或合格劳动者，而不是为高等教育做预备。在这个普通教育的阶段，受教育者都是儿童和少年。学生的家长，因就业的需要，往往要在各地流动，他们的子女为了接续学业，就要转学。有了统一的学校系统，转学就易于实行。这对于实施普及的义务教育，并逐渐提高普及的年限，都是必需的。

职业教育是近代国家都非常重视的一种教育制度，这种教育为社会输送合格劳动者的能力往往优于普通学校毕业的学生，而且职业教育非常注重培养学生专注业务的精神，极有利于造就人才。有不少著名科学家、发明家是从职业学校里出来的，比如著名科学家爱因斯坦就出身于专门职业学校。有了统一学校系统，给各层次、各专业的职业学校明确划定其在学校系统中的地位，有利于职业学校毕业学生的学历得到社会的公认。

完成一定教育程度，离开学校以后都要就业，各行各业用人都须考核学历与资历，如无统一的学校系统，就难以建立学历与资历的统一标准。如此，在用人与劳动报酬上就难以实现社会公平。所以，统一学制的确立，于促进社会公平，亦大有关系。

由上述可见，确立全国统一的学校系统，确立统一的学制，是十分必要的。

但统一学制的确立，并非易事，须近代的新教育有一定的发展，教育实践的经验有一定的积累；须了解先进国家比较成熟的教育经验及其行之有效的学校系统；须掌管教育事业的人对国家社会发展的方向有较为深切的观察。鉴于这些条件在中国需有一个相当的培育、成长的时间，所以，中国近代新教育的统一学校系统，也颇经历了一段摸索的过程。

中国第一个学校系统是清政府1902年发布的所谓《钦定学堂章程》。当时设定小学堂分为寻常小学堂与高等小学堂两个层级，各修学三年；中学堂不分等，一律四年；高等学堂实为大学堂之预科，定为三年；大学堂一般四年。这个学制系统，大概还没来得及实行，仅仅一年半之后，1904 年 1 月，就被重新制定的所谓《奏定学堂章程》所取代。这个新系统规定：初等小学堂五年，高等小学堂四年；中学堂五年；高等学堂仍作为大学堂之预科，仍为三年；大学堂三年或四年；又设通儒院（相当于研究院），修习时间为五年。这个改订的章程所规定的学校系统，似乎较之第一个学校系统更不切实际，也更远离先进国家的学校系统，因此备受訾议。1912 年共和国刚刚诞生，教育部就发布新的"学校系统令"，废除清制，改订初等小学四年，高等小学三年，中学四年，大学三年或四年，并于师范学校、职业学校分别做了相应的规定。这个学校系统是为废除清政府的旧学制匆忙制定的，很不能令教育界人士满意。

1915 年各省教育会联合会在天津开会，主题即征集各省教育会对民初所定学制的修改意见。其间湖南省教育会的议案最为切实，受到各方重视。1921 年，在广州召开全国教育会联合会第七次会议，即以湖南的议案为基础，修订出新的学制系统：小学分两级，初级四年，高级二年；中学为三三制，初中三年，高中三年；高等学校为四至六年，不设预科。这个学制案宣称其设定的标准有六条：一是根据共和国体，发挥平民教育精神；二是适应社会进化之需要；三是发挥青年个性，使得选择自由；四是注意国民经济力；五是多留各地方伸缩余地；六是使教育易于普及。[①] 这个学制案受到教育界人士相当的肯定。当时的教育部官员，有些投机，于 1922 年 9 月召集所谓学制会议，定出一个教育部的学制案，实际只是在广州议案的基础上稍做变通。他们的做法，在紧接着在济南开幕的全国教育会联合会第八次会议上，遭到一些人士的激烈批评。甚至有人竟骂道："教育部是什么东西，配召集学制会议！学制会议是一班什么东西，配定新学制！"他甚至把教育部长、次长

---

① 　见陈元晖主编《中国近代教育史资料汇编·学制演变》，第 875—876 页。

的某些负面故事张扬一番。① 这个插曲表明，在民国时期，教育家是不把教育部及其官僚很当回事的。在他们看来，为教育事业制定章则，应是教育家的事，不可以让教育家听任教育部官僚的摆布。

胡适被推为这次会议制定学制案的主稿人。会议讨论通过的新学制案，基本采取了广州会议的草案。其预设的标准，实即教育宗旨或教育指导原则，也大体吸收广州案，稍做修改。其标准为：一是适应社会进化之需要；二是发挥平民教育精神；三是谋个性之发展；四是注意国民经济力；五是注意生活教育；六是使教育易于普及；七是多留各地方伸缩余地。

新学制案规定：小学修业六年，分两级，初级四年，高级二年，可单设学校。小学高年级可酌设职业准备之课程。中学修业六年，初级三年，高级三年（初四高二，或初二高四作为副案）。中学得实行选科制。大学修业四至六年，医科大学至少五年，师范大学四年。大学实行选科制。另设大学院为大学毕业者从事研究之所，年限不定。新学制案于师范教育、职业教育都做了相应明确的规定。

这个学制案因于1922年，旧历为壬戌年制定并发布实行，故史称"壬戌学制"。

这个学制案因充分总结了兴学数十年之经验，有前此多次学制案的借鉴，又充分吸收了西方近代新教育发展成熟的国家，特别是美国学制的优点，所以比较令人满意，一直实行到1950年代初，因仿效苏联教育，才被少许修改。

壬戌学制的制定和实行，标志着中国近代新教育臻于成熟。

（三）学术进步与整理国故

新文化运动是近代中国社会及其思想文化转型的一大枢纽。首

---

① 见胡适《记第八届全国教育会联合会讨论新学制的经过》，《努力周报》第25号，1922年10月22日。

先是文学革命的成功，白话国语的成立，造成推动思想革命、教育改革与学术进步的利器。思想革命高扬民主与科学，批判旧伦理，提倡新道德，这在前面几章都已做过论述。教育改革的成绩，上面也已说过。现在我们来谈谈学术进步的成绩。概括言之，学术进步的成绩主要体现在新学术范式的建立与整理国故的推展。

（1）新学术范式的建立

所谓新的学术范式，主要是就治学的态度与方法而言。中国旧有的学术，基本上都是围绕着古圣人留下的几本经典进行注疏，脱离这个范围的都被认作异说，都逃不过被声罪致讨、长期埋没的命运。清代考证学兴起，始树立实事求是之学风，超越注疏的樊篱，但学者大多仍不敢对主要经典明持怀疑与批评的态度。清末民初，西学输入，学者对西学略有了解，在旧纲解纽的社会氛围中，思想得以初获解放，有所著述，略能摆脱旧习，不恤旧格套，提出新见解。但尚未有系统的研究，这缘于学者尚未能自觉地将近代科学的治学方法与固有的学术方法结合起来，他们对于西学，对于近代科学精神与方法尚缺乏应有的了解。

在清末民初这一过渡时期，章太炎是一位极其重要的学者。他破除经学的樊篱和儒学一尊的传统，提升诸子学的地位，在清代学者考证学成绩的基础上，对中国固有学术，尤其是文字声韵训诂方面有精深的研究，并培养出一批学有专长的弟子。他的弟子，经过新文化运动的洗礼，有的转入新文化阵营，采用新的方法做研究，取得新的成绩，例如钱玄同。另有些人不免矜持学术门户，虽对于新派学术有所保留，但他们的治学范围与方法，已不同于乃师，而向新的学术范式靠近了，如朱希祖等。

在新文化运动领袖人物中，真能对西学，对近代科学精神与方法有深刻了解，同时又熟悉中国固有学术及其方法者，胡适堪称是代表人物。

新文化运动高潮中，于 1919 年 2 月，胡适出版其所著《中国哲学史大纲》（上卷）。此书甫一问世，立即受到学界的高度注意。

蔡元培做序，高度揄扬，固是一大原因。但胡适此书实具有足以令人震撼，使人耳目一新之特点。第一，严格地审查材料。以往的学者根据传说乃至神话故事，中国哲学史从三皇五帝讲起。胡适完全剔除这些不可靠的材料，而以《诗经》的材料做背景，从老子、孔子的思想讲起。这一"截断众流"（蔡元培语）的手段，产生很大的震撼。第二，平等的学术眼光。前面我们提到，章太炎氏已将孔孟儒家与诸子平等看待。但章氏基本上是分别研究诸子，皆作为个案。胡适是把孔孟与诸子放在一部书里，置于一个系统中加以比较论列，其所产生的学术效果是大不相同的。第三，系统地研究。系统地研究包含两层意思：一是把哲学史看成一个发展的过程，强调明变与求因；并从中把握一两个贯穿的线索，把材料做统整的分析与综合，从而呈现出较清晰的发展脉络。二是，即使差不多同时代的哲学家，对于他们的思想亦不孤立地看，而是注意揭示他们之间的联系，做出比较的观察。第四，最重要的是，这部书的作者自觉地把西方的科学精神及方法与中国固有的学术方法（主要是考证学的方法）结合起来，其分析、归纳的逻辑方法于材料考证、真伪辨别之中得到充分运用。随后，胡适写作《水浒传考证》《红楼梦考证》等同样发生巨大影响的文章，也同样都是运用这种中西结合的治学方法。胡适那篇著名的讲治学方法的文章《清代学者的治学方法》，实际上，在《中国哲学史大纲》出版不久便开始动笔，而于1921年最后定稿。这篇文章可谓是胡适撰写《中国哲学史大纲》一书和《水浒传考证》《红楼梦考证》等著作的方法论的总结。"大胆的假设，小心的求证"的"十字箴言"就是从这里提出来的。这个治学方法差不多影响了一整代青年学子。其在流行中不免发生流弊，胡适本人亦颇有察觉。①

_____

① 胡适致董作宾的一封信（1924年11月27日）上说："凡能用精密方法来做学问的，不妨大胆地假设；此项假设虽暂时没有证据，将来自有证据出来。此语未可为一般粗心人道，但可为少数小心排比事实与小心求证的学者道。不然，流弊无穷无极了！"（季羡林主编：《胡适全集》第23卷，第389—390页）

　　胡适的《中国哲学史大纲》一书，以今天的学术水准来衡量，自然有许多粗陋、错误与不够精审之处，但在当时，确是被一般青年学者奉为新典范。章士钊批评新文化运动时，指责一般学子"以适之为大帝，绩溪为上京；遂乃一味于胡氏文存中求文章义法，于尝试集中求诗歌律令"。① 语虽有涉夸张，但并非完全无据。据北京大学教授齐思和回忆，他当时在南开读中学，见几乎人人书架上都备有一本《中国哲学史大纲》（齐氏的回忆似亦不免有所夸张），② 可见其影响之广泛。著名哲学史家冯友兰的回忆更足以说明问题。冯氏在 20 世纪 80 年代初写成并发表的《三松堂自序》中说，胡适的《中国哲学史大纲》一书出版，"对于当时中国哲学史的研究，有扫除障碍、开辟道路的作用"。读了，"觉得面目一新，精神为之一爽"。所以，他承认《中国哲学史大纲》是"一部具有划时代意义的书"。③ 须知，冯友兰绝不是胡适的追随者，他在关于胡适的叙述中，时常带一点嘲讽的口吻。他的上述说法，是一个学者对于学术史的严肃负责态度，是实事求是的客观评论。

　　至于胡适的其他学术著作，在启示学术方向与门径方面所产生的影响，是人们所熟知的，如顾颉刚、罗尔纲的记述，这里不拟详加介绍，人们可一读顾氏的《古史辨·自序》和罗氏的《师门辱教记》（胡适后来将其改名为《师门五年记》在台北出版）即可清楚。我们现在另外举出几位学者作为例证，来证明胡适的著作在当时所产生的引导方向和启示门径的作用。

　　朱谦之在一封给胡适的信中，这样说道："我在近人中，最敬佩先生的。别人不过震于先生的大名，我么，实认识先生的实学，

---

　　① 章士钊：《评新文化运动》，《中国新文学大系·文学论争集》，第 197 页。

　　② 齐思和在批判胡适座谈会上的发言，见生活·读书·新知三联书店 1955 年编辑出版的《胡适思想批判》第 2 辑，第 170 页。

　　③ 《三松堂自序》，《三松堂全集》第 1 卷，河南人民出版社 2001 年版，第 184、182 页。

无形当中也不知受了许多启发。"① 严既澄说："在治学方法上，受益最多的，究竟要推先生的著述为最有功劳。"② 吴文祺在给胡适的信中说："先生的文章，篇篇都是内容丰富，条理分明，议论透辟，使我佩服的五体投地。……同时对于先生所提倡的，以科学方法来整理国故，也觉得实获我心。"③

值得一提的还有，在思想、政治上与胡适完全持对立立场的马克思主义哲学家艾思奇，他对胡适的思想方法和治学方法的影响力之大也是给予承认的。他说："实验主义的治学方法，在某种意义上可以说是与传统迷信针锋相对，因此就成为五四文化中的天之骄子。"又说："以'拿证据来'为中心口号的实验主义被当时认作典型的科学精神。"④

由上所述，我们说，胡适通过他的几种代表性著作，为一代青年学子提供出一种新的学术典范，是符合事实的。

（2）整理国故的兴起

"国故"作为一个学术专有名词，应是清末民初著名学者章太炎先生最早确立的。他于 1910 年在日本出版《国故论衡》一书，该书被公认为是章氏最重要最有代表性的学术著作之一。在此书问世之前，人们称呼中国旧的典籍、文物等为"国粹"，称研究这些东西的学问为"国学"。但在清末，因特别的时代环境，"国粹"与"国学"的提倡与标榜，是同反清革命与抵制过分欧化相联系的。1905 年出版的《国粹学报》，由黄节撰写的、相当于其发刊宣言的《〈国粹学报〉叙》中宣称："同人痛国之不立，而学之

---

① 中国社会科学院近代史研究所中华民国史组编：《胡适来往书信选》上册，中华书局 1979 年版，第 127 页。

② 《严既澄致胡适的信》，耿云志主编：《胡适遗稿及秘藏书信》第 41 册，第 591—592 页。

③ 《吴文祺致胡适的信》，耿云志主编：《胡适遗稿及秘藏书信》第 28 册，第 362—363 页。

④ 艾思奇：《廿二年来之中国哲学思潮》，《中华月报》第 2 卷第 1 期，1934 年 2 月。

日亡也，于是瞻天与火，类族辨物，创为《国粹学报》一编。……
凡欲举东西诸国之学以为客观，而吾为主观，以研究之，期光复乎
吾巴克之族，黄帝尧舜禹汤文武周公孔子之学而已。然又慕乎科学
之用宏，意将以研究为实施之因，而以保存为将来之果。"① 表明
他们倡国粹与国学是时势所迫，故有革命思想为基础。他们并不一
般地排斥东西诸国之学，尤不排斥科学，但必须主客分明，以保存
国粹与国学为最终目的。他们不但要求国粹与国学与诸国之学要主
客分明，而且还将国学与"君学"相区别。所谓君学，是指维护
专制君主统治的一套东西。② 这是由他们的反清革命立场所决定
的。总起来看，这时期的国粹主义者们，虽然也提到"研究"的
字样，但他们怀着强烈的革命目的，主观性很强，不是完全客观
地、平心静气地为求真理而研究国故。"他们都毫不讳言以国粹、
国学激动种性，推动革命"，③ 同后来提倡整理国故的学者的态度
是不一样的。

　　新文化运动中最早提及国故的是北京大学保守派的教授和追随
他们的一部分学生于 1919 年 3 月所办的《国故》杂志。以"国
故"命名自己的刊物，颇有与新文化相抗衡的意味，但《国故》
的主办者和主要撰稿人一般都不承认这一点。《国故》的领军人物
是对古籍非常熟悉的刘师培，其他有黄侃、林损、马叙伦等。他们
多是章太炎的故旧或门生。他们这时似乎谈不上有什么明确的政治
抱负，但其对国故、国粹有割舍不得的眷恋之情是非常明显的。他
们不肯以怀疑与批判的态度对待国故。这样一种情怀，使他们与比
《国故》早两个月出世的《新潮》杂志的作者发生了冲突。

　　《新潮》第 1 卷第 5 号上发表毛子水的文章《国故和科学的精
神》。文章认为："国故就是中国古代的学术思想和中国民族过去

---

① 黄节：《〈国粹学报〉叙》，《国粹学报》第 1 年第 1 号，1905 年 1 月。
② 见邓实《国学无用辨》，《国粹学报》第 3 年第 5 号，1907 年 6 月。
③ 耿云志：《近代中国文化转型研究导论》，第 444 页。

的历史"；研究国故"必须具有'科学的精神'"。他批评"一班研究国故的人，说他们的目的是'发扬国光'，这个意思最是误谬"。他批评这些研究国故的人，"多不知道国故的性质，亦没有科学的精神"。他还具体提到《国故》杂志，"他们里面所登的，有许多亦似乎缺点科学的精神"。毛子水的文章，自然会被《国故》的作者看作对他们的挑战。尤其是毛子水的文章里，在解释研究国故的科学态度时，说国故都是已死的东西，研究国故就如同医生对死人的尸体进行解剖。这种说法，对于珍爱国故的旧派学者，是很伤感情的话。

一位署名张煊的，在《国故》第 3 期上发表《驳〈新潮〉〈国故和科学的精神〉篇》，批评毛子水的文章"偏而无当"。他强调，国故不是已死的东西，"故"与"新"是相互联结的。求"新知"必须从"已知"出发，"已知者，故也"，所以不能轻视而弃置国故。张煊此意，确有纠正毛子水的"偏而无当"之义。但张氏又确有毛氏所指，用国故学"发扬国光"的心理，如他说，使更多的人治国故学，"推已知而求未知，为之补苴罅漏，张皇幽眇，使之日新月异，以应时势之需"。这话，不但是要以国故学"发扬国光"，而且还要使国故学"应时势之需"。国故学就不再是纯粹学术的事业了。毛子水与张煊的争论，主要反映出新文化派学者与国故派学者在对待国故的态度上存在着深刻的分歧。

胡适也介入了这场争论。他正是抓住了这个根本分歧，阐述整理国故应该以"为学术而学术""为真理而求真理"为唯一的目的。正因此，研究国故只有用科学的方法，才能取得成功。清代学者不自觉地使用了暗合科学的方法，便能取得很大的成绩，若学者都能自觉地使用科学的方法来整理国故，势必会取得更大的成就。

这次关于国故的争论是 1919 年 5 月到 8 月间的事。到了这年的 11 月，胡适发表他那篇影响极其深远的大文章《新思潮的意义》，文章把"整理国故"作为建设中国新文化的三大任务之一提出来，堂皇地纳入他的新文化建设的纲领之中。这样，整理国故在文化上、学术上的意义得到确认，它是为建设中国新文化清理地基的工作，是无可回避的必须要做的一项大工程。尽管参与这项工作的学者群中，仍会有偏于开新与偏于守成的分别，但大体上开始形成一种在新的历史条件下，吸引广大学者在建设中国新文化的目标下共同工作的环境氛围。

这种环境氛围首先在当时的最高学府北京大学形成起来。

旧北京大学承袭清末京师大学堂的旧规旧习，民国初建时期，并没有多大改变。直到 1917 年初，蔡元培就任校长，才着手认真地改革。原来统治北大文科的桐城派老学究，已被章太炎的门生故旧所代替。但不止此，蔡氏聘陈独秀为文科学长，相继引进大批留学欧美、学有专长的年轻学者进入北大担任教授，北大文科的阵容发生了新的变化。章太炎的门生故旧，人数上虽仍占有一定的优势，但在引领文风、学风的势头上却不得不让位给留学归国的新派教授们。北大一些有才气的学生，渐渐从崇拜章门的学问而转变为倾慕胡适等新派教授的思想与方法。这个转变不免带来一些人事上的矛盾与纠葛。但因为章太炎的门生中也有在思想和方法上倾向于新派的，如钱玄同、沈尹默以及周氏兄弟，与此同时，转变到新派教授一边的青年学子，对他们原有的旧派老师的学问仍保持应有的尊重，这种情况，无形中缓和了两派阵营之间的矛盾。这是整理国故的学术大工程得以在北大兴盛起来的重要原因之一，也是北京大学研究所国学门得以正式成立的原因之一。而北大研究所国学门的成立，更坚实地筑起全国整理国故事业的中心。

北京大学研究所国学门正式成立于 1922 年 1 月。国学门成立前，北大文科教授对整理国故已有一定的共识，他们于 1920 年 10 月拟定出一份《北京大学研究所整理国学计划书》。[①] 此计划书的

---

　　① 陈以爱指出，此计划书的作者是马叙伦。见氏著《中国现代学术研究机构的兴起——以北大研究所国学门为中心的探讨》，江西教育出版社 2002 年版，第 65 页注 247。

提出，表明北京大学的文科教授已把整理国故视为他们的一项根本任务。他们虽然仍用"阐扬吾国固有学术"的提法来表示其对此种任务的理解，但毕竟与旧学家"发扬国粹"的观念有所不同了。至于整理的计划，尚不免有些粗陋，如将"整理学术"与"整理学术资料"并列为二。而涉及具体计划，则不避琐碎，购书、抄书、拨书、赠书等亦均赫然在列。以此计划书与后来胡适所做《〈国学季刊〉发刊宣言》相比较，其高下之间，实不可以道里计。

国学门成立后，开始自觉地做起整理国故的大事业。一方面请专家学者拟定整理和研究的课题，引导青年参与其间，在推展国故整理的同时，收培养人才之效。学者（包括校外的，也包括青年学者）也可自报题目进行研究。另一方面，国学门内的同人组织起从事专门调查与研究的委员会，分别进行专门性调查与研究工作，如歌谣研究会、风俗调查会、方言研究会、考古学会以及明清史料整理会。明清史料整理会即进行明清内阁大库档案的整理工作。歌谣研究会大力从事面向全国的歌谣征集与研究工作，颇有实绩。风俗调查会与方言研究会都是在歌谣研究会卓有成效的基础上相继组织起来的。考古学会也是从调查工作入手，逐步有所推展。

在蔡元培的领导下，1922 年 8 月，北京大学决定陆续创刊自然科学、社会科学、国学以及文艺四种季刊。《国学季刊》于 1923 年 1 月率先创刊，胡适担任季刊的主编。他的《〈国学季刊〉发刊宣言》成为国故整理事业的学术指针，也可以说是开创"新国学"的标志。所谓"新国学"，第一是彻底改变以"发扬国粹""发挥国光"为目的，而以"为学术而学术""为真理而求真理"，以还历史本来面目为目的；第二，彻底的学术平等精神，改变以儒学为一尊，以经学为主导的狭隘心理；第三，确定以科学的方法整理国故。胡适的文章充分揭示出新国学，即以科学的态度整理国故的这些基本精神与基本方法。

胡适首先概括地总结了明末三百年以来，中国学者在整理古书、发现古书、发现古物等方面所取得的成就。他同时也指出，这三百年来的古学研究存在的缺点：研究的范围太狭窄；太注重功力而忽视理解；缺乏参考比较的材料。胡适提出，要使中国古学的整理研究取得进步，必须确立新的方针。"第一，用历史的眼光来扩大国学研究的范围；第二，用系统的整理来部勒国学研究的材料；第三，用比较的研究来帮助国学的材料的整理与解释。"[①] 胡适解释道："中国的一切过去的文化历史，都是我们的国故"，所以"国故学的使命是整理中国一切文化历史"。[②] 如此，则国学研究的范围自然就大为扩大了。胡适极力说明整理国故的各项工作都是平等的。胡适从世界学术发展的眼光来说明比较参考材料的重要，他不仅指出西方汉学家研究中国学的成就足资中国学者的借鉴参考，而且指出，中国学者应当尽量增进西学知识，以帮助自己的国学研究。胡适强调做系统的整理，包括索引式的整理、结账式的整理、专史式的整理。系统整理的最终目标是做成中国文化史。这与他在《新思潮的意义》中所提出的建设中国新文化的纲领联系起来，更可看出胡适对整理国故的重视的深刻原由。

如果说，北京大学研究所国学门的创立，给整理国故运动提供了整合学术队伍的平台，那么《国学季刊》的创办则给整理国故运动提供了学术园地。此后，整理国故运动尽管曾遭到参加革命运动者的非议，但在 20 世纪二三十年代，其成绩是无可否认的。

（四）社会公共思想空间的扩大

我在 2008 年出版的《近代中国文化转型研究导论》一书中，曾有专章讨论在社会转型与文化转型过程中社会公共文化空间的形成与发展的意义。这里我要讨论社会公共思想空间的问题。"社会公共空间"这个概念十分重要，但以往的学者及其著作，基本都是在政治学与社会学的意义上使用这个概念。我提出社会公共文化

---

① 《〈国学季刊〉发刊宣言》，《胡适文存二集》卷 1，第 27 页。
② 《〈国学季刊〉发刊宣言》，《胡适文存二集》卷 1，第 11 页。

空间与社会公共思想空间则是个文化学和思想史的概念，这是从前没有人深加注意的问题。其实这个问题对于从中世纪向近代转变的国家与社会来说是极端重要的。思想和文化是密切相关的，一个是表象的，一个是内在的；一个看得见，摸得着；一个看不见，摸不着，但可借助于声音与文字来了解它，而声音与文字已属于文化的范畴。所以，思想与文化是紧密相关的。思想在社会上传播、交流、汇聚与创新，都是在社会公共空间里实现的。所以，我在上述的那本书里，针对社会公共文化空间所讲的意见，对于社会公共思想空间也是适用的。在中国旧的传统社会中，其思想与文化基本上可分成两个系统，一是官方主导的系统，如忠君、尊孔等纲常伦理之类，它基本上是为统治集团的需要服务的；一是民间的系统，主要有传统的观念、信仰以及习俗等，它在家庭、宗族、乡党、闾里中发挥主导作用。这两者之外不能说完全不存在公共的思想文化空间，例如城市茶馆、剧场、市场等，在乡村则有各种赛会、节庆活动等，某一地域某一狭小圈子内的文人交往等。但这些都不具备近代的社会属性，参与其中的人，并不能凝聚成有约束力的团体，没有明确的目标，不具备创新机制。近代社会公共思想文化空间，是由一定的有组织的群体造成的，有基于共识基础上的共同目标；各群体或团体之间有竞争也有互补，存在着创新的机制。如报馆、学会及各种社会团体、各种公共的文化设施和文化活动；图书馆、阅报社、演讲会、演艺场所等（这种演艺场所是真正社会化的，不像传统社会里演艺活动大多只在私家场所或在举办庙会、赛会时作为临时设置，只有城市里的说书场是相对固定的）。这种社会公共思想文化空间的形成，对于思想文化的传播、交流、创新，对于改变大多数人的思想观念和形成新的思想观念起着重要的作用，从而对社会的进步直接间接地发挥其不可或缺的作用。①

近代社会公共思想文化空间的形成与发展，首先依赖近代教育

---

① 参见耿云志《近代中国文化转型研究导论》，第 164—165 页。

的发展；其次需要社会群体组织为依托；另外还需要有社会传媒系统。这三个方面，经历新文化运动和五四运动的激扬和振荡，都有颇为迅速的扩展，不仅是数量上有大发展，更重要的是有质的提升。

（1）学校的作用

学校对于思想的传播、交流与创新所起的巨大作用是显而易见的。

学校本来就是为民族的经验与知识传承而设的，但一切经验与知识都是与一定的思想观念紧密相联的。那些引领时代的新的思想观念，差不多都是首先在学校里产生并传播出去，欧洲的宗教改革运动、中国的新文化运动都是如此。蒋梦麟说："北大所发生的影响非常深远。北京古都静水中所投下的每一颗知识之石，余波都会到达全国的每一角落。甚至各地的中学也沿袭了北大的组织制度，提倡思想自由，开始招收女生。北大发起任何运动，进步的报纸、杂志和政党无不纷起响应。"[1] 北京大学的影响是通过各地学校的教师和学生得以发挥的。在五四运动爆发后，有些北大学生直接跑到各地去活动，使北大的新思想、新观念直接传播到各地。在当时，凡新文化运动比较热烈开展的地方，差不多都是以当地一家或几家学校为中心的。如在天津有南开学校，在上海有复旦大学，在杭州有浙江第一中学和第一师范等。前面第四章里，我们讲过在武昌中华大学读书的恽代英如何联络同学，结合团体，创办刊物，逐步向社会推展新思想、新观念的情形。恽代英的活动是一个显著的例子，显示学校怎样发挥着激发、传播新思想、新观念的作用。

学生青年，多在十几二十岁之间，头脑中旧时代的思想观念未及牢牢扎根，故容易接受新思想、新观念。青少年活泼好动，乐于交友，新思想与新观念在他们之间传播甚速，且有互相切磋、琢磨，相互激扬，很容易激出火花。通过开会讨论，发行刊物，新思

---

[1]　蒋梦麟：《西潮》，第130页。

想、新观念愈传愈远，受影响者愈聚愈众，于是演成潮流，形成运动。我把这称作新思想"发酵"的过程，学校是最适合新思想发酵之地。所谓"发酵"，就是起化学反应。新思想在受众的头脑里与其原有的思想发生"化学作用"，原有思想中可与新思想相容的，成了供新思想着床的铺垫，并为新思想提供滋养。许多受众互相沟通联络，形成共同动机，产生实现新思想的共同冲动。这是思想变成行动、精神力量变成物质力量的关键环节。所以用思想"发酵"来揭示思想文化运动的发生机制，我觉得是比较合适的。新文化运动和五四运动，最可作为典型例证。

比如，北京大学因蔡元培任校长，实行"思想自由，兼容并包"的方针，请来一大批具有新思想、新学问的教授，特别是请来《新青年》的主编陈独秀来任文科学长，随即以《新青年》为中心，形成鼓动新思潮的一股强势力量。受他们的影响，一批青年学生思想变化，围绕《新青年》，围绕一批新教授，形成一股凝聚青年的核心力量。他们办起《新潮》杂志，在青少年中发挥着几乎可与他们的老师所办的《新青年》相比肩的影响力。他们就成为五四运动的领袖，成为各地青年效法的榜样。

再以浙江一师与浙江一中为例。浙江第一师范的校长经亨颐（字子渊），清末即是有名的开明人士。他领导的学校，不禁止学生阅读《新青年》《新潮》等刊物，所以学生思想比较开放。五四前，他们已有学生会的组织。但五四风潮将临之时，当局下令提前放暑假，一师学生多来自僻远乡镇，故大多数离开学校。一中学校当局虽不如一师的开通，但据施复亮（即施存统）的回忆，当时一师经售《新青年》《星期评论》等刊物亦有四百多份，一中的学生看到这些刊物，应不难。一中的学生中不少即是杭州人，他们较早地感受并参与了五四运动在浙江的震荡（主要是反日爱国、抵制日货）。下学期开始时，一中学生和甲种工业学校的学生办起《双十》半月刊。这时一师的学生已纷纷回校，他们中几个最活跃的分子如施存统、傅彬然等即与一中学生合作，改《双十》半月刊为《浙江新潮》周刊。而且，这个新刊物的编辑工作，一师的施存统等人成了主导力量。施存统在该刊的第 2 期上发表《非孝》一文，竟成了震动浙江省乃至全国思想界、教育界的大事件。当局悍然决定禁止《浙江新潮》，撤换一师校长。围绕撤换一师校长一事，又演成整个杭州教育界、舆论界与当局政、警界严重对峙和冲突，成为浙江新文化运动与五四运动中一个非常突出的事件。而此事件的结局是学生和支持他们的老师取得胜利。新思想注入，学生感奋而起，联合行动，造成风潮，大大冲击旧秩序。

北大和浙江一师、一中的例子，很生动地体现出，新思想借学校为发酵之地，聚集起新的社会力量，造成新的社会运动，从而起到推动社会进步的作用。

新文化运动对新教育的发展有催生的作用。我已经说过，新文化运动时期新教育的发展，更主要的是质的提升。但新教育在数量上增加也是很明显的。据统计，1916 年，全国小学校有 12 万余所，学生有 384.3 万余人；中等学校有 350 余所，学生有 6 万余人。到 1922 年，小学校达 17.7 万余所，学生达 660 万余人；中等学校达 547 所，学生达 13 万余人。（另有师范及职业学校，其学校及学生数未统计在内）高等学校，1916 年全国只有国立 3 所，私立 7 所，总共只有 10 所。到 1924 年，全国高等学校国立的 30 所，私立的 10 所，总计达 40 所。[1] 另据统计，新文化运动发生之前的 1914 年，全国新式学堂（包括各级学校）学生只有 407 万余人，到 1922 年，全国学生总数达到 680 余万人，增加了 273 万余人，增加幅度为 67%。[2]

学校增加、学生增加，意味着激发和传播新思想、新观念的力量大大增加了。五四前后那段时期，新思想、新观念真如野火燎原

---

[1]　以上数据均引自《第一次中国教育年鉴·丙编》，开明书局 1934 年版，第 16、22、193、194、423 页。

[2]　据《第一次中国教育年鉴·丙编》之相关数据计算得出。

一样激荡全中国的大地。当然也正是这种情况下，新思想、新观念缺乏慢慢沉浸、磨砺、渐渐成熟的过程，因而往往如一阵飓风，扫荡了旧有的东西，却未及牢固地树立起新东西。这一点留待后面再详为论述。

（2）社会团体纷纷建立

社会团体是近代社会的一种现象。前面我们曾提及古代社会，在传统宗法制度之下，人们只有家庭的、宗族的、乡党的、同门的等结合方式，此外有另类的具有反社会性质的所谓会党的结合，都不是真正"社会的结合"。明末出现的某些团体性的结合，略带一些不同于传统的色彩，但仍不可与近代的社会团体同日而语。

近代社会团体产生的前提是，个人必须从旧的宗法制度束缚中解脱出来，成为独立的个人，有其独立的人格、自决弃取的自由意志，可以独立地承担自己言行的责任。由这样的一群人，基于某种共识而结合成团体。在这样的团体中，大家通过民主的程序选出负责团体事务的办事人员。团体中的分子，既然是自愿结合在一起的，当个人的意志改变时，可以自由出会。这里有几个非常重要的条件：（1）意志自由的个人；（2）各个独立的个人形成共识；（3）民主地选举办事人；（4）自由出会。这些，在传统的结合中都是不具备的。

中国近代社会团体于清末开始产生。那时大多数的团体是因应临时发生的事件而产生的，如拒俄运动、争回利权运动、国会请愿运动等，随着事件的解决或事件的高潮过后，团体也就无形解散。另有一些带有政党性质的，持续时间可能稍长一些，如上海绅商组织的预备立宪公会、湖南的宪政公会等。当然，也有政党性的团体因遭到镇压而较早解散（如政闻社）。学者多半不把革命党当作一般社会团体来对待。教育会与商会之类的团体，只有一部分是自愿结合起来的，大多数是应官方要求而成立的；但既经成立，长期以团体形式活动，多少亦带有社会团体的性质。

新文化运动和五四运动时期，是中国社团急遽发展的时期，可惜至今还没有对这一时期全国社团的比较翔实的统计资料。如果把五四运动期间，凡在报纸或传单等宣传品中出现的社会团体的名目一一统计起来，那将是一个极其庞大的数字。例如以江苏为例，五四运动起来之后，该省省会城市及各工商业较为发展的市镇出现名目甚多的爱国团体。如学生界有各市县学生联合会、学界联络会、旅外学生联合会、中华青年维持会、学友会、少年宣讲团、通俗讲演队等。商界有各级商会、国货陈列所，还有颇具特色的与学生联合组织的商学联合会、商学爱国团等。宗教界有圣公会基督教徒爱国团、基督教普益社等。此外有各界人士都有代表参加的各界联合会、国民大会事务所、救国十人团、救国团、救国会、国货负贩团、国货侦察会、国货维持会等。[①] 如果再加上原有的教育会、律师公会、平和期成会、同乡会、各行业公会、青年会等，则社团组织之数量实在不可胜记。可以想象，除教育会、商会、行业工会之类，其余直接因五四运动而起的团体，其存在的时间肯定都不会很长。

这时期的团体总体上可分两大类：一是学生组织的团体，二是其他社会团体。学生团体在运动中扮演了极其重要的角色，他们既是宣传者，也是组织者，其中最普遍的是学生会的组织。在新文化运动与五四运动中，全国绝大多数中等以上学校都建立起学生会的组织，他们组织游行示威，搞街头宣传，到商家、工厂甚至城郊的农村进行宣传和发动群众的工作。除学生会以外还有因志同道合而组织起来的其他小团体，如北大的国民杂志社、新潮社，浙江一师与一中的浙江新潮社，天津以南开学校为主的觉悟社等。此外，在运动进行中，学生还有平民讲演团、救国十人团、工读互助团等组织。当时也有教职员加入学生组织的团体或学生加入教职员组织的团体的情况。

学校以外的其他社会团体形式更为多样，有全国性的，有地方

---

① 参见张德旺《新编五四运动史》，第 142 页。

性的，有行业性的，有政治性的，也有公益性的，还有学术性的、文艺性的，等等。

我们无法提供这时期社会团体的数量估计，但我们可以根据现有资料，对这时期的社会团体较之清末时期社会团体的不同点，或者说它们比清末时期的社会团体前进一步的表现，做出分析与评估。

从研究中发现，新文化运动时期的社会团体与清末时期的社会团体有很明显的区别。

第一，清末的社会团体，一般都有一个很具体的目标。如在收回利权运动中成立的团体，便以收回某项利权为目的；在立宪运动中成立的团体，便以推动立宪为目的；如此等等。新文化运动时期的社会团体则不同，它们中的大多数都提出一个相当远大的目标，例如变革人心、改造社会、改造世界之类。试举几个例子。

新民学会称："本会以革新学术，砥砺品行，改良人心风俗为宗旨。"① 在一次讨论学会共同目标的会议上，毛泽东认为学会的目标"应为'改造中国与世界'"。②

曙光社（北京学生团体）在其《宣言》中说："我们不安于现在的生活，想着另创一种新生活；不满于现在的社会，想着另创一种新社会。……所以我们发愿根据科学的研究、良心的主张，唤醒国人彻底的觉悟，鼓舞国人革新的运动。"③

觉社（也是北京的一个学生团体）宣称："我们社里的宗旨，定的是'本互助精神，研究学术，做实现真理社会的运动'。"④

改造社（江西南昌的一个青年团体）干脆就宣称"以改造社

① 《新民学会会务报告》第 1 号，张允侯等编：《五四时期的社团》（1），第575 页。

② 《新民学会会务报告》第 2 号，张允侯等编：《五四时期的社团》（1），第590 页。

③ 《宣言》，张允侯等编：《五四时期的社团》（3），第 50 页。

④ 《觉社新刊发刊的旨趣》，《五四时期期刊介绍》第 2 集下册，第 569 页。

会为宗旨"。①

共进社（旅京陕西青年团体）则宣称，以"提倡文化，改进社会"为宗旨。②

甚至连工读互助团在其组织的动机上也表明，它一方面是"为苦学生开一个生活途径"，同时也要"为新社会筑一个基础"。③

以"改进社会"或"改造社会"为目标，不免有笼统与空洞之嫌，但当时先觉者反思清末以来政治改革与革命所得之结果，多数都认识到离开社会的改造，而径直求政治制度的变革是不可能达到目的的。梁启超就曾指出，过去二十年一直追求国体与制度的变革，结果所收获的是民国以来连年的混乱无序。他说："吾以二十年来几度之阅历，吾深觉政治之基础恒在社会。"④ 他又说："当知吾侪所栖托之社会，孕乎其间者，不知几许大事业横乎其前者，不知几许大希望，及中国一息未亡之顷，其容我回旋之地，不知凡几。吾侪但毋偷毋倦毋躁毋骛，随处皆可以安身立命，而国家已利赖之。"⑤ 新文化运动涌现出来的青年代表人物傅斯年对于改造社会问题，尤有非常深刻的见地。傅氏认为，中国两千年来一直处于宗法社会，实际上是"有群众，无社会"。因为专制制度"把国民的责任心几乎消磨尽了"，人们没有公益心，没有团体的公共生活的训练。这样，社会没有组织，从而也就没有活动力。这样的社会，便没有生机，没有活力，便难以进步。要改造这样一种僵滞的社会，使之有组织有活动力，成为一种傅氏所说的"有机体的社会"，就要从"社会的结合"着手，就要组织有活动力的团体。⑥

---

① 《本社的简章》，张允侯等编：《五四时期的社团》（3），第250页。

② 《一九二二年本社会议案概略》，张允侯等编：《五四时期的社团》（3），第321页。

③ 王光祈：《工读互助团》，张允侯等编：《五四时期的社团》（2），第370页。

④ 梁启超：《吾今后所以报国者》，《饮冰室合集·文集之三十三》，第53页。

⑤ 梁启超：《大中华发刊辞》，《饮冰室合集·文集之三十三》，第90页。

⑥ 见耿云志《傅斯年对五四运动的反思——从傅斯年致袁同礼的信谈起》，《历史研究》2004年第5期。

先进的人们把注意力从政治制度的变革，转移到对社会的改造，这是新文化运动一个非常重要的内在动机。自然，人们对这一点的思考有远近深浅的不同，但在某种程度上都意识到这一点是肯定的。只有明白了这一点，才会理解何以在新文化运动中，各种团体组织如雨后春笋般出现，也才能理解何以在这些团体中绝大多数标出改造社会的目标。由此我们也就明白，新文化运动所催生的社会团体，较之清末的社会团体，其思想意义和社会意义都向前推进了一步。

第二，这时期的社会团体与清末的社会团体另一个不同之点，是他们都很注重"个人的自觉"。所谓"个人的自觉"有两个方面：一是其团体的组织是建立在个人觉悟的基础上，不仅仅是因某种外在的目标和外来的刺激而匆忙结合起来。许多团体都是经过一年甚至更多时间的讨论和酝酿才组织起来的，如新民学会、少年中国等皆是。二是加入团体的个人，都充分注重个人的独立人格，都不以抹杀个性为团体活动的条件。新民学会第一次会务报告在阐述其组织酝酿的经过时就说到，他们所特别关注的问题是"如何使个人及全人类的生活向上"，"尤其感到的是'自己生活向上'的问题"。① 少年学会（北京的一个学生团体）标明自己的宗旨是"发展个性知能，研究真实学术，以进取精神养成健全少年"。② 其核心是发展知能个性，这一点非常明确而突出。青年学会（河南一个学生团体）所标明的宗旨也是"发展个性的本能；研究真实的学问；养成青年的真精神"。③ 其他的学会、团体，虽不像上述几个团体把注重个性发展的意思那么明显地写进其宗旨，但注重个性的精神在其成员的相互通信中，在他们的实际活动中仍能表现出来。他们大多能经常就其所关心的问题进行充分自由的讨论，各抒

---

① 《新民学会会务报告》第 1 号，张允侯等编：《五四时期的社团》（1），第 575 页。

② 见张允侯等编《五四时期的社团》（3），第 71 页。

③ 《青年学会的宗旨》，张允侯等编：《五四时期的社团》（3），第 101 页。

己见。这种重视个性、思想自由的趋向是新文化运动的一个非常突出的特点。处于运动指导地位的《新青年》《新潮》正是这一潮流的引导者。但与此同时也要看到，刚刚挣脱专制主义旧道德束缚的青年人，对自由和个性主义还未能获得健全的理解，往往会趋向极端，发生不合理性的言论和行为。例如有的贸贸然宣布与家庭决裂；有的宣布不承认自己的父亲；有的宣布废除自己的姓氏；有的反对任何形式的组织纪律；有的要求废除婚姻、家庭；有的宣布不要政府，不要国家，甚至根本蔑弃一切政治；等等。这些情况正好说明，新文化运动期间和其后，无政府主义思潮相当盛行的原因。由新文化运动激发起来的一代青年，在一段时间里都曾多多少少受到无政府主义思潮的影响。这是两千多年的专制主义压抑个性所引起的反动。

社会团体作为一种社会公共思想空间，它的作用是不容轻视的。我们前面讲学校的作用时，指出它是知识汇聚、传播与创新的重要场所，是最适合新思想发酵之地，是使思想变成力量的一个必经的环节。其实，社会团体与学校的作用颇有相近之处。因为团体是由志同道合者聚集起来组成的，他们在一起因思想一致（或甚相近），目标一致，故经常一起切磋、琢磨，相互吸引，相互激励，并把共识付诸行动。所以，团体在改造社会、推动社会进步方面，会起到非常有益的作用，甚至可以说它们是促进社会转型的重要杠杆。

（3）传媒事业的发展

被新文化运动直接带动起来的，第一是教育事业，第二就是新闻出版业，即今天所谓传媒事业。很明显，随着白话国语的成功、新教育的发展，读书看报的人自然会大大增加。何况社会处于新旧更替，几乎是接连不断的激荡沉浮之中，许多人渴望求得新知识、新思想、新观念，以帮助自己应付复杂多变的环境。我们在《胡适遗稿及秘藏书信》中，经常看到一些青年向胡适请教读书的问题，可见当时学校里和社会上普遍存在一股读书看报、渴求新知的热潮。客观上有此需要，就会有人设法满足这些需要，通过这种服务而得到自己所需要的回报。这是任何存在着某种程度的经济自由的社会里所必有的现象。

清末民初，中国的书报出版事业有了一定的发展，但那个时期的书报出版业，明显地跟着政治风潮的脉搏跃动。我在《近代中国文化转型研究导论》一书中曾着重指出，那个时期政治主导着文化。现在我们谈论的这个时期，书报出版事业是直接被新文化运动带动起来的，所以，是思想文化的需求，主导着书报出版业的发展。

大家都熟悉，新文化运动进入高潮期，新创的白话报刊在1919年达到400种，这是多数人较为一致的估计。这其中包含大量的学生刊物，其维系的时间肯定不长，但会有其他刊物继之而起。所以，在1919—1923年这段新文化运动的高潮期里，全国每年出版仍有400—500种的报纸、期刊，应该是可以接受的不会太离谱的估计。

这时期，凡稍有眼光的媒体事业的老板，都拼力向教育、思想文化界的精英靠拢，有的想直接聘请新文化运动的精英分子来报馆主笔政，或请他们编辑专栏与副刊。这种设想自然不能都顺利实现，于是报纸则极力邀请他们撰写文章，出版社则花重价购买他们的书稿，或请他们编辑适合社会需要的各种丛书。① 总之，此时不再像清末民初那样，基本由政治主导思想文化，而是思想文化主导了社会舆论，主导了书报出版业。

---

① 例如积极响应和支持新文化运动的张东荪主持《时事新报》，并创办副刊《学灯》。《学灯》大量刊登介绍和讨论新知识、新思想乃至社会主义问题的文章。《晨报》的副刊（先为其第7版，后改成《晨报副镌》）、《民国日报》的副刊《觉悟》等，都经常登载胡适、陈独秀、李大钊、鲁迅等人的文章。商务印书馆还曾敦请胡适主持其编译所的工作，胡适以代为提供一篇改革的建议而婉谢。在《胡适遗稿及秘藏书信》中，我们看到许许多多的报刊争相邀请胡适为其撰文。这种情况陈独秀、李大钊、鲁迅等也是一样。

我们检索一下当时在新文化运动中影响力较大的几种报纸刊物，可以看到，正是它们主导了当时外来思想学说的介绍，也主导了当时发生最大影响的几场思想论争。而其所介绍的几种思想学说，所主导的几场重要思想论争，对以后数十年中国的思想、学术、文化与教育发生了持久的深远影响。

比如《新青年》所介绍的西方思想学说，主要有杜威的实验主义、罗素的逻辑实证主义、马克思主义以及社会主义与俄国革命后的各种制度、法律等。在此刊物中所开展的讨论与争论主要有东西文化问题、孔子学说与孔教问题、女子问题、教育问题，以及最著名的和发生持久而深远影响的问题与主义之争。

《新潮》出版时间虽不长，但它在介绍新的思想学说和讨论人们（尤其是青年）最关心的问题方面，却表现最集中，旗帜最鲜明。如它除了介绍杜威和罗素的思想学说之外，还较集中地介绍了柏格森的生命哲学，介绍俄国革命与新村主义，还介绍爱因斯坦的相对论。它讨论问题也很集中，主要关涉个性主义、女子问题和家庭问题，这些显然是青年最为关切的。

《晨报》第7版及《晨报副镌》是新文化运动期间最著名的三大副刊之一。该刊与新文化运动的核心人物最为接近，故新文化运动一些主要领袖人物如陈独秀、胡适、李大钊、鲁迅等都在该刊发表文章。所介绍的思想学说，除了杜威、罗素，还有托尔斯泰、康德、尼采等。新文化运动的一些焦点问题，在该刊得到反映，如女子与两性关系问题、家庭问题、劳动问题、社会主义与无政府主义的问题、新俄国的问题等。还有关涉政治问题的讨论，如好政府主义的问题、省自治的问题等。对于科学与人生观的讨论，该刊也有充分的反映。

《民国日报》的副刊《觉悟》，有大量介绍社会主义和新俄国的制度、法律等方面的文章，还有介绍马克思主义、新村主义，介绍杜威、罗素、托尔斯泰等的文章。该刊讨论社会主义、女子问题、婚姻问题、批孔问题相当热烈。

《时事新报》的副刊《学灯》，介绍社会主义篇幅相当多，如介绍空想社会主义、科学社会主义、工团社会主义、基尔特社会主义以及基督教社会主义，译载不少原著文本。介绍俄国的文字亦颇多，涉及其婚姻问题、遗产问题、教育问题等。该刊辟专栏介绍外国名人，不仅有杜威、罗素、柏格森，还有托尔斯泰、克鲁泡特金以及威尔逊、饶勒斯、韦伯等。该刊对联省自治问题、国家社会主义问题也曾有热烈的讨论。

《解放与改造》（后改名《改造》）原是梁启超决心退出政坛与政谈之后和他的朋友们商量创办的刊物。因张东荪在主持这个刊物的同时，也主持《时事新报》及其副刊《学灯》，所以这两家刊物在思想和政治倾向上是一致的。《解放与改造》和改名后的《改造》介绍和讨论最多的是社会主义问题、新俄国问题、女子问题以及自治与联邦问题。它所介绍的主要思想家则多是倾向生命哲学与直觉主义的，如倭铿、柏格森与杜里舒等。

《太平洋》杂志是原《甲寅》杂志的部分撰稿人和刚刚归国的一些英美留学生创办的刊物。它一方面部分地延续了《甲寅》的议题，如调和论的问题；另一方面，则与新文化运动同步，介绍和讨论相近的主题，如民主问题、社会主义问题、新俄国问题以及关于问题与主义的讨论和联省自治的讨论等。

通过对上述几种影响较大的刊物的主要内容的检索，我们可以得出如下的看法。其一，当时媒体最关注的问题集中到以下几点：个性主义，包括女子问题、家庭问题及道德问题；社会主义及新村主义和无政府主义；俄国革命与马克思主义；西方思想学说，包括杜威、罗素、柏格森等。这几个方面的问题，恰是主导以后二三十年中国思想、政治及教育与学术的基本问题。其二，关于上述这些问题的讨论尚未深入展开，大体还处于介绍引进的阶段。其三，从介绍与讨论的文字中可以看出，有些人基本出于兴趣参与介绍与讨论，有些人则对其所介绍的思想学说已产生相当虔诚的信仰或至少是表现出很明显的选择倾向。如李大钊之介绍马克思主义及俄国革命，可谓信服有加。而梁启超、张东荪等之于基尔特社会主义，则明显表现出选择性倾向。还有其他人对新村主义、无政府主义的介绍亦类乎此。

值得注意的是，国民党所办的两个刊物《星期评论》与《建设》，此时并没有特别深入讨论他们的指导思想三民主义，所关注的问题与上述各大刊物非常接近，且容纳了许多新文化运动领袖人物的著述。孙中山此时正热衷于他的《实业计划》，以及全民政治的初步介绍。这可能意味着，孙中山与其战友们以相当积极的态度对待新文化运动，所以显示出与新文化运动大体同步的情形。这也恰好说明，经过新文化运动的洗礼，即使纯粹革命政党也将要重新检视自己的思想理论与纲领。

可以说，报刊集中反映了当时的思想舆论倾向，而这些思想舆论倾向的主导者，正是新文化运动的领导者。但以后，从这些思想舆论倾向引申、发展出来的种种实际的政治运动，及由这些运动引导出来的政治结晶品，却远不是新文化运动领导者所预料到的。

新文化运动本来是靠媒体引动起来，而新文化运动反过来又引动媒体事业的革新和发展。这不仅表现于媒体数量的大量增加以及以传播新文化为宗旨的副刊及各种新辟的专栏的发达，而且更重要的是中国的新闻事业获得实质性的进步。如中国第一家大报《申报》在著名报人史量才的经营下，率先提高新闻在报纸中的地位，并追求新闻的广泛（在国内外诸大城市和重要地区聘用新闻记者）、及时和客观真实。

最著名的新闻记者黄远生、邵飘萍都做过《申报》记者。黄氏以其锐敏的观察和深刻的思考，使他的新闻与评论享有极高的声望。邵氏则积累其新闻采访的丰富经验，撰著新闻学著作《实际应用新闻学》（1923 年）、《新闻学总论》出版，新闻学在中国首次成为一门学问。1918 年，北京大学创办新闻学研究会，聘请邵飘萍及徐宝璜为讲课导师，邵氏主讲新闻采访技术，极受听者欢迎。

新文化运动直接影响到出版事业的发展趋向。中国之有近代出版事业是从晚清开始的，起初多是外人主持，到清末才有较多的中国人自己主办的出版事业，其中最有名的是商务印书馆，他们主要是靠出版教科书起家。到新文化运动时期，全国各地凡交通比较方便的大中城市，差不多都有新的出版机构出现，或原有出版机构的分支机构。而旧有的出版家由于深受新思潮的影响，经营理念有很大的变化。我们举出一些实例以为说明。

商务印书馆，创立于 1897 年，是中国人办的资格最老的一家出版社。新文化运动期间，该馆经历了重大的改革。首先是大力引进新人才。由于受新文化运动的刺激，商务印书馆主持编译所的张元济、高梦旦等领导人物颇能跟上新思潮，使该馆的出版品受到广大读者的欢迎。他们通过新文化界的朋友推介，及馆中自行招聘的途径引进许多优秀人才；也有个别人是以自荐的方式，获得任用。新进人物之较为知名者有胡愈之、俞颂华、杨端六、沈雁冰、郑振铎、朱经农、叶圣陶、吴康等。商务印书馆的人员流动性很大，这对于保持运作的活力很有帮助。据称，商务印书馆的人员中，进馆一二年的职工占绝大多数。[1] 更重要的是其经营理念的改进。张元济与高梦旦经常与新文化领袖人物接触，听取他们的意见，接印他们推荐的杂志或个人著作，[2] 甚至希望他们直接进入馆中主持工作。1921 年，高梦旦特意北上入京，数次与胡适接谈，恳请胡适辞去北京大学教授职务，专心去上海主持商务印书馆的编译工作。胡适亦曾虑及，"得着一个商务印书馆，比得着什么学校更重要"。但他终不忍放弃自己的研究著述工作，所以最后只答应暑期到上海，考察一下商务印书馆的内部情形，提出自己的改革建议。这次对商务印书馆的考察，最重大的结果，不是他的调查报告，而是他

---

① 参见李家驹《商务印书馆与近代知识文化的传播》，商务印书馆 2005 年版，第 92 页。

② 参见张人凤、柳和城编著《张元济年谱长编》（上海交通大学出版社 2011 年版）1919—1921 年部分。

建议请他原在上海读书期间的老师王云五先生来做商务印书馆的编译所长。[①] 王云五先生是著名的自学成才的学者。他既有学术眼光，又有经营的能力。胡适荐他自代，实为商务印书馆得人，亦为朋友得发祥之地。王云五掌商务印书馆编译所之后，该馆的业务蒸蒸日上，很受学者的欢迎。特别值得注意的是，自此，商务印书馆更明显地成为向国内读者介绍西方思想、学术、文化的主要园地。原来，早在 1918 年，商务印书馆出版《尚志学会丛书》和《北京大学丛书》就有相当多的分量是介绍西学的。而 1920 年起出版的，由蒋梦麟、蔡元培与胡适共同策划，而由胡适主持编务的《世界丛书》，则是专门有系统地介绍西方思想、学术与文化的。后来王云五亲自主持编辑出版《汉译世界名著》，接续《世界丛书》未竟之业。努力建立与世界文化的密接关系，成为商务印书馆的主要工作方向之一，至今仍在发扬光大。

中华书局，创立于 1912 年，该馆初创，也是以出版各种教学用书为主要业务。新文化运动起来，中华书局作为文化传播的机构，不能不受其影响。1920 年，该局承印《改造》月刊，编辑出版《新文化丛书》和《国语文类选》（选印胡适、蔡元培、陈独秀、李大钊、陶行知等 60 多位新文化运动知名人物的作品）。1922年，该局承印《诗刊》《国语月刊》《少年中国学会丛书》等。这期间，该局也引进不少新人才，如舒新城、李达、田汉等。该局通过新文化运动期间的调整和改革，奠定了此后发展的基础。

亚东图书馆，1913 年创办于上海，主持人是安徽绩溪人汪炼，字孟邹，以字行。他与陈独秀是老朋友，与胡适亦甚熟悉。有此渊源，该馆虽资力微薄，人力亦不甚充足，在新文化运动中却大出风头。该馆出版胡适的《尝试集》和《胡适文存》，出版陈独秀的《独秀文存》以及《吴虞文录》等书，都大受欢迎。该馆还曾承印

---

① 见曹伯言整理《胡适日记全集》第 3 册，第 4、204、207—209、214—218、222—223、226—231、267—270、271—272、276、302—304 等页。

《新潮》《少年中国》《建设》等杂志。他们还代派《新青年》《北大月刊》以及北京大学出版部所出之书。如此，亚东图书馆成了极受青年欢迎的一家出版机构。

新文化运动期间，几乎没有任何出版社，不跟着新潮流对自己的业务做出调整，如泰东图书局大量出版新进作家郭沫若、郁达夫、朱谦之等的作品，还出版了许多宣传社会主义及新俄国的译著。在新文化运动中应运而生的世界书局，在编辑出版新的小学教科书方面，竟然对本以出版教科书起家的大出版社商务印书馆和中华书局构成重大的挑战。

可以看出，出版界与报刊差不多是同步发展，担当起推动新教育，传播新思想、新观念的时代重任。

（五）民主与科学的认知

八九十年来，人们一直都在说，五四运动与新文化运动是以民主与科学为两大旗帜。但这两大旗帜究竟举得有多高，人们对它们的认识究竟有多深刻，对以后的中国社会、中国政治、中国文化究竟发生多大影响，至今仍是个有待深入研究的问题。

（1）关于民主

关于民主，主要应从三个层面去解析。其一，作为一种思想学说，它体现一种价值追求。它强调个人的人格、个人的权利、个人的自由意志；强调个人的价值是一切社会的政治的文化的价值的本源。我们可以称它为个人主义或个性主义。其二，作为一种国家体制，它是一种政治制度。它强调国家主权属于人民，因此一切政治制度、设施、政策都应以全体人民或大多数人民的利益为依归。其三，作为一种生活方式，它规范人们自处、处人及各种团体或集体生活中的行为，使之与民主的价值追求、民主的制度设施相协调。

在新文化运动过程中，作为运动的发动者和引领者，《新青年》同人中几位最有影响力的人，他们所有关涉民主问题的论述，差不多都集中在前述的第一个层面，关于二、三两个层面甚少言及。我曾一再指出，新文化运动的发动者和引领者们，深刻反思清末以来大家迫切地争取某种形式的民主制度（包括君主立宪和民主立宪），结果都不曾达到目的这一事实。他们一致认为最基本的原因是人们思想没有改变，还是专制制度下形成并牢固占据头脑的那些旧思想、旧观念。正如陈独秀所说的那样，一举手，一投足，都带出专制主义的臭味。遍国都是这样的分子，如何能建立起民主制度？这是陈独秀、胡适等人的共识。所以，他们把心思精力都用在启发人们对"个人"的自觉心。这一点，我们在前面的许多章节里，从不同的角度都有所论述，这里无须重复。我们只须特别着重地指出：第一，陈独秀、胡适等为了中国将来真实地建立起民主制度，先要发现"个人"（见前第三章第一节）。在古代君主专制制度之下，君主之视万民如同群羊，根本不须考虑到每个个体的特性、特点。就像放牧大群的羊，牧羊人也不需要，事实上也不可能了解每一只羊的特性特点。人民就是不知不识的群氓。所以，在古代中国，不存在个人的地位、价值的问题。个人完全被王权所吞没，被国家所吞没。从严复把西方核心思想观念介绍到中国来以后，先觉者渐渐感悟到个人的地位与价值之重要。从 19 世纪末起，中国先觉之士一直都在努力思考个人的地位与价值、个人与国家的关系问题。但在清末，因国家民族的危机极为严重，先觉者们面对严重的民族危机，常常自觉不自觉地把国家、民族置于个人之上。从表面上看起来，这几乎是天经地义，但稍加深思就会提出一个问题：一群没有独立人格的人，能够建立起独立自主，并使之强盛起来的新国家吗？这个问题，当梁启超等人在 1915 年创刊《大中华》杂志的时候，就比较清楚地提出来了。他说："今日中国，凡百事业，与其望诸国家，不如望诸社会；与其望诸社会，不如望诸个人。"① 新文

---

① 梁启超：《孔子教义实际裨益于今日国民者何在，欲昌明之其道何由》，《饮冰室合集·文集之三十三》，第 67 页。

化运动的领袖对此显然有更加明确、更加广泛而深刻的论述。陈独秀说，每个人，都应有"自主自由之人格"，"皆以自我为中心"。我们不能把这误解为"老子天下第一"，而是堂堂正正地有个"我"在，所言所行概由自我负责。西方文化特别是英语世界的文化，极端地重视个人的地位与价值，在英语里，代表真实的个人的词"I"，在行文中总要大写作"I"，而不能写作"i"。我想这是具有深意的。陈独秀理解到，"所谓国民政治，果能实现与否，纯然以多数国民能否对于政治，自觉其居于主人的主动的地位为唯一根本之条件"。① 胡适更直截了当地说："自由平等的国家不是一群奴才建造得起来的！"② 胡适把去掉奴性，树立自我，自觉个人的独立与尊严，叫作个性主义。他说，真实的个人主义就是个性主义。高一涵连篇著文，反复说明个人和国家的关系，强调只有个人真正独立自主，然后才有国家的独立自主。所以，我在近二十年来，一再指出，与其说新文化运动的领袖是以民主为旗帜，还不如说他们是以个人主义、个性主义为旗帜，更为贴切，也更能反映他们对民主问题理解的深度。

特别着意探讨民主的政治层面的是一些可称为新文化运动的同路人的一些知识精英。他们试图揭示民主政治的本质意义，以作为推动民主政治之一助。

时任北京大学教授的陈启修，于1919年1月在《北京大学月刊》上发表《庶民主义之研究》一文（此文只见上篇，未见下篇）。此前，1918年11月，李大钊在庆祝协约国胜利的群众集会上发表演说，题目是《庶民的胜利》（此文初登在1918年12月6日的《北京大学日刊》上，继又刊登于《新青年》第5卷第5号上）。其中说，这回大战的结果是民主主义战胜。"民主主义战胜，

---

① 陈独秀：《吾人最后之觉悟》，《青年杂志》第1卷第6号，1916年2月。
② 《介绍我自己的思想》，《胡适论学近著》，第635页。

就是庶民的胜利。"① 李大钊说的庶民就是全体的人民，甚至是全人类。陈启修用"庶民主义"这个词，也是要表达民主主义的意义。陈启修认为："Democracy 方将成时髦语，吾辈学究趁此时期不可不明其真义，以免误人误国。"② 可见，他的出发点是要澄清对于民主应有的正确理解。他认为，用"民众主义"或"众民主义""民权主义""民本主义""民主主义""平民主义""唯民主义""民治主义"，都不能切合 Democracy 之本义。唯有"庶民主义"较为切合。他说："庶者，all 之谓也，庶民者，全体之民也，即国之总分子也，不偏于民，亦不偏于国，且意甚浑涵，无偏重主权、政权之行使，或政治目的之弊，故较上列诸译语为善。"③

　　陈启修提出，庶民主义有广义与狭义之分。而他对广义的庶民主义的解释是："指尊重世上各个人之人格，使各个人能本其完全之人格，行有益人类之活动，以增进世界之文化而言"。④ 这与新文化运动主要领袖强调个人的地位与价值、强调个性主义恰相呼应。他对狭义庶民主义的解释则接近于一般人对民主政治的理解。他说："狭义之庶民主义为政治学家之所主张，指包含（1）以民福为本，（2）主权在人民，（3）由人民自己行使政权三者之主义而言。……而三者之中民治主义尤为要素。"⑤（查当时学者关于民主政治的议论，往往以民主主义与民治主义通用）

　　在五四时期，人们还经常使用平民主义一词，也是与民主或民治密切相关的。其实，上述陈启修用庶民主义解释 Democracy，"庶民"本就有"平民"之意。

　　平民主义作为一种政治观念，早在清末已被提出，如当时留日

---

① 《庶民的胜利》，《李大钊文集》第 2 卷，第 239 页。
② 陈启修：《庶民主义之研究》，《北京大学月刊》第 1 卷第 1 期，1918 年 11 月。
③ 陈启修：《庶民主义之研究》，《北京大学月刊》第 1 卷第 1 期，1918 年 11 月。
④ 陈启修：《庶民主义之研究》，《北京大学月刊》第 1 卷第 1 期，1918 年 11 月。
⑤ 陈启修：《庶民主义之研究》，《北京大学月刊》第 1 卷第 1 期，1918 年 11 月。

学生所办的刊物《江苏》《河南》等就有宣传平民主义政治的文章，①　但成为一种普遍流行的思潮则是在新文化运动时期。新文化运动的预言者和先驱者黄远庸，在他那封写给《甲寅》编者的著名信函中曾说："综之，当使吾辈思潮如何能与现代思潮相接触而促其猛省；而其要义，须与一般之人生出交涉；法须以浅近文艺普遍四周。"②　这里的"一般之人"，应就是指平民而言。他的意思显然是主张，今后的运动必须向广大的平民做工夫。胡适在酝酿文学革命时也敏锐地指出："吾以为文学在今日不当为少数文人之私产，而当以能普及大多数之国人为一大能事。"③　其所谓"大多数之国人"，亦是指平民而言。可以说，他所发起的以白话文学取代文言文学，使之成为中国现代文学之正宗的文学革命运动，就是一场平民主义的运动。

平民的意义，可从三个层面来理解：一是对贵族而言；二是对社会上层而言；三是对政府官吏而言。在新文化运动中，大多数情况下，人们是在前两种意义上使用"平民"一词。所以，在新文化运动兴起之后，在一片平民政治的呼唤声中，人们所诉求的，正是期待下层民众觉悟，起来参与国家的政治。这在很大程度上是受到当时在世界上颇为流行的无政府主义的影响。无政府主义要革掉家庭、政府与国家等一切之命，天下所有人，都成普通的一个个的人，自然再无贵族、官员等与平民之区别了，所有人都是平民了。另一个不可忽视的影响则来自俄国的十月革命。当时人们在讨论到十月革命的问题时，大家都注意到，这次革命不同于以往一切革命

---

①　《江苏》第 5 期有《新政府之建设》一文，其解释"平民政治"就是"一国主权平民操之，万般政务舆论决之，政治之主人则属一国之平民，政治之目的则在平民大多数之幸福，政治之策略则取平民之公意"。（张枬、王忍之编：《辛亥革命前十年间时论选集》第 1 卷下，第 584 页）《河南》第 4 期有《对于要求开设国会者之感喟》，明白地主张"平民的国家"，并着重讨论国家与平民的关系，强调两者互相依存，互为保全。（张枬、王忍之编：《辛亥革命前十年间时论选集》第 3 卷，第 277 页）

②　见《甲寅》第 1 卷第 10 号，1915 年 10 月。

③　《胡适留学日记》，第 956 页。

的地方，就是它是平民大众，特别是工农大众的革命。李大钊的《庶民的胜利》、罗家伦的《今日之世界新潮》等，都特别强调，十月革命是真正平民的革命，今后的革命都应当是俄国式的平民革命。按陈独秀的说法，这种革命的目标是要实现"真的民主政治"，而"真的民主政治，必会把政权分配到人民全体"。① 就是受研究系影响很深的彭一湖也说："必须一般民众执行政治，才是'得莫克拉西'。"② 可见，当时人们是把平民主义视为与民主政治等值的东西。

　　新文化运动中，平民主义具有超出政治范围以外的更加广泛的意义，它包括经济的平民主义、教育的平民主义、文学的平民主义等。所以我们说，在新文化运动时期，平民主义是最重要的观念之一，是一股强大的社会思潮。有许多社会团体即以平民主义为旗帜，如平民教育讲演团、平民教育社、平民周刊社、平民协社、民众社等。我们应当注意到，那些以平民主义为旗帜的团体，在宣讲其宗旨时，都紧密地与民主政治即德谟克拉西联系起来。如平民教育讲演团宣示其发起理由时说："学校教育惟饶于资财者之子弟始得享受，而寒畯之子弟及迫于生计而中途失学者不与焉，未足语于平民教育。苟乏术以补救之，则人民智识必大相悬殊，社会上不平之景象必层见迭出，共和国体必根本动摇。"③ 所以，它明定其宗旨为"增进平民智识，唤起平民之自觉心"。④ 平民教育社所办之《平民教育》在其《发刊词》中说："平民政治之目的求人人都得幸福；平民教育目的求人人都知道怎样才是真幸福，兼明白求幸福的法子。"⑤ 平民周刊社在其《〈平民〉发刊词》中说，改造社会，"最善的方法莫若介绍多少学识到平民脑子里头，使各个都明白人

---

① 《本志宣言》，《新青年》第 7 卷第 1 号，1919 年 12 月。
② 彭一湖：《新时代之根本思想》，《每周评论》第 8 号，1919 年 2 月。
③ 《平民教育讲演团征集团员》，张允侯等编：《五四时期的社团》(2)，第 135 页。
④ 《平民教育讲演团征集团员》，张允侯等编：《五四时期的社团》(2)，第 136 页。
⑤ 见张允侯等编《五四时期的社团》(3)，第 6 页。

生的观念和互助的原理。到那个时候，那罪恶的社会自然破坏，而合理的组织才'应运而生'"。①《复旦〈平民〉周刊的责任》一文中说，他们"负了一个极大的责任——就是要贯输平民知识到一班国民脑子里面，使他们晓得世界的潮流、国家的思想、自由平等的观念；又使他们明白他们也是国民的一份子，与国家有密切的关系，对于国家事体应负相当的责任，不可再睡在梦里了；并养成他们的自觉的决心、奋斗的精神"。② 这些都明显地反映出当时许多先觉人士把目光集注到平民的身上，指望唤起平民的觉醒，以努力实现平民主义的亦即民主主义的政治。

值得注意的是，当时有些人已关注到平民的生计问题。很显然，要唤起平民，要使平民觉醒，要灌输知识给他们，首先必须这些平民有可以生存的条件方可。所以，平民的生计问题便是第一个需要解决的问题。1918 年，南京组织成立一个平民生计社。他们的《简章》宣称："同人发起斯社，为研究平民生计上之种种困难问题，思有以拯救之。"他们努力的目标是："（1）振兴各种实业；（2）增进平民生活；（3）提倡社会教育。"③ 我们不知道这个平民生计社到底做过些什么，有怎样的实绩。我们从这个材料可以看出的是，在新文化运动中，人们对平民的问题关注到什么程度，以及平民主义思潮扩展到什么程度。当时有人指出，人们"处处眼光都注在'平民的生活'上"。④

平民主义思潮的高涨，对于五四以后中国的政治发展关系极为重大。在平民主义思潮的引导下，许多知识分子和青年逐渐走上与工农大众相接触，以至相结合的路。这一方面是思潮本身指引出这一方向；一方面是他们在五四及其以后的爱国运动中看到了工农大

---

① 见张允侯等编《五四时期的社团》（4），第 14 页。
② 《复旦〈平民〉周刊的责任》，张允侯等：《五四时期的社团》（4），第 15 页。
③ 《平民生计社简章》，《新青年》第 5 卷第 5 号，1918 年 11 月。
④ 《高语罕致胡适的信》，耿云志主编：《胡适遗稿及秘藏书信》第 31 册，第 341 页。

众的力量；还有一方面是俄国十月革命的启示。陈独秀于五四后谈到山东问题与国民觉悟时说："根本救济的方法，只有'平民征服政府'。"① 他这里讲的平民，包括学界、商会、农民团体和劳工团体。工农大众跃上舞台，并受到先进分子的高度重视，这是五四后一个非常重要的事实。毛泽东在《〈湘江评论〉创刊宣言》中说："各种改革，一言蔽之，'由强权得自由'而已。各种对抗强权的根本主义，为'平民主义'"。各种强权，"都要借平民主义的高呼，将他打倒"。② 对平民主义的高度重视和深入领会，使一批知识分子认识到，中国革命的出路要到工农大众中去寻求。李大钊于1921 年 3 月发表的一篇文章，表明他已明确意识到，要改革中国的政治与社会，必须靠民众的力量，而民众的力量必须靠团体的训练才能得充分的表现。民众的运动与团体的训练，"是相待为用，相随俱进的"。"所以，我们现在还要急急组织一个团体。这个团体不是政客组织的政党，也不是中产阶级的民主党，乃是平民的劳动家的政党，即是社会主义团体。"③ 李大钊的话，预示了中国共产党的诞生，也预示了中国共产党的性质。可见，由新文化运动所鼓荡起来的平民主义思潮，对于中国共产党的诞生，起了重要的思想引导作用。④

　　从对庶民主义和平民主义的考察，我们得出一个印象。在新文化运动和五四运动时期，中国的知识精英认识到，建立民主政治必须先确立个人的地位与价值，必须先提倡个人主义或个性主义。这一点他们有比较一致，并有相当深度的共识。但对于民主政治制度层面的认识，还缺乏真正清晰而明确的共识。这其实也并不奇怪。

---

① 陈独秀：《山东问题与国民觉悟》，《每周评论》第 23 号，1919 年 5 月。

② 《〈湘江评论〉创刊宣言》，《毛泽东早期文稿》，湖南出版社 1990 年版，第293 页。

③ 《团体的训练与革新的事业》，《李大钊文集》第 4 卷，第 78—79 页。

④ 可参见朱志敏《五四民主观念研究》（北京师范大学出版社 1996 年版）之第七章。

民主作为社会政治制度，是形而下的可以实际观察和体验到的东西，而这些东西在中国传统社会里是不曾有过的。人们议论它，只是根据文字的记载与介绍，没有现实的东西可供具体把握，所以议论起来，因没有可以凭借的实际标准，故难以达成共识。当时中国学者对欧美民主政治史尚缺乏研究，更增加了这一层困难。从五四以后中国追求民主政治的实践，追求民主政治的实践所经历的曲折和失败，也反过来证明，五四时期和新文化运动时期，人们对民主政治的认识还不够清楚，还远没有在基本问题上达成共识。而正当国人对民主还没有清晰共识的情况下，一种更新颖的民主观念又传入中国，那就是由俄国十月革命产生出来的"苏维埃民主"，也就是后来被通称为的"无产阶级民主"。这个民主的概念，同民主的原典概念已完全不相侔，是属于另一套话语系统。这也同样说明，我前面所说的话：与其说新文化运动是高举民主的大旗，还不如说其高扬个人主义或个性主义来得更为贴切。

关于民主的第三个层面，作为一种生活方式的民主，在这一时期，相当多的学生与青年，以及作为他们思想导师的教授们，曾有相当多的实践。比如，教授治校，学生自治，各种行业团体，以及其他可称为"社会的结合"的种种团体的生活等。但终因缺乏稳定的社会环境，尤其是缺乏经济条件的支撑，这些"社会的结合"、团体生活、公共生活的训练都难以持久。这也正是民主制度终难以在中国社会扎根的一个原因。

（2）关于科学

从 20 世纪 80 年代以来，特别是从郭颖颐的小册子《中国现代思想中的唯科学主义》翻译出版（1989 年）以来，在一股强烈批判和否定新文化运动的潮流中，又增加一种对所谓"唯科学主义"的批判。此前，一些人主要是批判新文化运动"全盘否定"中国固有传统，造成中国文化的断裂。此时批判所谓"唯科学主义"则批评新文化运动的领袖过分迷信科学，"用科学及其引发的价值观念和假设来诘难，直至最终取代传统价值主体"。显然，这一批

判与此前的批判在思想实质上是一脉相承的。我在 1989 年发表
《五四新文化运动再认识》一文，着重指出，新文化运动的主要领
袖（如胡适、陈独秀、李大钊、鲁迅等）从未全盘否定传统；个
别人的偏激言论并不足以代表新文化运动的主流。某些青年的过激
言论和行为更不应用作评价新文化运动的根据。① 这里无须重复。
关于所谓"唯科学主义"，我想在这里着重地谈一谈。首先，新文
化的提倡者谁也不曾提出过"唯科学主义"的口号；"唯科学主
义"这一名词，是批判新文化运动的人加给他们的。

陈独秀是新文化运动中，无论是当时人还是后来人都公认的主
要领袖。现在审判"唯科学主义"，陈独秀自然要成为第一被告。
陈氏在《青年杂志》的创刊号上即提出"科学与人权并重"的主
张，表明他很强调科学之于建设现代国家的重大意义。他对科学是
这样理解的。他说："科学者何？吾人对于事物之概念，综合客观
之现象，诉之主观之理性而不矛盾之谓也。"他的意思是说，人们
凭借主观的理性，去观察、研究事物而得出的认识，经过验证与客
观的事物相符合，这就是科学。大概为了使人易于理解，他又将科
学与想象对举，指出："想象者何？既超脱客观之现象，复抛弃主
观之理性，凭空构造，有假定而无实证，不可以人间已有之智灵，
明其理由，道其法则者也。"这样两相对比，便可知，陈氏所了解
的科学，就是运用理性而从客观实际中得出实证的知识。陈独秀似
乎不十分注意表达的逻辑性。他前面所说的意思，只是真理或真知
识。人们致力于求得真理、真知识的工作，及其所用的方法，才是
我们所说的科学。过了几个月，他再次给出对科学的解释。他说：
"科学有广狭二义：狭义的是指自然科学而言，广义的是指社会科
学而言。社会科学是拿研究自然科学的方法，用在一切社会人事的
学问上，像社会学、论理学、历史学、法律学、经济学等，凡用自
然科学方法来研究、说明的都算是科学；这乃是科学最大的效

① 参见耿云志《五四新文化运动再认识》，《中国社会科学》1989 年第 3 期。

用。"他批评中国人对科学偏狭的理解，指出："我们中国人向来不认识自然科学以外的学问，也有科学的威权；向来不认识自然科学以外的学问，也要受科学的洗礼；向来不认识西洋除自然科学外没有别种应该输入我们东洋的文化；向来不认识中国底学问有应受科学洗礼的必要。"他针对国人的谬误，进一步强调说："我们要改去从前的错误，不但应该提倡自然科学，并且研究、说明一切学问（国故也包含在内）都应该严守科学方法，才免得昏天黑地乌烟瘴气的妄想、胡说。"①

这里，陈独秀提出了一个重大的问题，即科学的精神、科学的方法有无普遍性的问题。这正是批判新文化运动提倡科学的人们的着眼点。主张应用自然科学的方法研究一切学问，这似乎确有一点"科学主义"的味道。但是，凡是称得上学问的，难道不应该用科学方法去研究，而应该提倡不顾事实、不求实证的胡思乱想吗？思想史和学术史所昭示的，正是这个科学不断扩大自己的领域，把从前因科学发达的程度不够，还不曾探知的领域所存在的种种未解之谜，渐渐解开，种种迷信随之被揭破，迷信被知识取代，谬误被真理驱赶。批评新文化运动迷信科学主义的人们，说提倡新文化者认为，在现实社会中，一切问题，科学都已经能够加以解决。其实没有人说过这样的话，他们只是说，应该力求用科学方法解决我们所遇到的问题。人类文明进步的历史，其实就是人类运用自己不断发达、进步的理性，逐步改善的工具与方法，不断扩充自己的实证知识，以帮助解决所面对的问题的历史。这个历史，我们没有什么根据可以说它有终端，更不可能指出其终端在何处。因此，我们没有理由武断地说，作为获取实证知识的手段的科学要在什么地方止步。我们固然不能不承认，在有些领域，有些问题上，暂时还不能有令人满意的科学的解答，但这不等于说，那些领域的那些问题就永远得不到科学的解决。人为地划定某些领域某些问题为科学的禁

① 《新文化运动是什么?》，《新青年》第 7 卷第 5 号，1920 年 4 月。

区，科学到了这里就必须止步，我看是没有什么道理的。这很有点像晚清时期，一些人力图划定西方文化只能在物质生活领域有所吸收，在精神领域，应该绝对排斥西方文化的主张一样，是没有道理的，是最终站不住脚的。

提倡新文化的人们，当时所关心的，不只是如何发展自然科学的问题，他们更为关注的，是如何将自然科学那种重实证、重实验的精神和方法应用到其他学问的研究上去，推广到应对其他问题的解决上去。进一步言之，科学精神与科学方法应当成为我们人生观的一项基本内容。胡适所反复强调的，就是这个意思。他认为，在科学史上，科学的精神、科学的态度与科学的方法，比任何具体的科学成就都更具有基本的重要性。他解释："科学精神在于寻求事实，寻求真理。科学态度在于撇开成见，搁起感情，只认得事实，只跟着证据走。科学方法只是'大胆的假设，小心的求证'十个字。没有证据，只可悬而不断；证据不够，只可假设，不可武断；必须等到证实之后，方才奉为定论。"① 批判所谓"科学主义"的人们，似乎不愿意承认有一种根据于自然科学发展出来的有普遍意义的科学精神、科学态度和科学方法。这是非常偏狭的意见。稍有一点哲学素养的科学家都不否认科学精神、科学态度和科学方法的客观存在及其普遍意义。例如我国著名化学家，中国最早的科学社团科学社的创始者之一任鸿隽，在《科学》月刊上就曾撰文专门讨论科学精神的问题。他首先强调科学之最重要者，不在科学之成果，也不在科学之方法，而在于科学精神。"科学精神者何？求真理是已。……真理之为物，无不在也。科学家之所知者，以事实为基，以试验为稽，以推用为表，以证验为决，而无所容心于已成之教，前人之言。又不特无容心已也，苟已成之教，前人之言，有与吾所见之真理相背者，则虽艰难其身，赴汤蹈火以与之战，至死而不悔，若是者吾谓之科学精神。"（这里，任鸿隽把科学方法与科

---

① 《介绍我自己的思想》，《胡适论学近著》，第 645 页。

学精神分割开来，大概是把科学方法局限于自然科学实验室里的具体方法——引者）其中心意思是不恤成说，不恤人言，唯尊重事实，尊重真理。任氏认为，这种科学精神，其为用不限于自然科学。他说：自从实验之学盛，而科学之基立，"承学之士，奋其慧智，旁搜博讨，继长而增高，遂令繁衍之事物，蔚为有条理之学术。其施于实用，则为近世工商业上之发明。及于行事，则为晚今社会改革之原动。影响于人心，则思想为之易其趋。变化乎物质，则生命为之异其趣。故谓科学为近世西方文化之本源，非过语也"。① 他的看法是赞成"把这科学的方法灌输到他种思想学问里去"。②（这里，任氏又将科学方法做了广义的理解，其文章在逻辑上不够谨严）他在《科学与近世文化》的一篇讲演中，把这个意思说得更为明确："科学的精神，是求真理；真理的作用，是要引导人类向美善方面行去，……我们可以说，科学在人生态度的影响，是事事要求一个合理的。这用理性来发明自然的秘奥，来领导人生的行为，来规定人类的关系，是近世文化的特采，也是科学的最大的贡献与价值。"③ 我们再引证 20 世纪最伟大的科学家之一爱因斯坦的话来说明，承认一种有普遍意义的科学精神、科学态度和科学方法，并要求将这些推广到人生各领域，乃是科学本身的使命，是人类健全理性的必然要求。爱因斯坦说："相信世界在本质上是有秩序的和可认识的这一信念，是一切科学工作的基础。""任何科学工作，除完全不需要理性干预的工作以外，都是从世界的合理性和可知性这种坚定的信念出发的。"④ 他对科学的理解就

① 《科学精神论》，原载《科学》第 2 卷第 1 期，引自樊洪业、张久春选编《科学救国之梦——任鸿隽文存》，第 70、68 页。

② 《科学方法讲义》，原载《科学》第 4 卷第 11 期，引自樊洪业、张久春选编《科学救国之梦——任鸿隽文存》，第 202 页。

③ 《科学与近世文化》，原载《科学》第 7 卷第 7 期，引自樊洪业、张久春选编《科学救国之梦——任鸿隽文存》，第 280 页。

④ 〔美〕A. 爱因斯坦：《论科学》，引自许良英、王瑞智编《走近爱因斯坦》，辽宁教育出版社 2005 年版，第 149 页。

是，基于世界可知这一基本前提，科学正是引导我们认知这世界的工具、途径和方法。在他看来，没有谁可以事前规定，世界的某些领域是不可以通过科学去加以认识的。他把对世界的合理性和可知性的信仰，以及相信科学能够认知这个世界的信念，即作为他自己的宗教。这一点，同我们前面提到的胡适的思想非常相近。批评所谓科学主义的人，认为科学绝对不能解决人的信仰问题。而爱因斯坦即把他对科学能够认知世界的这一信念作为他的宗教。胡适也把他的所谓科学的人生观作为他的一种宗教。胡适说："科学的人生观即是用科学的精神、态度、方法来对付人生的问题"。① 这种科学的人生观，他又称作自然主义的人生观。他说："这个自然主义的人生观里，未尝没有美，未尝没有诗意，未尝没有道德的责任，未尝没有充分运用'创造的智慧'的机会。"这是他在为科学与人生观问题的论争做总结时所说的话。他在自述《我的信仰》时，也是把这段话作结语的。可见，这种科学的人生观，或叫作自然主义的人生观，在胡适那里，也同爱因斯坦一样，也具有近乎宗教的意义。陈独秀则明确地说："余主张以科学代宗教"。他坚信："人类将来之进化，应随今日方始萌芽之科学，日渐发达，改正一切人为法则，使与自然法则有同等之效力，然后宇宙人生真正契合。此非吾人最大最终之目的乎？"② 陈独秀承认，在现社会中，"浅化之民"常以宗教和迷信来"决疑释忧"，但这只是建立在自欺的基础上的"解脱"，不是真解脱。

　　批判所谓"唯科学主义"的人，认为科学不能解决人生观的问题。但像胡适、陈独秀以及大部分科学家，他们实即以科学的信仰为人生观的重要内容，而对于种种容纳神秘主义的人生观，从科学的立场上，都可以做出合理的解释。德国哲学家费尔巴哈早就明

---

　　① 《胡适的日记》（手稿影印本）第 2 册，1922 年 3 月 25 日，台北，远流出版公司 1989 年版。
　　② 陈独秀：《再论孔教问题》，《新青年》第 2 卷第 5 号，1917 年 1 月。

白地指出，是人创造了神，而不是神创造了人；人们尊信上帝，不是他看见了上帝的真实存在，也不是因上帝帮助他解决了某种实际问题，而仅仅是因为他的心灵需要有上帝。

新文化的提倡者之所以要捍卫科学的尊严和权威，固然主要是有见于科学在文明进化中的伟大作用，同时也是充分了解到中国社会长期为种种迷信和武断所笼罩，科学精神、科学态度和科学方法很不易落地生根，发芽滋长。所以，那场关于科学与人生观的争论，无论如何都难以否认其科学与武断、迷信及种种神秘主义斗争的意义。

检点提倡科学与批判"唯科学主义"两方的争论，可归结如下几点意见。

第一，五四时期提倡科学，主要是提倡带有普遍意义的科学精神和科学方法，指出由自然科学所发展出来的这种科学精神与科学方法，是可以逐渐推广去解决世界上和人生中各种问题的。批判"唯科学主义"的人们，指责提倡科学者认为科学已经能够解决世间的一切问题。这是误解。提倡科学者，只是说人类依靠科学认识世界上的种种事物，但并不是说，科学已经认识了世界上的一切事物；根据人类的认识史和科学史，人们可以不断增加和扩充对世界的认识。所以，原则上说，没有什么是人类终究不可能认识的事物。

第二，一部分人们因暂时未知的某些原因而陷于困惑，为了缓解自己精神上的困惑，而以为冥冥中有未知的力量——或是上帝，或是其他种种神——在主宰着。这种情形是完全可以理解的。有些人非常真诚地相信他们想象中的上帝与诸神，并在此信仰的基础上戒约自己行善去恶，砥砺道德。这是值得尊重和必须予以尊重的。

第三，但是，因科学暂时还不能对某些现象给出满意的解答，就提倡神秘主义和各种迷信，并反对科学探索和尝试解决这些迷惑，那就是另一个问题了。科学暂时解决不了的问题，宗教和迷信更加不能解决。人们主观上觉得似乎获得某种解决，那只不过是似是而非的解决，只不过是精神上虚幻的解决。中国读书人发明的心性修养之说，依靠调整或"提升"精神境界而暂时排除外部的困惑，也是一样的道理。事实上，人们所面临的种种实际问题，都是靠科学发展，不断提高或加深人们对客观事物的认识，获得实证的知识和解决问题的手段，才逐步获得解决的。今天人们能够解决的许多问题，在古代，正是人们以为上帝和神才能解决的。可以说，科学的发展不断在缩小上帝或神的领地。我们都注意到，令人们迷惑的问题，不仅是在自然界，或许在人类社会生活中出现的种种正义缺失、真伪莫辨、是非混淆、善恶颠倒等现象，使得弱势的善良的人们皈依宗教和陷入迷信是更为常见的情形。这个问题同样也只有依靠人们正确认识问题的本质，寻求可靠的办法，协同努力去争取实际的解决，而不能满足于虚幻的精神上的解决。

第四，宗教和迷信若继续生存和发展，离不开科学提供的种种便利；而科学却越来越脱离开宗教与迷信的羁绊。我想这是实实在在的，人们天天可见的事实，无须多说。

第五，常听到一种说法，人而不信宗教，就没有道德。这显然是极大的偏见。我们承认，大多数宗教及其经典教训人们要行善，要乐于助人，要诚实，等等，但不等于不信宗教的人，就没有任何戒约自己的信条。信者者和不信教者之中，都有好人，也都有坏人，这与信教与否，和信什么教，没有必然联系（当然，少数邪教除外）。这是常识，也无须多说。

最后，我要说明一下，我在检视以往人们关于提倡科学与反对所谓"唯科学主义"的争论文献时，产生一个想法，即他们的争论可能涉及所谓"终极信仰"与"终极真理"的问题。提倡科学的人说，世界上甚或宇宙中，没有不可认识的事物，只有认识不完的事物。批判"唯科学主义"的人则说，既然你承认有认识不完的事物，那就得承认有应归于神和信仰的领地。世界上有不少很优秀的科学家，同时也是虔诚的基督教徒。这里理论、真理，同生活实际存在着一定的矛盾。这个矛盾将会继续存在，因此有关的争论也将会继续存在。

我以为，一般人须要考虑的是现实生活中提出的问题；科学家和学者须考虑的是即将面临的问题，和可预见的将来要面对的问题。我们与那"终极的真理"，可能在无限远的将来，无限地接近它，但谁也不能预料哪一天，我们真的发现了那"终极的真理"。那一天果真到来，对人类来说绝不是好兆头。因为宇宙间最宝贵的东西——人类能思维的精神，它的伟大功能就是不断地去认识那未知的事物。如果再也没有什么未知的事物了，这能思维的精神也就只好寿终正寝了。据说，现在有一些科学家在探索宇宙起源的问题。又据说有些科学家找到了答案，说是宇宙是由一场大爆炸形成的。试问，是什么东西爆炸？完全没有任何东西，能发生爆炸吗？若承认有什么东西发生了爆炸，那岂不是说宇宙是由发生爆炸的那个东西来的。那么，自然要问，发生爆炸的那个东西又是怎么起源的？如此追问下去，科学家能给我们满意的回答吗？所以，我希望从事科学事业的人们，不必忙于去追寻那些"终极的真理"。科学离开现实，离开实际问题的探讨，就没有什么意义了。

三　新文化运动中发生的某些流弊及其负面影响

近数十年来，一直有些人针对新文化运动存在某些负面因素而进行很激烈的批评甚至是攻击，企图完全否定新文化运动的积极的历史作用。其实，我们肯定新文化运动的人，并非完全不知道运动中确曾发生某些流弊并产生负面的影响。只不过，我们不赞成因此否定新文化运动的积极意义，不赞成把其负面作用夸大成为主流。现在我们就谈一谈这个运动的流弊及其负面影响的问题，并说明为什么不应夸大这些负面作用，以致否定这个具有中华文化复兴意味的伟大的历史运动。

　　按我个人的观察和研究，新文化运动发生流弊及其负面影响主要表现于两个方面：激进主义与泛政治化。

　　先谈激进主义。

　　在近代中国的历史上，激进主义实在有其深厚的社会政治根源。因为外受列强侵略、欺凌，内受专制主义的压制和摧残，有志救国和忧时之士，无不忧愤迫切，其情绪趋于急进，可想而知。所以，近代伊始，历次的政治改革与政治革命运动，其某些领导人或多或少犯有急进和希望走捷径的毛病。这也就决定了，一切激进主义都首先来源于政治运动。我们看，在新文化运动的领袖分子中，凡比较激进的，多与其政治背景有关。如陈独秀是清末的革命党，他曾组织暗杀团。在新文化运动中，他的言论总带有不容人讨论的气势，在对待东西文化的态度上是如此，在新旧道德的问题上是如此，在文学革命的问题上也是如此。钱玄同在清末有一段时间与革命留学生在一起，又是激烈反满的革命家章太炎的学生。他在新文化运动中，也是出名的激进派，曾主张废除汉字，理由是，汉字书籍绝大部分是记载孔门学说和道教妖言的。他骂文学上的守旧派是"选学妖孽""桐城谬种"；他反对胡适以讨论的态度对待反对文学革命的人。鲁迅也是大家公认的比较激进的人物，他在清末也参与了留日学生的革命刊物的工作，也是章太炎的门生。他在新文化运动中发表的第一篇小说《狂人日记》，把中国历史、中国文化比喻为连续不断的人肉宴席，主张掀翻这宴席。他的激烈言论当然不止于此。还有另一个著名的激进主义者吴稚晖，也是清末的老革命党，还是一个无政府主义者。他在新文化运动中所说，要把线装书都抛到茅厕里去，要求废除汉字，等等。我举这些例子，就是要说明，新文化运动中及其后所表现的激进主义是跟中国的政治社会有密切的关系的。

　　中国是个后发展国家。在西方发达国家，由中世纪到近代的过渡，差不多都经历过三四百年的时间。在几百年的时间里，各种思想、思潮和流派以及各种社会运动有一个长期兼容并进，从容发育、生长和互相讨论、互相援引、互相激荡的过程，经受社会实践的检验和磨洗，虽然偶尔也发生一些激进主义的倾向，但在上述过程中会逐渐被消融。在近代中国，各种不同的思想、思潮、流派都是在非常短暂的时间里，一下子就涌进来了。一方面，人们不暇检择，不辨其是非，往往陷于困惑；一方面，凭兴趣所近，认定一种，便以为是绝对真理，极力排斥其他。于是异说蜂起，诸流并进，各逞意气，唯我独尊，没有从容讨论的风气，没有妥协磨合的时间与空间。在这种氛围里，激进主义自然是最容易滋生的。

在近代中国的思想文化运动中，号称稳健派的梁启超、胡适等人，他们在主观上，是了解思想文化的变动需要长期酝酿、涵容，互相讨论切磋的过程的。所以胡适说过准备二十年不谈政治。他们在引介和传播一种新的思想观念时，多半采取从容讨论和以理服人的态度。但他们同时也切身感受到保守力量的巨大，常常不得不把注意力更多地放在批评保守主义的方面。梁启超和胡适两人都谈到过"取法乎上，仅得其中"的道理。所以，这两位被认为稳健派的领袖，有时也不免会讲一些激切的话，以对付守旧派。即使如此，胡适还是被认为"对于千年积腐的旧社会，未免太同他周旋了"。①

有趣的是，保守派批评和攻击新文化运动的一个重要理由，就是责备提倡新文化、新思想的人太偏激和太激进，但他们反对新文化的态度、手段本身却同样是非常偏激、非常激进的。例如，严复反对新文化运动，尤其反对白话文。然而，这位以精神贵族自居的老前辈，根本不屑于与白话文提倡者做讨论，却骂他们是"人头畜鸣"，可以"春鸟秋虫"视之，"听其自鸣自止可耳"。② 另一位反对白话文的老前辈林纾，除了上书蔡元培，上纲上线地攻击白话

---

① 钱玄同致胡适信，见耿云志编《胡适遗稿及秘藏书信》第 40 册，第 255 页。
② 见《与熊纯如书》（1919 年 7 月 24 日），王栻编：《严复集》第 3 册，第 699 页。

文和新思想、新观念的提倡者之外，还编写影射小说，用非常不堪的言辞，发泄自己的怨愤与痛恨之情。当时在北京大学读书的张厚载，也是一位反对白话文与新文学的干将。胡适曾邀请他，要他把反对戏剧改革，替旧戏辩护的理由写出来，发表在《新青年》上，以便展开讨论。但这个张厚载，却不很热心于这种讨论或辩论，而宁愿偷偷地将他认为可以攻击新文化运动的材料提供给林纾去炮制影射小说，或直接给报纸提供不实消息，以达造谣惑众的目的。如他炮制的所谓当局要把陈独秀、胡适、钱玄同等驱逐出京的消息即是一例。此事真相大白之后，使处世最温和的蔡元培亦感到忍无可忍，乃布告全校，开除张厚载的学籍。后来由梅光迪、吴宓、胡先骕等人在南京创办的《学衡》杂志，最初几期几乎是专门攻击新文化运动的。胡适说他们办的不是《学衡》，而是《学骂》。① 这份由受过西洋教育的留学生主办的刊物，在对待新文化运动的问题上，却同样不讲忠恕之道，也不要什么绅士风度，也照样采用漫骂、攻击、无限上纲的大批判手法。例如该刊创刊号上最有代表性的文章《评提倡新文化者》，通篇只列罪名，没有罪证，很像是旧时文人为当道者讨伐异端而写的檄文的腔调。② 此外，更有人直接使用恐吓手段，寄匿名信，以炸弹相威胁。③

守旧派的这种做法，对于像胡适这样既懂得中国传统的忠恕之道，又养成西方绅士风度的人来说，或不致引起过度强烈的反应；然而对于那些较有革命精神的人，或年轻气盛、不肯居下风的人们，就不可能不引起强烈的反弹。人们知道，在激烈的争辩中双方都难免会讲出一些偏激和激烈的话。所以，我觉得，五四时期及其以后延续下来的激进主义，守旧派也是要负担相当一部分责任的。

---

① 见曹伯言整理《胡适日记全集》第 3 册，第 425 页。
② 梅光迪在该文中骂胡适等"非思想家乃诡辩家也""非创造家乃模仿家也""非学问家乃功名之士也""非教育家乃政客也"。对此四项严重的罪名，都不曾提出事实的根据，通篇充满类似理学家的诛心之论。
③ 见《蔡元培与胡适》，《耿云志文集》，第 394 页。

激进主义在中国社会中，在中国文化中，特别是在近代中国的社会和近代中国的文化中，长期延续，不肯退出舞台，甚至不肯退居边缘，"左"倾教条主义和极左思潮甚至把它变本加厉，为国家民族造成很大的损害，人们对它反感、痛恨，是非常可以理解的。我个人更是一贯反对激进主义的。但有些人把激进主义说成是新文化运动种下的祸根，或把整个的新文化运动归结为激进主义，这是我不能同意的。

第一，中国近代的激进主义源远流长，不自五四始。早在维新运动时期就有所谓"一切制度悉从泰西"① 和 "唯泰西者是效"② 之说和谭嗣同的 "冲决网罗"③ 之说。而保守派反击时，也是满纸满篇充满愤激之词。在辛亥革命时期，则有批评所谓"醉心欧化"者 "靡不惟东西之学说是依"，④ 甚至 "以不类远西为耻"⑤ 的诛心之论。

第二，新文化运动中，比较激进的陈独秀、鲁迅、钱玄同、吴稚晖等人虽不时发表一些激进的言辞，但他们所提出的大多数主张，还是有道理的，不能一概称之为激进主义而加以抹杀。即如经常被引用的吴稚晖所说 "把线装书抛到茅厕去" 的话，本是有条件的。他原来说，早年他与朋友陈颂平相约，不再读古书，"把线装书抛到茅厕里去"。后来他自己曾进一步谈及这个问题，他说："这国故的臭东西，他本同小老婆、吸鸦片相依为命；小老婆、吸鸦片又同升官发财相依为命。国学大盛，政治无不腐败。……非再把他丢在茅厕里三十年，现今鼓吹成一个干燥无味的物质文明，人家用机关枪打来，我也用机关枪对打，把中国站住了，再整理什么

① 易鼐：《中国宜以弱为强说》，《湘报》第 20 号，1898 年 3 月。
② 樊锥：《开诚篇（三）》，《湘报》第 24 号，1898 年 4 月。
③ 《仁学自叙》，蔡尚思、方行编：《谭嗣同全集》，中华书局 1981 年版，第 290 页。
④ 见黄节 《〈国粹学报〉叙》，《国粹学报》第 1 年第 1 号，1905 年 2 月。
⑤ 章太炎：《原学》，《国粹学报》第 6 年第 4 号，1910 年 3 月。

国故，毫不嫌迟。"① 可见，吴稚晖不是绝对地无条件地拒绝线装书，不是绝对地无条件地拒绝国故或传统的精神文明。作为新文化运动的中心人物，一些主要的新思想、新观念的提倡者和阐释者的胡适，他经常是以非常理性的平和的态度，进行公开的讨论。他极力主张请反对派的人在《新青年》上发表文章。对于钱玄同与刘半农杜撰王敬轩这个反面教员，再加以猛烈批判的做法，他殊不以为然，为此，很引起钱玄同等人的不满。

不仅如此，在五四运动以后，社会上，特别是青年学生越来越趋于激烈，胡适、蔡元培、蒋梦麟等曾多次发表文章劝诫青年要注意理性地对待各种问题。但他们的劝诫，很少收到明显的效果。胡适从 20 年代中期起，即已明确意识到，青年之大多数，已不再接受自己和自由主义温和派的影响。②

研究近代史的学者，一定都注意到，自清末以来，改革与革命的种种运动，常常是以青年人为主干，但主要领导人或举旗的标志性人物往往还是较为年长者。如革命党的孙中山 1905 年建立同盟会时，已 40 岁；改革运动的领袖，至少是名义上的领袖康有为，1904 年立宪运动初起时，已经 46 岁。但经过五四运动的强烈刺激，在新文化运动中汲取若干新思想、新观念的青年人，从 20 年代初期起，他们纷纷跃起，勇担重任，许多学校、报馆、社会团体，都在他们的掌控之下；他们即使没有名正言顺地取得领导权，却可以占领舆论的制高点。青年人的特点就是理想高而历练少，凡事急于求成，醉心走捷径。一旦有事件发生，他们登高一呼，青年群众便潮涌而上，其他号称进步者，皆不敢后人。于是一场运动接着一场运动，群众情绪越发激昂，领袖分子往往身不由己，想退火，亦往往成为不可能。在中间力量较有基础的社会里，激进的青年，经历挫折后，

---

① 《箴洋八股化之理学》，《吴稚晖全集》第 1 卷，九州出版社 2013 年版，第 187 页。

② 参见《致周作人》（1936 年 1 月 9 日），季羡林主编：《胡适全集》第 24 卷，第 269 页。

往往被比较稳健的中坚力量吸收和消融。但在中国，这种社会中间力量极其微弱，根本不足以发挥这种作用。结果是，运动高潮过后，青年或者更趋激进，等待时机，来一场更激烈的运动；或者趋于消沉，从此成为一种社会的消极力量，甚至被保守的乃至反动的社会势力所吸收。这只能更加加剧进步与保守之间的斗争。

应当说，近代中国激进主义的根源是深藏在社会的内部，不是哪一个人，或哪一群人可以单独承担起责任的。这里所说的根源，一是政治上，因国家民族面临的威胁，救国的任务十分迫切；二是中国长期处于极端专制主义的压制下，全无自由发表的机会，也没有各种力量公开较量，然后通过妥协来解决问题的机制。所以，一旦原有的统治机器面临崩坏之时，各种力量一下子如洪水泛滥，野火燎原，无法控制，各不相容，只认自由，而不知容忍。

为了克服激进主义，首先要使中国的政治走上健全发展的轨道，关键是要使民主的进程稳步发展，在中国社会扎根落实。其次是在搞好教育的基础上，尽力恢复、弘扬传统的忠恕美德。忠与恕，其实就有自由与容忍的意味。什么时候，我们的同胞都能充分领略并实行忠恕之道，什么时候，激进主义便不再行时了。

再谈谈泛政治化。

近代中国所面临的问题是独立、统一、民主、富强。除了富强不完全属于政治问题，其他全都是政治问题。所以，政治在近代中国社会中无疑地具有明显的优先性和主导地位。我在近著《近代中国文化转型研究导论》中，曾设专章讨论这个问题。[①]

发动和领导新文化运动的那些领袖分子，其中绝大多数是出于政治目的而为之的。他们因为多年的政治苦斗没有取得预期的结果，才反省到，要变革政治，先要变革人心，变革人的思想观念。如此，他们才不得不求助于文化革新运动。对此，陈独秀、鲁迅等人都有过明白的表述。然而，他们从文化上努力还只有短短的几年

---

①　参见耿云志《近代中国文化转型研究导论》第四章。

工夫，因五四运动的爆发，就急剧地被卷入政治运动中去了。还在五四运动爆发之前几个月，陈独秀等人就已经感觉到有不得不谈政治的冲动了。他们于1918年12月下旬创办《每周评论》这个刊物，是与此有关的。五四运动爆发后，陈独秀与李大钊都很快以谈政治为主业了。胡适想坚守不谈政治的立场，但到了1921年《新青年》分裂之后，他的立场也逐渐显现动摇的迹象，5月，他酝酿成立"努力会"，8月，开始宣传"好政府主义"。但真正以很大的精力谈论政治则是从1922年5月创办《努力周报》时起。他1917年立誓二十年不谈政治，仅仅勉强坚持不到五年就不得不开始谈政治了。这说明中国的政治确实是逼人的，是笼罩一切的，无人能逃出它的范围。

五四以后，政治成为大多数人认同的品评人物、品评学术趋向、品评文艺作品的第一标准，有时甚至成为唯一的标准。例如，对于遗老遗少的鄙夷不屑，对于与逊清皇室有瓜葛、与军阀有瓜葛的人士之敌视，对于与外国人打过交道的人士之怀疑与警惕，如此等等。在学术上，例如，对于整理国故运动的全盘否定；在文艺上，甚至对像郭沫若这样的革命作家仍有嫌其政治命意不够突出的批评。① 从这些现象上反映出来的高度泛政治化的倾向，足以证明我们的批评是有充分根据的。应当说，在清末已出现泛政治化的倾向，② 但五四运动后，这一倾向明显地大大地被强化了。由于泛政治化的盛行，人们往往脱离现实社会，脱离现实生活，抹杀人的个性，抹杀人的种种合理的需求，显示出对人性与人格太缺乏应有的尊重，常常是标语口号满天飞，大批判之风盛行，无限上纲，口诛笔伐，实际上并不能达到教育人的目的，而只能是伤害更多的人。这方面的教训实在太多，我们应该深深地牢记。

总结五四以来的经验，我们应当充分注意激进主义、泛政治

---

① 见邓中夏《贡献于新诗人之前》，《中国青年》第10期，1923年12月。
② 参见耿云志《近代中国文化转型研究导论》第四章。

化给我们的事业带来的危害，在和平改革的环境中，努力学会以理性的平和的心态面对一切问题，以目标和手段相统一的观念和方法去解决各种问题，逐渐摆脱激进主义、泛政治化的种种教条的羁縻。

第 七 章
西方几种主要思想学说的输入

在前面第五章的第一节里，我们曾提到，第一次世界大战结束后，欧洲出现一度相当流行的悲观主义思潮。斯宾格勒的名著《西方的没落》认为："欧洲文明在中世纪达到了顶峰，此后就一直在衰落。"① 人们怀疑社会趋向进步的观念，认为进步的观念是骗人的，由此，对人类的理性产生怀疑，对科学产生怀疑。与此同时，感觉主义、直觉主义等逐渐盛行起来。但是凡比较仔细阅读思想史和哲学史的人都会注意到，那些提出新思想的思想家和哲学家，在创立自己的新思想、新哲学时，一方面要针锋相对地提出自己的新观念；但另一方面，也必定要从前辈已经预备好的课题平台拾级而上。也就是说，他们必定要吸收前辈一些合理的思想，利用这些思想构建自己的新体系。几世纪的理性主义思维的成果，几世纪科学积累起来的成果，是不可能被一笔抹杀的。直觉主义哲学的许多巨子，本身就是生物学家或其他学科上有成就的人。至于分析哲学、实证主义哲学，更是从数学、物理学、论理学发展的成果基础上成长起来的。所以，尽管一段时期，对战争的厌恶、对世事的悲观被高度情绪化了，但真正有所建树的思想家、哲学家，在保存了以往哲学史上许多积极成果的基础上，

① 见〔美〕罗兰·斯特龙伯格《西方现代思想史》，刘北成、赵国新译，中央编译出版社 2005 年版，第 445 页。

继续探索向前。

与欧洲大陆一派悲观主义、怀疑主义盛行的情况不同，没有受到战火波及的美国，在世界大战期间和其后的一二十年里，却正是一派新哲学茁壮成长的时期，那就是最能代表美国精神的实验主义哲学。与美国的情形差不多，中国作为亚洲第一共和国，虽经历了民国初年的种种挫折，但一些思想家和教育家，已经开始大胆探索中国的新出路，他们像好学上进的少年一样，如饥似渴地学习西方世界一切新的东西。

大战期间和大战以后的一段时间，是中国近代史上最为开放的时期。而这是与我们前面所说，因中国主动参加欧洲大战，使中国第一次以主动的姿态参与世界事务有直接关系。中国的文化复兴运动，即新文化运动的兴起与这一背景有非常密切的关系。

这时期传入中国，令中国人最感兴趣的西方思想、西方哲学主要是三大流派：一是美国的实验主义哲学，二是欧洲的逻辑分析哲学，三是欧洲的生命哲学。下面我们就分别论述这三大派思想在中国的传播。

一　实验主义哲学与杜威来华讲学

美国的实验主义哲学，与英国的以及欧洲的经验主义哲学有密切的亲缘关系。19 世纪下半叶，欧洲经验主义哲学突出的代表人物马赫，曾与美国实验主义哲学开创期的重要代表人物詹姆士有过直接的交往。1882 年 11 月 2 日，两位哲学家曾在布拉格见面，颇有相见恨晚之慨。此后两人多次通信，表达互相倾慕之情。他们承认彼此有相互借鉴相互吸收的地方。马赫在自己最有代表性的哲学著作《感觉的分析》中，曾多次援引詹姆士。而詹姆士在给马赫的信中明白表示："正如我十分喜欢您的思想的整个格调和气质，您也在我的著作格调中发现了某种东西。"① 自然，实验主义与经验主义的联系并非只因两位主要哲学家的相识而得以确立，而是深深植根于两种哲学的内在精神。经验主义哲学注重实证，实验主义哲学本来就强调自己是依靠实验、观察、生活实践等来确立知识的真理性。这两种哲学都与科学发展存在着直接的关联，这些哲学家自身往往都是著名的科学家，对科学研究、科学方法有很深刻的理解。人们都知道，马赫是享有极高声望的物理学家，詹姆士是杰出的心理学家。杜威虽不是科学家，但他对当时的科学发展，以及由科学发展所提示出来的科学方法，有非常深刻的理解。

我们在第五章里曾说道，美国思想家和哲学家的思想学说，欧战后在中国得到最为有利的传播条件。这里我们进一步分析一下，为什么美国的实验主义哲学，在新文化运动时期受到中国思想界、教育界极大的欢迎。

这个问题并不很简单，它关涉到许多层面。

在文化交流史上，一个国家与另一国家交往得多，交往得顺畅，自然那个国家的思想、文化方面的东西也就有机会更多地被介绍、被输入进来。1908 年，美国率先宣布退还部分庚子赔款，用于中国学生赴美留学和开展中美教育、学术、文化交流，这赢得中国人相当的好感。从此，大批中国青年接受美国教育，不仅庚款公费留学，还陆续有各省公费留学，以及自费赴美留学。所以，前往美国留学的人数逐年增加，远超过赴欧洲留学的人数。据著名教育家黄炎培统计，1914—1915 年度，中国留美学生总数达 720 人。② 又据《留美中国学生会小史》记载，1915 年留美学生会会员人数达 1500 余人。③ 这时期留学日本的人数虽仍然居多，但其中有大量学军事的，还有大量进入各种速成的学校。所以就教育水准综合

① 引自叶秀山、王树人总主编，江怡主编《西方哲学史》第 8 卷（上），江苏人民出版社 2005 年版，第 281—282 页。

② 见陈元晖主编《中国近代教育史资料汇编·留学教育》，第 209—210 页。

③ 见陈元晖主编《中国近代教育史资料汇编·留学教育》，第 220 页。

考量，赴美留学生的影响力骎骎超过了留日学生。到第一次世界大战时，日本乘机侵略山东，并进而提出灭亡中国的"二十一条"之后，其在教育、学术、文化上对中国的影响力再也无法同美国相比并。在中国参加欧洲战争的决策过程中，美国也起了较大的作用。而在巴黎和会前，美国总统威尔逊提出国际关系十四条原则的讲演，最受中国人的欢迎。巴黎和会上，美国是最后一个放弃支持中国的。巴黎和会之后，在国际列强中，美国仍是对中国较为友好的。而恰在大战结束后的几年里，从美国留学归来的中国留学生陡然增多，其中有一批最优秀，在各自领域里发挥最大影响力的人，如胡适、蒋梦麟、马寅初、郭秉文、顾维钧、宋子文、王景春、杨铨、任鸿隽、陈焕章、梅光迪、胡先骕等。他们分别在教育、学术、文化乃至政治、外交等领域，发挥着领袖的作用。

非常凑巧，胡适、蒋梦麟、郭秉文，还有陶行知正是美国实验主义哲学集大成者杜威的学生，而杜威又恰巧于新文化运动高潮中来到中国讲学。所以，实验主义成为当时输入中国并得到广泛传播，发生极大影响的一种西方思想学说。

我们试分两个层次来论述实验主义学说的输入与传播。

（一）美国实验主义哲学的特点及地位

美国的思想文化与它的母国英国有着非常密切的关系。人们都知道，美国是个移民国家，它的人民主要来自英国。其早期的移民，大多因宗教信仰的关系，为摆脱主流教派的排挤和压迫，而漂洋过海来到新大陆。他们要在一片完全陌生的辽阔大地上，谋求生存，建立家园。他们对土著民族进行过野蛮的驱赶，甚至屠杀。但他们在物质以及精神生活上的不断改善，却要依靠他们自己的开拓与创造性的劳动。因此，实际的劳作，实际的克服种种艰难险阻的过程，是他们生存与生活中最重要的东西。他们信仰宗教，礼拜上帝，但他们把自己创造美好人生的行动看作尊奉和践行上帝意旨的最实际的表现。他们作为新大陆的居民，不沉迷于以往的教条，也不耽于幻想，脚踏实地，循着经验所提示的路径向前进。一切开拓与创新性的难题，也只有在努力反省、提炼和不断重组以往经验的基础上求得解决。所以，经验是构成他们思想的唯一材料和可以为新的行动提示方向的东西。

美国的实验主义，非常鲜明地表现出对经验的重视。这里要说一说，我为什么采用"实验主义"这个名词，来表示由皮尔士首创，詹姆士加以扩展，而由杜威集其大成的美国哲学。毫不隐讳地说，我赞成胡适的意见。他是在中国传播实验主义哲学最重要的代表人物，是杜威哲学中国化的成功者。胡适在其介绍实验主义的最重要的代表性作品《实验主义》一文中，专门谈过他为什么要采用"实验主义"这个名词来代表皮尔士、詹姆士及杜威的哲学。他说：

> 现今欧美很有势力的一派哲学，英文叫做 Pragmatism，日本人译为"实际主义"。这个名称本来也还可用，但这一派哲学里面还有许多大同小异的区别，"实际主义"一个名目不能包括一切支派。英文原名 Pragmatism 本来是皮耳士（C. S. Peirce）提出的，后来詹姆士（William James）把这个主义应用到宗教经验上去，皮耳士觉得这种用法不狠妥当，所以他想把他原来的主义改称为 Pragmaticism，以别于詹姆士的 Pragmatism。英国失勒（F. C. S. Schiller）一派把这个主义的范围更扩充了，本来不过是一种辩论的方法，竟变成一种真理论和实在论了，……所以失勒提议改用"人本主义"（Humanism）的名称。美国杜威（John Dewey）一派，仍旧回到皮耳士所用的原意，注重方法论一方面；他又嫌詹姆士和失勒一般人太偏重个体事物和"意志"（Will）的方面，所以他也不愿用 Pragmatism 的名称，他这一派自称为"工具主义"（Instrumentalism），又可译为"应用主义"或"器用主义"。
>
> 因为这一派里面有这许多区别，所以不能不用一个涵义最

广的总名称。"实际主义"四个字可让给詹姆士独占。我们另用"实验主义"的名目来做这一派哲学的总名。

就这两个名词的本义看来，"实际主义"（Pragmatism）注重实际的效果；"实验主义"（Experimentalism）虽然也注重实际的效果，但他更能点出这种哲学所最注意的是实验的方法。实验的方法，就是科学家在试验室里用的方法。这一派哲学的始祖皮耳士常说，他的新哲学不是别的，就是"科学试验室的态度"（The laboratory attitude of mind）。这种态度，是这种哲学的各派所公认的，所以我们可用来做一个"类名"。①

过去教条主义盛行的年代，谈起哲学，必定要从本体论、认识论、真理论，再谈到伦理思想和社会政治思想。判定某哲学家属某派哲学，就看在这些方面他提出怎样的思想主张。现在谈到实验主义，胡适只从其基本态度和基本方法上来界定这一派的哲学，可能很多人不很习惯，不愿接受。特别是，过去曾有很长一个时期，人们批判胡适的时候，总是把这一派哲学称作"实用主义"，而且简单化其哲学的中心思想就是"有用便是真理"。有这类成见在心，确实难以接受胡适对这一派哲学的特点的概括，和他把这一派哲学的总名定为"实验主义"的主张。

不过，经过三十多年的改革开放时期，学术界拨乱反正的努力取得了相当的成果。现在，凡能撇开成见、虚心研究问题的人，或能接受胡适的说法，或至少不太拘执于过去的成见，承认除"实用主义"以外，还可以用其他名称来代表这一派哲学。

为了行文的方便，我在本书中一概采用"实验主义"这个总名，来称谓由皮尔士创其基，詹姆士成其规模，而由杜威集其大成的这一派哲学。实际上，中国人之知有这一派哲学，多半是从胡适

① 《实验主义》，《胡适文存》卷2，第75—76页。

的著作中得到的。所以，我们利用胡适对这一派哲学的称谓，是比较合适的。

以经验为核心观念，以实验为其基本态度和基本方法，可以说是这派哲学最重要的特点。

这一派哲学的出现，首先是基于近代自然科学的巨大进步。从前各派哲学都争相构建无所不包的哲学体系，以便对人们无法确知的宇宙种种自然现象和人类社会中的种种现象做出统一的解释，由此不可避免地陷入武断和神秘主义。实验主义哲学认为，关于宇宙、自然界的种种问题，都应该交给自然科学去探索，哲学没有必要对自己还没有经验到的东西去做猜谜式的解答。即使对社会科学也一样，杜威屡次强调，社会科学之成为科学，就在于将自然科学的方法应用到社会科学的研究中来，注重调查，注重统计等。如此，社会政治问题也就成为科学研究的对象，而不可以用主观构建的哲学体系去加以推论、演绎。

这一派哲学，把对待事物的态度和认识事物、解决问题的方法看成哲学最重要的基本问题。杜威在华讲演之哲学部分，有一系列讲演叫作《思想的派别》，共讲演了八次，其核心内容是讲自古希腊以来各派哲学家的方法论。杜威的学生，在中国宣传实验主义哲学发生最大影响力的胡适明确承认："实验主义只是一个方法，只是一个研究问题的方法。"① 他并且认为，他自己一生的著述都是围绕着方法打转的。"'方法'实在主宰了我四十多年来所有的著述。"② 胡适的说法表明，实验主义的突出特征，就是以方法论为其中心问题。

我们知道，以往的哲学都关注世界的本体，这个本体是否可以认知？怎样认知？怎样检验我们的认知是否与本体相符合？以及人

---

① 《我的歧路》，《胡适文存二集》卷3，第99页。
② 〔美〕唐德刚译注：《胡适口述自传》，台北，传记文学出版社1986年版，第94页。

性是什么？善恶何以发生？社会是什么？社会是否在进步？怎样达成一个良善的社会？如此等等。人们要回答所有这些问题，所以不得不想方设法构造一个无所不包的哲学体系。

实验主义哲学几乎抛开所有带着形上学和玄学臭味的问题，径直追问，你经验到什么，遇到何种困难，确定困难关键何在，然后唤起你以往的经验以及前人和他人可供你利用的一切经验，提出解决困难的方案，尝试实行方案，看能得到何种效果。如果困难果然得到解决，那就证明你的方案是正确的；如果不能解决，那就重新设定方案，直到问题获得解决为止。

实验主义哲学的这一重要特点给传统哲学带来巨大的冲击。它把哲学家认为只有他们才配加以讨论的高超而玄妙的问题，都贬为不屑加以讨论的问题，使哲学脱去了充满神秘光环的外衣，使哲学家变成与从事其他学科研究的学者没有根本区别的人。由此，哲学变成一门与其他科学并列的科学，是与现实社会、与广大人群都可以发生关系的一种学问了。这不啻为一场哲学的革命。杜威在其重要的著作《哲学的改造》中宣称：

> 在古代哲学，理想世界主要是人躲避生活的暴风浪以求安息的一个海港，它是人逃出生存的困苦而以沉着坚定的信赖恬然退处的一个保养所。但当知识是主动的实用的这个信念深入人心以后，理想世界已不复是一个幽远隔绝的东西了，它反而成了刺激人们向往新的努力和实现种种想象的可能的一个总汇。①

他又说：

> 当知识的实践已不再是辩证的而变成实验性的时候，认知

①　〔美〕杜威：《哲学的改造》，许崇清译，商务印书馆2013年版，第71页。

的作用偏重于变化，而对知识的检验则变成为引起某些变化的能力。对于实验科学来说，认知意味着由某种理智指导的做的行为，它已不再是沉思的，而在真正意义上变成实践的了。现在，这意味着哲学除非要与权威的科学精神完全决裂，否则就必须改变它的本质。①

这里杜威强调指出，实验主义哲学的根本特点，指出实验主义哲学与以往的哲学相区别，已不是以往的那种一般的学派之间的不同，而是哲学自身发生了带有根本性的变化。这一点，他的中国学生胡适说得更为明白。我们且引他的几段话：

通行的哲学概论还有一个大毛病：他们太偏重什么"形而上学"，什么"本体论"，因此把哲学弄成一种神秘玄妙，与人生问题没有关系的东西。②

他又说：

杜威在哲学史上是一个大革命家。为什么呢？因为他把欧洲近世哲学，从休谟（Hume）和康德（Kant）以来的哲学根本问题一齐抹煞，一齐认为没有讨论的价值。一切理性派与经

① 《哲学的改造》，《杜威全集》第12卷，刘华初、马荣、郑国玉译，马荣校订，刘放桐审定，华东师范大学出版社2012年版，第118页。按，此书许崇清译本对这段话的翻译是："知识的应用已不再是辩证，而成了实验的时候，知的作用偏重变化，而知识的证验则成了引起一定变化的能力，知识对于实验的科学来说是一定种类的得到贤明指引的行为，它已不复为静观的，而成为真正实用的。这表明哲学除了与科学的精神全然脱离，还必需变更它的性质。它必须具备实用的性质，它必需成为有效的，实验的。"这段话译得实在不很清晰。而"这表明哲学除了与科学的精神全然脱离，还必需变更它的性质"一句，更是违背了作者的原意。所以这段话，我采用《杜威全集》第12卷的翻译。我手上只有许崇清译本，引文是请彭姗姗博士替我查补的。

② 《哲学小史》，耿云志主编：《胡适遗稿及秘藏书信》第7册，第25页。

验派的争论，一切唯心论和唯物论的争论，一切从康德以来的知识论，在杜威的眼里，都是不成问题的争论，都可以"不了了之"。①

胡适的说法或有些太过，但其基本意思是可取的。试看，今日世界上的哲学家，还有多少人在那里津津有味地讨论那些形而上学的问题？还有多少人在那里构造无所不包的哲学体系？

胡适还有更大胆的议论，他认为，沿着这场哲学革命所指引的路向前走，哲学的将来：

1. 问题的更换

问题解决有两途：

（1）解决了。

（2）知道不成问题，就抛弃了。

凡科学已解决的问题，都应承受科学的解决。凡科学认为暂时不能解决的问题，都成为悬案。凡科学认为不成问题的问题，都应抛弃。

2. 哲学的根本取消

问题可解决的，都解决了。一时不能解决的，还得靠科学家实验的帮助与证实。科学不能解决的，哲学也休想解决。即使提出解决，也不过是一个待证的假设，不足于取信现代的人。故哲学家自然消灭，变成普通思想的一部分。在生活的各方面，自然总不免有理论家继续出来，批评已有的理论或解释已发现的事实，或指摘其长短得失，或沟通其冲突矛盾，或提出新的解释，请求专家的试验与证实。这种人都可称为思想家，或理论家。自然科学有自然科学的理论家，这种人便是将来的哲学家。

----

① 《实验主义》，《胡适文存》卷2，第110页。

但他们都不能自外于人类的最进步的科学知识思想，而自夸不受科学制裁的哲学家。他们的根据必须是已证实的事实，自然科学的材料或社会科学的统计调查。他们的方法必须是科学实验的方法。若不如此，他们不是将来的思想家，只是过去的玄学鬼。

将来只有一种知识：科学知识。

将来只有一种知识思想的方法：科学实验的方法。

将来只有思想家而无哲学家。他们的思想，已证实的便成为科学的一部分；未证实的，叫做待证的假设（Hypothesis）。①

我这里引这么长一段话，目的是想让读者对胡适这个颇有争议的见解，有完整的了解。这一大段话是胡适 1929 年 6 月 3 日在大同大学做哲学讲演时，事前所写的提纲。可以说，在那个时候，提出这样的见解，在哲学界可算是破天荒的。

我个人承认，胡适的见解有可取的地方，但他讲得有些太过。在将来，哪怕是很遥远的将来，人类的思想，不可能都只在科学加以证实的事实，或有待科学加以证实的假设的范围内。宇宙、世界，总有人类认识不完的广大空间，只要这个空间还存在，人们，至少是一部分人就仍有玄想，和受神秘主义引诱的可能，也就是神秘主义、信仰主义都还有存在的空间。解决或试图至少在主观上解决这个空间中存在的诸种问题，仍然会引起一些人的兴趣。他们或者不叫作哲学家或思想家，可以叫他们神学家或玄学家或宗教家。总之以往哲学曾经关注的某些非科学的东西，不可能完全消灭。就像杜威所说的，作为人们"躲避生活的暴风浪以求安息的"一个避风港的那种社会功能的思想学说，还不会完全消失。

---

① 《哲学的将来》，《胡适的日记》，1929 年 6 月 3 日。

（二）　实验主义在中国的传播

实验主义得以在中国获得广泛的传播，一个重要的原因是杜威本人的来华讲学。我们首先考察一下杜威来华讲学的有关情况，包括他讲学的主要内容。

杜威（John Dewey, 1859—1952），出生于佛蒙特州，一个保留较多拓荒者的自由创造精神的地方。他做过中学、大学的教师，对欧洲经典哲学有很深的了解，特别受过黑格尔的深刻影响。后来在大学讲授和研究伦理学与心理学，他渐渐脱离黑格尔的影响。1894年，受聘为芝加哥大学教授，在这里，他完成了从黑格尔哲学影响中解脱出来的过程。1904年，受聘为哥伦比亚大学教授，在这里，杜威始成为有别于其他哲学家的真正的杜威自己，成为实验主义哲学的集大成者。

1919年2—3月间，杜威受日本东京大学的邀请到日本讲学和游历。他的重要著作《哲学的改造》就是在日本讲学时，根据讲演稿整理修订而成的。他的中国学生胡适、蒋梦麟、郭秉文、陶知行等得知杜威在日本讲学的消息，都十分兴奋，要就近邀请他们的老师来中国一游。恰好当时任南京高等师范学校校长的郭秉文和胡适的好朋友、北京大学教授陶孟和要出国去欧洲访问，路经日本。他们就托这两位在日本面见杜威，表达学生们和国内教育界同人盼望杜威到中国讲学的意思。胡适又特意致信，希望杜威接受邀请。杜威当然很愿意到中国来，一则，所有西方思想家对中国这个东方古国都充满了好奇心，如有机会亲来中国，若没有什么特殊情况，他们是不会放弃这种机会的。二则，他的好几个中国学生如今在国内都成了名人，他这个老师当然愿意和他的学生们一起分享成功的快乐。和初去日本时一样，杜威并不以讲学为最主要的目的，他想借此机会深入了解这个充满神秘感的国家。

杜威于1919年5月来华讲学（4月30日抵上海），那是中国最有标志性意义的时间点。前面我们叙述过，1919年的春天，思想学术界的新旧斗争达到了白热化。而杜威到上海的第四天，五四运动爆发，以后各地各界的运动高潮迭起。这种情况大大地吸引了杜威，使他产生尽可能多和尽可能深入地了解中国的兴趣。在他的学生们的努力下，他在中国讲学的时间延长至两年多。在两年多的时间里，杜威相继到过江苏、浙江、河北、山东、山西、湖南、湖北、安徽、江西、福建、广东及辽宁共 12 个省，相继到过上海、北京、天津、太原、济南、南京、长沙、苏州、杭州、武汉、广州、福州、南昌等数十个城市游历和讲学。据不十分精确的统计，其讲学场次达 220 余次。这反映出杜威当时在中国受欢迎的程度。杜威在北方各地的讲演多由胡适翻译，在其他各地的翻译人有刘伯明、郑宗海、郑晓沧等。杜威的讲演主要可分三个大的方面：政治、哲学、教育。

中国知识阶层（包括青年学生）了解和一定程度地接受实验主义的思想学说，主要有三个渠道：杜威的讲演；胡适的讲学与著述；其他哲学读物。杜威的讲学，极受各方面重视，各地高等学校，甚至有些中等学校，争相礼聘杜威到校讲演；各报纸杂志争相报道讲演的消息和登载他的讲演记录稿；出版机构争印汇集讲演记录稿的小册子。所以，杜威的实验主义得到相当广泛的传播。

杜威讲演从内容分量上看，教育问题占有最大的比重，其次是哲学，最后才是社会政治问题。①

（1）杜威的社会政治哲学

杜威认为，所有社会政治哲学可概括地分成三派：第一派是所谓激进派，皆不免流于乌托邦；第二派是所谓保守派，都难免回归于原教旨主义，他们都想来一个"根本解决"，事实上做不到；第三派，既不尚激进，亦不尚保守，力图循着科学指引的方向，不断

---

① 据袁刚等编《民治主义与现代社会——杜威在华讲演集》（北京大学出版社2004 年版，以下简称《杜威在华讲演集》）所附《杜威在华讲演目录》，教育方面的演讲有 87 次，哲学方面的演讲有 56 次，社会政治方面的演讲有 40 次。见该书第 783—787 页。

地谋求改革。杜威特别强调这种社会政治哲学与近代科学的进步存在着非常密切的关系。他指出，19世纪以来，人们将研究自然科学的方法渐渐应用到研究社会政治问题上来，于是产生了社会科学。他在《社会哲学与政治哲学》的讲演中说："社会科学发生之后，使人类思想变迁，知道人生的活动也可以科学的方法去研究它。然后社会哲学从空中楼阁里降下地来，使它带些科学的精神。这种精神是：（1）注重事实；（2）不尚武断；（3）不敢以为最后的；（4）不是天经地义，不过拿来做应用的假设。"[①]

杜威指出，第三派的社会政治哲学有三个特点：一是实验的态度，根据人生日用的实际经验，来进行社会政治的活动，用实际经验来检验其结果；二是一切社会政治问题，都是特别的、具体的，不是笼统的、普遍的，不用全称判断；三是这种社会政治哲学的目的是养成知识观念，可以随时随地补救特别的情形、特别的问题。杜威说："我们研究社会哲学（当然包括政治哲学在内——引者），要用应用科学的态度，以学理帮助指导人的行为去达到他的目的。这是工具主义的态度，便是实验的态度。"[②] 这段话指明了杜威政治哲学的工具主义特质。[③]

杜威认为激进主义与保守主义的政治哲学，或者是彻底否定现社会，对其下总攻击；或者是全面保守现社会，认为现有的社会有其存在的道理，需要的只是弄清它的道理原原本本地照着做。两者

---

① 《社会哲学与政治哲学》，袁刚等编：《杜威在华讲演集》，第31页。

② 《社会哲学与政治哲学》，袁刚等编：《杜威在华讲演集》，第32页。

③ 二十年后，胡适曾批评由杜威集大成的实验主义哲学未能提供出一个一般的、系统的政治哲学，是一大遗憾。他自己提出了这种政治哲学的一个梗概。见胡适写于1939年底或1940年初的一篇论文《作为政治概念的工具主义》，其英文原稿存中国历史研究院图书馆。胡适在这篇文章里说："皮尔士和詹姆士对于社会政治难题都不太有兴趣。至于杜威，虽然他一直对他所处时代的社会政治问题及运动保持着强烈的兴趣，也就此思考了很多，写了很多，然而，奇怪的是，他从未有意识地去发展出一套一般的、系统的政治哲学，而这套政治哲学可以被视为一般意义上的实验主义或他本人的特殊意义上的工具主义的一个必不可少的组成部分。"（据彭姗姗博士译文，未刊稿）

都存一种所谓"根本"或"全盘"主义的态度，这是行不通的。杜威提出第三派的主张，认为"人类的生活，不是完全推翻可以解决的，……人类的责任，是在某种时间、某种环境，去寻出某种解决方法来，就是随时随地去找出具体的方法来应付具体的问题"。① 社会上存在种种矛盾、冲突，并非是个人与社会，或个人与国家之间的矛盾和冲突，而是一部分利益人群与另一部分利益人群之间的矛盾和冲突。这种矛盾和冲突总是因为一部分利益人群，压制了另一部分利益人群。被压制的利益人群或是屈服，因而过着奴隶般的生活；或是起而反抗，造成社会的动乱，或叫作革命。杜威指出："革命并不是革新家造成的，乃是守旧党激动起来的；因为有人出死力保存硬壳子（指维护旧有的压制其他利益人群的制度、习惯、风俗、礼制等——引者），所以就起反动的革命。"② 为了保持社会的稳定，最重要的是，取消阶级，取消一部分人压制另一部分人的制度、习惯、礼俗等，提倡社会人群之间形成一种共同的生活。所谓共同生活就是"自由交际，互相往还，交换感情，交换种种有价值的东西的生活"。③

杜威认为，社会政治哲学所要面对的主要有三大问题：一是经济问题，二是政治问题，三是知识与思想的问题。

"经济的问题是社会生活的基础"。实验主义者杜威，在这一点上，却很接近于历史唯物主义者。他批评那些不重视经济问题的哲学家，说他们的哲学"很危险，而且一定没有好结果"。④

杜威不是经济学家，他是以哲学家的立场来观察经济问题。他看到经济是社会以及个人生存的基础。他看到经济的进步、分工的进步、科学技术的进步给社会发展和人类生活带来的好处，但他也看到经济发展所呈现出来的种种不公平。近代社会逐渐取消了固定

---

① 《社会哲学与政治哲学》，袁刚等编：《杜威在华讲演集》，第 29 页。
② 《社会哲学与政治哲学》，袁刚等编：《杜威在华讲演集》，第 43 页。
③ 《社会哲学与政治哲学》，袁刚等编：《杜威在华讲演集》，第 44 页。
④ 《社会哲学与政治哲学》，袁刚等编：《杜威在华讲演集》，第 50 页。

的社会等级，个人逐渐获得某种独立性。英国一派哲学家极力主张个人主义，主张自由贸易、自由竞争；德国等一些国家的哲学家则提倡国家主义，主张国家威权的重要。杜威认为，过分的自由竞争，会使社会冲突加重，承认适当的国家干预的必要。杜威指出，过分强调自由，有时会忽视了平等。比如，近代社会最重契约关系，理论上说，订立契约的双方是自由的，是平等的，但实际上是不平等的。工人与资本家订立契约，在资本家一方，他几乎拥有一切的优势，而在工人方面，他除了拥有劳动力以外，一无所有。劳资两方怎么可能是真正平等的呢？这里，杜威简直同社会主义者同一口吻。不过杜威绝不是社会主义者，他没有给出在资本主义制度下如何解决不平等和社会冲突问题的方案。

谈到政治问题，杜威认为，社会政治问题主要分四个方面：第一是国家问题，包括国家的性质、范围及其权力的问题；第二是政府的问题，即政府的性质、作用、权力的范围等；第三是法律问题，包括法律的作用及范围等；第四是权利义务的问题，主要是人民的权利与义务，以及政府对于人民的权力与义务等。社会政治问题尽管内容相当复杂，但杜威认为："政治的根本问题，是怎样组成一个国家，能代表最普遍的最大多数人的公共利益"。[①] 可是国家的威权要靠政府来体现，而政府中执行权力的人是和普通人没有什么区别的人。人总是有私欲的。中国人常误以为，民主政治是基于人性恶，专制政治是基于人性善。其实，好人执掌权力，如不加以限制，也会做坏事。德国许多学者主张国家主义，认国家为一切社会生活、一切是非、一切道德的最后根据。杜威则倾向于英国学者的主张，例如洛克所代表的宪政主义，即对权力，包括国家的最高权力实行限制。他把国家最高权力加以分解，即所谓三权分立。而这三项权力的最后依据，仍然是人民，即千千万万的普通人。这些普通人通过选举，把权力暂时委托给当选人。洛克本人不主张民

---

① 《社会哲学与政治哲学》，袁刚等编：《杜威在华讲演集》，第68页。

主制，而主张君主立宪制。他的学说受到后来乐利主义者的修正，即所谓政治的根本目的是追求最大多数人的最大利益，选举制度、法律制度等都应以此为根据。

　　杜威的政治哲学，有三个基本要义：其一，通过选举，体现国家、政府的一切权力来源于人民的委托。其二，国家是为社会的，不是社会为国家。其三，不是人民对国家负责任，而是国家对人民负责任；国家、政府之所作所为，要向人民交代，得到认可。如人民不认可其所作所为，则可以撤换它。这里再次体现出杜威的工具主义的政治观。国家、政府，应当是人民为着谋求大多数人的利益而加以运用的工具，当它不能为大多数人的利益服务的时候，就要设法改善它，或是撤换它。

　　最后，杜威讨论到知识、思想在政治领域的重要作用。

　　作为哲学家的杜威，他非常重视知识思想的重要，他认为："第一，知识、思想、精神上的生活可以提高社会生活的价值。第二，知识、思想、精神上的生活可以算做社会生活的基础。"[1] 由此，他又进一步指出："（一）凡是站得住的文明一定有很可靠的根据。这个根据就是有系统的思想信仰。（二）一切社会的重要变迁或改革，一定与思想的变迁改革同时来的。"[2] 既然知识思想如此之重要，那么知识思想本身当如何不断提高和改善呢？我们在一开头就提到，杜威认为他所倾向的这一派社会政治哲学，是同近代科学发展密切相关的。所以，在这里他再一次强调科学的知识思想，尤其是科学的思想方法对于社会政治哲学的重要。杜威指出，每一时代的知识思想都直接影响那一代人的信仰、习俗以及言语、行为的习惯，人们受这些信仰、习俗等的影响，就如同接受一种教权的支配。他用"教权"来概括一个时代的知识、思想、信仰、习俗等对人们的影响作用，是很特别的。这足以让我们理解，杜威

---

① 《社会哲学与政治哲学》，袁刚等编：《杜威在华讲演集》，第86—87页。
② 《社会哲学与政治哲学》，袁刚等编：《杜威在华讲演集》，第87页。

是多么重视知识、思想、信仰、习俗等精神生活对于形塑一代社会政治生活的重要性。而作为实验主义哲学家，杜威是不喜欢凝固的"教权"作用的，他希望人们随着科学的进步、知识思想的改善与提高，不断以新的"教权"取代旧有的"教权"。他要求要以写实主义代替空想主义；以自然主义代替超自然主义；而最关键的是以科学的思想方法取代非科学的武断与迷信。所以他强调思想自由、言论自由的重要，强调社会共同生活，即互相交流、互相激励的生活的重要，强调教育的重要。在他看来，"民治便是教育，便是继续不断的教育；出了学校，在民治的社会中服务，处处都得着训练，与学校里一样。个人的见解逐渐推到全社会、全世界。结果，教育收功之日，即全世界共同利害的见解成立之日，岂但一国一社会的幸福而已！"① 杜威因为特别重视知识思想对于社会政治制度、习俗、信仰、行为规范等的重要影响，所以很自然地就十分重视教育的社会作用。上引一段话，大概可以说是历来哲学家对教育作用的最高礼赞，也是对教育与社会政治关系的最深刻揭示。

杜威关于社会政治问题的讲演，虽然连续讲了十六次之多，但给我们的印象，仍显不够集中、系统，这大概是后来胡适批评杜威一派哲学未曾推演出真正系统的政治哲学的原因。不过这里有必要指出人们从未加以注意的，杜威所提出的一个很重要的观点，即他在《社会哲学与政治哲学》的第九讲中提道："中国现在本有许多公所。当此过渡的时代，小的经济生活过渡到工厂的经济生活，与欧洲有不同的地方，应该保存公所的那一部分好处。怎样提倡本业中的社交，对于本业的自尊以及怎样教育训练必需的技术，这都是现在中国的学者应当研究的事业。"往下他又再次强调说："怎样利用现有的各业公所制度，保存它的好处。一方发展各业的共同生活，一方又以各业为基础，做个政治组织的单位。也许将来的政治不由个人投票选举，而由各业的公所投票选举。中国既有公所，不

① 《社会哲学与政治哲学》，袁刚等编：《杜威在华讲演集》，第95页。

妨对于这个问题自己加以研究。这不但是为中国自己，倘得了好结果，简直是为世界政治学说加上一条贡献。"①

我之所以特别重视杜威的这一思想，是考虑到中国近代社会的极其重要的特点，那就是，行业和行业下属各个单位，实在是近代中国社会最重要的组织形态。杜威所说的各业公所，即是指的各行业公会。工业发展，企业发达，各业下面的工厂、企业数量加多，各单位规模扩大，行业公会或工会下面自然会发展出其中下层的公会或工会。但确定的一点是，中国人的公共生活，大部分是在行业之内和行业下面的各个大小单位之内。所以，要发挥社会各个人的积极性和创造力，去推动中国经济与科学技术的发展，去谋求中国社会的政治进步，脱离开中国行业公会（或工会）及其下属的各企业、事业单位这种重要的社会组织形态，那就完全脱离了真正的中国国情，一定无法取得最好的效果。当然，杜威设想的选举不由个人投票，而代之以行业公所投票，是不可取的。只是需要在代议机构的组成方法（如在两院制的情况下，应分别由按地区选出的代表，与按行业选出的代表组成之），在组织选举时，选区划分、投票站的设置等方面，充分考虑行业及其所属各单位的社会组织形态的特点。令人遗憾的是，杜威讲演以来，中国的政治家、政治法律学者一直没有充分注意研究这个问题，更谈不上在政治制度的构建过程中加以适当运用了。

（2）杜威的实验主义哲学

杜威在华两年多，在各地做哲学讲演五十多次，真正以实验主义哲学为题目的讲演只有一次，其他的题目有论理学、伦理学、哲学史、思想派别、人生观等，应当说，远不如他的教育哲学和社会政治哲学来得较为集中和有系统。中国知识界，除少数留美并学习哲学的人以外，能够对实验主义和杜威的哲学有所了解，主要是通过胡适对实验主义的介绍与阐释。但海内外都有人宣称，胡适不是

---

① 《社会哲学与政治哲学》，袁刚等编：《杜威在华讲演集》，第62—63页。

实验主义和杜威哲学的忠实传人，甚至说他对杜威是"有师而无承"，与杜威"大相径庭而南辕北辙"；认为胡适是反传统的"激进之士"，而杜威却与中国传统"颇有接近之处"，主张"持中平衡"。① 对诸如此类的评论，我早在四十年前，就在《论胡适的实验主义》一文中做过详细的批评，这里不赘。我只想补充一些更有说服力的证据，即胡适对他的思想与杜威思想的关系最终结论式的判断是怎样的，而杜威对胡适思想与他本人思想的关系又是怎样判断的。

胡适始终认为自己是杜威思想的传人，这在他的著作、讲演中屡次提到，此处不必一一列举。他在 1952 年 6 月 1 日晚上得知杜威逝世的消息后，在日记中自记道："杜威先生的思想，影响了我一生。"这是当他的老师刚刚去世时，他反省一生受杜威思想的影响所说的最终论定的话。这里丝毫不会有任何的矫饰。

再看看杜威。

1939 年 10 月 20 日，是杜威的八十岁生日，在纽约宾夕法尼亚宾馆举行盛大的祝寿宴会，但杜威本人没有参加这个宴会。事前，胡适特写了一篇祝贺杜威八十寿辰的文章《工具主义的政治哲学》（先在一个学术会议上宣读，后收入《平民哲学家：约翰·杜威八十岁生日纪念论文集》）。② 此文对杜威的政治哲学做了扼要的概述并提出批评。后来大约在 1940 年的 1—2 月间，胡适修改并扩写了这篇论文，寄给杜威阅看。杜威读后写信给胡适说："你的论文也收到了。我抱着极大的兴趣读完了它。……我又一次对以下这点感到印象深刻，我以前肯定也说过，你具有以简洁的文字表述大量内容的能力，脱去一切无关紧要的枝节，只留下真正的骨肉。"又说："你所阐明的要点显然是非常根本的。"接着，杜威说

---

① 参见吴森《杜威思想与中国文化》，载汪荣祖主编《五四研究论文集》，台北，联经出版公司 1979 年版。

② *The Philosopher of the Common Man: Essays in Honor of John Dewey to Celebrate His Eightieth Birthday*, New York: G. P. Putnam's Sons, 1940.

他正在考虑要写一本关于社会科学的哲学基础的书。杜威说："如果我要写这本书的话，你提出的问题对我来说将会是很大的助益，尤其是因为你把要点陈述得如此清晰明了。"①

从这封信看出，杜威认可胡适对他的著述思想的理解和所做的批评。这与上面所引批评胡适与杜威思想关系的议论是完全不同的。有的人认为胡适过于化约复杂的思想，因而有时不免会发生扭曲。这种议论，从理论上说是有一定道理的。经过概述——中国古人说是檃栝——是否就一定会发生扭曲，这完全取决于对原著者的思想是否有准确到位的理解。只有真正理解到位，才能准确把握其核心与骨干；反之，就会发生简单化、绝对化和片面化的问题。而胡适对杜威思想的概述则正如杜威自己所说，胡适"具有以简洁的文字表述大量内容的能力，脱去一切无关紧要的枝节，只留下真正的骨肉"。既然杜威本人如此认可，则他人的哓哓议论就不足评了。

有鉴于此，我们有充分理由，主要依据胡适的系统论述适当结合杜威的讲演材料来介绍以杜威为主要代表的实验主义哲学思想在中国的传播，当然主要是考察新文化运动这个时期。

1919 年 4 月 30 日杜威抵达上海，先由江苏教育会接待，安排其讲演。为了使听讲者能事先对杜威思想略有了解，就请特地来沪迎接杜威的胡适先做一些引导性的介绍。胡适说："今天先要在诸君面前把杜威博士的一派学说，稍稍演述一番，替他先开辟出一条道儿，再加些洒扫的功夫，使得明天诸君听杜威博士的演说有些头绪，那也是做弟子的应尽的职分。"②

胡适随后陆续发表的介绍杜威实验主义哲学的文字主要有：

《杜威哲学的根本观念》，载《新教育》第 1 卷第 3 期；

---

① 《杜威致胡适的信》（1940 年 3 月 6 日），此信打印件存中国历史研究院图书馆，由彭姗姗博士译出，未刊。

② 《谈谈实验主义》，《晨报》1919 年 5 月 10 日。

《杜威之道德教育》，载《新教育》第 1 卷第 3 期；

《杜威的教育哲学》，载《新教育》第 1 卷第 3 期；

《杜威论思想》，载《民国日报·觉悟》1919 年 6 月 27—30 日、7 月 1 日；

《实验主义》，载《新青年》第 6 卷第 4 期。

这些文字所述内容，后来都被纳入胡适写定的一篇长文《实验主义》中。这篇长文收入 1921 年亚东图书馆出版的《胡适文存》第 2 卷中，成为中国学界研究胡适哲学思想最重要的依据，也是研究杜威哲学思想的重要参考资料。

我们现在即主要依据胡适的《实验主义》一文，结合杜威的相关讲演，来论述新文化运动期间，以杜威为代表的实验主义哲学在中国的传播。

胡适的《实验主义》这篇长文，首先介绍了皮尔士和詹姆士的思想，以便读者对美国实验主义哲学的产生和发展有一个大概的了解，但文章以绝对多数的篇幅来介绍杜威的思想。

前面曾提到，胡适认为"杜威在哲学史上是一个大革命家"。之所以如此说，除了杜威把从前那些"纯粹哲学家的问题"，都以不了了之的手段撇开去之外，还因为杜威对历来哲学家都逃不开的"经验"这个概念，做了全新的解释。胡适从五个方面指出杜威对经验的新诠释：

第一，过去只把经验看作知识，杜威则认为，经验是"人对于自然的环境和社会的环境所起的一切交涉"。

第二，过去都把经验看作纯主观的东西，杜威认为，经验是"物观的世界走进人类的行为遭遇里面，受了人类的反动发生种种变迁"。

第三，过去都把经验只看作属于过去的东西，杜威认为："活的经验是试验的，是要变换现有的物事，他的特性在于一种'投影'的作用，伸向那不知道的前途，他的主要性质在于连络未来"。

第四，过去都把经验看作仅仅是个体的，杜威认为，应当把"经验当作应付环境和约束环境的事，那么经验里面便含有无数连络无数贯串的关系"。

第五，过去都把经验看作与思想绝对相反的东西，杜威认为："经验里面含有无数推论，没有一种有意识的经验没有推论的作用。"①

胡适认为，以上关于经验的新诠释，是"杜威的哲学革命的根本理由"。因为，既不承认经验仅仅是知识，那么，把哲学几乎全看作认识论，就大错了。于是，哲学的性质、方法、范围就要改变了。既不承认经验仅仅是主观的东西，而是人应付环境的事业，那么，所谓唯心、唯物的争论就不成问题了。既不承认经验只是细碎的不相连络的，而把连络贯串看作经验分内应有之义，那么，以往经验派与理性派的纷争就变得没有意义了。

胡适尤其看重第三、第五两点。他认为，把经验看作对付未来、预料未来、连络未来的事，于是经验就不是静止的而是能动的。经验既要预料未来、连络未来，所以，思想是非常重要的。思想的作用就是推论，就是从已有的经验过渡到新的经验，由过去、现在推进到未来。因为有思想，所以经验就像一个待产的孕妇，它能诞生新的生命。由此，在杜威哲学中，思想，以及如何思想，就成为极其重要的问题。杜威说，思想是"创造的智慧"。他认为这种从经验中孕育出来的"创造的智慧"，不应仅仅归上等人所有，更不应只归哲学家所有，应当是人人皆有之。所以，杜威想把哲学从哲学专门家的手里解放出来，成为与一般人的生活发生关系的学问。本来经验是一切人应付生活，应付环境而生的。所以，人们都有自己的经验，哲学应该努力研究使经验更能帮助人适应生活环境，和改变生活环境，使之朝着更有利于人的方向发展。这就要训练思想，提高思想的能力，也就是不断增强"创造的智慧"。

---

① 见《实验主义》，《胡适文存》卷 2，第 111—112 页。

　　杜威哲学特别重视思想，他有专门一本书，对思想做出详细的研究，这部书叫作 *How We Think*（《我们怎样思想》），当时都译作《思维术》。此书是最早（1918 年）有中译本的杜威著作，在杜威的著作中，这本书是拥有最多中国读者的。

　　此书详细解析人的思想过程，深入论述训练和提高思想能力的途径。胡适在叙述杜威对思想过程的解析之前，先指出什么是思想，这一点很必要。前些年在讨论思想史研究对象与方法的问题时，我也曾对此加以强调。一般人以为，凡是脑中产生的想法都是思想，这是不对的。① 胡适指出："杜威说的思想，是用已知的事物作根据，由此推测出别种事物或真理的作用。……这种作用，是有根据有条理的思想作用。这才是杜威所指的'思想'。"②

　　接着胡适详细介绍杜威对思想过程的解析。凡读过杜威的《思维术》，或读过胡适的《实验主义》的人都知道，杜威把思想过程分析成五步。

　　第一步，思想的起点是一种疑难的境地。在生活中无论是读书、做事、旅行等，都会遇到一些问题、困难，或叫作挑战。这就是疑难的境地。

　　第二步，指定疑难之点究竟在何处。有些疑难很明显，一下子就可以看出；但有些疑难问题比较复杂，一下子不容易确定关键之点何在。这就需要思想，需要运用已有的知识经验加以分析，找出疑难的关键所在，如同医生替人看病，要通过必要的观察、检验等手段确定病症之所在。

　　第三步，提出解决问题的种种可能的假设方案。人们要克服困难，解决难题，越过障碍，通向所需要的成功，就得开动脑筋，想办法；要把以往经验中一切与当前问题相关的东西，都调动起来，

---

　　① 　见耿云志《关于中国近代思想史研究对象与方法的思考》，《广东社会科学》2003 年第 2 期。

　　② 　《实验主义》，《胡适文存》卷 2，第 118—119 页。

尝试各种可能的解决办法。这些办法都是备采用的假设。

第四步，确定一种假设作为可行的解决方案。在几种假设的方案中，选出一种认为最有根据、最可行的方案。

第五步，证实。对选定的假设的方案加以实行，看能得出什么样的结果。如果确是解决了问题，那就证明那是一个正确的解决方案，从而就增加了知识和经验；如果没有解决问题，那就说明所选定的那个假设是错误的，这样也是增加了知识和经验，然后再尝试其他假设的解决方案。

杜威生活在科学技术都很发达的美国，他的哲学本来就与科学有极密切的关系，他在论述思想的问题时，处处都注意借鉴科学所提示的知识经验，特别是其"实验室的方法"。

因此，胡适强调，在思想的过程中，提出假设与证实假设是最重要的。你的知识经验越丰富，提出假设的能力也就越强。但假设需要证实，只有证实了的假设，才是真知识，才能实现从旧经验到新经验的过渡。人们如能自觉地通过生活实践，训练和提高自己提出假设与证实假设的能力，从而也就提高了自己思想的能力。思想能力的提高，则意味着应付生活环境和改善生活环境的能力得到提高，由此，也就提高人的生活的品质。胡适还特别强调，只有通过这样的思想训练过程，才可以避免人们胡思乱想，才可以养成处处依据事实进行思考，并用实际效果来检验自己的思想的好习惯。

（3）杜威的教育哲学

我们前面说过，杜威来华讲学，讲得最多的是教育问题；在中国实际发生影响最大的也是他的教育思想。所以，在这一小节里，我们将较多地引用杜威讲演的材料来介绍杜威的教育学说。

胡适在介绍杜威教育哲学时，开篇先指出一个重要的事实，即世界上古往今来所有的大哲学家，都一定也是大教育家。哲学家从人类的思想和人类的活动中，体悟出一些重要的道理，他要把这些道理告诉人们，这根本就是一个教育的问题。中国古代重要经典

《中庸》引孔子的话说："道不远人，人之为道而远人，不可以为道。"教育是为人生的，道即是人生有关的种种道理，这些道理，要一代一代地传承，又一代一代地继续增加，这些，都要靠教育来实现。所以杜威认为，教育是幼儿走向社会的桥梁；教育是从现有的生活走向更高的生活的一种过渡。这是非常广义的教育。杜威的教育思想就是从这一广义的教育观念出发的。

杜威对教育的理解很新，很深刻，也很宽泛。杜威在他讲教育的最重要的一部著作《民主与教育》（或译作《平民主义与教育》）中对教育有非常概括的论述。他说："教育是一个对经验不断重组或重构的过程。"又说："这种重构或重组，增进了经验的意义，改进了指导后续过程的能力。"而对经验的重组或重构，"既可以是个人的，也可以是社会的"。[1]

杜威论教育，从不局限于学校教育。他的一个重要思想就是把学校的教育与社会的教育打通，学校即是社会，学校里教育出来的人，要能适应社会，能在社会中发挥其所学所能；而同时在社会中检验、充实、提升其能力，这是教育的继续。

杜威的这些很有特点的教育思想，是同他的平民主义教育观紧密相联系的。杜威说："什么叫平民主义的教育呢？就是我们须把教育事业，为全体人民着想，为组织社会个个的分子着想，使得它成为利便平民的教育，不成为少数贵族阶级或者有特殊势力的人的教育。"[2] 教育须面对每一个人，教育须面对由各个个人所组成的社会，通过提升每一个人，提升整个社会。因此，杜威提出教育的根本宗旨有二。一是发展个性的知能。从前的教育，注重记忆，死记一些知识，用灌输的方法，"这种教育是埋没个性的"。新的教育强调个性的教育，要使教育出来的人才，"是自动的，是独立的，是发展思想的，是活泼的，是有创造力的，是有判断力的；不

---

① 《民主与教育》，《杜威全集》第 9 卷，俞金吾、孔慧译，第 65、66、67 页。

② 《平民主义的教育》，袁刚等编：《杜威在华讲演集》，第 354 页。

是被动的，不是依赖的，不是拘束的，不是因循的，不是有惰性的"。杜威要大家务必明白："个性的发展，是共和国家的基础，是平民主义的真髓。"① 二是养成共业的习惯。强调个性主义的教育，是要提升每一个人。要提升整个社会，必须强调个人之间的协同的奋斗。所谓养成共业的习惯就是要训练大家一起工作，一起发挥创造力，以达到共同生活的品质提升，也就是整个社会的提升，使每个人都共享到提升了的社会的种种利益。②

杜威严厉地批评旧教育的弊病，指出，旧教育养成社会上的特殊阶级，贵族阶级，使社会分裂，不平衡，不安定。旧教育只注重文字、书本，不重视实际生活日用的知识与能力，由此导致学校与社会脱离。要克服旧教育的弊病，一是要使服务于少数人的特殊的教育变成普及的平民的教育；二是要使书本的教育与生活日用的教育结合起来；三是要使学校与社会连接起来。③

新的教育观，需要新的教育方法才能实现。新的教育方法强调知识的实用性，必须给予学生一些应付生活、应付社会实际有用的知识；新的教育方法强调受教育者的主动性，教师不应占用全部的课堂时间，强行灌输，而应让学生自己动脑思考，提出怀疑，提出他们自己的意见；新教育的方法，强调学生实行的能力，自己动手做事的能力；新教育的方法，还强调学生自己管理自己的能力和习惯。这些都是从杜威的平民主义的教育理念，乃至他的民主主义的理念中来的。④

杜威非常注重科学发展对哲学思想的影响。他和实验主义哲学的诸位大家，都强调他们的哲学与近代科学发展的紧密关系。同样的，在讨论教育哲学的时候，杜威也非常强调科学发展对教育的影响。他指出，科学知识的大量增加，尤其是科学方法的进步，使人

---

① 《平民主义的教育》，袁刚等编：《杜威在华讲演集》，第 355 页。

② 见《平民教育之真谛》，袁刚等编：《杜威在华讲演集》，第 363 页。

③ 见《教育哲学》（北京），袁刚等编：《杜威在华讲演集》，第 413—414 页。

④ 见《教育哲学》（北京），袁刚等编：《杜威在华讲演集》，第 431—434 页。

建立新的信仰，改变对自然的恐惧心而代之以了解自然，利用自然，使自然环境朝着有利于人的方向改变，从而产生新的希望，新的勇气，确立乐观进取的新人生观。他又指出，科学的精神，科学的方法，就是一切从实际出发，用实际效果检验知识的真理性。所以，讲真话，求真理，对待知识的诚实的态度，成为新教育最基本的要求。①

关于道德教育，杜威强调指出，不需要在知识与能力的教育之外设单独的道德教育课，道德教育应寓于各种知识与能力的教育与训练之中。例如，知识上的诚实，本身就是道德；又例如，在与他人交往中，在团体中，在社会活动中，训练自己的能力与发挥自己的能力于共同的事业，就是义务心、责任心的养成，就是道德。杜威认为，在道德教育中，也是两方面的统一：一方面是"个性"，没有个性，没有个人的独立性，道德心就无从发生；但又只有在与他人、与团体、与社会发生关联时，才发生道德问题。所以，在道德教育上，要强调发展个性，使个人在知识能力与感情等诸方面尽可能地发展。另一方面，又必须使个人的同情心尽量扩张，甘愿为他人、为团体、为社会贡献自己的能力，甚至做出牺牲。杜威说："民治主义的社会、个人两方面，与道德问题的社会、个人两方面一样的。"②

杜威强调不需要脱离开知识与能力的教育之外，单独进行所谓道德教育。这一点很特别。在社会实践中，单独的、孤立的道德教育，常常会流于形式乃至虚伪，所以，杜威的说法，值得注意。

在以往的道德哲学中，将动机与效果，责任心与兴趣，截然划开，互相对立。杜威是极不赞成的。他认为动机与效果、责任

①　见《教育哲学》，袁刚等编：《杜威在华讲演集》，第 439—453 页。

②　《教育哲学》（北京讲演）之十六讲《道德教育——社会方面》，袁刚等编：《杜威在华讲演集》，第 480 页。

心与兴趣，在道德实践中都是统一的，不是两立的。道德心的发生，起于行为的抉择，遇到一事，这样做，于己有利，却要损及他人，或损及团体、社会；那样做时，与他人、团体、社会有利，而与自己无利，甚至有所牺牲。选择后者就是道德的，选择前者就是不道德的。动机关涉利己，还是利人。但利己或利人指的是效果。可见，动机选择时，同时就包含对效果的认知。这里动机与效果本来就是结合在一起的。兴趣与责任也是一样。人们选做一件事，或选择一种职业，除非有特别外部强加的压力，一般都会从自己的兴趣出发，根本没有兴趣的事，谁都不愿意去做。但兴趣本身即有高下甚至善恶之分。一个人若喜欢吸毒、赌博、嫖妓，那本身就是不道德的。若一个人喜欢从医，或当教师，或当建筑家、美术家、艺术家，那兴趣、志趣本身就是很高尚的，他做起这种事情来格外努力、尽职尽责。这里，责任心与兴趣是完全统一的。

在我们审视了杜威的教育哲学之后，发现杜威的实验主义哲学还有一个很值得注意的特点，就是它处处打破障碍，原来以为是对立的东西，其实是互相融通、互相统一的。它打破了唯心与唯物的对立，使其不了了之；他打破了认识与对象之间的对立，认为它们原不过都是经验；它打破了个人团体与社会的对立，强调共业之中，个人与社会的统一；它打破了教育上贵族与平民的对立，大力倡导平民主义的教育；它打破了道德哲学中动机与效果、兴趣与责任之间的对立，揭示出它们之间的连贯性和统一性。我们应该记住这些特点。这对于更深刻地理解杜威及其实验主义哲学会有帮助。

杜威的思想，通过他自己的公开讲演，他的学生们的介绍，还有各种报刊的宣传，在中国知识界产生了极大的影响。胡适于1921年7月11日，在北京送别杜威的聚会上，对此做出高度概括的说明。胡适说："自从中国与西洋文化接触以来，没有一个外国学者在中国思想界的影响有杜威先生这样大的。"又说："在最近的将来几十年中，也未必有别个西洋学者在中国的影响可以比杜威先生还大的。"① 应当指出，就亲到中国访问讲学的学者来说，胡适的说法可以被接受；若只就专业的哲学学说而言，恐怕会有很多不同的看法。

检点当时的出版物，和后来中国专业的哲学界的生存状况，我们发现，在专业的哲学领域，杜威及实验主义哲学的影响其实很有限。杜威的书，当时只有《思维术》一种中文译本，宣传得很多的《哲学的改造》，直到 1934 年才有完整的译本。如果没有胡适《实验主义》一篇长文，人们对杜威的哲学无法求得稍微完整的了解。当时和后来在大学教授哲学，并略有著述的，除了胡适，没有一个算得上杜威派的实验主义哲学家。像张君劢、张东荪、梁漱溟、李石岑、冯友兰、熊十力、金岳霖、贺麟等，这些较有影响的哲学家都不是实验主义哲学家。

中国的专业哲学家，一般不喜欢实验主义哲学，这是有着很复杂、很深层的原因的。中国专业哲学家有两种不同的背景，一种是没有留过洋的草根哲学家，像梁漱溟、熊十力。他们对于与近代科学有着亲密血缘关系的实验主义哲学有着本能的疏离感，或受传统儒家影响而倾心于心性论，或受佛教思想影响而倾向于空寂，皆与实验的精神格格不入。另一种是有留学背景的学者，他们有的留学欧洲，有的留学美国。不论欧洲，还是美国，那些热心于专业哲学，甚至是热心于构建体系的哲学家，都不赞成实验主义，甚至以敌对视之。因为实验主义，特别是杜威的实验主义，它太开放了，它要打破一切障蔽，融通彼我。我们看杜威介绍三大派哲学家的讲演，他是何等开放的态度！简直是包容一切。这对于热心构建体系的哲学家，是难以苟同的。杜威的实验主义哲学，又太平实了，简直没有一点玄妙的意思，这也是专业哲学家所不喜欢的。作为一派哲学，总得有自己很特别的主张，很特别的概念、术语，把人们知道的和不知道的，都冶于一炉，不管你真的懂了，还是没有懂，它

---

① 胡适：《杜威先生与中国》，《东方杂志》第 18 卷第 13 号，1921 年 7 月。

都能给出一套说辞。这就是所有成体系的哲学，都不免有一些神秘的和武断的成分的根本原因。在专业哲学家那里，这是无法完全避免的。没有一点神秘，没有一点武断，哲学就显得不好玩了。我们上面提到的哲学家，都是颇坚信某一派哲学的专家，他们对实验主义，或敬而远之，或视为敌对。中国哲学界这种状况，也就限制了实验主义哲学在纯粹哲学领域发挥其影响。

但中国近代哲学远未真正发达和成熟，它还缺乏一些基本的客观条件，包括社会环境，科学发展的程度，对旧有哲学遗产的充分整理等。在这种情况下，杜威及其实验主义哲学，在纯粹专业哲学领域未发生大的影响，不是多么大的遗憾。

那么，胡适说杜威在中国的影响超出其他任何外国学者，究竟有什么根据呢？胡适自己是这样说的：

> 第一，杜威先生最注重的是教育的革新，他在中国的讲演也要算教育的讲演为最多。当这个教育破产的时代，他的学说自然没有实行的机会。但他的种子确已散布不少了。将来各地的"试验学校"渐渐的发生，杜威的教育学说有了试验的机会，那才是杜威哲学开花结子的时候呢！现在的杜威，还只是一个盛名；十年二十年后的杜威，变成了无数杜威式的试验学校，直接或间接影响全中国的教育，那种影响不应该比现在更大千百倍吗？
>
> 第二，杜威先生不曾给我们一些关于特别问题的特别主张，——如共产主义，无政府主义，自由恋爱之类，——他只给了我们一个哲学方法，使我们用这个方法去解决我们自己的特别问题。①

接着，胡适详细解释实验主义的方法主要是两个基本内容，一

---

① 胡适：《杜威先生与中国》，《东方杂志》第 18 卷第 13 号，1921 年 7 月。

个是"历史的方法"。将任何事物都只看作一个发展过程的中段，前有因，后有果。要了解一个事物，就不能孤立地看它，要抓住它形成的"因"和发展的"果"，如此才能全面地了解这个事物。另一个是"实验的方法"。胡适解析实验的方法包含三层意义：一是从具体的事实与境地下手；二是一切学说理想，一切知识，都只是待证的假设，并非天经地义；三是一切学说与理想都须用实行来试验过，实验是真理的唯一试金石。①

胡适抓住这两条来说明杜威的影响，是不错的。杜威在中国的最大影响是在教育的革新和思想方法的注重。这两者都不受专业哲学的限制。而且，他的影响基本上是"无形"的思想渗透，不会吓退那些稍有保守思想的人。

杜威在教育方面的影响是非常广泛的，对于教材的革新，教育管理方法的革新，教学方法的革新，以及新学制的建立，都有相当的影响。胡适所说的"杜威式的试验学校"，后来由杜威的学生陶知行率先付诸实践。而后来一直沿袭至今，广泛设立的实验学校，内容虽未必与杜威思想完全相合，但其"实验的精神"还是与杜威的影响有关的。新学制方案中渗透了杜威的实验主义精神，更是不争的事实。新学制案是由胡适主稿的，所定宗旨：一为适应社会进化之需要；二为发挥平民教育精神；三为谋个性之发展；四为注意国民经济力；五为注重生活教育；六为使教育易于普及；七为多留各地方伸缩余地。② 这里除了第四、七两点，都是与杜威思想合拍的。当然，我们不能武断地说，这些内容都来源于杜威思想，但杜威思想的影响，是不容否认的。

教育是一代一代传承民族的经验与智慧，在这个领域里发生重要影响，其意义无疑是十分巨大的。

---

① 胡适：《杜威先生与中国》，《东方杂志》第 18 卷第 13 号，1921 年 7 月。
② 见胡适《记第八届全国教育会联合会讨论新学制的经过》，《努力周报》第 25 号，1922 年 10 月。

胡适指出杜威的另一个重要影响是他的思想方法。每一个人，要说话、做事，之前一定要先有思想。说话就是表达所想；做事是按所想的去做。所以，思想得如何，对于说和做的效果关系极大。杜威特别注重思想方法，详细解析思想的步骤，指出，提出假设和证明假设是思想最关键的环节，所以要通过训练提高假设和证明假设的能力。胡适把这个思想方法同时也是治学的方法概括成十个大字："大胆的假设，小心的求证"。因为在文学革命和思想革新的运动中，胡适赢得了极高的声望，他所概括的这十个大字，被认作"十字箴言"，影响特别巨大。可以说，那个时期成长起来的一代人，绝大多数多多少少受到胡适所总结概括的杜威思想方法的影响。

二　逻辑分析哲学与罗素来华讲学

与实验主义哲学差不多同时传入中国的西方哲学学说，还有以罗素为代表的逻辑分析哲学。

罗素（Bertrand Russell，1872—1970）出身英国贵族，在剑桥大学获得数学和伦理学双学位，以其一篇数学论文获得该大学三一学院研究员的位置，后因政治上反对英政府的政策而屡遭迫害。1920 年罗素访问苏俄，后来中国讲学。

罗素于 1920 年 10 月 12 日抵达上海，先在中国公学、江苏教育会做讲演，继往杭州、南京，10 月下旬到湖南长沙，10 月底到北京。在北京罗素受到此次主要邀请方讲学社的盛大欢迎，梁启超出席欢迎会并做了热情洋溢的讲话。从 11 月到次年（1921 年）3 月初，罗素一直在北京讲学，其主要讲题有：《哲学问题》（12 讲）、《心的分析》（15 讲）、《物的分析》（6 讲）、《社会结构学》（计划 5 讲，因病只讲了 4 次）、《数学逻辑》（计划 4 次，因病只讲了 1 次），其他还有《布尔塞维克的思想》《未开发国之工业》《宗教之信仰》等。3月中旬，罗素到保定讲演《教育问题》，不幸感冒，病情一度危重，曾请杜威代书遗嘱，在日本竟传出罗素已死的消息。罗素休养三个多月，身体渐复元。7月6日，他在北京做告别演讲《中国到自由之路》，11日，离开北京去日本。

罗素在华时间只有9个月，中间又大病一场，实际讲学49次，有两种讲题未讲完。从其讲演次数看，哲学占多数，但从实际影响上看，其政治演讲远超过其哲学演讲。

（一）罗素讲学在政治方面的影响

编辑《罗素月刊》的瞿世英，在罗素离开北京时，写一篇文章，叫作《罗素对我们的贡献》，其中说道，罗素给我们的益处"并不是他学说的本身"，"而他所主张的基尔特社会主义的精神与其组织之大体，我却很相信，认为是可行的一种制度"。① 这不是瞿氏一个人的感受，而是大多数人的感受。对于罗素基于逻辑与数学的精深研究而提出的逻辑分析哲学，绝大多数人基本上理解不了，少数有些理解的人也不足以把这一哲学明白地加以阐述。所以，到头来，在广大听者和读者脑中留下较大影响的就只有罗素的政治方面的讲演了。

罗素来中国讲学从一开始，其政治意味就很浓，因为罗素本人是积极参与政治的。他反对欧洲战争，反对英国政府的征兵政策，曾被监禁六个月。他发表许多同情俄国布尔什维克的言论，又曾亲身访问苏俄。他的政治色彩太浓了。据说，他刚到中国时，英国外交部门曾要求驻华使领人员注意罗素的言行。罗素的政治主张一直不十分确定，但他反资本主义的倾向和无政府主义的倾向，是比较明显的。他来华前，比较多地宣扬行业社会主义，即基尔特社会主义。恰好，邀请他来华的讲学社的主脑人物梁启超也是倾向于基尔特社会主义的。所以，梁启超及其门人，都希望罗素的政治主张能

---

① 瞿世英：《罗素对我们的贡献》，《罗素月刊》第4号，1921年10月。

在中国思想界发生较大的影响。而实际上亦正如此。

新文化运动的多数领袖，基本上是自由主义者，虽然并不公开反对种种社会主义的宣传，但他们认为，作为理想谈一谈是可以的，但中国当下所需要的则是扎扎实实的改革，而不是大谈高远的理想，诸如社会主义之类。他们认为杜威的思想更适合于中国思想界的需要。他们对于罗素的来华讲学，虽不反对，但一开始就保持很警惕的心理。赵元任在回忆他为罗素担任翻译的事情经过时，曾说道："（1920 年）8 月 19 日，我在南京的时候，我从胡敦复、胡明复及胡适处听说，梁启超、张东荪等人领导的进步党（指研究系，这时候进步党早不存在了。——引者）要我为罗素（Bertrand Russell）作翻译，罗素即将来中国作学术讲演。三位胡先生警告我不要被该党利用提高其声望，以达成其政治目标。"[1] 自由主义的胡适等人对罗素的来华讲学尚且如此警惕，左倾知识分子的态度就更不用说了。

陈独秀于罗素来华不久，曾直接写信给罗素提出质问说："近来中国有些资本家的政党的机关报屡次称赞你主张中国第一宜讲教育，第二宜开发实业，不必提倡社会主义。我们不知道这话真是你说的，还是别人弄错了呢？我想这件事关系中国改造之方针，很重要。倘是别人弄错了，你最好是声明一下，免得贻误中国人，并免得进步的中国人对你失望。"[2] 这时期，陈独秀已明白地主张社会主义，并正在酝酿成立中国共产党。他对梁启超、张君劢、张东荪一班研究系的人，颇为警惕，认为他们都是代表资产阶级的利益，甚至认为他们请罗素来华讲学也是别有用心的。他不断提醒《新青年》的同人，尤其是影响力很大的胡适等人，一定要划清与研究系的界限。他在 1920 年 12 月 16 日给胡适的信中说："南方颇传

---

① 赵元任：《为罗素任翻译的日子》，袁刚等编：《中国到自由之路——罗素在华讲演集》（以下简称《罗素在华讲演集》），北京大学出版社 2004 年版，第 320 页。

② 陈独秀：《致罗素先生底信》，《新青年》第 8 卷第 4 号，1920 年 12 月。

适之兄与孟和兄与研究系接近，且有恶评。此次高师事，南方对孟和颇冷淡，也就是这个原因。我盼望诸君宜注意此事。"① 对于陈独秀此种责备，胡适非常生气。他复信给陈独秀说："你真是一个卤莽的人！"认为陈独秀竟然误信谣言，责备多年共事的朋友，是极不应该的。胡适责问道："你难道不知我们在北京也时时刻刻在敌人包围之中？你难道不知他们办共学社是在《世界丛书》之后，他们改造《改造》是有意的？他们拉出他们的领袖来'讲学'——讲中国哲学史——是专对我们的？……你难道不知他们现在已收回从前主张白话诗文的主张？……你难道不知延聘罗素、倭铿等人的历史？（我曾宣言，若倭铿来，他每有一次演说，我们当有一次驳论。）"② 我引用这几条材料是要说明，当时中国知识界思想分歧颇大。在新文化运动高潮期，一度是同盟军的各个学术圈子，此时已经分裂，他们无论是对国内事务还是对国际事务，都怀有不同的主张。罗素来华前恐怕无论如何不曾想到，他一入中国国门，便不知不觉陷入中国内部思想纷争之中，而这其中于政治关系颇大。正如杜威所说，罗素的哲学，很少人能懂；而他的政治内容的讲演，听的、读的人却很多。所以，罗素有关政治方面的讲演，应是我们考察的重点。

我们须先检点一下，罗素有关政治内容的演讲，到底讲了些什么。

罗素有关政治问题的讲演有下述几次：

1920 年 10 月 15 日，《社会改造原理》，上海中国公学；

1920 年 10 月 26—27 日，《布尔塞维克与世界政治》，长沙湖南教育会；

1920 年 11 月 19 日，《布尔塞维克的思想》，北京女子高等师

---

① 陈独秀：《致胡适、高一涵》，张静庐辑注：《中国现代出版史料》甲编，中华书局 1954 年版，第 7 页。

② 《致陈独秀》，耿云志、欧阳哲生编：《胡适书信集》（上），北京大学出版社 1996 年版，第 262 页。

范学校；

1920 年 12 月 10 日，《未开发国之工业》，北京中国社会政治学会；

1921 年 2—3 月，《社会结构学》，北京教育部会场；

1921 年 7 月 6 日，《中国到自由之路》（告别演讲），北京教育部会场。①

在《社会改造原理》的讲演中，罗素提出，凡人皆有两种天性，一是"创造的冲动"，一是"占有的冲动"。他认为："世间好的事情皆从创造的冲动而生，坏的事情皆从占有的冲动而生"。所以，改造社会就要"增加创造的冲动而减少占有的冲动"。但欧美国家的社会已是积重难返，占有的冲动胜过创造的冲动。"故欲改造欧美社会，必须将个人所占有之权力财力，交还于公众，社会才有新的希望。"他希望中国不走欧美的老路。② 这里已流露出社会主义的倾向。

在《布尔塞维克与世界政治》的讲演中，罗素一则相信"资本主义已到末路，……资本主义总有灭绝的一日"；同时他又不赞成俄国布尔塞维克党专用暴力压制异己的办法，认为这种办法不可能达到共产主义的成功。根据他的观察，俄国工业失败，既有国内的原因，也有国际的原因。在他看来，似乎国际的原因更为关键。他说，俄国因受欧美国家的封锁，工业无办法，城市缺粮、缺原料，农村有粮食而无工业品，很难坚持长久。照罗素的看法，只有美国搞共产主义才能成功，因为它的工农业均发达，不怕封锁。罗素的这种说法恰与列宁的社会主义在资本主义最薄弱环节首先胜利的说法相悖。他还说道，俄国表示同情和支持东方国家争取自由的态度，实质上"是想假这种美名，为伸张布党自己的

---

① 参见袁刚等编《罗素在华讲演集》附录《罗素来华行程及讲演总表》，第308—309 页。

② 见《社会改造原理》，袁刚等编：《罗素在华讲演集》，第 3 页。

势力"。①

《布尔塞维克的思想》这篇讲演，可谓是对俄国布尔塞维克的
赞歌。罗素说，布尔塞维克与世界上一切事物一样，也有其好处和
坏处，但世界上反对布尔塞维克的人，他们反对的，却恰是布尔塞
维克"最高尚的和最好的地方"。又说："布尔塞维克中的罪恶和
坏处，世上完全统有的；彼的好处，却为世上所没有的。"② 那么，
布尔塞维克最大的好处是什么呢？就是它消灭阶级。人们多数都不
喜欢不平等，而不平等最大的根源是经济的不平等，富者占有土
地、资本、机械、原料等一切生产手段；穷者，只剩下自身的劳动
力。富者拥有一切，于是穷奢极欲，造成物质的极大浪费。还有社
会上男女之间的不平等，也只有在消灭阶级的情况下，才能消除男
女之间的不平等。所以，罗素认为，布尔塞维克的思想是不错的。

《未开发国之工业》，此讲演较多篇幅是讲世界各国、各地工
业开发的情形，实际上却主要为中国设想。他第一层意思是说，工
业开发是不能避免的；第二层意思是说，是国人自行开发，还是由
外国人开发？罗素认为完全自行开发是不可能的。因未开发国，在
世界中已处于不利地位，无资本，无人才，若维护独立开发，必走
军国主义道路，而战争频发，无利于工业之发展；求国际行政机构
之确立，并发生作用，则不可不仰赖于国际主义。

罗素预言："日美俄三国在中国均有攫得极高地位之机会，中
国将来之大开展，纯视此三国中何者可以成功而定其趋向。而三国
成功之前提，又半视有教育之中国人对于彼等之感情而后可定。至
于美俄两国之成败，则将以中国人对于共产主义之态度为衡。"③
其预言可谓相当准确。

但罗素同时指出，若中国依赖俄国发展工业，不但会招致一般

① 见《布尔塞维克的思想》，袁刚等编：《罗素在华讲演集》，第13—23页。
② 见《布尔塞维克的思想》，袁刚等编：《罗素在华讲演集》，第203页。
③ 《未开发之工业国》，袁刚等编：《罗素在华讲演集》，第213页。

依赖他国所生之负面效果，"而同时不得不引起全世界之仇视"。所以，他主张中国应当"求助于美，其次则求助于英"，然后渐次"收归中国人之手，同时不忘却共产主义"，① 云云。

《社会结构学》是一个长篇的讲演，但它很不像是从社会学角度来讲的，而是从政治学角度来讲的。罗素开篇就宣布自己"是一个共产主义者"；又宣称"相信马克思的主张，社会的变迁，必依着科学的公律，要是有人擅把这公律违反了，一定非失败不可"。他强调的一条公律是"共产制度必与实业制度相辅而行"。②

罗素认为，造成当今世界混乱的主要原因，是帝国主义和资本主义与自决主义和共产主义两大潮流之间的争斗，世界的前途在于自决主义与共产主义。但共产主义只有与发达的实业主义相辅而行，方可成功，方可有好的效果。他说："俄国是行共产主义的，但实业不发达，所以专断不在资本家而在政府。"③

罗素总结他对世界社会政治的考察得出以下几个基本的见解：

（1）实业制度使社会变成有机体，因而增加国家的权力；

（2）实业制度使资本家所握对于他人生死的权力更大；

（3）私产制度从古代遗传下来，到现在使实业的资本尽入少数人之手；

（4）一国中因为有了资本家的实业制度，国家的大权遂尽入资本家之手；

（5）实业制度的新生活使劳动者的生活改变，以新教育发生新思想；

（6）教育使人民的思想趋向平民政治，同时，资本制度

① 《社会结构学》，袁刚等编：《罗素在华讲演集》，第 216 页。
② 《社会结构学》，袁刚等编：《罗素在华讲演集》，第 251、257 页。
③ 《社会结构学》，袁刚等编：《罗素在华讲演集》，第 272 页。

使平民政治不能实现；

（7）实业制度非有大组织不可，所以有大资本的人就可以操纵人的生死，自由主义因之不能实行；

（8）社会免除资本家的压制，必须将所有资本统归社会所有，这便是社会主义者的主张；

（9）资本家已经占了优胜的地位，非经过阶级战争不能划除，除非资本家一旦真的害怕了，自己退休，但这是不会有的。①

从上述可见，罗素可以说是一个社会主义者，是一个主观上很真诚的社会主义者。他的主要立脚点是，社会主义（共产主义）只能在实业高度发达的情况下才可望成功。在他看来，只有美国有资格行社会主义，但美国的工人却首先不赞成搞社会主义。所以，当今世界要摆脱混乱，要走向共产主义，到底通过什么途径才能实现，在这篇讲演中，罗素并没有给出明确的答案。

《中国到自由之路》，是罗素的告别演说，是他自认为经过一番观察，对中国有所了解之后，对中国问题的看法。

罗素提出两条带有根本性的意见：第一，中国不应完全采用欧洲的文化；第二，中国也不应继续迷信传统文化，要为新文化让步。

中国要进步，迫切地需要发展教育，而且一定要发展新教育，即普及的和科学的新教育。但实业不发达，政治不上轨道，教育也难得发展。而他认为，政治的改革应当优先进行。在发展实业的问题上，罗素认为中国现有的产业太幼稚，只能采取国家社会主义。罗素来中国前，是以主张基尔特社会主义闻名的。但来中国后，因见中国实业太落后，根本不适合基尔特社会主义，所以，他主张中国实行国家社会主义。他认为："因为求国民的知识快点普及、发

----

① 《中国到自由之路》，袁刚等编：《罗素在华讲演集》，第272页。

达，实业不染资本主义的色彩，俄国式的方法是惟一的道路"。①
主张中国人走俄国人的路，这大概很出邀请他来华讲学的人们
的意料。

罗素虽然是个热心政治的人，但他终究不是一个有系统成熟见
解的政治学者。他来中国凡关于政治问题的讲演，都缺乏系统、深
入和明晰性，其说法有很多自相矛盾的地方。但他讲的都与中国现
实有关，意思又比较浅显，所以诚如杜威所说，他的政治方面的演
讲，听的、读的人很多，因而影响也就比较大。但受影响者，其实
是各取所需，罗素并不足以造成一个信奉他的政治主张的特别的党
派或势力。他的基本政治态度，批判资本主义、帝国主义，表示出
一种主观的社会主义理想。他对俄国，有赞誉，有批评；对中国则
满怀期待。

因罗素讲演屡次提到社会主义，又屡次提及俄国的布尔塞维
克，所以还在他离开中国前，中国思想界就围绕社会主义有关的问
题展开争论；他离开中国后，争论更加趋热。关于这些争论，我们
在以后相关章节里再做详细讨论。

（二）罗素的哲学及其方法

罗素的逻辑分析哲学很不好懂，我们只能非常简略地说一说。

按罗素的说法，所有哲学学说大体可分两类。一类是从伦理、
宗教而进入哲学。此类哲学总是致力于一些形而上的想象，因此实
际阻碍哲学的进步。另一类是从科学进入哲学。这里又可分成两
派，一派注重科学的某些结果，想把这些结果普遍化，也会走入迷
途。罗素所服膺的是注重科学方法的一派。罗素说："从特种科学
的范围，能够有益的移到哲学的范围的，实非结果，乃是'方
法'。吾所想要使大家晓得的，便是把研究科学问题已著功效的方

---

① 《中国到自由之路》，袁刚等编：《罗素在华讲演集》，第303页。

法的一些广泛原理，应用到哲学问题上的可能与重要。"① 罗素沿着这个路径走，相信数学的方法是最易明的，最科学的。他受到德国数学家、逻辑学家弗雷格（1848—1925）的影响很大。弗氏生前默默无闻，死后却被发现是一位杰出的哲学家。他的学说成为逻辑分析哲学的最主要的理论基础。

罗素最重要的哲学代表作是同他的老师怀特海合著的《数学原理》一书，其中所阐述的逻辑分析哲学的精义，大约只有具备很高的数学与哲学修养的人才能充分理解。我们看杜威在介绍罗素的哲学时说："他的社会的实用的哲学与理论的哲学，不但内容，即文章也不相同。理论哲学的文章根据于数学，很难懂的；而实用方面则很通俗，看的人也很多的。"② 有趣的是罗素在自己的《哲学史》一书中，也没有把他的逻辑分析哲学做出充分明晰的介绍，只给我们举几个数学和逻辑学的陈述句子做很简单的分析。所以，在这里，要非常明确而准确地介绍逻辑分析哲学，是不大可能的。我们根据诸多有关逻辑分析哲学的简单陈述，可有一个大概的印象。第一，它认为，"哲学中有一大部分能化成某种可称作'句法'的东西，不过句法这个词得按照比迄今习用的意义稍广的意义来使用"。③ 逻辑分析哲学的方法就是对这些"句法"进行严格的逻辑分析。经得起逻辑分析的检验的句子，它的意义是真的，否则它就没有意义。第二，它特别崇尚数学方法，所以，人们又用数理逻辑来称谓逻辑分析方法。杜威在介绍罗素哲学时说："哲学是纯粹无所为的，属于宇宙真际的知识，科学中只有数学最不近人事方面，而亦最近于静想而无所为，故配做哲学的基础。"又说："科学中只有数学最纯粹正确，故数学的方法便是哲学的方法。"④

①　《哲学里的科学法》，这是罗素于 1914 年发表的一个讲演，张崧年将它翻译成中文，发表在《新青年》第 8 卷第 2 号（1920 年 10 月）上。
②　《现代的三个哲学家》，袁刚等编：《杜威在华讲演集》，第 261 页。
③　〔英〕罗素：《西方哲学史》下卷，商务印书馆 1986 年版，第 391 页。
④　《现代的三个哲学家》，袁刚等编：《杜威在华讲演集》，第 257 页。

中国有几位学者曾试图介绍罗素的逻辑分析哲学，如张崧年、赵元任等，但他们都不曾把逻辑分析哲学的精义清晰地阐发出来。倒是一位真正的科学家王星拱先生在《新青年》上撰文，对罗素的逻辑分析哲学做了较为入门的介绍。王氏说："依罗素的意思，哲学之精髓就是逻辑；逻辑和算学一样，是专门研究形式——关系——的学术，……形式是普遍的，所以哲学的目标是普遍的。"[①]罗素认为，物质是实在的，形式，或者关系，也是实在的。旧的逻辑，亚里士多德的逻辑，把一切关系都只看作主谓词的关系，是不对的。世界上的事物复杂万端，事物之间的关系也是复杂万端。王氏模仿罗素也举出若干句子，说明句子中包含的各个事物，绝不可纳入主谓关系来理解。如说"此物较大于彼物"，就绝不可以理解成主谓关系。这里的"较大"，是一种特定的关系，包含了对两个实际事物的实际考量。所以逻辑分析包含着实验的精神，排斥一切虚妄的、无实际根据的说法。简言之，逻辑是研究关系或形式的，关系或形式是普遍存在的。逻辑分析哲学通过对这些关系与形式的分析，弄清事物及其关系的真实意义，使人们的思想真能指向对事物及其关系的认知。

罗素的哲学，主要谈他的哲学方法，不多谈所谓本体论的问题，但这个问题是哲学家不可能彻底回避的。罗素认为，世界的本源，既不是所谓物质，也不是所谓精神。世界是由非心非物的无数"事情"构成的。他所谓的事情，则归结于一种逻辑结构。世界既由许许多多的"事情"构成，所以他的哲学被认为是一种多元论。然而，罗素更强调他对所谓唯心、唯物的排斥，所以更愿意承认他是"中立一元论"。所谓中立，是对唯心、唯物的中立。

罗素的哲学，通过他本人的讲演以及若干中国学者的介绍，究竟于中国思想界，特别是对中国人的思想方法方面，是否产生了什

---

① 王星拱：《罗素的逻辑和宇宙观之概说》，《新青年》第 8 卷第 3 号，1920 年 11 月。

么影响，如果没有产生什么影响，其原因何在？

前面提到的瞿世英写的《罗素对我们的贡献》一文，瞿氏在说过他对罗素的基尔特社会主义更感兴趣的话之后，接着说，他认为罗素给我们的贡献主要有二：一是他的人格的感染；二是他的方法。很巧的是，罗素刚到北京时，梁启超在欢迎会上致辞，说他对于罗素来华讲学，最期望的两点也是如此。梁氏说，他希望大家，一要受到罗素的人格的感染（指罗素不畏强权、敢于抗争、不怕牺牲的精神——引者）；二要学习罗素做学问的方法。[①] 赵元任在《罗素哲学的精神》一文中，也特别强调罗素的哲学方法。他指出，罗素哲学最注重方法，他的方法最本质的特点：一是实验的，二是分析的，三是细定的（大概是"特定的"意思——引者）。[②]

关于人格的感染，我们这里不做讨论。关于第二点，做学问的方法，或者说思想的方法问题，则十分重要，需要做一番讨论。

我们在前面介绍杜威来华讲学的一节里，曾很花了一些笔墨介绍杜威的思想方法。他的思想方法经过胡适简约化和通俗化的阐述，在思想界，特别是在青年中产生广泛的影响。那么，罗素的情况怎样呢？

我们不能不说，情况是很令人遗憾的。罗素的逻辑分析方法，对于中国一般读书人来说，实在太高深了。罗素本人无法将他的方法简约化地、通俗地、明晰地讲给大家听，而为数不多的几位号称了解他的方法的人，也不具备胡适那种能把老师的思想高度概括而又通俗明白地转述出来的能力。于是，罗素的哲学及其方法就像伯牙弹琴而未遇钟子期一样，只是天籁绝响，未能引起广泛共鸣。

罗素的逻辑分析方法，其所以不能在中国产生实际影响，除了其理论基础对于一般中国读书人太过陌生以外，还有一个重要的原

---

① 见王星拱《罗素的逻辑和宇宙观之概说》，《新青年》第 8 卷第 3 号，1920 年 11 月。

② 赵元任：《罗素哲学的精神》，《罗素月刊》第 1 号，1921 年 1 月。

因，那就是，它同中国流传甚久、影响甚广的思想习惯上的一种弊病扞格不入。

中国人思想习惯上的大弊病是什么？

在新文化运动正式开幕前夕，著名新闻记者黄远庸曾悲愤地指出，中国人最可怕的公敌是笼统的思想习惯。他在《国人之公毒》一文中说："中国之病，由于政治不良，由于社会不良，由于道德不良，由于智识不良，皆是也，皆非也。以余武断，其受毒之地点，在思想界，其所受之毒，名曰笼统，此外无别物也。"他又说："何谓笼统？余今不能下一定义，但为说明其概念曰：凡无统系，无实质，无个性，无差别者皆是。"他又指出："笼统之国民，必武断；武断者，必专守形式；专守形式者必不许怀疑，不许研究，怀疑研究则必认为异端为叛民，则必须火其书，焚其庐。"①

黄氏所指出的问题，与前述罗素之分析哲学的方法试一比较，其正相反对的性质可谓一目了然。黄氏认为，进入现代世界，老旧的思想习惯实在无法应付，必须改弦更张了。他说："今日世界何谓文明？曰科学之分科，曰社会之分业，曰个性之解放，曰人格之独立，重论理，重界限，重分画，重独立自尊，一言蔽之，皆与笼统主义为公敌而已。"②

另一位深刻洞察中国人思想习惯之大病者是胡适。

在著名的问题与主义的讨论中，胡适曾十分耐心地向他的朋友蓝公武、李大钊详细解释，为什么必须时时处处注意具体的问题，对具体的问题做具体的考察、分析，把学理、主义等只作为考察、分析的工具和参考材料。胡适说："凡是能成问题的问题，都是具体的，都只是这个问题或那个问题。"绝不可迷醉于抽象的名词或好听的"主义"，而不去研究具体的问题。他批评蓝公武先生道："蓝君对于主义的抽象性极力推崇，认他为最合于人类的一种神秘

---

① 黄远庸：《国人之公毒》，《黄远生遗著》卷1，第145、150页。
② 黄远庸：《国人之公毒》，《黄远生遗著》卷1，第152页。

性。又说：'抽象性大，涵盖力可以增大。涵盖力大，归依的人数愈增多。'这种议论，自然有一部分真理。但是我们同时也该承认，人类的这种'神秘性'实在是人类的一点大缺陷。蓝君所谓'神秘性'，老实说来，只是人类的愚昧性。因为愚昧不明，故容易被人用几个抽象名词骗去赴汤蹈火，牵去为牛为马，为鱼为肉。……我们做学者事业的，做舆论家的生活的，正应该可怜人类的弱点，打破他们对于抽象名词的迷信，使他们以后不容易受这种抽象名词的欺骗。"① 这里，胡适虽未明确把人们迷信抽象名词的毛病归结为笼统的思想习惯，但胡适所批评的，其实就是笼统的思想习惯。后来胡适就非常直截了当地把批评的矛头指向笼统病。他在《从思想上看中国问题》一文中指出，许许多多的人，都不习惯于具体地分析具体的问题，而总是习惯于笼统。他说："人家的思想是实际状况的产儿，是多年研究实验的结果，——例如达尔文、马克斯，——到了我们的眼里，只不过是一个抽象名词，一句口头禅，一个标语。我们不肯思想，更不肯调查试验来证实或否证一个思想。我们的思想方法完全只在纸上变把戏。"这种变把戏的思想习惯，最重要的根源就是笼统。胡适更进一步指出："拢统是用几个抽象名词来概括许多性质不同，历史不同的事实。如'资本主义''帝国主义''封建势力''文化侵略'……等等都是一些范围广漠的名词，所包含的意义有地域上的不同，有历史上的不同。然而这些名词一到了我们的手里和嘴里，一个个都成了法宝。……这些名词所包括的制度和事实，有利有弊，有历史的原因，有民族的特性，而我们一概不问，只想画几道符，念几句咒，贴在他们身上，遂算完了事。……这便是拢统。"②

试想想看，习惯于笼统地看事情，谈事情，习惯于迷信抽象名

---

① 《三论问题与主义》，《胡适文存》卷 2，第 181—182、188—189 页。

② 《从思想上看中国问题》，耿云志主编：《胡适遗稿及秘藏书信》第 12 册，第 68—69、70—72 页。

词，喜欢玩弄名词游戏的人，如何能了解罗素的逻辑分析方法？不要说，没有人把这种方法用简约、通俗的中国语言介绍出来，即使有人做了这步功夫，想让久已习惯于笼统的人，养成实验地、分析地、特定地看问题、想问题的习惯，那也不知需要费几代人的工夫！

三　生命哲学及其对中国的影响

（一）　柏格森的生命哲学

生命哲学是 20 世纪初期，在欧洲甚有影响的哲学学说，是对一度流行的机械主义的反动。因第一次世界大战的刺激，此学说的影响大增。

生命哲学的创始人是法国哲学家柏格森（Henri Bergson，1859—1941）。他是犹太人，毕业于巴黎高等师范学院。其代表作是《创造进化论》（1907 年），后来即以此书获得诺贝尔文学奖。

柏格森批评以往的哲学家，都只关注外在世界，关注对物质事物的认知，而不曾了解生命的本质。他强调只有从本能到直觉这条路，才能通向生命自身。他认为，人的本能向上提升方是直觉，通过直觉，人们才可以到达生命的深处。对于生命，柏格森认为，生命的本质，就是不断创造的过程，这个创造的过程，实质上是人自身竭力克服物质性而增加和提升精神性的过程，这个过程叫作生命冲动。柏格森的哲学，把这种生命冲动看作世界的真正本原。柏格森又提出，这个生命冲动展开过程中，有向上的冲动，这正是增加和提升精神性的冲动。同时也会有向下的冲动，好像向上冲动是一种喷发的过程，喷发时产生雾水，稍一冷却便会向下坠落。坠落下来的是消极的、惰性的、僵死的，亦即物质性的东西。这就是他所指的"向下的冲动"。柏格森轻蔑物质性的东西，表现得非常明确。杜威在介绍柏格森哲学时，对他的学说表示了很大的宽容，但究竟不满意他的神秘主义的色彩。柏格森哲学的基本特点，即他的直觉主义和创造的生命冲动，两者都带有神秘主义的味道。

柏格森这种带有神秘主义色彩的哲学，在欧洲乃至世界产生很大影响。近代以来，由于工业化的成功得力于自然科学的发展甚多，因而自然科学的方法极大地影响到各个领域，对哲学的影响尤为显著。很长时期以来，人们太关注于物质世界，而对精神自身关注减少，以致于精神渐渐虚乏，甚至信仰动摇。一些人因受世界大战的刺激，而对这种情况进行反省，得出结论，认为人们过分关注物质生活，过分崇信自然科学，过信理智，而忽视精神生活，忽视感情，忽视直观，这种倾向是引发大战祸的重要原因。柏格森的直觉主义的生命哲学，恰好适应了这一部分人的心理，所以大受追捧。

中国因第一次世界大战而进一步向世界开放，对世界，尤其是对西方事物的关注度明显增强。民国以来，中国人饱尝内外争乱之苦，对欧洲人战后反省的心理颇能理解。

（二）杜里舒来华讲学

梁启超与张君劢等人对柏格森的生命哲学极为赏识，非常希望请柏格森来中国讲学。张君劢曾亲访柏格森本人，表示邀他来中国讲学的诚意。但柏氏说，因战争使他的哲学研究中断多年，又兼年事已高，精力已不如前；况在前已与苏格兰的爱丁堡大学和瑞典的大学有讲学之约，必待先履行此两项约定之后，方能考虑中国之行。柏氏邀请不到，他们曾考虑邀请思想与柏格森相近的德国哲学家倭铿（Rudolf Eucken，1846—1926）。倭铿的哲学认为，人是物质与精神的结合体。人的生命过程就是不断努力克服物质性的羁绊，以求精神的畅发。这个过程需要意志与直觉的努力。倭氏此说与柏格森甚相近，中国学界也一向把他们归入一派。但倭氏此时已经七十五岁，他即以年迈体弱推辞。倭氏推荐一位年轻的德国哲学家杜里舒到中国讲学。以倭氏之学术地位，所推荐之学者，自然不会错，遂乃定议。

杜里舒（Hans Driesch, 1867—1941），德国人，毕业于耶纳大学，曾受学于著名生物学家赫克尔，历任海德堡大学、科恩大学、莱比锡大学教授。他原是纯粹生物学家，后转入哲学。他不满意曾甚为流行的机械主义生物学派，创立生机主义学派。杜氏著有《生机主义之理论及历史》《生机体之科学与哲学》《秩序论》《个性问题》《实在论》《知与思》等。他来华讲学时，其所著《个性问题》《生机主义之理论及历史》中之历史部分，已由张君劢译成中文。

杜里舒于 1922 年 10 月来到中国，先后在上海、北京、南京、杭州、汉口等地讲学。其讲题有二十余种，主要有《康德与最近哲学潮流》《生机体之哲学》《生机主义与教育》《系统哲学》《近世心理学问题》《近代哲学史》《达尔文主义之批评》《爱因斯坦相对论之批评》《心理学之变迁》《中国设海滨动物试验所问题》等。

杜里舒从事生物学研究时，生物学界盛行机械主义，其基本理论认为，生物之生长、发育、变化，皆为物理及化学的作用，是机械的。其最有名的证据是有一位生物学家叫罗和（Roux）的，他经实验，宣称蛙之卵细胞分裂为二，取其一培育之，结果成半胎，不能成一完全的蛙之幼虫。他即由此得出结论，生物之发育循机械之规律。此即所谓机械主义。

杜里舒初亦相信此种说法。后来，他自己多年做实地观察实验，屡屡得出与罗和氏不同的结果，即海胆之卵，分裂为二，取其一培育之，均得成为完全之幼虫，只是体量减小而已。取其二次分裂、三次分裂乃至更多次分裂之卵细胞，实验之，结果无不如此。试之其他动物如鱼之卵、蝾螈之卵，结果亦无不同。杜氏遂得出结论，生物之发育、变迁非循机械主义之规律，而是循着纯属生机体自身之规律。这种生机体自身发育自求完全之内在动因究竟为何，杜氏亦不能解释，他发明一个词，叫作隐德来希（Entelechie），来代表这个内在的动因。此一颇带神秘主义的说法，略与柏格森、倭铿对生命与创造进化之解释相类。这大概也是杜里舒之能够代替柏格森或倭铿来中国讲学的原因。

作为生物学家，杜里舒坚认，生命不同于物质，是不受物理、化学之类之机械主义的规律支配的。生命自主，这是杜氏生机主义学说的基点。而"欲为生命问题根本之解决，必推及'自然界以上'（Supernatural）而后可"。[1] 这使杜氏必然从生物学而进入哲学。

杜氏认为，任何哲学必须首先确定一个无可怀疑的前提。他找到这个前提是："我知有某物"。这里关键有二：一是我知，二是有某物。或更简括地说，一是知，二是某物。物，一切物，都是现象。以往的哲学，喜欢设定现象的背后有本体。杜氏说，这种"现象本体之分，乃最乱人意者也。吾人之意，以为应并外物之存在或外物之真伪问题而亦去之，而但以我知为出发点而已"。[2] 所以，知，在杜氏那里，也不是我们通常所理解的认知，不是通过感觉、概念、推理等，来认识事物，而是一直观的、内省的过程。以此，杜氏哲学才与柏格森走到一起。重要的是，杜氏认为，知即是实在，并非"知"之前有某物在，故一切皆以我知为出发点。"然此大宇宙非我一人之宇宙也，于是更发问曰：我之知如此，乙之知亦然，推之丙、丁、戊、己而无不如此。可知，知之自身，即为一种实在。"[3] 杜氏自己概括说："窃以为世间现象，不论其为物、为心、为人类历史，而要不能出我知以外。"[4] 杜氏的哲学基本观念

---

[1]　见秉志《杜里舒生机哲学论》，《东方杂志》第 20 卷第 8 号（杜里舒专号），1923 年 4 月。

[2]　《人类思想与实在问题》，《杜里舒讲演录》第 9 期，商务印书馆 1923 年版，第 3 页。

[3]　见张君劢《关于杜里舒与罗素两家心理学之感想》，《东方杂志》第 20 卷第 8 号，1923 年 4 月。

[4]　《人类思想与实在问题》，《杜里舒讲演录》第 9 期，第 6 页。

大要如此。

杜里舒的科学家身份，和他在科学上所取得的成就，使他的讲学多少增添了一些影响力。他曾建议中国设立海滨动物实验所，得到科学界一些人的响应。

（三）生命哲学在中国的影响

柏格森的哲学，虽在战前就有人在《东方杂志》上做过简单的介绍，[①] 但真正受到广泛关注，是从 1921 年 12 月《民铎》杂志出版《柏格森专号》（第 3 卷第 1 号）开始的。这一号上发表的重要文章有：蔡元培的《节译柏格森玄学导言》，张君劢的《法国哲学家柏格森谈话记》，张东荪的《柏格森的哲学与罗素的批评》，李石岑的《柏格森哲学之解释与批判》，瞿世英的《柏格森与现代哲学的趋势》，严既澄的《绵延与自我》《柏格森传——时间与自由意志概略》，柯一岑的《柏格森精神能力说》、《梦》（译），范寿康的《直观主义哲学的地位》《柏格森的时空论》，杨正宇的《柏格森之哲学与现代之要求》，冯友兰的《柏格森的哲学方法》，吕澂的《柏格森哲学与唯识》等。此外，这一期专号上还刊载了杨正宇编的一份较详细的柏格森著作目录。

上述作者，其中有几位毫不掩饰地表达出对柏格森哲学的推崇。如严既澄认为，当下科学万能说之破产，已为有识者所共认。于是，使人脱开对物的依赖，自觉其精神非物质所能拘。他说："由是而主知之学术界复归于主情；由是而人类复骋其神思于感官世界之外，而努力建设其安身立命之光明；由是而哲学之境域中复高揭新唯心论之旗帜。柏格森者，即应时势之要求，而谋所以为人类扩展新思想之曙光者也。柏氏之说暴于世者已逾三十年，于此三十年间，欧土新学说纷然朋兴，殆无地不沾溉其余润。盖其影响于

---

① 钱智修：《现今两大哲学家学说概略》，《东方杂志》第 10 卷第 1 号，1913 年 7 月。按，此文所介绍的两大哲学家，一为柏格森，一为倭铿。

思想界之巨，达尔文而后，莫之与京矣！近时学者，多谓二十世纪之文明，将必悬于柏氏掌握中。以时势所造之英雄，进而改造时势，有由然哉！"① 张君劢在发表他访问柏格森的谈话记中，开头便说："康德以来之哲学家，其推倒众说，独辟径蹊者，柏格森殆一人而已。"② 李石岑则说："柏格森诚具有独创之天才者也。古来不恃论理学之诱导，而仅凭洞识（Insight）以建立一种有统系之哲学，皆为不可及之天才。康德而外，吾仅见柏格森焉。"③ 这几位哲学家都很赞佩柏格森的哲学，认为柏氏为哲学开启了一个新时代，是无可替代的人物。张君劢说：

> 昔之哲学家之根本义曰常，曰不变；而柏氏之根本义曰变，曰动。昔之哲学家曰，先有物而后有变有动；而柏氏则曰，先有变有动而后有物。惟先物而后变动焉，故以物为元始的，而变动为后起的；惟先变动而后物焉，故以动为元始的，而物为后起的。昔之学者曰，时间者，年、月、日、时、分、秒而已；柏氏曰，此年、月、日、时、分、秒，乃数学的时间也，亦空间化之时间也。吾之所谓时间，则过去、现在、未来三者相继续，属之自觉性与实生活中，故非数字所得而表现。昔之哲学家但知有物而不知物之原起；柏氏曰，天下无所谓物，但有行为而已。物者，即一时的行为也。……昔之哲学家曰，求真理之具曰官觉，曰概念，曰判断；柏氏曰，世界之元始的实在曰变动，故官觉、概念、判断三者，不过此变动之片段的照相，是由知识之选择而来，其本体不若是焉。④

①　见严既澄《柏格森传——时间与自由意志概略》，《民铎》第 3 卷第 12 号（柏格森专号），1921 年 8 月。

②　君劢：《法国哲学家柏格森谈话记》，《改造》第 3 卷第 12 号，1921 年 8 月。

③　李石岑：《柏格森哲学之解释与批判》，《民铎》第 3 卷第 1 号，1921 年 12 月。

④　君劢：《法国哲学家柏格森谈话记》，《改造》第 3 卷第 12 号，1921 年 8 月。

　　这一大段话，既是张君劢对柏格森哲学划时代意义的解读，同时也是他对柏氏哲学特点的诠释。其他在"柏格森专号"上属文的作者，大多数篇幅也是对柏氏哲学的解读与诠释。他们的解读与诠释对于柏格森生命哲学在中国的传播是起到很大作用的。

　　哲学家都无法回避对世界本原问题做出回答，实验主义哲学家，尤其是杜威，以"不了了之"的办法回避这个问题。实际上，还是回避不了的。他可以避不回答世界是物质的还是精神的这样直白的问题，但他终不能避开我们面对的世界到底有些什么，他的回答是经验。我们身处其中的世界，或我们所面对的世界，除了经验以外还有什么东西，这在杜威看来是完全没有意义的问题。这是他对世界本原问题的解决法。

　　那么柏格森是如何解决这个问题的呢？

　　柏氏是有感于人们过分沉迷于物质，从而减弱甚至忘却了精神的追求，他要救正这种危险的倾向，才提出他的直觉主义的生命哲学。所以，他当然不会赞同以物质为世界之本原的说法。但现代哲学家，很少有人直白地说，世界的本原就是精神，他们往往做出很繁复的分析论证，申明世界之本原既非物质亦非精神，乃是一种融物质与精神为一体的某种东西，或云变动，或云流转，或云绵延，或云生命，或者像罗素所说，是非心非物的"事情"，或一种逻辑结构。

　　柯一岑在他的文章里说："柏格森，世所谓唯心唯物两极端论之调和者，以心与物并非各独立存在于'实在'（Reality）的领域中，他以为'心与物是各异的倾向'……出发于同源而后分歧的。"① 柯氏认为，柏格森否定物质的独立存在，认物质本与精神同源。但是，要问"同源"的那个"源"，又是什么？柏氏对这个问题不肯做出明明白白的交代，几乎所有介绍和解说柏氏哲学的人，也都没有特别明晰的交代。比较而言，严既澄所译英人

---

　　① 柯一岑：《柏格森精神能力说》，《民铎》第 3 卷第 1 号，1921 年 12 月。

Kitehin 诠释柏格森《时间与自由意志》的文章的说法或略近柏氏本意。该英人介绍说，依柏氏之意，"时间之绵延'实吾生之根基，而方吾人直觉之之时，则直此世界之原质也'"。① 按柏格森的意思，空间是可量度的，可分割的，可重复的，因而都是消极的，有限的，凝滞的，是不可能成为本原的。而时间则是不可量度的（可量度的，那已是空间化的时间而非纯粹的时间），不可分割的，不可重复的。时间是无尽的绵延，绵延的本质就是生命，生命就是不断的创造，不断的变化。这种不断的创造与变化，只有通过直觉，到生命的内部才能体验到。所以，我们似乎可以大胆地说，柏格森的世界本原即是生命，即是不断的创造与变化，就是无穷无尽的绵延。其带有神秘性亦即在此。柏格森哲学，其本体是生命创化，其方法是直觉。所以人们概括说他的哲学是生命哲学，是直觉主义，是有道理的。

（四）柏格森生命哲学在中国哲学界发生较大影响的原因

　　值得注意的是，没有来华讲学的柏格森对中国哲学界和思想界的影响，却比来华讲学的杜里舒还要更大些。而且不止如此，柏格森对中国哲学界——严格意义上的哲学界——的影响，甚至也超过了杜威和罗素（我们前面说过，从广义的思想界而言，杜威及其实验主义的影响超出了柏格森的生命哲学与罗素的逻辑分析哲学）。前面已经介绍过张君劢、严既澄、李石岑等人对柏格森的推崇。实际上对柏格森哲学表示首肯，承认其巨大影响，或部分征引其说以为己助的哲学家或思想界人士，非常之多，除上面已提到的人以外，还有梁启超、梁漱溟、熊十力、冯友兰、吕澂、黎锦熙、宗白华、朱谦之等。但这些人当中，并非所有人都热衷于柏氏的生命哲学或直觉主义。思想的传播和吸收是非常复杂的社会现象，尤其是对不十分了解的西方哲学家，经过多次转译、转引之后，人们

---

① 严既澄：《绵延与自我》，《民铎》第 3 卷第 1 号，1921 年 12 月。

从中领悟的，可能与原创者的本旨相差甚大。比如陈独秀与李大钊等引柏格森以宣传他们奋进的革命思想时，就属这种情况。陈、李等人把柏氏生命是不断创造进化的一点，视为革命进取的理论支点。然而他们更多的关注在政治，在国家命运，其根本期待在革命，而且是非常急激的革命。他们与柏格森以生命哲学、直觉主义矫正人们向外追逐，改而向内追求的宗旨完全不同。所以，陈独秀、李大钊等革命者引柏格森为同道可说是"历史的误会"。

但其他大多数属狭义的哲学家或思想家，其引柏格森为同道是与柏格森哲学大旨不相悖的。

首先，他们对柏格森哲学的时代意义的理解是符合柏氏的初衷的。如梁启超认为，近代欧洲因一味追求物质生活，一任科学以操控外物，竟至忽略精神生活的内在追求，以致物极必反，导致战争的大破坏。他说："近代人因科学发达，生出工业革命，外部生活变迁急剧，内部生活随而动摇。……全社会人心都陷入怀疑沉闷畏惧之中，好像失了罗针的海船，遇着风，遇着雾，不知前途怎生是好。"① 梁氏认为，柏格森的哲学恰好是救正欧洲人的一剂良药。梁氏说：

> 直觉的创化论，由法国柏格森首倡，德国倭铿所说，也大同小异。柏格森拿科学上进化原则做个立脚点，说宇宙一切现象，都是意识流转所构成，方生已灭，方灭已生，生灭相衔，便成进化。这些生灭都是人类自由意志发动的结果。所以人类日日创造，日日进化。这"意识流转"就唤做"精神生活"，是要从反省直觉得来的。我们既知道变化流转就是世界实相，又知道变化流转的权操之在我，自然可以得个"大无畏"，一味努力前进便了。这些见地，能够把种种怀疑失望一扫而空，

① 梁启超：《欧游心影录节录·上篇：大战前后之欧洲》其七《科学万能之梦》，《饮冰室合集·专集之二十三》，第10—12页。

给人类一服"丈夫再造散"。……欧人经过这回创巨痛深之后，多数人的人生观因刺激而生变化，将来一定从这条路上打开一个新局面来，这是我敢断言的。①

梁漱溟则认为，西方人由于过于追求物质，过信科学与理智，弄得薄情寡义。"人处在这样冷漠寡欢，干枯乏味的宇宙中，将情趣斩伐的净尽，真是难过的要死！而从他那向前的路一味向外追求，完全抛荒了自己，丧失了精神，外面生活富丽，内里生活却贫乏至于零"。现在欧洲人经大战的苦痛，有所觉醒，希望寻出一条新的出路。而"这时唯一的救星便是生命派的哲学"。② 张君劢也持有与上述两位梁先生相同的看法。他说："近三百年之欧洲，以信理智信物质之过度，极于欧战，乃成今日之大反动。吾国自海通以来，物质上以炮利船坚为政策，精神上以科学万能为信仰，以时考之，亦可谓物极将返矣。"③ 他认为，这种弊病在中国已很严重，所以，柏格森哲学正适合中国的需要。

这些尊信或同情于柏格森哲学的学者，往往直接认同自己的哲学思想与柏氏的哲学思想的亲缘性或一致性。例如梁漱溟就说，他所说的"生活"与柏格森的"生命"是相通的。他说："生命与生活，在我说，实际上是纯然一回事。不过为说话方便计，每好将这件事打成两截。所谓两截就是一为体，一为用。"④ 又说："宇宙是一个大生命。从生物的进化史，一直到人类社会的进化史，一脉下来，都是这个大生命无尽无已的创造。"⑤ 梁氏又说："宇宙的本体

① 梁启超：《欧游心影录节录·上篇：大战前后之欧洲》其十《新文明再造之前途》，《饮冰室合集·专集之二十三》，第 18 页。

② 《东西文化及其哲学》，《梁漱溟全集》第 1 卷，山东人民出版社 1989 年版，第 505 页。

③ 张君劢：《再论人生观与科学并答丁在君》，载张君劢、丁文江等《科学与人生观》，山东人民出版社 1997 年版，第 101 页。

④ 《谈生命与向上创造》，《梁漱溟全集》第 2 卷，第 92 页。

⑤ 《人生在创造》，《梁漱溟全集》第 2 卷，第 94 页。

不是固定的静体，是'生命'，是'绵延'，……要认识本体，非感觉理智所能办，必方生活的直觉才行。直觉时即生活时，浑融为一个，没有主客观的，可以称绝对。"① 这同柏格森的创化论思想确是一致的。凡是认真读过梁氏《东西文化及其哲学》的人，都会记得，书中有大量论述是与柏格森的思想相合或相通或相近的。另一位重要思想家和哲学家张君劢明确地说，他受柏格森及倭铿的影响，深信自由意志之说。他在科学与人生观的论争中直接引证柏格森以申明，人生观属自由意志，非科学所能干预。他说："柏格森氏《时间与自由意志》一书出版，阐明人生之本为自觉性。此自觉性顷刻万变，过而不留，……若夫顷刻万变之心理，则可无状态之可言，任意画定某态为态，移时而后，即已成过去。惟其然也，故心理变为自由行为，而人生之自由亦在其中。"②

像这样，把柏格森的哲学思想直接引进自己的哲学中，远不止梁、张等个别人。我们不能不追问，柏氏的生命哲学何以对中国哲学界和思想界发生如此大的影响呢？

许多学者已经指出，新文化运动引起保守派或比较倾向保守的一些人士的担忧，他们多少受到西方大战后保守主义和悲观主义抬头的影响，遂引西方柏格森之类的哲学家为同道以与新思潮相争持。这一点是可以得到比较广泛的认同的。但我觉得更重要的是，柏格森生命哲学与中国儒家传统思想有相通、有可以冥合之处。而且，以中国儒家哲学反观柏格森等辈的哲学，更可见出中国儒家的高明。所以，在他们看来，欧洲生命哲学之类的出现，反证出中国固有文化的崇高价值。由此，他们得以重振文化上的民族自信心。我觉得，这可能是柏格森哲学在战后的中国得以大行其道的深层原因。梁启超在《欧游心影录》里面，在说到西方柏格森之类的哲

① 《东西文化及其哲学》，《梁漱溟全集》第 1 卷，第 406 页。
② 张君劢：《再论人生观与科学并答丁在君》，载张君劢、丁文江等《科学与人生观》，第 72—73 页。

学家乃至政治家，在经历大战苦痛之后，羡慕起中国古代圣人的学说，话锋一转就说道，西方"最近提倡的实用哲学创化哲学，都是要把理想纳到实际里头，图个心物调和。我想我们先秦学术正是从这条路上发展出来。孔、老、墨三位大圣，虽然学派各殊，'求理想与实用一致'，却是他们共同的归着点"。① 如果说，这里说的是，詹姆士、柏格森辈的哲学，与中国古代许多先哲的主张有相通处，那么在《治国学的两条大路》中，梁氏则说："欧人对主智特别注重，而于主情、主意，亦未能十分贴近人生。……所以他们这些，都可说是没有走到人生的大道上去。直至詹姆士、柏格森、倭铿等出，才感觉到非改走别的路不可，很努力的从体验人生上做去，也算是把从前机械的唯物的人生观，拨开几重云雾。但是真果拿来与我们儒家相比，我可以说仍然幼稚。"② 所以，他认为，中国人应当理直气壮地重新找回儒家思想为自己的精神指导。这等于说，柏格森的生命哲学印证中国儒家思想才是指导人生的最高经典。不少人与梁启超思路相通，都把柏格森当作儒家哲学正大高明的一种有力旁证来看待。梁漱溟则坦认："孔子的那种精神生活，似宗教非宗教，非艺术亦艺术，与西洋晚近生命派的哲学有些相似。"③ 其实，在梁漱溟那里，孔子儒家的理论与柏格森的生命哲学何止于"有些相似"而已。他在解说儒家精神的时候，简直活脱就是一个柏格森信徒对孔子与儒家学说的理解。如他说："大家要晓得，天理不是认定的一个客观道理，如臣当忠、子当孝之类，是我自己生命自然变化流行之理，私心人欲不一定是声、色、名、利的欲望之类，是理智的一切打量、计较、安排，不由直觉去随感而应。孔家本是赞美生活的，所有饮食男女本能的情欲，都出于自然流行，并不排斥。若能顺理得中，生机活泼，更非常之好的。所

---

① 梁启超：《欧游心影录节录》，《饮冰室合集·专集之二十三》，第 36 页。

② 梁启超：《治国学的两条大路》，《饮冰室合集·文集之三十九》，第 114—115 页。

③ 《东西文化及其哲学》，《梁漱溟全集》第 1 卷，第 480 页。

怕理智出来分别一个物我，而打量、计较，以致直觉退位，成了不仁。"他更直白地说："此锐敏的直觉，就是孔子所谓仁。"① 张君劢说："吾则以为，柏氏、倭氏言，有与理学足资发明者，此正东西人心之冥合，不必以地理之隔绝而摈弃之。"②

　　以上几位思想家、哲学家的议论，足可彰显出，柏格森的生命哲学，因与中国孔子和儒家思想有相通、冥合之处，所以能够引起许多中国思想家和哲学家对之感兴趣，引为同道，乐为引介和加以传播。但正如生命哲学本身在欧洲的命运一样，尽管其发生比较深远的影响，终不过给予人们以精神上的慰藉而已。这种慰藉是超越宗教的，是一般宗教所无力给予的。但，当有某种可以帮助人们直接面对国家、民族、社会的实际切要问题，提供理论支持的思想学说出来，不管其最终能否如其所愿地解决问题，都会因其足以引动更多人群的关注，便如大海潮水之来，将其他种种思想学说，冲到边缘角落里去。

---

　　① 《东西文化及其哲学》，《梁漱溟全集》第 1 卷，第 453、454—455 页。
　　② 张君劢：《再论人生观与科学并答丁在君》，载张君劢、丁文江等《科学与人生观》，第 118—119 页。

第八章
从不谈政治到谈政治

不谈政治，这本来是《新青年》同人们不约而同的共识。大家都觉得最迫切，又是他们这些朋友可以优为之的事情，就是做思想、文艺方面的努力，为现代中国的新政治打下一个比较好的思想基础。但到了1918年下半年，对政治比较敏感的陈独秀、李大钊等就感到不能不谈政治了，所以创办了《每周评论》。到五四运动发生以后，政治问题逼人而来，大家都感到不能不谈政治了。而各人心向往之的政治是很不相同的。第一次世界大战的结束和俄国十月革命的发生，极大地刺激了中国的思想界和舆论界。于是，谈政治不免各有所趋。一些人喜欢谈社会主义，乃至创建中国共产党，走上共产革命的道路。一些人受英美政治影响较深，走上自由主义道路。《新青年》同人遂即分裂。因为新文化运动的领袖们介入政治，使原来政治界的领袖们不免受到影响，乃修正他们原有的思想主张。于是中国的政治生态发生了一系列的变化。

一　文化运动转向政治运动

（一）欧战结束与十月革命的刺激

因受欧战结束和俄国十月革命的刺激，从1918年末到1919年春，新文化运动急速进入高潮，新旧思想的冲突达到白热化。这些，我们在前面第五章已做过较详的论述；并已说明，中国思想界对于俄国1917年的二月革命，曾经非常及时地做出回应，包括陈独秀、李大钊甚至还有胡适，但对于当年的俄国十月革命，反应却要迟得多，到1918年才引起中国新闻界和舆论界的关注。所以，欧战结束和十月革命对中国思想界的巨大冲击作用是差不多同时发生的。现在我们要说明的是，在新文化运动急速进入高潮的这个时间点，也正是文化运动开始向政治运动转向的拐点。《每周评论》的创刊可视为这一转变的标志。

我们知道，新文化运动的领袖陈独秀等人原来是以不谈政治相为戒约的。但我们同样知道，他们之所以不谈或尽量少谈政治，并非他们对政治问题完全不关心，而只是因为，民国以来一切直接诉诸政治的努力均毫无结果，经过反思，他们才转而从改变人们的思想观念入手，然后再图政治的进步。就是说，他们的不谈政治是为了将来能够更有效地谈政治，为此，才首先集中力量搞思想文化的启蒙运动。第一次世界大战以"公理战胜强权"而结束，俄国十月革命出现工农兵联合的苏维埃政权，他们觉得似乎为中国启示了新的政治路径。于是，他们开始以新的眼光、新的方法来关注政治。我们看陈独秀为《每周评论》写的发刊词，他说："'公理战胜强权'，这句话几乎成了人人的口头禅。"但"什么是公理，什么是强权呢？简单说起来，凡合乎平等自由的，就是公理；倚仗自家强力，侵害他人平等自由的，就是强权"。于是他进一步指出，根据公理战胜的原则，就要求："第一不许各国拿强权来侵害他国的平等自由。第二不许各国政府拿强权来侵害百姓的平等自由。"① 第一就是反对侵略主义，也就是反对帝国主义；第二就是反对国内依仗统治权压迫人民的人，在中国就是占据着中央政府和各地方政府统治权的大小军阀。在后续的文章里，陈独秀更明确地提出了在

---

① 《〈每周评论〉发刊词》，任建树主编：《陈独秀著作选编》第1卷，第453页。

国内"不许军阀把持政权"的主张。① 陈独秀渐渐明确了，中国问题的政治解决途径，就是反帝、反军阀。

李大钊在《新青年》同人中，是另一位对政治特别敏感的人物，因此也是与陈独秀在政治上最接近的。陈独秀是清末的老革命党人，而李大钊是清末参与立宪派国会请愿运动的一个青年学生。不过他参加的是遭到清廷严厉镇压的第四次请愿运动，那时，很多立宪派正在因对清朝廷绝望而渐渐向革命靠近。李大钊从日本留学回来，加入北京《晨报》，为其编辑主任。办报纸是不可能不问政治的。所以，李大钊对政治的关注，几乎不曾停止过。当欧战结束和俄国十月革命所造成的政治冲击波到达中国的时候，李大钊所做出的反应，与陈独秀略有不同，他对俄国十月革命关注得更多些。李大钊论及十月革命的第一篇文章是《法俄革命之比较观》。他在文章中说："俄国今日之革命，诚与昔者法兰西革命同为影响于未来世纪文明之绝大变动。"他预言："二十世纪初叶以后之文明，必将起绝大之变动，其萌芽即苗发于今日俄国革命血潮之中。"② 李大钊此文发表于 1918 年 7 月 1 日出版的《言治》季刊上。到是年 11 月，李大钊写成《庶民的胜利》一文，这是专为庆祝欧战结束而发。此前，他曾发表《Pan……ism 之失败与 Democracy 之胜利》一文，登在《太平洋》月刊第 1 卷第 10 号上。该文揭露，所谓 "Pan……ism" 即 "大……主义"，在国与国之间就是侵略主义、强权主义、帝国主义；在一国之内，就是专制主义。欧战即因搞 "大……主义" 而起，与之对抗者，就是民主主义。所以，战胜 "大……主义" 就是战胜侵略主义、强权主义、帝国主义，就是民主主义的胜利。③《庶民的胜利》一文继续发挥此意。文章说：

---

① 《欧战后东洋民族之觉悟及要求》，原载《每周评论》第 2 号，引自任建树主编《陈独秀著作选编》第 1 卷，第 456 页。
② 《法俄革命之比较观》，《李大钊文集》第 2 卷，第 216 页。
③ 《Pan……ism 之失败与 Democracy 之胜利》，《李大钊文集》第 2 卷，第 234—237 页。

"欧洲的战争，是'大……主义'与民主主义的战争。我们国内的
战争，也是'大……主义'与民主主义的战争。结果都是民主主
义战胜，'大……主义'失败。民主主义战胜，就是庶民的
胜利。"①

李大钊与陈独秀的思想极其接近。陈独秀说，依据公理战胜的
原则，在国与国之间，不允许侵略和压迫他国；在一国之内，不允
许政府欺压人民。李大钊说，无论是在国与国之间，还是在一国的
内部，都应是民主主义战胜"大……主义"，亦即侵略主义和专制
主义。

李大钊关于俄国十月革命的第二篇重头文章是《Bolshevism 的
胜利》。这篇文章仍是从欧战的结束谈起，仍是从到底是谁的胜利
谈起。李大钊断然说："对于德国军国主义的胜利，……是人道主
义的胜利，是平和思想的胜利，是公理的胜利，是自由的胜利，是
民主主义的胜利，是社会主义的胜利，是 Bolshevism 的胜利。"因
此造成这件功业的是列宁、陀罗慈基（即托洛茨基）和吗客士
（即马克思）。欧战结束是一个影响巨大的世界性事件，而俄国十
月革命是一个影响更加深远的世界性的大事件。文章说，发动战争
的国家的资本家，是要打破国家的界限，向外扩张，将他国、将世
界都纳入自己掠夺的范围，"由一个强国的地位进而为世界大帝
国"。他接着说："Bolsheviki 看破这一点，所以大声疾呼，宣告：
此次战争是 Czar 的战争，是 Kaiser 的战争，是 Kings 的战争，是
Emperors 的战争，是资本家政府的战争，不是他们的战争。他们的
战争，是阶级战争，是合世界无产庶民对于世界资本家的战争。"
所以，"俄国的革命，不过是世界革命中的一个，尚有无数国民的
革命将连续而起"。于是他预言："由今以后，到处所见的都是
Bolshevism 战胜的旗，到处所闻的都是 Bolshevism 的凯歌的声。人

---

① 《庶民的胜利》，《李大钊文集》第 2 卷，第 239 页。

道的警钟响了！自由的曙光现了！试看将来的环球，必是赤旗的世界！"① 李大钊在为祝贺 1919 年新年的《新纪元》一文中，说出对世界革命更加乐观的估计。他说："一九一四年以来世界大战的血，一九一七年俄国革命的血，一九一八年德、奥革命的血，好比作一场大洪水——诺阿以后最大的洪水——洗来洗去，洗出一个新纪元来。"他预言："这个新纪元是世界革命的新纪元，是人类觉醒的新纪元。我们在这黑暗的中国，死寂的北京，也仿佛分得那曙光的一线，好比在沉沉深夜中得一个小小的明星，照见新人生的道路。"②

李大钊带有较多的旧文人的气质，就在不久前，他著文仍用文言，采用白话作文以后，还常喜欢用很长的排比句，这种表达方法，有时难免有模糊、笼统的毛病。但这几篇讲欧战结束与俄国十月革命的文章，通读下来，他的思想取向还是很明确的。他对大战的结局和俄国革命的认识超出了当时国内所有思想界的人物，而且最早预见到中国将走俄国所开启的革命道路。

1918 年末到 1919 年五四运动爆发，李大钊对国内外的政治关注与日俱增。他十分警惕日本对中国的侵略野心，及时揭露日本人提倡的所谓"大亚细亚主义"就是大日本主义，就是并吞中国的主义。③ 他强调，由俄、德开启的社会革命潮流，"必至弥漫于世界"，"今日的世界，大有 Bolsheviki 化的趋势"，中国也将进入这个世界潮流。④

特别值得一提的是，李大钊开始关注中国工人阶级的状况。他在《每周评论》上发表《唐山煤厂的工人生活——工人不如骡

① 《Bolshevism 的胜利》，《李大钊文集》第 2 卷，第 242—243、245、246 页。
② 《新纪元》，《李大钊文集》第 2 卷，第 250、252 页。
③ 《大亚细亚主义与新亚细亚主义》，《李大钊文集》第 2 卷，第 253—255 页。
④ 《战后之世界潮流——有血的社会革命与无血的社会革命》，《李大钊文集》第 2 卷，第 270—273 页。

马》，将中国产业工人的悲惨境遇直接暴露于广大公众之前。① 他还以无比的义愤，揭露中国的政治如同"宰猪场式的政治"，"把我们人民当作猪宰，拿我们的血肉骨头，喂饱了那些文武豺狼"。② 五四运动爆发前，李大钊发表《"五一节"（May Day）杂感》一文，表示我们应该纪念五一这个工人的祝典，纪念五月五日马克思的生日，纪念从 1918 年开始的世界新潮。③

在此期间，即 1918 年末至 1919 年五四运动爆发之前，陈独秀除了对国内具体政治问题发表许多评论以外，所发表的比较重要的文章都还是关于思想革命方面的问题，也就是说，他仍然是沿着《新青年》既定的方针继续高扬思想革命的精神。例如《〈新青年〉罪案之答辩书》《再质问东方杂志记者》《关于北京大学的谣言》《我们应该怎样？》等，都是大倡思想革命的重要文字。这中间，只有 4 月 20 日的《每周评论》第 18 号上，陈独秀发表一篇论及俄国革命的只有一百余字的"随感录"《二十世纪俄罗斯的革命》。文中的核心文字是："十八世纪法兰西的政治革命，二十世纪俄罗斯的社会革命，当时的人都对着他们极口痛骂；但是后来的历史家，都要把他们当做人类社会变动和进化的大关键。"④

但我们应该注意到，陈独秀对国内具体政治问题的关注，却使他与即将发生的五四运动紧密地联系起来。例如，1919 年 3 月 2 日的《每周评论》第 11 号，陈独秀有《中日亲善》《亡国与卖国》两篇短评；又如在第 12 号《每周评论》上发表的《亡国与亲善》《日本人的信用》《日本人与曹汝霖》《国际管理与日本管理》；又如，《每周评论》第 18 号上发表的《世界第一恶人》；第 19 号上

---

① 《唐山煤厂的工人生活——工人不如骡马》，《李大钊文集》第 2 卷，第 298—299 页。

② 《宰猪场式的政治》，《李大钊文集》第 2 卷，第 313 页。

③ 见《"五一节"（May Day）杂感》，《李大钊文集》第 2 卷，第 318 页。

④ 《随感录·二十世纪俄罗斯的革命》，任建树主编：《陈独秀著作选编》第 2 卷，第 80 页。

发表的《怎么商团又要"骂曹"?》《苦了章宗祥的夫人》《陆宗舆到底是哪国人?》等。通过这些尖锐的短评,陈独秀把关心国事的中国人的注意力引向对中国侵略威胁最大的日本帝国主义,引向导致巴黎和会中国外交失败负有相当责任的亲日的政府官员曹汝霖、章宗祥、陆宗舆。到五四运动爆发的那一天,陈独秀在《每周评论》第 20 号上发两篇短评《共同管理》《两个和会都无用》,再次把人们义愤的矛头指向日本帝国主义和牺牲中国主权、依据秘密外交与日本妥协的西方大国。后一篇短评说:"上海的和会,两方都重在党派的权利,什么裁兵废督,不过说说好听,做做面子,实际上他们那里办得了。巴黎的和会,各国都重在本国的权利,什么公理,什么永久和平,什么威尔逊总统十四条宣言,都成了一文不值的空话。……我看这两个分赃会议,与世界永久和平,人类真正幸福,隔得不止十万八千里,非全世界的人民都站起来直接解决不可。"① 断定两个和会都无用,号召人民起来直接解决。陈独秀所说的人民站起来"直接解决"究竟是什么含义,这里还看不很清楚,但他的话预示了风暴即将来临。

(二) 五四:政治运动上升到主导地位

五四运动牵动了几乎每一个中国人的神经。五四当天示威学生散发的传单,短短二百余字,字字是血,字字有声:"山东大势一去,就是破坏中国的领土! 中国的领土破坏,中国就亡了! ……务望全国工商各界,一律起来,设法开国民大会,外争主权,内除国贼。中国存亡就在此举了!"② 这话,所有中国人都能听得懂,每个爱国的中国人听了,都会痛愤而起。

五四运动立即带动了波及全国的群众爱国运动。有关史实我们在第五章里有扼要的论述。同时在第五章里也说明了,由于政治运

---

① 《两个和会都无用》,任建树主编:《陈独秀著作选编》第 2 卷,第 90—91 页。
② 引自〔美〕周策纵《五四运动史》,第 151 页。

动席卷全国，也把新文化运动一些基本的新思想、新观念推广开来。但无论各地报刊的创生，各种群众团体的成立，各种演讲活动的开展，都是直接起于政治运动的需要，这与五四前，大多出于传播新思想、新观念、新道德的需要不同。可以说，新文化运动的领袖和深受他们影响的青年学生，在五四前是直接为创造新文化而奋斗；在五四以后，是直接为创造新政治而奋斗。所以，五四以后，政治再次成为历史潮流的主导。我们当然也注意到，新文化运动的高潮被政治运动的高潮盖过之后，原置身于文化运动之中的某些人，会沉潜下来，向思想、学术、文化的深度拓展，这正是后来在各领域得以出现一批优秀的学者、大师的原因。但从整个社会形势看，五四以后，政治主导了历史潮流，这是不争的事实。

五四运动爆发后，陈独秀实居于运动的潮头，引导运动的发展。我们考察他 1920 年 2 月南下之前这段时间所发表的文字及其经历，有几个重点可以指出。其一，他极力引导青年的义愤指向北京政府和军阀。他在《对日外交的根本罪恶——造成这根本罪恶的人是谁？》一文中说："甘心把本国重大的权利、财产，向日本换军械、军费来杀戮本国人，这是什么罪恶？造成这罪恶的到底是什么人？"又说："曹、陆不过是一种机械，章宗祥更不比曹、陆，他的罪恶，只是他的现职连累了他。"[①] 陈独秀的意思很清楚，负有卖国罪责的不仅仅是对日外交的几个当事人，而是整个的北京政府和控制北京政府及各地方政府的军阀。其二，他要人看明白列强各国政府的真面目。陈独秀在《山东问题与国民觉悟》一文提出，我国人曾热切期待巴黎和会各国代表，能秉持公理，将被德国侵夺的山东权利归还中国，结果却由各有关国家秘密外交，把山东权利让给了日本，牺牲中国的权利。他指出，国人应当从山东问题得出教训，不能消极等待别人按公理行事，保护我们自

---

① 《对日外交的根本罪恶——造成这根本罪恶的人是谁？》，任建树主编：《陈独秀著作选编》第 2 卷，第 96、97 页。

己的权利。"我们不可主张用强力蔑弃公理，却不可不主张用强力拥护公理。"其三，他要国人看清，"我们国民的生存权利，被历来政府当局断送的已不知有多少，……这种秘密断送的黑暗外交，不但现在的政府当局不能免，若让少数人垄断政权，就是再换一班人来组织政府，也是半斤等于八两"。所以，他要求全国人民彻底觉悟，必须"强力拥护公理；平民征服政府"。① 陈独秀所说的"平民征服政府"，就是由人民用直接行动，来监督和管制政府，不许它任意为少数人的私利妄为。经过六三运动，全国各行各业展示出一定的力量。6 月 9 日，陈独秀起草了《北京市民宣言》，请胡适译成英文，印成中、英两种文字的传单，向外发布。他的政治主张得到更清楚的表述。传单的主要内容如下。

1）对日外交，不抛弃山东省经济上之权利，取消民国 4 年、7 年两次密约。②

2）免徐树铮、曹汝霖、陆宗舆、章宗祥、段芝贵、王怀庆六人官职，并驱逐出京。

3）取消步兵统领及警备司令两机关。

4）北京保安队改由市民组织。

5）市民须有绝对集会言论自由权。

宣言最后表示："我市民仍希望和平方法达此目的，倘政府不顾（或系'愿'字之误——引者）和平，不完全听从市民之希望，我等学生、商人、劳工、军人等，惟有直接行动，以图根本之改造。"③ 此宣言给人的印象似有武力推翻政府之意，而其实恐未超出前面所说的"平民征服政府"的意思。陈独秀就在散发此传单时被捕，被关了三个多月，在各界朋友的奔走营救之下得以取保释

① 《山东问题与国民觉悟——对外对内两种彻底的觉悟》，任建树主编：《陈独秀著作选编》第 2 卷，第 107 页。

② 民国 4 年密约，指"二十一条"；民国 7 年密约，指 1918 年中日秘密换文，中国同意日本对山东诸权利的占有。

③ 《北京市民宣言》，任建树主编：《陈独秀著作选编》第 2 卷，第 116 页。

放。这一段经历，我认为是陈独秀进一步走上革命道路的一个重要的刺激因素。

出狱后的陈独秀，先是一个彻底的民主主义者。他在《实行民治的基础》一文中提出："由人民直接议定宪法，用宪法规定权限，用代表制照宪法的规定执行民意；换一句话说，就是打破治者与被治者的阶级，人民自身同时是治者又是被治者。"① 但在稍后发表的《告北京劳动界》一文里，他说道："十八世纪以来的'德莫克拉西'是那被征服的新兴财产工商阶级，因为自身的共同利害，对于征服阶级的帝王贵族要求权利的旗帜。……如今二十世纪的'德莫克拉西'，乃是被征服的新兴无产劳动阶级，因为自身的共同利害，对于征服阶级的财产工商界要求权利的旗帜。"② 这话表明他已开始接受社会主义的一些基本思想。

陈独秀于1920年2月离开北京到上海，同时也把《新青年》带到上海编辑。从此，他与北京大学和原有的《新青年》同人中的自由主义者们渐行渐远，在他周围渐渐聚集起一批年轻的社会主义者，其中有些人，如陈望道、李达、李汉俊和沈雁冰等人还先后加入《新青年》编辑部，成为陈独秀的得力助手。

但促成陈独秀思想发生根本性转变——由民主主义者转变为社会主义者，由自由主义者转变为马克思主义者，由教授转变为革命家——的关键，还是他与共产国际代表的密切接触。这一点，我们留待以后的章节里加以论述。

李大钊在五四运动爆发以后，为《每周评论》写的短评明显增多，都是针对国内外人们最关注的问题。但他的主要精力是用在阅读、研究和宣传马克思主义方面，其最重要的代表作品是《我的马克思主义观》，较系统地介绍了马克思主义学说基本内容。据许多学者的研究，李大钊此文主要是依据日本河上肇及福田德三等

---

① 《实行民治的基础》，任建树主编：《陈独秀著作选编》第2卷，第119页。
② 《告北京劳动界》，任建树主编：《陈独秀著作选编》第2卷，第139页。

学者的著作所提供的资料写成的。① 那时国内得到马克思主义原著
版本极其困难，其他语种的参考文献亦极不易得，所以，李大钊此
文便成为当时一些年轻的社会主义者重要的参考读物。以后，李大
钊又陆续发表了《物质变动与道德变动》《由经济上解释中国近代
思想变动的原因》等，都是他研读马克思主义的一些心得。当时，
李大钊在北京大学主导着一个马克思主义研究会，陈独秀在上海主
导着另一个马克思主义研究会，对马克思主义传播发挥指导作用。
从现有的资料看来，李大钊似更多关注马克思主义的基本理论方
面，而陈独秀，特别是在他与共产国际代表接触之后，更多关注建
立马克思主义政党的方面。

　　总之，陈独秀、李大钊这两位新文化运动的重要领袖，从欧战
结束和十月革命发生以后，特别是五四运动爆发以后，已经义无反
顾地走上领导政治运动和逐渐走上革命的道路。这种改变深深地影
响着一大批青年人，并通过这些青年人影响到全国的思想舆论倾
向。我们看这一时期的《新青年》《每周评论》，以及著名的三大
副刊，北京的《晨报副刊》、上海的《民国日报》副刊《觉悟》、
《时事新报》副刊《学灯》等，它们所发表的政治方面的文章都逐
渐增加并成为其最引人关注的内容，包括马克思主义、社会主义的
宣传与讨论、关于俄国革命后各种问题的讨论和介绍、关于国内外
重大问题的报道与评论等。这些都足以表明，政治运动取代文化运
动成为主导时代的潮流。

二　问题与主义之争

　　新文化运动转为政治运动，这是影响以后中国社会发展的重大

---

　　① 参见〔日〕石川祯浩《中国共产党成立史》，袁广泉译，中国社会科学出版社
2006 年版，第 59 页注 51。

历史转折。研究这个历史进程，必定要探究作为运动的领袖分子的思想变动轨迹。但前面我们只谈及陈独秀与李大钊的思想变动情况，作为新文化运动中，与陈独秀齐名的重要领袖胡适，还不曾提到。现在我们就来看看胡适是怎样的情况。

胡适是个彻底的实验主义者和自由主义者。他理性太强，从不让感情压制理性，在思想、学术、文化问题上如此，在社会政治问题上也是如此，在私生活的领域也是如此。胡适在美国读书时，那里的中国留学生曾因为"二十一条"事件，群聚在一起，抗议集会，发表宣言和通电。胡适却冷眼旁观，不以为意，即使有人劝促，乃至有人冷嘲热讽，痛加批评，他也不为所动。这在常人看来，几乎是不可原谅的冷血。但事隔百年，我们再来冷静评析此事，我觉得，当时批评他的人固然有道理，但胡适本人也有道理。我们不能说，遇有外敌伤我、辱我之时，只有义愤填膺、大声抗议、集会示威才是爱国，否则便是不爱国。由于各人的性情不同，专业职守不同，在此类事情面前做出不同的反应是可以理解的。大声抗议者，固是出于爱国；暗下决心，埋头专业职守者，未必就不爱国。感情的表达和理性的表达都是可以的。我以为对于整个中国近代史中类似情况下，人们的不同表现，都应做具体分析，不可主观设定一种标准去随意褒贬前人。章学诚提倡，临文应有敬恕之心，是很有道理的。

胡适认为，中国的问题、病症积累太深，太重，非简单化的办法可以速战速决，需要横下一条心，做长期的、耐心的教育和改革，以改变中国人的思想和观念乃至习惯。社会上的问题尤其需要有耐心去一个一个地加以解决。从此出发，他一回国就表示二十年不谈政治。而他的这一立场，恰好与陈独秀等人当时的思想相吻合。陈独秀经过反思，认为直接诉诸政治，无可指望，需要从改变人们的思想观念入手，所以所办《青年杂志》初期亦以不谈政治，专意唤醒青年为职志。

如上面所说，欧战结束与俄国十月革命的刺激，使陈独秀等人转变了态度，他们不期然地随着时代风暴，再度跃上政治运动的潮头，成了革命家。而胡适仍坚持认为，中国的问题不能速决，要通过一步一步地改革才能逐步解决。他认为陈独秀等人头脑太热，把问题看得太简单，以为主义认定之后，群众一起来，一切问题都可通过群众的"直接行动"得到解决。

他们的分歧，在陈独秀被捕前还没有公开化。陈独秀的《北京市民宣言》是请胡适翻译成英文的，而且陈独秀被捕的那一天，胡适与高一涵一起，同陈独秀一样，是到街上散发这份传单的。那时，陈独秀在胡适心目中，仍然还是一个民主主义者，仍然还是认同以英美为代表的西方文化的人。但陈独秀入狱一事，更加刺激舆论界迅速激进化，谈主义的人多起来，而研究问题的人变少。胡适乃利用他接办的《每周评论》，发表他后来渐渐也不得不"谈政治"的"引言"，即那篇引起很大争论的著名文章《多研究些问题，少谈些"主义"!》（《每周评论》第 31 号，1919 年 7 月20 日）。

关于胡适此文及其所引发的讨论，已有大量的研究论著发表，其中不乏比较客观的真知灼见。我在这里从三个方面重新检讨一下这个问题。

（1）胡适写作此文的基本出发点

胡适发表此文的直接背景是，《新青年》同人自 1918 年 11 月以来，有一部分人思想起了变化，讨论主义、谈论革命的渐渐多起来，而于教育学术以及社会的具体问题关注得少了。这种情况在其他有影响的报刊中也有反映。如北京的《晨报》、上海的《民国日报》等。五四以后，这种情况有愈演愈烈之势。胡适的朋友李大钊几乎专心一志地研究马克思主义去了。陈独秀虽尚未明确标榜某一新的主义，但思想愈来愈激进。至于北京乃至全国的青年学生就更加热血沸腾，简直难以回到正常的读书学习的轨道上来。这对于实验主义者和坚持和平改革的胡适来说，是一种危险的倾向，需要加以引导和加以拨正。对于胡适来讲，他所面对的问题基本上是一个思想方法的问题。他认为思想总是因问题而起，而问题都是实际社会生活中的具体问题，问题没有笼统的、抽象的。所以，我们的思想应当首先和主要地关注实际存在的具体问题，而不应首先和主要地关注那些笼统的抽象的主义、学说和理论。主义、学说、理论只是研究具体问题时作为参考和借鉴的材料。这是胡适写作和发表《多研究些问题，少谈些"主义"！》一文的基本出发点。

胡适的文章发表后，主办《国民公报》的蓝公武，将此文在《国民公报》上加以转载，随后撰文与胡适进行讨论。胡适又把蓝氏的文章《问题与主义》在《每周评论》的第 33 号上转载。接着，在第 35 号上，又登出李大钊写给胡适的讨论问题与主义的一封长信，胡适加上标题《再论问题与主义》。在发表了两篇讨论的文章之后，胡适连发了两篇文章作为回答，即《三论问题与主义》和《四论问题与主义》。

对于这场关于问题与主义的争论，从前人们都把它看成一场马克思主义与反马克思主义之间的斗争，是革命与反动两个营垒之间的斗争。现在，我想先实事求是地厘清他们讨论和争论的内容，及各方观点主要异同之处，然后再分析这场争论的性质和意义。

上面我们已简单交代胡适发表此文的基本出发点。其实，还在此文发表的三周以前，胡适在《欢迎我们的兄弟——〈星期评论〉》（《每周评论》第 28 号，1919 年 6 月 29 日）一文中已提出了这个问题。胡适承认他是借着介绍《星期评论》，表扬它的优点时，不免发了一些"借题发挥的议论"。他是怎样"借题发挥"的呢？

胡适在那篇文章里，表扬了该杂志的同人们肯用研究的态度，发表经过仔细研究所得的议论，这种做法是值得效法的。然后他说道："现在舆论界大危险，就是偏向纸上的学说，不去实地考察中国今日的社会需要究竟是什么东西。"又说："要知道，舆论家的第一天职，就是细心考察社会的实在情形。一切学理，一切'主义'，都是这种考察的工具。有了学理作参考材料，便可使我们容易懂得所考察的情形，容易明白某种情形有什么意义，应该用什么救济的方法。"

胡适这两句话，实际已经说出了他在《多研究些问题，少谈些"主义"!》这篇文章的基本主题。胡适是实验主义的忠实信徒，他坚信，"凡是有价值的思想，都是从这个那个具体的问题下手的"。离开具体的事实，就提不出具体的问题；离开具体问题的思考与研究，也就无从提出有价值的思想。思想要有内容，必定脱不了具体的问题。这是他要人们特别关注具体问题的基本理由。他指出，当下中国社会上的问题实在太多了，而且都到了迫切需要解决的地步。而大多数的舆论家，却不肯细心地去考察和研究这些具体的社会问题，而喜欢高谈各种各样的"主义"，各种各样的理想、学说。他认为，这种"偏向纸上的'主义'是很危险的。这种口头禅很容易被无耻政客利用来做种种害人的事"。又说："高谈主义，不研究问题的人，只是畏难求易，只是懒。"因为在他看来，"空谈好听的'主义'是极容易的事，是阿猫阿狗都能做的事，是鹦鹉和留声机器都能做的事"。①

胡适声明，他并不是绝对否认学理和主义的价值，他只是强调："凡'主义'都是应时势而起的"，都是当时当地的有心人观察社会问题，想出的救济的法子。所以，"主义初起时，大都是一种救时的具体主张。后来这种主张传播出去，传播的人要图简便，便用一两个字来代表这种具体的主张，所以叫他做'某某主义'。主张成了主义，便由具体的计画变成一个抽象的名词"。主张一旦变成了抽象的名词，人们如果不去研究这主张形成的历史，不了解它原来的具体主张，而只知道空谈这主义如何好，如何妙，那就不会有什么好结果。胡适主张，一切主义，一切学理，只能作我们研究的工具，参考的材料。有了这个工具和参考的材料，可以帮助我

---

① 本段引文，见《多研究些问题，少谈些"主义"!》，《胡适文存》卷2，第149—152页。

们更清楚地认识具体的事实和它的意义，更容易找到解决的办法。但是，"'主义'的大危险，就是能使人心满意足，自以为寻着包医百病的'根本解决'，从此用不着费心力去研究这个那个具体问题的解决法了"。①

　　简括言之，胡适提出的问题是：当时舆论界有一种大毛病，或者说是大危险，就是爱谈纸上的学说与主义，而不肯细心地考察和研究具体的社会问题。这种倾向，有被无耻政客利用的危险，同时又养成喜欢空谈主义与学理，而不愿研究问题的懒惰的毛病。

　　（2）蓝公武、李大钊不同意见的要点何在

　　蓝氏认为，胡适的文章"太注重了实际的问题，把主义学理那一面的效果抹杀了一大半，也有些因噎废食的毛病"。蓝氏在具体阐述他的主张时，又揭示出几点与胡适颇不相同的意思。其一，他认为，要使问题能够被多数人认识到，必须经过一些人的反省，先了解问题的意义，再向多数人去宣传、鼓吹。这宣传、鼓吹的道理，就是主义。在蓝氏看来，"当问题初起之时，一定先为抽象性，后才变成具体性的"。即由少数人先认识了问题的意义，把它做成主义去宣传。等主义传播开了，多数人才会认识到具体的问题。他说："新问题的发生，须待主义的鼓吹成功，才能引起人注意。"蓝氏更武断说："在不进步的社会，问题是全靠主义制造成的。"这是蓝氏很特别的一种看法，使人感到他把本末倒置了。其二，蓝氏强调，因为主义的"抽象性大，涵盖力可以增大；涵盖力大，归依的人数自然愈增多"。这很有点像宗教家的口吻了。其三，蓝氏说："有许多主义，他的重要部分，并不在从具体主张变成抽象名词，却在那未来的理想。……故理想乃主义的最要部分。"如此说，蓝氏所重者是未来的理想，而不是现实中的问题。其四，蓝氏认为："主义是一件事，实行的方法又是一件事。其间

---

　　①　本段引文，见《多研究些问题，少谈些"主义"！》，《胡适文存》卷2，第153页。

虽有联属的关系，却不是必然不可分离的。"把主义与实行主义的方法严格分割开来，这是蓝氏很大的特点。而认为"主义的研究和鼓吹是解决问题的最重要最切实的第一步"，① 这又与上述的第一点意思相近，也有本末倒置的嫌疑。

总之，与胡适相反，蓝氏认为，与问题比，主义具有绝对的优先性和重要性。

李大钊的文章与蓝公武的文章有所不同的是，他明确地承认"'问题'与'主义'有不能十分分离的关系"。但他强调，"我们要想解决一个问题，应该设法使他成了（着重号为引者所加）社会上多数人共同的问题"。为此就要使多数人"先有一个共同趋向的理想、主义"。"所以我们的社会运动，一方面固然要研究实际的问题，一方面也要宣传理想的主义。这是交相为用的，这是并行不悖的。"② 这里，李大钊强调，要解决一个问题，得先设法使它成为社会多数人共同的问题。这就特别强调了宣传的功用。应该说，问题是否是多数人的共同问题，是一个客观事实的问题，不是靠我们宣传，使它成为社会多数人的共同问题。李大钊与胡适根本的不同点在于，胡适否认社会问题有什么"根本解决"的药方，而李大钊则认为："若在没有组织没有生机的社会，一切机能都已闭止，任你有什么工具，都没有你使用他作工的机会。这个时候，恐怕必须有一个根本解决，才有把一个一个的具体问题都解决了的希望。"③ 所谓"根本解决"，就是指革命。胡适否认有"根本解决"之道，也就是否认革命。李大钊认为在中国这样的社会条件下，必须有一场革命，才能指望解决社会上的各种问题。李大钊与胡适还有一个重要的不同之点在于，李氏明白地宣布："我是喜欢谈谈布尔扎维主义的"；而胡适这时被看作"民主主义的正统思

---

① 本段引文，见《胡适文存》卷 2 所附之《蓝志先先生〈问题与主义〉》，第 154—167 页。

② 《再论问题与主义》，《李大钊文集》第 3 卷，第 1 页。

③ 《再论问题与主义》，《李大钊文集》第 3 卷，第 6 页。

想，一方要与旧式的顽迷思想奋战，一方要防遏俄国布尔扎维主义的潮流"，① 这是李大钊引用日本人的评论说的话。

（3）胡适对蓝、李两位批评的回应

胡适将蓝公武和李大钊的文章分别登载在《每周评论》的第33、35 号上。然后他在第 36、37 号上连续发表《三论问题与主义》和《四论问题与主义》两篇文章，前者是具体回应蓝、李两人的批评；后者则针对舆论界大力宣传各种主义时存在的问题，提出在介绍主义、学说时应当注意的几点。

胡适针对蓝、李两人的批评，提出许多具体的辩驳，但综括起来最重要的是如下两点。

第一，胡适不同意蓝氏所说，主义是一回事，实行的方法又是一回事；主义并不一定含着实行的方法，那实行的方法也并不是一定要从主义中推演出来。他认为，蓝氏把主义与实行主义的方法绝对分离开来，主义就成了悬空的抽象物。胡适认定，主义一开始都是具体的主张。根据具体的主张的主义，是可实验、可实行的主义；不含具体主张的主义，只是空荡荡的抽象名词，一遇到那有具体主张的主义，非败下阵来不可。胡适认为，把主义和实行主义的方法分离，而特别崇尚主义，必导致"目的热""方法盲"，这乃是人类，特别是中国人的大毛病。胡适指出，李大钊的文章里也在一定程度上存在这种偏向。李氏说："我们只要把这个那个的主义拿来作工具，用以为实际的运动，他会因时、因所、因事的性质情形生一种适应环境的变化"，② 显然也有注重主义而忽视实行的方法的倾向。

第二，胡适特别不赞成蓝氏所说，主义所包的"范围愈广，他的抽象性亦愈大；因为抽象性大，涵盖力可以增大；涵盖力大，归依的人数自然愈增多"。胡适认为他说的有其真实性的一面，但

---

① 《再论问题与主义》，《李大钊文集》第 3 卷，第 4 页。
② 《再论问题与主义》，《李大钊文集》第 3 卷，第 3 页。

这绝不是应该推崇的，它恰是人类的一种劣根性。一般人很容易被一些抽象的好听的名词所迷惑，这正是由于人们的愚昧。"因为愚昧不明，故容易被人用几个抽象名词骗去赴汤蹈火，牵去为牛为马，为鱼为肉。历史上许多奸雄政客，懂得人类有这一种劣根性，故往往用一些好听的抽象名词，来哄骗大多数的人民，去替他们争权夺利，去做他们的牺牲。"① 我们研究历史的人不能不承认，胡适所指出的这种过信抽象名词、概念在宣传上的功效，的确是很危险的。

胡适在《四论问题与主义》中，着重讨论如何做好翻译介绍学理的工作。

胡适说，他虽不赞成空谈抽象的主义，但对于输入学理和思潮的事业是极赞成的。输入学理并不是一件很容易的事情，做得不好，也会发生有害的作用。所以，他强调输入学理时，须特别注意几点。

一是输入学说时，应该注意发生这种学说的时势情形。胡适说："凡是有生命的学说，都是时代的产儿，……这种时势情形，乃是那学说所以出世的一个重要原因。"正如医生看病，他是针对一定的病症才开出他的药方的。对那病症知道得愈详细，那药方的实用性就愈容易判断清楚。同理，"一种主义发生时的社会政治情形越记的明白详细，那种主义的意义越容易懂得完全，那种主义的参考作用也就越大"。② 介绍学理与主义，本来是为了解决自己国家的社会问题的。如果不问那学理与主义当时是为解决什么社会问题而提出的，只是慕其好听的名词而胡乱加以介绍，那是不负责任的。

二是输入学说时应该注意"论主"的生平事实和他所受的学术影响。胡适认为："凡是一种主义，一种学说，里面有一部分是

---

① 《三论问题与主义》，《胡适文存》卷2，第160—161、189页。
② 《四论问题与主义》，《胡适文存》卷2，第191、192页。

当日时势的产儿，一部分是论主个人的特别性情家世的自然表现，一部分是论主所受古代或同时的学说影响的结果"。① 胡适说，若不对论主的情况做详细的了解，就有可能把一些纯个人的偶然的因素，误当作有永久价值的真理，那就上当了。

三是输入学说时，应该注意每种学说所已经发生的效果。胡适说："这种效果，无论是好是坏的，都极重要，都是各种主义的意义之真实表现。我们观察这种效果，便可格外明白各种学说所涵的意义，便可格外明白各种学说的功用价值。"②

胡适把他所说的三个方面合起来称之为"历史的态度"。他说："凡对于每一种事物制度，总想寻出他的前因与后果，不把他当作一种来无踪去无影的孤立东西。这种态度，就是历史的态度。"他表示希望："中国的学者，对于一切学理，一切主义，都能用这种历史的态度去研究他们。"胡适说："这样输入的主义，一个个都是活人对于活问题的解释与解决，一个个都有来历可考，都有效果可寻。我们可拿每种主义的前因来说明那主义性质，再拿那主义所发生的种种效果来评判他的价值与功用。不明前因，便不能知道那主义本来是作什么用的；不明后果，便不能知道那主义是究竟能不能作什么用的。输入学说的人，若能如此存心，也许可以免去现在许多一知半解，半生不熟，生吞活剥的主义的弊害。"③

（4）这场争论的实质与意义

这场争论过去被定性为"马克思主义与反马克思主义之间的争论"，"革命与反动之间的斗争"。我们从上述争论的内容中实在很难看出这样的性质。第一，胡适、李大钊、蓝公武，在当时，都属于新文化营垒，他们的争论完全是朋友之间的互相商榷，丝毫不见有剑拔弩张的敌对情绪。第二，他们都承认彼此的意见有相同、

① 《四论问题与主义》，《胡适文存》卷2，第193—194页。
② 《四论问题与主义》，《胡适文存》卷2，第195页。
③ 《四论问题与主义》，《胡适文存》卷2，第196—198页。

相近或相通的部分。如蓝公武说："胡君适之的文章，劝人少讲主义，多研究问题，说得非常痛辟。吾们舆论界从这篇文章里，得的益处一定不少。"① 又如李大钊说，读了胡适的文章，"就发生了一些感想，其中有的或可与先生（指胡适——引者）的主张互相发明，有的是我们对社会的告白"。李大钊并且承认："我们最近发表的言论，偏于纸上空谈的多，涉及实际问题的少，以后誓向实际的方面去作。这是读先生那篇论文后发生的觉悟。"② 胡适对蓝、李两人的文章，也认为是互相切磋，互相启发。胡适说："知非先生（即蓝公武）的议论，很有许多地方可以补正我的原作。"③ 在回应蓝、李两人的《三论问题与主义》一文中，胡适又说："承蓝知非、李守常两先生做长篇的文章同我讨论，把我的一点意思，发挥的更透澈明了，还有许多匡正的地方，我很感激他们两位。"④ 胡适的文章发表后，被新文化运动唤起的青年们曾给予积极的响应。如湖南的青年领袖毛泽东，就率先发起问题研究会。可见，说他们之间的争论是革命与反动之间的斗争，是没有什么根据的，应该客观地、如实地将其看作一场学理上的争论。

至于说胡适与李大钊之间，是马克思主义与反马克思主义之间的斗争，也是不准确的。第一，胡适提出问题与主义的问题，本来就不是单单针对马克思主义的。他是针对许多人缺乏研究态度，喜欢空谈学理，学理越高深，越奥妙，越谈得起劲。他认为这是一种不好的倾向，应当加以纠正。他在《多研究些问题，少谈些"主义"！》一文中，只有一处提到马克思主义，是说"马克思的社会主义和王揖唐的社会主义不同"。⑤ 这当然谈不上是对马克思主义

① 见《胡适文存》卷2所附之《蓝志先先生〈问题与主义〉》，第154页。

② 《再论问题与主义》，《李大钊文集》第3卷，第1—3页。

③ 见《胡适文存》卷2所附之《蓝志先先生〈问题与主义〉》的"按语"，第154页。

④ 《三论问题与主义》，《胡适文存》卷2，第177页。

⑤ 《多研究些问题，少谈些"主义"！》，《胡适文存》卷2，第150页。

的攻击。第二，李大钊的文章里，谈到了"布尔扎维主义"，也谈到了马克思的唯物史观。但胡适的回应文章对马克思的唯物史观不但没有攻击，反做了相当正面的论述。他说："唯物的历史观，指出物质文明与经济组织在人类进化社会史上的重要，在史学上开一个新纪元，替社会学开无数门径，替政治学说开许多生路。"① 在谈到马克思主义的另一个重要学说，阶级斗争学说时，胡适于肯定其正面意义的同时，确实也提出了批评的意见。他说："这种学说太偏向申明'阶级的自觉心'一方面，无形之中养成一种阶级的仇视心，不但使劳动者认定资本家为不能并立的仇敌，并且使许多资本家也觉劳动者是一种敌人。这种仇视心的结果，使社会上本来应该互助而且可以互助的两种大势力，成为两座对垒的敌营，使许多建设的救济方法成为不可能，使历史上演出许多本不须有的惨剧。"② 这段话，若从大批判的习惯眼光看去，倒确实有一点"攻击"的味道，但从当时历史背景出发，做客观的实事求是的评判，也算不上是攻击。胡适的看法，不过是大多数中间的、自由主义的知识分子思想的一种反映。在当时的中国，还没有什么马克思主义或共产主义的党派。所以，对待马克思主义有不同的态度，或对马克思主义说了一些批评性的意见，仅仅是一种学理的讨论而已，谈不上是攻击马克思主义。

那么，对这场争论到底应如何评价呢？

将近三年之后，胡适把他引起这场争论的文章《多研究些问题，少谈些"主义"!》，看成他"政论的导言"。他说："直到一九一九年六月中，独秀被捕，我接办《每周评论》，方才有不能不谈政治的感觉。那时正当安福部极盛的时代，上海的分赃和会还不曾散伙。然而国内的'新'分子闭口不谈具体的政治问题，却高谈什么无政府主义与马克思主义。我看不过了，忍不住了，——因

---

① 《四论问题与主义》，《胡适文存》卷2，第195页。
② 《四论问题与主义》，《胡适文存》卷2，第196页。

为我是一个实验主义的信徒，——于是发愤要想谈政治。我在《每周评论》第三十一号里提出我的政论的导言，叫做《多研究些问题，少谈些"主义"!》。"① 胡适发表他的"政论的导言"之后两年多，却没有做出他"政论的本文"，据他说，是"忙与病使我不能分出工夫来做舆论的事业"。

我认为，关于问题与主义的争论，有两方面的意义。首先是政治上的意义。胡适之所以提出问题与主义的问题，是不满于舆论界闭口不谈社会存在的大量的实际问题，而只谈各种抽象的主义。胡适作为实验主义的信徒，他主张一个一个地去研究和解决那些具体的社会问题，主义和学说只能作为研究和解决实际问题的工具和参考的材料。而李大钊、蓝公武则强调，依靠主义去动员群众，以谋"根本解决"。他们的主张，代表着两条根本不同的政治路线：一条是和平改革的路线，一条是暴力革命的路线。自清末以来，就存在着这两条政治路线之间的争论。民国以后，此种争论似有愈演愈烈之势。问题与主义之争，预示着这种争论进到了完全新的时期和新的高度。

其次，我认为问题与主义之争，具有重要的思想史的意义。这场争论虽然参加的人不很多，发表的文章也不很多，但双方已足以将两种思想倾向的绝大区别充分展露出来。胡适认为，有价值的思想，都是从具体的问题入手的；主义与学说都只是帮助解决具体问题的工具和参考材料。问题是第一位的，而主义与学说是从研究问题的过程中产生出来的。蓝、李两位则认为，主义与学说代表的是社会大多数人的共同趋向和理想，它比一个一个的具体问题具有更大的重要性。在胡适看来，解决问题的方法也是从研究问题的过程中发现出来的。而李大钊则认为，解决问题的方法是从主义与学说中推演出来的，是包含在主义与学说之中的。胡适是实验主义者；李是革命主义者——李大钊这时在某种程度上可算是一个马克思主

① 《我的歧路》，《胡适文存二集》卷3，第96—97页。

义者。问题与主义之争，在本质上，是实验主义与革命主义之争，在某种程度上，是实验主义与马克思主义之争。所以也可以说，问题与主义之争，是中国马克思主义与实验主义论争的序幕。

这场论争是发生在新文化运动领袖从基本不谈政治转变到谈政治的时候，胡适把他的文章看作他的"政论的导言"是很有道理的。只是，他本人终究是学者的心态，没有迅速地转到谈政治的轨道上来。

三 《新青年》团体的分化

问题与主义之争，已开始暴露《新青年》同人间的思想分歧。不过，争论的当时，《新青年》的主要负责人陈独秀正在狱中，他没有参与争论。陈独秀于 1919 年这一年遭遇两大挫折。一次是 3 月下旬，正当新文化运动中新旧思想激烈斗争之时，旧势力大造谣言，运动官府，猛烈攻击北京大学以陈独秀为首的新派教授，对陈独秀的攻击尤其不遗余力。蔡元培在各方压力下，以撤销各科学长，改设教务长的办法，请陈独秀辞去北京大学文科学长的职务，并离开北京大学。对此，陈独秀心里非常不快。胡适 1935 年借读《汤尔和日记》，其民国 8 年 3 月 27 日日记记云："昨以大学事，蔡鹤公及关系诸君来会商，十二时客始散。"胡适跋云："此事即是会议辞去陈独秀问题。其日子是三月廿六日。"接着，汤尔和 4 月 11 日日记又记云："五时后回寓，……途中遇陈仲甫，面色灰败，自北而南，以怒目视，亦可哂已。"① 对于上引两段日记，胡适给汤尔和的信里，有更清楚的说明。胡适说："三月廿六夜之会上，蔡先生颇不愿于那时去独秀，先生（指汤尔和——引者）力

---

① 《胡适致汤尔和（稿）》（1935 年 12 月 23 日）附录《胡适手抄汤尔和日记和跋》，《胡适来往书信选》中册，第 283 页。

言其私德太坏，彼时蔡先生还是进德会的提倡者，故颇为尊议所动。我当时所诧怪者，当时小报所记，道路所传，都是无稽之谈，而学界领袖乃视为事实，视为铁证，岂不可怪？……当时外人借私行为攻击独秀，明明是攻击北大的新思潮的几个领袖的一种手段，而先生们亦不能把私行为与公行为分开，适堕奸人术中了。"[1] 这是 1935 年底的时候，胡适记起五四前夕陈独秀被迫离开北大的往事，所发的议论。当时陈独秀正在南京狱中。胡适认为，迫使陈独秀离开北大，无论是对陈独秀本人还是对北大，乃至对整个中国思想政治的影响，都是极其重大的。此事与陈独秀思想的进一步激进化，是有密切关系的。另一次大挫折是 1919 年 6 月 11 日，陈独秀因散发他自己起草的《北京市民宣言》而被京师警察厅捕去，至 9 月 16 日始被保释出狱，被囚 98 天。这一经历，无疑进一步刺激陈独秀的思想激进化。一年之中，不到三个月的时间，连遇两次如此重大的挫折，对陈独秀个人而言，无疑是对其一生产生重大影响的经历。陈独秀被捕后，《新青年》陷于停顿。陈出狱后，《新青年》同人集议，将杂志重新交给陈独秀一人编辑。但陈独秀独掌《新青年》编辑大权之初，似仍想大体延续《新青年》固有的方针。《新青年》第 7 卷第 1 号所发的宣言声明："我们虽不迷信政治万能，但承认政治是一种重要的公共生活"，[2] 表示《新青年》此后不再回避谈论政治问题。但在其他方面，宣言表明仍要延续《新青年》以往的宗旨。第 7 卷第 1 号所发表的文章中，谈政治的很少。第 7 卷第 2 号，政论的文章开始增多。1920 年 2 月以后，陈独秀到了上海，此后，《新青年》便改在上海编辑。再后来，因陈独秀忙于政治活动，不能独撑编辑工作，遂渐渐将《新青年》的编辑工作交给追随他的几个青年担任，他们是陈望道、李汉俊、李

---

① 《胡适致汤尔和（稿）》（1935 年 12 月 28 日），《胡适来往书信选》中册，第 290 页。

② 《本志宣言》，《新青年》第 7 卷第 1 号，1919 年 12 月。

达、沈雁冰。1920 年 5 月，《新青年》出版的第 7 卷第 6 号是"五一劳动节专号"，登的几乎全是政论文章。从第 8 卷第 1 号起，《新青年》完全成了共产主义者的机关刊物了。

陈独秀在这段时间里，其思想发生了巨大的变化。

陈独秀于 1920 年 2 月下旬抵上海。从 2 月到 4 月，他以亚东图书馆为居所，在这里多次会见北京学生联合会的代表罗家伦、许德珩、张国焘等，所谈皆有关马克思主义、俄国革命、打倒军阀等问题。尤其是在 5 月里，他会见了共产国际派来中国的代表维金斯基。他们交谈的具体内容，只有几个人后来所写的简单的回忆。但从陈独秀着手组织马克思主义研究会，并开始从事建党的活动可以推知，他们一定谈得非常深入而又广泛。而且随后陈独秀发表在《新青年》第 8 卷第 1 号上的《谈政治》一文，已经涉及马克思主义及中国革命的核心问题。这一思想变化，实在极关重要。当时在沪的许多初步具有共产主义倾向和对劳农与苏俄感兴趣的人，都曾参与陈独秀领导的马克思主义研究会和筹建共产党的活动，如戴季陶、李汉俊、施存统、陈望道、俞秀松、李达、沈玄庐、赵世炎等。至 8 月，酝酿成熟，共产党临时中央局成立，陈独秀被选为书记。接着，陈即以此身份，联络各地，分别组织共产党的支部；同时还决定，即以《新青年》为党的公开机关刊物，还要另创一个理论月刊《共产党》，作为党的秘密机关刊物。9 月 1 日，《新青年》出版第 8 卷第 1 号，陈独秀的《谈政治》一文明确提出"劳动阶级专政"的思想，表明陈独秀已经相当自觉地接受了马克思主义的革命理论，相当自觉地拥护俄国革命的道路。11 月 7 日，陈独秀为《共产党》月刊创刊号写的短言更明确地说，要"用阶级战争的手段，打倒一切资本阶级"，夺取政权，建立"劳动专政的制度"，"使资本阶级永远不至发生"。[1] 很显然，这时的陈独秀，已不再是一个追求民主自由的知识领袖，而是一个马克思主义的信

---

[1] 《〈共产党〉月刊短言》，任建树主编：《陈独秀著作选编》第 2 卷，第 298 页。

从者，一个共产党的创建人，一个中国革命的领导者。他从一个大学教授变成了一个职业的无产阶级革命家。

陈独秀这时的状况，在《新青年》同人中，大约只有李大钊有所了解，其他人是不很清楚的。但他们可以感觉到，陈独秀已经急遽地转向政治活动，急遽地革命化了。而除了陈、李之外的《新青年》的其他同人，此时仍没有多大变化。他们仍是学者和著作人，仍致力于文史哲之类的写作，他们能够为《新青年》提供的，也仍只能是哲、史、文艺之类的作品。他们与陈独秀等共产主义者之间的这种不协调，已是非常明显的事实。再加上《新青年》在上海编辑，北京的同人，都有各自的日常工作要做，不是督催得紧，他们也就不会积极为《新青年》写文章了。还在《新青年》移上海编辑不久，陈独秀即已感觉到《新青年》今后如何办的问题，以及他本人与北京的同人之间，今后如何合作的问题，是需要认真考虑的问题。于是，在《新青年》第7卷第6号，即我们前面提到的劳动节纪念号已交付印之后，陈独秀写信给胡适、李大钊等北京同人，信中说：

本卷已有结束，以后拟如何办法，尚请公同讨论赐复：

（1）是否接续出版？

（2）倘续出，对发行部初次所定合同已满期，有无应与交涉的事？

（3）编辑人问题：

（一）由在京诸人轮流担任；

（二）由在京一人担任；

（三）由弟在沪担任。

为时已迫，以上各条，请速赐复。①

---

① 《致李大钊、胡适等》（1920年4月26日），任建树主编：《陈独秀著作选编》第2卷，第224页。

　　从信中的内容和语气可以看出，陈独秀当时是非常焦急的。本来自陈独秀 1919 年 9 月出狱后，同人们志愿地将《新青年》交与陈一人编辑，他把它带到上海去编辑，也没有人提出异议。所以说，陈独秀所提的问题基本上都是不成问题的问题。这些不成问题的问题，之所以成了问题，是因为，陈独秀改变了《新青年》的性质和内容，北京其他同人还仍停留在原有状态，配合不上陈独秀激流勇进的步伐，所以迟迟未能给《新青年》提供稿件。要完全依靠年轻的社会主义者供稿以长期支持杂志定期出版，事实上有困难。陈独秀觉得，北京同人的支持仍是必要的，所以，他不再坚持一定由他一人编辑，希望重新议定编辑办法。

　　但陈独秀此信（写于 1920 年 4 月 26 日）发出后，未能及时得到北京的回复，令他十分焦急。5 月 7 日他再写信给胡适、李大钊，说他与担任《新青年》发行事务的群益书社交涉，"因为《新青年》六号定价及登告白的事，一日之间我和群益两次冲突"，非常生气。所以他提出："《新青年》或停刊，或独立改归京办，或在沪由我设法接办（我打算招股办一书局），兄等意见如何，请速速赐知。"① 此信充分表现出陈独秀焦急的情况。同时，从此信得知，最早提出《新青年》停办的，是陈独秀本人，而不是像以前人们以为的那样，是北京同人（陶孟和）。

　　因与杂志发行者群益书社有矛盾，《新青年》不得不独立，自谋发行。发行事须有经费。陈独秀为解决经费问题，实行招股集资的办法。胡适反对招外股。但不招外股，依靠原有的几个穷书生，多半只能以稿费充股款，结果还是解决不了经费的问题。所以陈独秀在给胡适的信中说："此事我誓必一意孤行，成败听之。"② 筹款和集稿，费尽周折，直到 9 月 1 日，《新青年》的第 8 卷第 1 号始

---

①　《陈独秀致胡适、李大钊信》（1920 年 5 月 7 日），原信影印件。据知，此信及以下引用之影印件书信，现归中国人民大学收藏。

②　《陈独秀致胡适信》（1920 年 5 月 19 日），原信影印件。

出版，距离第 7 卷第 6 号出版的日子，5 月 1 日，整整过了四个月。这以后大体按时每月出版，但第 8 卷第 2 号和第 3 号，关于罗素的内容占了小半篇幅，12 月出版的第 4 号，则是社会主义与俄罗斯研究占了绝大部分。可以想象，北京原来那些《新青年》的同人，肯定是有想法的。别人或许不太重视此事，作为自由主义者和实验主义者的胡适是不喜欢隐瞒自己的意见和主张的。我们从 12 月 16 日陈独秀给胡适、高一涵的信中所说的话，可以推知，陈独秀写此信之前，肯定接到胡适对《新青年》内容表示不满意的信。陈独秀说："《新青年》色彩过于鲜明，弟近亦不以为然。陈望道君亦主张稍改内容，以后仍以趋重哲学文学为是；但如此办法，非北京同人多做文章不可。近几册内容稍稍与前不同，京中同人来文太少，也是一个重大的原因。请二兄切实向京中同人催寄文章。"① 陈独秀自己也觉得，为长久计，需要略为改变革命色彩过于浓厚的现状，以期在知识界继续发挥影响。但彼谓《新青年》之"色彩过于浓厚"是京中同人来文太少之故，显然不合事实。诚如前面所说，陈独秀到上海以后，思想急遽变化，已渐渐成为一个共产主义者，一个近乎职业革命家的角色。而《新青年》则已由一个知识分子的同人刊物，变为宣传马克思主义和俄国革命的刊物，变成共产党的机关刊物。在这种情况下，京中同人，那些大学教授和自由著作人，显然无法适应陈独秀与《新青年》的这种巨大变化，连胡适的一篇讲中学国文教授方法的文章，陈望道都表示不满，② 京中同人如何能大量地供给文章呢？在上引陈独秀的信中，陈还责备胡适、陶孟和与研究系接近。③ 此是南方的传言，本无根据。所

---

① 《致胡适之、高一涵》（1920 年 12 月 16 日），任建树主编：《陈独秀著作选编》第 2 卷，第 318 页。

② 参见唐宝林、林茂生《陈独秀年谱（1879—1942）》，第 143 页。

③ 见《致胡适之、高一涵》（1920 年 12 月 16 日），任建树主编：《陈独秀著作选编》第 2 卷，第 318 页。

以，李大钊觉得，有必要大家共同写一封信，向陈独秀"辨明此事"。① 我们完全可以想象到，胡适见此信一定很不高兴。

胡适大约于 1920 年底或 1921 年初复信给陈独秀，信中说："《新青年》'色彩过于鲜明'，兄言'近亦不以为然'。但此是已成之事实，今虽有意抹淡，似亦非易事。北京同人抹淡的工夫决赶不上上海同人染浓的手段之神速。"这段话已表现出胡适的不快。接着，他根据北京同人的意见，提出三种可能的解决办法：一是"听《新青年》流为一种有特别色彩之杂志，而另创一个哲学文学的杂志"。二是将《新青年》编辑部从第 9 卷第 1 号起，移回北京，并由北京同人发表声明，注重学术思想艺文的改造，不谈政治。三是，陶孟和说，《新青年》既已被邮局停寄，不如暂时停办。胡适认为，此法于新青年社的营业有碍，故不如前两条办法。②

对胡适的信稿，北京同人的意见是这样的：

张慰慈、高一涵同意胡适意见。

陶孟和、王抚五赞成移回北京，如实不能，则停刊，万不可分为两种杂志，致破坏《新青年》精神之团结。

李大钊主张第一条办法，如不致破坏《新青年》精神之团结，亦不反对移回北京编辑；决不赞成停办，因停办比分裂还不好。随后，李大钊改为只主张移回北京编辑。

周作人、鲁迅赞成北京编辑，但以为《新青年》的趋势是倾于分裂的，不容易勉强调和统一，无论用第一、第二条办法，结果还是一样，所以索性任它分裂，照第一条或者倒还好一点。鲁迅并附加一句："不必争《新青年》这一个名目"。③

---

① 《致胡适》（1921 年 1 月 18 日），《李大钊文集》第 5 卷，第 299 页。
② 见《关于〈新青年〉问题的几封信》，张静庐辑注：《中国现代出版史料》甲编，第 7 页。
③ 见《关于〈新青年〉问题的几封信》，张静庐辑注：《中国现代出版史料》甲编，第 11 页。

　　最可注意的是钱玄同的意见。在这个问题上，钱玄同比较客观。钱氏得知陈独秀与胡适等人关于《新青年》的意见分歧之后，于 1921 年 1 月 11 日写信给鲁迅、周作人兄弟说："初不料陈、胡二公已到短兵相接的时候"。他表示："对于此事绝不愿为左右袒。若问我的良心，则以为适之所主张者较为近是。"又说："至于仲甫疑心适之受了贤人系（指研究系——引者）的运动，甚至谓北大已入贤掌之中，这是他神经过敏之？"① 他在 1 月 18 日的日记中又写道："接守常信，知仲、适两人意见冲突。盖一则主张介绍劳农，又主张谈政；一则反对劳农，又主张不谈政治。其实是猪头问题罢了。"② 我们看他对胡适信稿所填注的意见，亦更可见出他比较客观的态度。他的意见"和周氏弟兄差不多，觉得还是分裂为两个杂志的好。一定要这边拉过来，那边拉过去，拉到结果，两败俱伤，不但无谓，且使外人误会，以为《新青年》同人主张'统一思想'，这是最丢脸的事。孟和兄主张停办，我却和守常兄一样，也是绝对的不赞成。我以为我们对于仲甫兄的友谊，今昔一样，本未丝毫受伤。但《新青年》这个团体，本是自由组合的，即此其中有人彼此意见相左，也只有照'临时退席'的办法，断不可提出解散的话。极而言之，即使大家对于仲甫兄感情真坏极了，友谊也断绝了，只有他一个人还是要办下去，我们也不能要他停办。至于《新青年》精神之能团结与否，这是要看各个人的实际思想如何来断定，断不在乎《新青年》三个字的金字招牌！"③

　　看来很清楚，关于《新青年》的分歧，主要是绝大多数的北

---

　　①　见沈永宝编《钱玄同五四时期言论集》，东方出版中心 1998 年版，第 215—216 页。

　　②　见《钱玄同日记》第 4 卷，第 1930 页。按，"其实是猪头问题罢了"一语，可能是某时某地或某一群体中一种习惯语，其确切含义不得而知。联系上文及所指事实与背景，或有互争地位之意。此乃揣测，未敢遽为定论。

　　③　《关于〈新青年〉问题的几封信》，张静庐辑注：《中国现代出版史料》甲编，第 11 页。

京同人希望保持《新青年》以哲学文学为主的性质，为此，他们希望将《新青年》移回北京编辑。这与《新青年》已成为宣传马克思主义和俄国革命的中国共产党的机关刊物的事实是矛盾的。在这场争论中，胡适与陈独秀分别成了两种意见的代表。所以，在同人看起来，主要就是他们两人的矛盾和冲突。冲突的思想焦点，正如前引钱玄同日记所云："盖一则主张介绍劳农，又主张谈政；一则反对劳农，又主张不谈政治。"但胡适的不谈政治，并非不谈一切政治，而仅是不谈革命的政治，不谈劳农政治；对于争取自由、争取和平改革的政治，胡适还是很感兴趣的。从钱玄同、周作人兄弟和李大钊的信件中，我们还注意到，陈、胡两人争持不下的问题，还有《新青年》这个招牌归谁用的问题。我们从现在能看到的陈独秀与胡适两人所写的信函中未见有争用《新青年》名目办刊的说法，但上述几人的信中所说，应不是凭空拟想。近年新发现的胡适与许怡荪的通信，胡适于 1919 年 1 月 20 日写给许怡荪的信最后有一句："《新青年》事，我决意收回归我一人担任。"① 这是一个很重要的细节。它说明，早在 1919 年 1 月，胡适已经对陈独秀等人的激进态度不满意，想自己独掌《新青年》的编辑大权。这个细节，过去只在沈尹默的回忆中提起过。但因沈氏与胡适有个人嫌隙，又因沈氏的回忆写于大规模批判胡适的运动之后，人们不太相信沈氏的说法。现在发现胡适给许怡荪的信上有此一句很明确的说法，不能不相信，胡适确有与陈独秀争夺《新青年》编辑大权的想法。考察当年的各种相关记载，尚无明确记载胡适曾公开提出自己独掌《新青年》编辑大权的事实。但从钱玄同日记的一条记载，似乎有一点蛛丝马迹。钱氏 1919 年 1 月 22 日的日记有一段被抹去的话，说："适之此次来京，路过南京、上海一带，不知怎样挨了人家的骂，一到就和独秀说，有人劝我，为什么要同这班人

---

① 《致许怡荪的信》（六十六），梁勤峰、杨永平整理：《胡适许怡荪通信集》，上海人民出版社 2017 年版，第 91 页。

合在一起办报。适之自己也发了多（原文到此止——引者）。"① 这里说的"胡适此次来京"，是指 1918 年 11 月下旬，胡适回绩溪奔母丧之后回北京的事。这段日记没写完被抹去，颇留下费人猜想的空间。钱氏的消息来源，一则可能是陈独秀，但也可能是间接来自沈尹默。沈氏善周旋，接触人多，消息来源亦多，他有可能比其他人更早地从城府不深的陈独秀那里得知胡适向陈发牢骚的情况。而且，从后来他坚持说胡适想一人独掌《新青年》的说法，很可能胡适在向陈独秀发牢骚时，已露出想自己主编《新青年》的想法，但很可能意思表达得不十分明确。所以，钱玄同关于此事记到半截，没有再写下去，且把已写的部分也抹掉。从这些迹象上看来，胡适打算独掌《新青年》的想法，虽未公开明确宣布，但已向陈独秀微露其意。而此事，沈尹默知道，钱玄同亦略有所闻。这样，我们就可以进一步明白，在关于《新青年》的争论中，陈独秀与胡适各自心中都会联想到 1919 年 1 月，那未曾公开的暗中风波。而我们研究此一问题的后来者，也可以明确，此次争论就是陈、胡两人争夺《新青年》的主编权，想各依其不同的思想路向来办刊。明白了这一点，就可更清楚地理解争论中各人的态度。

陈独秀见到前面所说的胡适的那封回信，竟然大生气。他认为第一条办法"是反对他个人"；对于声明不谈政治之说尤为不满（鲁迅亦表示不赞成声明不谈政治之说）。为此，胡适于 1921 年 1 月 22 日又写一封回信给陈独秀，并将信稿交给北京同人传阅。信中提出，他并不反对陈独秀，也不反对《新青年》。他只是希望《新青年》"仍以趋重哲学文学为是"，为此，将《新青年》移回北京编辑是最好办法。至于另创一个杂志，和声明不谈政治的提议，他都愿意取消。

且看李大钊给胡适的信（此信未注明日期，估计应在 1921 年初）。他在信中说："我对于《新青年》事，总不赞成分裂，商议

---

① 《钱玄同日记》第 4 卷，第 1749 页。

好了出两种亦可，同出一种亦可。若是分裂而抢一个名称，若是与《新青年》有关的人都争起来，岂不同时出十几个《新青年》，岂不是一场大笑话！"又说："我觉得你和仲甫都不是一定要抢《新青年》这个名称，还是主义及主张有点不同的缘故。如果主张相同，在那里办，那一个人办，成不了什么问题。但是我觉得你们两人都有点固执，仲甫一定要拿去广东，你一定要拿来北京，都觉得太拘了一点。……《新青年》如演起南北对峙的剧来，岂不是要惹起旁人的笑死。……如果你们还是各立于两极端，我想我们只有两个办法：一个办法就是大家公决劝你们二位（恐怕劝也无效）都牺牲了《新青年》三个字吧！停办了吧！一个办法就是听你们两位一南一北分立《新青年》，如果是你的或是他的，我们都不好加入那一方，这种结果都是宣告了《新青年》破产。"① 李大钊一再说明，他最关心的是陈、胡两位朋友千万不要因争《新青年》这块招牌，争做《新青年》的正统，而伤了多年的感情。

再看周作人给李大钊的信（此信写于 1921 年 2 月 25 日）。信中说："《新青年》我看只有任其分裂：仲甫移到广东去办，适之另发起乙种杂志，此外实在没有法子了。仲甫如仍拟略加改革，加重文艺哲学，我以力之所及，自然仍交（或'写'）些稿。适之的杂志，我也很是赞成，但可以不必用《新青年》之名。《新青年》的分裂虽然已是不可挽的事实，但如发表出去（即正式的分成广东、北京两个《新青年》），未免为旧派所笑。"②

争《新青年》的招牌，争做《新青年》的正统，对于陈、胡两位，真是有点"意气之争"的味道。如果说《新青年》有其一贯的宗旨、一贯的精神的话，那只能是指第 8 卷以前的《新青年》，第 8 卷以后的《新青年》已变成一部分接受马克思主义和社会主义的知识分子的刊物了。但，陈独秀是《新青年》的创办人，

---

① 据原信影印件。
② 据原信影印件。

1919 年 9 月以后,《新青年》同人又一致同意, 将该杂志交陈独秀一人编辑, 作为主编人, 他根据个人的思想变化, 而改变刊物的旨趣, 别人无权干涉。从胡适一面讲起来, 他坚持《新青年》继续以哲学、文学为主, 固有其道理。但《新青年》既已由其主编人将其办成另一种杂志, 胡适自可另办一个哲学、文学的杂志, 而不应从主编人手中抢过《新青年》的招牌来。

陈独秀或许并不知道北京同人间互相通信的具体内容。到 1921 年 2 月 15 日, 陈独秀写信给胡适说:"现在《新青年》已被封禁, 非移粤不能出版, 移京已不成问题了。你们另外办一个报, 我十分赞成, 因为中国好报太少, 你们做出来的东西总不差, 但我却没有工夫帮助文章。而且在北京出版, 我也不宜做文章。"① 有关《新青年》的争论, 就此结束。正如钱玄同与周氏兄弟所说,《新青年》同人的分裂终于难免了。这一次的分裂和上一次因问题与主义的争论而造成的裂痕一样, 这是革命主义与和平改革主义之间的分裂, 是初步接受马克思主义的知识分子与自由主义知识分子之间在思想上的分裂。区别是, 前者只是思想上的分裂; 而这一次则是政治上和组织上的分裂。在陈独秀一方面, 固是国内外危机的刺激, 推动他们义无反顾地朝向革命的道路走去; 而在胡适一方面, 则同样是因逼人的政治促使他不得不冒着友谊破裂的危险, 向他的好友表明自己不赞成劳农主义的立场。总之, 造成双方争论以至分裂的根本原因是政治问题。四五年前, 一群不愿谈政治, 一心想在学术、文艺方面为中国的改革打下思想基础的知识精英, 到此时却为政治问题而分道扬镳了。

---

① 《关于〈新青年〉问题的几封信》, 张静庐辑注:《中国现代出版史料》甲编, 第 13 页。

第 九 章

社会主义思潮的输入与传播

新文化运动为中外思想文化交流创造了前所未有的有利条件，西方各种各样的思想文化潮流都有机会涌进中国来。但并非每一种思想文化潮流都能得到同样传播的机会，这既要看各种思想文化潮流自身的性质，也要看中国内部的条件，包括社会状况，教育发展状况，思想界、知识界的状况等。前面我们介绍了几种哲学思想的引入与传播情况，从中可以看出，一种思想得以在较大范围传播是需要许多条件的配合的。现在，我们将用一章的篇幅来着重介绍社会主义思潮的引入与传播，因为新文化运动和五四运动的一个最重要的后果就是社会主义思潮和社会主义运动在中国的兴起，乃至逐渐成为中国社会的主导驱动力。

一　无政府主义思潮

在晚清时期，中国人对西方新思潮知之甚少，往往分不清相互关联的思想潮流之间的真实关系。例如无政府主义思潮是从社会主义思潮中孳生出来的一个小派别，它逐渐发展成为科学社会主义的敌对势力。然而，零散片段地被介绍到中国来的社会主义与无政府主义，起初是没有分得很清楚的。到辛亥革命前几年，两种思想才渐渐显示出区别。但直到新文化运动起来的时候，两者的界限仍然有时被模糊。待中国共产党建立前后，两者的敌对关系才完全清楚地彰显出来。现在我们先介绍无政府主义思潮。

（一）无政府主义思潮引入与传播的情况

在中国的中文出版物中涉及无政府主义的信息，最早是在洋务运动时期。那时，在西方来华人士和个别知晓西方事务的中国人的编译著述中偶尔涉及一些无政府主义的名目或其代表人物的信息，都极为简单，不曾引起人们的注意。直到清末改革与革命运动兴起之后，无政府主义才成为一股思潮进入中国。

（1）无政府主义早期输入的情况

如果说，西方无政府主义是社会主义运动中孳生出来的小派别，那么，中国的无政府主义则是反清革命运动中孳生出来的一个小派别。早期介绍无政府主义的马叙伦在其《二十世纪之新主义》一文中，引证欧洲无政府主义者的话之后说，无政府主义发源的真相，即是对国家社会绝望。[①] 对国家绝望，这是无政府主义最根本的思想根源。对社会绝望，我以为最主要的，或首先是对他们原来所从事的运动目标之实现失去希望。如果反清革命，节节胜利，推翻清政府目标在望，他们或许不会离开革命主流而搞起无政府主义运动。

这时期，无政府主义主要有两股势力，一是受日本无政府主义思潮影响而形成的社会主义讲习会及其所办的《天义报》；一是受欧洲无政府主义思潮影响，主要在法国巴黎活动的"新世纪"派及其所办的《新世纪》杂志。有关这两派的活动情况及其思想主张在本书第三卷里会有较详细的叙述，这里不赘。

中国的无政府主义者公开打出自己的旗号是 1907 年。当时正

---

① 见马叙伦《二十世纪之新主义》，葛懋春等编：《无政府主义思想资料选》上册，北京大学出版社 1984 年版，第 7 页。

是连年策划革命起义一无所成，而内部纷争却尖锐地暴露出来的时候。

以孙中山为代表的反清革命派，于 1905 年 8 月联合原有的兴中会、华兴会、光复会成立同盟会，革命力量走向统一，这自然是一件极好的事情。但其统一与联合是非常松散的。原有各组织的思想、革命目标是不尽一致的，甚至即使是原有各革命组织内部，其思想和革命目标也是不尽统一的。反清有各种不同意义的反清，至于革命追求的目标，建立什么样的新国家、新政权，那就更加不一致了。由于思想基础不一，对于革命手段的选择也不能一致。最重要的是，大家并未充分了解组织与领袖的重要性。革命队伍中的知识分子，长期过着自由散漫的生活，各以自己的学问所长，傲视他人，小不如意，或即飘然而去，或即另立旗帜。这种情况在革命过程中时有发生。

同盟会创立后，即利用原由宋教仁等主持的《二十世纪之支那》的基础，改创同盟会的机关刊物《民报》，初由张继主编，章太炎出狱后，离上海赴日本东京，受到革命党人的热烈欢迎，即以《民报》交他主编。章太炎反清是没有问题的，但他学问渊博，著作甚丰，而思想亦甚驳杂。他并不像其他革命党人那样，以革命为唯一宗旨，念兹在兹。章氏以自己之学术爱好为尚，时常发表一些与革命并无直接关系的文章。1907 年，章的好友，同样以学问渊博著称的刘师培，因涉背叛革命之嫌，而离开上海赴东京，受到章太炎的热诚欢迎，乃请其助编《民报》。与刘师培同到东京的其妻何震，原是一位思想极其开放的女性，彼到东京不久，即创办起一个女子复权会，又以此会的名义办起《天义报》。① 这时期日本无政府主义思潮颇为高涨，提倡和宣传无政府主义的重要人物有幸德秋水、大杉荣等一批人。章太炎、刘师培以及何震与他们来往甚

---

① 《天义报》1907 年 6 月创刊，1908 年 4 月停刊，共出 19 期。刘师培等为躲避日本政府的查禁，乃以《衡报》的名义又秘密出刊 11 期，至 1908 年 10 月终被查禁。

密。刘师培等遂组织起社会主义讲习会，作为宣讲无政府主义的团体，《天义报》遂亦成了社会主义讲习会的机关报，大量发表宣传无政府主义的文章，并译介著名的无政府主义者的思想和著作，从蒲鲁东、施蒂纳、巴枯宁直到克鲁泡特金和托尔斯泰。刘师培宣称："吾辈等之宗旨，不仅以实行社会主义为止，乃以无政府为目的者也。无政府主义，于学理最为圆满。"① 刘师培及《天义报》崇信克鲁泡特金与托尔斯泰，宣传他们两人的东西尤多，成为当时中国无政府主义运动的一支以东京为基地的重要力量。

另一支无政府主义的重要力量是以巴黎为基地，以张静江、吴稚晖、李石曾和他们所办的《新世纪》杂志为代表。

说来颇有些怪异，这两股无政府主义力量，却正是当时革命党内互相对立的两派。

事情的起因是这样的。日本政府应清政府之请，强使孙中山离开日本，孙中山离开日本时，获赠一笔款子，孙只将其中一小部分留交《民报》之用。对此，章太炎极其不满，乃发起反孙的舆论。《民报》本以孙中山为革命的旗帜，此时却变成章太炎攻击孙中山的大本营。革命党内拥护孙中山的人自然不会坐视，吴稚晖、李石曾以及稍后从东京来到巴黎的张继等人便在《新世纪》应战，批驳章太炎等人对孙中山的攻击。自然，《新世纪》的主要内容还是宣扬无政府主义思想。不过，《新世纪》与《天义报》却有些不同。一则，前者是在欧洲无政府主义的发源地吸收和宣传无政府主义思想，较能接近无政府主义的本来面貌。后者是在东京，大多是转述日本无政府主义者的译述作品。二则，以《天义报》为阵地的刘师培等人，是在叛离革命党后，转向无政府主义，所以他们同革命党的关系非常对立，在思想上也常常表示出反对孙中山革命思想的立场。《新世纪》派的吴稚晖等人，长期追随孙中山，他们始

① 见《社会主义讲习会第一次开会记事》，《天义报》第 6 期，转引自张枬、王忍之编《辛亥革命前十年间时论选集》第 2 卷（下），第 944 页。

终保持与同盟会革命党人一致的政治立场，提倡无政府主义与民族主义"合力革命"的主张。三则，刘师培与章太炎等人是以治旧学起家，他们对传统旧学有着浓厚的民族情感，故盛倡"国粹主义"。章太炎个人虽亦有批判孔儒的言论，但对传统文化精神是依恋甚深的。而吴稚晖等人则对许多旧传统颇不以为然，他们公然鼓吹"三纲革命""孔子革命"，大倡"四无"（无父、无君、无法、无天）之说。正因为他们不甚留恋旧文化，所以，他们还成为主张废除汉字，推行世界语的先锋。总之，东西两股无政府主义势力，在政治态度上、思想文化主张上都有明显的区别。这也告诉我们，在研究中国人引入、吸收和传播西方某种思想学说的时候，一定要深入考察其具体渠道和传播者的社会身份及其教育与学术文化背景，不可只就表面文章论其得失。

武昌起义爆发之前，《天义报》与《新世纪》先后停刊。武昌起义之后，无政府主义者的活动较为积极的是以江亢虎为首的中国社会党及从中分裂出来的一个新的社会党。另一支活跃的势力是以刘师复为首的晦明学舍。

江亢虎于1901年至1904年期间曾两度赴日，接触日本无政府主义者，归国后曾在袁世凯麾下任职。武昌起义后，江为准备投身政治而在上海创立中国社会党，发表党章，提倡无政府主义的一些主张，如教育平等、遗产归公、专征地税、奖励劳动等。因出于政治造势的动机，其吸收党员毫无限制，愿者皆可，以致有所谓490多个支部、52万多党员的夸说，极不可信。

江亢虎为迎合袁世凯而修改党章，致引发内部斗争，反对一派以沙淦为首，另立社会党，但遭遇袁世凯的解散令，实际直到1913年沙淦被害，始真正瓦解。而江亢虎的中国社会党亦于二次革命爆发后被袁世凯解散。

江亢虎与沙淦并无太大区别，他们的分裂完全是因为对袁世凯的态度不同。就思想论，他们都提倡"三无"论，即无国家，无宗教，无家庭。

　　此时期另一位无政府主义者是刘师复。刘是广东香山人，1904年赴日留学，1905年同盟会成立，即加入，积极参加革命活动。刘归国后，1907年因参与谋刺清官员而被系狱两年，狱中读《新世纪》，接受无政府主义思想。出狱后，刘继续参加暗杀活动。1912年，其在广州组织晦明学舍，在组织内部，颇能实行无政府共产主义式的管理。刘师复，可说是一位真正信仰无政府主义，精神上颇近理想主义境界的人。他曾创立心社，提倡既奉行无政府主义的基本信条，又严格约束各自的行为，如讲素食，不饮酒，不吸烟，不用仆人，不坐人力车，不做官，不入政党，不做议员，不做军人等。

　　刘师复曾出刊《晦明录》，后改为《民声》，宣传其无政府主义思想主张。刘师复最相信克鲁泡特金的思想，对托尔斯泰的泛劳动主义和道德自我完成的思想亦甚欣赏。《民声》杂志，在其死后（刘死于1915年3月）还继续出版一段时间，至1916年底始停刊，共出版29期。

　　（2）新文化运动时期无政府主义者的活动

　　关于新文化运动的起始时间有两种意见，一种意见，以陈独秀创办《青年杂志》即为新文化运动的开始；另一种意见，以《文学改良刍议》发表，掀起文学革命运动，作为新文化运动开始的标志。我本人一直赞成后一种主张。本书也是如此。所以，讲新文化运动时期的无政府主义，是从1917年讲起。

　　新文化运动实际经历了很长的酝酿时期，远则可从清末讲起，近则可从1915年讲起。1915年，思想文化界最重要的事自然是《青年杂志》的创刊。当时人们都把《青年杂志》看作《甲寅》的继续。《甲寅》之所以受到人们的重视，是因为它直接接触政治出路的问题。但它只是诉诸舆论，而舆论总是难免受到权力的操控，所以《甲寅》不能收获到什么实际的成果。《青年杂志》改变了《甲寅》的方向，它直接诉诸青年。它要屏当一切，直接向青年喊话。而文学革命的展开和凯歌行进，使陈独秀、胡适等大力提倡的新思想、新观念能够顺畅地为广大青年所接受。于是，文学的解放、思想的解放，迅速把大批大批的青年推到时代剧变的潮头。许多从外部传来的新思想、新观念都在青年中找到自己的受众和传播者。无政府主义虽不是初次接触，但经历思想解放潮流的剧烈震荡，这一思潮显然是找到了更多的拥护者和传播者。

前面我们说过，刘师复，这位颇具理想主义的无政府主义者的领袖人物，于1915年去世。他的追随者，虽继续了他的事业，但无人可以代替他的地位和影响。他的影响全在于他的人格，而他的人格全在于他对主义的真诚。任何思想学说，其生命力得以维系，首先要靠一些真诚的信仰者，以使徒般的精神去弘扬此种思想学说。否则，它就会变成一些人应世的工具，完全没有了灵魂。一种失去灵魂的思想学说，其命运归宿可想而知了。

新文化运动起来之后出现的无政府主义者，大多是初入社会的青年。他们的纯真，至少在一定时间内保持了他们对主义的真诚。所以，1917年后迅速在全国各地涌现的无政府主义小团体及其所办的刊物，真是像雨后春笋一般，数量甚多，此伏彼起。在一个时期内，无政府主义成为中国思想界一种很有影响力的思潮，影响了无数的青年。当然，这段时间并不很长，随着时势的急剧变化，青年们分别找到了他们自以为更值得相信、更值得追求的目标。

我们简要介绍一下这个时期无政府主义者的活动情况。

北京大学的几个学生于1917年5月成立一个叫"实社"的小团体，主要成员有赵太侔、黄凌霜、袁振英等。7月《自由录》第1集出刊，其中《实社意趣书》一文宣称："本社以进德修学为宗旨，而以研究'无政府主义'Anarchism为范围"。[①] 从此可见他们是一个学术性的团体。在其《自由录》的《弁言》中，他们也宣称，他们只致力于宣传无政府主义的理想。《自由录》中常刊登其内部成员间互相讨论的书信。实社曾计划翻译一些重要的无政府主

---

① 《实社意趣书》，引自张允侯等编《五四时期的社团》（4），第162页。

义著作，如克鲁泡特金、巴枯宁、高曼、托尔斯泰等人的著作。从《自由录》第 1 集请吴稚晖为他们写《跋语》，可知他们与老牌的《新世纪》一派的无政府主义者有联系。

无政府主义是任何政府都不喜欢的。所以到 1918 年底前，几个无政府主义的小团体及其所办的刊物都陆续被查禁，包括民声社及其《民声》、实社及其《自由录》、平社及其《太平》、群社及其《人群》等。这四个小团体乃于 1919 年 1 月合并，在北京组成进化社，并出版《进化》月刊。其主要成员有郑佩刚、杨志道、黄凌霜、区声白、尉克水等。值得注意的是，进化社明确以刘师复的精神为号召，它把《进化》第 3 号做成《师复纪念号》。在其第 2 号上发表的《本社特别启事》中说："无政府共产主义方始萌芽于支那，而强权摧之，邪说乱之，吾光明神圣之主义不绝如缕。当斯时也，海内希有之师复先生，握瑾怀瑜，死守善道，虽迁徙四方，不遑宁处；然卒于艰难困苦之中，忘寝废食，以惨淡经营其《民声》而刊布焉。自此而后，真理以明，邪说以摧，此为四方同志之所知，亦永永不能忘者也。……同人等既思逝者，复念时艰……不能不懔乎后来者之责任愈重；势愈微，则致力益当猛厉。窃愿矢诸逝者之灵，作其无前之气。"① 这个宣示也可说明，我在前面所说，新文化运动起来之后，一代新青年服膺无政府主义是怀着相当真诚的信仰的。进化社亦曾公布他们有翻译的计划，仍是以翻译克鲁泡特金的著作为主。

奋斗社也是由北京大学的一些学生组成的小团体，主要人物有易家钺、郭梦良、朱谦之等。该社成立于 1920 年 1 月，同时即创刊《奋斗》。该刊最明显的特点是极力攻击苏俄与布尔什维克。他们宣称，他们反对苏俄和布尔什维克，是因为，第一，苏俄与布尔什维克"抹煞个人"；第二，他们滥用强权；第三，他们专制独

---

① 原载《进化》第 1 卷第 2 期，引自张允侯等编《五四时期的社团》（4），第 187 页。

裁。须知，无政府主义是崇尚个人主义的，特别是以施蒂纳为代表的一派无政府主义者，最为突出。奋斗社里的易家钺、朱谦之等都是非常突出的个人主义者，他们不但一般地主张无政府，而且极端地反对一切外在的权力和权威。

学汇社也是在北京活动的无政府主义者组织的团体，他们利用《国风日报》的版面办一副刊，名曰《学汇》，每日一期，从1922年10月10日创刊，到1923年12月31日共出版387期。学社及其刊物的任事人员，都用化名，难以确认到底是哪些人，但可看出参加者人数较多。《学汇》所登用的文章甚少有独立的内容，但因其每日一刊，所登通信及所谓"同志消息"，可提供不少无政府主义者在各地活动的线索。

民钟社是在广东新会活动的无政府主义者组织的小团体。他们于1922年7月办起《民钟》月刊，大约第6期以后，便不能按时出刊，遂改成不定期刊，到1927年7月，共出23期。民钟社的《宣言》表明，他们坚守无政府主义的基本信条，把国家和政府、私有制、宗教和家庭视为大敌，要一律推翻。

在新文化运动期间，全国各地的无政府主义小团体及其所办的刊物很多。如北京有互助社；上海有新人社、道社、民众社、真理社、自由社、安那其同志社；南京有群社、民锋社；山西有平社；湖南长沙有安社、星社、青年学会、青年俱乐部、湘雨诗社、湖南劳工会、健康书社；汉口有鸡鸣社、安社；广州有真社、素社；四川有重庆的适社，成都的半月刊社，合江的党社，达县的益社，泸州的明社，华阳的无社；安徽芜湖有安社。此外，在巴黎有工余社，旧金山有平社；等等。还有吴稚晖办的《劳动》月刊、陈炯明办的《闽星半周刊》和《闽星日刊》，也是宣传无政府主义的重要机关。我们有理由推测，可能还有不少的无政府主义小团体及其出版品，我们至今还没有能够发现它们的踪迹。据估计，在新文化运动期间，全国各地以及个别在海外活动的无政府主义小团体有90多个，其印行的书刊有110多种。这个估计仍是比较谨慎的。

（二）新文化运动时期无政府主义者的思想主张

中国的无政府主义者，虽然与他们的西方前辈处于非常不同的社会与历史环境，但他们对于无政府主义基本思想是充分接受并有所领悟。新文化运动时期，无政府主义的小团体甚多，分散各地。但他们对于无政府主义基本思想主张的坚持是一致的，如取消国家和政府，取消私产制度，反对宗教，反对家庭等，都是他们宣传的基本内容。

北京实社《自由录》的《弁言》说："吾人既感于现社会之不平等，与乎颠连无告者之盈天下也，于是思有以变革之。于政治上则蕲无政府之组织，于经济上则主张共产之真理，而希其实现。"① 《进化》杂志的《本志宣言》说："现在社会的政治、宗教、法律、资本家，阻止人类全体的自由的幸乐，使他不能实现，都是强权的。我们应该'百尺竿头，更进一步'，从根本上将他们扫除（全世界革命），由平民自己去行那'互助'的生活（各尽所能，各取所需），这才算进化的公理（无政府，无私产）完全战胜强权呀！"② 广东新会县城的无政府主义小团体民钟社的宣言，对无政府主义的基本主张有更清晰更完整的宣示。宣言说："自从欧战告终以来，四面的思想都注重于平民方面，什么'民本主义'，什么'民权主义'，什么'德模克拉西'，什么'苏维埃'，都是想替平民谋幸福的产物。但是，他们的结果，还没能达到美满的地位。何以故？因为这几种主义，统同是不肯把平民的大敌从根本推翻的缘故。……但是平民的大敌是那些？现在照我们所认定的，大略列举出来：一、国家和政府……二、私有财产制度和工佣制度……三、宗教……四、家庭……以上四种，不过是我们所认为最大的仇敌。至其余所谓'道德'呀、'习惯'呀、'风俗'呀，……种种不自

① 《弁言》，张允侯等编：《五四时期的社团》（4），第164页。
② 《本志宣言》，张允侯等编：《五四时期的社团》（4），第185页。

然的、违反人性的东西，也是我们平民的仇敌，我们应当一律给他推翻。"①

对于何以必定要废去国家和政府，著名的无政府主义者区声白在《自由录》第 1 集上所发《平民革命》一文，说得较为清晰。他说：

> 世界之革命无已时，斯社会之进步无止境。革命者，去其恶而代之以善也。何为善？足以增进人群之幸福斯为善，否则为恶。顾往昔革命，纵观历史，亦屡屡见。夏桀之暴，成汤之革命以兴；殷纣之虐，武王之革命以起。有路易十六之专制，法国于以共和；有英政府之苛敛，美国于以独立。若斯革命，必谓之尽美尽善乎？则曰：未也。何以故？此种革命不过以甲政府之不良，民心厌极，思废除之，而代之以乙；他日乙亦如是，则又思代之以丙；易数千百日，而其结果亦不外如是。不求其病之源，而妄行下药，此方不愈，更易他方，以一身为试验品，病未见其稍瘥，而其体益不可支。易政府之革命何以异是？②

他接着指出，政府之本质就含有必然为恶的因素。他说：

> 政府者，威权之所属，号令之所出，一旦柄操其手，未有不滥用威权而妄施号令者。或曰：君主专制政体则然已，若民主共和政体，则有议会以监督之，未必如是。此实政客欺人之言也。当其未为官吏议员之时，则口如悬河，谓吾辈一旦得志，将如何福国，如何利民；及之权位获得，则面目全非，欲

---

①　《民钟宣言》，张允侯等编：《五四时期的社团》（4），第 248—249 页。

②　声白：《平民革命》，葛懋春等编：《无政府主义思想资料选》上册，第 355—356 页。

其不与政府朋比为奸几希矣！……专制政府固恶，即共和政府亦未必善。……法也，美也，世界所谓较良之政治，观其官吏资本家托辣斯之专横，军民之困苦，何以异于未革命之前？政治家之所关心者，其权位之高低，薪俸之多寡，所谓国利民福，其口头禅。汝曾日日希望有良政府，恐待至星球灭日，犹未之见也。①

他认为，平民自为劳作，自为生活，本不须政府之干涉，所以政府实为赘疣。他说："吾辈饥则可耕而食，寒则可织而衣，劳则可筑而居，无待乎政府之指挥也。有政府以保护私产制度，虽有制造之能力，奈一般生产之器具均为资本家之所盘据何！是政府者，社会之赘瘤，不速去之，适足以养痈贻患。造成今日不平等之社会者，政府之罪也。故吾大声疾呼曰：革命！速革命！摧陷而廓清之，无留余毒。"他宣称，无政府主义者所主张的革命，不是以往那种取而代之的所谓革命。不是为一国设想，而是要"全球所有之政府一概铲除之，誓必杀尽皇帝、总统、官吏、资本家之怪物而后已，以造成一真平等、真自由、真博爱之无政府共产社会"。②无政府主义者的理想有其合理性，迄今为止，没有人说现在世界上已存在的任何一种制度已是人类最理想的制度。但要实现人类最理想的制度，需要诸多条件，而这些条件远不是很容易就能准备起来的。无政府主义者在演述如何实现无政府的共产社会时，多半提不出任何切实可行的办法和途径。吴稚晖曾说，无政府主义的社会理想，要待千年以后方能实现。他只把无政府主义视为理想，故现实做什么，如何做，他有充分的选择余地。他确比那些缺乏政治经验的年轻的无政府主义者老练得多。我们观察当时大多数新文化运动

① 声白：《平民革命》，葛懋春等编：《无政府主义思想资料选》上册，第356页。
② 声白：《平民革命》，葛懋春等编：《无政府主义思想资料选》上册，第356—357页。

中涌现出来的年轻的无政府主义者，多半分不清理想与现实，多半迷梦般地相信无政府共产社会是可以实现的。但究竟怎样才能实现无政府共产社会，他们谁也说不清楚。他们只能笼而统之地提出一些设想，唯一实际做的事情只是出版书刊和到群众中做一些宣传演讲而已。他们提出暗杀是一重要手段，但没有人去真正实行，他们和他们的前辈刘师复相比，简直就是懦夫了。

且看黄凌霜为《自由录》所写的《弁言》。他说："无政府至美也，共产至善也，欲成就之，盖未可以旦夕几也。吾人于是不能不先将无政府共产主义之观念，灌输于一般平民之脑海中，以促其自觉。灌输之方术，有激烈焉，有温和焉。前者以炸弹、手枪而为荆轲、苏菲亚之行动；后者以教育、言论劝其感化，求大多数之同智同德。二者初似不相侔，实则并行而不相背。斯篇之作，窃欲于后者稍稍尽力焉耳矣已。"①

事实上，绝大多数无政府主义者，多半用力于编辑出版书刊，翻译欧洲无政府主义者的著作，或编印一些专供宣传散发的小册子，如《兵士须知》《工人宝鉴》和一些单篇的传单之类。其所办的刊物，前面大多已提到。他们所翻译的欧洲无政府主义者的著作，据实社《自由录》第2集《实社翻译部启事》载，其第一批译书有如下几种：克鲁泡特金著《无政府主义与近代科学》《无政府主义之道德》；巴枯宁著《上帝与国家》；高曼著《无神哲理与耶教之衰落》；嘉理福禄特莲著《罪与罚》；托尔斯泰著《耶学微》。还有该社自行编译的《托耳斯泰学说之菁英》及《工会主义》。据《进化》杂志第3期所公布的该社正在翻译的书有：克鲁泡特金著《近代科学与无政府主义》《面包略取》《互助论》《无政府党之道德》《克鲁泡特金自传》；格拉弗（Y. Grave）著《死社会与无政府》《未来社会》《个人与社会》；若可侣（Elis Reclus）著《进化、革命与无政府思想》；布兰（Louis Blanc）著

---

① 《弁言》，张允侯等编：《五四时期的社团》（4），第164页。

《劳动组织》。① 民钟社通过《民钟》杂志发布广告，先后出版了十几种宣传无政府主义的书，有克鲁泡特金著《国家论》《无政府共产主义》及《克鲁泡特金全集》第 1、2、3 卷；阿里斯著《科学的无政府主义》；多乃尔著《无政府主义入门》；柏德禄著《时的福音》。以上都是翻译的书。另有中国无政府主义者著的一些书，如苦力著《无政府共产团纲领》；鲁智著《马克思主义批评》；惠林著《工团主义》；天心著《敬告中国青年》。还有几种是民钟社自己编印的书，如《无政府集》《俄国革命论丛》。② 此外，宣传无政府主义的书还有很多，其中不少是名目不同而内容相同的书。

总之，无政府主义者的实际活动最多的还是办报刊和编辑出版物，也就是宣传工作。在其他方面，他们曾提出开展活动的各种各样的想法，但在实行上，较少实绩。例如署名"血钟"的发表《革命运动》一文，其中提出四种革命运动的方式。一是所谓"见几的革命运动"。他的意思是，一旦遇到有群众的行动，就抓住机会进入其中，宣传、教育，把群众的行动引导到无政府主义的轨道上来。二是"暗杀的革命运动"。文章说："我们暗杀一个官僚或资本家，可以救出几百几千人的生命。"所以要组织暗杀党。遇到工人罢工，暗杀党可以警告官僚或资本家，如不答应工人的要求，就实行暗杀。这可让官僚资本家惊慌失措。三是"造谣的革命运动"。其认为在那些比较偏僻闭塞的地方，此种方式很有效力。这可见无政府主义者也是不择手段。四是"军队的革命运动"。中国多兵，军队革命最易达到推翻政府、官僚、资本家的目的。可直接进入军队当上军官进行运动，发展无政府党；也可以间接同与军队

---

① 见《本社第一次译书目录披露》，张允侯等编：《五四时期的社团》（4），第190 页。

② 见《民钟社出版的书籍》，张允侯等编：《五四时期的社团》（4），第262 页。

有关的人接触，通过他们去运动军队，使之成为无政府党。[1] 这些基本上只是秀才纸上谈兵，甚少实行的成绩可说。另一个无政府主义者署名"安"的，发表《劳动运动》一文。由于该文着意在反对中共领导的工人运动，所以再三强调所谓"劳动者自身觉悟"，反对"盲从野心家的指挥"等。文章宣称，要搞"有自觉自决，能奋斗到底，自由组织，不受任何人指挥与支配的工人团体"。[2]无政府主义者在观念上，确曾较早注意到工农运动的问题。但自从中共成立，深入工农群众，大搞群众运动以后，无政府主义者对工农运动的影响力就大为削弱，逐渐退出工农运动的舞台。

　　无政府主义本质上是绝对自由主义和极端个人主义，他们不容忍一切外在的限制、束缚，不能容忍一切外在的权威，认为国家、政府、法律、宗教、家庭，以及旧有的道德，都是妨碍个人自由的外在的强制性权威。他们激烈地反对国家、政府、宗教、家庭和旧有的道德。他们说："我们行为都受政治、财产、家庭、风俗习惯和一切制度束缚、制裁，要得到生存上的绝对自由，非铲除一切束缚、妨阻我们的东西不可。"所以，"'安那其主义'（即无政府主义——引者）就是自由主义——绝对的自由主义，我们要求绝对的自由，非做到'安那其'境地不可"。[3] 另有一位无政府主义者说："我觉得一有规则，就没有自由"，[4] 更清楚地道出了他们不容忍一切外在权威的极端个人主义，或者所谓绝对自由主义的思想主张。从他们的言论主张，已经可以看出，无政府主义者的绝对自由和极端个人主义，与本书前面若干章节里讲的作为新文化运动主要思想观念的个人意志或个性主义是根本不同的概念。前者完全没有

　　[1]　血钟：《革命运动》，原载《互助月刊》第 1 期，引自张允侯等编《五四时期的社团》（4），第 219—222 页。

　　[2]　安：《劳动运动》，张允侯等编：《五四时期的社团》（4），第 223—224 页。

　　[3]　遗恨（李勉成）：《安那其与自由》，葛懋春等编：《无政府主义思想资料选》上册，第 493 页。

　　[4]　M L：《我不满意"法律"》，《国民》第 2 卷第 3 期，1920 年 10 月。

社会的观念，不懂得一切个人都只能是生活在社会中的个人，没有绝对超然独立的个人，因此也就不可能有脱离社会存在的绝对自由。

无政府主义的绝对自由论势必与政治、法律、宗教、家庭、道德发生尖锐的矛盾。有一位无政府主义者专门撰文谈"家族的处分"。作者说，反对家庭、破除家庭的重要理由就是："家族主义和人格主义抵触"；"家族主义为个性发展的障碍"；"家族主义和人的自由冲突"。①

具有学者身份的无政府主义者朱谦之有一篇文章叫作《革命家的性格与精神》。他说的"革命家"，自然是无政府主义的革命家。他说，革命家的新道德，第一，反对一切"矫揉造作的道德"，"人造的道德"，提倡"自然如此"的道德。第二，"革命家最恶的是权力的压迫，最喜欢的是发展个人绝对的自由，……把一切限制我的自由、阻碍我的前路的，都破坏他，推翻他"。②

无政府主义的这种绝对自由主义的精神，最容易摇撼青年人的心。在新文化运动时期，许许多多的青年曾不同程度地受到无政府主义思潮的影响。这一点后面我们还将比较集中地加以讨论。这里我们先要指出，由于这种绝对自由主义的思想特质，造成无政府主义者难以建立巩固的联合，他们的小团体都是人数不多，且进出随意，缺乏组织纪律性，没有稳定的核心，没有能孚众望的领袖分子。所以，在激烈多变的政治风潮中，这些小团体旋兴旋灭，不足以有大的作为。中国的无政府主义者，起初对俄国十月革命多半抱欢迎的态度，他们甚至于以为俄国革命就是无政府主义革命的开端。但他们很快就发现他们所崇奉的导师们，都不喜欢俄国革命，于是他们对十月革命改采批评的态度。到中国共产党诞生前后，他

---

① 两极（梁冰弦）：《家族的处分》，葛懋春等编：《无政府主义思想资料选》上册，第 401 页。

② A. A（朱谦之）：《革命家的性格与精神》，葛懋春等编：《无政府主义思想资料选》上册，第 443 页。

们的态度变得更为敌对。最有代表性的是奋斗社的《奋斗》旬刊，易家钺（署名"ＡＤ"）在该刊第2期上发表《我们反对"布尔札维克"》，宣称要从理论和方法两方面批判"布尔札维克"。但实际上，这篇文章只不过对俄国布尔什维克坚持阶级斗争和无产阶级专政表示坚决反对，谈不上什么理论分析和方法论的批判。他在文章中说，布尔什维克搞"阶级战争"就是提倡战争。既然搞阶级战争，要打倒资本家，为什么不打倒资本主义的国家？所谓劳农专政，把资本收归国有，那国家就还是资本主义的国家。所以，他认为这是布尔什维克理论上的不彻底。文章还指责布尔什维克，实行劳农专政就是实行强权。"俄国中央政府曾出告示，实行强迫主义，要将土地收归国有，不顾农民的生计如何。其他如干涉婚姻、教育、言论及出版，布尔札维克党无所不用其强权手段，束缚人民的自由。"① 另一位署名"ＡＦ"的，发表《为什么反对布尔雪维克？》一文。他颇读了些有关社会主义和马克思主义的书，比较上一篇文章的作者，其思想略为深刻一些。他批评前文作者没有区分资本与资本主义，批评他笼统地反对阶级斗争之不当。他认为，无政府主义者反对布尔什维克的根本理由应当别有所在。按他的说法，其理由一是布尔什维克抹杀个人。他认为："文明是从参差里生出来。学术界有独一的思想就不能进步。"而"布尔雪维克是要以国家的权力来干涉个人，是要从物质上干涉个人到精神上"。"一概干涉，叫国家来治理，于是个人自吃饭穿衣以至于著书立说，都要仰赖国家，因为随便什么都是由国家办理。"② 他认为，这样干涉的结果是一切都整齐、一致，抹杀了个人，使社会退步。这是他反对布尔什维克的第一个理由。第二个理由是，他认为布尔什维克"滥用强权"，"非人道"。第三个理由是，他认为布尔什维

---

① ＡＤ：《我们反对"布尔札维克"》，原载《奋斗》第2期，引自张允侯等编《五四时期的社团》（4），第195页。

② ＡＦ：《为什么反对布尔雪维克？》，原载《奋斗》第8、9期，引自张允侯等编《五四时期的社团》（4），第202、201页。

克"独裁专制"。其他无政府主义者，反对和攻击布尔什维克，说法不尽相同，但基本不出这几个基本理由。他们后来反对中国共产党，除了有关现实政策方面的对立以外，也是基于这几个最基本的理由。这其中最关键的问题是国家政权问题。依照马克思的基本理论，无产阶级革命所建立的新政权是向国家消亡、阶级消亡、实现共产主义的不可免的过渡时期。问题的关键在于，要利用这个政权，逐渐削弱政权本身的作用，逐渐扩大人民自决，亦即扩大民主，以至最终，人民可以完全自己处理自己的事务，国家政权完全成为一种大家都不需要的赘疣而终归消失。显然，俄国布尔什维克执掌的苏维埃政权当时根本不可能显示出这样的趋势。列宁在他的著作里曾经提到过，无产阶级的政权既然是绝大多数人对极少数人的专政，那么用于专政的力量，必然会越来越小，直至国家消亡。但俄国布尔什维克的实践，不曾体现列宁的这一说法。

中国近代社会，旧的纲维已经瓦解，新的制度体系远未形成，所以呈现未整合的无序状态。在此种无序状态的社会里，从原有各社会阶层或社会单位中游离出来的暂时处于无归属状态的人必然很多。由于这个原因，中国的无政府主义者，成分格外复杂，力量格外分散，其小团体甚多，旋兴旋灭，其思想主张亦不尽相同。大体说来，他们都没有什么原创性的思想，都不过贩卖一些西方无政府主义者的言论著述而已。其中，以克鲁泡特金的介绍为最多，因此其对中国无政府主义思潮影响亦最大。

有人将中国新文化运动时期的无政府主义者分成三个小派别。一派是所谓无政府共产主义，以北京的实社和后来的进化社为主，其代表人物有黄凌霜、区声白等。他们颇以正统自居，且特别标榜他们的无政府主义是科学的理论。另一派所谓无政府个人主义，以奋斗社为主，代表人物有易家钺、朱谦之等。他们以绝对个人自由相标榜，崇尚施蒂纳的"唯一者"、柏格森的直觉主义，认为科学与哲学无关，与革命也不相干。他们怀疑一切，破坏一切。第三派是所谓无政府工团主义，以工余社、互助社为主，代表人物有郑佩刚、李卓等。他们在中国工人运动已经起来，特别是中共成立之后，特别标榜此主义，以与中共争夺工人运动领导权。他们反对政治斗争，反对无产阶级革命与无产阶级专政。不过，这种派别的区分并不是很严格的，他们之间也并未发生严重的争论。几个最活跃的无政府主义者，在各小派别之间都有较大的影响，因此，各小派别之间并无严格界限。他们在反对国家和政府，反对私产制度，反对宗教和家庭，反对政党和政治斗争，反对共产党和马克思主义等最基本的方面，是很一致的。

（三）无政府主义在中国得以广泛传播的原因

无政府主义思潮从清末传入中国，到新文化运动时期，特别是中国共产党成立之前的一段时期，其传播蔓延甚广，影响甚大，绝大多数知识青年多少受过它的影响。研究此问题的美国学者阿里夫·德里克也看到，"在'五四'初期，相互冲突的社会革命思想里，却是无政府主义最为流行"。[①] 这种情况的发生，有其深刻的历史的与社会的和现实的原因。

从历史的方面说，应当承认，一种外来的思想，如果在本土完全找不到可以与之相接榫的东西，换句话说，完全找不到可以相互融入的本土思想资源，那么，它是很难传播开来，并得到众多接受者的。

外来思想的引入者，自然都是知识分子，他们都在一定程度上了解和熟悉本土的思想资源。我们可以断定，他们必定在自己的头脑中有某些可以使他对某种外来思想产生认同感的东西，否则，他不会对某种外来思想发生兴趣，更不会产生要把它引介给自己的同胞的想法。所以我们可以肯定地说，中国传统文化中，有相当丰富的思想资源，可以帮助人们较顺畅地同无政府主义思潮接近，了解

---

① 〔美〕阿里夫·德里克：《中国革命中的无政府主义》，孙宜学译，广西师范大学出版社 2006 年版，第 170 页。

和相互融通。这些资源在先秦诸子那里可以找到很多。

比如老子。人们都知道，《老子》是中国古代第一部对国家和政府的残民、扰民提出抗议的书。它认为国家、政府的许多政策、施为，造成了人民的疾苦，社会的不安。它主张无为而治，最大的无为，自然就要取消国家和政府。

《老子》书中有谓："民之饥，以其上食税之多，是以饥。民之难治，以其上之有为，是以难治。民之轻死，以其上求生之厚，是以轻死。"又说："天下多忌讳，而民弥贫；民多利器，国家滋昏；人多伎巧，奇物滋起；法令滋彰，盗贼多有。"它认为民贫、国昏、奇物、盗贼，都是由国家政府之过所造成。它还说："天之道，损有余而补不足；人之道则不然，损不足以奉有余。"这就暗示，有政府不如无政府。它主张："我无为而民自化，我好静而民自正，我无事而民自富，我无欲而民自朴。其政闷闷，其民醇醇；其政察察，其民缺缺。"总之，老子的主张是，国家政府有为不如无为，有政府不如无政府。人民本可自化、自正、自富、自朴，国家多为、多事反令民不堪命。老子的思想最近于无政府主义。

孔子与老子不同，他是主张积极入世，得道兴邦的。但他也不主张多事扰民。他的理想政治也是"无为而治者，其舜也与！夫何为哉？恭己正南面而已矣"。而且更重要的是他和他的后学为我们昭示了举世皆知的大同理想。《礼运·大同》所描绘的未来社会理想与无政府主义的理想也是极相近的。

至于其他先秦诸子，如墨子主张非攻、兼爱、尚同等，也都蕴含着轻国家、重人民、平等博爱的理想。

我们应该特别注意到，中国早期用力宣传无政府主义的，都是饱读古书的学者，如刘师培、吴稚晖、李石曾、蔡元培等，这也不是偶然的。它说明，中国传统思想中确实不乏可与西方无政府主义思潮相融通的思想资源。正是由于他们这些精通中国古代思想资源的学者，起到将西方出产的无政府主义思想与中国固有思想资源嫁接起来的作用，乃使后来者在更加适合的时代氛围中，将无政府主义思潮在中国传播开来。

中国地广人多，各地风俗有异，甚至语言不通，名义上是高度中央集权的体制，实际上，在古代交通不便、信息不畅的情况下，朝廷的力量之于全国各地实属"鞭长莫及"。因此人们对于政府，实无明晰的概念，一般人，交粮完税之后，过自家小日子。所以古语所谓"日出而作，日入而息，凿井而饮，耕田而食，帝力何有于我哉！"此语流传甚广，考之历史实际，亦大致不谬。

这就要说到无政府主义扩大传播的社会原因。

无政府思潮开始传入，是清末王纲解纽的社会态势有以促成之。

甲午战败，有识之士多已认识到，清朝旧有的统治秩序已经难乎为继了，于是革命运动、改革运动并时而起。人们对现有的国家政权已渐绝望。革命党要取清王朝而代之，不过是代之以共和国。改革派要根本改造国家制度，变专制制度为立宪制度。对于立宪救国，怀疑者甚多，因为人们对清王朝已绝望，君主立宪既然不废清朝的君主，人们便无论如何都不相信，一旦实行宪政了，国家就好了，人民就可安生幸福了。至于革命以建共和，人们照样存疑。《天义报》就提出："法国之革命，巴黎市民之革命也；美人之革命，商人之革命也。故革命既成，多数之贫民仍陷于贫苦之境。"所以，只要不是全体人民的"根本革命"，结果仍不能解决全体人民之幸福乐利。他们说："欲保满洲君统，固不足道，即于排满以后，另立政府，亦有以暴易暴之虞"，[①] 不如采无政府革命为根本之革命，彻底解决问题。

更重要的是，无论立宪运动，还是革命运动，在中国欲其成功都非易事。立宪运动是用和平改革的方式达到根本改变国家制度的目的。在中国历史上，即使不涉及国家根本制度，仅仅是做重大政

---

① 震、申叔：《论种族革命与无政府革命之得失》，《天义报》第6、7期连载，1907年9月1、15日。

策的调整，都会遭到既得利益集团的强烈反对，而没有成功的先例。实行国家根本制度的变革，势必招致更多、更大利益集团的拼死反抗，所以更难有成功之望。中国政治史上一向缺少不同政治势力间实行妥协的传统。他们讲究的是，"不是东风压倒西风，就是西风压倒东风"，只有一个胜利，一个消亡，才算是有了结果。所以，只见有不断的王朝更替，不见有社会制度的变革。人们有理由怀疑立宪运动是否能够取得成功。革命运动，在一部分人们之中，本是信心满满的，因为历史上太多暴力推翻旧朝取得成功的先例。胸中只有简单的排满主义和以取而代之为目的革命党人即属此类。但以孙中山为首的一批革命党骨干，他们不是简单地排满，不是简单的取而代之主义者，他们将种族革命与政治革命，甚至社会革命统合起来，欲毕其功于一役。所以这个革命难度是空前的。从1895年策划广州起义，累次起义都没有成功，却牺牲了无数革命精英。每一次大的失败都不免令一些人产生悲观情绪。

清政府已经无可救药，而立宪运动前途渺茫，革命运动尚未出现胜利的曙光。无政府主义思潮正是在这种社会态势下，适应了一些对革命与改革满怀狐疑的人们的心理。我们前面已经说过，无政府主义恰是当革命队伍发生分裂现象的时候兴发起来的。当然，中国的无政府主义者，成分比较复杂，也有像吴稚晖、李石曾等那样始终留在革命党队伍里的，他们把革命视为通向无政府共产社会的一个阶段。

凡属没有稳固而又强大的社会基础的社会力量，在其努力遭遇重大挫折时，往往会出现两种极端的倾向：一是变得狂躁冒险，采取孤注一掷的行动，如暗杀、爆破之类；一是逃避现实，以主观幻想的解决方式来代替脚踏实地的斗争。无政府主义即是后者的实例。

如果说，清末的社会态势给无政府主义思潮的输入提供了社会条件，那么民国初年一段社会失序的状态同样给无政府主义的传播提供了适合的社会条件。民国成立后，人们满以为，腐败的清王朝

垮掉，新的所谓共和政府能够给人民造就安居乐业的社会环境，然
而事实却远非如此。初生的中华民国临时政府，其中不乏颇具共和
理想的人士，但辛亥革命的结果，是三大势力妥协的结果，即革命
党、立宪派与代表清王朝剩余势力的以袁世凯为首的北洋派。论实
力，北洋派最大，革命党与立宪派差不多；以武力说，革命党胜于
立宪派；以经济实力说，立宪派略胜于革命党。若两派联合，应对
北洋派，至少政治上可占上风，经济上亦可支持相当一个时期，唯
武力尚不及。以当时的形势，若革、宪两派真能联合，可以制衡北
洋势力，至少可以维持共和国体和相对稳定的社会秩序。然而，出
于种种原因，两派仅仅在与北洋派谈判迫使清帝退位的时候，维系
了联合的态势，到国会开幕后就渐渐不能相容，最后，终被袁世凯
各个击破。但袁世凯的北洋派也终不能实际上统一全国，而且即使
在革命党内部，立宪派内部，北洋派内部，也不能团结一致。于是
全国呈现出各据实力、分站山头、各行其政的态势。既然没有有效
的统一行政与法治，于是秩序混乱，土匪遍地，游民四串，民不安
生。当时有很多人抱怨，认为民国尚不如清末的社会之有序，道德
风尚亦不如清末，充满悲观失望的情绪。[①] 无政府主义在民初继续
传播是有其相当的社会基础的。

鉴于革命所造就的共和国，并没有给人民带来实际的好处，社
会显得更加混乱，道德危机更加严重，于是有识之士，失望之余，
乃思从思想文化入手，力图改变人们的思想观念，以求造就革新国
家的新的社会力量。所谓新的社会力量就是受旧思想旧习俗的熏染
较少，容易形成新思想新观念，受过相当教育，具备新知识，追求
新生活的青年一代。这就是我们马上要讨论的，无政府主义得以扩
大传播的社会现实。

新文化运动的发起者们，鉴于当时的社会混乱无序，革命与改
革接连失败，国家与个人皆显出前路茫茫的景象，旧有的社会力

---

① 参见本书第一章第一、二节。

量，皆没有能力提出新的目标与新的途径，他们不得不把希望寄托于青年。所以，他们明确地以呼唤青年觉醒为职志。新文化运动，尤其是接着发生的五四运动，使成千成万的青年冲破旧有的种种束缚，走上社会，走上寻求新生活的征途。这一点我们在本书第二章有很详细的论述。这里只须着重指出，青年一旦被唤醒，他们最先感受到的压迫和束缚是来自旧家庭、旧伦理，以及与此紧密相关的旧式婚姻。无政府主义反对家庭的主张，对青年们正如久旱遇甘霖；再进一步接受反对国家、反对政府、反对宗教等，就有了相当的思想基础。当五四爱国运动爆发的时候，青年们对不能保国家、不能保人民的政府厌恶到极点。无政府主义的基本思想主张，进入青年人的脑中，几乎没有任何障碍了。更何况，文学革命造成白话国语的畅行，青年们学习和接受新思想、新观念有了得力的新工具，而当时宣传无政府主义的书报特别注意基本口号的简单动听和文字的浅显易懂。他们的基本口号是无政府、无宗教、无家庭，劳动至上，各尽所能，各取所需。这些都是极能打动青年人的。李达曾回忆说："无政府主义在中国的影响很大，我记得当时很多人都是安那其（即无政府主义——引者），……况且，无政府主义在中国传播又早，宣传的主张又好听。'各取所需'这个口号很迷惑人，所以，一般青年人相信这个（指无政府主义——引者）的就多。"① 另一位曾受过无政府主义影响的人回忆说："在那个时候，马克思主义的书译成中文的还很少。……我识字不多，很难读懂这些书。而无政府主义的书，简单浅近，这也是它容易被接受的原因。"② 无政府主义者编印的书、刊、小册子，其文字的浅白与生动活泼，可从一个实例得到验证。当时相当活跃的一个无政府主义者陈小我，编过好几种宣传小册子或短篇文章。他编写的《劳动

① 李达：《中国共产党成立时期的思想斗争情况》，中国社会科学院现代史研究室等选编：《"一大"前后》（2），人民出版社 1980 年版，第 51—52 页。
② 徐行之：《党成立时期浙江的工农运动》，《"一大"前后》（2），第 38 页。

歌》，我们取其中一段作为例子。他写道："劳动停，无进化，劳工神圣言非夸。劳工才是造物的万能主宰，人类的养生爹妈。可恨那般不肖的官僚、军阀、地主、资本家，他们衣的、食的、住的，都没给一点代价，只逼着养生爹妈做奴隶牛马，出泪、出血、出汗供给他，他还作威作福施高压，强迫爹妈守奴法！这种忤逆东西，养他来做啥！不如同盟罢工，绝了他的粮，断了他的衣，驱逐他出门，不管他饿死也罢，冷死也罢。"[①] 短短不到二百个字，把劳动人民受剥削、受压迫的情形以及应该起来反抗的道理，说得很清晰，很明白，它能够吸引人、感动人就不奇怪了。正因此，在马克思主义较多地输入中国以前，特别是在中国共产党诞生以前，无政府主义在思想界，特别是青年界传播甚广，影响甚大，就一点也不奇怪了。

（四）新文化运动时期无政府主义的社会实验及其失败

无政府主义盛行之时，一般人都以为它就是社会主义，它对旧社会、旧制度、旧礼俗的批判和它所描绘的社会理想，激起青年们很大的热情。许多人急不可耐地设想、筹划、建立一种理想的社会主义和共产主义的生活，这其中会包含一些欧洲一度流行过的空想社会主义的设想。从1919年下半年到1920年，先后在一些大城市出现此类理想生活的实验。

其中影响较大的首先是工读互助团的实验。

工读主义最早是吴稚晖等人倡导的，当时主要针对欧战后，欧洲各地急需大量劳工，他们鼓励青年到欧洲国家去勤工俭学。由于无政府主义混合着社会主义与空想社会主义一道传播，被新文化运动呼唤起来的青年，热情高、理想高，且急于摆脱各种旧的羁绊，尝试新生活，于是就有人筹划起类似空想社会主义的生活方式。因

---

① 蒋俊：《卢剑波先生早年的无政府主义宣传活动纪实》，葛懋春等编：《无政府主义思想资料选》下册，第1012页。

为，主要是青年，所以首先就想到借鉴工读主义，把读书与劳动结合起来，作为新生活的起点，也作为创造新社会的尝试。

1919 年 12 月 4 日，少年中国学会的实际负责人，其执行干事王光祈，在《晨报》上发表《城市中的新生活》一文，提出组织青年建立工读互助组织的主张。文中说："我们天天在文字上鼓吹改革社会，从未有改革社会的实际运动。这种互助组织，便是我们实际运动的起点。"他还把建立这种组织看作"为新社会筑一个基础"，"是新社会的胎儿"。① 他们的梦想是，由工读互助团的逐渐推广，最终造成一整个的"工读互助的社会"。②

王光祈为这种工读互助组织定名曰"工读互助团"。他还为这种团体草拟章程，共有 11 条。其最要紧的有如下规定：入团须有一名团员介绍，经全体团员认可，即可为团员；每日工作 4 小时；工作所得，归团体公有；团员之衣食住所需，以及教育费、医药费、购书费，皆由团体供给，唯所购书籍，归团体共有；团内组织团员会，选举事务员，讨论团中重要事务；团员退团，须交理由书；团员有疏懒，不听劝告，令其出团。

王光祈自以为他设计的这种团体比半工半读学校好，比成美学会好，③ 比日本式的新村容易办到，所以，值得大力提倡和推广。

工读互助团首先在北京搞起来。这里是全国新文化运动的中心，也是无政府主义传播的一个重要中心，这里又聚集了最多的读书青年和渴望读书的青年，所以，王光祈的文章发生很大的影响力。而且新文化运动的领袖们也同情青年以半工半读的形式，克服因家贫而不能读书的困难。于是由陈独秀、胡适、蔡元培、李大钊

——————————

① 王光祈：《城市中的新生活》，转见张允侯等编《五四时期的社团》（2），第369—371 页。

② 施存统：《"工读互助团"底实验和教训》，张允侯等编：《五四时期的社团》（2），第 424 页。

③ 成美学会，指由胡适领衔发起组织的，旨在帮助有困难的青年读书的团体，成立于 1918 年初。

等著名知识领袖和新文化运动与五四运动中涌现出来的学生领袖如罗家伦、徐彦之、张松年、王光祈等一起列名发表一篇《工读互助团募款启事》。从这个《启事》可以看出，列名发起人当中，有些人并不同意王光祈所谓把工读互助团做成"新社会的胎儿"的主张。《启事》中只说："组织'工读互助团'来帮助北京的青年实行半工半读主义，庶几可以达教育和职业合一的理想。倘然试办有效，可以推行全国，不但可以救济教育界和经济界的危机，并且可以免得新思想的青年和旧思想的家庭发生许多无谓的冲突。"①然而，后来建立起来的工读互助团，实际是按王光祈等人的思想主张进行的。

据记载，募款超过预期，达 1041 元，先建立起两个组，第一组 13 人，第二组 11 人。后来建立的第三组是女子组，第四组是预备赴法勤工俭学的，因遇到困难，不能成行，乃由国外工读改为国内工读。

在实际进行中，逐渐发生问题和困难，因无法解决，终致团体解散，归于失败。

我们即以工读互助团第一组为例，以了解其问题与困难的发生以及失败的原因。

第一组与第二组成立最早，都在 1920 年 1 月，宣布解散在 3 月 23 日，前后不足三个月。一个曾经轰动一时的运动，这么短的时间就遭到失败，不能不引起各方的关注，好几位曾为发起人的知名人士都发表文章表示看法。

胡适的文章是《工读主义试行的观察》。他认为，工读互助团的失败，主要原因是实行者没有用力去解决好工读的问题，却过分追求新生活、新组织，并"对于家庭、婚姻、男女、财产等等绝大问题都早已有了武断的解决"。亦工亦读，能工能读，这是最基

---

① 陈独秀等：《工读互助团募款启事》，《少年中国》第 1 卷第 7 期，1910 年 1 月。

本的条件。这个条件不具备，就无法生存。生存的问题不解决，其他的解决还有什么意义。所以，胡适说："我以为提倡工读主义的人，与其先替团员规定共产互助的章程，不如早点替他们计划怎样才可以做自修的学问的方法。"① 胡适主张，参加工读互助团的人，"谋生的工作每日决不可过四小时"，不然就做不到工读结合的基本目标。而实际上，工读互助团的人为维持生存计，竟不得不工作五小时以上，疲累不堪，收入甚微，竟顾不上读书一面。就这样，经济问题仍不能解决，这是最后不得不解散的一个重要原因。李大钊基本同意胡适的意见，他说："我觉得工读团要想维持，还是采取纯粹的工读主义才是。"② 陈独秀不同意胡适的意见，他认为，工读互助团第一组的解散，还不能说明工读互助团不能办，那只是第一组的人的失败。他们失败的原因是缺乏坚强的意志和劳动的习惯及生产的技能，绝不是因为"挂起新生活的招牌就格外晦气"。③ 这显然有点同胡适赌气的味道。他当时正为《新青年》办刊方针的问题同胡适发生激烈的争论。戴季陶的意见也与胡适不同。他虽也承认"要想用工读互助团这一个方法，来达到改造社会的目的，固然做不到"，但他认为，工读互助团失败与团员追求新生活、新组织的理想无关；其失败的原因在于"生产能力薄弱"，所以，他要青年们"投向资本家生产制下的工场去"。④

值得注意的是两个青年人的意见，一个是既参与发起又是实际执行者的王光祈，另一个是直接参与第一组活动的施存统。

王光祈认为，试行工读互助本身就是新生活，就是新组织，所以标示新生活、新组织与工读互助团失败无关。他的看法与陈独秀

① 胡适：《工读主义试行的观察》，《新青年》第7卷第5号，1920年4月。
② 李大钊：《都市上工读团底缺点》，《新青年》第7卷第5号，1920年4月。
③ 陈独秀：《工读互助团失败底原因在那里?》，《新青年》第7卷第5号，1920年4月。
④ 戴季陶：《工读互助团与资本家的生产制》，《新青年》第7卷第5号，1920年4月。

很接近，认为失败的原因是"人的问题"，即是因为团员"不善经营，不善计算，不善办理，别无他故"。但王光祈承认，"内部感情不洽，比经济恐慌更要危险"。[①]

因为施存统本人置身于工读互助团之中，因而他的文章讲到许多具体情况，对于我们分析工读互助团失败的原因最具参考价值。文章透露："发起人对于工读互助团底主张本来就不一致。若愚、独秀等是主张试验新生活的；适之、孟和等是主张实行工读的。"[②] 这使我们更容易了解，为什么对工读互助团的失败胡适与陈独秀有截然不同的看法。

但是，据施存统所说，参加工读互助团的青年，即使不是全体，至少也是多数人是抱着实验新生活的热情加入的。施存统说："我们认工读互助团是我们终身的团体，工读互助是我们终身的生活。我们因此对于工读互助团抱有莫大底希望，希望将来的社会都变成工读互助团——就是成为一个工读互助的社会。"他还说，他们的最终目标是，"结成一个大团体，实行世界革命"。根据这个世界革命的大目标，他们决定要彻底地实行新生活："（一）脱离家庭关系；（二）脱离婚姻关系；（三）脱离学校关系；（四）绝对实行共产；（五）男女共同生活；（六）暂时重工轻读。"[③] 这些正是胡适所批评的这些青年人对于"绝大问题"，做出"武断的解决"。陈独秀、王光祈、施存统等，他们都不承认是"武断的解决"。但施存统下面说的话令我们深思。他说，这六个问题虽是解决了；"但是还有一个问题——生活问题——到现在还不能解决！"而"生活问题是做人的一个最大问题"，是"足以制我们的死命"

---

① 王光祈：《为什么不能实行工读互助主义》，《新青年》第 7 卷第 5 号，1920年 4 月。

② 施存统：《"工读互助团"底实验和教训》，《星期评论·劳动纪念号》1920年5 月 1 日。

③ 施存统：《"工读互助团"底实验和教训》，《星期评论·劳动纪念号》1920年5 月 1 日。

的问题。① 试想想，做人的最大问题，生活问题，也就是生存的问题，还没有解决，就先把那六个"绝大的问题""解决了"，难道这还不够"武断"吗？

施存统承认，由于他们工读互助团过一种与现实社会完全异样的"新生活"，加之"重工轻读"，劳动占去了他们大部分的时间，致使他们"隔离社会太远"。"隔离社会太远"，就很难得到维系工读生活的较好的条件，于是，"经济的压迫"和"能力的薄弱"，也就成了失败的原因。

施存统的文章说到工读互助团发生的一些具体状况。他说："我们本来共有团员十七个人，因为讨论共产问题，主张不合，自愿退团者五人；后来讨论家庭问题，退团者也有一人。"这正是遵循无政府主义原则，意见不合就退出。他们的第一组前后做过团员的，共有 21 人，到解散时，有 11 人。他还说到工读互助团最后不得不解散时候的情况："直到群先离团，外面攻击，适之演说，于是感情大坏，精神愈散，团体已不能一日存在！"②

这里稍稍说一下"群先离团"的事。这件事很可能是工读互助团危机的最严重的信号。

易群先是著名政治活动家、做过国会议员的湖南籍大绅易宗夔的小女儿。当时她还不到 20 岁，受到无政府主义思想的影响，对"新生活"充满向往，听说工读互助团招收女生，便自行离家投入其中。不久，就有男女之间的感情纠结发生，有好几位男生与她要好。一个过于天真幼稚的女孩儿，受不了这种激烈的感情冲击，一度精神异样。当时甚至传出她已怀孕，要躲到天津待产之类的谣言。此事闹得沸沸扬扬。为此，易宗夔专门邀请胡适见面，商量帮助解决群先的问题，还有湖南籍的一些朋友加入帮助协调。在当时

---

① 施存统：《"工读互助团"底实验和教训》，《星期评论·劳动纪念号》1920 年 5 月 1 日。

② 施存统：《"工读互助团"底实验和教训》，《星期评论·劳动纪念号》1920 年 5 月 1 日。

的社会条件下，新人群、新事物里若出现负面的新闻，肯定有许多人要加以炒作。所以，此事造成工读互助团不得不解散的危局，是非常可以理解的。①

总结上述各种关于工读互助团失败原因的说法，我认为胡适所说是符合实际的。工读要解决的问题，就是青年靠自己的力量赚钱供自己读书，过一种亦工亦读的生活，成立团体也只是为了在实现这种生活中互相帮助，且训练团体的生活经验与能力。受无政府主义思想影响的青年，过于理想化，抛开工读互助团的最基本的问题，把最大的精神、气力用于不切实际的无政府主义新生活的实验，其失败是必然的。

与工读互助主义实验的同时，还有人想尝试过新村主义生活的实验。

新村主义产生于日本。无政府主义者武者小路实笃（1885—1976）曾创办《白桦》杂志宣传无政府主义。1918年12月，他着手在日本九州购地，组织二十余人，建立新村，白天劳动，晚上自由活动，还可以随个人意愿读书、旅游，过一种共产主义式的生活。长期关注日本学术文化的周作人，于1919年3月，在《新青年》上发表《日本的新村》，介绍武者小路实笃的"新村"实验，对"新村的生活"极尽赞美之词。这年夏天，周作人又特地到日本参观访问新村，归来后，在《新潮》上发表《游日本新村记》，11月，又在天津发表《新村的精神》的讲演。当时正是无政府主义思潮在中国广泛传播之际，不少青年对此产生兴趣，甚至很向往。恽代英曾在1919年11月1日的日记中记载他与朋友商量，准备举办新村的计划。② 毛泽东也曾与朋友商量"在岳麓山建设新村

---

① 有关易群先的事实，参见耿云志《近代中国文化转型研究导论》，第320—321页；耿云志主编《胡适遗稿及秘藏书信》第29册第390—400页，第38册第462—472页，第39册第546—553、556—559页。

② 《恽代英日记》，第652—653页。

的计划"。[①] 在上海，有墨西哥归侨余毅魂、陈视明等在昆山购地建立知行新村。随后又有孙洪伊、张东荪、蔡元培、吴稚晖、陈独秀等，筹拟举办新村式的农场，因故未果。周作人本人还在《新青年》第 7 卷第 4 号上刊登《新村北京支部启事》，声明："凡有关于新村的各种事务，均请直接通信接洽。又如有欲往日向（武者小路实笃新村所在地——引者）实地考察村中情形者，本支部极愿介绍，并代办旅行的手续。"周作人即把自己的私宅作为该支部的办公地点。实际上到底有没有人，有多少人与他接洽，不得而知。同一期《新青年》上，登出鲁迅翻译的武者小路实笃的作品《一个青年的梦》，这是作者用文艺的形式宣传其新村主义的重要作品。周氏兄弟的举动反映出，新村主义的实验，在当时确曾很时髦。不消说，这些新村主义的设想也好，尝试也好，都以失败告终。

无政府主义注定是一种不能结果的花。

二　社会主义思潮

前面谈到过，社会主义与无政府主义起初在中文中出现，人们是不知道它们的区别的，而因特殊的历史际遇，无政府主义较早地在中国获得广泛传播的机会。同样的，在社会主义的名目之下，人们也曾不了解科学社会主义与空想社会主义，以及与其他社会主义流派，比如工团社会主义或基尔特社会主义、国家社会主义之间的区别。直到五四以后，特别是到了 1920 年，中国一部分接受了马克思主义的先进分子准备建立中国共产党的时候，将马克思主义的科学社会主义与无政府主义、基尔特社会主义等严格划清界限才成为迫切的课题。我们在这一节里要讲的社会主义，是专指科学社会

[①]　毛泽东：《学生之工作》，《湖南教育月刊》第 1 卷第 2 号，1919 年 12 月。

主义而言。

作为一种学说体系的科学社会主义思想，直到 1919 年，才在中国的进步报刊上公开地加以介绍。还在五四运动发生前，在新文化运动的中心北京，就有人开始在《晨报》上介绍社会主义。我们就先谈一下北京的社会主义传播的情形。

（1）北京的社会主义传播

1919 年 4 月 1 日，署名"渊泉"的，发表《近世社会主义鼻祖马克思之奋斗生涯》（译自日本河上肇博士的《马克思的〈资本论〉》）；同年 5 月 9 日，署名"食力"的，发表《劳动与资本》（是对河上肇所译《劳动与资本》的重译。此书原著是马克思的《雇佣劳动与资本》）；6 月起，连续刊发"渊泉"译的《马氏资本论释义》（是对日本学者高畠素之《马克思资本论解说》的重译，此书原著是考茨基的《卡尔·马克思的经济学说》）。这些文章自然都涉及对科学社会主义的介绍。值得注意的是，渊泉为便于读者理解，还对译文中来自日本的汉字新词诸如"生产方式""社会意识形态""上部结构""下部结构""社会存在决定社会意识"等做了注释，这是渊泉的一项很有意义的贡献。《晨报》译介马克思主义和科学社会主义的文章，曾被当时影响力很大的其他报刊广泛转载。渊泉后来没有成为马克思主义者，也没有加入中国共产党。虽如此，他对传播马克思主义和科学社会主义的贡献是不应被忘记的。

据日本学者石川祯浩的研究，渊泉即是《晨报》记者，后来曾任该报主编的陈博生。陈是福建闽侯人，原名溥贤，字博生，以字行。陈早年留学日本，回国后加入《晨报》的前身《晨钟报》为记者。1918 年底，陈以特派记者身份再度赴日，直至 1919 年 4 月回国。在日期间，陈与日本社会主义者有较多接触，了解日本当时颇为高涨的社会主义思潮。①

---

①　这一部分参考了日本学者石川祯浩所著《中国共产党成立史》第一章的相关内容。

与《晨报》差不多同时，由陈独秀、李大钊创办的《每周评论》在 1919 年 4 月 6 日登出介绍《共产党宣言》第二章内容的文章。

北京大学进步学生所办的《国民》杂志在其第 2 卷第 1 号上刊出《共产党宣言》第一章的译稿，此外还陆续登了几篇介绍俄国革命后的制度设施与经济政策的文章。

人们都知道，在北方，宣传马克思主义和科学社会主义最有影响力的人是李大钊。李大钊在新文化运动中已经引起广大青年的敬仰，加之他的文章基本不再是简单的介绍，而是融贯了自己的领悟，从而在相当程度上会增加一些感染力。

李大钊宣传马克思主义和科学社会主义的第一篇重要文章是《我的马克思主义观》。此文写于 1919 年夏秋之间，登载在当时最有影响力的《新青年》杂志（第 6 卷第 5、6 号）上。这篇文章很长，分两期发表。李大钊在文中介绍马克思主义学说的构成，他说："马氏社会主义的理论，可大别为三部：一为关于过去的理论，就是他的历史论，也称社会组织进化论；二为关于现在的理论，就是他的经济论，也称资本主义的经济论；三为关于将来的理论，就是他的政策论，也称社会主义运动论，就是社会民主主义。"接着又说："离了他的特有的史观，去考他的社会主义，简直的是不可能。"① 所以，他用了很多篇幅介绍马克思的唯物史观，接着介绍马克思的阶级竞争说，最后介绍马克思的经济学说。

李大钊此文的最后结句："本篇暂结于此"，似乎没有把他预定要写的都写完。他对社会主义的论述，仅仅限于同马克思的唯物史观、阶级竞争说和经济学说相关联的方面。

李大钊此文的内容主要依据日本学者河上肇等人的著作。河上肇等人对马克思主义的理解也是有限的。《我的马克思主义观》一文还存在一些其他的局限。例如讲社会主义运动即是社会民主主

① 《我的马克思主义观》，《李大钊文集》第 3 卷，第 18 页。

义，这显然是很不确切的，但彼时许多人还分不清社会民主主义与科学社会主义的严格区别。李大钊在讲经济基础与上层建筑的关系时，误解为只有基础决定上层建筑，上层建筑丝毫不能影响到基础，如此等等。那时，中国知识分子能够接触到的马克思主义文献非常少，尤其是马克思主义著作的原典文献，更是极少见到。在此情况下，要求对马克思主义有准确而全面的了解是不客观的。重要的是，《我的马克思主义观》，引起国人对这一划时代学说的注意，并给出这一学说的基本轮廓，成为许多青年知识分子走上马克思主义道路的启蒙读物。

李大钊随后发表的《物质变动与道德变动》《由经济上解释中国近代思想变动的原因》两文，都是进一步阐释基础与上层建筑之关系的，于科学社会主义甚少涉及，在此不必多论。

同李大钊有密切关系的北京大学马克思学说研究会，于 1920年 3 月发起，经一年多的组织筹备，至 1921 年 11 月正式发布文告——《发起马克斯学说研究会启事》。这时，中国共产党已经成立，其发起人就有好几位共产党员。可以推想，他们是怀着相当虔敬的态度，准备对马克思主义和社会主义学说下一番研究功夫。且看他们在《启事》中所说，因为马克思主义的著作"博大渊深"，况又有"一重或二重文字上的障碍"，所以，单独研究不易收效，需要"有一个分工互助的共学组织"。也正是为此，他们需要集体集资，购买相关书籍，供大家共同参互研读。[①] 该研究会共设立 10个研究小组，除了关于基础理论方面的 3 个小组（第一小组：唯物史观；第二小组：阶级斗争；第三小组：剩余价值）外，有 4 个小组是直接与科学社会主义有关的。其中有：第四小组，"无产阶级专政及马克思预定共产主义完成的三个时期"；第五小组，"社会主义史"；第六小组，"晚近各种社会主义之比较及其批评"；第八

---

① 《发起马克斯学说研究会启事》，张允侯等编：《五四时期的社团》（2），第272 页。

小组，俄国革命及其建设。① 再看该会搜集的图书，英文著作 40
余种，中文著作 20 余种。其中社会主义类，英文的 17 种，中文的
（都是翻译的） 10 种，两者都近乎藏书的一半。

在马克思学说研究会开始筹备不久，1920 年 11 月，北京大学
又有社会主义研究会的组织。可惜，关于这个组织的活动，目前没
有具体材料。

以上说的是以北京为中心的社会主义引介与传播的主要情况。

（2）上海的社会主义传播

南方的社会主义引介与传播是以上海为中心。

上海之成为社会主义引介与传播的另一中心，与北京也有关
系。1919 年初春，北京围绕新旧文化的斗争达到白热化，旧势力
的传单、小报、恐吓信纷至沓来，北京大学受到空前的压力。蔡元
培等乃以取消学长制的由头，劝请陈独秀离开北大。倔强的陈独秀
离开北大后，思想渐趋激进。6 月，被政府当局逮捕，住了三个月
的监狱，这使他更增强对旧秩序的反抗心理。1920 年 2 月，陈独
秀到上海，并将当时最有影响力的作为新思想的旗帜的《新青年》
杂志也带到上海编辑。这时，陈独秀将一些思想激进的青年如李汉
俊、陈望道等吸收到《新青年》编辑部。《新青年》再不是一群自
由思想的学者的同人刊物，而成为陈独秀和一些思想激进的青年宣
传革命思想、宣传马克思主义和社会主义的刊物了。

大约 5 月间，陈独秀在上海会见了代表第三国际来中国的维金
斯基，谈及在中国建立共产党的问题。这次见面，对陈独秀的影响
甚大。他从此清理了自己的思想，从以前朦胧的社会主义——包含
空想社会主义、无政府主义——观念里摆脱出来，走上尊信科学社
会主义，即马克思主义的社会主义思想轨道上来。大约写于这年的
夏秋间，发表于这年 9 月出版的《新青年》第 8 卷第 1 号上的

---

① 《马克思学说研究会通告（三）》，张允侯等编：《五四时期的社团》（2），第
276 页。

《谈政治》一文，是陈独秀成为马克思主义者的一个明显的标志。

《谈政治》一文最突出的内容，是陈独秀领悟并确信无产阶级专政的道理。以此为核心，他尖锐地批判了无政府主义和第二国际的修正主义。此文对于社会主义学说本身涉及不多，但无产阶级专政的问题，毕竟是建立社会主义制度最重要的核心问题。

南方的社会主义引介与宣传起步时期，个别国民党人表现颇为积极。

人们知道，孙中山是喜欢以社会主义者自居的，他的三民主义中的民生主义，也确曾吸收了某些社会主义学说的成分。他的战友中有不少人对社会主义学说也有兴趣，他们很喜欢用社会主义来解释民生主义，或者说，喜欢引证社会主义学说以证明民生主义之有深厚的理论渊源。

第一个要提到的是戴季陶。他的代表性文献是在《建设》杂志发表的《马克斯资本论解说》，是据日文重译的。此外他在《建设》《星期评论》《民国日报·觉悟》上，还发表多篇介绍俄国革命和布尔什维克情况的文章。值得一提的是，戴季陶很可能是中国境内第一个读到日译本《资本论》的人。[①] 那时（1920 年），还根本没有其他译本传入中国。他还是为陈望道提供《共产党宣言》底本的人。另一位国民党人林云陔在《建设》杂志上发表多篇谈论社会主义的文章。胡汉民、朱执信也有很多与社会主义有关的文章，分别在上述几种刊物上发表。

在上海从事社会主义宣传，而又与中共建党直接相关的，除了陈独秀以外，李汉俊是一个非常重要的人物。他少年时即留学日本，由中学而大学，在大学读书时，便对社会主义思潮发生兴趣。1918 年底李汉俊回国，不久加入《星期评论》的编辑队伍，后与陈独秀、李达、陈望道等结识，成为上海共产主义小组的核心成员。他勤奋地从事社会主义文献的翻译和解说，重要的有《马格

---

① 见〔日〕石川祯浩《中国共产党成立史》，第 29 页。

斯资本论入门》《浑朴的社会主义者底特别的劳动运动意见》《唯物史观不是甚么?》《研究马克思学说的必要及我们现在入手的方法》等。他认为《共产党宣言》《空想的及科学的社会主义》与《资本论》是马克思主义的三部最基本的经典,说明他研读马克思主义和科学社会主义已很有心得。

李达是绝不可忽视的社会主义思想传播的功臣。他两度留学日本,但时间都不长,总计只有两年左右。但李达读书极其用功,已能掌握日、英、德语,这为他后来钻研马列主义基本理论提供了便利条件。他于1918年为抗议日本与中国政府签订《共同防敌军事协定》而返回中国。次年五四运动发生,李达更直接投身反帝爱国运动,并开始宣传马克思主义和科学社会主义。

李达最早发表的两篇文章,虽然简短,却非常明晰而且抓住了最本质的东西。他在《什么叫社会主义》一文中指出:"社会主义是反对个人竞争主义,主张万人协同主义;社会主义是反对资本万能主义,主张劳动万能主义;社会主义是反对个人独占主义,主张社会公有主义;社会主义是打破经济的束缚,恢复群众的自由。"①他还指出社会主义同共产主义的区别,以及社会主义与无政府主义的区别,说得都很到位。在《社会主义的目的》一文中,李达说:"社会主义有两面最鲜明的旗帜,一面是救济经济上的不平均,一面是恢复人类真正平等的状态。"②

李达相继发表翻译著作多种,如《唯物史观解说》(译荷兰人郭泰所著)、《马克思经济学说》(译考茨基所著)、《社会主义学说总览》(译高埇素之所著)等。而陈望道完成的第一本汉译全本《共产党宣言》(1920年8月,上海社会主义研究社出版。据说,是用维金斯基带来的共产国际的经费出版的。

① 《什么叫社会主义》,该书编辑组编:《李达文集》第1卷,人民出版社1980年版,第1页。

② 《社会主义的目的》,《李达文集》第1卷,第5页。

此前，1919 年 11 月，《国民》杂志第 2 卷第 1 号，曾刊载《共产党宣言》第一章），以及沈雁冰翻译的《国家与革命》的第一章（发表于《共产党》月刊第 4 号），两者是社会主义运动极为重要的文献，它们的翻译出版对于促进社会主义运动的发展，特别是对于推动中国共产党的建立起了重要作用。

1920 年 11 月，以陈独秀为首的一批接受了马克思主义和科学社会主义的知识分子，创办《共产党》月刊。这是专为创建中国共产党而办的刊物，其宣传重点，自然是与建党直接相关的内容，其中包含科学社会主义的内容。因主要与建党活动相关，我们在以后的相关章节再做详细讨论。这里要指出的是，《共产党》月刊的宣传内容，同以往主要依据日本出版物的情况不同，中国的社会主义者，开始较多地接触和运用英文出版物，这是有历史意义的。从此，中国人接受马克思主义和科学社会主义的知识与思想，可不受日文文献的局限，与更广泛的国际共产主义运动发生联系，特别是通过对英文文献的了解，他们能更全面更真实地了解俄国革命的情形，从而使未来的中国共产党，更加接近俄国布尔什维克的榜样。

三　论争推动社会主义传播

社会主义在中国的广泛传播，是在同各种非社会主义和反对社会主义思想的论争中逐渐推展开来的。

（一）对无政府主义的批判

无政府主义一度是传播甚广、影响甚大的思想潮流。但它自身存在着致命的弱点：反对一切外在的权威，拒绝建立政党，反对团体组织的集中领导和必要的组织纪律。这使无政府主义小团体非常涣散，进出随意，没有相对稳定的领导核心。由此，其工作无法持续开展，不能由小而大，由低而高，逐渐积累，壮大实力，以扩大在急遽变动的中国社会中的影响力。如果说，在五四前后一段短时间里，无政府主义者曾经是影响很大的一股势力，那么，到中国共产党成立以后，无政府主义者力量的涣散与衰弱就已经显现出来。且看《民钟社全体社员启事》是这样写的："本社自组设以来，历尽许多艰苦，得社员的努力及各地同志的援助，得以不致夭折，维持至今，诚属万幸。然而同人终以力量微弱，不能上求进展，以广布吾人的理想于一般的民众中，作将来大革命的发轫点，实是吾人宣传主义者的唯一恨事。"他们已痛感到自己的力量逐渐衰微，面临其他社会主义力量"正大整旗鼓，猛力宣传"的形势，而自己的同志"则反日归寂静，形同散沙。言念前途，不寒而栗"。① 这应该是当时的真实情况。但一种曾经盛行一时的思想潮流，在没有新的更有影响力的思想学说可以取代的时候，它是不会自动归于沉寂的。无政府主义之走向衰微，最大的原因是马克思主义的科学社会主义学说的广泛传播。关于这方面的具体情况，将在后面的章节里详细论述。这里主要谈谈，马克思主义的科学社会主义学说何以能产生更大的影响力，何以能赢得更多青年的信仰，以致终能战胜无政府主义。这里面最重要的自然是由于中国共产党的成立，通过有组织的力量进行持续不懈的宣传工作，显示出组织的力量优势。

无政府主义者，鼓吹极端个人主义和绝对自由主义，轻视组织，反对建立政党，反对领袖的作用。这使他们无法建立一支真正有活动力、有战斗力的队伍。他们实际能够做的只是宣传的工作，办个刊物，编个小册子，翻译一本书，等等，对于实际的革命运动，甚少实绩。

马克思派的社会主义者，因充分注意吸收俄国布尔什维克革命的经验，对社会主义的理论接受，一开始就注意到进行实际革命运动的需要。后来因接触到共产国际和俄国布尔什维克的代表，有了

---

① 《民钟社全体社员启事》，张允侯等编：《五四时期的社团》（4），第263页。

建立革命组织的酝酿，他们便越来越清楚地认识到，必须从思想上划清与无政府主义者的界限。所以，中国共产党诞生的过程，就是同无政府主义斗争的过程。原来，在各地的共产主义小组里，都有一些无政府主义者参与。在共产国际派人来华，促进共产主义力量联合的初期，也仍有一部分无政府主义者参与其间。但共产主义者同无政府主义者的严重的思想分歧终究无法调和。一方主张要建立强固的组织，有集中领导、有严格组织纪律的共产党；一方反对建立强固的组织，反对建立政党，反对严格的组织纪律。两者在思想原则上几乎针锋相对，怎么可能一起建立中国共产党呢。所以，一旦涉及具体建党的问题，无政府主义者就不能不分离出去。

马克思派的社会主义者，主要针对下述几个最基本的原则问题，对无政府主义展开批判。

（1）国家与无产阶级专政问题

无政府主义者毫无理论根据地宣称，国家、政府，自来就是要不得的东西，是保护少数人压迫多数人的工具，应当彻底消灭掉。据此，他们不但反对君主专制的国家，反对资本主义的国家，也反对无产阶级革命所建立起来的无产阶级专政的国家。他们说："我们不承认资本家的强权，我们不承认政治家的强权，我们一样的不承认劳动者的强权。"[1] 又说："无论是君主的国家也好，民主的国家也好，是专制的政府也好，是共和的政府也好，是劳农政府也好；他们既是国家，是政府，那么，就不能不限制个人的意思（志）自由。……所以，国家和政府，确是人类幸福的毒物，平民的大敌。"[2] 那么，劳动人民怎样推翻现存的压迫制度，推翻实施压迫的国家政权，建立没有压迫的自由联合的社会呢？无政府主义者宣称，人的本性善良，只须普遍的教育、感化即可。这很像是一

---

[1]　A D（易家钺）：《我们反对"布尔札维克"》，张允侯等编：《五四时期的社团》（4），第 195 页。

[2]　《民钟宣言》，张允侯等编：《五四时期的社团》（4），第 248 页。

种传教士的口吻。马克思主义认为，国家是一定历史阶段必然产生的东西，也将随着历史发展达到一定阶段时，归于消灭。而消灭国家的条件就是经过无产阶级革命，消灭资本主义剥削制度，建立新型的国家，即历史上没有过的、多数人统治少数人的国家，亦即无产阶级专政。无产阶级专政，按马克思主义理论，因为它是绝大多数人对极少数人的专政，所以它越来越能吸引更多的人民参与国家的管理与监督。这样，需要运用国家强力的必要性会越来越少，直至最后完全不需要。那时，国家便归于消亡。要求立即消灭国家，反对革命后建立无产阶级的政权，等于取消无产阶级革命。当时接受马克思主义和科学社会主义的知识分子，从马克思关于国家学说的理论出发，首先阐明国家是历史的产物，有其发生、发展和最后消灭的必要的历史条件，不是随时想消灭它，便能够消灭它。他们承认："我们底最终目的，也是没有国家的"，[①] 但不是现在就立即消灭。陈独秀从马克思主义的阶级斗争理论出发，论证无产阶级专政的必要性。他说："若是不主张用强力，不主张阶级战争，天天不要国家、政治、法律，天天空想自由组织的社会出现；那班资产阶级仍旧天天站在国家地位，天天利用政治、法律。如此梦想自由，便再过一万年，那被压迫的劳动阶级也没有翻身的机会。"[②] 所以陈独秀认为，劳动阶级革命，必须建立劳动阶级自己的国家，自己的政权，运用这个政权压服被推翻的阶级。倘不如此，无产阶级的解放是无法保障的。因此他认为，通过无产阶级革命，建立无产阶级专政的社会制度，"这种制度乃是由完成阶级战争消灭有产阶级，做到废除一切阶级所必经的道路"。[③] 从陈独秀对无政府主义的批评可以看出，这时（1920 年夏末）的陈独秀，已经对马克思主义有相当深度的了解。

---

① 施存统：《我们要怎么样干社会革命？》，《共产党》第 5 号，1921 年 6 月。

② 《谈政治》，原载《新青年》第 8 卷第 1 号，引自任建树主编《陈独秀著作选编》第 2 卷，第 252 页。

③ 《社会主义批评》，任建树主编：《陈独秀著作选编》第 2 卷，第 348 页。

　　很显然，陈独秀等人的说法要比无政府主义者的说法切实得多，可信得多。国家也好，政府也好，乃至政治、法律也好，都是维护特定秩序不得不采取的手段。当这些东西掌握在少数贵族、地主、资本家手里时，它是压迫和剥削广大劳动者的工具；当它们掌握在劳动人民手里时，它是维护劳动人民利益的工具。工具本身没有善恶之分，区别在于，谁掌握它，和如何运用它。贵族、地主、资本家，运用国家、政府权力想永久保护他们对广大劳动群众的剥削制度和压迫制度。而劳动人民的政权，例如无产阶级专政，则是压服剥削者，不许他们有任何复辟压迫和剥削制度的举动。但这只是无产阶级专政的一项任务，而且并非最重要的任务。无产阶级专政最重要的任务是要创造条件，使国家作为强力机关的作用逐渐缩小，最终使国家走向消亡。不过，在当时批判无政府主义的人，例如陈独秀等，他们还不曾充分注意到无产阶级专政这后一种更重要的作用。这是完全可以理解的。他们面临的迫切问题是要不要无产阶级专政的问题，在某种意义上也就是要不要无产阶级革命的问题。如何运用无产阶级专政为消灭国家创造条件，还不是他们要考虑的问题。

　　（2）所谓绝对自由的问题

　　前面我们介绍无政府主义思想主张时，讲到他们都是极端个人主义者，提倡所谓绝对的自由主义。世上其实没有什么东西可以称为是绝对的，其产生、其存在都是有一定条件的，因而就必定受到一定的限制。无政府主义者强调说，个人和小团体的自由是绝对的，是不受限制的。他们既反对少数人压制多数人的自由，也反对多数人压制少数人的自由。他们主张，在一个团体内部，有一部分人赞成某种主张，而另一部分人不赞成此种主张，则不赞成者即可退出，赞成者即可行其主张。陈独秀曾专门批评这种在实际上根本无法实行的主张。他指出，团体无论大小，其内部总难以做到意见完全统一。一遇不统一，就采取退出的办法，岂不是天天处于混乱之中。再则，若不同意者，坚持己见，又绝不退出——这当然也是绝对自由主义应有之义——又岂不是要陷入长期僵持、无法收拾的地步？不只如此，一个团体内，一部分人因意见相左而可以退出，一个社会是一最大团体，意见肯定不能统一，这时，持反对意见的人，难道可以退出社会吗？这是陈独秀批评区声白的信中所说的大意。①

绝对自由主义和极端个人主义是无政府主义思想的最后根源。他们反对国家，反对法律，反对宗教与家庭，都是从这一思想根源出发。也正是从此出发，他们反对建立政党，反对制定组织纪律，反对集中领导。陈独秀在批评无政府主义者的时候，也着重强调了在进行革命运动时，"权力集中是革命的手段中必要条件"。② 与此相关的，革命过程中，团体必须有一定的组织纪律，不能以个人自由而破坏团体的各种约定；否则，团体形同虚设，和一盘散沙没有区别。陈独秀指出，革命必须联合多数人一起奋斗。然而"要绝对自由就不能联合，要联合就不能绝对自由"。③ 陈独秀在批评无政府主义的谬论时，指出他们的绝对自由主义，即使在他们自己的范围内也是行不通的，因为他们已经陷入无法摆脱的矛盾之中。陈独秀说：

> 一面迷信个人的自由，一面又赞成社会的组织；一面提倡大规模的交通工业，一面又主张人人同意权及人人自由退出社会；一面主张抵抗的革命的行动，一面又反对强力，反对以多数压服少数；这种矛盾的学说，不但不是真的无政府主义，并实在没有什么存在的价值。④

---

① 《答区声白的信》，原载《新青年》第 9 卷第 4 号，引自任建树主编《陈独秀著作选编》第 2 卷，第 393—396 页。

② 《再答区声白书》，任建树主编：《陈独秀著作选编》第 2 卷，第 398 页。

③ 《答区声白的信》，任建树主编：《陈独秀著作选编》第 2 卷，第 394 页。

④ 《三答区声白书》，任建树主编：《陈独秀著作选编》第 2 卷，第 405 页。

　　对无政府主义的批评还有其他一些内容，例如批评无政府主义者对社会主义生产分配原则的错误主张。李达在《社会革命底商榷》一文中指出："共产主义的生产组织是集中的，无政府主义的生产组织是分散的。共产主义的原则主张把一切农业、工业的生产机关，都移归中央管理，有时因生产机关的种类不同，或移归地方管理。无政府主义的原则却不然，主张破坏中央的权力，要将一切生产机关委诸自由人的自由联合管理。"[①] 李达认为，照无政府主义者这种主张，不可能保持社会生产与消费之间的平衡，就会陷入与资本主义条件下同样的无政府状态。无政府主义者在社会分配的问题上，要求立即实行"各尽所能，按需分配"的原则。这显然是无法做到的。他们的要求反映出他们其实是小生产者的代言人。他们不是在推翻资本主义之后，向共产主义过渡，而是退回资本主义大生产之前的小生产时代。这暴露出无政府主义者理论的贫乏及其没落的小资产阶级的本质。他们对资本主义社会没有任何深入的研究和深刻的理解，只是从蒲鲁东那里学到"财产就是掠夺"，从施蒂纳那里学到"我是唯一者"，从克鲁泡特金那里知道人类本应"互助"，从托尔斯泰那里领悟到人本善良，可以"自我道德完成"，于是就来呼喊社会革命，而且相信，只要呼喊了，就必定得到响应，革命就会成功，理想的无政府共产社会就会立即实现。难怪陈独秀说，他们的一套说法完全没有存在的价值。这当然是说，从理论上讲，它们没有价值，并非说，它们在社会上不发生任何影响。

　　（3）无政府主义的历史地位及批判无政府主义的思想史意义

　　由于特殊的历史条件，在西方本是从社会主义运动中派生出来的一个小宗派的无政府主义思潮，在中国却比社会主义更早地传播开来。而一般青年也就把它当作社会主义思想接受下来。社会主义，我们指的是马克思、恩格斯阐发的科学社会主义学说，是在

---

① 江春（李达）：《社会革命底商榷》，《"一大"前后》（1），第176页。

俄国十月革命以后，特别是五四运动以后，才略为系统地、广泛地传播开来。有关马克思主义的科学社会主义学说在中国的传播，我们在后面再渐次加以论述。这里我们要说的是，无政府主义在一段时间里，被当作社会主义思想，为相当多的青年人所接受的事实。

我们当然不能像从前搞大批判的做法那样，谴责无政府主义者都是狡诈的骗子，存心以一种本质上与科学社会主义完全不同的思想学说冒充社会主义欺骗群众。这是不对的。应当说，早期无政府主义者之中的大多数，特别是其中占多数的青年，他们自己并不知道无政府主义与科学社会主义有何区别，他们真诚地认为他们所接受的就是社会主义。

这种情况的造成，我们可以做几方面的分析。

其一，无政府主义与科学社会主义在宣传中，有些说法在表面上是无法加以区别的。如说反对剥削和压迫，如说建立没有剥削没有压迫的共产主义理想社会，等等。这就使人常常不加区分，认为无政府主义与社会主义没有什么不同。

其二，科学社会主义对于剥削压迫制度的产生，有相当详细、全面而深刻的分析论述；同样对于如何推翻剥削压迫制度，如何才能建立没有剥削、没有压迫的共产主义社会，也有相当详细、全面而深刻的分析论述。而这些分析论述，没有足够的知识准备，没有认真阅读马克思恩格斯等人的主要著作，是不可能真正弄明白的。但对于上述根本问题，无政府主义几乎不做什么分析论述，只是强调说，剥削、压迫制度是不合理的，是违反人的本性的。通过宣传教育，让人们明白道理，就自然地可以取消剥削、压迫制度，大家自由联合，成立没有剥削、没有压迫的无政府共产社会。对于一般知识不多，又缺乏思想训练的青年人来说，无政府主义的说辞，显得简单浅显，容易接受。而要理解科学社会主义，相对说来要难得多。更何况，当时除了《共产党宣言》于 1920 年有全译本出来，其他许多科学社会主义的代表性著作还没有中文译本。所以，无政府主义的宣传占了先机。

其三，无政府主义避开严肃而复杂的社会、经济、政治等问题的分析论述，大力宣传无政府、无宗教、无家庭，个人绝对自由，这对于广大缺少历练的青年人是格外具有迷惑力的。中国人对于政府无能，残民卖国，早已痛恨不已；种种宗教迷信谋财害人，也极招人憎恨；而旧式家族与家庭制度以及与之密切相关的婚姻制度之束缚青年，压抑青年，更使青年人多有切肤之痛。所以，无政府主义从这些宣传入手，很容易打动青年人。在新文化运动中，或在五四运动中，若没有无政府主义的广泛传播，不可能有那么多的青年冲破旧制度、旧礼俗的羁绊，走上社会，赢得对新思想、新观念、新道德、新信仰的自由选择的机会，造就以后革命运动的骨干力量。这种客观的历史必须充分地予以承认。

在19世纪晚期和20世纪初期的欧洲，无政府主义是分裂工人运动和社会主义运动，引人步入歧途的反动思想潮流。但在中国，它是先于科学社会主义传入中国，把大批青年引上怀疑、反对现存统治制度，逐渐走上革命道路的一种有进步意义的思想潮流。它对旧制度的揭露与批判是有其历史价值的。

然而，在五四运动之后，科学社会主义得到传播之后，无政府主义就逐渐暴露其错误的有害的倾向，成为科学社会主义更广泛传播的障碍，必须加以批判，并从革命队伍中清除出去。接受马克思主义与科学社会主义的知识分子在这方面所做的工作是非常必要的，是有重大历史意义的。

同时也要看到，限于当时的具体历史条件，对无政府主义的批判是不完全、不充分的，是有一定的片面性的。

例如，在批判无政府主义关于国家的错误观念时，接受马克思的科学社会主义的人们，澄清了国家的产生和存在是与一定的历史条件紧密相联系的；无产阶级革命必须建立无产阶级专政的政权，以保护革命果实，防止资产阶级复辟。这些都是正确的。但是他们没有细致地分析和论述，应当如何利用无产阶级专政这个新的国家机器，去吸引和组织最大多数的人民参与国家的监督与管理，使国家作为对极少数人实行专政的工作变得越来越简单，越来越减少使用强力措施的必要和机会，如此，国家存在的必要性越来越低，直至消亡。不讲明这一点，就没有全面阐释马克思主义的国家学说；不讲明这一点，就不足以完全显示出无产阶级专政的国家与以往统治和压迫广大人民群众的国家之间的本质区别；不讲明这一点，就不能明确昭示国家最终消亡的共产主义前途。

又例如，批判无政府主义者的极端个人主义和所谓绝对自由论，指出他们的观念的抽象性和在实践上危害团体的奋斗，销蚀无产阶级革命的明确纲领和目标，这些也是正确的，非常必要的。但是，在批判中没有说清团体与个人之间的正确关系，把个性、个人看成似乎是与团体、集体不能相容的东西。这显然不符合马克思主义的原义，是存在片面性的。

当然，鉴于当时无政府主义思想对革命的主要危害，对其批判特别侧重一些方面是可以理解的，况且，当时马克思主义的重要著作翻译成中文的极其有限，批判者对马克思主义还未能有全面系统的了解，发生这种片面性是难以避免的。

（二）对张东荪等人反对社会主义言论的批判

第一次世界大战和俄国十月革命是 20 世纪初期影响历史进程的最重要的两件大事。无论哪个国家，哪个政治势力的代表人物，都不能不受到这两件事的刺激和影响，都不能不做出回应。中国也是如此。

当时的中国，民国初立，辛亥革命所预期的种种善果都没能实现，政治不上轨道，社会混乱，兵连祸结，民不聊生。中国向何处去，或者说，怎样才能从贫病、愚昧、混乱中救出中国？这是摆在一切有识者面前的极其紧迫的问题。世界大战暴露出资本主义存在着严重的弊端，从前一直相信学习西方，走西方人的路，就能救出中国；现在连西方人自己都被怀疑主义与悲观主义所笼罩。俄国革命闪耀出一线光芒，可是对于劳农专政，有产者和相当一部分知识精英都感到不舒服，他们不可能愿意走俄国人的路。但原封不动地重复资本主义的老套，已难以被人接受。好在中国从古以来就有类似社会主义或共产主义的种种美妙的说法，于是就有不少人都来讲社会主义。可是中国人对西方社会主义思想学说缺乏全面而真切的了解，往往先入为主地选择自己接触较多，稍有了解，又比较合乎个人口味的社会主义来加以宣扬。有人说他们是"伪社会主义"。其实，也并不是他们自己伪造的，从西方传来的社会主义本来就有各色各样的派别。不过科学社会主义却是马克思恩格斯创建起来的，不容与其他流派相混淆。因为俄国革命据说是根据马克思恩格斯的科学社会主义理论搞的。对于俄国布尔什维克革命，中国从新文化运动中成长起来的一部分青年颇为神往。加之，五四后不久就有俄国布尔什维克党人以共产国际的名义来中国与这一部分青年所拥戴的领袖相接触。于是，这种机缘造成了后来成为中国共产党人的那些人一开始就接上了科学社会主义的正脉。

（1）张东荪等反对社会主义的言论

当时中国思想舆论界，梁启超一派人仍然有着重要影响力。梁氏清末民初曾是执舆论界之牛耳的人物，新文化运动起来，陈独秀、胡适等遮掩了梁氏的一部分光芒，但梁氏远没有丧失其影响力。他办报办刊，组织学会和讲学社，到多家大学去讲学，可谓老当益壮（其实，梁先生当时并不算老，还不到50岁，只是依那时的习俗，梁先生已是老前辈了）。梁先生是中国最早介绍社会主义和马克思的人，只不过这些从未成为他的主业。他的追随者，如张君劢、张东荪、蓝公武等人，这时都对社会主义表示出兴趣。张东荪曾有两篇文章明白地表示赞赏社会主义（《第三种文明》，《解放与改造》第1卷第1号；《我们为什么要讲社会主义》，《解放与改造》第1卷第7号），那是1919年的事。到了1920年，他陪同罗素讲学在内地走了一番，一方面受罗素思想的影响，一方面受实地观察的刺激，改变了他原来赞赏社会主义的态度，转而着力宣传，中国不能实行社会主义，应当鼓励发展实业、发展教育，亦即发展资本主义。他在《时事新报》上发表《由内地旅行而得之又一教训》一文，声称："救中国只有一条路，一言以蔽之，就是增加富力；而增加富力就是开发实业。"他认为，只有开发实业，增加富力，才能使大多数中国人过上"人的生活"。所以他又说："我们苟不把大多数人使他得着人的生活，而空谈主义必定是无结果。"故无论"欧美现成的甚么社会主义，甚么国家主义，甚么无政府主义，甚么多数派主义"，统统都不要讲。① 这篇不过五百多字的短文，如陈望道所说，是张东荪放弃社会主义，宣示思想转向的"宣言"，是张东荪由赞赏社会主义到反对社会主义的宣言。② 于是，一场关于社会主义问题的论争就此展开。

我们先看看张东荪一派人所发表的反对中国实行社会主义的言论。

首先，他们认为，中国人所受的苦痛主要是来自外资的压迫，本国资本家很少，并且他们也受着外资的压迫。所以，不当攻击本国的资本家。③ 要使中国增加富力，使大多数人得以过上"人的生活"，正应大力提倡本国资本的发展。④ 张东荪明白地说："开发实业方法之最能速成者，莫若资本主义。"⑤

其次，他们都强调，实行社会主义，或者搞社会主义运动，都

---

① 张东荪：《由内地旅行而得之又一教训》，《新青年》第 8 卷第 4 号，1920 年 12 月。

② 望道：《评东荪君底〈又一教训〉》，《新青年》第 8 卷第 4 号，1920 年 12 月。

③ 见张东荪《答高践四书》《致独秀底信》，《新青年》第 8 卷第 4 号，1920 年 12 月；又见梁启超《复张东荪书论社会主义运动》，《饮冰室合集·文集之三十六》，第 2、3 页。

④ 见梁启超《复张东荪书论社会主义运动》，《饮冰室合集·文集之三十六》，第 7、9 页；彭一湖《我对于张东荪和陈独秀两先生所争论的意见》，《改造》第 3 卷第 6 号，1921 年 2 月。

⑤ 张东荪：《答高践四书》，《新青年》第 8 卷第 4 号，1920 年 12 月。

必须有劳动阶级的存在。中国实业不发达，劳动阶级人数太少，构不成一种社会力量，因此无从搞社会主义运动，更谈不上实行社会主义。[①] 梁启超明言道："吾以为社会主义所以不能实现于今日之中国者，其总原因在于无劳动阶级。"[②] 他们宣称，在缺少劳动阶级的情况下，勉强硬要搞社会主义运动，则会发生伪劳农主义，伪过激主义。张东荪认为，中国由于外受他国政治、经济的压迫，内处兵连祸结的内乱之中，既无资本家阶级亦无劳动阶级，有的是遍地兵匪，不可能有真的社会主义运动，自然也无从建立劳农的国家。因此他担心："在此贫乏与知识幼稚之时代，纵有事件发生，必为假借名义，……在此种具有不能产生真社会主义而又易于产生伪社会主义之条件之时代中，止可冷静研究，并宣传事业亦可少做。"[③] 又说："在此民不聊生之际，将有一种伪过激主义出现。弟觉今之青年中大多数以感情上之刺激与经济上之压迫，已倾向于此主义。"[④] 这不啻是说，当下正在传播的社会主义就是伪社会主义了。在张东荪看来，既然中国还没有发展起来资本主义，还没有起码成熟的资产阶级与无产阶级，则社会主义就无从谈起。在这种情况下谈社会主义，就只能是伪社会主义。而伪社会主义的流行，势必被利用去做与真社会主义无关的事情，于社会有害无益的事情。因为既然不是真的无产阶级的社会主义，在中国就极可能演成兵匪的"社会主义"，游民的"社会主义"。他断然说：在中国，"真的劳农制度决组织不成，而伪的劳农革命或可一度发生"。[⑤] 由此，

---

①　见张东荪《再答颂华兄》，《新青年》第 8 卷第 4 号，1920 年 12 月；《现在与将来》，《改造》第 3 卷第 4 号，1920 年 12 月。又见梁启超《复张东荪书论社会主义运动》，《饮冰室合集·文集之三十六》，第 6 页。

②　梁启超：《复张东荪书论社会主义运动》，《饮冰室合集·文集之三十六》，第 6 页。

③　张东荪：《长期的忍耐》，《新青年》第 8 卷第 4 号，1920 年 12 月。

④　张东荪：《答高践四书》，《新青年》第 8 卷第 4 号，1920 年 12 月。

⑤　张东荪：《现在与将来》，《改造》第 3 卷第 4 号，1920 年 12 月。

他表示："劳农主义，我以为不患他不实现，而只患他实现得太早。"① 梁启超和张东荪表达了同样的担心：在没有资本家阶级和劳动阶级的情况下，社会主义运动极可能成为游民阶级的运动。"劳动阶级的运动可以改造社会，游民阶级之运动只有毁灭社会。"②

总之，张东荪与梁启超一派人的基本观点就是：中国资本主义产业不发达，资产阶级与无产阶级都还没有真正形成，所以，不具备社会主义运动的条件，不可能进行劳农革命，不可能实行社会主义制度。勉强行之，只可能成为游民运动的假社会主义。他们中还有人具体论述到，提前实行社会主义，将产业国有，原来资本家受市场规律限制，而变成国家所有，不受市场规律的限制，"把有限制的私有资本家手里的资本夺出来，送到无限制的政府手里，那么，政府就可以凭着他的武力和权势，任所欲为的随便处置。要是执政者良心好还好，要是良心不好，人民一定增加痛苦。这种凭良心的制度，是最不确实的而最危险的"。③

他们明确地坚决地反对在当下的中国进行社会主义运动，实行劳农革命，建立劳农专政的社会主义制度。他们的主张在理论上并无创新，俄国革命前国际上流行的正是类似的社会主义理论。他们的主张的真正出发点是对现实的忧虑。他们都不是大富大贵的地主资本家，但他们从清末以来的历次政治改革运动中，都是中国有产者的代言人。他们一直苦于中国的中间阶级势力太弱，一直渴望发展资本主义，在增加富力的同时，培育起中国的"中等社会"，即新兴的资产阶级。蓝公彦的话说得最明白："要解决中国的问题，

①　张东荪：《大家须切记罗素先生给我们的忠告》，《新青年》第 8 卷第 4 号，1920 年 12 月。

②　梁启超：《复张东荪书论社会主义运动》，《饮冰室合集·文集之三十六》，第 7 页。

③　蓝公彦：《社会主义与资本制度》，《改造》第 3 卷第 6 号，1921 年 2 月。

更只有提倡资本主义，别的方法都是理想。"①

张东荪和梁启超等人在论述他们对社会主义的态度的时候，常常表示，他们倾向于基尔特社会主义。② 这是一种通过发展行业工会的途径，"和平长入"社会主义的一种方案。《时事新报》和《解放与改造》及《改造》杂志上，以及《民铎》《东方杂志》等刊物，都曾发表不少翻译和介绍基尔特社会主义的材料。但这种社会主义，在欧洲因有发达的工会组织，和发达的工团主义运动，所以很有影响；在中国不具备这样的条件，所以不足以引起更多人的兴趣。当时，中国的马克思主义的社会主义宣传家们，主要批判矛头还是集中于反对社会主义的言论。

（2）马克思派社会主义者对张东荪等人的批判

张东荪提出问题时就强调说，要使中国人大多数过上"人的生活"，就只有增加富力，发展实业；而发展实业，就只有走资本主义的路。所以，马克思派社会主义者的反驳，首先也是从此入手。许多批评者明白指出，增加富力，发展实业，是没有任何人反对的，关键是如何使增加的富力用来保证多数人过上"人的生活"。署名"爱世"的著文说，张氏只顾增加富力，发展实业，增进物质文明，"却不讲适当方法去分配物质文明，使多数人都能享物质文明的幸福，结果物质文明还是归少数人垄断，多数人仍旧得不着人的生活"。他进一步解释说："现今官僚的豪华，武人的纵侈，绅士土豪的骄奢淫佚，多数人所以得不着人的生活，都是吃了他们的亏。假如再听他们包办实业，是富者愈富，贫者愈贫，官僚武人绅士土豪的幸福越发增加，多数人的幸福越发无望。"他的结论是："资本主义决不能使多数人得着人的生活，要使多数人得着人的生活，还应该明明白白的提倡社会主义。"③ 邵力子也指出：

----

①　蓝公彦：《社会主义与资本制度》，《改造》第 3 卷第 6 号，1921 年 2 月。

②　见张东荪《答高践四书》，《新青年》第 8 卷第 4 号，1920 年 12 月；《一个申说》，《改造》第 3 卷第 6 号，1921 年 2 月。

③　爱世：《人的生活》，《新青年》第 8 卷第 4 号，1920 年 12 月。

"社会主义是真正'开发实业'底方法，是真正'使一般人都得着人的生活'底方法。"① 施存统在《我们要怎么样干社会革命？》一文中说："要想使无产阶级脱除'非人生活'过'人的生活'，就非发展产业，增进物质的生产品不可。用资本主义来发展产业，非但不能给与无产阶级以'人的生活'，而且还与许多非常可怕悲惨于无产阶级；……而且用共产主义来生产，比用资本主义来生产，生产力要大得多；再加以公平地分配；那么使无产阶级个个都得到'人的生活'，便不很难了。"② 李大钊在《中国的社会主义与世界的资本主义》一文里也非常明白地说，中国自身的资本主义虽没有发展起来，但中国的"一般平民间接受资本主义经济组织的压迫，较各国直接受资本主义压迫的劳动阶级尤其苦痛"。因此他指出，在这种情势之下，"今日在中国想发展实业，非由纯粹生产者组织政府，以铲除国内的掠夺阶级，抵抗此世界的资本主义，依社会主义的组织经营实业不可"。③

张东荪和梁启超一派人，反对社会主义一个非常重要的理由是说，中国没有劳动阶级，即无产阶级。所以，讲社会主义是无的放矢，甚至说，这种情况下讲的社会主义只能是伪社会主义，只能招引游民和兵匪的响应。这是他们认为最有力的论据。马克思派的社会主义者反对这种说法。李达指出："中国是劳动过剩，并不是没有劳动阶级。"④ 他解释说，剥削压迫中国劳动者的主要是国际资本家阶级。他们在中国办的企业，一般不允许中国人去做工。同时，大量的商品倾销，摧毁了中国的手工业和小农业，造成大量的失业者。所以，受国际资本压迫的广大的中国劳动人民，就是与国际资本对立的劳动阶级。李大钊表示大致相同的意见。即在我们前

① 力子：《再评东荪君底〈又一教训〉》，《民国日报·觉悟》1920 年 11 月 8 日。

② 施存统：《我们要怎么样干社会革命？》，《"一大"前后》（1），第 265—266 页。

③ 《中国的社会主义与世界的资本主义》，《李大钊文集》第 4 卷，第 85—86 页。

④ 江春（李达）：《社会革命的商榷》，《"一大"前后》（1），第 175 页。

面引证过的那篇文章里，李大钊说："中国国内的劳资阶级间虽未发生重大问题，中国人民在世界经济上的地位，已立在这劳工运动日盛一日的风潮中"。① 蔡和森在给陈独秀的一封长信里，对此问题有更深入的论述。他说：

> 我认定，全国人民除极少数的军阀、财阀、资本家以外，其余不是全无产阶级，就是小中产阶级，而小中产阶级就是无产阶级的候补者。……故以我看来，中国完全是个无产阶级的国（大中产阶级为数极少，全无产阶级最多，半无产阶级——即中等之家——次之）；中国的资本阶级就是五大强国的资本阶级（本国极少数的军阀、财阀、资本家附属于其中），中国的阶级战争就是国际的阶级战争。②

以上我们引证的几位当时的马克思学说信从者的意见，本身是有道理的。中国确实因为受国际资本主义的剥削压迫，而使大部分的中国人成为国际资本主义的对抗力量。但这毕竟与马克思主义对无产阶级的理解有距离。这一点，我们在后面适当的地方再加以讨论。

上面所引证的材料，实际上是指涉中国是否具备实行社会革命的条件，以及是否已有从事社会革命的动力的问题。对于这一点，当时的马克思派社会主义者，有比较深入的讨论。

施存统试图从基本理论上来说明中国具备实行社会革命的条件。他首先指出，指向共产主义的社会革命，一则有"经济的必然"，即资本主义生产的发展；二则须有"人的努力"。只有经济的必然，而没有人的努力，革命不会发生。他强调："现在的支

---

① 《中国的社会主义与世界的资本主义》，《李大钊文集》第 4 卷，第 85 页。

② 《马克思学说与中国无产阶级》，原载《新青年》第 9 卷第 4 号，引自《蔡和森文集》，人民出版社 1980 年版，第 78—79 页。

那，实行共产主义，已成的'经济的必然'很少，未来的'人们底努力'很多。我们底职务，就是尽这个'人们底努力'，去完成那个'经济的必然'。"① 他的意思是说，中国革命在经济基础方面，所具条件较差，因此"人的努力"就更要加大。要加大"人的努力"，就要使受压迫的人觉悟起来，进行革命。但大多数人的觉悟是不容易的，是很缓慢的，因此，革命不能等待大多数人觉悟了再干。施存统说："我是一个狂信少数人革命的人，我以为革命在事实上总是少数人的事。……我所谓少数人革命，就是有少数觉悟的人就干，不必等多数人都觉悟了然后才起来干。总之，少数人革命者，非禁止多数人革命也；惟多数人不起来革命之时，则少数人亦不得不起来革命耳。"② 施存统注意到在当时的中国，搞革命运动，青年学生是一种极其重要的力量，他自己就是从学生运动中成长起来走上革命道路的。他说："我想在支那干社会革命，学生诸君底责任是很重大的。没有学生诸君，社会革命是决不会成功的。……没有了学生，无产阶级和兵士，就不能在同一主义下面联合起来。"③ 施存统的这一思想，在中国共产党创立时期，是马克思派社会主义者的重要共识。施存统还非常强调，通过政治革命夺取政权的重要。他说："社会运动，还是既拿到政权后容易干呢，还是未拿到政权前容易干呢？这个问题不用说，我是回答前一种的，我是主张先拿政权的，我是相信支那社会革命不借政权是决不能成功的。"他解释说："1. 现存的政治组织，是我们干社会运动最大的障碍；政权拿到我们手里，非但除了我们干社会运动的障碍，而且还可仗着政治的优越权来大干特干。2. 政治的优越，同时就是经济的优越；我们掌握了政权之后，就可以仗着这个政治的

①　施存统：《我们要怎么样干社会革命?》，《"一大"前后》（1），第268—269页。

②　施存统：《我们要怎么样干社会革命?》，《"一大"前后》（1），第273页。

③　施存统：《我们要怎么样干社会革命?》，《"一大"前后》（1），第280—281页。

优越和经济的优越来建造共产主义的经济基础。"① 他还认为，有了政权，可以加速无产阶级的成熟，因为可以运用政权的力量促进无产阶级的团结力和组织力。有了政权，可以更有力地推动教育的发展，使人们都信奉共产主义。这是共产主义取得完全成功的必要条件，如此等等。没有政权，这些都是办不到的。总之，在中国，因为产业不发达，资产阶级和无产阶级都很微弱，从经济基础和阶级基础上说，严格地讲，社会主义革命的条件确实是有欠缺。当时年轻的马克思派社会主义者，因受到俄国革命的鼓舞，相信这不是不可解决的问题。解决的方法就是第一，少数觉悟者要首先起来革命，不能等待；第二，夺取和建立政权，运用政权的力量，来促进、加快社会主义基础的确立，促进、加快无产阶级的成熟。应当说，这些问题是极其重要和极其复杂的，不是单靠理论分析就可以解决的；这更是一个巨大的实践问题，要在长期的社会实践中来摸索和检验这些问题的解决之道。

（3）马克思派社会主义者的理论探讨的历史意义

马克思派社会主义者还试图说明无产阶级建立的新政权，如何避免历来政府权力都会滋生的一些问题，而成为向共产主义消灭阶级、消灭国家的目标过渡的手段。

施存统明确地说："我们底目的，并不是要拿国家建树无产阶级底特权，是要拿国家来撤废一切阶级的。"② 但怎样才会使新生的无产阶级国家政权实现这一空前的历史使命呢？我们在施存统的文章里看到了这些充满勇气的年轻的社会主义者的理想预设。施存统说，新建的无产阶级专政的国家政权，起初，不可能是整个阶级来实行专政，而只能是少数人来实行专政。因为照他说，多数无自觉、无训练、无组织的无产者，是不可以叫他们来行使专政的，那样会出现糟糕的危险的情况，所以不得不采取少数人专政的办法。

---

① 施存统：《我们要怎么样干社会革命？》，《"一大"前后》（1），第 275 页。
② 施存统：《我们要怎么样干社会革命？》，《"一大"前后》（1），第 263 页。

但既然新政权要引导向消灭阶级、消灭国家的方向走，那么这个国家政权，就必定与历来的国家政权不一样。它要解决三个问题："第一件就是加于无产阶级的强制力，与无产阶级底觉悟程度成反比例；无产阶级觉悟一分，加于佢的强制力便减少一分；——一直到了没有强制力加于无产阶级为止。第二件就是无产阶级觉悟的人数，与无产阶级参预政治的人数成正比例；无产阶级多一个觉悟，就多一个参预政治的人；——一直到了一切无产阶级都参预政治为止。第三件就是不必强制的事，决不主张强制。等到无产阶级个个都有觉悟，有训练，有组织，有教育，那时一定不必强制，只要大家商量好大家去实行就是了。我想将来人们除了服从生产上的指导以外，别的事情都可以自由。"① 这是作者为我们描绘的消灭阶级和消灭国家，实现共产主义的政治历程。从此描述中可以看出，施存统这时可能已大致知道列宁关于国家与革命的主要思想。应该说，这个问题同样主要不是个理论问题，只有实践能够给人最终的答案。

前面的论述已经让我们明白，反对社会主义的人们提出的根本问题是中国没有发展资本主义，没有成熟的资产阶级，也没有成熟的无产阶级，如何能进行社会主义革命，如何能实行社会主义？这确实也是社会实际给中国年轻的社会主义者提出的问题。这里涉及的是带有根本性的理论问题，同时也是带根本性的实践问题。马克思主义一条最重要的原理就是基础决定上层建筑。马克思和恩格斯建构他们的理论时，主要是根据对欧美，特别是欧洲发达资本主义的考察和深入研究。他们论证，资本主义社会的生产力发展到一定程度，与其现存的资本主义生产关系不能相容，于是引起社会矛盾，这种社会矛盾的直接表现就是无产阶级反对资产阶级的斗争。而这场斗争必然产生无产阶级专政。中国社会的情形与欧美发达资

---

① 施存统：《我们要怎么样干社会革命?》，《"一大"前后》（1），第274—275页。

本主义国家有很大的差别。这里基本不具备马克思和恩格斯所指那种社会主义革命的条件；在这方面，中国甚至比俄国的条件还要更差些。在俄国，是列宁回答并解决问题。在中国，则只有一些刚刚走出学校的青年人，要他们回答这么艰巨而复杂的理论问题，实在是极大的挑战。我们在后来成为中国共产党第一批党员的李汉俊那里看到了直面这个挑战的理论勇气。这一点，我们将在后面的相关章节里再详为讨论。

第 十 章
中国共产党成立及其早期思想主张

新文化运动是一次巨大的思想解放运动，它打破了一些旧思想、旧观念对人们的束缚，在一定程度上动摇了旧制度、旧习俗、旧势力的统治根基。一些人，特别是一些青年人，摆脱了旧式家族伦理的桎梏，带着一些或许还并未十分理解的新思想、新观念，和献身报国的理想，加入激荡而急速变动的时代潮流之中。

在清末的时候，青年们和进步人士想的是从列强侵略、瓜分的危机中，从反动腐朽的君主专制制度之下，把国家拯救出来，他们的理想目标是建立民主共和国。五四后的青年和进步人士想的是，将列强侵略与军阀割据之下的徒有虚名的共和国家救出来，他们的理想目标已不再是民主共和国，而是在接受欧战教训与俄国革命的警醒之后，重新选择国家的前途。在当时，有各种各样的选择，如按三民主义的思路统一和建设国家；又如按自由主义者的设想，迁就晚清以来地方势力加强和当下军阀割据的事实，建设类似联邦式的联省自治的共和国；又如按欧洲一度盛行的国家主义理念来建设中国的新体制。这三种政治理想模式，只有三民主义因有较长的历史，有政党势力加以鼓吹，所以有较大影响，其余两种理想模式都没有太大的势力和影响。

一个真正新的理想模式是社会主义。关于社会主义的思想宣传，我们在第九章里已做过论述。现在我们要说的是，由于这个理想凝聚了相当一部分青年和进步人士，他们成立起一个全新的政党为实现他们的理想而付诸行动。这个事实对于此后中国的历史进程是一个决定性的因素。本书作为思想史的著作，对此，首先要关注的是，那些创建中国共产党的人在当时对于他们所尊信的马克思主义的学习和理解的情况到底如何。

一 中共创立时期对马克思主义的了解

在中文文献中出现马克思的名字是很早的。据现有文献的考索，一般公认是外国传教士所办的《万国公报》于1899年2月所出该刊的第121册上，一篇介绍西方社会思想的、所谓"大同学"的长文中简要介绍了马克思的思想。到20世纪初，日本学界兴起社会主义研究热。当时中国留日学生和流亡日本的志士很多，有人开始从日文翻译介绍马克思和社会主义的文献。著名的《新民丛报》和《民报》都曾有介绍马克思生平和思想的文章。那时都还谈不上研究，更谈不上信仰，到民国初年也基本上如此。直到新文化运动凯歌行进，特别是欧战结束和俄国十月革命发生，中国思想界所受刺激空前激烈，在重新思考、重新选择拯救中国的道路时，才有人自觉选择了马克思主义。

中共创立时期，对马克思主义真正努力学习和有所研究的人并不多。我曾反复斟酌，如何叙述这些人对马克思主义学习和研究的情况，才更有逻辑力量，或者说，才可以更清晰地展现这些人对马克思主义了解的真实状况。这里可能有三种方式。一是按时间顺序叙述他们对马克思主义逐步加深认识的过程。但这里所涉及的时间很短，只是五四前后到1921年，或最多到1922年，只不过两三年的时间。况且，当时马克思主义的代表著作基本上都没有翻译过来，英、德、法文的本子，在国内亦颇不易见到，而能顺利阅读英、德或法文马克思主义著作的人也极有限。在这样的情况下，他们先读到些什么，后读到些什么是很偶然的事情，他们对先后读到的东西的理解，也未必能明显表现出逐步深入的层次。所以，我不选择这种叙述方法。二是按马克思主义基本原理的组成部分来叙述。这又牵涉到上述各人获读马克思主义文献所受的客观条件的限制，以及每个人选择研读的重点和着重加以宣传的重点的不同，而显出各人之间有很大的差别。比如，陈独秀作为建党时期最重要的领袖，他阐释马克思主义原理的文章，到 1922 年才发表出来，我们不能据此认为，陈独秀到这时，才对马克思主义基本原理有所了解。因此这一叙述方法也不很可取。三是按各个人的著述情况分别叙述他们对马克思主义的了解。鉴于所涉人数不多，这种方法是可以采用的。我们可以将相关性较强，有一定可比性的人物放在一组加以论述。这样不但可以展现建党时期主要人物对马克思主义了解的整体情况，还可以展现各个人的个性特点，这些特点与后来他们之间的思想分歧或不同际遇是有一定关联的。基于上述理由，我决定采用第三种方法来叙述中共建党时期对马克思主义的了解。

李大钊与陈独秀

陈独秀生于 1879 年，李大钊生于 1888 年，比陈小九岁。他们都是北京大学的教授，是新文化运动的领袖人物。对于建党时期的大部分青年人来说，他们都是老师辈，也可以说，他们是建党时期最受人尊敬的长辈。陈独秀参与过清末革命运动，李大钊参与过清末立宪运动；两人又都留学或留居过日本，受日本思想学术影响较多。但陈独秀更多了解社会实际，关注一些重大的实际问题，他的思想和行动选择，更多受动于社会实际。李大钊参加清末立宪运动时，还是个中学生，而且他只参加了国会请愿运动的最后一次活动，可以说他与社会实际接触和感受远不及陈独秀之多之深，他的思想行动受动于理论学说的影响要更多些。所以，我认为，李大钊对于思想学说的敏感程度要高于陈独秀，而陈独秀对于社会实际问题的敏感程度要高于李大钊。

我们先谈李大钊。

李大钊在 1918 年 12 月写作《Bolshevism 的胜利》一文时，可能对马克思主义学说的内容还基本没有什么具体的了解，该文仅仅提到马克思的名字而已。到五四运动后，在他的《阶级竞争与互助》（发表于 1919 年 7 月 6 日出版的《每周评论》第 29 号）一文里，才对马克思《共产党宣言》中的阶级斗争思想有简要的介绍；稍后，在《再论问题与主义》（发表于 1919 年 8 月 17 日《每周评论》第 35 号）一文中又有对马克思的唯物史观的简单介绍。真正表明李大钊对马克思主义有了较为系统的了解并开始尊信马克思主义的，还是他的《我的马克思主义观》一文。

此文连载于《新青年》第 6 卷第 5 号和第 6 号（1919 年 10 月、11 月），是一篇接近三万字的长文，可以反映出，李大钊为写此文是认真读了书，认真做过思考的。

文中对马克思主义学说的内容提出了他自己的一种概括。他以社会历史为维度，把马克思的学说分作三部分：讲"过去"的，是他的唯物主义历史观；讲"现在"的，是他的经济学说；讲"未来"的，是他的社会主义学说。李大钊强调说："阶级竞争说恰如一条金线，把这三大原理从根本上联络起来。"他介绍马克思的唯物史观，说："唯物史观的要领，在认经济的构造对于其他社会学上的现象，是最重要的；更认经济现象的进路，是有不可抗性的。"由此可见，"经济构造是社会的基础构造，全社会的表面构造，都依着他迁移变化"。而"物质的生产力"是迁移变化的"最高动因"。李大钊引证马克思的《哲学的贫困》《共产党宣言》和《〈经济学批评〉序文》（今译作《〈政治经济学批判〉导言》——引者）中的相关论述，然后进一步归纳马克思的唯物史观："其一是说人类社会生产关系的总和，构成社会经济的构造。这是社会的基础构造。一切社会上政治的、法制的、伦理的、哲学的，简单说，凡是精神上的构造，都是随着经济的构造变化而变化。……其二是说生产力与社会组织有密切的关系。生产力一有变动，社会组织必须随着他变动。"又指出："生产力在那里发展的社会组织，当初虽然助长生产力的发展，后来发展的力量到那社会组织不能适应的程度，那社会组织不但不能助他，反倒束缚他、妨碍他了。而这生产力虽在那束缚他、妨碍他的社会组织中，仍是向前发展不已。发展的力量愈大，与那不能适应他的社会组织间的冲突愈迫，结局这旧社会组织非至崩坏不可。这就是社会革命。"①

以上是李大钊介绍马克思唯物史观学说的梗概。

关于马克思经济学说的介绍，在文中占了最大的篇幅。这大概是因为李大钊在日本留学时，学的是经济学，而在北京大学担任的课程也是以经济学为主，谈到了他自己的本行，自然更为熟悉，所以介绍得比较详细。但我们这里不需要太详细的介绍。

李大钊说，马克思的经济学说有两个要点：一是"余工余值说"（即剩余价值说——引者），二是"资本集中说"。

关于第一点，李大钊先从介绍"劳动价值论"讲起，再讲必要劳动与剩余劳动。剩余价值即由剩余劳动产生。工人的必要劳动已经生产出资本家的全部生产成本。但资本家为扩大资本而强迫工人多做出剩余劳动，生产剩余价值。而全部的剩余价值都归资本家占有。对资本家来说，愈是多得剩余价值，愈是加快资本的扩大、产业的扩充，从而愈能获得更多的利润，积累更多的财富。为此，他必定追求尽可能大的剩余价值率。所用办法即增加工人劳动时间，降低工人工钱。于是，随着资本家财富的扩充，而工人却愈加贫穷和痛苦。

关于第二点，李大钊主要介绍近代科学勃兴、技术进步、交通发达，使生产力增加，市场扩大，大产业逐渐排挤、吞没小产业，出现托拉斯、卡特尔，于是资本集中到少数资本家手中。随着资本集中，产业规模扩大，工人数量增加并更加集中。李大钊说："大

---

① 本段引文，见《我的马克思主义观》，《李大钊文集》第 3 卷，第 19、21、27—28 页。

规模的产业组织的扩张，就是大规模的无产阶级的制造。""无产阶级愈增愈多，资本愈集中，资本家的人数愈少。……因为无产阶级的贫困，资本家在资本主义下已失救济的能力，阶级的竞争因而益烈。竞争的结果，把这集中的资本收归公有。"① 李大钊的意思就是说，资本集中的结果，使资本私有制度同生产的社会化形式愈来愈不相容，就只有将资本收归公有一途，可以解决其矛盾。

实际上，讲马克思的唯物史观，讲其经济学，都已经明显地揭示出资本主义下的阶级斗争问题。不过，在《我的马克思主义观》一文中，李大钊还是用了两节的篇幅专讲马克思的阶级竞争说。文中说："马氏所说的阶级，就是经济上利害相反的阶级，就是有土地或资本等生产手段的有产阶级，与没有土地或资本等生产手段的无产阶级的区别：一方是压服他人，掠夺他人的，一方是受人压服，被人掠夺的。"又说："阶级竞争是他们不能避的运命，就是有了阶级的自觉，阶级间就起了竞争。当初只是经济的竞争，争经济上的利益，后来更进而为政治的竞争，争政治上的权力，直至那建在阶级对立上的经济的构造自己进化，发生了一种新变化为止。"② 资本主义下的无产阶级与资产阶级的斗争，以社会主义的生产方式代替资本主义的生产方式，便是其斗争的结局。

关于《我的马克思主义观》一文，李大钊坦陈："我平素对于马氏的学说没有什么研究"，仅把所见"零碎的资料，稍加整理，乘本志出'马克思研究号'的机会，把他转介绍于读者"。③ 这是一位诚实的学者的态度。

应当指出，李大钊此文中，确有不很符合马克思原义的地方。如他在讲唯物史观的部分，讲到经济基础与上层建筑的关系的时候，强调说："经济现象虽用他自己的模型，制定形成全社会的表

① 《我的马克思主义观》，《李大钊文集》第3卷，第50、51页。
② 《我的马克思主义观》，《李大钊文集》第3卷，第29—30页。
③ 《我的马克思主义观》，《李大钊文集》第3卷，第15页。

面构造（如法律、政治、伦理，及种种理想上、精神上的现象都是），但这些构造中的哪一个也不能影响他一点。……就是法律他是人类的综合意志中最直接的表示，也只能受经济现象的影响，不能与丝毫的影响于经济现象。换言之，就是经济现象只能由他一面与其他社会现象以影响，而不能与其他社会现象发生相互的影响，或单受别的社会现象的影响。"又强调说："属于人类意识的东西，丝毫不能加他（指经济基础——引者）以影响；他却可以决定人类的精神、意识、主义、思想，使他们必须适应他的行程。"① 很明显，这些说法都不是马克思的意思。马克思和恩格斯晚年注意到一些年轻的社会主义者不能完全领会他们的唯物史观，片面地绝对化地强调经济基础决定上层建筑的一面，把本来是相互辩证的关系，做机械的理解，否定上层建筑对经济基础也可以发生一定的影响。从李大钊强调他的说法时那种决断的态度，可以推想，这不是由他本人体悟所得，而是受到他所见材料的影响。

再者，李大钊在介绍马克思的阶级竞争说的时候，完全没有提及无产阶级专政的思想，这也是很大的疏漏。实际上《共产党宣言》也好，《〈政治经济学批判〉导言》也好，都有无产阶级专政的思想。李大钊此文中引证了这两篇文章的内容，却没有注意其中无产阶级专政的思想。

尽管存在这些缺点，李大钊的文章在当时作为第一篇略成系统地介绍马克思主义的文献，对一些年轻人学习和接受马克思主义还是起了很大的作用。

在此文发表后，李大钊又陆续发表多篇介绍马克思主义和尝试运用马克思主义说明一些社会与历史问题的文章。如《物质变动与道德变动》《由经济上解释中国近代思想变动的原因》《马克思的历史哲学与理恺尔的历史哲学》《唯物史观在现代史学上的价值》《唯物史观在现代社会学上的价值》等几篇文章，主要都是阐

---

① 《我的马克思主义观》，《李大钊文集》第 3 卷，第 21、27 页。

释马克思的唯物史观的。其中《由经济上解释中国近代思想变动的原因》一文，李大钊颇有发挥。他解释中国古代以大家族制度为根本，既是血缘的结合，也是经济的结合。在此基础上形成君主制度与家长制度及其相应的种种伦理制度。西方近代资本主义制度，经济发达，国力强盛，扩大市场，争夺原料，势力东来。日本小国，反应灵活，变法成功，与列强同列。中国人多地大，反应迟缓，一步落后，步步落后，土地出让或租借，口岸开放，海关不能自主。原有家族经济崩坏，家族制度、君主制度也渐渐无法维持。于是革命与改革的声浪起来。政治上的民主运动，思想上伦理上的种种解放运动相继而起。孔子主义不再是永恒真理，纲常名教不再是天经地义。中国已沦为世界无产阶级的地位，除了改革和革命没有别的出路。此外李大钊于 1922 年还做过关于马克思经济学说的演讲，其内容与《我的马克思主义观》中所说没有大的差异。他主要强调说明，马克思的经济学说，揭示资本家是如何劫夺工人阶级的劳动成果，如何令工人阶级的境况愈来愈悲惨；又如何使资本愈来愈集中，产业规模愈来愈大，致使工人阶级的队伍亦愈来愈强大，愈来愈集中，令其觉悟，起而斗争。

　　与李大钊侧重马克思主义理论的系统介绍不同，陈独秀是政治敏感度极高的人。我们前面屡次提及陈独秀个人的经历对他的影响。现在我们就看看陈独秀是怎样接受和理解马克思主义的。

　　陈独秀明确接受马克思主义的标志是他发表于 1920 年 9 月出版的《新青年》第 8 卷第 1 号上的《谈政治》一文。这比李大钊晚了整整一年的时间。陈独秀在 1920 年 1 月发表的《告新文化运动的诸同志》一文，还把马克思的《资本论》与克鲁泡特金的《互助论》并列为研究的模范。在 5 月以后发表的文章里，他开始提到建立工人阶级的国家的问题。《谈政治》一文，有一个最鲜明的特点我们必须注意，即全文紧紧抓住关于国家和政权的问题来阐释他的马克思主义观。这同李大钊从所接触的书本材料来谈他的马克思主义观是非常不一样的。其所以如此，除了我们前面已经指出的，陈独秀敏于从实际出发领悟革命的道理这一特点之外，还与一个具体情况密切相关，即这时的陈独秀已与维金斯基多次交谈，定下决心，着手建立中国共产党。而建党面临最重要的问题，就是建立一个党要干什么和怎么干的问题。这中间，无疑地，最重要的核心问题就是如何对待国家与政权的问题。陈独秀在文章中分下面几点阐述他的根本主张。

其一，国家的本质与功用。陈独秀说："国家底唯一目的，就是征服者支配被征服者底主权，并且防御内部的叛乱及外部的侵袭。"① 陈独秀提出这一基本观点是针对无政府主义者的。

其二，劳动阶级应当如何对待现有的资本家阶级的国家与政权。这也是针对无政府主义者提出的。他指出："我们要明白，世界各国里面最不平最痛苦的事不是别的，就是少数游惰的消费的资产阶级利用国家、政治、法律等机关，把多数勤苦的生产的劳动阶级压在资本势力底下，当做牛马，机器还不如。要扫除这种不平这种痛苦，只有被压迫的生产的劳动阶级自己造成新的强力，自己站在国家地位，利用政治、法律等机关，把那压迫的资产阶级完全征服，然后才可望将财产私有、工银劳动等制度废去，将过于不平等的经济状况除去。若是不主张用强力，不主张阶级战争，天天不要国家、政治、法律，天天空想自由组织的社会出现；那班资产阶级仍旧天天站在国家地位，天天利用政治、法律。如此梦想自由，便再过一万年，那被压迫的劳动阶级也没有翻身的机会。"②

文章还指出，不但革命当中要运用强力夺取政权，而且即使夺取政权之后，也还要运用强力巩固政权，保护劳动阶级取得的种种权力。否则，因被推翻的资产阶级富有统治的经验，他们随时会利用劳动阶级自己的疏忽、懈怠而图谋复辟。文章也谈及劳动阶级自己的国家、政治、法律也有自我管理的必要。

---

① 《谈政治》，任建树主编：《陈独秀著作选编》第 2 卷，第 250 页。
② 《谈政治》，任建树主编：《陈独秀著作选编》第 2 卷，第 252 页。

其三，批判第二国际修正主义对于国家政权的错误立场。文章说："他们（指修正主义者——引者）不主张直接行动，不主张革那资产阶级据以造作罪恶的国家、政治、法律底命，他们仍主张议会主义，取竞争选举的手段，加入（就是投降——原注）资产阶级据以作恶的政府、国会，想利用资产阶级据以作恶的政治、法律，来施行社会主义的政策。结果，不但主义不能施行，而且和资产阶级同化了，还要施行压迫劳动阶级反对社会主义的政策。"①

文章最后结论道："若不经过阶级战争，若不经过劳动阶级占领权力阶级地位底时代，德谟克拉西必然永远是资产阶级底专有物。"所以，"用革命的手段建设劳动阶级（即生产阶级——原注）的国家，创造那禁止对内对外一切掠夺的政治法律，为现代社会第一需要"。② 从这些表述可以充分看出，陈独秀对于无产阶级革命、建立社会主义制度最重要的问题，即无产阶级专政的问题，已有很明确，也很坚定的看法。

通读陈独秀《谈政治》一文，使人感到，他好像是读过了列宁的《国家与革命》和《无产阶级革命与叛徒考茨基》两本小册子。但实际是不可能的。研究陈独秀的专家承认，陈独秀此时主要接受的是列宁的思想影响。但他们能够指出的这种影响的来源，只有施存统翻译的日本学者山川均的文章《考茨基的劳农政治反对论》。③ 我觉得，仅凭这一点材料，不足以使陈独秀对列宁的无产阶级革命和无产阶级专政的理论有如此扼要但很清晰的了解。我觉得，陈独秀对于列宁的无产阶级革命与无产阶级专政思想的了解，可能有两

---

① 《谈政治》，任建树主编：《陈独秀著作选编》第2卷，第255页。

② 《谈政治》，任建树主编：《陈独秀著作选编》第2卷，第256、257页。

③ 参见唐宝林《陈独秀全传》，社会科学文献出版社2013年版，第233页。按，唐宝林先生是根据石川祯浩所著《中国共产党成立史》一书的有关内容做介绍，认为陈独秀的《谈政治》所表明的政治态度的根本转变，即认识到无产阶级专政的必要，是因为读了施存统关于山川均的《考茨基的劳农政治反对论》的译介。但石川祯浩书中说，施存统此种翻译介绍是1921年的事，原在陈独秀发表《谈政治》一文之后。

方面的来源。一个是，陈独秀在与维金斯基等人接触时，可能讨论到列宁的上述重要思想。在当时，处于内外危机环境中的俄国布尔什维克，其党内最重要的思想教育就是贯彻列宁上述两本小册子的思想。而这些思想也是建立一个布尔什维克式的共产党最急需的理论准备。所以，我猜测，陈独秀与维金斯基的谈话有可能涉及这些重要的理论问题。另一个可能的来源是李达和李汉俊两人。这两人在建党前都在日本停留过较长时间，他们在那里通过日本的社会主义者了解到列宁上述重要思想。《李达传记》的作者明确说，李达在日本读过列宁的《国家与革命》一书。[①] 所以，我们有理由推想，当时在《新青年》编辑部充当陈独秀助手的李达或李汉俊，有可能同陈独秀介绍过列宁关于无产阶级革命与无产阶级专政的思想。当然，以上所说只是我的猜测，还须以后发现的事实加以证实或否证。

陈独秀接受马克思主义以后，仍然密切关注时局动态，申明应当采取的对策。如他在《对于时局的我见》一文中指出，当下世界上只有两种国家：资本家的国家和劳动阶级的国家。而法律"都是一阶级一党派的权力造成国家的意志所表现"，"法律是强权底化身，若没有强权，空言护法毁法，都是不懂得法律历史的见解"。他相信"终久有社会党的立法，劳动者的国家出现的一日"。但在这之前，"资本阶级内民主派的立法和政治，在社会进化上决不是毫无意义"。因此，在民主派与君主派斗争中，我们应当支持民主派。但我们的要求仅限于出版、结社自由和保护工厂劳动者的立法，而决不可像第二国际党那样，"利用资本阶级的政治机关作政治活动"。[②] 陈独秀于 1921 年 1 月所做的《社会主义批评》一篇讲演中讲道："无产阶级专政就是不许有产阶级得到政权的意思。

---

① 见宋镜明《李达传记》，湖北人民出版社 1980 年版，第 21 页。

② 《对于时局的我见》，任建树主编：《陈独秀著作选编》第 2 卷，第 258—259 页。

这种制度乃是由完成阶级战争，消灭有产阶级，做到废除一切阶级所必经的道路。"① 这是对《谈政治》一文的重要补充，说明陈独秀这时对马克思主义关于无产阶级革命与无产阶级专政的理论已有相当完整的理解。

陈独秀在《答蔡和森（马克思学说与中国无产阶级）》一文中，更对当时一些社会主义者感到困惑的问题做出很有见地的解释。蔡和森于 1921 年 2 月 11 日从法国写信给陈独秀，谈他对于一些人感到困惑的问题的看法。这个所谓困惑的问题就是：依马克思的唯物史观，只有社会生产力与生产关系的矛盾到了极端，旧的生产关系不崩坏，社会就无法生存的时候，社会革命才会发生，这是一个历史进化的自然和必然的现象。而依社会主义革命学说，特别是俄国革命的经验和中国社会主义者即将展开的斗争，都是在近代生产力还不很发展的情况下进行革命。这与唯物史观的基本思想岂不是有矛盾吗？

为了解除这一困惑，蔡和森把马克思主义定义为"综合革命说与进化说"。他解释说："专恃革命说则必流为感情的革命主义，专恃进化说则必流为经济的或地域的投机派主义。马克思主义所以立于不败之地者，全在综合此两点耳。"怎样综合的呢？他说："马克思的学理由三点出发：在历史上发明他的唯物史观；在经济上发明他的资本论；在政治上发明他的阶级战争说。三者一以贯之，遂成为革命的马克思主义。"② 应当说，蔡和森这个概括的说法是不准确的。马克思曾明确地申明，阶级斗争不是他的发现，早在他之前，不止一位资产阶级学者已经明确指出阶级斗争的历史事实。马克思的贡献在于，提出无产阶级革命和无产阶级专政的理论。而上述一般社会主义者的困惑，也恰好只能用无产阶级革命和无产阶级专政的理论才能得到解释。蔡和森力图以无产阶级"被

---

① 《社会主义批评》，任建树主编：《陈独秀著作选编》第 2 卷，第 348 页。
② 《马克思学说与中国无产阶级》，《蔡和森文集》，第 74 页。

压迫被剥削的程度之深浅，及阶级觉悟的程度之深浅"① 来说明革命不是完全地、不是绝对地依赖经济基础的变化。蔡氏的意见有一定的道理，但这还不足以从理论上完全解决上面所说的困惑。陈独秀的回信即是试图从根本理论上解释这个问题。依当时的条件，包括客观条件与主观条件，陈独秀还不能从理论上彻底解决这个问题，但是他已经朝着解决这个问题的方向前进了一步。

陈独秀承认蔡和森所提出的"问题甚大"，不是容易说得清楚的。他表示"只能简单说一说我的私见"。陈独秀说：

鄙意以为唯物史观是研究过去历史之经济的说明，主张革命是我们创造将来历史之最努力最有效的方法，二者似乎有点不同。唯物史观固然含着有自然进化的意义，但是他的要义并不只此。我以为唯物史观底要义是告诉我们：历史上一切制度底变化是随着经济制度底变化而变化的。我们因为这个要义底指示，在创造将来的历史上，得了三个教训：（一）一种经济制度要崩坏时，其他制度也必然要跟着崩坏，是不能用人力来保守的；（二）我们对于改造社会底主张，不可蔑视现社会经济的事实；（三）我们改造社会应当首先从改造经济制度入手。在第（一）（二）教训里面，我们固然不能忘了自然进化的法则，然同时我们也不能忘了人类确有利用自然法则来征服自然的事实。所以我们在第（三）教训内，可以学得创造历史之最有效最根本的方法，即经济制度的革命。照我这样解释，马克思主义并没有什么矛盾。②

我们看，从唯物史观启示的三点教训切入问题，比较从马

① 见《马克思学说与中国无产阶级》所附陈独秀致蔡和森信，《蔡和森文集》，第80页。
② 《答蔡和森（马克思学说与中国无产阶级）》，任建树主编：《陈独秀著作选编》第2卷，第411—412页。

克思主义学说三个部分切入问题，显然是把问题的解决向前推进了一步。但是陈独秀的所谓第三点教训及其解释又显然是不到位的。马克思主义者改造社会不是首先从经济制度入手，而是从政治革命入手。无产阶级只有夺取政权，使自己成为统治阶级，才有可能剥夺资本家，改变经济制度。二者正是上层建筑反作用于经济基础的最好说明。陈独秀潜意识里已经意识到这个反作用的问题，但或者是他还没有读到马克思关于这一点的明确论述，或者是读了而未曾切实理解。我们看陈独秀接着说的一段话："若是把唯物史观看做一种挨板的自然进化说，那末，马克思主义便成了完全机械论的哲学。"[1] 他反对对马克思的唯物史观做机械的理解，就包含了进一步深化理解马克思主义的一切可能。

陈独秀从实际需要的立场上看待马克思主义学说的学习和接受。他在《学说与装饰品》这篇"随感录"中说："输入学说若不以需要为标准，以旧为标准的，是把学说弄成了废物；以新为标准的，是把学说弄成了装饰品。"[2] 他强调马克思主义和社会主义学说是因为需要而输入进来的，必须在实际需要中来运用马克思主义。正因此，陈独秀一开始即因建党的需要而首先阐明无产阶级革命与无产阶级专政的理论，而没有去做较全面的马克思主义理论的系统介绍。他直到 1922 年 4 月为学生做讲演时，才较为系统地介绍马克思主义理论的几个基本方面，如剩余价值、唯物史观、阶级斗争、劳工专政等。我们看他即使是略做系统介绍时，也是抓住最重要之点，把劳工专政作为重要之点提出来，这是他比当时所有接受马克思主义的人高明的地方。

---

① 《答蔡和森（马克思学说与中国无产阶级）》，任建树主编：《陈独秀著作选编》第 2 卷，第 412 页。

② 《学说与装饰品》，任建树主编：《陈独秀著作选编》第 2 卷，第 274 页。

李达与李汉俊

李达与李汉俊思想和文字风格不尽相同,但两人的年辈、经历及身份地位则甚为相近。两人同生于 1890 年,同有在日本留学的经历,其接触马克思主义皆与日本学者的著述有关。他们同被陈独秀引进《新青年》编辑部,共同参与了组织共产主义小组和创建中国共产党的活动。在建党时期,两人在宣传马克思主义基本理论方面贡献甚大。他们颇有一点勇于学习和探索的精神。所以,把他们两人放在一起加以介绍,是很适当的。

李达于建党时期发表的文章,大多数是为批评无政府主义和各种非科学社会主义流派而写的,其中大部分我们在前面第九章里已做过介绍。他介绍和阐释马克思主义基本原理的文章较少,但我们从他批评无政府主义和各种非科学社会主义的文章可以看出,他对马克思主义基本理论是有相当了解的。他在 1919 年以前,即在日本读过《共产党宣言》、《资本论》第一卷、《〈政治经济学批判〉导言》和《国家与革命》这些极有代表性的马克思主义和列宁主义的著作。他在 1920 年春天以前,又陆续翻译了荷兰马克思主义者郭泰著的《唯物史观解说》、考茨基著的《马克思经济学说》以及日本学者高畠素之著的《社会问题总览》。前两本书很明显是介绍马克思的唯物史观和经济学说的,这是马克思主义理论的基础。应当指出,在所译《唯物史观解说》一书中,李达还附录了两篇他自己的文章。一篇是《译者附言》,对作者和书的主要内容做了简要介绍。另一篇是《马克思唯物史观要旨》。此文为使读者了解马克思唯物史观的要义,还特别摘译了马克思的《〈政治经济学批判〉序言》和恩格斯于 1888 年为《共产党宣言》英文本所写的序言。这说明李达对马克思的唯物史观确有相当深入的了解。而此书对于很难见到马克思主义原典文献的中国社会主义者来说,也提供了学习和接受马克思主义的很大便利。这也应该被看作李达对于宣传马克思主义的一项特别贡献。

　　李达直接谈论马克思主义基本原理的文章，有代表性的是《马克思还原》一文，发表于 1920 年 12 月《新青年》第 8 卷第 5 号上。这篇文章提要式地列出马克思主义的几个基本原则，如唯物史观的基础决定上层建筑，社会生产力与生产关系的矛盾导致阶级对立，无产阶级与资产阶级的斗争及其国际性，无产阶级革命与无产阶级专政，国家及阶级的消灭，等等。文中用了很大篇幅叙述欧洲第二国际党如何背叛马克思主义，及马克思主义因俄国革命与世界工人运动的发展而复兴的过程。

　　李汉俊是个极应受到注意的人物。他本人对马克思主义理论有相当的研究，有很深的领会，所以他的介绍性的文章都很得要领。尤其值得提出的是，他颇表现出一位青年学者的理论探索的勇气。

　　我们先看看李汉俊对研究马克思主义所持的基本态度。他有一篇文章叫作《研究马克思学说的必要及我们现在入手的方法》。此文虽发表于 1922 年 6 月，时间较晚，但它所反映的是李汉俊一直坚持的基本态度与立场。

　　文章首先大段引述马克思《资本论》第一卷初版的序言，大意是说，英国现代资本主义发展最早成熟，最具代表性。那里所显现的社会矛盾与斗争，那里将要发生的新社会"分娩的痛苦"，迟早也要在德国重演。所以德国人应当从英国的经历中得到教训，力争减少或缩短"分娩的痛苦"。接着李汉俊说，他想把马克思当年向他的德国同胞讲的话，照样赠给自己的中国同胞。他要中国人不要抱着"隔岸观火""与我无关"的态度，对待马克思所揭示的英国乃至欧美国家社会所面临的危机和新社会"分娩的痛苦"。要知道这种情况也必将在中国出现。他说："不幸之幸，是我们中国比人家进化在后，中国将来必然经过的环境，人家都已经过了。由这些环境产生出来的学说，人家都已经为我们准备好了，只待我们拿来求了解，无须我们像这些学说底创立者们绞肠挖肚地思索了。这在我们后进中国人实在是天赐之幸。这天赐之幸只在等着我们中国人伸手去受，我们如果连这手都懒得伸，就未免是太甘暴弃，恐怕终免不了要遭天谴呢！"

　　关于人家已经创造出来的学说，李汉俊说："对于先进各国社会现象的由来、内容、结果，观察得最切当，研究得最深刻，解说得最透彻的，在现在只有马克思。"所以，中国人要解决自己国家的问题，必须要研究马克思主义。于是他介绍马克思学说的基本内容说："马克思学说可以分作理论与政策两方面。理论底方面又可以分作'唯物史观说''经济学说''阶级斗争说'三大部分。政策底方面就是所谓'社会民主主义'的部分。"李汉俊这里说的社会民主主义，就是指的社会主义。不过他把社会主义看成政策层面的内容，是不准确的，大概也是受他所见日本学者著述的影响所致。值得注意的是，关于这三大部分的说法，李汉俊同李大钊几乎是完全一样的，这是因为他们所根据、所参照的都是日本学者河上肇的著作。李汉俊说："'唯物史观说'是关于过去的理论，是研究过去社会组织变化的原因和经过的，亦可以叫作社会组织进化论。'经济学说'是关于现在的理论，是用分析剖解的方法研究现在的资本主义经济组织。……'社会民主主义'是关于将来的理论，是研究如何实现社会主义的方法的，亦可以叫作社会主义运动论。'阶级斗争说'是像一条金线一般把上述三大部分的根本缝起来，以成就其为一个完整的大组织的部分，马克思学说底有机连络就在这一部分。"李汉俊注明这是根据河上肇著、李培天译的《近世经济思想史论》第三讲第二段唯物史观绪言。

　　在讲到研究马克思主义的入手方法时，李汉俊强调，绝不可只看其一部分而不及其他部分。"因为马克思底学说是一个有机的体系，……无论哪一部分，如果缺少了其余各部分的参照，必不能得到正确彻底的了解。譬如，唯物史观如果没有阶级斗争底参照，就要成为机械论。唯物史观和阶级斗争如果没有经济学说底参照，就只能得到空洞的观念，亦且不能了解现在的社会，尤其不能了解将来社会底组织。"[1] 这里要特别注意，李汉俊指出的，"唯物史观如

---

　　① 以上引文皆见于《研究马克思学说的必要及我们现在入手的方法》，《民国日报·觉悟》1922 年 6 月 6 日。

果没有阶级斗争底参照，就要成为机械论"，这一点极为重要。前面在介绍李大钊讲唯物史观的部分，他把基础决定上层建筑这一原理就是做了机械的理解，否认上层建筑也可以反作用于基础。他在介绍马克思主义的阶级斗争学说时，完全没有与上述基本原理联系起来考虑，所以没有从机械论中摆脱出来。前面在讲陈独秀答复蔡和森的信的内容时，也涉及这个重大问题。在这个问题上，陈独秀与李汉俊都比李大钊的认识更为深刻一些。

还要指出，李汉俊在其《唯物史观不是甚么?》一文中，对上述问题有更加明确的阐述。他说："唯物史观虽然认物质上的变化是人类社会进化的唯一根本原因，但并不否认精神的要素。"他进一步解释说："一种社会组织是多数的人相集而组成的，……其建设、其破坏，都是要人底力量和人底行为来成就的。人底力量，人底行为，都是由人底意志出发，思想就是意志底表现。"[①] 社会组织的变革，要通过有思想的人的行为、人的力量来实现。这最明白不过地说明精神因素在历史上的作用。在这篇文章的最后部分，李汉俊还大段引述马克思《〈政治经济学批判〉序言》中的话，用以说明，资本主义的崩坏，社会主义的实现，虽是必然，但因为阶级利害的关系，无产阶级必定要极力反抗，极力抗争，以打破那些不利于社会主义实现的种种障碍，打破资本家种种维护旧的生产关系、旧的制度的努力。所谓无产阶级革命就是如此。可见把马克思的唯物史观做完全机械的理解是不对的，那就否定无产阶级革命的必要了。

李汉俊还翻译了马尔西著的《马克思资本论入门》，这是很重要的贡献。当时中国的马克思主义者都没有机会阅读《资本论》，而此书是马克思最重要的代表作，要真正理解马克思主义，必读此书。在无法得到《资本论》的可读之本的情况下，李汉俊翻译此书的意义与价值就显然可见了。我们阅读李汉俊所写的《强盗阶

---

① 李汉俊：《唯物史观不是甚么?》，《民国日报·觉悟》1922 年 1 月 23 日。

级的成立》，他把商品、劳动价值、剩余价值、劳动阶级与资本阶级的对立以及无产阶级革命的必然性解释得那样通俗易懂，就可知道他对马克思的《资本论》有很精要的了解。这和他详细阅读和研究过马尔西的《马克思资本论入门》一书是分不开的。

李汉俊于 1922 年 1 月 1 日在《民国日报》的副刊《觉悟》上发表《我们如何使中国底混乱赶快终止》一文。此文本是回应反对社会主义者的质疑的，值得特别加以介绍。

文章开头说："我对于这个问题，可以作答案说，现在中国要进化到社会主义，没有要经过资本主义充分发展的阶段的必要，可以直接向社会主义的路上走去。并且资本主义在现在的中国没有充分发展的可能，以中国现在的环境，又有直接向社会主义路上走去的必要。"他解释说，社会主义需要有物质基础，是不错的。但是所说向社会主义的路上走去，意思并不是要在二十四小时实现社会主义，而是要"在制度上把中国引向社会主义的路上去进化"。就是说，建立一套制度，能够尽量铲除妨碍社会主义进化的障碍，同时尽量建设足以推进向社会主义进化的各种制度设施。这就可以保证在社会主义制度下，使社会主义所需要的物质条件更快地完备起来。到此为止，李汉俊所说的话，并未超出其他年轻的社会主义者的论述范围。但是往下，他开始触到其他人未曾触及的理论层面。李汉俊在文章里说："照马克斯底唯物史观说，是'物质的生产力发展到一定阶段，才发生与这阶段适应的生产关系，这生产关系底总和就是法制上、政治上的上层建筑所依以的基础'，所以要先有了一定生产力，然后才能有一定的生产关系；有了一定的生产关系，然后才能有一定的上层建筑。现在中国底产业，还没有进化到资本主义确立的阶段，而你却要建设那产业比中国发达不知多少倍的先进各国所还没有的制度，并且还要在这制度下促进生产力。这不是与马克斯底唯物史观相违背么？这新制度怎能够适应现在中国底生产力，又立在甚么基础上面呢？"

李汉俊承认以上的设问有道理。但是他说，这样对待马克思的唯物史观，是"太作了机械的解释了"。李汉俊说，生产力与生产关系，基础与上层建筑，它们虽然是连带运转的，但不是直接相连带，而是要通过一些中介，即须有中间环节。这个问题，恩格斯在其晚年书信中有很精辟的论述。他是在批评欧洲，特别是法国的年轻的马克思主义者的时候，做出这些论述的。然而，李汉俊当时绝无可能见到这些论述。所以，我们不能不佩服这位年轻的社会主义者的理论勇气。

那么，李汉俊所说的中间环节是什么呢？他认为，这个中间环节就是人类的意志。他解释说，社会的生产关系就是人与人之间的关系，这种关系表现为一定的社会组织。李汉俊有时即以社会组织为生产关系的代名词。他说："社会组织底变更自然是要这社会里面的若干人底行动来成就的。人底行动是由人底意志出发的。所以，这媒介物就是人类底意志。"在社会进化过程中，人的意志的最突出表现就是阶级斗争。因为当社会生产力与既有的生产关系发生冲突的时候，一些人以保存既有的生产关系为于己有利，另一些人则以打破现有的生产关系为于己有利。于是便有两种不同利害的阶级之间的斗争。要求打破现有的生产关系的人，就是在旧有的生产关系之下感受特别痛苦的人。李汉俊说，产生打破现有生产关系，建立新的生产关系、新的社会组织、新的社会制度的意志，并不一定要亲历过那种特定的生产关系与特定的生产力的冲突，知道别人的痛苦经历，引为教训，便可以先于那种冲突而产生变革的意志。李汉俊说："人类如果能因着一种原因，先于生产力底进化程度的发生要求社会组织变革的意志，就是生产力还没有进化到相当程度，这社会组织也是能够变革的。"这便是李汉俊对这个重大理论问题给出的答案。照李汉俊的意思，中国的无产阶级可以因为世界其他发达资本主义国家的无产阶级受压迫而起来革命的经验，而在自己国家资本主义还远不够发达的情况下，先于生产力和生产关系发展的程度，而产生革命的觉悟，起而进行社会主义革命。在这里，他明显地预示出，进行革命的宣传鼓动工作的极端重要性。因

为只有通过有力的宣传鼓动工作，才能使人接触和接受那些革命的
道理，进而产生推动向社会主义路上走去的意志。

李汉俊还提出一个很有意思的逻辑推论。他说，当下的中国，
所受最大压迫，来自国际资本主义。而世界已进入社会主义革命时
期，如果中国人以发展资本主义为旗帜，则是与全世界为敌，因为
全世界资本家阶级不允许中国发展自己的资本主义，全世界的无产
阶级自然也不赞成中国发展资本主义。反之，中国以社会主义为旗
帜，则全世界的无产阶级都是我们的同盟。

李汉俊的理论探讨非常可贵，但他的解说还有待深入考虑。例
如他把基础与上层建筑之间互动的中介环节断定为人的意志，这是
否有滑向唯心史观，甚至滑向唯意志论之嫌？还有，在旧的基础
上，靠人的意志建立与此基础不相应的上层建筑，究竟怎样才能依
靠这个上层建筑的功能，反过来把旧基础变成与上层建筑相适应的
新基础？对于这些问题，李汉俊还远没有做出令人信服的解说。

我这里较为详细地引述李汉俊的文章，第一，是因为他深入探
讨了其他人不曾探讨的理论问题；第二，是因为这个问题不仅是一
个重大的理论问题，而且更重要的，还是一个极其重大的实践问
题。可以说，这是中国的马克思派社会主义者一直为之努力要加以
解决的问题。所以，李汉俊的文章具有非常巨大的理论意义与现实
意义。

施存统与周佛海

施存统是中共建党时期一个很特别的人物，他在五四当年是浙
江一师的学生，以其在《浙江新潮》上发表《非孝》一文而名扬
全国。稍后，他到北京参加工读互助团，也是其中最负声望的一
个。他于 1920 年 6 月去日本留学兼治病，在那里一年半的时间，
读了不少日文翻译或介绍马克思主义的文献。他根据自己的领会，
写了很多文章在《新青年》《民国日报·觉悟》等杂志发表。

施存统在学习和理解马克思主义方面值得介绍的是如下几点。

其一，对待马克思主义学说的态度。他在《马克思底共产主义》一文中说："我以为马克思主义全部理论，都是拿产业发达的国家底材料做根据的；所以他有些话，不能适用于产业幼稚的国家。但我以为我们研究一种学说一种主义，决不应当'囫囵吞枣''食古不化'，应当把那种主义那种学说底精髓取出。"又说："在中国实行马克思主义，在表面上或者要有与马克思所说的话冲突的地方；但这并不要紧，因为马克思主义底本身，并不是一个死板板的模型。所以我以为我们只要遵守马克思主义底根本原则就是了；至于枝叶政策，是不必拘泥的。"[①] 这表现了这位年轻的马克思主义者的理论勇气，从一开始就不是教条主义地对待马克思主义。这一点对于中国马克思主义者是至关重要的。

其二，最早介绍共产主义三阶段的划分。施存统在上述《马克思主义底共产主义》一文中，介绍共产主义是一个很长的历史过程，可分作三个主要阶段。他分别引述《哥达纲领批判》《共产党宣言》和《空想的及科学的社会主义》（今通译作《社会主义从空想到科学的发展》——引者）等原典文献中的重要论述，说明各个时期的特点。第一阶段，"革命的过渡期"，是指由资本主义向社会主义过渡的时期，也就是无产阶级革命与无产阶级专政的时期。第二阶段，"共产主义的半熟期"，这个时期就是共产主义的第一期，我们现在通常叫作共产主义的低级阶段，社会主义时期。这个时期的主要原则是"不劳动的不许吃""做多少工作，给多少报酬"。第三阶段，"共产主义底完成期"，这是共产主义的高级阶段。在这个阶段，"社会才能在旗帜上大书特书着：'各尽所能，各取所需'"。[②]

其三，他认识到，"在中国实行社会主义，是用社会主义的生

---

① 施存统：《马克思底共产主义》，原刊于 1921 年 8 月 1 日出版的《新青年》第 9 卷第 4 号，此文实际写于是年 8 月 14 日，引自《"一大"前后》（1），第 337 页。

② 施存统：《马克思底共产主义》，《"一大"前后》（1），第 327—334 页。

产方法，做资本主义所未了的事，以实现社会主义"。①

其四，翻译日本学者山川均的《考茨基的劳农政治反对论》。②
此文是山川均引述考茨基针对俄国布尔什维克所发反对劳农专政的
言论加以评注，实际上等于扼要介绍列宁的《无产阶级革命与叛
徒考茨基》一书的基本内容。全文主要论述无产阶级专政的必要
性。列宁关于无产阶级专政的理论主要有两本书，一本就是《无
产阶级革命与叛徒考茨基》，另一本是《国家与革命》。后者只有
沈雁冰翻译过其第一章，在《共产党》月刊上发表。中国马克思
主义者在当时得不到阅读列宁这两本书的机会，有施存统翻译此文
发表，可算聊补遗憾。

周佛海在中共建党时期也曾发表过不少文章，大部分内容在其
他人的文章里都介绍过，这里不必重复。他的《从资本主义组织
到社会主义组织底两条路——进化与革命》一文，涉及我们前面
谈到的在中国实行社会主义必然碰到的一个重大理论问题，即中国
不具备发达的资本主义，以及不具备实行社会主义革命的经济基
础，在此情况下如何可以实行社会主义革命？前面，在讨论李汉俊
的文章时，已经讨论过这个问题，并涉及陈独秀与李大钊的比较。
这里再次涉及这个问题，因为这个问题对于中国人来说，乃至对一
切后发展国家来说都是至关重要的问题。

周佛海说，中国有人原来赞成社会主义，后来因考虑中国还不
具备社会主义所需要的经济基础，认为应当等待具备了社会主义革
命所需要的经济基础之后，再来实行社会主义革命。他指出，从资
本主义的社会组织进到社会主义的社会组织，乃至从一切旧的社会
组织进到新的社会组织，都需要两种并进的社会过程，一个是自然
的进化，一个是人为的革命。他说："进化和革命，表面上看起来

① 施存统：《唯物史观在中国的应用》，原载《民国日报·觉悟》1921 年 9 月 8
日，引自《"一大"前后》(1)，第 343 页。

② 此文发表于《民国日报·觉悟》1921 年 4 月 22、24—29 日。

似乎是互相矛盾的。其实，他两者就和一个人底两条腿一样，没有左腿，右腿不能走一步；没有右腿，左腿也是无法独走的。"接着，他解释革命的意义，说："甚么叫革命？革命就是用人力打破一切旧组织以创造一个新组织。"然后再解释进化的意义，他说："所谓旧的（现存的）组织底自然进化，也有两层意思：一方面就是旧的渐渐暴露出他自己底恶弊，同时别一方面就是渐渐育成新的底要素。"没有新的要素的积累，新的力量就无法战胜旧的。那些所谓依据马克思主义的唯物史观，不赞成搞社会主义革命的人，"只看见马克斯底唯物史观，没有看见他在别一方面还主张阶级斗争"。阶级斗争就是通过被压迫阶级的斗争，加速新社会因素的增长，积聚力量到一定程度时，就可以推翻资本家阶级，改造社会经济制度，成为社会主义的基础。他批评说："主张专倚进化的人，把社会底力量太看重了，而以为生活于社会内，组织社会的人群决无势力奈何他的。殊不知社会自然的进化，固可以左右人群，人群亦未尝不能以他的势力左右社会。"于是他得出结论："社会既然是人群组织成的，我就敢说人群实在有支配社会的能力。……因为人群既然是组成社会的，他就可创造、促进旧灭新兴所必须的条件。"① 这里，周佛海的论证缺少了一些环节，显得有些突兀，但他的意思我们是可以明白的。

蔡和森与其他人

蔡和森是著名的长沙新民学会的创始人之一，读书甚为刻苦，极富思想力。他于 1919 年 12 月赴法勤工俭学，在那里停留近两年，读了一些马克思主义，特别是有关布尔什维克革命的一些理论和政策方面的文献。他的思考主要集中于创建共产党的问题。他对于中国共产党应该遵循的理论与政策有相当深入的思考。蔡和森

---

① 上面所引周佛海的话，均出自其《从资本主义组织到社会主义组织底两条路——进化与革命》，见《新青年》第 9 卷第 2 号，1921 年 6 月。

1920 年 8 月 13 日、9 月 16 日两次写给毛泽东的信，都集中谈无产阶级革命与无产阶级专政的问题。他认为"阶级战争——无产阶级专政"，是"现世革命唯一制胜的方法"。他根据俄国革命的经验，指出："无产阶级革命后不得不专政的理由有二：无政权不能集产，不能使产业社会有。换言之，即是不能改造经济制度。无政权不能保护革命，不能防止反革命，打倒的阶级倒而复起，革命将等于零。"他鼓励毛泽东"准备做俄国的十月革命"。[①] 他非常关注建党的问题，强调："党的组织为极集权的组织，党的纪律为铁的纪律"。[②]

蔡和森写给陈独秀的信，则比较集中地谈及他对马克思主义一些基本问题的认识。他说："窃以为马克思主义的骨髓在综合革命说与进化说（Revolution et evolution）。专恃革命说则必流为感情的革命主义，专恃进化说则必流为经济的或地域的投机派主义。"此信还谈到我们前面多次谈到的一个问题，即根据唯物史观所得出的革命的客观必然性，与革命者的觉悟和奋斗的问题。蔡和森说："马克思的革命说完全立于客观的必然论之上，革命既是必然的，然而我们无产阶级的觉悟者何以要去唤醒同阶级的觉悟呢？"他提出三个理由："（一）因为我们自身既已觉得痛苦之所由来（不由命运而完全由于私有财产制），便逌然不能终日。（二）对于同阶级的人有同病相怜的同情。（三）任其自然实现，时间延长，牺牲数量太大。"[③] 这三个理由的解释太一般化，够不上理论层次的思考。正因此，才有前面讨论陈独秀时，所引述的陈独秀复信中发挥根据唯物史观得出三点教训的一大段话。

在建党时期（我们指的是五四到中共成立初期这段时间），还有一些人也发表过一些谈论马克思主义的文章，我们也略做介绍。

---

① 《蔡林彬给毛泽东》（1920 年 8 月 13 日），《蔡和森文集》，第 50、51 页。

② 《蔡林彬给毛泽东》（1920 年 9 月 16 日），《蔡和森文集》，第 70 页。

③ 《马克思学说与中国无产阶级》，《蔡和森文集》，第 74、77 页。

邓中夏，他的《共产主义与无政府主义》一文是批评无政府
主义的，但讲了不少正面说明马克思主义基本原理的内容。如他引
述马克思的《哥达纲领批判》说明共产主义的三个阶段。此与前
述施存统的文章同义。文中还引述恩格斯批判无政府主义的一段重
要言论，以强调无产阶级暴力革命和无产阶级专政的必要。他总结
道："共产主义与无政府主义终极的目的没有甚么两样：无政府主
义的好处，共产主义都包有；共产主义的好处，无政府主义却没有
了。共产主义有目的，实行有步骤，有手段，有方法。反之，无政
府主义除开他视为掌上珠、图案画、绣花衣的最美妙的理想目的以
外，却空空毫无所有了。"①

周恩来在给朋友的信中，除了介绍欧洲共产主义运动概况之
外，也讨论到马克思主义的问题。他在信中表示："我们当信共产
主义的真理和阶级革命与无产阶级专政两大原则，而实行的手段则
当因时制宜。"②

还有张闻天，此人留学过日本（只有半年）、美国（一年半），
颇读过一些马克思主义的文献。他于1922年1月5日、6日发表于
《民国日报·觉悟》上的文章《中国底乱源及其解决》一文，虽是
与李汉俊争论的文章，而且他似乎也没有准确理解李汉俊的文章，
但有些正面表述他对马克思主义的理解的文字，有一定的价值。例
如他解释生产力与生产关系两者的关系时说："社会底动力像流水
一般是连绵不绝的（所谓社会的动力，在唯物史观的社会主义者
称之为生产力……），而每一种社会底组织（即唯物史观的社会主
义者称为生产关系的）象这流水的横断面，常常带有固定性的。
当这二者完全和谐时，就没有什么社会问题。但前者既富有流动
性，后者又富有固定性，那么，后者决不能常常适应于前者，即社

① 重远（邓中夏）：《共产主义与无政府主义》，原载《星期评论》1922年1月
15日，引自《"一大"前后》（1），第354—355页。
② 伍豪（周恩来）：《西欧的"赤"况》，原载《新民意报·觉邮》第2期，引
自《"一大"前后》（1），第360页。

会组织决不能常常适应社会底动力。而到了社会动力发达到某一程度时，社会组织不能不宣告破裂。……社会的动力与社会组织互相冲突而至于爆发，我们称之为革命。"文中还对建党提出自己的意见。他认为，从事社会主义的第一步，就是要有觉悟的分子"团结成死党"。他主张这个党："（一）有一定的党纲；（二）有健全而且严密的组织；（三）每个党员对于党内所决定的条件有绝对奉行的义务；（四）党员间应有十分的谅解和同情，但发现某党员以本党为个人名利的手段时，应毫不容情地驱逐之。"值得注意的是，张闻天一开始就不赞成教条主义地对待马克思主义，不过他表达得不很得体。他说："我们是社会主义者，虽与马克斯所主张有许多共同的地方，但不必一定说马克斯主义者。因为马克斯是死人，他底学说虽可随人家解释，但到底太呆板了。社会主义是活的东西，很有伸缩余地的。"① 反对教条主义是对的，但必须对马克思主义的基本理论基本方法有真切的系统完整的理解，然后才谈得上在实践中运用并有新的创造。

总结上述，我们可以对中共建党时期的马克思主义理论准备情况产生几点认识。

其一，中共建党的酝酿期是在五四运动之后，俄国十月革命已发生两年，一次大战也已结束一年。这时，传入中国的马克思主义，是经过俄国革命洗练的马克思主义，完全避开了第二国际头领们的"修正"，所以一开始就是直接为准备革命而学习引进马克思主义。这些年轻的马克思主义者具有极其充沛的革命精神。

其二，这种情形或许正好促使他们一开始就不屑于本本主义和教条主义。

其三，有些年轻的中国马克思主义者，表现出很大的理论勇气，力图探索中国革命的一些基本理论问题和实践问题。例如他们对于

---

① 本段引文，见《中国底乱源及其解决》，张闻天选集传记组编：《张闻天早期文集》，中共党史出版社 1999 年版，第 103、109 页。

在经济基础十分落后的中国，如何建立社会主义的问题所做的探讨，就是极富理论意义与实践意义的问题，至今仍可激发人们的思考。

其四，中共建党时期的成员，他们中不少人没有机会读到马克思主义的基本文献；有幸能够读到一些的人，所能读到的也很有限。[①] 最能反映马克思主义理论与方法的《资本论》，最能反映列宁主义的《国家与革命》《共产主义运动中的"左派"幼稚病》等书，当时都没有翻译过来。况且，早期学习马克思主义的那些人，基本上都是依靠日本社会主义者提供的资料。由日本人转述的马克思主义，终究与原典会有些距离。所以，中共建党时期，其马克思主义的理论准备是不很充分的。

二　中国共产党成立及其初期的思想主张

马克思主义的社会主义学说，被称为科学社会主义，主要的一条是它提出实现社会主义的力量是工人阶级。从前的空想社会主义，以为只要把社会主义的美好理想宣传给人们，赢得他们的信仰，大家就会赞成实行社会主义。这中间最重要的，自然是要说服资本家及替资本家管理社会的政府和官员们相信社会主义。这等于

---

① 李汉俊在《研究马克思学说的必要及我们现在入手的方法》（《民国日报·觉悟》1922 年 6 月 6 日，以下引文中的出版者略）一文的后面，附了一份阅读目录："关于全豹的：一、《近世经济思想史论》（河上肇著，李培天译）；二、《共产党宣言》（马克思、因格尔斯合著，陈望道译）。关于唯物史观的：一、《唯物史观解说》（郭泰著，李达译）；二、《经济史观》（塞利格曼著，陈孚石译）；三、《社会主义与进化论》（高畠素之著，夏丏尊、李继桢合译）；四、《达尔文主义与马克思主义》。关于阶级争斗的：一、《阶级斗争》（柯祖基著，恽代英译）。关于经济学说的：一、《马格斯资本论入门》（马尔西著，李汉俊译）；二、《工钱劳动与资本》（马克斯著，袁让译）；三、《马克斯经济学说》（柯祖基著，陈溥贤译）。"在这个目录之后，李汉俊又附以说明："高畠素之著，李达译的《社会问题总览》，和生田长江、本间久雄合著，周佛海译的《社会问题概观》里面，也有关于马克思学说底部分叙述。"根据这份目录，我们可以大概了解中共建党时期，那些共产主义者所能接触到的马克思主义文献的范围。

把社会主义的实现寄托于资本家及其政府。马克思主义完全否认这一点，指出，资本主义制度的最大受害者是工人阶级，只有工人阶级无保留地赞成推翻资本主义制度。而随着大规模工业化的发展，工人阶级的队伍越来越壮大，越来越集中，由之，也就越来越觉悟自己的地位和力量，从而也就成了资本主义制度的掘墓人。这是在《共产党宣言》以及此后陆续发表的马克思、恩格斯的大量著述中反复强调的基本思想。中国开始接受马克思主义的知识分子，尽管读不到更多的马克思主义原著，但对于这一点，他们是非常清楚的。所以，在前一节里我们介绍过的那些人，在考虑建立中国共产党的问题时，他们自然地关注到中国工人阶级的状况，以及设法到工人中去从事宣传和组织活动。

（一）中国工人阶级状况

中国近代意义上的工人，应是 19 世纪下半叶，近代工业产生的时期才开始有的。到五四运动前后，也就是当中国开始有人接受马克思主义，开始考虑用社会主义救中国的问题时，中国近代工人的数量大约有 200 万。[①] 由于统计资料不完备，中国近代工业的规模和近代工人的数量都不能有很精确的数字。我们目前所能见的，关于五四时期中国工人的统计数字有三种：一种是刘立凯的估计，约为 260 万人；[②] 一种是张仲仁的估计，约为 190 万人；[③] 第三种是法国学者谢诺的估计，约为 150 万人。[④] 200 万的数字，是在上述三种统计数字的基础上所做的中间性的估计。对于一个拥有 4 亿

[①]　见刘明逵《中国工人运动史》第 2 卷，广东人民出版社 1998 年版，第 2 页。

[②]　见刘立凯《中国共产党成立前中国工人阶级发展的情况》，载刘明逵编《中国工人阶级历史状况（1840—1949）》第 1 卷第 1 册，第 91 页。

[③]　见张宗仁《中国共产党成立以前中国产业工人人数的初步统计》，载刘明逵编《中国工人阶级历史状况（1840—1949）》第 1 卷第 1 册，第 95 页。

[④]　〔法〕谢诺：《中国工人运动（1919—1927）》，载刘明逵编《中国工人阶级历史状况（1840—1949）》第 1 卷第 1 册，第 111—112 页。

多人口的中国来说，200万实在是一个很小的数字。

中国近代工人，不仅数量少，而且因近代产业起步很晚，所以，产业血统工人更少。什么叫作血统工人呢？就是世代在工厂做工的工人。在中国，所谓世代工人，至少应是三代为工。根据我们所能见到的调查材料，这种至少三代为工的工人是很少的。据1935年对上海189名印刷工人的调查，他们本人是农民出身的占79%；1931年对山东中兴煤矿的调查，其中985名所谓里工（即由公司直接聘用的矿工）中，农民出身者占52%，1025名外工（即由包工头自行招用的矿工）中，农民出身者占75%；1925年对100名大连码头工人的调查，其中农民出身者占69%。[①] 又据上海基督教女青年会对无锡缲丝厂女工的调查，女工中有50%来自太湖周围的农村，另有30%来自长江北岸贫困地区，自然也是农村。[②] 我们没有五四时期的调查材料可用。但我们可以推测，在五四时期，工人中农民出身者所占的比重，只能比上述的比率更高，而不会更低。中国农村好似汪洋大海，城市，特别是产业比较发展的近代城市，则只是这汪洋大海中若干很小的岛屿或岛礁。可以想象，那些刚刚扔掉锄头、脱掉农民服装的工人，他们的生活习惯和思想意识，肯定还会保留相当浓厚农村生活的影响。这对于建立现代产业工人的独立的阶级意识，不能不发生消极的影响。

但是，中国工人也有有利于其成长和提升其阶级觉悟的条件。

第一，中国工人分布非常集中。中国近代工业的发展与口岸开放有非常直接的关系，所以产业集中区、工人集中区也就在几个重要的口岸附近地区，如以上海为中心的长江口地区，以广州、香港为中心的珠江口地区，以京津塘和辽东半岛为中心的环渤海地区，和以长江中游号称南北通衢的武汉为中心的两湖地区。这些地区集

---

① 见刘明逵编《中国工人阶级历史状况（1840—1949）》第1卷第1册，第167页。

② 见刘明逵编《中国工人阶级历史状况（1840—1949）》第1卷第1册，第168页。

中了当时中国工人的绝大多数。工人数量在较小范围内的大量集中，显然有利于其阶级力量的展示和阶级意识的觉醒。

第二，中国工人受压迫、受剥削的程度更为深重。中国早期近代产业是由外国资本搞起来的。外国资本到殖民地或半殖民地来投资，自然是看到这里的成本低，利润大。成本低，最重要的因素就是劳动力成本低，可以付最少的工资，获得最大的劳动贡献率（工时长，劳动强度大）。以同工种的中国工人与外国的工人比，他们受剥削的程度远高于后者，他们的生活境况要比他们的外国同行惨苦得多。中国工人即使在本国资本家的工厂做工，也不可能得到较好的工资待遇。一则外国资本不允许同行业的中国工厂以工人的工资待遇同其竞争；二则，中国资本的工厂往往因技术设备落后，能维持与外国资本工厂相同的工资水平都有困难。

第三，发达资本主义国家的工人，已经有过长期与资本家阶级斗争的历史，他们已经争得部分保护工人的立法，而在中国，尚无任何保护工人的立法。所以中国工人经常处在非人道的状况下，工厂主或其雇用的工头们可以随意打骂、体罚、侮辱工人，克扣工资的情况屡屡发生，这使中国工人阶级容易产生反抗意识。

第四，中国工人阶级因有外国工人阶级斗争经验的启示，可以较快地提高阶级意识，较快地组织起来，联合起来，进行阶级斗争。李汉俊所谓可以从别人的经验中吸取教训，加速阶级成熟，正是这个意思。①

鉴于以上几点，中国工人尽管人数很少（相对于总人口而言），历史很短，但工人运动的发展进步却相当快。

俄国十月革命的爆发和第一次世界大战的结束，大大刺激并加速中国工人阶级的成熟和觉醒。据记载，欧战后从俄国回国的华工，将西方工人运动的情况，特别是俄国十月革命的情况介绍给国

---

① 见李汉俊《我们如何使中国底混乱赶快终止》，《民国日报·觉悟》1922年1月1日。

内的工人兄弟，此事引起官方的极大注意。当时在中国有很大势力的日本当局，对此颇为恐惧。1919 年初，日本驻中国东北军官藤井向齐齐哈尔的中国军警警告说："前几天，在沙河子煤矿里有三个从西伯利亚回国的中国工人，开始在工人当中进行布尔什维克的宣传"，要求"采取一切措施来加以对付"。这时期，北洋政府也相继发出"关于对回国华工严加防范"的密电。其中有云："近据确报，有华人 2000 余人投入俄国境内过激党中，近有 300 余名将行归国。该党宗旨谬戾，扰害公安。此次华工濡染已久，回国后难保煽诱军警、工党情事，函宜切实防范，弥患无形。所有沿边各省区，该华工回国时，务当切实侦察，即时设法遣散，无任煽聚。"①与此同时，还有大批自法国或其他欧洲国家回国的华工，以及在海轮上工作的华工，都有机会将欧洲工人运动以及俄国革命后的工人阶级状况在国内工人中进行传播。这些情况反映出，当时因十月革命的影响和战后的局势，中国工人运动在急遽酝酿中。

五四运动爆发，促使中国工人阶级以崭新的面貌登上历史舞台。

前面第五章重点论述五四运动，我们没有具体地论述工人运动的情况，在这里略为详细地讨论当时中国工人运动的情况是必要的。

五四学生爱国运动，把在全国各阶层人民心中隐隐待燃的反帝反军阀的怒火一下子点燃起来，熊熊燃烧，迅猛成为燎原大火。由北京学生延及全国各地的学生，由北京的市民、商界，延及全国各地城市的市民、商界，而工人，这个在以往的政治活动中，从未见其身影的人群，突然以高大的形象登上了历史的前台。大约从 5 月 7 日起，北京长辛店的铁路工厂工人和上海恒丰纱厂的工人率先挺身出来，加入抗议游行的队伍，积极参与抵制日货，声援爱国学生，要求惩办卖国贼，还我青岛。随后，天津、武汉等地的工人群

---

① 转引自刘明逵《中国工人运动史》第 2 卷，第 29—30 页。

众纷纷起来，加入爱国运动。自然，最能显示工人阶级力量的是上海"六五"大罢工，以及随后其他各地工人阶级的响应。

自五四运动爆发，至6月初，以学生为前驱的爱国群众运动与北洋政府处于互相对峙的状态。6月1日，政府当局连发两道足以激怒学生和爱国群众的命令，一道是为丧失山东负有不可推卸责任的曹汝霖、章宗祥、陆宗舆开脱责任，评功摆好；一道是严厉指责学生爱国运动，威胁要"逮捕法办"。6月3日，大批学生上街，向群众宣讲爱国运动。当局派军警大肆逮捕学生，据记载，当日共逮捕178人，无处关押，乃将北京大学法科校舍作为临时拘留所。4日，有更多的学生上街，不畏强暴，继续宣讲爱国运动，当局竟悍然逮捕700余人，关入北京大学理科校舍。两日连续逮捕近900名学生，把神圣的大学校舍变成临时监狱，发生这种事情，政府颜面何存？人民安能容忍？于是，6月5日，以上海为中心的"三罢"（罢课、罢市、罢工）风潮，陡然爆发。

这次风潮意义重大。在以前，爱国运动一直以北京为中心，以学生为先锋和主力。从此以后，全国运动的中心转移到上海，并且，一股前所未有的重要力量，工人阶级加入运动的主力阵营。这个变化，产生了巨大的实际影响。从前，以罢课、游行示威为主要形式的斗争，对政府当局和列强具有一定的政治上的威慑力，尚不伤及其重要的实际利益。抵制日货，固然有一定的经济意义，但所产生的实际影响有限。现在，大规模的罢市、罢工，其影响所及既广且深。首先是造成市面空寂，各阶层的生活都会受到影响，造成人心不稳。其次，列强的在华利益会遭遇实际的损害。再次，政府当局的支撑力亦将受到削弱。以此，列强与当局都产生恐惧。上海是全国最大的工商业中心，这里的"三罢"斗争对全国产生重大影响，这是令列强与政府当局极为不安的另一个重要原因。上海的"三罢"运动展开后，随之，武汉、天津、济南、长沙、南昌、九江、南京、杭州、宁波、厦门等地的罢工运动亦相继起来，对统治当局造成极大的压力。

　　五四后的中国工人罢工运动，具有鲜明的政治色彩，这是五四前所没有的。我们看上海外商经营的电话公司工人罢工时，向报界揭示其复工条件，实际也就是他们罢工的原因和目标。他们提出：（1）不给日本人接通电话；（2）要求政府释放一切被捕学生，罢免曹、章、陆；（3）不得追查罢工发起人；（4）被割断的中国用户的电线予以恢复。[①] 这几条具体内容都具有明显的政治意义。

　　工人罢工运动，虽然是继学生罢课、商人罢市之后而起，但工人既已登上政治舞台，他们便不是罢课学生、罢市商人的附属力量，而是一支相对独立的政治力量。当罢工运动普及各种资本（日资、外资、中资）、各种行业（军用与民用工业）的工厂、企业时，工商界以及一般舆论界认为，日资企业、军工企业可以坚持罢工，但中资企业、民用企业不应继续罢工。商界领袖、学生领袖以及某些报纸都纷纷劝告上述企业的工人尽快复工。但工人们拒绝了他们的劝告，仍然坚持罢工。这显示出工人运动有自己的独立性。工人们在处理罢工中的具体问题时所表现的认真求实态度和阶级觉悟也是非常令人敬佩的。例如沪宁、沪杭两铁路罢工工人认为，"贫民之交通自应维持"，他们拒绝开一班专供官员、工商大佬乘用的快车，而决定日开往返各一班供普通人乘用的四等车。邮政工人则决定维持通邮，不罢工。这是很了不起的独立意识与阶级觉悟。

　　正因工人阶级开始具有独立意识，所以他们能够表现出比学生与工商业者更为坚定的斗争精神和牺牲精神。须知，工人罢工一日，就发生一日的生计困难，中国远没有稍为可恃的社会救济设施。在这种情况下，没有可贵的斗争精神和牺牲精神，是不可能坚持罢工斗争的。

　　在罢工运动中，工人们逐渐产生组织起来和与全国工人联合起

---

① 　参见刘明逵《中国工人运动史》第 2 卷，第 66 页。

来的意向。上海的报纸记载了当时工人运动中趋向联合与期望组织工会的意愿。[①] 但很可惜，当时还没有接受马克思主义的知识分子深入工人中间，帮助他们做组织和联合的工作。工人们的意愿反被一些政客和旧的帮会人物所利用，以致中国工人运动不免走了一段弯路。

（二）接受马克思主义的知识分子对工人运动的关注

中国早期接受马克思主义的知识分子开始关注工人运动，应以1920 年春为起点。在这之前，我们看到他们有关工人和工人运动的文字仅仅有陈独秀的一篇和李大钊的两篇。而这三篇文章都不是他们对工人状况的直接观察，仅仅是一种间接报道和略发议论而已。从 1920 年五一节纪念以后，不仅相关的文字大大增加，而且有人直接深入工人中间去做宣传和组织工作。

李大钊为纪念 1920 年的五一劳动节，写了《"五一"（May Day）运动史》一文，发表在《新青年》第 7 卷第 6 号上。此文很详细地介绍五一劳动节的来历，生动地讲述了北美和欧洲工人阶级为争得八小时工作制而进行的坚持多年的斗争，尤其是详细介绍了美国芝加哥和法国多地的工人为此所做的悲壮的牺牲经过。文章较长，却极为生动感人。此文曾被多家报刊转载，起到巨大的宣传作用。从 1920 年 5 月起，各地报刊关于工人和工人运动的报道逐渐增加，而接受马克思主义的知识分子更加关注工人和工人运动。

陈独秀从 1920 年 5 月起，到中共建党一年多的时间里，写了近二十篇有关工人和工人运动的文章。这些文章内容非常广泛，既有深刻揭露工人阶级受压榨的极端苦况的材料，也有尽力推助工人提高觉悟的论述。他引证日本社会主义者在上海调查贫民窟

---

① 参见《大陆报》（1919 年 6 月 6 日）、《时报》（1919 年 6 月 12、13 日）、《民国日报》（1919 年 6 月 17 日）的相关报道。

的材料说，与欧美工人阶级状况相比，则欧美的工人简直算不得贫苦了。陈独秀大多数情况下都是强调要工人组织起来，为改善自己的状况进行斗争，而不大提倡现在状况下就搞什么政治斗争。但他十分注意工人教育问题，经常讲到工人运动的基本目标：第一就是不断提高工人的觉悟，认识到只有把资产阶级占有的生产资料收归"劳动界大家公有"，才能根本解决劳动阶级的问题；第二就是明确工人阶级要联合起来，"用革命的手段去组织劳动阶级的国家政府"。[①] 值得一提的是，陈独秀曾不止一次亲身去参加工人的集会，发表讲话，他对工人和工人运动有直接的观察，对工人阶级的苦况、工人的思想觉悟有直接的了解。所以，他之被选为中国工人阶级的政党——中国共产党的第一任领导人，是当之无愧的。

李汉俊所写的《强盗阶级底成立》一文，以很简洁的笔触，把资本家剥削工人的事实，说得相当透彻。他指出，资本家"是以国家、法律、道德为堡垒，以智识为武器，以金钱为弹丸，在青天白日之下，万目环视之中，掠夺平民财产，剥削平民血汗的"强盗。说他们是强盗，是因为，他们本人不种田，不织布，不劳动，却吃、穿、住都有。一般强盗就是自己不种田，不织布，不劳动，却也有饭吃，有衣穿，有房住。他们的区别只是，资本家是"用制度的势力去抢"，一般强盗是"用破坏制度的个人腕力去抢"。[②] 此文对于唤起工人阶级的觉悟，很有启发意义。李汉俊接着发表的《浑朴的社会主义者底特别的劳动运动意见》，通过批判张东荪否定唤起和提高工人阶级觉悟的言论，极力说明要搞社会主义，必须唤起工人阶级的觉悟；只有工人觉悟自己的地位，才会有组织起来和团结起来的要求，才会同资本家展开有力的斗争，才会

---

① 《告劳动》，原载《共产党》第 5 号，引自任建树主编《陈独秀著作选编》第 2 卷，第 384—385 页。

② 李汉俊：《强盗阶级底成立》，原载《星期评论·劳动纪念号》1920 年 5 月 1 日，引自《"一大"前后》（1），第 96—97 页。

推进社会主义运动。①

李汉俊特别关注工人的实际斗争。1921 年，上海法租界发生电车工人罢工事件。李汉俊特为《民国日报》写社论，评论此次罢工事件；犹感不足，继之又在《觉悟》副刊上发表专文，详细揭示此次罢工事件应取的教训。他说，工人发动此次罢工有十足的理据，因公司先已答应效法英租界和华界电车工人的待遇，提高本公司工人的工资，发放春节假日双工资，以及负责工人的医药费，但春节过后，竟取消前议，工人不得不以罢工为抗议。公司企图敷衍、拖延，不答应工人的要求，工人乃坚持不妥协，公司在自知理亏的情况下，答应工人的要求，罢工始以胜利结束。李汉俊总结说："这件事情解决得这样快，工人这样成功，虽然是由于该公司和巴黎总公司处置得宜，也是因为罢工同人齐心、稳静之所致。你看，罢了三四天的工，一个落伍的也没有，一点骚动也没有。如果他们没有这样齐心的团结力，没有这样稳静的态度，他们或许不能得到这样结果。"李汉俊的意思，明显是主张工人斗争一定要齐心，团结；同时也要注意有利，有理，有节。在当时社会情势下，工人斗争应当坚持这样的原则。李汉俊还针对当时仍有很多人不承认中国有资本主义，不承认中国有工人阶级，不承认有工人和资本家两阶级之间的斗争的事实，指出："这回资本主义制度之下特产品的罢工事件，劳动者底罢工事件，既然在中国社会发生了，必然是中国社会也有了罢工事件发生的条件。中国既然有了这罢工事件底发生的条件，诸君又为这事件受了痛苦，诸君为自己安宁计，就应该把从前曾经漠视的劳动问题拿来好好研究了。"文章还指出，这次罢工，显示出劳动者的力量。他指出："中国一般人向来有轻视劳动者的心理，以为他们又无钱，又无智识，又是下等人，必定做不出甚么事来。但穷鼠也有啮猫的事，工人虽然无钱，无智识，

---

① 见李汉俊《浑朴的社会主义者底特别的劳动运动意见》，《星期评论》1920 年 5 月 16 日。

难道到了要饿死的时候，也就让他那样饿死，不会做出事么？这是这回罢工事件给一般资本家以一般社会的一个大教训。"[1]

蔡和森于 1920 年 6 月，写成《法国最近的劳动运动》一文，发回国内，登载在《少年世界》第 1 卷第 11 期上。此文颇为具体详细地介绍了当时法国工人运动的情况，对国内工人运动可以起到借鉴和激励的作用。他在《马克思学说与中国无产阶级》一文中，极力强调，中国的劳动者是受全世界的资本家的剥削压迫，所以是世界上最痛苦的劳动者阶级，应当努力向工人揭示出这个真相，使他们觉悟起来。他并且提出当下中国工人运动应做的事情："第一步，公然起来向政府论南北（原文如此——引者）要求'生存权'和'劳动权'，迫令政府即向五国银团大借实业外债。第二步，要求监督实业借款的用途。第三步，要求产业及政治管理权。"[2] 蔡和森相当激进，他已提出要求产业与政治管理权的问题了。

李达在中共成立前也写过关于劳动问题的文章，如《劳动者与社会主义》《劳工神圣颂》，主要是启发工人觉悟，了解被压迫被剥削的事实，以及认识工人阶级自己的力量，还没有深入工人运动的具体问题。

邓中夏，被称为"中国工人运动之父"，他是第一个真正深入工人群众中做宣传和组织工作的人，而且他还是第一位研究中国工人运动史的人。这在当时所有接受马克思主义的知识分子中都是独一无二的。

邓中夏在其《长辛店旅行一日记》（所记为 1920 年 12 月 19 日的事）中，详细具体记载了他亲身到长辛店铁路工人中了解情况，做宣传组织工作的经过。文中说，他看到那里的工人们"互相亲爱，一种融和团结的气象"，感到非常高兴，相比于一般社会上"互相诈虞倾轧"的情况，就对工人"生出无限希望"。文中还记

---

① 本段引文，见李汉俊《法租界电车罢工给我们的教训》，《民国日报·觉悟》1921 年 3 月 8 日。

② 《马克思学说与中国无产阶级》，《蔡和森文集》，第 77 页。

述那里的工人们自行捐资创办劳动补习学校的情况。①

从 1920 年 5 月起，接受马克思主义的中国知识分子开始重视工人运动，这恰好同他们开始酝酿成立中国共产党的活动相一致。我们所提到的这些知识分子，没有一个出身于工人，他们对于工人的生活、思想、感情等，可以说一无所知。但他们知道，马克思主义就是为工人阶级以及一切劳动人民谋解放的思想，共产党是率领工人阶级实现其目标的组织。他们既然接受马克思主义，既然要创建中国共产党，那么，他们就必须视工人阶级为自己的阶级基础，必须到工人中去做宣传和组织的工作。他们在这段时间里，随着各地共产主义小组的建立，相继创办了好几个专门向工人做宣传的刊物。如上海的《劳动界》于 1920 年 8 月 15 日创刊，广州的《劳动者》于 1920 年 10 月 3 日创刊，北京的《劳动音》于 1920 年 11 月 7 日创刊。这三个刊物都是以尽可能通俗的白话，向工人宣传有关马克思主义最基本的道理，如工人阶级的地位，工人阶级与资本家的关系，工人阶级解放自己的目标与途径，等等。

应当说，接受马克思主义的知识分子对工人阶级状况和对工人运动的关切，是直接为创建中国共产党做准备的。中国共产党创立后，立即将发动工人运动作为自己最重要的工作。这一点我们在下一节再为详谈。

（三）　中国共产党成立及初期思想主张

中国共产党的诞生，无疑是近百年来中国和世界的一件大事，其影响之深远，是任何稍为了解近代史的人所同认的。有关中国共产党成立的历史背景、经过历程、组织情况等，有很多出版品做过论述，但仍有不少问题值得更加深入细致地探讨。本书是思想史，不须详细论及其历史的各个方面，我们只拣出其与思想史关系密切的几点，加以讨论，而这些内容恰好是以往的著述讨论得不够深入的。

---

① 见《长辛店旅行一日记》，《邓中夏文集》，人民出版社 1983 年版，第 4—8 页。

（1）共产国际与中国共产党的创建

前面已指出，1920 年 5 月，是中国共产党创立史上一个非常重要的关节。在这之前，由于新文化运动，特别是五四爱国运动的推动，中国一部分知识分子对大战后的资本主义前途悲观，对俄国十月革命逐渐加深了解，对中国问题重新加以观察。他们认定，中国是受世界资本主义压迫最深的国家，但当下没有现成的力量可以解救中国，解救中国的人民；必须寻找新的力量，新的道路，解救国家，解救人民。他们开始接受马克思主义，开始倾向"走俄国人的路"。一般史书都认定陈独秀是 1920 年 9 月发表《谈政治》一文，才表明他接受马克思主义，才表明他要走俄国人的路。有些参与创立中国共产党的人士，在回忆中也特别强调陈独秀接受马克思主义较晚。这种看法固然不错。但必须指出，《谈政治》已经是一篇相当成熟的马克思主义文献。形成这个文献所表现出来的思想必定有一个过程。这个过程，我认为陈独秀在上海与共产国际代表维金斯基的会见是一个重要开端。所以，我认为，1920 年 5 月前后，是陈独秀思想转变的重要关节，同时也是中国共产党创建史上的一个重要节点。

在与维金斯基接触之前，陈独秀等人还没有明确的建立全国组织，建立中国共产党的想法。这个想法的产生，并迅速取得一致意见，是与维金斯基有密切关系的。

有好几个参与创立中国共产党的人的回忆，对此一点的记述是很一致的。

据李达回忆，维金斯基到上海后，与陈独秀等上海的马克思主义者见面。"由于多次的交谈，一些当时的马列主义者，更加明白了苏俄和苏共的情况，得到了一致的结论：'走俄国人的路'。在这时候，'中国共产党'发起的事被列入了日程。"[①] 据罗章龙回

---

① 李达：《中国共产党的发起和第一次、第二次代表大会经过的回忆》，《"一大"前后》（2），第 7 页。

忆，维金斯基在北京同李大钊和罗章龙等多次谈话，维金斯基认为："中国应有一个象苏联共产党那样的组织"。罗章龙说："我们认为他谈的这些话，很符合我们的心愿。"罗章龙又说："我们不止一次，也不止一个人，不止在一个地方酝酿这个问题（指建立组织——引者），但真正组织起小组，还是在一九二〇年五月共产国际代表维金斯基到北京来，在李大钊办公室召集了几次座谈会之后。"① 施存统也说："当时（施氏自己记忆为 1920 年 6 月，但多数人记忆为 5 月——引者），第三国际代表维经斯基（即维金斯基——引者）在上海，主张成立共产党。"② 周佛海回忆说，维金斯基来中国，先到北京见过李大钊，后到上海见陈独秀，他对陈独秀说："中国现在关于新思想的潮流，虽然澎湃，但是第一太复杂，有无政府主义，有工团主义，有社会民主主义，有基尔特社会主义，五花八门，没有一个主流，使思想界成为混乱局势。第二，没有组织，做文章说空话的人多，实际行动一点都没有，这样绝不能推动中国革命。"他的结论就是希望我们组织中国共产党。③ 考之维金斯基于当年 6 月，可能是写给俄共远东局海参崴分局外国处的报告，上述这些人回忆的基本内容可以被证实是不错的。维金斯基在报告中说："目前，我们主要从事的工作是把各革命团体联合起来组成一个中心组织。"这样做的目的就是克服"中国革命运动最薄弱的方面就是活动分散"。④ 比维金斯基稍后，而地位略高的威廉斯基的报告里，也是特别强调建立组织的重要性。他写道，已做的工作"奠定了组织建设的初步基础"。今后需要"利用现有组

① 罗章龙：《回忆党的创立时期的几个问题》，《"一大"前后》（2），第 197、198 页。
② 施复亮：《中国共产党成立时期的几个问题》，《"一大"前后》（2），第 34 页。
③ 周佛海：《往矣集》，古今出版社 1943 年版，第 32 页。
④ 《维经斯基给某人的信》（1920 年 6 月），黄修荣主编：《联共（布）、共产国际与中国国民革命运动（1920—1925）》（1），北京图书馆出版社 1997 年版，第 28 页。

织已经积累的经验，把组织建设工作继续下去"。① 可见，中共的成立一开始就是在共产国际的直接帮助下进行的，而且非常明确的是以俄国共产党为榜样。

我们之所以详细说明这一点，是因为日后中国共产党在领导革命过程中，在很多问题上与共产国际很纠结。如果中国共产党是完全由自己独立组织起来，而后才与共产国际打交道，那情形肯定是不一样的。

在是否接受共产国际经费资助的问题上，陈独秀及其朋友们有过讨论和争论，做出抉择是很艰难的。最初从事马克思主义和共产主义宣传等项活动时，他们主要依靠写文章得的稿费来充经费。但第一，这很不稳定；第二，对于当时从事活动的青年人来说，因人数很少，工作任务繁重，要他们主要靠卖文挣稿费来维持生活和维持活动经费是极其困难，甚至是根本不可能的。所以，接受共产国际的资助是不得已的选择。而从共产国际方面来说，谁都知道，共产国际是以苏俄为后盾的。刚刚建立的苏俄政权，迫切需要周边国家有革命势力起来，牵制其政府当局，以减少周边国家统治当局协同主要资本主义国家对苏俄的压力，如果能够出现革命政权，那就更是求之不得的了。

据维连斯基1920年9月1日就国外东亚人民工作给共产国际执委会的报告，早在1919年8月，他就曾"向中央政治局提出一个在东亚各国人民当中开展共产主义工作的提纲，当即得到政治局的赞同"。② 可见，还在五四运动爆发后不久，苏俄就已着手做促进东亚各国尤其是中国的革命运动的工作。维连斯基的报告和同日

① 《维连斯基－西比里亚利夫就国外东亚人民工作给共产国际执委会的报告》（1920年9月1日），黄修荣主编：《联共（布）、共产国际与中国国民革命运动（1920—1925）》（1），第42页。

② 《维连斯基－西比利亚科夫就国外东亚人民工作给共产国际执委会的报告》（1920年9月1日），黄修荣主编：《联共（布）、共产国际与中国国民革命运动（1920—1925）》（1），第38页。

写给共产国际执委会的信中，都还明确说到，1920 年 5 月，他们在上海设立起第三国际（即共产国际）东亚书记处，下设中国、日本、朝鲜三个科。对于中国，则明确提出“在中国进行党的建设工作”，并把“即将举行中国共产主义组织代表大会和中国共产党的成立”列入工作日程。这些材料表明，俄共和共产国际，极迫切地需要东亚特别是中国的革命运动能够尽快发展起来。而要发展革命运动，成立共产党的组织是关键性的一步。

如此，苏俄及共产国际与中国一部分接受马克思主义的知识分子，为推动中国革命而建立中国共产党的组织，在认识上统一起来。尽管陈独秀等对接受共产国际的资助曾表现犹疑，终究还是接受了。

不过据现有材料，刚刚成立的中国共产党，并没有立即明确自己成为共产国际的一个支部，后来在第二次代表大会上才做出此项决定。

（2）中共第一次代表大会讨论的主要问题

据现有的材料看，中共第一次全国代表大会，没有留下会议记录。现今流传下来的《中国共产党的第一个纲领》（包括英文本和俄文本）和《中国共产党的第一个决议》（俄文译稿），都是后来从俄文和英文文件中翻译过来的。但是我们根据会议前后的其他材料和参加会议的人员所写的回忆，可以认为，这几个文件所包含的纲领性内容确是中共建党时期，其核心分子充分酝酿过并一致认可的。如关于无产阶级专政的问题，关于消灭私有制问题，关于发动工农兵革命的问题等。同时，这些文件也充分反映出，参与建党活动的成员，是很明确地按照俄共的榜样，把中国共产党建设成为有严密组织纪律的革命党。

上述文件都把纲领和章程的内容混在一起，这或许反映出，它们可能是带有预备性的草稿，而未及做成正式的文件。

根据参与一大的成员的回忆，在一大会议期间及其前后，在下述几个问题上，曾有所争论。值得注意的是，他们的回忆共同反映出一个事实，即争论都是在李汉俊与其他成员间展开的。李汉俊读书比较多，他写的文章中，有几篇颇有理论深度，这是我们注意到的一个显著特点。其他人，除了李达之外，都是五四以来长期置身于学生运动和其他社会运动之中的，这可能影响了他们考虑问题的角度和侧重面。

据李达回忆，在一大召开之前，陈独秀南下广东，临行，将建党工作联络中心的事情交给李汉俊负责。李汉俊就未来党的中央机构与地方机构之间的关系问题，与陈独秀多次交换意见，李强调地方权力，而陈独秀强调中央集中领导。为此，陈对李很不满，导致李辞去陈所交给他的职务，让李达接手。① 后来在一大的会议上，据张国焘回忆，在讨论党章内容时，李汉俊提出，中央应是一个联络机构，不可任意发号施令，一切应征求地方组织的意见，公开讨论。他还提出，对党员条件不宜限制太严，信仰马克思主义最为主要，不一定要从事实际工作。他还主张，应当多注意吸收知识分子加入党的组织。他的意见受到多数人的反对。② 据包惠僧回忆，李汉俊与陈公博认为共产党员可以参加资产阶级议会，也可以参加其他社会团体。③ 李汉俊的意思是把公开的与秘密的、合法的与不合法的工作结合起来。但他的主张被认为是为个人利禄着想。④

从这些争论的内容看，问题本身都是很严肃的，值得深思的，展开认真的讨论，对党有益而无害。例如中央与地方权力关系的问题，它同时也包含党员与党的组织的关系问题。这是一个非常重要的问题，后来党的历史也足以证明，这个问题对于党的工作，党的路线、政策与实际革命运动的关联，是一个重大的原则问题，解决

---

① 见李达《关于中国共产党建立的几个问题》，《"一大"前后》（2），第 1 页。

② 见张国焘《我的回忆》第 1 册，东方出版社 1991 年版，第 140 页。

③ 见包惠僧《共产党第一次全国代表会议前后的回忆》，《"一大"前后》（2），第 317—318 页。

④ 见李达《中国共产党的发起和第一次、第二次代表大会经过的回忆》，《"一大"前后》（2），第 10 页。

得好,可以保证党的任务顺利完成,推动革命运动顺利发展;解决得不好,党的任务无法完成,革命运动难免遭遇挫折。可以估计到,在共产党成立前,在上海共处的一段时间,陈独秀与李汉俊接触甚多。在阅读马克思主义文献方面,李对陈肯定有所帮助;而在实际工作的处理上,陈独秀必然是最后决断者。以陈独秀的性格,自认为正确的东西,"必不容反对者有讨论之余地";加上他的年辈与资历,其他人是很难与之平等讨论的。李汉俊提出中央与地方权力关系的问题,除了理论上的考虑之外,应当与他对陈独秀的了解有一定的关系。就中国的社会现实而言,陈独秀强调中央的领导权威也是有道理的。在当时,甚少实际经验的中国共产党的创建者,要完全恰当地解决这个问题是很难的。所以,不宜片面地责怪某一方的意见,而应当把它看作党在初创时期对一个重要原则问题的一种探讨。

再如,关于共产党员可否参加议会,可否参加其他团体的问题,同样是一个值得认真思考的问题。这个问题实质上是合法斗争与不合法斗争、公开斗争与秘密斗争之间的关系问题。绝对否认一个方面,也是不健全的。在后来的实际革命运动中,这个问题逐渐得到解决(共产党员加入国民党或其他团体,参与某些合法的社会工作以为掩护等)。当时的人们,考虑到社会实际的诸多腐败龌龊现象,要保证共产党员信仰上的纯洁性,而强烈反对李汉俊主张共产党员可以参加议会,可以参加其他团体的意见,是可以理解的。但把李汉俊提出这个问题说成出于利禄之私,则有诛心之嫌,殊不可取。

现今流传下来的译自俄文的《中国共产党第一次代表大会》关于"党员能否得到执行委员会许可做官和做国会议员"的问题,是这样叙述李汉俊与其他人的争论的:

> 对这个问题有两种意见,一方坚持认为,我们的党员做官没有任何危险,并建议挑选党员做国会议员,但他们必须在党的领导下进行工作。另一方则不同意这种意见。在第三次会议

上，代表们没有得出任何结论，在第四次会议上，辩论更加激烈。一方坚持认为，采纳国会制就会把我们的党变成黄色的党，他们以德国社会民主党为例子说明如下事实：人们进入国会，就会逐渐放弃自己的原则，成为资本家阶级的一部分，变成叛徒，并把国会制看成是斗争和工作的唯一方式。为了不允许同资产阶级采取任何联合行动，为了集中我们的进攻力量，我们应当在国会外进行斗争。况且，利用国会也不可能争得任何改善，而进入国会，就会使人民有可能认为，利用国会，只有利用国会，我们才能改善自己的状况和发展社会革命事业。另一方坚持主张，我们应当把公开工作和秘密工作结合起来，如果我们不相信在 24 小时内可以把国家消灭掉，或者说，如果我们不相信总罢工会被资本家镇压下去，那么，政治活动就是必要的。起义的机会不会常有，只是在极少数时候才会到来，但在和平时期，我们就应做好起义的准备。我们应该改善工人的状况，应该开扩他们的眼界，应该引导他们参加革命斗争和争取出版自由、集会自由的斗争，因为公开宣传我们的理论，是取得成就的绝对必要条件。而利用同其他被压迫党派在国会中的联合行动，也可以部分地取得成就。但是，我们要向人民指出：想在旧制度范围内建立新社会的企图是无益的，即使我们试图这样做也是徒劳的。工人阶级必须自己解放自己，因为不能强迫他们进行革命。[①]

这个文件像是参加一大会议的某人事后写的追记，是个人行为，还是受委托追记会议经过，我们不得而知。但看得出，作者的立场是比较客观的。

---

① 《中国共产党第一次全国代表大会》，无署名，黄修荣主编：《共产国际、联共（布）与中国革命文献资料选辑（1917—1925）》（1），北京图书馆出版社 1997 年版，第 216—217 页。

（3）中共对革命任务的思考

中国共产党成立后，最关注的革命工作就是发展工人运动。而为了发展工人运动，必须努力建立工人的组织，即产业工会和职业工会。在此基础上，谋求建立综合的地方工会以及进一步建立全国总工会。在全国总工会成立前，设立全国劳动组合书记部。

在共产主义者和共产党员从事建立工会工作之前，中国各地工人的组织，基本上都谈不上是真正的工人的组织，有的是由资本家策划成立的所谓"招牌工会"，有的是由政党政客操纵的，有的是由旧式的帮会组织建立的。而工人无论参加哪一种工会，为了求自身安全，多半都同时加入帮会。这种情况自然极端不利于工人提高阶级觉悟，极端不利于共产党领导的革命运动的开展。所以，中共一大的第一个决议最着重强调的是"本党基本任务是成立工会"；"党在工会里要灌输阶级斗争的精神"，警惕"勿使工会成为其他党派的玩物"，"勿使工会中执行其他政治路线"。还指出："因为工人学校是走向组织工会途中的一个阶段，所以必须在一切工业部门中成立这种学校"。[1]　在邓中夏从事工人运动的北京长辛店铁路工人中办的工人补习学校是成绩比较突出的，那里的工人运动最先接受共产党的思想领导，在工人运动中产生好的影响。该文件要求共产党员必须深入工人群众中去开展工作。

与此同时，中共也注意到争取保护工人、保护工会的立法的必要性，邓中夏曾起草一份中国劳动组合书记部总部要求确立劳动法的请愿书。其中提出劳动法案 19 条，包括劳动者集会结社权，同盟罢工权，以及限制工作时间，保护女工、童工，劳动者休息权，工人组织之代表参加政府相关管理等。

由于高度重视工会工作和推动工人争取自身权利的斗争，一大以后，全国工人运动有明显的发展。如粤汉铁路武昌、长沙段工人的大罢工，上海英美烟厂工人的罢工，等等。特别是 1922 年 1 月

_____

[1]　《中国共产党的第一个决议》，《"一大"前后》（1），第 12、13 页。

相继爆发的长沙华实纱厂的大罢工和香港海员的大罢工，在中国工人运动史上产生极大的影响。前者，由于罢工领导人、著名工人领袖黄爱和庞人铨两人被反动当局残酷杀害，工人和社会各界极其愤怒。对黄、庞两人的悼念成了激发工人阶级觉悟，推动各地工人运动一个契机。后者，则由于其罢工人数之多，持续时间之长，引起了全国乃至海外前所未有的关注。

在罢工运动中，共产党的工运干部得到了进一步的训练，工人群众的阶级觉悟也得到了进一步提升，共产党与其所代表的阶级之间的结合达到了新的程度。

中共一大也注意到青年工作、妇女工作，中国社会主义青年团的工作做得尤其有声有色。

（4）中共二大对中国革命有了进一步的理解

中共第二次全国代表大会于 1922 年 7 月在上海举行。大会发表的宣言，系统论述了中国社会的两大基本矛盾，一个是中国人民同侵略、压迫、掠夺中国人民的世界帝国主义列强之间的矛盾；一个是广大人民群众同压榨人民的反动军阀之间的矛盾。宣言说："加给中国人民（无论是资产阶级、工人或农人）最大的痛苦的是资本帝国主义和军阀官僚的封建势力"。[①] 这种分析，揭示了中国社会的半殖民地半封建性质，并基于此提出，中国革命的总任务须分两步来完成。第一步，"消除内乱，打倒军阀，建设国内和平"；"推翻国际帝国主义的压迫，达到中华民族完全独立"；统一中国"为真正民主共和国"；实行"无限制的选举权，言论、出版、集会、结社、罢工绝对自由"；等等。这是相当彻底的民主主义革命。第二步，"是要组织无产阶级，用阶级斗争的手段，建立劳农专政的政治，铲除私有财产制度，渐次达到一个共产主义的社

---

① 《中国共产党第二次全国大会宣言》，《六大以前》，人民出版社 1980 年版，第 9 页。

会"。① 这就是通常所说的中国共产党的最低纲领与最高纲领。最低纲领是实行彻底的民主主义革命，最高纲领是建设共产主义社会。不过对于这两个阶段的革命到底如何衔接，当时的中国共产党人还不很清楚。宣言上说："民主主义革命成功了，无产阶级不过得着一些自由与权利，还是不能完全解放。而且民主主义成功，幼稚的资产阶级便会迅速发展，与无产阶级处于对抗地位。因此，无产阶级便须对付资产阶级，实行'与贫苦农民联合的无产阶级专政'的第二步奋斗。"照宣言作者估计，"如果无产阶级的组织力和战斗力强固，这第二步奋斗是能跟着民主主义革命胜利以后即刻成功的"。② 换句话说，倘若民主主义革命成功时，无产阶级的组织力和战斗力还不够十分强固，那么，第二步革命的成功就还需要相当长的时间。这里，宣言没有讲清楚，第一步革命成功之后，"第二步奋斗是能跟着民主主义革命胜利以后即刻成功"到底是什么意思。第一步革命成功之后，是稳定一个时期之后再开始做第二步的奋斗，还是第一步成功之后，立刻就开始第二步的奋斗？这一点，当时的中国共产党人没有去深入考虑，这在当时条件下是非常好理解的。后来，中华人民共和国成立初期所谓"巩固新民主主义秩序"与即刻实行向社会主义过渡的争论，显然即是当年理论上遗留问题的发酵。

因为中共当下必须从第一步做起，即需要进行民主主义革命，而民主主义革命也是中国其他社会阶级，尤其是民族资产阶级及广大的小资产阶级所渴望的，所以，就有一个在革命过程中，无产阶级与这些阶级之间的关系如何处理的问题。很显然，既然这一阶段的革命目标是反帝反军阀，这一点，无产阶级与上述各阶级是一致的，当然就应该是同盟者，就应该互相联合。所以此次大会的另一个理论和策略上的重大贡献就是通过了《关于民主的联合战线的

---

① 《中国共产党第二次全国大会宣言》，《六大以前》，第 10 页。
② 《中国共产党第二次全国大会宣言》，《六大以前》，第 10 页。

决议案》。该案不但主张工人和贫农团结在中国共产党的旗帜下，而且号召中国全体被压迫的民众与工人贫农联合在一起，在中国共产党的旗帜下进行民主革命的斗争；还提出要与其他革命党派举行会议，共商革命大计。值得指出的是，在提出建立联合战线的同时，共产党人强调了共产党和无产阶级的独立性问题，防止因联合战线确立而沦为资产阶级的附庸。

这次大会正式决定，中国共产党加入共产国际成为它的一个支部。正如我们前面指出的，中国共产党与共产国际的关系问题，使中共在处理革命路线和策略的许多重大问题时不免受到困扰。

应当提到，在中共第二次全国代表大会召开的前夕，中共中央发表了一份重要的文件，即《中共中央第一次对于时局的主张》，这个文件所表现的对中国革命形势和任务的分析，与随后的大会宣言是完全一致的。但这个文件对中国革命当下形势与任务的分析，要比大会宣言还来得更为深入和具体。第一，它历史地分析了中国当下的基本形势是由西方列强势力侵入中国，并愈益加深这种侵略所造成的。所以，帝国主义列强是中国人民的第一个主要敌人。第二，它分析从民元以来国内历次战争都是民主派与北洋军阀势力以及各军阀势力之间的战争，所以，不消灭军阀，内乱不会停止。第三，民主派反对军阀的各次战争都归失败，原因是民主派妥协。[①]而民主派的妥协，主要是因为有一个"不革命的民主派"在其中起作用。"不革命的民主派"是中共二大前后，共产党人提出的一个重要的新概念。后来毛泽东发表《外力、军阀与革命》一文中，对"不革命的民主派"有一个比较明确的界定。毛泽东认为，研究系、新兴的知识阶层和新兴的商人阶层属于非革命的民主派。[②]第四，这个文件直接批评了"不革命的民主派"的"好政府主义"

---

① 此说法有一定的问题。事实上不妥协，其结果也是失败，而且可能失败得更惨，例如所谓二次革命。笔者以为失败的根本原因是民主派的实力微弱而又不团结，在此基础上也就无法产生能够领导斗争的坚定的领导集团。

② 毛泽东：《外力、军阀与革命》，《新时代》创刊号，1923 年 4 月 10 日。

和联省自治的主张。第五，文件提出，真的民主派，其党纲和政策必须都不违背民主主义的原则，并且其行动必须始终拥护民主主义而与军阀斗争。按此标准，文件认为孙中山领导的国民党，属于真的民主派亦即革命的民主派，但也指出国民党内存在着不革命的动摇派。

这是中共第一次对于中国内外形势做出系统分析论述，并提出其政策策略的文件，其基本思想成为相当长一段时期中共的指导思想，是一个非常重要的文件。被这个文件不点名批评的"不革命的民主派"在知识界的代表人物胡适，曾专就帝国主义的问题写文章批评这个文件，否认仍存在帝国主义侵略中国的问题。①

中共既认定当前革命的民主主义性质，既认定应当与拥护民主主义的各阶级、各派力量建立联合战线，同时又认定国民党是最主要的革命民主派，所以，以某种形式与国民党建立合作关系就自然提到日程上来。

中共二大后，接着在杭州召开会议，专门讨论与国民党合作的问题。会上虽有争论，但最终同意与国民党建立合作关系。1923年6月召开的中共第三次全国代表大会，重点研究与国民党合作的问题。会议宣言认为："中国国民党应该是国民革命之中心势力，更应该立在国民革命之领袖地位。"宣言指出国民党的缺点，一是企望外国援助，二是单纯做军事活动，忽略发动工农民众的重要性，希望国民党克服缺点，把各革命阶级、广大革命民众联合起来，进行国民革命斗争。宣言也提到了共产党的独立性问题。宣言说："拥护工人农民的自身利益是我们不能一刻忽忘的，对于工人农民之宣传与组织是我们特殊的责任，引导工人农民参加国民革命更是我们的中心工作。"② 在中共三大前后，党的领导层多人多次发表文章，反复论述与国民党建立合作关系的必要性和正当性。中

① 见《国际的中国》，《胡适文存二集》卷3。
② 《中国共产党第三次全国大会宣言》，《六大以前》，第65页。

共把国民党看成当时中国民主革命的主要力量和领导力量是完全正确的。但陈独秀等中共主要领导人物都深知国民党的缺点：一是对外热衷于寻求帝国主义列强的支持，如此，在反帝是主要任务之一的革命过程中，就难免有动摇妥协的一面；二是内部门户派系复杂，充满暗斗，所以，究竟如何与国民党联合，需要认真筹划。从国民党方面看，他们本来瞧不起共产党的力量，只是在孙中山与他长期依赖的陈炯明决裂之后，才感到迫切需要共产党的力量来加强自己。当时以中共的上层领导自居的共产国际，在联络吴佩孚失败后，把孙中山的国民党看作中国唯一可以担当起民族民主革命的领导力量；同时，对年轻的中共很有些轻视的态度。共产国际积极促进中共与国民党合作，但附和孙中山国民党的立场，不以平等态度对待中共，要求中共党员只能以个人名义加入国民党，而不取政党之间合作的正常形式——党与党合作的方式。对此，中共领袖陈独秀等都曾极力反对，他们强调的是如何保持中共的独立性问题。但这种合作方式的不当，还远不止影响于共产党如何保持自己的独立性的问题。这种合作形式蕴藏着巨大的风险。试想，国民党只同意共产党以个人名义加入国民党，自然不可能允许共产党在国民党内有自己独立的组织系统，并按共产党自己的路线、政策进行工作。国民党称作"容共"，实际上是要"溶共"，是共产党溶于国民党。而共产党既然要保持自己的独立性，自然必定要求自己的党员按共产党的决定和指示办事。而且共产党也必然利用国民党在社会上拥有相当合法性的便利，大力发展自己的党员，大力发展工农运动。这都不是国民党所乐见的。如此，一个要溶化共产党，一个要借壳发展共产党，结果必然酿成激烈的冲突。这一点，在我们事后研究历史的学者看来，应是意料之中的。关于建立此次国共合作的利害得失，这里不须讨论，那是数年之后的事情。

第 十 一 章
五四时期的思想文化论争

  前面许多章节中都曾涉及五四时期思想文化的论争，但都不曾系统深入地加以讨论。在这一章里，我们将五四前后这一段时期关于文化的论争，做一番系统的、较为深入的评析。主要分作五个部分：围绕文化调和论展开的东西文化的论争；关于《东西文化及其哲学》的论争；《学衡》初期对新文化的反动；科学与人生观的论争；关于古史观的论争。

  文化之东西与新旧之争，早在清末就已开始。洋务派与反洋务派之间的论争，维新派与反维新派之间的论争，就反映着文化之东西与新旧之争，其争论曾达到相当激烈的程度，且亦有相当的深度。但那时候，西方文化之输入，还很有限，真正受到西方文化影响的人，是很少数。所以，守旧派对中国固有文化，还有着相当的自信。那时，他们所担心的，还不是中国固有文化的陨灭，而是大一统的王朝体制的崩坏。所以，他们用以抵制西方文化的，是著名的"中体西用"的主张。但到了五四时期，情形大不相同了。一则，大一统的王朝体制已经寿终正寝，虽有两次复辟，皆短命夭折。幻想王朝旧梦的人是极少极少的了。二则，西方的思想观念，如决堤的洪水，挟万钧之力，奔泻而来。中国固有文化真的是经历了一场空前的震荡和冲刷。有的可能枯萎已久，经不起这样的冲刷，几乎被连根拔起，席卷以去（如一些最丑陋的旧习惯）；有的可能被冲得东摇西晃，令人担忧；仍能屹立不动、丝毫不受影响的，已经不多了。特别令那些老成持重的人忧虑的是，大多数青年人都跟着讲西化的人跑，他们本来文化根柢很浅，饱受西化影响，消化不良，后果实在堪忧。

面对这种情形，比较保守的人们，知道完全抵制西化不可能，亦不必要。他们中不少人，对西方文化也有些少了解，有的甚至曾经是介绍西方知识的先驱人物。所以，他们不是反西化的顽固派，他们只是担心中国文化的根柢被毁掉。为了防止这一点，他们提出调和论的主张，以与新文化派相对垒。这里要顺便说一下，中国自近代以来，东西新旧文化论争中，真正的顽固派，几乎一直是缺席者，他们完全没有能力正面与新文化派论争，往往躲在角落里搞些匿名揭帖式的东西来发泄心中的愤懑。像林纾那样公开写信给蔡元培，进行质问，已是凤毛麟角，而且林纾自己，后来也是靠写影射小说攻击新文化派，其与匿名揭帖相去无多。

所以，这一章关于五四时期的文化论争主要是新文化派与各种略带中间色彩的文化流派之间的论争。

一　围绕调和论展开的东西文化的论争

（一）争论的缘起

杜亚泉（1873—1933）是"文化调和论"之说的主要倡导者。杜是浙江绍兴人，青年时代治举业，无成，后乃热心于西方数理之学，曾入绍兴中西学堂任教。1904年，杜入商务印书馆，1911年任《东方杂志》主编，经常发表关于中西文化以及内外时政的文章，其对于东西文化主张调和。调和论本身颇带有不确定性，在保守论得势时，它可能有利于西化的传播；当新派渐盛时，它便可能成为保守主义的同盟军。杜亚泉与陈独秀发生争论就是属于后者。

杜亚泉的文化调和论在欧战结束前即已提出，他在 1916 年 10 月发表的《静的文明与动的文明》一文中，声称西洋文明是动的文明，东方文明（主要是指中国文明）是静的文明。两种文明根本性质不同，不是程度之差；两者相遇必生冲突，唯一的办法就是使两者调和。他说："至于今日，两社会之交通日益繁盛，两文明互相接近，故抱合调和，为势所必至。"① 但文化调和论引发激烈的争论，则是 1918 年的事。

争论起于《东方杂志》第 15 卷第 4 号（1918 年 4 月 15 日出版）发表杜亚泉的文章《迷乱之现代人心》，接着，第 15 卷第 6 号（1918 年 6 月 15 日出版）又登出钱智修的《功利主义与学术》和署名"平佚"的译自日本杂志《东亚之光》发表的《中西文明之评判》一文。这三篇文章，在陈独秀看来，都是在折中调和的口号下面明显地表达出贬抑西方文化而倡导中国固有文化的倾向。陈氏特发表《质问〈东方杂志〉记者——〈东方杂志〉与复辟问题》一文，进行批驳。陈氏首先批评钱智修的反功利主义。他说："余固彻头彻尾颂扬功利主义者也。功之反为罪，利之反为害，《东方》记者……岂赞成罪害主义者乎？"② 这种质问，稍近大批判的味道。但陈氏指出，钱氏把功利主义归结为贪鄙主义，倒也是击中其要害。

陈氏批评伧父（即杜亚泉）《迷乱之现代人心》，指出，杜氏竟认为，中国因周、孔之故，思想统一；"乃自西洋学说输入，思想自由，吾人之精神界中，种种庞杂之思想互相反拨，遂至国基丧失，可谓之精神界之破产"。③ 陈独秀认为，这是明显主张思想定

---

① 杜亚泉：《静的文明与动的文明》，原载《东方杂志》第 13 卷第 10 号，引自周月峰编《中国近代思想家文库·杜亚泉卷》（以下简称《杜亚泉卷》），中国人民大学出版社 2014 年版，第 319 页。

② 《质问〈东方杂志〉记者——〈东方杂志〉与复辟问题》，原载《新青年》第 5 卷第 3 号，引自任建树主编《陈独秀著作选编》第 1 卷，第 432 页。

③ 《质问〈东方杂志〉记者——〈东方杂志〉与复辟问题》，任建树主编：《陈独秀著作选编》第 1 卷，第 432 页。

于一尊，压制思想自由。

《中西文明之评判》一文，征引德人台里乌司氏大力称赞辜鸿铭氏颂扬中国固有文明，贬抑西方文明的言论，竟说，中国人的世界观应取代欧洲人的世界观；说，中国学校教育儿童养成人格，欧洲人只教他们知识。辜鸿铭甚至说，中国人不洁之癖，正是其重视精神文明而轻视物质文明的证据。陈独秀指责说："辜鸿铭氏夙昔轻视欧洲之文明，即在欧人之伦理观念（即此文之所谓之世界观），以其不知君道臣节名教纲常诸大义也。"所以，辜氏谓："至醇至圣之孔夫子，当有支配全世界之时；彼文人以达于高洁、深玄、礼让、幸福之唯一可能之道。故诸君（指西洋人）当弃其错误之世界观，而采用中国之世界观，此诸君唯一之救济也。"①

陈氏批判的语气很重，有时难免显出一些偏颇。但两次复辟的政治闹剧，增加了人们思想上的混乱与困惑，所以，陈氏认为《东方杂志》的言论难免有混淆视听的过错。陈氏说："独怪《东方》记者处共和政体之下，竟译录辜之言而称许之，岂以辜氏伦理上之主张为正当耶？"② 由此，也就不难理解，何以陈独秀给他的文章加一副标题 "《东方杂志》与复辟问题"。

《东方杂志》在第 15 卷第 12 号上发文，与陈独秀辩难，不承认与辜鸿铭氏抱同一宗旨，且指责陈独秀之文有不合逻辑之处。其文只是为了辩解，没有什么实质内容。但陈独秀不肯放过，又于《新青年》第 6 卷第 2 号上发表《再质问〈东方杂志〉记者》一文，进行批驳。

陈氏很不屑于《东方杂志》记者拼力说明自己虽引辜鸿铭氏之言论，但并非与辜氏同道的说法。陈氏说："若征引他人之著作，以印证自己之主张，则非同志而何？"又说："《东方》记者珍重征引辜氏生平

---

① 《质问〈东方杂志〉记者——〈东方杂志〉与复辟问题》，任建树主编：《陈独秀著作选编》第 1 卷，第 434 页。

② 《质问〈东方杂志〉记者——〈东方杂志〉与复辟问题》，任建树主编：《陈独秀著作选编》第 1 卷，第 435 页。

所力倡之言论宗旨，且称许之"，① 这不是同道者，是什么？

应当说，以一篇译文的登用，即证明其编者或记者，自觉地与该文所征引的言论作者完全同一立场，恐怕是有些武断。但诚如陈独秀所说，在中国当下政情混乱，共和制度尚未稳固的情况下，《东方杂志》发表与复辟言论表同情的文章，实在亦不能推脱其有害共和的责任。陈独秀在这篇文章里，更多的是批评《东方杂志》，主要是杜亚泉等人提倡强力主义、实行思想统一、压制学术自由的主张。盖杜亚泉氏极赞美古代有圣人统一人们的思想，未有如今日之学说纷纷竞立，互相驳难，令人无所遵循。彼曾言："吾人在西洋学说尚未输入之时，读圣贤之书，审事物之理，出而论世，则君道若何，臣节若何，仁暴贤奸，了如指掌；退而修己，则所以处伦常者如何，所以励品学者如何，亦若有规矩之可循。虽论事者有经常权变之殊，讲学者有门户异同之辨，而关于名教纲常诸大端，则吾人所以为是者，国人亦皆以为是。虽有智者，不能以为非也；虽有强者，不敢以为非也。"又说："我国先民于思想之统整一方面，最为精神所集注。周公之兼三王，孔子之集大成，孟子之拒邪说，皆致力于统整者。后世大儒亦大都绍述前闻，未闻独创异说。"② 须知，陈独秀和他的朋友们，于新文化运动，最最着意的就是反对统一思想，主张学术自由、思想自由。所以陈氏说："学术思想之统一，其为恶异好同之专制，其为学术思想自由发展之障碍，乃现代稍有常识者之公言，非余一人独得之见解也。"又说："盖文化之为物，每以立异复杂分化而兴隆，以尚同单纯统整而衰退，征之中外历史，莫不同然"。③ 可见，要不要思想自由的问题，是陈氏与杜氏等之间论争的真正焦点。

① 《再质问〈东方杂志〉记者》，原载《新青年》第6卷第2号，引自任建树主编《陈独秀著作选编》第2卷，第39页。

② 《迷乱之现代人心》，原载《东方杂志》第15卷第4号，引自周月峰编《杜亚泉卷》，第431、432页。

③ 《再质问〈东方杂志〉记者》，引自任建树主编《陈独秀著作选编》第2卷，第43页。

（二）对东西文明的静态观察引起的不同态度

有一点很值得注意，就是杜亚泉与陈独秀，他们都较多地从宏观上静态地来观察中国文化与西方文化。例如，杜亚泉在其1916年的《静的文明与动的文明》一文中就认为："西洋社会，一切皆注重于人为。我国则反之，而一切皆注重于自然。……故西洋人之文明为反自然的，而我国人之文明为顺自然的。"又说："西洋人之生活为向外的，……我国人之生活为向内的。"又谓："西洋社会既以竞争胜利为生存必要之条件，故视胜利为最重，而道德次之。……我国社会则往往视胜利为道德之障害，故道德上不但不崇拜胜利，而且有蔑视胜利之倾向。道德之作用在于消灭竞争，而以与世无争与物无竞为道德之最高尚者。"甚至认为："西洋社会无时不在战争之中，……战争为常态，和平其变态也。我国社会时时以避去战争为务，……和平其常态，战争其变态也。"他下结论说："综而言之，则西洋社会为动的社会，我国社会为静的社会。由动的社会发生动的文明，由静的社会发生静的文明。"由此他又进一步提出："动的社会，其个人富于冒险进取之性质，常向各方面吸收生产，故其生活日益丰裕。静的社会，专注意于自己内部之节约，而不向外部发展，故其生活日益贫啬。"①自然，在这些似是而非的议论之余，亦往往多少说中某些事实上的特点，如说，西方社会重团体的发展，中国则无；说西方道德崇尚胜利，中国以无争为更高的道德境界。但总的看来，倾向于笼统地静态地观察文化问题，终必导致片面性和绝对化，把两种不同的文化鲜明地对立起来，然而又为这种对立而不安，故倾向于调和的立场。

参与争论，又基本同情于杜亚泉的，如陈嘉异等人，也是从

---

① 本段引文，见《静的文明与动的文明》，原载《东方杂志》第13卷第10号，引自周月峰编《杜亚泉卷》，第316、317、318页。

笼统的静态观察出发来讨论东西文化问题。陈嘉异在《东方文化与吾人之大任》一文中认为，东方文化——主要指中国文化，是独立的创造的，西方文化则是传承的因袭的。彼云："欧族文化实一种混合之文化，求其真足为彼族自有之文化者，仅罗马人之法律思想权利观念，与其后入寇罗马北方各蛮族（即建设今日欧洲各国之原始种族）之好战勇气所遗留而成今日之欧族精神两者已耳。"又声称，与欧洲文化相比，中国文化"有调和精神生活与物质生活之优越性"，[①]"有调节民族精神与时代精神之优越性"，"有由国家主义而进达世界主义之优越性"，等等。中国文化如此优越，他由此得出结论："东方文化即可为将来之世界文化也。"[②]他赞成调和论，自然是以中国固有文化为主导去调和外来的西洋文化。

反对调和论的陈独秀，也常常用静态的观察，笼统地比较东西文化的不同特点。如他在《东西民族根本思想之差异》一文中说："若西洋诸民族，好战健斗，根诸天性，成为风俗"；东洋民族，"爱和平，尚安息，雍容文雅"。又说："西洋民族性，恶侮辱，宁斗死；东洋民族性，恶斗死，宁忍辱。"陈且认为西洋主法治、实利，东洋主感情、虚文。这些近于表面的观察，容易走向片面性。自然，陈独秀也道出了一些颇为真实的东西差别。如他说："西洋民族，……个人主义之民族也……举一切伦理、道德、政治、法律、社会之所向往，国家之祈求，拥护个人之自由权利与幸福而已。""东洋民族，自游牧社会进而为宗法社会，至今无以异焉。……宗法社会，以家族为本位，而个人无权利，一家之人，听命家长。"他还指出："宗法制度之恶果盖有四焉：一曰损坏个人独立自尊之人格；一曰窒碍个人意思之自由；一曰剥夺个人法律上

①　陈嘉异：《东方文化与吾人之大任》，《东方杂志》第 18 卷第 1 号，1921 年 1 月。

②　陈嘉异：《东方文化与吾人之大任》（续），《东方杂志》第 18 卷第 2 号，1921 年 1 月。

平等之权利；一曰养成依赖性，戕贼个人之生产力。"① 这些说法都颇为中肯。他与杜亚泉等的区别，在于其结论。杜氏因两种文化根本冲突，而选择以中国文化去调节西洋文化，将其合用的部分调和到中国固有的文化之中。陈独秀则认为，西洋文化总体优越，应当学习效法之。而且，陈独秀对调和论采取坚决排斥的态度。他说："现在社会上有两种很流行而不祥的论调，也可以说是社会的弱点：（一）是不比较新的和旧的实质上的是非，只管空说太新也不好，太旧也不好，总要新旧调和才好。见识稍高的人，又说没有新旧截然分离的境界，只有新旧调和递变的境界，因此要把'新旧调和论'号召天下。（一）是说物质的科学是新的好，西洋的好；道德是旧的好，中国固有的好。"② 陈独秀认为这种调和论是迁就人类的惰性，对于民族的进步、社会的发展是不利的。他主张，应当明确地确定守旧或革新的国是。"无论政治学术道德文章，西洋的法子和中国的法子绝对是两样，断断不可调和牵就的。"③ 又说："吾人倘以新输入之欧化为是，则不得不以旧有之孔教为非。倘以旧有之孔教为是，则不得不以新输入之欧化为非。新旧之间绝无调和两存之余地，吾人只得任取其一。"④ 在他看来，"新旧两种法子，好像水火冰炭，断然不能相容；要想两样并行，必至弄得非牛非马，一样不成。"⑤ 显然，陈独秀在反对调和论时，实有涉偏激，而这种偏激是与他笼统地静态地观察东西文化问题有关联的。

---

① 《东西民族根本思想之差异》，原载《新青年》第 1 卷第 4 号，引自任建树主编《陈独秀著作选编》第 1 卷，第 193、194 页。

② 《调和论与旧道德》，原载《新青年》第 7 卷第 1 号，引自任建树主编《陈独秀著作选编》第 2 卷，第 133—134 页。

③ 《今日中国之政治问题》，任建树主编：《陈独秀著作选编》第 1 卷，第 418—419 页。

④ 《答佩剑青年（孔教）》，任建树主编：《陈独秀著作选编》第 1 卷，第 311 页。

⑤ 《今日中国之政治问题》，任建树主编：《陈独秀著作选编》第 1 卷，第 419 页。

　　参与此次争论的李大钊，也是从对东西文化（即中西文化）笼统地静态地观察出发来讨论问题，起初，他甚至也赞成调和论。

　　试看他在《动的生活与静的生活》一文中说："吾人于东西之文明，发现一绝异之特质，即动的与静的而已矣。东方文明之特质，全为静的；西方文明之特质，全为动的。"① 在其《东西文明根本之异点》一文中又说："东西文明有根本不同之点，即东洋文明主静，西洋文明主动是也。"②

　　这种观察很容易得出希望两种文化折中的结论。故李氏说："东洋文明与西洋文明，实为世界进步之二大机轴，正如车之两轮、鸟之双翼，缺一不可。而此二大精神之自身，又必须时时调和、时时融会，以创造新生命，而演进于无疆。由今言之，东洋文明既衰颓于静止之中，而西洋文明又疲命于物质之下，为救世界之危机，非有第三新文明之崛起，不足以渡此危崖。俄罗斯之文明，诚足以当媒介东西之任，而东西文明真正之调和，则终非二种文明本身之觉醒，万不为功。所谓本身之觉醒者，即在东洋文明，宜竭力打破其静的世界观，以容纳西洋之动的世界观；在西洋文明，宜斟酌抑止其物质的生活，以容纳东洋之精神的生活而已。"③但李大钊作为《新青年》派中骨干之一员，其基本思想在其群体中互相濡染已久，思想基本趋向与陈独秀等人是一致的。所以他在前引《动的生活与静的生活》一文中已经有另一种表述。他说：

　　　　百年以还，西方之动的生活，挟其风驰云卷之势力，以侵

① 《动的生活与静的生活》，原载《甲寅》1917 年 4 月 12 日，引自《李大钊文集》第 2 卷，第 96 页。

② 《东西文明根本之异点》，原载《言治》季刊第 3 册，引自《李大钊文集》第 2 卷，第 202 页。

③ 《东西文明根本之异点》，《李大钊文集》第 2 卷，第 205 页。

入东方静的生活之范围，而沈沈大陆之酣梦为之惊破。盖以劳遇逸，以动临静，无在不呈披靡之观，无往不有摧拉之势。于是始悟以逸待劳之失策，以静制动之非计，乃谋变法维新，不惜弃其从来之一切静的生活，取彼西洋之一切动的生活，去其从来之一切静的文明，迎彼西洋之一切动的文明。

又说：

吾人认定于今日动的世界之中，非创造一种动的生活，不足以自存。吾人又认定于静的文明之上，而欲创造一种动的生活，非依绝大之努力不足以有成。故甚希望吾沈毅有为坚忍不挠之青年，出而肩此巨任。俾我国家由静的国家变而为动的国家，我民族由静的民族变而为动的民族，我之文明由静的文明变而为动的文明，我之生活由静的生活变而为动的生活。①

李大钊强调的是"竭力以受西洋文明之特长，以济吾静止文明之穷，而立东西文明调和之基础"。② 就是说，李氏的调和是以"竭力以受西洋文明之特长"为基础，这与杜亚泉以中国固有文明为基础是不同的。稍后，李大钊更明确地表明他反对调和论的意思。他说："时代不仁，演出新旧，……我劝主张调和的人歇歇罢！那进行不息的时代，才有调和的真本领呢！戊戌前后的康有为，人都嫌他太新，可是时代变了，能把他弄旧。……主张调和的人，自问若没有这么大的本领，请把这件功业让给时代罢！"③

参与这次论争的蒋梦麟也是明确地反对调和论的主张。他说，新派是主张按新的态度，组织新的生活；旧派是主张保守其安乐

---

① 《动的生活与静的生活》，《李大钊文集》第 2 卷，第 96—97 页。

② 《东西文明根本之异点》，《李大钊文集》第 2 卷，第 207 页。

③ 《最有力的调和者——时代》，原载《新生活》第 11 期，引自《李大钊文集》第 3 卷，第 80 页。

窝，"两个不同的目的，怎么可调和呢?"[1] 他强调，在文化论争中的新旧两派，不是一般学派的不同，也不是方法的不同，而是基本走向不同，所以不能讲调和。在新旧文化的问题上，必须先要讲思想自由，给新的东西以争存、生长、壮大的机会。否则，一上来就讲调和，而且按杜亚泉的意思，是以中国固有的文化去统整新的东西，那样，新的东西根本就没有成长壮大的机会了，最后可能还是一切如旧。

（三）对调和论的批评

值得注意的是，杜亚泉作为文化调和论的主要代表人物，他却始终没有给他的调和论提出一个明确的界说。参与论争的章士钊倒是颇致意于此，曾在多种语境下力图给出一个调和论的界说。如他在《进化与调和》一文中说："所谓旧者，将谢之象；新者，方来之象。而当旧者将谢而未谢，新者方来而未来，其中不得不有共同之一域，相与舒其力能，寄其心思，以为除旧开新之地。……此共同之域者，何也? 即世俗之所谓调和也。"[2] 他在《新时代之青年》一文中又说："宇宙之进步，如两圆合体，逐渐分离，乃移行的而非超越的。既曰移行，则今日占新面一分，蜕旧面亦只一分。蜕至若干年之久，从其后而观之，则最后之新社会，与最初者相衡，或厘然为二物，而当其乍占乍蜕之时，固仍是新旧杂糅也。此之谓调和。"[3] 以上两个说法，都是就事物之演化过程立论。所以，他总结说："新旧相衔，斯成调和。"这里所说的"调和"，皆是指事物发展的自然趋势。其他如陈嘉异等人，也说过大致相同的意思。这与胡适一再强调的"调和乃自然的趋势"，本没有什么区别。但胡

---

① 《新旧与调和》，原载《时事新报》1919 年双十节纪念号，引自明立志等编《蒋梦麟学术文化随笔》，第 59 页。

② 孤桐（章士钊）:《进化与调和》，《甲寅周刊》第 1 卷第 15 号，1925 年12 月。

③ 章行严（章士钊）:《新时代之青年》，《东方杂志》第 16 卷第 11 号，1919 年 11 月。

适因此而不赞成提倡人为的调和，而章士钊等人却认为，非提倡调和论不可。因为"今之谈新思潮者，有所偏蔽，且空泛而不切实，徒然惹起社会之反感而无益于本身，故以调和之说进"。① 倡调和论者，大多数亦不否认调和乃自然之趋势。但他们还是要大力提倡调和论，意在抵制和反对新派对新思潮之提倡，而并非站在中间立场，将旧派的主张与新派的主张加以调和。在言及如何实施调和的问题时，章士钊又讲了一些与胡适的主张颇相近的意思。他在《新思潮与调和》一文中说：

> 调和之法奈何？简而言之：（一）将某种主义研究澈底，并将主义发生之前后事由疏解明晰，愈详愈有用。（二）将吾国之社会情状详细查察，准备适用某种主义时，即将主义发生地之情事与今所查察者，逐一比较。（三）认为某种主义可适用时，更考究阻碍吾主义之势力何在。其势力程度何若；吾欲张吾主义，何者宜排除，何者宜融合，须有一番计算。（四）以是之故，凡一外来主义蓄于吾心，吾当如何运思以镕冶之；出于吾口，吾当如何斟酌而损益之；见之于事，吾当如何盈虚而消息之；皆须通盘筹度。于斯四者三致意焉，调和之大略得之矣。②

人们可试对照一下胡适在《多研究些问题，少谈些"主义"！》一文所讲的意思，两人实无太大的分歧。这给我们一个启示，凡真有所研究，真有所见者，往往会殊途而同归；但涉及具体利害关系时，就会分道扬镳了。

杜亚泉虽未曾给调和论做一界定，但他确实是调和论的积极主张者。他常从东西互补和多元并容的意义上表达他的调和论思想。

---

① 章士钊：《新思潮与调和》，《东方杂志》第 17 卷第 2 号，1920 年 1 月。
② 章士钊：《新思潮与调和》，《东方杂志》第 17 卷第 2 号，1920 年 1 月。

如他说："文明之发生，常由于因袭而不由于创作，故战后之新文明，自必就现代文明，取其所长，弃其所短，而以适于人类生活者为归。"① 又说："天下事理，决非一种主义所能包涵尽净。苟事实上无至大之冲突及弊害，而适合当时社会之现状，则虽极凿枘之数种主义，亦可同时并存，且于不知不觉之间，收交互提携之效。"他还说："凡两种主义，虽极端暌隔，但其中有一部分，或宗旨相似，利害相同者，则无论其大体上若何矛盾，尝缘此一部分之吸引，使之联袂而进行。""苟既知矛盾之时或协和，世界事理，非一种主义所能包涵，且知两矛盾常有类似之处，而主义又或随人事时代而转变，则狭隘褊浅主奴丹素之见，不可不力为裁抑。"②

这些议论，都是表达他力主调和的意思。但他的调和并不是任其自然地自为调和，而是必以中国文化为根干。这一点，下面还要做更清楚的说明。在《新旧思想之折衷》一文中，杜氏讲到所谓折中论之两要点。他说："吾人以为增进生活能，必以节约生活费为其根柢，此吾人折衷论之一端也。"又说，吾国人生活能不可不增大，但增大之法"在于求学识，习艺能，舍此固无他道焉。……吾人主张从实际上增大生活能，此又吾人折衷论之一端也"。③

杜氏创造出"生活能"与"生活费"两个概念，以分别表示人的生产能力与消费能力。杜氏说："西洋现代文明，既应用科学与机械，以发展生活能，扩张生活费，而其政治、法律、风俗习惯等，又以适于人类生活之自由发达为主。中国固有文明，概有抑制生活能（如禁伎巧，尚宁静），限制生活费（如崇节俭）之倾向，且使之损耗于不经济之处者颇多（如婚丧仪礼之繁重、家族制度

---

① 《战后东西文明之调和》，原载《东方杂志》第 14 卷第 4 号，引自周月峰编《杜亚泉卷》，第 357 页。

② 《矛盾之调和》，原载《东方杂志》第 15 卷第 2 号，引自周月峰编《杜亚泉卷》，第 421、422 页。

③ 《新旧思想之折衷》，原载《东方杂志》第 16 卷第 9 号，引自周月峰编《杜亚泉卷》，第 502—503 页。

之系累等）。故革除中国固有文明，仿效西洋现代文明之思想，在要求人类之生活，顺自然的进步而已。"但杜氏指出，顺自然之进步，并非就是真进步。有的是伪进步，即一些人的生活能大，妨害了其他人的生活能；一些人的生活费大，侵夺了其他人的生活费。"且竞争之结果，所增之生活能与生活费，乃全与生活反对，即其所能所费者全以损害生活、侵夺生活为目的"，遂导致军备竞争、资金战、粮食战等。故须限制所能与所费。他认为，古希腊、希伯来之文明都有此种抑制所能与所费的精神在。他强调："吾国固有文明之所以维持不敝者，其精神即在于此。故现时代之新思想，在制止虚伪的进步，以矫正旧思想之错误"。[1]

由此，我们就可以明白，杜氏代表的文明调和论，第一，东西文明之调和必须以东方文明，亦即中国固有文明为基础；第二，东方文明，亦即中国文明需要借鉴和学习西方的就只是"求学识，习艺能"，"实际上增大生活能"而已。这里再一次彰显出，杜亚泉的东西文明或东西文化调和论实质上是"中体西用"论的新版本。

只要稍稍认真考察一下近代中国思想文化变迁的历史，就会知道，尽管新文化运动起来之后，特别是五四运动把大批大批的青年呼唤起来以后，西方文化如同决堤的洪水一样奔泻而来，看上去好像势如破竹，其实，以根基之雄厚，感化力之大，仍然是中国传统文化更有实力。此种情形，甚至在经历了革命家们几次"彻底横扫"之后的今天，似乎也还没有根本改变。中国传统文化对于有权有势的人实在是太舒服了；对于地位稳定、衣食无虞的人也正有助于他们做安乐梦。只有对于没有保障的人群，对于不满足现状的人群，它才显露出一些无法否认的缺点。有鉴于此，必须争取到思想自由的权利，新思想新文化才有渐渐生根、发芽、成长、壮大的机会。

杜亚泉一类人，极力主张调和论，其主观用心或许不错，但调

---

① 《新旧思想之折衷》，周月峰编：《杜亚泉卷》，第500、501页。

和论客观上有利于中国固有文化的盘结自固，而不利于西方文化的自由输入和自由吸收；实质上，也就不利于中西文化的自由结合、自由融会，自由创造出中国的新文化。

杜氏承认"东西洋之现代文明，皆不能许为模范的文明"。[①]但要建立好的文明必须依靠中国的固有文明。他说："救济之道，在统整吾固有之文明，其本有系统者则明了之，其间有错出者则修整之。一面尽力输入西洋学说，使其融合于吾固有文明之中。"[②]他甚至认为救济全人类的文化，亦须依靠中国的固有文明。调和论者根本上是要以中国固有文化去统整零星散乱地输入进来的西方文化，如此则西方文化的某些重要精神便被消融，到头来，顶多不过还是"中体西用"的翻版而已。不过，这时的"体"，不再是大一统的王朝体制，而是可以"统整"全人类的以宗法伦理体系为主导的中国文化传统。这就是为什么陈独秀一派人一定要反对和批驳调和论的原因所在。

必须指出，调和论的提倡者，如杜亚泉，他们所以对西方文化产生抵制的情绪和想法，基本上是由于对欧洲战争的文化意义片面认识所致。杜氏早年是热衷于介绍西方知识的人，陈独秀在批评他的时候也曾提及这一点。杜氏在其《〈工艺杂志〉序》一文中，回忆他在清末的思想状况时说："鄙人以为，工艺苟兴，政治、道德诸问题皆迎刃而解。非然者，虽周、孔复生，亦将无所措手。"[③]但欧战起来之后，中国的新文化运动兴起之时，他的想法大变。"自受大战之戟刺以后，使吾人憬然于西洋诸国所以获得富强之原因，与夫因富强而生之结果，无一非人类间最悲惨最痛苦之生活。……信赖西洋文明，欲借之以免除悲惨与痛苦之谬想，不能不为之消灭。"他原本承认西洋文化不仅工艺发达，道德亦有其优胜之处，

---

① 《战后东西文明之调和》，原载《东方杂志》第 14 卷第 4 号，引自周月峰编《杜亚泉卷》，第 357 页。

② 《迷乱之现代人心》，周月峰编：《杜亚泉卷》，第 435 页。

③ 《〈工艺杂志〉序》，周月峰编：《杜亚泉卷》，第 436 页。

如其"力行之精神""团体之发达""协同事业之进步"等。然而，"至十九世纪科学勃兴，物质主义大炽，更由达尔文之生存竞争说与叔本华之意志论，推而演之为强权主义、奋斗主义、活动主义、精力主义，张而大之为帝国主义、军国主义，其尤甚者，则有托拉邱克及般哈提之战争万能主义。不但宗教本位之希伯来思想被其破坏，即理性本位之希腊思想，亦蔑弃无遗矣！……以吾人之见地推测之，则西洋之道德观念，因屡起反动，叠受摧残，基本已毁"。相反，"吾人之道德观念，除与现时新输入之科学思想稍有凿枘外，在历史上未见如何之反动，不受何等之摧残，至于今日，犹能统摄人心"。① 这是他要用中国文化去统整西洋文化的根本立脚点。

毋庸讳言，杜亚泉的议论，显然只是对西方文化一时的、皮相的观察，没有真正窥见西方文化核心中有其经得起各种磨砺而赋予人们不断奋斗、进取的恒久动力。19 世纪以来的西方文化诚然产生了某些消极的影响，但同样也产生了更多积极的影响。事实是，引导西方人民走出战争废墟及其所产生的精神阴影的，仍然是西方文化自身的力量，而并不像某些西方人和一部分中国人所梦想的是靠东方文化的拯救。

杜亚泉和他的同情者们认为，中国诚然遇到了困难和危机，但克服困难，解决危机的办法绝不是向西方文化求助。杜氏说："迷途中之救济，决不能希望于自外输入之西洋文明，而当希望于己国之固有之文明，此为吾人所深信不疑者。盖产生西洋文明之西洋人，方自陷于混乱矛盾之中，而亟亟有待于救济。吾人乃希望借西洋文明以救济吾人，斯真问道于盲矣。"他甚至严厉地批评说："吾人往时羡慕西洋人之富强，乃谓彼之主义主张，取其一即足以救济吾人。于是拾其一二断片以击破己国固有之文明。此等主义主

---

① 《战后东西文明之调和》，周月峰编：《杜亚泉卷》，第 357、359 页。

张之输入，直与猩红热、梅毒等之输入无异。"①

杜亚泉不属于一味排斥西方文化者，他强调的是，必须以中国固有之文明去统摄、统整西方的文明。他认为中国文化最大特点，也是最大优点即是富于统摄、统整的能力。他比喻说，输入之西方文明都是些断片，如满地散钱，需要以中国固有的文明去把它贯串起来。他说："西洋之断片的文明，如满地散钱，以吾固有文明为绳索，一以贯之。……吾固有文明之特长，即在于统整，且经数千年之久未受若何之摧毁，已示世人以文明统整之可以成功。今后果能融合西洋思想以统整世界之文明，则非特吾人之自身得赖以救济，全世界之救济亦在于是。"这就是说，他不反对输入西洋文明。他所反对的只是那种不顾中国固有文明之根基之优越，而一味地仿效西洋文明。他说："吾国一部分之醉心欧化者，对于西洋现代文明，无论为维持的，为破坏的，皆主张完全仿效，虽陷于冲突矛盾而不顾。惟对于中国固有文明，则以为绝无存在之价值；苟尚有纤芥之微留于国人之脑底者，则仿效西洋文明决不能完全。"②这里反映出一个带有普遍性的问题，即在近代中国思想文化的论争中，一部分参与争论的人，往往带着情绪、意气看待问题。因为两派在思想趋向上的明显不同，往往把自己作为代表真理的一方，对方既然是反对自己，于是就把对方看成反对真理，主张谬误。杜亚泉认为，新文化派要推倒中国一切固有的东西，而完全以西洋的东西取代之。这显然是不实之词。他说："盖今日之揭橥新思想者，大率主张推倒一切旧习惯，而附之以改造思想、改造生活之门面语，其对于新思想之解答，诚不过如是也。"③蒋梦麟批评说："伧父先生这番话，实在是太武断了。他们抱新态度的人，何尝一味主张推倒一切旧习惯？不过先把他来下一番批评，认为不对的，就把

---

① 《迷乱之现代人心》，周月峰编：《杜亚泉卷》，第 434、435 页。
② 《新旧思想之折衷》，周月峰编：《杜亚泉卷》，第 435、499 页。
③ 《何谓新思想？》，原载《东方杂志》第 16 卷第 11 号，引自周月峰编《杜亚泉卷》，第 506 页。

他痛痛快快的推翻了，没有说把一切都推翻。"① 蒋氏的驳论非常简明扼要，揭出了根本要点。那就是，所谓新思潮，就是对一切都采取批评的，也就是评判的态度，对一切事物，既不盲目崇拜，也不盲目否定，先把它们拿来在理性的科学的审判台前，做一番评判，经得起评判，认为好的，就肯定，就接受它，并加以发扬和推广；经不起评判，一批评就动摇，就倒掉了，自归淘汰之列。这一点，胡适在《新思潮的意义》一文里说得非常透彻。相反的，反对新思潮的人，依恋中国旧文化旧传统的人，最怕对一切都取批评的态度。他们认为，中国固有的某些老传统，是中华民族的根基——比如宗法伦理道德——是不能批评的，批评了就会导致人心迷乱。这本来是顽固守旧派的想法，但他们已经没有底气出来参与论争，于是他们的想法便由思想不彻底的调和论者来代言了。自古以来，无论古今中外，凡是反对批评，害怕批评的，都是他们自感疲弱，经不起批评，一旦被批评了，他们就会根基动摇，面临倒塌的危险。这就再次透显出，争论的焦点是要不要思想自由的问题。

胡适没有直接参与这次论争，以其对东西文化问题的深刻理解，他不喜欢笼统地讨论这个问题，这在他发表的《新思潮的意义》一文中可以充分了解。但他对于文化调和论的问题是明确地表示过意见。他说："我们对于旧有的学术思想有三种态度：第一，反对盲从；第二反对调和；第三，主张整理国故。"他接着解释道："为什么要反对调和呢？因为评判的态度只认得一个是与不是，一个好与不好，一个适与不适，——不认得什么古今中外的调和。调和是社会的一种天然趋势。人类社会有一种守旧的惰性，少数人只管趋向极端的革新，大多数人至多只能跟你走半程路。这就是调和。调和是人类懒病的天然趋势，用不着我们来提倡。我们走了一百里路，大多数人也许勉强走三四十里。我们若先讲调和，只

① 《何谓新思想》，原载《时事新报》，《东方杂志》第17卷第2号转载，引自明立志等编《蒋梦麟学术文化随笔》，第61页。

走五十里，他们就一步都不走了。所以，革新家的责任只是认定
'是'的一个方向走去，不要回头讲调和，社会上自然有无数懒人
懦夫出来调和。"①

这里，胡适所说"调和是社会的一种天然趋势"这一观点是
完全正确的，只是他所说这种调和的实现是懒人、懦夫的惰性所
致，则颇有不妥。第一，把不能充分理解、不能完全接受先进思想
观念的一般大众视为懒人、懦夫显然是不妥当的，太精英主义甚至
太贵族主义了。其实，胡适并非贵族主义者和精英主义者，后面在
讨论学衡派对新文化的反动的问题时，会详细说明这个问题。第
二，"天然"地趋向调和的结果，其中也有保守派甚至顽固派的
"劳绩"。动态的文化好比一辆行进在路上的车，进步派拼命拉车
往前走，大多数人慢悠悠地跟在后面，保守的人，则拼命拉车往后
退，说是前方有巨石险坡，太危险。其结果车子前进的速度必然大
打折扣，于是就形成了调和的结果。

实际上，有不少参与争论的人自觉不自觉地同情于胡适的观
点，即调和是自然的趋势，不必过分地强调人为的调和。如章士钊
虽亦主张调和论，但他承认"竞争之后，必归调和"。② 张东荪则
说，事物的进化由潜变到突变，潜变是新因素积累的过程，积累达
到一定的程度，就发生突变。他认为在潜变的过程中，不能讲调
和。彼云："潜变是不能调和的，调和潜变便是消灭潜变。"③ 就是
拥护调和论的陈嘉异也承认："调和之功用本宇宙万有一切现象所
不可须臾离者。"④ 应该承认，人为的调和是确实存在的，但需要
说明的是，这种人为的调和最终也不过是文化嬗变过程中一个小
小的潜流而已。那些主张调和论的主要代表人物的宏愿，可绝不

① 《新思潮的意义》，《胡适文存》卷 4，第 161—162 页。
② 孤桐（章士钊）：《进化与调和》，《甲寅周刊》第 1 卷第 15 号，1925 年 12 月。
③ 东荪：《突变与潜变》，《时事新报》1919 年 10 月 1 日。
④ 陈嘉异：《我之新旧思想调和观》，《东方杂志》第 16 卷第 11 号，1919 年
11 月。

止此，他们力图让文化按照自己主观设计的方案实现调和。他们以为，文化发展的蓝图，像画家用调色板来制作自己的图画那样。所以，我历来强调说，在文化的问题上，不论主张进取，还是主张保守，都不要停留于空头理论，而要实际做研究的功夫，一个问题一个问题地去研究。通过研究，具体表明新东西的好处何在，或是旧东西的好处何在，然后，再谈论如何选择弃取。所以，我一直强调说，无论立足于何党何派，凡能做具体研究功夫的学者，都是值得尊重的；而那些很少做，甚至根本不做具体研究，却热心于抽象概念的争辩，甚至不惜进行人身攻击的人，是不足为训的。

二　关于《东西文化及其哲学》的论争

梁漱溟的《东西文化及其哲学》于 1921 年问世时，新文化运动的高潮仍在胜利前行，科学与民主的声誉正隆。梁氏高张孔子的大旗，声称世界都要走中国文化之路，都要走孔子的路。这明明是与科学民主相背驰的，但梁氏并没有明确的反科学、反民主的言论。这正如胡适所说，科学在当时享有"无上尊严的地位；无论懂与不懂的人，无论守旧和维新的人，都不敢公然对他表示轻视或戏侮的态度"。[1]

梁氏说自己是非常认真的人，事事都要追求个"准道理"。然而，在对待科学这件事上，梁先生却很不认真，很没有准道理。梁先生未曾受过科学思想的训练，也不很了解西方文化。这决定了他这本书所讲的大多只能是他个人的主观意见，经不起科学的检验。其书出版之后，大多数批评者指出了这一点。

自从改革开放以来，中国学界把久违了的文化和文化史的研究

---

[1]　《〈科学与人生观〉序》，《胡适文存二集》卷 2，第 2—3 页。

重新提了出来。这时，在海外首先推动起来的，高扬传统、否定新文化运动的思想潮流进入中国内地。而近来，大讲传统，颇有铺天盖地之势，于是，颂扬传统，批判新文化，渐成时髦。所以，如何从基本理论与基本方法上认识梁氏此书，仍有理论与实践上的意义。

（一）梁漱溟《东西文化及其哲学》一书写作的缘起

从清末中西文化的问题被提出以来，倾慕西方文化，批判中国文化者有之；崇尚中国文化，拒斥西方文化者亦有之；而主张调和中西文化者亦有之。各说各理，皆针对某一具体问题以单篇议论出之，尚无就东（包括中国与印度）西文化做总体的比较、观察，而欲探其深微的专门著作问世。有之，实自梁漱溟先生之《东西文化及其哲学》始。

梁漱溟祖籍广西桂林，生于北京，未受过完整教育，更未留过学，大概相当于高中毕业的程度。但他极其用心读书，务求有所领悟，形成自己的见解，是所谓"悟性"极高的人。1916年，梁因感悟著名记者，也可称为思想家的黄远庸之被刺杀，而写成《究元决疑论》发表于《东方杂志》。为此，他还特地请教于北京大学校长蔡元培先生，颇受赏识，遂被聘入北大哲学系教书。可以说，他是自学成才的学者。这一点对于了解他的著作思想颇关重要。

梁氏有多篇自述性的文字，都谈到他本无心于学问，本无心于著述；但特别爱思考，特别认真，凡事总要求个"准道理"，最不赞成以"疲缓"的态度对待问题，因爱思考，而经常想及人生问题和社会问题。清末民初，国家社会昏乱，民生疾苦，梁氏曾有一段时间，据他自己说是20岁到24岁之间，也就是1916—1920年之间，读了很多佛书，颇有出世为僧的想法。1918年其父自杀，对其刺激甚大，更急切于求得人生的真趣。此时身列北京大学教授之中，中西文化之争日烈，爱思考，爱求"准道理"的梁先生，乃从孔子书中见到乐观的人生，渐渐疏离佛学而亲近孔儒。特别认

真的梁先生不满意于时下讨论中西文化问题的学者，特别是主调和
论的学者态度"疲缓"，没有认明真道理，其于西方文化、东方文
化都没有探得其究竟。梁先生下决心要"阐明中国文化之深微"。
本无心于学问、无心于著述的梁先生，因在大学讲课，颇感受到压
力。他自述说，当时北大新派教授陈独秀、胡适、李大钊、高一
涵、陶孟和等，"皆是崇尚西洋思想，反对东方文化的。我日夕与
之相处，无时不感觉压迫之严重"。① 别人在那里争论得热热闹闹，
而双方的意见，又不合梁先生的意思，自己身处其间感受到压力，
是很自然的事情。按理，一度崇信佛家的梁先生，对这些是非本可
超然物外，不加理会。但这时他已放弃出家为僧的想法，并已为孔
子乐观的人生态度所折服。所以梁先生自述，他放弃归佛，改而从
儒，走孔家的路，过孔家的生活，这是他人生一大关键。若归了
佛，从此便可过一种平稳、冷静、无所挂碍的生活；但是入了大
学，"同许多知识分子在一起，彼此容易有辩论，就引起了好胜之
心"。② 好胜之心驱使他，要把自己对于东西文化的意见发表出来。
梁氏所述他的这种心态，应是 1920 年上半年的情形。他在《〈东
西文化及其哲学〉扉页照片题记》中说："今四五月间，我有翻然
改变态度的事，决定要作孔家的生活，而把这些年来预备要作佛家
生活的心愿断然放弃，于是辞脱大学讲席，要离开北京到山东滨县
乡间去住一年半年。……因此这个像片要算我改变态度的一个纪
念。现在这本书（指《东西文化及其哲学》——引者）是我改变
态度的宣言。"③ 这样说来，我们就应该把梁先生的《东西文化及
其哲学》这本书，作为他以孔子的学说为自己的生活指南的宣示，
也就是说，此书是一个孔子学说的忠实门徒宣讲孔子学说的讲义。
书中讲到西方，讲到印度，都是拿来与孔子学说做比较，彰显出还

① 《自述》，《梁漱溟全集》第 2 卷，第 11、12 页。
② 《答美国学者艾恺先生访谈记录摘要》，《梁漱溟全集》第 8 卷，第 1138 页。
③ 《〈东西文化及其哲学〉扉页照片题记》，《梁漱溟全集》第 4 卷，第 650 页。

是孔子的学说最高明，故应当成为世界人民的共同信仰。有了此种认识，便容易理解梁先生此书的微言大义了。

（二）《东西文化及其哲学》的要旨

梁氏《东西文化及其哲学》原是一部讲稿。他从 1920 年下半年就开始做这一题目的演讲，至 1921 年初次成书出版，次年再版。学界注意此书的人不少，也就引起一番讨论。

梁先生认为，东西文化的问题，已到了非做出根本解决不可的时候了。这正是他出版此书的动机。他说："到了此时，已然问到两文化最后的根本了。现在对于东西文化的问题，差不多是要问：西方化对于东方化是否要连根拔掉？中国人对于西方化的输入，态度逐渐变迁，东方化对于西方化步步的退让，西方化对于东方化节节的斩伐！到了最后的问题，是已将枝叶去掉，要向咽喉处去著刀，而将中国化根本打倒！我们很欢迎此种问题，因为从前枝枝节节的做去，实在徒劳无功。此时问到根本，正是要下解决的时候，非有此种解决，中国民族不会打出一条活路来！"他认为问题十分急迫，他又是一位事事十分认真的人。"若是没有确实心安的主见，就不能生活。"他先要剖明，究竟如何是东方化，如何是西方化。为此，他又先要说明文化是什么。他说："文化是什么东西呢？不过是那一民族生活的样法罢了。生活又是什么呢？生活就是没尽的意欲（will）——此所谓'意欲'与叔本华所谓'意欲'略相近——和那不断的满足与不满足罢了。"[①]

认定了文化不过就是生活的样法，而生活不过就是没尽的意欲的满足与不满足罢了，由此，他解说道："如何是西方化？西方化是以意欲向前要求为其根本精神的。或说，西方化是由意欲向前要

---

① 梁漱溟：《东西文化及其哲学》，商务印书馆 1987 年影印本，第 6—7、15、24 页。

求的精神产生'塞恩斯'与'德谟克拉西'两大异采的文化。"①
回头看我们中国的文化，"塞恩斯"与"德谟克拉西"两样东西简
直没有。何以如此呢？照梁先生说，就是因为西方人与东方人意欲
所趋的方向不同，也就是其生活所走的路向不同。

他认为有三种不同的生活路向：（1）本来的路向，对生活取
奋斗的态度，改造局面，使其满足我们的要求；（2）遇到问题不
去求解决，不想奋斗去改造局面，而是回想的随遇而安，只是自己
意欲的调和；（3）遇到问题，根本不想去解决，而是根本取消这
问题或要求。② 他指出，西方人走的是第一条路，其意欲向前要
求，取奋斗的态度，力求改造局面，向外部索取、扩张，所以创造
出征服自然的巨大成绩，养成科学精神，又造成个性伸展，社会性
发达，成就了民主的政治制度。中国人则走的是第二条路，遇到问
题不去求解决，不愿奋斗以改造局面，总是调和自己的意欲，以求
随遇而安。所以在征服自然、科学精神、民治主义等方面中国都不
如西方，就科学精神而言，简直完全没有，民治的制度也完全无处
安放。印度人所走的是第三条路，他们是彻底地与第一条路相反，
要根本取消问题和意欲的要求。

梁氏提出三种路向说，是要告诉人们，中国文化与西方的不
同，不是发展程度的差别，而是根本路向不同。梁氏说，中国在征
服自然方面，在科学方法方面，在社会生活方面都不如西方。这不
是中国人在生活的路上走得慢了，所以不及西方，而是所走的路向
根本不同，西方走的是第一条路，中国走的是第二条路。③ 梁氏断
言，假使中国始终闭关不与西方接触，"就是再走三百年、五百
年、一千年，也断不会有这些轮船、火车、飞行艇，科学方法和
'德谟克拉西'精神产生出来"。④

---

① 梁漱溟：《东西文化及其哲学》，第 24 页。

② 见梁漱溟《东西文化及其哲学》，第 53—54 页。

③ 见梁漱溟《东西文化及其哲学》，第 53—54 页。

④ 梁漱溟：《东西文化及其哲学》，第 65 页。

　　东西文化之不同是根源于三种不同的生活路向，这已显示出与一般表面地、静态地观察东西文化之区别大不相同。但梁氏还不满足，他把问题引向更高一层，在哲学形而上学的层面上来讨论东西文化的不同。他自称是一本佛家的意思来裁量一切的，所以，他比较西洋、中国、印度三种哲学也是用佛家的一套概念来界说。

　　他先解释三个概念：现量，即是感觉；比量，就是理智；非量，就是直觉。梁氏对于前二者说得比较清楚，对直觉说得比较玄虚。他说："'受''想'二心所对于意味的认识就是直觉。故从现量的感觉到比量的抽象概念，中间还须有'直觉'之一阶段。""直觉可分为两种：一是附于感觉的，一是附于理智的。"[①]

　　梁氏认为，印度人与西洋人都喜欢讲形而上学，但动机不同。西洋人是为求知识，知究竟；印度人是为求解脱，取消问题。所以西洋人成就哲学，而印度人却成就宗教。照梁氏的看法，中国人既未成就高深的哲学，亦未成就发达的宗教，而是成就了一种非常高明的人生哲学。梁氏总结中、西、印三种人生哲学为："（一）西洋生活是直觉运用理智的；（二）中国生活是理智运用直觉的；（三）印度生活是理智运用现量的。"[②]

　　梁氏毫不掩饰地高调赞美中国的"理智运用直觉"的人生哲学。

　　他批评"西洋人所作的生活以理智为其唯一重要工具"；"一切西洋文化悉由念念认我向前要求而成"。[③]

　　他批评印度人的人生哲学"最排斥理智和直觉"，便只剩下现量——感觉了。当然，梁氏承认印度有一派佛学是重视理智的，所以有因明学的发达。但总体上，他认为印度人生哲学是排斥理智与直觉的。

---

①　梁漱溟：《东西文化及其哲学》，第 72、73 页。

②　梁漱溟：《东西文化及其哲学》，第 158 页。

③　梁漱溟：《东西文化及其哲学》，第 158—159 页。

梁氏说，中国人"凭直觉的生活是极高明的一种生活，要理智大发达之后才能行的。所谓以理智运用直觉的其实是直觉用理智，以理智再来用直觉，比那单是直觉运用理智的多一周折而更进一层"。①

梁氏告诉我们，中国人有这种"理智运用直觉"，或者说，主要凭直觉的生活，要感谢孔子他老人家的赐予。孔子的生活就是凭直觉的生活，"无所为"，"不算计"，"顺着自然道理，顶活泼顶流畅的去生发"。② 梁氏显然是以孔子的生活为最合理、最高明。所以，他推论，世界未来之文化，应当是大家都到中国文化的路上来，都到孔子所提倡的生活的路上来。

梁氏从三方面"窥见未来文化变迁的大势"。

其一，事实的变迁，首先就是社会经济发展引发一种大变局。由于对物质生活无厌的追求，拼命发展经济，发展生产，于是发明了机械。梁氏说："机械实在是近世世界的恶魔"。生产规模的扩大，又有分工之说、自由竞争之说的提倡，于是弄得经济发展的变局失控。"这个变局因为没了管束羁勒，越发变得急骤猛烈而成了今日的样子。……就是全不合理的一个经济现象。"③

既然不合理，就得设法改变。所以社会主义的提倡是必然的。但梁氏明白表示，他自己比较倾向于基尔特社会主义。④

到了这时，从物质不满足的时代转入精神不满足的时代。物质不满足，须求之于外；精神不满足，须求之于内。于是西洋人的第一路走到尽头，不得不转向第二路，即中国人的路，亦即孔子的路。

其二，见解的变迁，从前一味地主张理智、知识的人生，现在认识到"人类一切活动发生于两种源泉——冲动与欲望"（引罗素语）。⑤

---

① 梁漱溟：《东西文化及其哲学》，第 163—164 页。
② 梁漱溟：《东西文化及其哲学》，第 127 页。
③ 梁漱溟：《东西文化及其哲学》，第 162、163、166、167 页。
④ 见梁漱溟《东西文化及其哲学》，第 170 页。
⑤ 梁漱溟：《东西文化及其哲学》，第 170—171 页。

梁氏说，西洋人既然认识到人的活动的基础、源泉在冲动与欲望，那就是从崇信理智、知识一面，转向人的情志一面。中国人，依孔子的指引，向来就注重人的情志一面。① 另一种见解变迁的例证是克鲁泡特金的互助论。西洋人以往过信物种进化基于生存竞争之说，所以"专走个体自拓一路，其个人也各自自拓，其国家也各自自拓，才有其社会上种种罪恶痛苦，才有此次大战的创害"。② 克鲁泡特金的互助论，对前此的生存竞争说加以修正，指出人类有互助的社会本能，所以不但有竞争图存的一面，还有互助图存的一面。

其三，梁氏讲第三种变迁，所谓态度上的变迁，是说哲学思想的变迁。梁氏认为，柏格森与倭铿的哲学的出现，表明西方人一向眼睛向外看，向外征逐，此刻开始向内看，着眼于生命本身，追求内心世界的调理。所以，梁氏说："此刻西洋哲学界的新风气竟是东方采色。此无论如何不能否认的。"③

梁氏说西洋人"从他那向前的路，一味向外追求，完全抛荒了自己，丧失了精神，外面生活富丽，内里生活却贫乏至于零！……这时唯一的救星便是生命派的哲学"。④ 他对倭铿的精神哲学尤为推崇。梁氏认为，柏格森、倭铿、罗素、克鲁泡特金，他们的思想都是昭示，西方人需要从向来逐外的路转向向内的路，从第一路转向第二路，从西洋的路转向中国的路。梁氏断言，世界未来文化必走中国人所走的路。中国思想或哲学全是关乎人生的。所以，走上中国的路，宗教将大衰微，科学当有发展，哲学、艺术当有进步。总的精神生活则就是中国从来的派头，必不容否认。⑤

特别值得注意的是，梁氏虽断言，世界未来的文化都将走上中

① 见梁漱溟《东西文化及其哲学》，第 170 页。
② 梁漱溟：《东西文化及其哲学》，第 178 页。
③ 梁漱溟：《东西文化及其哲学》，第 180 页。
④ 梁漱溟：《东西文化及其哲学》，第 181 页。
⑤ 见梁漱溟《东西文化及其哲学》，第 201—202 页。

国的路，但他坚决反对中西文化调和的主张。他认为那是"糊涂，疲缓，不真切的态度，全然不对"。他说："一般人的议论——其实是毫无准据的想象——异口同声说世界未来文化必是融合了东西两方文化而产生的；两方文化各有所偏，而此则得其调和适中的。这全因为他们心思里有根本两谬点。"这两谬点是：其一，他们只看文化的呆面目而不留意其活的形式。其二，他们感于两文化各有各的弊害，都不很合用，就从他心里的愿望想得着一个尽善恰好的。①

梁氏以为，文化本就是一态度，一方向，没有不偏的。"未来文化只可斩截的改换"，而改换的只能是中国文化。"质而言之，世界未来文化就是中国文化的复兴，有似希腊文化在近世的复兴那样。"② 梁氏对于当下的文化争论有自己的看法。他说，新派简直就是西化派，而旧派"只是新派的一个反动"，他们提不出"旧化"的真东西来与西化对抗，就提出调和论来以求调和。在他看来，调和的态度是疲软无力毫不足取。它仅仅是在旧派空无所有的情况下，出来支应一下西化的强势冲击而已。梁先生的这一见解很值得我们注意。

有鉴于此，梁氏认为，我们中国人应取的态度就应该是：

第一，要排斥印度的态度，丝毫不能容留；

第二，对于西方文化是全盘承受，而根本改过，就是对其态度要改一改；

第三，批评的把中国原来态度重新拿出来。③

这可以说是梁先生全书的基本结论。

---

① 见梁漱溟《东西文化及其哲学》，第 201 页。
② 梁漱溟：《东西文化及其哲学》，第 202、203 页。
③ 梁漱溟：《东西文化及其哲学》，第 204 页。

(三) 思想界对《东西文化及其哲学》的批评

首先站出来批评梁漱溟《东西文化及其哲学》一书的，是当时在思想文化界很活跃的张君劢。他在《时事新报》副刊《学灯》上发表《欧洲文化之危机及中国新文化之趋向》一文，批评梁漱溟的思想主张。他认为，当前文化上之冲突，盖由欧洲文化危机而来。

他首先分析欧洲文化危机产生的原因。

第一，是思想上之变动。"要而言之，以近来哲学科学之进步论之，昔之研究在物理者，今则在生命方面；昔之研究在自觉者，今则在非自觉；昔之研究在理性者，今则以为非理性所能尽；昔之研究在分析者，今则在把捉实在全体。此则所谓主智主义与反主智主义是也。"[1] 意即由主智主义时代进入反智主义时代。

第二，社会组织之动摇。欧洲工商业发达，生产者渐渐明白，商品由他们所产，国家富力由他们造成，而徒供其扩充军力，于外交上、经济上与他国竞争。由此而渐生觉悟，一国之富力不应集于少数人之手。由此而有社会主义，及一、二、三国际之产生。[2]

第三，欧战的影响。欧战损失巨大，但经此一战，"引起人一种想像，以为人类改造环境适应环境之能力是极大的。……于是改造哲学者有人焉，改造社会者有人焉，改造各科学者有人焉，乃至思改造文化之根本者亦有人焉"。[3]

由于以上三种趋势，造成欧洲人普遍不满于现状，各方面皆思有所改变。于是哲学上有柏格森、倭铿，柏氏主变之哲学，倭氏主反自然主义、反智主义，皆符合人们反现状之心理。政治上，则有

---

[1] 《欧洲文化之危机及中国新文化之趋向》，原载《东方杂志》第 19 卷第 3 号，引自翁贺凯编《中国近代思想家文库·张君劢卷》（以下简称《张君劢卷》），中国人民大学出版社 2014 年版，第 88 页。

[2] 见《欧洲文化之危机及中国新文化之趋向》，翁贺凯编：《张君劢卷》，第 88 页。

[3] 《欧洲文化之危机及中国新文化之趋向》，翁贺凯编：《张君劢卷》，第 89 页。

列宁及英之基尔特社会主义。反对大工业之说、反对大工厂生产之说也出来了。甚至有人对欧洲文化亦产生怀疑，即对于产生现在之大工业、大工厂生产之科学亦表示怀疑。[1]

这就是他认为欧洲文化危机的根据。

中国数十年来，努力学习西方。现在西方文化发生危机，自然引起中国人思考自己的选择去取的问题。但张氏表示"绝对不能赞同"梁漱溟所谓欧洲与世界未来的文化皆将是复兴的中国文化的说法。他批评梁漱溟书中所谓"西洋生活是直觉运用理智的；中国生活是理智运用直觉的；印度生活是理智运用现量"的说法，表示"吾所不解"。他批评梁氏书中"名词意义之歧混，乃全书中最大的缺点"，并举例说："梁先生以为孔子说人生，倭伊铿亦说人生，字面既已相同，意义亦当相同。不知孔子的人生，是伦理的人生；倭伊铿的人生，是宗教的人生。孔子的人生，是就人生而言之人生；倭伊铿之人生，是宇宙的人生。二者不可以相提并论。至柏格森书中之'生'字，有指生物学上之'生'，有指心理学上之'生'，更是不同。"[2] 而梁氏竟将它们视为同义。

他还指出梁氏书中自相矛盾的地方，如："梁先生一方说世界未来文化是中国文化，而他方又说中国应采西方文化，此两说如何合得到一起，吾苦难索解。"[3]

张氏提出，文化问题之解决，关键在实际行为、行动。若人人能"本新文化之精神"，"身体而力行之"，"则民主精神、科学精神之新文化，自然实现于吾国"；反之，"若夫徒以之为口头禅，随便说说，便算了事，直是虚伪，而何文化之足云！"[4] 张氏此议

---

① 见《欧洲文化之危机及中国新文化之趋向》，翁贺凯编：《张君劢卷》，第89页。

② 《欧洲文化之危机及中国新文化之趋向》，翁贺凯编：《张君劢卷》，第90、91页。

③ 《欧洲文化之危机及中国新文化之趋向》，翁贺凯编：《张君劢卷》，第91页。

④ 《欧洲文化之危机及中国新文化之趋向》，翁贺凯编：《张君劢卷》，第93页。

颇为中肯。

　　紧接着又有两位哲学家批评梁氏的书。

　　张东荪在《学灯》发表《读〈东西文化及其哲学〉》一文。文章认为，梁氏的书基本上不是研究文化的书，而只是"哲学观的东西文化论"，并批评说："像梁君这样把文化还元到一个哲学学说，我总觉得这种态度未免太过了。"

　　张氏明确反对梁氏欧洲人渐转到中国人的路向上来的说法。他说，欧洲科学、工艺仍在不断发展。而看似保守的柏格森与倭铿也完全是主张动的，和孔子的悠然自得主义绝不相同。就社会政治方面说，欧洲兴起社会主义，这也不是调节意欲，而是向前进步，方法改善。"以前是个人逐物，所以同类相残；以后变了社会逐物所得更多。"张氏还批评梁氏既主张对西洋文化全盘承受，又主张将中国原有的东西批评地拿出来，这岂不是调和论嘛。梁氏本反对调和论，这里出现矛盾。张氏文中提出一个值得注意的说法，他认为："西洋文化实在已不仅是西洋的了，已大部分取得世界文化的地位。……将来人类的交通日密，全地球的人类渐渐同化起来，自然都向这一条路走。因为奋进以征服自然而扩张生活本是生命固有的倾向。西洋文化既是大部分上含有世界文化的要素，则我们采取西洋文化便不是直抄他族的东西，乃是吸收人类公同的东西。"①

　　李石岑也发表文章批评梁漱溟的书。李氏坚决不同意梁漱溟的所谓文化三路向的说法。在他看来，根本不需要三个路向，只有一个路向：都是往前走。李氏谓："中国、印度和西洋，都是朝前面坦荡荡的一条大路走的，不过走法不同，或是走的快慢不同。譬如西洋人向前走，是左冲右撞走过去的；孔子向前走，是一面走，一面安排，不吃力的走过去的。"李氏指出，梁氏的三路向说，不是根据西洋、印度、中国现在的实际情形说的，"乃是按孔家哲学

---

　　①　以上引文，均见张东荪《读〈东西文化及其哲学〉》，《时事新报·学灯》1922年3月19日。

（不是中国文化全部，也不是中国哲学全部）、佛家唯识（不是印度文化全部，也不是印度哲学全部）和西洋文化（不是西洋文化全部）立言"，所以完全不合事实。

李氏批评梁氏所说"批评的把中国原来的态度重新拿出来"，指出，中国原来的态度即所谓孔子的态度。而孔子的态度，其实只在孔子生前及死后不久一段时间"现一现"，且也不是中国的全部。到今日，没有别的，只剩下一个"糟粕形式呆板教条"的孔子。所以，李氏说："我以为孔家哲学，此时暂可不必提倡；无论'真孔''伪孔'，此刻尽可不必去理论。因为你想批评的拿出'孔子原来态度'，其结果必致引起许多'非孔子原来态度'；那'非孔子原来态度'，力量定归比'孔子原来态度'大。"①

李氏的文章还指出，梁漱溟所说的，对西洋文化全盘承受，而态度要改一改。既全盘承受，又改变态度，岂不是两相抵消了吗？这确是梁氏书中自相矛盾之点。

梁氏的书也颇赢得一些追随者。如在张君劢的批评文章发表不久，就有一位署名"恶石"的，在1922年3月28日的《民国日报》副刊《觉悟》上发表《评梁漱溟先生底〈东西文化及其哲学〉》一文，表示赞同梁氏的思想主张。作者说："梁先生这部书，名目叫做《东西文化及其哲学》，其实是谈人类的人生观。我因自幼而受环境的厚赐，迫着我走了和梁先生一样的路途，所以梁先生底话，我一概能够领会。"他说，西洋哲学，主智的时代过去了，主情意的时代来了。他们也都走上中国之路，即孔子之路。他认为："罗素底调和灵性、本能、理智的主张，近于孔家底中和；倭铿底精神生活，近于孔家底自强不息。"作者特别欣赏梁氏所说，中国是直觉运用理智，再由理智运用直觉，就比西洋的单是直觉运用理智高明多了。他也完全赞成梁氏所谓，中国文化开辟，是由特

---

① 以上引文，均见李石岑《评〈东西文化及其哲学〉》，《时事新报·学灯》1922年4月17—18日。

别伟大的天才，如周公、孔子，把一切都已安排得无比的周到妥帖，所以后人不能出其范围，就反而不能进步了。

他对梁氏的批评只是说，梁氏本崇信佛家，以佛家的路为最高境界，但却认儒家的路为对，有实用主义之嫌。

一年多以后，又有署名"浑沌"的，在《觉悟》上发表文章，同样是梁漱溟思想的拥护者。此人的文章，几乎全篇是解释和发挥梁氏的意见。他首先表示完全赞同梁氏关于文化的定义；也完全赞同世界上文化的不同，主要就是梁氏所揭示的三种不同的文化路向。他并且解释说，通常人们注重以地理环境的差异来解释不同文化产生的原因，是不妥当的，根本的原因在于三种不同的文化路向。以此，他反对主张西化的人，把中西文化的不同说成是发展程度的不同，是先进后进的不同。

作者在引述了西方学者、东方学者（包括印度、日本及中国的）对东西文化的观察之后说："中国的生活样法"是"最好的"，是"西方、印度都应该仿效的一种生活样法"。作者特别强调，梁漱溟先生关于东西文化的说法，比他文中所引述的东西方学者关于东西文化的论述，都"深得多"。所以，梁先生"不能与上列诸人并列"，而是远高出他们之上。

作者还发挥说，西方人"既走第一条路向，既持与外物奋斗的态度，就永远不以现在的一切为满足，就永远在问题之中了"。又说，中国人因走文化的第二条路向，依靠变换自心，从而消解了对他物、他心的要求，所以，等于把第一条路向和第三条路向的问题一并都解决了。这明显比梁氏更进一步。依这位"浑沌"先生所说，如此高明的中国文化"从太古到现在一项没有变更，照我想起来，就到那无限的将来也永远不会有变更"。① 我们无法知道，他这样超级的自信是从何而来的！

---

① 浑沌：《东西文化到底能够融合吗》，《民国日报·觉悟》1923 年 9 月 7、9、10、13、14 日。

如果说，"恶石"与"浑沌"两先生，是几乎无保留地拥护梁先生的主张，那么学衡派的刘伯明则是大体赞成梁氏的主张，而于论述细节上却多有批评。刘氏在《学衡》第 3 期上发表文章评论梁漱溟的《东西文化及其哲学》，认为梁氏所著书，"就其全体而观之，是书确有贡献于今日，其影响之及于今日学术界者，必甚健全。盖今之学者率喜侈谈西化。其所谓西化，又往往限于最新而一时流行者。而视吾国固有者，与敝屣同。其估定文化的价值，往往一概相量，凡及其格者，称道弗衰；其不及之者，则摈斥之，以为不屑研究。梁君主张，则与是迥殊。其意谓欧美、中国、印度文化，不可绳以共同程准。其发展也率循三途，不可固执成见，而品第其高下也。其于三种文化之特色，略谓欧美文化偏于自然方面，其于自然之征服不遗余力，而又富于向外要求之精神。职是之由，其科学及德谟克拉西皆甚发达。中国文化则偏于人与人之关系，其于自然力求融合无间，故重安分知足寡欲诸德。印度文化则又进一步，既不如西人之向外发展，亦不若中国人之安分知足；其所求者，根本取消意欲，所谓禁欲主义是也。此三者种类不同，故各有特长。不能谓其中有先进后进之分也"。这里，明确表示：梁氏基本主张是对的，其书于学界将产生健全的影响；反对西化派的立场和主张；中西文化之不同，是各自性质不同，而非发展程度之不同，无所谓先进后进之分。刘氏的立场与学衡派之文化保守主义倾向相一致。

但刘氏也指出，梁氏关于各走不同路线，无论如何中国都不能走到西方人所到达的地方，这种说法与其第五章所述不符。作者说：梁氏"各走各路之说则不可持，而吾以为，谓西方化与中国化调和可，谓中国化与西方化调和亦无不可"。可见，刘氏大体属中西调和派。

作者承认自己于印度文化不了解，故只就梁漱溟关于中国文化与西方文化，特别是关于西方文化的论述提出批评。盖刘氏在西方留学多年，于西方哲学颇有研究。这正是梁漱溟先生最薄弱者。

作者说："梁君论西洋文化及其哲学，其谬误之处较为易见。其谓西洋文化通是科学与德谟克拉西，厥后又缩小范围，而以希腊罗马及近世文化为限，中世文化不在此范围以内。不知中世文化为西洋文化紧要元素之一，而希腊文化又与近世文化不同也。"作者认为，梁氏对西方文化的论述过于以偏概全，仅以科学、理智、向外逐物、功利主义以及德谟克拉西概括之。殊不知，西洋文化有三种重要倾向，都不可忽视。他举出这三种倾向是科学精神、神秘主义、人本主义。作者在概述了他所了解的这三种倾向之后说："吾以为，梁君所述，率皆偏而不全，易滋误解。"又说："更有进者，梁君似以科学及德谟克拉西与向外逐物之精神并为一谈，亦不合理。夫不知善用科学，虽能产生向外逐物之流弊，但二者终有别也。又梁君反对理智亦属太过。其谓自苏格拉底提倡以知识为道德以还，西人即工于计算。不知尚理智与尚功利二者不必有因果之关系。且苏氏之高尚，不尚功利，不知避害趋利，此稍读其传记而可知者也。梁君又谓，西洋艺术，近已成为科学，以之为崇尚理智之证。然艺术之为科学，一事也；艺术精神之尚直觉，尚情感，又一事也。梁君尚直觉矣，然其著书发挥直觉之价值，则理智之事也。"

应当说，对梁氏《东西文化及其哲学》一书批评得更有系统、更有深度的，还是胡适。胡与梁同是北京大学的教授，同事多年，有些交往，所以，胡适可以免去客套，不必先列出该书的优点，就直接进入批评。但两人的出身、所受教育、思想方法都明显不同。梁先生的书，在胡适看来，观点怪异，其思想逻辑更为怪异，若板起面孔来批评，可能会搞得相当不愉快。所以，胡适文中多用了一些幽默的笔法。不想这样更引起梁先生的质问："尊文间或语近刻薄，失雅度；原无嫌怨，曷为如此？"① 对于这些，我们无须多说。现在就让我们看看胡适是如何批评梁氏的书的。

① 《梁漱溟先生第一次来书》，载《胡适文存二集》卷2，第70页。

　　胡适认为，中国人思想、言论，往往容易犯笼统的毛病。梁漱溟此书也是如此。胡适指出，梁先生书中提出，当前的问题就是：东方化是要连根拔去，还是可以翻身？而所谓翻身，则不仅是中国人仍旧使用东方化，而是要同西方化成为世界化那样，东方化也成为世界化。梁说："如果不能成为世界文化，则根本不能存在；若仍可以存在，当然不能仅只使用于中国，而须成为世界文化。"①

　　胡适批评道：

　　　　我们觉得梁先生这一段话似乎不免犯了笼统的毛病。第一，东西文化的问题是一个很复杂的问题，决不是"连根拔去"和"翻身变成世界文化"两条路所能完全包括。至于"此刻"的问题，更只有研究双方文化的具体特点的问题，和用历史的精神与方法寻求双方文化接触的时代如何选择去取的问题，而不是东方化能否翻身为世界文化的问题。避去了具体的选择去取，而讨论那将来的翻身不翻身，便是笼统。第二，梁先生的翻身论是根据在一个很笼统的大前提之上的。他的大前提是：凡一种文化，若不能成为世界文化，则根本不能存在；若仍可存在，当然不能限于一国，而须成为世界文化。这种逻辑是很可惊异的。②

　　接着，胡适便有些戏谑地批评道："笼统的断定一种文化若不能成为世界文化，便根本不配存在；笼统的断定一种文化若能存在，必须翻身成为世界文化。他自己承认是'牢牢的把定一条线去走'的人，他就不知不觉的推想世界文化也是'把定一条线去走'的了。从那个笼统的出发点，自然生出一种很笼统的'文化

---

　　① 梁漱溟：《东西文化及其哲学》，第9页。
　　② 《读梁漱溟先生的〈东西文化及其哲学〉》，《胡适文存二集》卷2，第50—51页。

哲学'。……现在是西洋化的时代，下去便是中国化复兴成为世界文化的时代，再下去便是印度化复兴成为世界文化的时代。这样'整齐好玩'的一条线，有什么根据呢？原来完全用不着根据，只须梁先生自己的思想，就够了。"胡适说，梁先生"这种勇于自信而倾于武断的态度，在书中屡次出现"。①

胡适指出，梁漱溟先生根据他简单化的"整齐好玩"的公式来论列中、西、印三种文化，认为西洋文化是向外奋斗的，印度文化是不敢奋斗的，中国文化是乐天安命，知足寡欲云云。胡适评论道："梁先生发明的文化公式，只是闭眼的笼统话，全无'真知灼见'。他的根本缺陷只是有意要寻一个简单公式，而不知简单公式决不能笼罩一大系的文化，结果只有分析辨别的形式，而实在都是一堆笼统话。"②

梁先生把中、西、印三种文化归结于三种不同的文化哲学；又用现量（感觉）、比量（理智）和非量（直觉）作为构成知识的三种工具；而中、西、印三种文化即是基于对这三种知识工具的不同运用方式所致。梁先生自己对于他的这种"发现"或"发明"是十分满意的，仿佛像是发现了不同文化的基因、密码，十分自信。

在胡适看来，"文化是民族生活的样法，而民族生活的样法是根本大同小异的。为什么呢？因为生活只是生物对环境的适应，而人类的生理的构造根本上大致相同，故在大同小异的问题之下，解决的方法，也不出那大同小异的几种。这个道理叫做'有限的可能说'"。胡适又说："我们承认那'有限的可能说'，所以对于各民族的文化不敢下笼统的公式。我们承认各民族在某一个时代的文化所表现的特征，不过是环境与时间的关系，所以我们不敢拿

① 《读梁漱溟先生的〈东西文化及其哲学〉》，《胡适文存二集》卷2，第51—53页。

② 《读梁漱溟先生的〈东西文化及其哲学〉》，《胡适文存二集》卷2，第59页。

'理智''直觉'等等简单的抽象名词来概括某种文化，我们拿历史眼光去观察文化，只看见各种民族都在那'生活本来的路'上走，不过因环境有难易，问题有缓急，所以走的路有迟速的不同，到的时候有先后的不同。"接着又说："现在全世界大通了，当初鞭策欧洲人的环境和问题现在又来鞭策我们了。将来中国和印度的科学化与民治化，是无可疑的。他们的落后，也不过是因为缺乏那些逼迫和鞭策的环境与问题，并不是因为他们的生活方式上有什么持中和向后的根本毛病，也并不是因为他们的生活上有直觉和现量的根本区别。"①

由于两人的逻辑方法根本不同，胡适认为："梁先生太热心寻求简单公式了，所以把这种历史上程度的差异，认作民族生活根本不同方向的特征，这已是大错了。他还更进一步，凭空想出某民族生活是某种作用运用某种作用，这真是'玄之又玄'了。"又说："他到处寻求那简单的概括公式，往往不幸使他陷入矛盾而不自觉。……'整齐好玩'则有余了，只可恨那繁复多方的文化是不肯服服帖帖叫人装进整齐好玩的公式里去的。"②

胡适的批评多半都很中肯。但他的意思，似乎不同民族的文化只有发展程度的不同，不存在性质或品格上的不同，这未免同样有简单化的毛病。

（四）重评《东西文化及其哲学》

中西接触，有学习，有排斥，到这时，相互冲突已有八十年的历史，若从明末清初算起，则差不多三百年了。鸦片战争前，这种冲突还不甚明显。鸦片战争后，这种冲突愈演愈烈。但西方的东西输入中国，已成不可阻挡之势。中国人应付的办法，先是兴洋务，

---

① 《读梁漱溟先生的〈东西文化及其哲学〉》，《胡适文存二集》卷2，第63、67、68页。

② 《读梁漱溟先生的〈东西文化及其哲学〉》，《胡适文存二集》卷2，第60—62页。

继之搞革命与立宪，都没有成功。到《新青年》出现，陈独秀、胡适等大声说道，中国要想独立富强民主，追赶西方，成为平等立于世界的现代国家，枝枝节节地改变是不行的，须从根本思想文化上变革。对此，梁漱溟先生和梁任公先生几乎同时注意到了。不过，任何人都没有梁漱溟先生那样的急迫感。在《东西文化及其哲学》一书中，梁漱溟说：作为"东方化发源地的中国，也为西方化所压迫。差不多西方化撞进门来已竟好几十年，使秉受东方化很久的中国人也不能不改变生活，采用西方化！几乎我们现在的生活，无论精神方面，社会方面，和物质方面，都充满了西方化"。接着又说："东方化对于西方化步步的退让，西方化对于东方化节节的斩伐！到了最后的问题是已将枝叶去掉，要向咽喉处去著刀，而将中国化根本打倒！"所以，在梁漱溟看来，"现在对于东西文化的问题，差不多是要问：西方化对于东方化是否要连根拔掉？"①这是何等急迫！虽然我们不同意梁氏对这个问题的提法，但他的急迫感，我们理应抱同情的态度。

问题既然这样急迫，就不容许疲疲沓沓地做表面观察，做表面文章，在梁先生看来，那都是"疲缓"。他要我们都更加深一层来看这个问题，他把它提到哲学的层面来思考这个问题。

他从两个层面探讨这个问题。一是从人生观的层面，他给文化的定义是生活的样法。此样法取决于生活意欲的满足与不满足，或如何满足。他认定，西洋人是意欲向前要求的；中国人是意欲自为调和的；印度人是根本取消意欲与要求。所以，三者人生态度迥不相同，用梁氏自己的话说，是走着三条根本不同的人生路向。

他进而又从哲学认识论与知识论的层面来探讨这个问题。他认定，西洋人是直觉运用理智的；中国人是理智运用直觉的；印度人则是理智运用感觉的。他的说法没有什么严谨的哲学论证，显得极端的主观、武断。但我们可以看出，他想从根本的文化精神上说明

---

① 梁漱溟：《东西文化及其哲学》，第3—6页。

不同文化之所以不同。或者，我们也可以借用时髦的术语来说，他是想发现不同文化的遗传基因或遗传密码。自然，依梁先生的方法，是绝不可能达到目的的。但他这种大胆地提出问题的勇气，是值得我们尊重的。

如果说，在梁漱溟或他以前的时代，做他那样的探讨，除了主观武断之外，不可能有什么结果；但到了今天和从今以后，在信息科学不断发展的条件下，能够大规模地处理超量数据，用实证的方法来探求各种文化的遗传基因或遗传密码，或许不是不可能的，至少可以获得阶段性的结果。自然，这里无须讨论这个问题。

梁先生的书，还从客观上验证了，对于中国人而言，无论你怎样不喜欢西洋文化，它的长处终将不可避免地输入到我们的文化中来。上面引用过梁氏的一段话，他毫无隐讳地承认，"我们现在的生活，充满了西方化"。他认为重要的是，我们应该持怎样的态度来面对。他给出的答案是：要排斥印度的态度，丝毫不能容留；对于西方文化是全盘承受，而根本改过，就是对其态度要改一改；批评地把中国原来态度重新拿出来。① 我们这里仅仅先指出，梁先生的根本态度是接受西方文化，同时要把自己的文化批评地拿出来。

既然接受西方文化是无可避免的，于是就产生怎样处理中国固有文化与西洋文化的关系的问题。而照梁氏的说法，中国固有文化的根本是孔子思想，是孔子的生活态度。于是问题就变成，如何以孔子和儒家的文化，孔子和儒家的生活态度，来中和输入进来的西洋文化的问题。这一点我们在后面再做详细讨论，这里我们只是强调，梁漱溟在客观上把核心问题提了出来。

梁先生的书刚出来的时候，批评他的人都不曾从上述的层面提出问题。拥护他的人，只是跟随他做些解释和发挥；而批评他的人，也主要是从论述方法上，指出他主观武断，对西方文化缺乏了解等层面上立论。对梁氏的主观武断，没有逻辑思维的训练，胡适

---

① 见梁漱溟《东西文化及其哲学》，第 202 页。

与张君劢的批评已颇为详尽。对于梁氏对西方文化缺乏了解，刘伯明也指出其要点。这些批评，我们基本上都可以同意。我们这里要着重指出以下几点。

首先，《东西文化及其哲学》一书，当时是被认作反映保守倾向的书。还在梁氏刚在山东做演讲的时候，就有青年写信给胡适说，梁氏的讲演加剧了山东保守主义的"乌烟瘴气"。梁氏的书中多有批评西化派的言论，也可说明，他的演讲给人保守派的印象是不奇怪的。梁氏书中对西化派所批评的主要对象，孔子与儒家，极尽赞美，更足以加深其保守主义的印象。他虽然说，"批评的把中国原来态度重新拿出来"，但读者只见他拿出孔子和儒家的态度，却并不见他对孔子与儒家做任何有实质意义的批评。所以，即使到了今天，我们仍然不能不承认，梁氏《东西文化及其哲学》是带有保守主义倾向的。

但是，我们绝不可简单地把此书归结为保守主义。

第一，梁氏明确承认接受西方文化是不可避免的，而且他还主张"对于西方文化是全盘承受"。简直是"全盘西化论"了。只是他强调态度要改一改，怎样改法，他没有说。

第二，他甚至也不赞成调和的态度。他在书中曾说，调和论是守旧派拿不出"旧"的优点来对抗西化，才以调和的态度来应付。

应该说，从抽象的议论、主张上看，梁漱溟的书，除了赞颂孔子之说，其余的议论，与西化派、新文化派并无太大的分歧。

其次，梁氏此书的根本宗旨，本来是要提出中国固有文化，主要是孔子和儒家文化如何去融合、中和西方文化。用梁先生的意思说，就是在西方文化的输入已成不可避免之势的情况下，我们继续走孔子和儒家的路，如何能走得顺畅。再具体一点说，就是如何在孔子儒家的根干上也能开出科学、德谟克拉西和物质文明的花。梁先生在书中预言，世界未来文化必走中国人所走的路。而中国思想或哲学全是关乎人生的。所以，走上中国的路，宗教将大衰微，但科学当有发展，哲学、艺术当有进步。总的精神生活则就是中国从来的派头，必不容否认。① 其实，这只不过是梁氏的主观愿望而已。中国人重新走孔子儒家的路，到底怎样走法，能否使科学发展了，德谟克拉西实现了，物质生活大改善了，仍是悬而未决的问题。其所以如此，大概最主要的原因是梁先生对西方文化太缺乏真切的了解。他和一般人差不多，仅仅表面知道西方有科学、德谟克拉西和丰富的物质生活等而已。照胡适先生的看法，面对中西文化碰撞的现实，"只有研究双方文化的具体特点的问题，和用历史的精神与方法寻求双方文化接触的时代如何选择去取的问题"。而梁先生因为对西方文化只有笼统、表面甚至片面的了解，所以他便"避去了具体的选择去取"，② 而武断预言孔子儒家路向，将成为未来世界必走之路。既然是全世界必走之路，那么西方原有的好处，理应纳入其中。

既然不能具体论述怎样使西方文化的科学、德谟克拉西、物质生活融入孔子儒家文化之中，剩下来人们所看到的，就只有梁先生对孔子儒家的礼赞。而实际上，梁先生对孔子儒家的思想主张确有颇为深刻的理解和感悟。所以，他的书，入人较深的，是他对孔子与儒家的某些思想主张的阐释，或梁先生喜欢说的，孔子与儒家的生活态度。这是他的局限所决定的，无法超越的。他没有读过多少西方的书，所读的又多半是哲学方面的书。哲学是文化中最深层的东西，不了解包在哲学外部文化各个层次的东西，径直透视到最里层的东西，那是不可能的。一个大学教授，为了教授西方哲学史，而径直去读西方哲学是可以的；可是要探讨两大文化系统如何交融的问题，那就显然不够了。

梁先生书中，说他一本佛家的思想裁量一切。这是不真实的。我们并不是说梁先生有意说谎，只是说他这时期，主观上还在孔子儒家的思想与佛家的思想两者之间游移，还不是充分自觉地在努力

---

① 见梁漱溟《东西文化及其哲学》，第199—200页。

② 《读梁漱溟先生的〈东西文化及其哲学〉》，《胡适文存二集》卷2，第50页。

于为孔子儒家开一条新路。实际上他的书中，用佛家的话语时，基本上是把它们作为思考和论述的工具，而不是其思想的基础、根干和落脚点。所以我们可以说，梁氏此书最大特点是提出了孔子儒家如何去中和西方文化的问题，虽然没能解决它，他却成了后来一度兴盛的新儒家思想的先驱。

再次，梁氏和其他偏于保守的思想家一样，对于一战后西方，主要是欧洲思想出现的变化做了错误的评估。一次大战是一场浩劫，人们在精神上遭受颇大的打击，这是很显然的。人们对此前的思想行为进行反省也是很自然的。这时，产生一些悲观，和否定从前的某些思想行为，也是不奇怪的。但这不过是一时的现象，只是历史长河中的一段插曲。悲观主义、内省的倾向、生命哲学和精神哲学的兴起等，不过是这段插曲中，格外引人注意的几个旋律而已。事实证明，以反智主义为主要倾向的思想并没有成为战后思想长期发展的主流，也不能认为是由这些思想把西方人、欧洲人从战争的阴影中拯救出来。中国的保守派看到西方一些思想家否定前此的主流思想，出现注重内省的精神现象，觉得他们在向中国传统文化靠近。一向迷醉民族文化自大主义的人们，不禁感到欣喜，于是纷纷揭起反对西化的旗帜，提出种种保守主义的论调。梁漱溟比他们高明一点，他始终不曾明白宣称反对西化，只是再三强调，孔子与儒家文化，是最合理、最高明的文化，西方人也不得不转向孔子儒家的路上来。

复次，梁漱溟也和其他带有保守主义倾向的思想家一样，缺乏人类学的知识和历史的观念。人类学既揭示出人类的共性，也揭示出不同种群的个性，不会否定一方面而单只强调另一方面。人类的共性决定他们所创造的文化一定存在共性，亦即同一性；不同种群的个性也决定他们各自创造的文化具有相对独立的个性。历史证明了这是无可否认的事实。尽管人们对于人类社会形态的递进演变，至今争论不休，但终究不能否认人类使用生产工具的历史，从石器到铁器，从人力到机械力，其演进的过程是大致相同的，不同的只是其形式、工艺等等。不同种群的精神生活所表现的差异要大一些，但也没有大到完全不能互相沟通的地步。

如果说，地理大发现以前，各大洲不同种群之间互不往来，处于各自孤立存在的状态，文化的同一性尚难彰显出来；那么到了现代，世界大通，各种群、各民族、各国家之间，物质、精神频繁交换，互相沟通，稍有知识的人都能感受到人类之间的同一性。鸦片战争前后，一部分中国人完全不把西方人当成同类，这种情况，在今天是无论如何不会发生了。

明白上述道理，就可以指出，梁漱溟把世界上的文化严格划分成互不相通的、截然孤立的三种文化的说法，是不能成立的。他居然断定，中国文化再向前"走三百年、五百年、一千年，也断不会有这些轮船、火车、飞行艇，科学方法和'德谟克拉西'精神产生出来"。① 这话之无根据、无道理，在今天任何稍稍受过教育的人，都能看得出。

胡适在批评梁氏的书时，关于这一方面的道理讲得很透彻。不过，胡适在批评梁漱溟否定人类文化共性的错误时，却忽略了各种群、族群文化相对独立性的一面，不免矫枉过正，常常被偏于保守一方的学者抓住，进行反驳。

不过，只要不太固执成见，我们应当看到，当时的中国，正在极度艰难地苦苦挣扎着，要从古代的、大一统的、集权专制的、严重压抑个人创造力的文化藩篱中挣脱出来。在此时，强调人类文化的同一性，强调向先进的西方学习，总是利大于弊的；反过来，过分强调中国文化的独立性，强调中国固有文化的优越性，客观上会起到排斥先进、保护落后的作用，是弊大于利的。这样讲法，反对功利主义，反对算计的梁先生是一定很反感的。不过，我们说的是事实，有什么办法呢！

最后，由上所述，不能不进而讨论如何对待传统文化的问题。

---

① 梁漱溟：《东西文化及其哲学》，第72页。

梁氏在书中非常明确地指出，中国文化是由一些天才的圣人创造起来的，在这些圣人中，"孔子不是与诸子平列的，而是孔子为全为主，诸子为分为宾"。"孔子以前的中国文化，差不多都收在孔子手里；孔子以后的中国文化，又差不多都由孔子那里出来。"① 所以，所谓中国传统文化，实际基本就是孔子与儒家的文化。梁氏还强调，由于我们的圣人极端高明，所以他们所创造的文化，数千年没有变化，梁氏的追随者"浑沌"先生更说，"就是到那无限的将来也永远不会有变更"。

梁氏和他的追随者给我们提出一个严重的问题：传统真的是丝毫不变的吗？我们当真只有世世代代守护这个两千多年前形成的传统过日子吗？

其实，保守主义者一个根本性错误，就是把传统看成一种坚硬的，永远不起变化的，可以千秋万代传递下去的宝贝。

第一，传统绝不是一成不变的东西，绝不是僵死的东西，它是随着社会的发展，文明的进步，自身也会发生新陈代谢的活的东西。就像黄河、长江，源远流长，随时纳入流经地域的许多支流，有时甚至因地理气候条件的改变，而改变自己的河道，但黄河终究还是黄河，不是长江；长江也依旧是长江，不是黄河。只是今日的黄河，已非秦汉时代的黄河；今日的长江，已非秦汉时代的长江了。即以人伦道德而论，忠孝为传统道德最核心的东西。但古代讲忠，就是忠君，忠于一姓朝廷；今天还能这样讲吗？今天讲忠，最普遍的意义，就是忠于职守，这与忠君已是绝大不同了。再说孝，古代讲孝，主要是孝顺父母，父母在，以顺为最重要，即一切要顺从父母。父母去世，要庐墓三年。试问，今天还能如此要求吗？传统是活的，不是死的，是变化的，不是一成不变的。

第二，传统不是一个宝贝物件，一代一代相传。传统是供我们

---

① 　梁漱溟：《东西文化及其哲学》，第150页。

饮用的源头活水，传统是供我们强健身体、增加活力的营养物；传统中凡适合我们需要，能增强我们的能力的，就吸收它，消化它；不适合的，甚至年久腐烂的，就扔掉它。绝不可把传统当成看家的宝贝，背在身上，长途跋涉，弄得自己身疲力尽，一遇风雨，就会摔倒爬不起来。

我以为，梁漱溟的书，最大的问题是他违反了做学问的基本规范，那就是一定要全力地搜求事实，研究证据，分析证据，在此基础上，得出适当的结论。梁先生一概不管这些。他自己明白说道："就现前这事而说，标出来的这个《东西文化及其哲学》的问题，可谓绝重大的问题。而我并未曾读过专讲文化的书。近来欧美人、日本人对这问题的论文著作听说书报杂志上很多，亦未去搜取，偶然遇见一二，恐尚不足百分之一。至于谈到西方哲学界的趋势，我也未能搜罗什么新出的书，见闻真是陋的很，论理，哪有我发议论的地方！"① 可见，梁先生在书中表达的意见，都是他自己主观认定的，是没有充分根据的。由此我们又看出，梁先生不仅违反了做学问的基本规范，而且也违反了他自己真诚崇敬的孔子的戒律。孔子说："毋意，毋必，毋固，毋我。"这四条都是反对主观武断的，梁先生都触犯到了。孔子又说："学而不思，则罔；思而不学，则殆。"梁先生恰恰是"思而不学"的。他自己说："我本来无学问，只是有思想；而思想之来，实来自我的问题，来自我的认真。因为我能认真，乃会有人生问题，乃会有人生思想人生哲学。"②

读梁先生的书，一方面要看到它出世的背景，从而知道它的客观意义；一方面又要严格地依据学术规范评其得失。

---

① 《〈东西文化及其哲学〉导言》，《梁漱溟全集》第 1 卷，第 254 页。

② 《自述》，《梁漱溟全集》第 2 卷，第 9 页。此文编者说明此是梁氏于 1934 年 1 月 3—6 日的讲话，引文系 1 月 3 日所讲。

三　《学衡》初期对新文化的反动

人人皆知，《学衡》杂志是作为新文化的反动而出现的。新文化运动中确有一些过激的言论倾向，足以引起这种反动。例如钱玄同主张废除汉字，其理由是"中国文字自来即专用于发挥孔门学说及道教妖言"。[①]鲁迅认为，历史载记，全是"吃人"的历史。[②]还有，《新青年》出现攻击嫚骂之语，如"选学妖孽""桐城谬种"等等。即伪造"王敬轩"攻击文学革命一事，亦颇令外界不满；连对文学革命"乐观其成"的一些同情者，亦对此不以为然。至于经五四运动的强力推动，加入新文化运动队伍的青年们，更难免产生一些比较偏激的言行。老一辈思想偏于保守的人自然看不惯这种情况，但他们已经没有多少话语权了。这时，一小群留学生，因受到西方刚刚流行起来的新保守主义的影响，自恃有西方教育背景，对西方文化有一些了解，乃以必胜的信心，灭此朝食的架势，办起《学衡》杂志，初期，几乎集中全力向新文化发起攻击。

应当说，对新文化运动加以批评乃是十分正常的现象，何况，其确有应当加以批评的地方。《学衡》杂志至少在五四新文化运动时期，是思想文化全光谱中一个不可缺少的角色。而且，《学衡》的内容不仅仅是对新文化施行攻击，也颇有一些建设性的整理旧学、研究古史的著述，特别是后来，王国维、陈寅恪等优秀学者加入为主要撰稿人，加上原来参与创办的柳诒徵等学者，他们的工作，代表了《学衡》杂志健康的一面。

---

① 《钱玄同致陈独秀的信》（1918年3月14日），《新青年》第4卷第4号，1918年4月。

② 见鲁迅《狂人日记》，《新青年》第4卷第5号，1918年5月。

（一）《学衡》的创刊

《学衡》杂志是由刚刚以南京高等师范学校改组而成的东南大学一些留学生出身的教授筹划起来的。其主要筹办者之一胡先骕回忆说："五四运动乃北京大学一大事，《学衡》杂志之刊行则东南大学一大事也。蔡子民先生以革命元勋主持北京大学，遂以革命精神领导北大，先后聘陈独秀、胡适诸人为教授，发刊《新青年》，打倒孔家店，加以五四运动竟奠定外交上之胜利，于是革命精神弥漫全校，偏激诡异之言论，风起云涌，不通蟹行文字之老师宿儒如林琴南辈竟无以应敌，然非举国风从草偃也。余曾单独发表一文论文学改良于南高校刊，不久梅光迪、吴宓诸先生联翩来校，与伯明（刘伯明）先生皆感五四以后全国之学风，有越常轨，谋有以匡救之，乃编纂发行《学衡》杂志，求以大公至正不偏不激之态度以发扬国学介绍西学。"① 这段话，关于《学衡》筹办的背景及筹办者的主观动机，大致交代得不错。另一位主要筹办人，随后成为《学衡》杂志的实际主编人吴宓的回忆更较为详细。

关于《学衡》筹办的背景，吴宓远溯到胡适归国前。他说，胡适改革文学之论，屡遭梅光迪反对；回国后，胡适更加努力宣传其主张。《吴宓自编年谱》中说："今胡适在国内，与陈独秀联合……声势煊赫，不可一世。故梅君正在'招兵买马'，到处搜求人才，联合同志，拟回国对胡适作一全盘之大战。……遂来访宓，并邀宓至其宿舍屡作竟日谈。……梅君慷慨流涕，极言我中国文化之可宝贵，历代圣贤、儒者思想之高深，中国旧礼俗、旧制度之优点。今彼胡适等所言所行之可痛恨。……宓十分感动，即表示，宓当勉力追随，愿效驰驱，如诸葛武侯之对刘先主'鞠躬尽瘁，死

---

① 胡先骕：《梅庵忆语》，转引自胡宗刚《胡先骕先生年谱长编》，江西教育出版社 2008 年版，第 82 页。

而后已’云云。”①

梅光迪是《学衡》的最早发起者，也是《学衡》初期的精神领袖，对此人应略加介绍。

梅光迪（1890—1945），字迪生，又字觐庄，安徽宣城人，据说是宋代大诗人梅圣俞之后裔，可谓出身诗书之家，曾就童子试。在上海读书期间，梅与胡适相识并订交。1910 年两人同船北上应留美考试，胡适被录取，而梅光迪于次年方被录取，赴美留学，初入威斯康星大学，继转入西北大学，1915 年复转入哈佛大学拜于著名新保守主义大师白璧德门下，遂奠定其一生思想与学术方向。梅氏于 1919 年暑期归国，先应聘于南开大学，一年后，转任东南大学教授。彼归国后，一有机会就“大张旗鼓的讲演新文学，还带着攻击 Huism”。② 这是任鸿隽给胡适信中的话。其实，任鸿隽说得太缓和了。梅氏不是讲新文学，连带着攻击胡适，实际主要是攻击胡适而略及新文学。谁都知道，梅氏没有一篇有分量的讨论新文学的文章，而以胡适为主要攻击对象的文章，却成了《学衡》开办初期的主旨文章。

梅氏到南京以后，便开始张罗，集合同道，编刊出版物，与新文化派，主要是胡适，展开斗争。

吴宓是《学衡》杂志的实际主编，也是《学衡》初期，攻击新文化最有力者之一。

吴宓（1894—1978），字雨僧，陕西泾阳人，1916 年毕业于清华学堂，1917 年赴美留学。彼先入弗吉尼亚大学，后转入哈佛大学，与梅光迪结识，并因梅氏之引荐亦拜于白璧德门下。吴宓于1921 年暑期归国，应梅光迪之请，放弃待遇更优厚的北京高等师范的预聘之约，而就东南大学之聘，意在集聚同好，以与新文

---

① 《吴宓自编年谱》，生活·读书·新知三联书店 1995 年版，第 177 页。

② 《任鸿隽致胡适的信》（1919 年 11 月 26 日），耿云志主编：《胡适遗稿及秘藏书信》第 26 册，第 372 页。

化开战。

另一位参与《学衡》筹划，并对初期《学衡》出力甚多的人是胡先骕。

胡先骕（1894—1968），字步曾，江西新建人，幼曾就童子试，1908 年入京师大学堂就读。1912 年，胡参加江西省留美考试，被录取，冬赴美，第二年入伯克利加州大学农学院。1916 年胡毕业回国，两年之中未得合适的职位，直至 1918 年下半年，受聘于南京高等师范学校之农业专修科，始从事所学专业，此后终生业此，成为中国植物学奠基人。南高师后改成东南大学，人才渐多，梅光迪、吴宓先后到校任教，复有刘伯明任副校长，气味相投，同以反对新文化、维护传统为职志，乃合力筹办《学衡》杂志。

吴宓记道："《学衡》杂志由梅光迪君发起，并主持筹办。一年前已与中华书局订立契约，并已约定撰述员同志若干人。"① 据吴宓所记，主要撰述员除梅光迪、胡先骕、吴宓外，有刘伯明（留美归国，时任东南大学副校长兼文理科主任）、马承堃（系王闿运的学生，时为暨南大学教授）、萧纯锦（留美归国，时任东南大学经济系主任）、邵祖平（年仅 18 岁，喜作诗，时为东南大学附属中学教员。因是江西人，胡先骕力荐之）、徐则陵（留美归国，时任东南大学历史系主任）、柳诒徵（时任东南大学历史系教授）。这些人中，吴宓最佩服柳诒徵，认为他学问根底好，且对东南大学，包括其前身南京高等师范学风之养成与人才之培育皆贡献甚大。

这一小群留学生情况不完全一样，有些纯是因思想见解不同，而对新文化取批判的态度；有些则因对新文化的中心人物胡适怀有很深的成见，所以其文章充满火药味，攻击嫚骂之语，随口而出。

按《学衡》杂志创刊之初，实以攻击新文化为主旨。后来其主将梅光迪不再写稿，胡先骕甚少再发表攻击新文化的文章，而最

---

① 《吴宓自编年谱》，第 227 页。

重要的是，有陈寅恪、王国维等纯粹学者加入，发表研究论著，其旨趣及风格已与梅光迪、胡先骕初期所发表者大异。所以，这里我们主要讨论《学衡》初期（主要限于1922—1923年，尤以1922年为主）集中攻击新文化的言论。还须说明，《学衡》初创时期，其作者虽都怀有对新文化派的不满，但各人情况不同，梅光迪、胡先骕等对胡适有很深的成见，而其他人如刘伯明、汤用彤等，则并无意气之争，他们正面叙述意见者多，攻击新文化者少，尤无嫚骂之语。所以，在这里，我们集中揭示梅光迪、胡先骕、吴宓等的言论，以充分彰显其作为新文化之反动的基本内容和特点。

（二）《学衡》初期攻击新文化的立场、态度及其遭受冷遇

我们注意到，自从文学革命开启新文化运动的大幕以来，反对者从来没有集结成有组织的力量对新文化做有系统、有实力的进攻。这次《学衡》的出现，似乎真的会有一场炮火纷飞、杀声震天的大战。然而令人奇怪的是，《学衡》出版之后，并没有发生这样一场大战。新文化运动中，重量级的人物，基本上都不理会他们，只有几家报纸的副刊发表几篇文章对他们施行反驳。这是为什么呢？

据笔者观察，主要原因在于，他们的理论不够健全；他们加给新文化派的罪名多属不实之词；建设性的讨论甚少，几乎没有，而攻击嫚骂之语甚多；虽有某些片段的正面说辞，但因言行不能相顾，自损信用。以此，人们难以把他们当作可以平心讨论问题的对手。这就是《学衡》初期遭受冷遇的主要原因。对此，吴宓颇有自知之明，他在1925年写的《感怀》诗中叹道："登高未见众山应，螳臂当车只自矜。成事艰于蚁转石，向人终类炭投冰。时衰学敝真才少，国乱群癫戾气增。不宦已婚行独苦，相知惟有夜窗镫。"① 他这里主要感叹无人响应他们的主张，其孤寂之情跃然纸

---

① 吴宓：《感怀》，《学衡》第46期，1925年10月。

上。其实，在思想论争中，没有响应者，固然很寂寞；若所批评的对象也不理会，则是更加令人不堪。

下面，我们分作几个方面来讨论这个问题。

（1）理论不够健全

（A）以精神贵族自居，极端反对平民主义。平民主义在西方，不完全是积极的意义。但在中国近代，因特别的历史条件，平民主义基本不含有负面的意义。它的基本意义，在政治上主张平等，在经济上提倡均富，在文化上主张普及教育，提升下层民众的文化水平。以此，近代中国，凡开明进取的人物，没有不赞成平民主义的。自然，平民主义和任何一种主义、学说一样，在其流行的过程中，难免会发生一些流弊，但不应因此而否定平民主义。

梅光迪在抨击新文化时宣称："所谓'新文化'领袖人物，一切主张，皆以平民主义为准则。"[1] 在梅氏看来，以平民主义为准则，会带来无穷祸害。他说："夫过信创造与自由，又以平民主义强施之于学问智识，其祸遂致诡辩蜂起，利用愚众，计一时之成功，而不计久远之真理，如卢梭、托尔斯泰派之归真返朴，反抗文化，马克斯派之阶级战争说，尼采派之超人论，其本体之价值，毫无足言。乃或以其新异动人，或以其平易近俗，竟能风靡一时，几有支配思想界之权势。……故介绍一种思想，当先审其本体之价值，而其本体之价值，当取决于少数贤哲，不当以众人之好尚为归。"[2] 姑且不论其将卢梭、托尔斯泰、马克思、尼采等人均归入创造自由与平民主义一列之不当，即其将思想、学说之价值一概取决于贤哲，而不以众人好尚为归这一主张而言，就充分显示出其精神贵族的立场。

盖精神贵族，在古代是客观存在，他们在文化发展中亦确曾发挥无可替代的作用。那时，社会生产力低下，绝大多数劳动者，辛

---

① 梅光迪：《评今人提倡学术之方法》，《学衡》第 2 期，1922 年 2 月。

② 梅光迪：《现今西洋人文主义》，《学衡》第 8 期，1922 年 8 月。

勤劳动，贡献给贵族生活之余，仅可活命而已，既无文化创造的时间与精力，亦且难得有创造的兴趣。只有少数从事工艺性劳动者，或以其工匠的身份，偶有技术上的改进与发明。至于高等的精神生产，则只有贵族阶级中之有创造欲者，方有机会。但近代社会，其最大特点就是因物质生产力的大解放，劳动者除了维持基本的生存以外，不同程度地有了追求精神生活的余裕，从而打破了精神贵族与平民间不可逾越的壁垒，像通常所说，大家基本上取得了平等参与文化享受和文化创造的机会。像比尔·盖茨和乔布斯那样，以他们的创造改变了世界人民的生活、生产方式的情况，在古代是不可想象的。只有打破贵族与平民的鸿沟，人们得到发挥创造性的平等机会，才有可能。梅氏坚决反对这种现代趋势，是完全错误的。不过梅氏所说，"平民主义之真谛，在提高多数之程度，使其同享高尚文化，及人生中一切希有可贵之产物，如哲理文艺科学等，非降低少数学者之程度，以求合于多数也"。① 这话还是有道理的。但要提高多数，就得普及教育，要普及教育，就必须用适合多数程度的教育手段，这其中就包括推广白话国语这一极其重要的环节。而梅氏却拼命反对白话国语，则其所说较为正确的意见，仅只是一句空话而已。

　　（Ｂ）反对进步与进化的观念。早在归国前，梅光迪与胡适辩论文学改革的问题时，就大发反对进化的议论。他对胡适说："足下崇拜今世纪太甚，是一大病根，以为人类一切文明皆是进化的，此弟所不谓然者也。科学与社会上实用智识（如 Politics Economics）可以进化，至于美术、文艺、道德则否。若以为 Imagist Poetry 及各种美术上'新潮流'以其新出，必能胜过古人或与之敌，则稍治美术、文学者闻之，必哑然失笑也。"② 又说："西

---

　　①　梅光迪：《论今日吾国学术界之需要》，《学衡》第 4 期，1922 年 4 月。
　　②　《梅光迪致胡适的信》（1916 年 7 月 19 日），耿云志主编：《胡适遗稿及秘藏书信》第 33 册，第 445 页。

方自有卢梭之徒与尚情派文学之潮流（Romantic movement）起，争新尚异，人自为说，其所欲得者，不在真而在新，不在众人之所同，而在个人之所独。黠者乘而奋兴，巧立名目，号召徒众，以'新'之一名字标于天下，而天下乃靡然从风，不问其有真理与否也。"① 他把进化、进步的思想简单归之于一个"新"字。盖"新"字，通常有两解：一谓创新之新，新生命、新事物之新。二谓"新出"之新，亦可谓"后出"之新。后出之事物，其本质未必属于新生命、新事物。辨明这一点，诚属必要。但，认定新文化派的领袖们所谓之新，皆属"后出者"意义上的新，谁能信之？恰在梅光迪的信上，就曾引述过胡适的话，谓"但有是非，何问新旧"。梅氏回信说此话"正得我心"。② 足见，只要梅光迪等人，能稍以平和之心，了解胡适的主张，是不致大谬的。世界上，进化或进步，乃是客观存在，人人可见的事实。不惟科学、物质界如此，社会、人文、美术、道德亦如此。而梅氏竟宣布："'新潮流'，'新潮流'者，乃人间之最不祥物耳。"③ 他把跟随进化潮流者诬为"彼等固谓人生随时代而异者，故人生一切事业皆无久远价值，只取一时便利而已。……故彼等以推翻前人为能，后人亦当以推翻彼等为能。……今既挟一与草木同腐之人生观，则惟有与世推移，随俗富贵耳"。④ 梅氏为了攻击胡适，竟将近代一种严肃的思想理论——进化论，说得如此不堪，怎能让人相信，他是在严肃地讨论问题！

　　吴宓在其《论新文化运动》一文中，亦在辩论新旧的名义下，

---

① 《梅光迪致胡适的信》（1916 年 10 月 5 日），耿云志主编：《胡适遗稿及秘藏书信》第 33 册，第 445 页。

② 《梅光迪致胡适的信》（1916 年 10 月 5 日），耿云志主编：《胡适遗稿及秘藏书信》第 33 册，第 459 页。

③ 《梅光迪致胡适的信》（1916 年 7 月 24 日），耿云志主编：《胡适遗稿及秘藏书信》第 33 册，第 459 页。

④ 梅光迪：《评今人提倡学术之方法》，《学衡》第 2 期，1922 年 2 月。

反对进化论。他说："何者为新，何者为旧，此至难判定者也。原夫天理人情物象，古今不变，东西皆同。盖其显于外者，形形色色，千百异状，瞬息之顷，毫厘之差，均未有同者。然其根本定律，则固若一。……物理无殊，故百变之中，自有不变者存。变与不变，二者应兼识之，不可执一而昧其他。天理人情物象，既有不变者存，则世中事事物物，新者绝少。所谓新者，多系旧者改头换面，重出再见。常人以为新，识者不以为新也。……物质科学以积累而成，故其发达也，循直线以进，愈久愈详，愈晚出愈精妙。然人事之学，如历史、政治、文章、美术等，则或系于社会之实境，或由于个人之天才，其发达也，无一定之轨辙，故后来者不必居上，晚出者不必胜前。因之，若论人事之学，则尤当分别研究，不能以新夺理也。"[①] 他的意思和梅光迪一样，认为新文化派是标出一个"新"字，以惑人，欺人。凡一事物，后出者即新，新即胜于旧，所以新就是好，旧就是坏。可以说，新文化运动诸领袖，谁也没有如此头脑简单，如此看待事物的进化。梅、吴等人攻击新文化时，从不用严谨的态度，条举事实，据事实加以分析论证，一味以讨伐异端的口气，标顶级罪名，大做诛心之论。这一点后面再谈。这里先澄清一下，吴宓所说，物质科学"循直线以进"，社会人文诸端，"其发达也，无一定之轨辙"。无论什么科学，什么事物，都不可能"循直线以进"。任何事物的发展、进步，都会经历某些曲折，一帆风顺，一路向前，循直线到达目的地，是绝少有的。而所谓社会人文诸端，其发达，皆无一定之轨辙，此说亦属武断。任何一种社会人文学科的学术史，都可以证明，今日所得种种认识，无不是建立在以往历代学人的成果积累的基础之上。

进化论虽不无瑕疵，在其流行中，亦有庸俗化、绝对化诸弊端，但总体上承认事物（包括自然、社会、人事及各门科学）有

---

① 吴宓：《论新文化运动》，《学衡》第 4 期，1922 年 4 月。

发展，有进化，已成为人们的常识。梅、吴等人不加分析地反对进化论的基本原则，使他们陷于理论上不健全的地位。

（C）新人文主义之局限。梅光迪、吴宓、胡先骕等，皆崇仰白璧德之新人文主义，梅光迪与吴宓且是白璧德的及门弟子。他们认为白璧德的思想是唯一没有缺点的，融会古今圣哲最优美的思想理论而无丝毫瑕疵的哲学。其实，白璧德的新人文主义，不过是欧战发生后，西方保守主义思潮兴起以来出现的最新一种保守主义而已。梅、吴、胡等人动辄攻击新文化派奉西方一家一派之学说为准绳，以评断一切；实则，他们同样是只奉白璧德一家一派之哲学以为评断一切的准绳。又，梅、吴、胡诸人每每讥讽新文化派以为晚出、新出便是好的；实则，在白璧德之前，有过许许多多的保守主义大家，他们却唯独把白璧德捧上保守主义最高圣殿，岂不也是迷信晚出、新出的保守主义，胜于前此的保守主义吗？

白璧德的新人文主义在西方经历大战的折磨之后，人们努力反思的时候，诚属一种值得关注的理论，但它是针对资本主义之种种积弊而发。在中国，资本主义还只是星星点点而已。拿疗治资本主义发达引起之病的药，来治中国积弱、积贫、资本主义不发展的病，正如同拿猛泻之药来给气虚体弱的病人治病一样，岂不是速人之亡吗？

他们为了让大多不了解西方文化的人，接受此种外来的主义，把新人文主义与孔子紧密联系起来。在白璧德那里，确有明白称赞孔子的言论，梅、吴等把他们的尊师与孔子联系起来也不完全是牵强。但孔子自清末以来就已逐渐从至高无上的神龛上走下来了，学衡派要把他重新扶上中国人思想信仰的最高神位，恐怕是过于逆潮流，没有成功的希望。诚然，梅光迪等人常发豪语，以敢于逆潮流，"特立独行，落落难合"[①]为自己之立身处世的原则。他自己解释自己的立场是"吸取先哲旧思想中之最好者为一标准，用之

---

① 梅光迪：《评今人提倡学术之方法》，《学衡》第 2 期，1922 年 2 月。

以辨别今人之'新思想',庶至胸有成箅,脚根立得定,不为一时之狂风骤雨所摇"。① 以古代先哲之思想作标准,来衡量今人之正确与否,这将使绝大多数人之言行,皆入于"放辟邪侈"的异端之列,皆当诛之而后已。梅氏说,是选择先哲思想中之最好的。然而,这"最好的"由谁来定,恐怕又是议论纷纷,莫衷一是。

在吴宓、胡先骕的言论中,同样鼓吹以先哲的标准来评断一切是非,这一点他们比他们的老师还来得更加绝对化。白璧德承认中国虽仍当尊信孔子,但他强调指出:"吾固表同情于今日中国进步派之目的,中国必须有组织,有能力;中国必须具欧西之机械,庶免为日本与列强所侵略;中国或将有与欧洲同样之工业革命;中国亦须脱去昔日盲从之故俗,及伪古学派形式主义之牵锁。"② 就此点而言,梅、吴、胡诸位,实属他们老师的不肖之徒。

(2)加给新文化派的罪名多属不实之词

梅、胡、吴等对新文化派声罪致讨的正式罪名有二:一是攻击新文化运动要推翻一切中国固有之文化;二是宣称新文化派所引进来的西洋文化,都是已成糟粕、已遭唾弃的东西。

先看第一个罪名。梅光迪说新文化派"以推翻古人与一切固有制度为职志",③ "诋毁吾国固有一切"。④ 胡先骕说,由于新文化派的言论著作之传播,"使中国旧有之文化日就渐灭"。⑤ 吴宓则攻击说:"近年国内有所谓新文化运动者焉,其持论则务为诡激,专图破坏。然粗浅谬误,与古今东西圣贤之所教导,通人哲士之所述作,历史之实迹,典章制度之精神以及凡人之良知与常识,悉悖

① 《梅光迪致胡适的信》(1916 年 10 月 5 日),耿云志主编:《胡适遗稿及秘藏书信》第 33 册,第 463 页。

② 胡先骕:《白璧德中西人文教育谈》,《学衡》第 3 期,1922 年 3 月。

③ 梅光迪:《评提倡新文化者》,《学衡》第 1 期,1922 年 1 月。

④ 梅光迪:《评今人提倡学术之方法》,《学衡》第 2 期,1922 年 2 月。

⑤ 胡先骕:《说近日教育之危机》,《学衡》第 4 期,1922 年 4 月。

逆抵触而不相合。"① 他们判定新文化派犯了毁弃一切固有文化之罪。

根据我的研究，新文化派中个别人，确有激进主义言论，这些言论对追随新文化潮流的青年人也肯定会发生某种影响。但是，以这些个别言论作为新文化派的共同主张是显然不合实际的，况且这些过激的言论主张在新文化派内部已受到批评与修正。

一般说来，人们据以证明新文化派破毁固有文化之罪的，有如下几点：一是激烈地反孔教；二是主张废除汉字；三是其他"破坏主义"言论。

发表批孔、反孔言论多而且激烈的，在新文化派中，要属陈独秀、吴虞为最。我们且以陈独秀为代表加以分析。

陈独秀批孔、反孔的言论，确是所在多有。我们试把他从1917 年到 1919 年发表的反孔言论仔细检视一番，却发现，没有一处是不加分析、笼统地反对孔子的一切的。分析一下，他的言论有这样几种情况。

其一，他认为，孔子的思想学说产生于古代，只适合古代的需要，而不适合现代的需要。他说："孔子生长封建时代，所提倡之道德，封建时代之道德也；所垂示之礼教，即生活状态，封建时代之礼教，封建时代之生活状态也；所主张之政治，封建时代之政治也。封建时代之道德、礼教、生活、政治，所心营目注，其范围不越少数君主贵族之权利与名誉，于多数国民之幸福无与焉。"② 在陈氏看来，民主共和时代，应提倡于多数国民之福祉攸关的思想主张。

其二，他并不否认孔子及其学说的固有价值。他说："中外学说众矣，何者无益于吾群？即孔教亦非绝无可取之点。"③ 又说：

---

① 吴宓：《论新文化运动》，《学衡》第 4 期，1922 年 4 月。

② 陈独秀：《孔子之道与现代生活》，《新青年》第 2 卷第 4 号，1916 年 12 月。

③ 陈独秀：《答俞颂华——宗教与孔子》，《新青年》第 3 卷第 1 号，1917 年 3 月。

"孔学优点，仆未尝不服膺"；[1] "我们反对孔教，并不是反对孔子个人，也不是说他在古代社会无价值"。[2] 那么，陈独秀为什么再三表示坚决反对孔教呢？

其三，反对孔教的理由。陈独秀说，他之所以反对孔教，是"窃以为无论何种学派，均不能定为一尊，以阻碍思想文化自由发展。况儒术孔道，非无优点，而缺点则正多，尤与近世文明社会绝不相容者，其一贯伦理政治之纲常阶级说也。此不攻破，吾国之政治、法律、社会道德，俱无由出黑暗而入光明"。[3] 又说："惟自汉武以来，学尚一尊，百家废黜，吾族聪明，因之锢蔽，流毒至今，未之能解。又孔子祖述儒说阶级纲常之伦理，封锁神州。斯二者，于近世自由平等之新思潮，显相背驰，不于根本上辞而辟之，则人智不张，国力浸削，吾恐其蔽将只有孔子而无中国也。"[4] 他尤其反对一些保守主义者逆历史潮流，欲强行以孔教定为国教，以孔子学说统一全国人心。他说："今之妄人强欲以不适今世之孔道，支配今世之社会国家，将为文明进化之大阻力也。故不能已于一言。"[5] 所以，在他看来，"吾人生于二十世纪之世界，取二十世纪之学说思想文化，对于数千年前之孔教，施以比较的批评，以求真理之发见，学术之扩张，不可谓非今世当务之急"。[6]

总之，第一，陈独秀并不否认孔子与孔教在历史上的价值与应有之地位。他指出："中国的旧学，只是世界学术中一部分，而非其全体；儒家孔学，只是中国旧学中一部分，而非其全体；纲常伦

---

[1] 陈独秀：《再答常乃惪（古文与孔教）》，《新青年》第 2 卷第 6 号，1917 年 2 月。

[2] 陈独秀：《孔教研究》，《每周评论》第 20 号，1919 年 5 月。

[3] 陈独秀：《复辟与尊孔》，《新青年》第 3 卷第 6 号，1917 年 8 月。

[4] 陈独秀：《再答常乃惪（古文与孔教）》，《新青年》第 2 卷第 6 号，1917 年 2 月。

[5] 陈独秀：《复辟与尊孔》，《新青年》第 3 卷第 6 号，1917 年 8 月。

[6] 陈独秀：《答佩剑青年（孔教）》，任建树主编：《陈独秀著作选编》第 1 卷，第 311 页。

理，只是孔学中一部分，而非其全体。他们本分以内的价值的存在，我们并不反对。"第二，他的根本主张是反对用孔教来统一今世中国的人心，束缚人民，阻碍社会的进步。在上引的那一段话之后，陈独秀紧接着说："若要把一部分中的一部分的一部分，定为一尊，尊为道统，并且把全体的全体的全体，都一齐踩在脚底下，说都一文不值，说都是异端邪说，像董仲舒那样专制办法，大背讲学自由的神圣，实在是文明进化的大障碍。"① 上述两条，无论如何都不能否认其正当性。所以，因陈独秀批孔、反孔教而说他推翻中国固有一切，是不能成立的。

这里要提一下胡适在《〈吴虞文录〉序》中所说，吴虞是"四川只手打孔家店的老英雄"一句话。这句话，被人们，特别是守旧派的人们把它从原有语境中剥离、抽取出来，变成一句独立的口号："打倒孔家店！"

人们把"打孔家店"变成"打倒孔家店"，又把"打倒孔家店"直接说成"打倒孔子"。这些年来，中国学者对胡适已有广泛而深入的研究，大量的确凿证据可以证明，胡适从未主张打倒孔子，从未否定孔子学说的价值，这里无需再做详论。我们只是简单分析一下，胡适在《〈吴虞文录〉序》中所说"打孔家店"几个字，可否成为新文化派主张打倒孔子，否定中国固有文化的罪证。我认为不可以。

第一，孔家店不等于孔子。在民国以及后来人们谈及孔家店的时候，通常是指，贩卖一般俗儒们关于伦理纲常说教的东西，或者也包括应付科举考试的一些参考材料之类的东西。贩卖者是指孔子以后，君主专制时代的一般俗吏、俗儒等，而绝不是指孔子本人。

第二，"打孔家店"不等于"打倒孔家店"。"打"在精神层面上说，就是批评、批判。"打倒"则是根本取缔、废弃、消灭。

---

① 《一封无受信人姓名的信》，任建树主编：《陈独秀著作选编》第 2 卷，第 2—3 页。

所谓"打翻在地，再踏上一只脚，永世不许其翻身"，就是这个意思。我们既已知道，胡适本人并不否定孔子和孔子学说，所以，他在《〈吴虞文录〉序》中说到"打孔家店"四个字，不是用来表达打倒孔子和打倒孔子学说的意思，更谈不上推翻中国一切固有文化的意思。所以，我们可以得出结论，依据胡适提到的"打孔家店"四个字，就认定新文化派是主张打倒孔子，并根本否定固有文化，是不正确的。

攻击新文化派最严重的口实是钱玄同所说的废除汉字的主张。必须承认，钱氏的主张是完全错误的，他提出废除汉字的理由也完全是错误的。但钱氏的主张在新文化派内部是遭到多人反对的，就连比较激进的陈独秀也不赞成。陈独秀说钱氏的主张是"用石板压驼背"的方法，是根本不可取的。至于胡适、陶孟和等人，更不赞成钱氏的过激主张。学衡派的梅、胡、吴等人利用钱玄同的过激主张，指责新文化派全体以推翻中国一切固有文化为职志，显然不是建设性地讨论问题的态度，是任性使气，攻其一点，不及其余。

梅光迪、胡先骕、吴宓等人指责新文化派主张"破坏主义"。这一条罪名，却有几分根据。陈独秀完全承认他们"破坏孔教，破坏礼法，破坏国粹，破坏贞节，破坏旧伦理（忠、孝、节），破坏旧艺术（中国戏），破坏旧宗教（鬼神），破坏旧文学，破坏旧政治（特权、人治）这几条罪案"。[①]　"破坏主义"的口号，在清末，梁启超曾大张旗鼓地宣传过。他指出，中国社会旧的东西积累太多，盘根错节，若不施之以破坏，新东西绝无立足之地。不过他希望做和平的不流血的破坏。新文化派也是这个意思。旧东西太多，势力很大，腐烂得臭气熏天；若不施之以破坏，新东西无处可生，无处可长。而且他们破坏旧东西，也不像学衡派所担心的，把脏水和洗澡的孩子一起倒掉。陈独秀等人，特别是胡适、陶孟和等

———————————

① 陈独秀：《本志罪案之答辩书》，《新青年》第 6 卷第 1 号，1919 年 1 月。

人多能采取分析的态度，评判的态度，只剔除那些确是腐朽的东西，而发扬那些仍有价值的东西。胡适大力提倡"整理国故"就是实行这种方针。只不过限于时代的具体条件、具体环境，他们不得不更多地注意批判和剔除那些可以迷惑人，特别是容易毒害青年的那些腐朽的旧东西。

破坏主义，如果不同建设性的思考联系在一起，为破坏而破坏，那确是很危险的。不过任何不怀偏见的人，都看得出，新文化派是有着非常明确的建设新文化的主张的，而且，他们中的许多人实际上就在实行着建设新文化的工作。如胡适的中国历史研究，特别是中国哲学史和思想史研究、中国文学史研究，钱玄同的文字学和国音学研究，以及许多人的新文学创作，都是实实在在的建设新文化的工作。就这一方面而言，大力反对破坏主义，声称要从事建设性文化工作的梅光迪等人，恐怕是近乎"白卷"先生了。

梅、胡、吴等攻击新文化派的第二个重大罪名是说他们所引进来的西方文化，都是已遭唾弃、已被淘汰的东西。例如，梅光迪指责新文化派说："彼等模仿西人，仅得糟粕"。[1] 胡先骕则痛责新文化派使"欧西偏激之学说风靡全国"。[2] 吴宓抨击道："今新文化运动之流，乃专取外国吐弃之余屑以饷我国之人"。又说，彼等"其取材则惟选西洋晚近一家之思想，一派之文章，在西洋已视为糟粕，为毒酖者，举以代表西洋文化之全体"。[3] 显然，这些亦属不实之词。

我们检索新文化派的几种主要的报纸刊物，新文化运动的领袖人物，和他们的追随者，这时期所介绍的西方思想学说，主要有如下一些：詹姆士、杜威的实验主义，罗素的逻辑分析哲学，易卜生主义，卢梭的民主思想，马克思、列宁的社会主义及无产阶级革命

---

① 梅光迪：《评提倡新文化者》，《学衡》第 1 期，1922 年 1 月。
② 胡先骕：《说近日教育之危机》，《学衡》第 4 期，1922 年 4 月。
③ 吴宓：《论新文化运动》，《学衡》第 4 期，1922 年 4 月。

学说，蒲鲁东、巴枯宁、克鲁泡特金的无政府主义，欧洲写实主义文学，等等。这其中任何一种思想学说，在《学衡》创刊的 1920 年代，都不能说是已遭唾弃，已被淘汰了。

实验主义与逻辑分析哲学，即使被认为是新保守派的代表哲学家柏格森也不曾否认它们的地位，何况其他哲学家！后来的哲学史著作几乎绝大多数都把实验主义、逻辑分析哲学和以柏格森为代表的生命哲学视为当时世界上最有影响力的三大哲学流派。梅、胡、吴三位，基本不很懂得哲学，如何能宣判前两种哲学学说是已被唾弃、已遭淘汰的哲学呢？

易卜生主义，中国学者介绍和宣传它，主要是为提倡个性主义。第一次世界大战后，欧洲确有人反省到，个性主义不宜过分张扬，但不闻有人根本反对个性主义，而以集体主义或国家主义取代它。有之，则是后来的法西斯主义者。中国新文化派学者宣传易卜生主义，是利用它来反对和削弱家族主义对人的束缚，其积极意义是非常明显的。

卢梭的民主思想，早在清末就颇有声势地传入中国。那时正处于革命高潮中，渴望推翻帝制、建立民国的先进人士，都非常崇仰卢梭，刘师培还写了一本《中国民约论》的书。在新文化运动中，卢梭的宣传其实并不很突出，但作为民主思想的启蒙思想家，他在中国仍然受到尊重。梅光迪等主要攻击卢梭的所谓浪漫主义。革命家、革命思想家，都是理想主义者，没有理想不可能有革命的想法。而理想主义总会带有浪漫主义色彩。在政治上或是在文学上，过分理想主义、过分浪漫主义，当然不好；但完全没有，也是不可能的。实际上，梅光迪等人也攻击新文化派提倡的写实主义。试问，既不要浪漫主义，又反对写实主义，那还会有什么文学呢？就他们所提倡的唯美主义，又试问，他们可曾为我们提供出多少唯美主义的文学呢？

至于马克思、列宁的社会主义与无产阶级革命学说，无论你喜欢它还是不喜欢它，拥护它还是反对它，同情它还是敌视它，你都无法否认，在 20 世纪 20 年代，它正在扩大传播的范围，正在一些国家引起革命，以致建立起革命政权。说它已遭淘汰，是闭眼回避事实。

再如各色各样的无政府主义，当学衡派讨伐新文化派的时候，它也不是已遭淘汰，而是仍在泛滥期。对于像中国这样经历最长期的专制主义的束缚，此种思想实在是难于避免的一种反动。对它可以批评，简单地诅咒，说它已遭唾弃，已被淘汰，是无济于事的。

以上所说的这些思想学说，并非新文化派的领袖们都赞成、都加以宣扬的。他们每个人也都同其他学者一样，只努力于介绍和宣传自己所熟悉的思想学说而已。有许多思想学说，其实只是一些青年喜欢，热衷于传播。在思想解放的大潮中，这种情况是不足为怪的。

梅、胡、吴等还指责新文化派"其取材则惟选西洋晚近一家之思想，一派之文章"。意思是说，他们于西洋文化只略知一家一派的学说，来冒充西洋文化之整体。我们前面说过，新文化派的学者，亦如其他学者一样，只能就自己所熟悉的西方思想学说加以介绍，谁也不可能对西方文化全知全能。但新文化派的学者不只一二人，而是一个不大不小的群体。他们各就自己专业所涉及的范围，挑选他们所赞赏的思想家和学者的作品加以介绍，总起来，虽不足以概括西洋思想学说之全貌，终不至只限于"一家之思想，一派之文章"。若检索一下新文化派所办的报纸、期刊，尤其是他们较多地发表其文字的《新青年》《新潮》《晨报副镌》《民国日报》之副刊《觉悟》、《时事新报》之副刊《学灯》等，便可发现，他们所介绍所传播的西洋思想学说，绝对不止一家一派而已。尤可说明这一点的是，由蒋梦麟发起、蔡元培领衔、胡适主持的世界丛书社，从 1920 年秋起，有系统地"输入世界文明史上有重要关系的学术思想"。① 他们办这个世界丛书社的目的就是要系统"输

---

① 胡适手拟《世界丛书条例》，《北京大学日刊》1920 年 3 月 26 日，转引自耿云志《新文化运动：建立中国与世界文化密切关系的努力》，载耿云志等著、陈于武编《开放的文化观念及其他——纪念新文化运动九十周年》，国家图书馆出版社 2009 年版。

入世界文明史上有重要关系的学术思想",要"出一部西洋基本文明的全书"。① 即使他们做得再不完全,再不充分,也终不能说他们是只以一家一派之思想文章来冒充西方文化的全体。可见,梅、胡、吴在这一方面的批评、指责也属不实之词。

(3)建设性的讨论甚少,攻击嫚骂之语太多

文化的进步与发展,一则主要依靠广大民众在实际生活中,解决他们所面对的各种实际问题,不断积累在此过程中所迸发出的智慧和取得的成果;二则要靠知识阶级不断地研究、讨论、提高与整合。研究、讨论、提高与整合,都离不开具体问题。脱离一切具体问题的研究、讨论,则所谓提高、整合都只能是空中楼阁。

胡适提出的新文化运动纲领是:"研究问题,输入学理,整理国故,再造文明。"这里的"研究问题",显然是强调一切应从具体问题的研究与讨论入手。"整理国故",也只能是一个方面一个方面,一个领域一个领域,一个问题一个问题地去整理。而研究问题,整理国故,都需要新的学理和方法的借鉴与参考。"再造文明",就是在借鉴新的学理与方法,不断地研究问题,整理国故的过程中一步一步地实现。这个过程里,凡能具体从事研究问题、整理国故和介绍学理的,都是在为建设新文化做贡献;反之,不做这些工作,而热衷于唱高调和攻击别人,那就不是做建设性的工作。

我们平心地看,提倡新文化的领袖及主要骨干人物,差不多都有所专长,都在某一个或某几个领域有所作为。这是不需要一一去说的。反观攻击新文化最勇猛的梅光迪、胡先骕、吴宓诸位,他们在当时,于文化建设方面究竟有什么实际的贡献呢?胡先骕后来专心从事植物学研究,成绩不凡,但那是后来的事。吴宓在《学衡》上面,还发表过几篇介绍西方思想文化的东西,而梅光迪简直什么都没有,谈及他老师思想的文章也是写得极其简略。

---

① 《蒋梦麟给胡适的信》(1917年11月18日),耿云志主编:《胡适遗稿及秘藏书信》第39册,第409页。

　　胡适曾评论梅光迪："觊庄治文学有一大病，则喜读文学批评家之言，而未能多读所批评之文学家原著是也。此如道听途说，拾人牙慧，终无大成矣。"① 其实，梅氏此病不限于文学，读其文章，深感其好高骛远，不切实际，主义甚高，而所见甚隘，议论曼妙，实则模糊笼统；尤所病者，在好为人师，又喜做诛心之论。凡肯脚踏实地做学问的人，对此种文风，没有不讨厌的。

　　我们看梅光迪在《学衡》最初发表的几篇文章，特别是《评提倡新文化者》（第 1 期）、《评今人提倡学术之方法》（第 2 期）和《论今日吾国学术界之需要》（第 4 期）三篇，几乎满纸都是嫚骂之语。

　　例如，《评提倡新文化者》这篇文章，非常类似古代文人替人写的"讨伐檄文"，也很像"文革"时期的大字报，实在看不出是学者同别人讨论问题的样子。文中给自己的批评对象扣上四大罪名："一曰，彼等非思想家，乃诡辩家也"；"二曰，彼等非创造家，乃模仿家也"；"三曰，彼等非学问家，乃功名之士也"；"四曰，彼等非教育家，乃政客也"。这哪里像是讨论问题的嘛！文中嫚骂之语更是尖利刻薄。如说："专制时代，君主卿相操功名之权，以驱策天下士，天下士亦以君主卿相之好尚为准则。民国以来，功名之权，操于群众，而群众之智识愈薄者，其权愈大。今之中小学生，即昔之君主卿相也；否则，功名之士，又何取乎白话诗文与各种时髦之主义乎！"又说："彼等既以学问为其成功之具，故无尊视学问之意，求其趋时投机而已。""故语彼等以学问之标准与良知，犹语商贾以道德，娼妓以贞操也。"② 在《评今人提倡学术之方法》一文中，梅氏攻击说："彼等对于己之学术，则顽固拘泥，偏激执迷；对于他人学术，则侵略攻伐，仇嫉毁蔑。若假彼等以威权，则焚书坑儒，与夫中世纪残杀异教徒之惨祸，不难再演。"文中还嫚骂新文化派是"无骨气无壮志之懦夫,同流合污之乡愿"。① 在《论今日吾国学术界之需要》一文中,梅则骂新文化派"不得谓之真正学者,实门外汉及浮滑妄庸之徒而已"。② 胡先骕则诬称新文化派人物"其求学之时惟一之愿望,为在社会上居高位,享盛名";"自来既无中正之修养,故极喜标奇立异之学说,以自显其高明";又骂他们是"徒知哺他人之糟,啜他人之醨,而自以为得"。③ 吴宓则诬称新文化派"惟以政客之手段,到处鼓吹宣布"其主张;又因其握教育之权柄,更易欺骗青年,使之"尽成盲从"。④

此类攻击嫚骂之语,实举不胜举。这是一种极坏的旧文人习气。梅、胡、吴,以好古之癖,而染此恶习,实辜负数年留学之功。

(4)言行不一,自损信用

梅光迪、胡先骕、吴宓诸人与《学衡》杂志的其他撰稿人不同,他们对新文化提倡者尤其是胡适,怀有很深的成见。他们完全不顾学术争论应有的规范,意气太盛,理性不彰,攻其一点,不及其余,逞口舌之快,诋諆谩骂,不遗余力。这与《学衡》创刊时所标榜的基本原则大相径庭。《学衡》创刊时宣布其宗旨称:"以中正之眼光,行批评之职事。无偏无党,不激不随。"试问,说新文化派都是"诡辩家""模仿家",都是"功名之士"和"政客",这是"中正之眼光"吗?说新文化提倡者的道德意识与唯利是图的商人和完全没有节操观念的妓女相等,这是"中正之眼光"吗?说新文化所引介之西学,仅只是"一家之思想,一派之文章",其取舍只是"依据一二市侩流氓之说",这是"行批评之职事"吗?说新文化派及其追随者都是"妄庸滑头"之类,这是"行批评之

---

① 梅光迪:《评今人提倡学术之方法》,《学衡》第 2 期,1922 年 2 月。
② 梅光迪:《论今日吾国学术界之需要》,《学衡》第 4 期,1922 年 4 月。
③ 胡先骕:《说近日教育之危机》,《学衡》第 4 期,1922 年 4 月。
④ 吴宓:《论新文化运动》,《学衡》第 4 期,1922 年 4 月。

职事"吗？满纸满篇的攻击嫚骂，还能说是什么"无偏无党，不激不随"吗？再对照《学衡》创刊的《弁言》，宣称要"平心而言，不事嫚骂以培俗"，让人感到，他们的文章，同他们自己宣布的宗旨，两相比较，实有南辕北辙之感。胡先骕在他所写的《论批评家之责任》一文中，也曾高标其原则称："以中正之态度，为平情之议论"；还要"具历史之眼光"，并且一定要"勿嫚骂"。实际上，当他挥笔著文之时却把这些全都抛到脑后。试问，说胡适等人"其求学之时唯一之愿望，为在社会上居高位，享盛名"，这能算是以"中正之态度，为平情之议论"吗？说新文化派皆"徒知哺他人之糟，啜他人之醨，而自以为得"，这还不算是嫚骂吗？胡适所做《近五十年之中国文学》一文中，谓金亚匏可算是太平天国时期有成就的诗人中的一个代表。胡先骕竟以金亚匏不能与李白、杜甫、陶渊明、谢灵运四大诗人相比为理由，否定胡适的文章。这算是什么"历史之眼光"？

梅、胡、吴诸人，都自视甚高，都曾表示要拿出真正的学术成绩，做文化建设的工作。然而，正如我们前面讲过的，吴宓只略做一点介绍西学的工作；胡先骕后来在自己的专业植物学方面做出不凡的成就；而梅光迪简直是交了白卷。而恰恰就是这位梅光迪先生曾标榜说："对于固有一切，当以至精审之眼光，为最持平之取舍"。① "凡治一学，必须有澈底研究，于其发达之历史，各派之比较得失，皆当悉其原委，以极上下古今融会贯通之功，而后能不依傍他人，自具心得，为独立之鉴别批评。"② 可见其言行乖违，让人不禁有眼高手低、志大才疏之叹。

新文化运动自 1917 年开始，到 1922 年《学衡》创刊之时，已整整五年。既然成了一种社会运动，参加的人自然很多，其思想主张不可能完全一致。尽管运动的总趋势不谬，但运动过程中，特别

---

① 梅光迪：《评今人提倡学术之方法》，《学衡》第 2 期，1922 年 2 月。
② 梅光迪：《论今日吾国学术之需要》，《学衡》第 4 期，1922 年 4 月。

是经历了五四运动的大震荡，难免出现纷歧的意见和偏颇的言论。此时，如能有学者出来，真正以平心持正的态度，严谨的学术方法，加以批评、针砭，批评者与被批评者相互切磋，从容讨论，必能于中国文化的建设工作发生很大的正面影响。然而，学衡派的梅、胡、吴诸人，却远不是可以担当此类角色的人。我们举出并分析他们存在上述四个方面的缺欠，使他们的高调挑战竟以落寞而终。后来的《学衡》由于陈寅恪、王国维等的学术贡献而与初期的《学衡》截然成两种不同的东西。

对于《学衡》初期梅、胡、吴等的挑战，新文化阵营中的领袖人物，除了鲁迅发表一篇《估〈学衡〉》而外，其余的人，如陈独秀、李大钊等都未做回应。胡适只是做了两句打油诗，[1] 随后再没有理会。

事隔将近百年，再回看这一幕，我们很能理解新文化领袖的态度，因为梅、胡、吴的文章，都不曾提出新文化中的具体主张、具体问题，加以讨论。所以受他们攻击的，特别是受攻击最厉的胡适等人，志在建设中国的新文化，不会把时间精力抛在无谓的互相攻击嫚骂之中，唯一的办法是不理会他们。

吴宓曾注意到，当时对他们持反对态度的主要是文学研究会、《晨报副刊》《学灯》《觉悟》等几家报刊和团体。在这些地方发表批驳《学衡》的文章，其实也很有限，并且其作者基本上都是新文化中学生辈的人物。即使他们，也无法从学术上同梅光迪等人辩论，因为梅、胡、吴诸位确实没有从学术上提出什么具体讨论的问题。费觉天就径直质问梅、胡、吴等："只是一味糊里糊涂地乱骂，试问这种态度，同你们自家所称道，知识的良知，学者之精神相合么？"[2]

---

① 《胡适日记》1922 年 2 月 4 日记道："我在南京时，曾戏作一首打油诗《题学衡》：老梅说：'《学衡》出来了，老胡怕不怕？（迪生问叔永如此）老胡没有看见什么《学衡》，只看见一本《学骂》！"

② 费觉天：《请问〈学衡〉记者》，《晨报副刊》1922 年 3 月 30 日。

　　我前面说过，新文化需要批评，经过批评的讨论，原本正确的东西，因得到切磋而立得更坚实，原有错谬的地方，得以及时纠正，这对新文化建设有百利而无一害。胡适从发表《文学改良刍议》起，一直抱着探求、讨论、切磋的态度，正面提出自己的具体见解与主张。他甚至不顾钱玄同等的反对，请反对戏剧改革的张厚载在《新青年》上发表文章，其学者的诚恳态度实属中国所少见。学衡派的梅、胡、吴诸人骂胡适他们"对于己之学术，则顽固拘泥，偏激执迷；对于他人学术，则侵略攻伐，仇嫉毁蔑"；[1]或指责他们"复不受切磋，断不容他人或持异议。有之则必强词夺理以诋諆之，结果养成一种虚骄之学阀"。[2] 实属诬枉之甚！

　　新文化需要批评者，而竟没有胜任批评之人，这是中国文化的不幸！

　　自从秦汉大一统的中央集权专制体制形成，中国再也不曾出现百家争鸣的局面。思想、学术定于一尊，读书人奉教唯谨，言必称孔孟，皆以教化者自居，代圣贤立言；遇有不合圣教者，恒视之为异端，口诛笔伐，不稍假借。梅、胡、吴崇拜孔孟，习惯于以先哲之标准定是非。既然胡适等人不奉孔教，不尊先哲，且每多以批评之语加之神圣不可侵犯之孔孟先哲，其为异端，必无可疑。但梅、胡、吴毕竟是 20 世纪留学美洲之人，毕竟需要穿上这时颇受人欣羡的洋装，才好登场。于是，他们高声宣布自己是受西洋教育，熟悉西方文化者；于是，他们自恃为最有批判新文化之资格的人。他们宣称，欧美文化圣圣相传者，与中国之古圣先贤所秉持者，精神一贯。胡适诸人，叛逆中国圣贤，毁弃中国固有文化，同时也悖逆西方圣贤。其所引介者，乃西方离经叛道之堕落派、浪漫派。他们构陷罪名和声罪致讨的架势，与中国历代诛异端的文人同出一辙。他们根本不懂自由思想、自由讨论、相互切磋为何事，结果是，自

---

[1]　梅光迪：《评今人提倡学术之方法》，《学衡》第 2 期，1922 年 2 月。

[2]　胡先骕：《说近日教育之危机》，《学衡》第 4 期，1922 年 4 月。

己与对方皆一无所得。中国文化要复兴，必自实现百家争鸣始。我在 20 世纪 80 年代就说过，中国文化现代化的成功，要看我们能在多大程度上再现先秦时代百家争鸣的局面。

四　科学与人生观的论争

发生在 1923 年的科学与人生观的论争，是新文化运动时期参与人数最多、争论之问题最宽泛、争论之热度亦最高的一次思想论争。参与者二十余人，有哲学家、思想家、科学家，有大学教授、报刊编辑、社会名流。争论自是年 2 月起，迄于是年 12 月，基本结束。亚东图书馆将争论双方的文章汇集成一本书出版，名曰《科学与人生观》，请陈独秀与胡适分别做序。后，泰东书局又另出一本同样内容的书，名曰《人生观之论战》，① 请张君劢做序。有少数分散在其他报刊发表的文章未被收入，但这两本书已足以反映出当年争论的情况。这一节的主要材料来源即是上述两本书。

特别要说一句，此次争论算得上是真正的学术争论，参与争论的人，皆各有专长，态度平和，绝无攻击嫚骂之语，故能在一些问题上有所深入。

（一）论争的缘起

新文化运动时期的所有思想论争，其基本背景都是大致相同的。欧战结束，西方思想界产生一股因反思这场战争的恶果而发生新保守主义的思想潮流。如在欧洲有柏格森的创化论或所谓生命哲学，倭铿的强调精神生活的所谓精神哲学和杜里舒的生机主义哲学等，在美国就是白璧德的新保守主义。他们共同的思想主张是反对

---

① 该书只比前书多出两篇：屠孝实的《玄学果为痴人说梦耶?》、甘蛰仙的《人生观与知识论》，两篇都是同情于张君劢者。

所谓物质主义、机械主义、理性主义，倡导用精神、心灵、情感等来解释人生，引导人生。其间各派各有所侧重，各有其特点（如白璧德的新保守主义较重视理性，近乎所谓"中道"），这里只能就其大体思想趋向而言。思想一旦脱离了物质和相关的经验、知识、论理等，就必然陷入某种程度和某种形式的神秘主义。柏格森的"绵延"，倭铿的"精神"，杜里舒的"隐德来希"，都是人们无法确切理解的东西。人们在灾难和重大困惑面前寻求解释，寻求进路，在无法得到实际上满意的解决的情况下，就求助于想象的解决办法。在一般人，通常是诉诸宗教。在一些有学识的精神贵族那里，则除了宗教以外，还可调制出各种精美的玄学来。在我们将要讨论的这一节里，许多学者把玄学同哲学混同起来，这是不对的，至少是不够精确的。哲学和玄学虽都讨论所谓本体问题，但哲学是凭借已有的经验、知识和论理等去探求本体的问题。应当说，这个问题至今，乃至今后相当长一个时期，恐怕都难以得到最终令大家都信服的统一的答案。这种探求要依赖经验知识的不断积累和进步，而这种积累和进步是没有止境的。所以，对于本体，迄今有过各种各样的说法，如原子论、气一元论、五行论等，显然都很难说是最终满意的解释。这些解释尽管不能令人满意，但都是指认某种物质的东西是世界的本源，虽然不正确，但反映了人们认识世界的一个阶段，并没有引导人们到神秘主义的方向去。玄学则与此相反。它在无法解释世界的时候，主观地造出某种神秘的东西来强为解释，把人们引向神秘主义。例如，柏格森的"绵延"，杜里舒的"隐德来希"，他们用这些不可检验、无可论证的词语，来解释世界。他们自认为已经找到了最终正确的解释，可以引导人们摆脱困惑。其实，这只是把困惑装到想象的神盒里，而不管那发光的宝盒究竟是属于什么神的，或者仅仅是自命不凡的哲学家所杜撰的一个新词语。中国古代的心性论，讲"良知"之类的东西，佛家所讲的"真如"等，亦正类此。讲这些东西的就是玄学。其实，玄学与神学没有本质上的重大区别，只是玄学的着装更加考究一些罢了。

　　欧战后西方的玄学家发现中国古来的许多先哲，原来竟是他们的同行老前辈，很恭谨地向中国的某些学者表达他们对这些老前辈的敬意。在世界化的声浪日渐高涨的时候，作为贫弱、落后的国家——中国的学者，在海外听到这类声音，真是无比欣慰。

　　但是，欧战的结束，在中国思想界引起的反响，与在欧洲本土的反响有极大的不同。

　　中国第一次以比较主动的姿态参与世界事务，参加欧战并站在胜利的一方；较多的中国人有机会切近地观察西方世界，他们虽然也看到了欧洲的苦难和战争造成的巨大创伤，但也更清晰地看到了西方文化的许多长处。中国人，至少是一部分肯思考、肯上进的中国人，看到了中国改变自己贫穷落后和长期混乱局面的机会。于是就有新文化运动，唤起了差不多一整代青年。这些青年和他们的导师们，对战后西方出现的新保守主义毫无兴趣。他们认为，欧洲的战祸，与科学及民主制度无关。中国正需要学习西方的科学与民主制度，走向独立富强，以与诸大国并立于世界。

　　中国向西方学习已有半个多世纪之久，因种种原因没有取得显著效果。所以一直有保守主义者对此提出责难，并多次试图搞各种形式的复古运动。新文化运动起来之后，如我们前面说过的，这时，真正堪称顽固的保守主义者，已经无法组织成一种力量正面与革新派较量，每一次都是由一些多少染上西方色彩的人出来挑战新文化的倡导者。

　　这一次关于科学与人生观的论争中走上前台来向新文化倡导者挑战的，是留学欧洲、回国刚好一年的哲学家张君劢。

　　张君劢（1887—1969），江苏嘉定人，幼读儒书，考取秀才，后留学日本，毕业于早稻田大学。在日期间，张氏追随梁启超积极参加立宪运动。民国后，张氏又赴德国留学，并游历法、比、英等国，1918年复参加梁启超率领的访问团游欧。访问团回国时，张氏继续留欧，多与保守主义哲学家接触，面聆教益，深受影响，1922年初始回国。张氏少年时代，深植儒学根柢；在欧留学，又深受柏格森、倭铿、杜里舒等人影响，其思想与柏格森、倭铿等人几乎冥合无间。我们从张氏自己的一段话里，可以清楚看出，他对柏格森与倭铿的崇仰与尊信的程度。张氏说："闻之爱古董者之言，凡金石书画板本，一经名人题跋者，则其价更加十倍。吾居法京，某日忽有来告者，曰倭伊铿之书，经柏格森作序，君见之乎？余顿足起曰：'是双绝也！是名书画而经名人题跋也，不可以不购而藏之。'"①

张氏的思想与当时颇成大趋势的新文化运动所表彰的思想，在趋向上，可谓刚好相反。他认为必须令当代中国青年认识欧洲文化所遭受的挫折，跟随批判欧洲近代文化的当代新保守主义者所指的方向走。而这个方向又恰与中国古圣先贤们指引的方向相合；切不可步欧洲近代文化的后尘，再遭遇像欧战那样的大惨祸。他把他的想法在向清华大学即将出国留学的学生们讲演时发表出来，这就是那篇著名的名曰《人生观》的讲演。这篇讲演涉及中国当下的思想取向问题，新文化倡导者们不能缄默。又由于张氏以鞭笞科学为其人生观祭旗，作为新文化阵营中科学家的代表人物，丁文江首先起而反驳，于是演出科学与人生观的一场论争。

（二）张、丁二氏争论的焦点

自从陈独秀在《青年杂志》上首揭科学与民主两面大旗，科学精神、科学方法、科学知识等词语满纸满篇，人们多数虽并不甚了解科学到底为何物，但大体知道，科学是与一切武断迷信，以及各种幻想、神秘主义的东西不相容的。如是则对于人生问题，人们亦不免追求科学的解答。

（1）科学与人生观的关系

张君劢提出的问题，首先即是认定人生观不受科学的支配。他

---

① 张君劢：《倭伊铿精神生活哲学大概》，原载《改造》第3卷第7号，引自翁贺凯编《张君劢卷》，第52页。

举出科学与人生观两者的不同点：

第一，科学为客观的，人生观为主观的。……

第二，科学为论理的方法所支配，而人生观则起于直觉。……

第三，科学可以以分析方法下手，而人生观则为综合的。……

第四，科学为因果律所支配，而人生观则为自由意志的。……

第五，科学起于对象之相同现象，而人生观起于人格之单一性。……

于是，张氏说："惟其有此五点，故科学无论如何发达，而人生观问题之解决，决非科学所能为力，惟赖诸人类之自身而已。"[①]

"惟赖诸人类之自身而已"，此语很不确切，运用科学岂非也是人类自身之事。张氏之意在强调人的内心修养。他把科学驱除人生观范围之外，不仅仅是因为上述的几点差异，还有更深远的考虑。他说："自孔孟以至宋元明之理学家，侧重内心生活之修养，其结果为精神文明。三百年来之欧洲，侧重以人力支配自然界，故其结果为物质文明。"[②] 这里提出西方是物质文明，中国是精神文明的两大区别。此点极为重要，必须高度注意。我个人认为，这是这次所谓人生观的论争中，至关重要的核心问题。后面适当地方我将着重分析这一点。现在我们来看，丁文江是如何反驳张君劢的。

丁文江与张君劢相识已久，他们两人一同跟随梁启超访问大战

---

① 张君劢：《人生观》，原载《清华周刊》第272期，引自张君劢、丁文江等《科学与人生观》，第35—38页。

② 张君劢：《人生观》，载张君劢、丁文江等《科学与人生观》，第38页。

后的欧洲，观察到同样的战后惨象，作为科学家的丁文江与作为哲学家的张君劢却产生完全不同的想法。

丁文江反驳张君劢的文章是在张氏的文章发表将近两个月后，在胡适主持的《努力周报》上发出来的。从他的文章框架上看出，丁氏除了反驳张君劢的主张之外，似乎还想比较全面地端出自己的正面见解。[1]但这样做的结果是不成功的，因为太分散了注意力，以致许多问题没有说清楚。例如，"张君劢的人生观与科学"一节只有短短的四百字，"科学与玄学战争的历史"则只有不到六百字，"中国的'精神文明'"这样的大题目，也只有八百多字，如何能讲得清楚？还有，文章中又出现了一些疏忽和漏洞。例如，丁氏在文中说，人生观现在不能统一，不等于将来永远不能统一，令人以为丁文江主张人们的人生观应该是归于统一的。其实，丁氏本意未必如此。但这个漏洞被梁任公先生抓去，狠批了一通。又如，丁文江完全否认物质科学与精神科学的区别，被张君劢奚落一番。从哲学上讲，物质与精神的区别只是相对的，丁文江不同意张君劢那样过分强调物质科学与精神科学的区别，视为不可逾越的鸿沟，是有道理的；但完全抹杀两者之间有相对的区别，毕竟也是违反常识的。

作为科学家的丁文江，他所着意的是，指出人生观问题不可能脱离科学。

张君劢在他的文章里曾为人生观下一个定义，说："我对于我以外之物与人，常有所观察也，主张也，希望也，要求也，是之谓人生观。"这样的人生观，张氏认为它是永远变动不拘的，"故曰，人生者，变也，活动也，自由也，创造也"。因此，论理学上所谓三公例（同一律、矛盾律、排中律）及论理学之最基本的两种方

---

① 丁文江的文章《玄学与科学——评张君劢的〈人生观〉》（简称《玄学与科学》）分以下九节：人生观能否同科学分家；科学的智识论；张君劢的人生观与科学；科学与玄学战争的历史；中外合璧式的玄学及其流毒；对于科学的误解；欧洲文化破产的责任；中国的"精神文明"；结论。

法（归纳与演绎）皆不能适用于人生观。于是他进一步得出结论说："诚人生而超于论理学以上也，尚何定义可言？尚何方法可言？尚何科学可言？"①

丁文江就张君劢对人生观所下的定义说："人生观是我对于我以外的物同人的观察、主张、要求、希望，范围既然这样广，岂不是凡有科学的材料都可以包括在人生观里面？"② 丁氏又说，既然"凡我对于非我的观念无一不可包括在人生观之中，假如人生观真是出乎科学方法之外，一切科学岂不是都可以废除了？"③ 而且，人生观既然完全不受论理学之公例的约束，就成了不可捉摸的东西。丁氏问道："我们的人生观脱离了论理学的公例、定义、方法，还成一个甚么东西。"④ 不成个东西了，无论张君劢氏如何喜欢人生观的论题，都没有什么可以讨论的了。丁文江在批评张君劢的主张时，提出一个基本的命题，即在科学家看来，"凡是事实都可以用科学方法研究"。⑤ 这一重要观点自然是所有拥护科学者所赞同的。无论物质现象还是精神现象，都是可以指认的事实。如果根本没有某种现象，也就是，根本没有某种事实，那就没有讨论的对象，就无从讨论起。

这就是说，如果张君劢提出的是确实存在的某个人的某种人生观，则完全可以用科学方法去研究它，追溯它的形成，分析它的主要特点，指出它可能给予持有此种人生观的人以怎样影响，等等。但丁文江没有紧紧抓住论题的中心，展开集中的深入的分析论证。

---

① 张君劢：《再论人生观与科学并答丁在君》，载张君劢、丁文江等《科学与人生观》，第 80、83 页。

② 丁文江：《玄学与科学——答张君劢》，原载《努力周报》第 54、55 号，引自张君劢、丁文江等《科学与人生观》，第 185 页。

③ 丁文江：《玄学与科学》，原载《努力周报》第 48、49 号，引自张君劢、丁文江等《科学与人生观》，第 43 页。

④ 丁文江：《玄学与科学》，载张君劢、丁文江等《科学与人生观》，第 42 页。

⑤ 丁文江：《玄学与科学——答张君劢》，载张君劢、丁文江等《科学与人生观》，第 188 页。

（2）所谓物质文明与精神文明

张君劢的文章从科学不能支配人生观的结论出发，引出一个重大的命题，所谓物质文明与精神文明两条不同的文明发展路线的问题。

照张氏的说法，科学只能适用于物质的范围，在精神领域，它不是不能完全说清楚，就是根本无从谈起。而人生观问题，则纯属精神界的问题，而且是精神界最深奥的问题，科学根本摸不着边际。精神界最深奥的问题就是内心修养的问题。张氏进一步说："自孔孟以至宋元明之理学家，侧重内心生活之修养，其结果为精神文明；三百年来之欧洲，侧重以人力支配自然界，故其结果为物质文明。"[1]据我所见，张君劢可能是国内第一个提出精神文明与物质文明两个不同的乃至对立的文明发展路线，并把西方或者说欧洲的文明界定为物质文明，把中国的文明界定为精神文明的人。这一点，不但对于此次论争至关重要，而且对于整个近代中国思想文化界的历次论争都是至关重要的问题。

张君劢非常明确地认为，精神文明高于物质文明，人们应当尽力去追求更高的精神文明，而不必用心用力地去追求物质文明。张氏认为，科学只能造就物质文明；只有强调人生观，强调内心修养，才能造就精神文明。在张氏看来，物质文明的发展会给人类带来灾难的后果，只有靠精神文明去拯救。所以他说："近三百年之欧洲，以信理智、信物质之过度，极于欧战，乃成今日之大反动。吾国自海通以来，物质上以炮利船坚为政策，精神上以科学万能为信仰，以时考之，亦可谓物极将返矣。"[2]张氏认为，当下教育方针应当转向提倡精神文明，他缕述近代以来，因强调科学教育已造成诸多流弊：一为科学以自然、物质为对象，所以强调官觉作用。"官觉发达之过度，其非耳之所能闻，目之所能见，则以为不足凭

---

[1]　张君劢：《人生观》，载张君劢、丁文江等《科学与人生观》，第38页。

[2]　张君劢：《再论人生观与科学并答丁在君》，载张君劢、丁文江等《科学与人生观》，第101页。

信"。二为学生脑中装满各种科学学说，"视己身为因果网所缠绕，几忘人生在宇宙间独往独来之价值"。三为科学智识之充满，以为人生世上之意义，唯官觉所及者足以了之，"于是求物质之快乐，求一时之虚荣"。四为"科学之所答者，非即吾人之所需，……时时在显微镜中过生活，致人之心思才力流于细节而不识宇宙之大"。五为"全人格之发展，则为适应环境之科学的教育家所不敢道"。就是说，科学教育妨碍人格教育。张氏以他所指称的上述种种流弊，提出他的教育指导方针："（一）学科中应加超官觉超自然（Supernatural）之条目，使学生知宇宙之大，庶几减少其物质欲望，算账心思，而发达其舍己为人，为全体努力之精神。（二）学科中应增加艺术上之训练。就享受言之，使有悠悠自得之乐；就创作言之，使人类精神生活益趋于丰富。（三）学科中应发挥人类自由意志之大义，以鼓其社会改造之勇气。"① 应当说，脱开当时论争的实际焦点，从一般意义上讨论，张氏的意见没有什么不对，具体科学之外的，类似哲学、艺术等学问，都应列入学生学习科目之内。事实上，除了初等、中等专业技术学校情况不很统一，其他各类普通学校似乎也没有将哲学等自然科学之外的学科均排除在外的情况。张氏的意思应是批评现有学科设置应当大大增加所谓"形上"学科教育，而相应减少各种科学教育。这是涉及教育方针的问题。

张君劢在此基础上进一步阐述他对西方物质文明的态度。前面已明确指出，张氏认为科学只能造就物质文明，而提倡物质文明之结果是纷纷以工商立国为策，导致"以工商之富维持军备，更以军备之力推广工商"，遂"演成欧洲之大战"，此乃"富国强兵之结果也"。鉴于此种教训，张氏认为："我国立国之方策，在静不在动；在精神之自足，不在物质之逸乐；在自给之农业，不在谋利

---

① 张君劢：《再论人生观与科学并答丁在君》，载张君劢、丁文江等《科学与人生观》，第105、106页。

之工商；在德化之大同，不在种族之分立。"所以他说："宁可牺牲富强，不愿以人类作工厂之奴隶牛马焉。此义也，吾国人之所当奉行，而十九世纪以来急切之功利论，则敝屣之可矣。"①

可见，人生观问题的讨论，其意旨远矣，大矣！张氏的议论甚至超过了孔老夫子的主张。孔子尚不忘使民富之，然后教之，而张氏则宁可使民困穷，不可使民享"物质之逸乐"。

丁文江对于张氏有关物质文明与精神文明的问题未予足够的重视。他在第二篇反驳张君劢的文章里，大部分篇幅用来进一步阐发他的科学方法万能论。他强调科学之万能，不在其材料，不在其结果，而在其方法。这个意见是对的。但用"万能"的字眼，容易引起不必要的误解和枝蔓的争论。此文中比较关联到张氏的物质文明与精神文明问题的议论是在该文的第七节，谈美术、宗教与科学时，他说道：

> 我们所以极力提倡科学教育的原故，是因为科学教育能使宗教性的冲动，从盲目的变成功自觉的，从黑暗的变成功光明的，从笼统的变成功分析的。我们不单是要使宗教性发展，而且要使他发展的方向适宜于人生。……惟有科学方法，在自然界内小试其技，已经有伟大的结果，所以我们要求把他的势力范围推广扩充，使他做人类宗教性的明灯，使人类不但有求真的诚心而且有求真的工具，不但有为善的意向而且有为善的技能！②

这段话，很重要，它涉及这次论争的深层意义。然而，丁氏并没有紧紧抓住这个问题展开论述，还是语焉不详。直到胡适为

---

① 张君劢：《再论人生观与科学并答丁在君》，载张君劢、丁文江等《科学与人生观》，第112页。

② 丁文江：《玄学与科学——答张君劢》，载张君劢、丁文江等《科学与人生观》，第205页。

《科学与人生观》写序的时候，才紧紧抓住这一点充分展开论述。

（三）其他参与论争者的议论

参加此次论争的学者、科学家甚多，而且都是一流的，甚至是超一流的人物。他们几乎每个人都有明确的主张和立场，所以显得营垒分明。这也是这次论争特别引人注意，并产生重要影响的原因所在。他们的议论可大致分作以下三方面加以考察。

（1）关于人生观与科学的关系

在这次论争中有两位年辈较高的学者，一位是吴稚晖，他是老同盟会会员，一位是梁启超，他是老立宪派首领。吴氏虽比梁氏大八岁，但以在思想学术界之影响而言，梁氏远高于吴氏。梁氏是张君劢阵营的中军主帅，吴氏则是丁文江阵营的后军压阵大将。此次论争，有这两位的参与，可谓格外增彩不少。

梁启超首先发表《关于玄学科学论战之"战时国际公法"》，表明他对此次争论的高度重视，希望能够严格按学术规范进行深入讨论。在随后发表的《人生观与科学》一文中，梁氏则明确站在张君劢一边表明态度说："人生问题有大部分是可以——而且必要用科学方法来解决的。却有一小部分——或者还是最重要的部分，是超科学的。"又说："人生关涉理智方面的事项，绝对要用科学方法来解决。关于情感方面的事项，绝对的超科学。"① 梁氏的表态，无疑是对张君劢有力的支持。

另一位学者范寿康也持相同的立场。他在《评所谓"科学与玄学之争"》一文中说："科学决不能解决人生问题的全部。"但他又说："人生观的形式方面是超科学的，但是人生观的内容方面却是科学的。"这句话初看起来很费解。看范氏全文，其意大概是

---

① 梁启超：《人生观与科学》，载张君劢、丁文江等《科学与人生观》，第139、142页。

说，"人生观大体就是伦理规范的全部"；而"伦理的规范是由两部分合成的，就是由主观的和客观的部分合成的"。照他的意思，伦理观念和行为的发动靠"良心"。但良心有两种作用："（1）良心命令人类做各人所自认为善的行为。（2）良心又营各种善恶的评价。"范氏认为，第一种作用是纯主观的，先天就具有的不变的形式；而第二种作用，涉及判断具体事物、行为的善恶，就涉及客观的内容，所以须要考察、研究、思虑。这些都须要科学的方法来解决。他说："我的私见以为，伦理规范——人生观——一部分是先天的，一部分是后天的。先天的形式是由主观的直觉而得，决不是科学所能干涉。后天的内容应由科学的方法探讨而定，决不是主观所应妄定。"①

参与争论的科学家都是站在丁文江一边，用力论证人生观不能跳出科学范围，必定要受科学律例的约束。

著名化学家任鸿隽指出："凡拢统浑沌的思想，或未经分析的事实，都非科学所能支配。但是科学的职务，就在要分析及弄清楚这些思想事实上。"他的意思是赞同丁文江所说，"凡是事实都可以用科学方法研究"。他下面所说也还是这个意思："人生观若就是一个拢统的观念，自然不在科学范围以内。若分析起来，有一大部分或全部分，都可以用科学方法去变更或解决。"值得注意的是，任氏明确提出："科学自身可以发生各种伟大高尚的人生观。"②

著名心理学家唐钺鉴于张君劢频频引用心理学方面的言论来否定因果律的客观性和科学性，强调指出，一切心理现象都是有因的；因果关系不涉及价值判断，与意志自由无关。他引德国哲学家鲍尔森《哲学导言》："因果律明明流行于心理界中，同自然界中

---

① 本段引文，见范寿康《评所谓"科学与玄学之争"》，载张君劢、丁文江等《科学与人生观》，第 320、321 页。

② 本段引文，见任鸿隽《人生观的科学或科学的人生观》，载张君劢、丁文江等《科学与人生观》，第 131 页。

一样。”“自由与得正当了解的因果性完全没有冲突的。”“绝对不相连系的元素，与过去、未来没有因果关系的孤立的意志，假如真有，就是意志的错乱，不！就是心灵生活的完全破坏。”① 这就是说，张君劢以为最能破除科学无所不能的说法的根据，被唐钺这位心理学家给攻破了。

还有一位科学家王星拱，他在《科学与人生观》一文中指出："科学所凭借以构造起来的，有两个原理：（一）是因果之原理（Causality），（二）是齐一之原理（Uniformity）。"他认为，一切事物，包括精神现象都不能逃脱这两个原理。"人生问题无论为生命之观念，或生活之态度，都不能逃出这两个原理的金刚圈。所以，科学可以解决人生问题"。② 在支持丁文江的科学家中间，王星拱的态度最鲜明，议论最到位。

（2）对论争的观感

这次论争发生在五四时期诸多思想论争之后，所涉及的问题是文化转型中至关重要的核心问题，没有明显的政治色彩，挑战者和应战者都是思想界和学界的知名人物，而且很快地吸引众多学者参加进来。所以，学界的人们对这次争论都极感兴趣，极为重视，也充满期待。

梁启超认为，此次争论的问题"是宇宙间最大的问题，这种论战是我国未曾有过的论战。学术界中忽生此壮阔波澜，是极可庆幸的现象"。③ 胡适称这次争论是"空前的思想界大笔战"。④ 瞿菊农也对此次论争的意义极为看重。他说："最近丁在君先生和张君

---

① 唐钺：《心理现象与因果律》，载张君劢、丁文江等《科学与人生观》，第219—220 页。

② 王星拱：《科学与人生观》，载张君劢、丁文江等《科学与人生观》，第278、286 页。

③ 梁启超：《关于玄学科学论战之"战时国际公法"》，载张君劢、丁文江等《科学与人生观》，第121 页。

④ 胡适：《〈科学与人生观〉序》，载张君劢、丁文江等《科学与人生观》，第9 页。

劢先生忽然提出人生观与科学的问题来讨论，学问的花园里，渐渐有些春气了。君劢先生的文章上提到教育问题，……这真是实际上极重要的问题，对于人类之未来有极重要的关系。"①

多数参与争论的人，披挂上阵，立即投入战斗，没有对这次论战的意义提出评论性的意见，但他们忙不及地投入战斗，本身已足以说明他们对这次论战的重视。不过，也的确有因未曾深谙论争的本质意义，不免有抓不住中心的情况。

梁启超介入论争的第一篇文章，谈所谓"战时国际公法"，就担心争论双方或许不注意紧紧抓住中心论题，议论横生，发生太多枝蔓，妨碍讨论的深入。但这个问题还是发生了。伏园（即孙伏园）就在其《玄学科学论战杂话》一文中，要求参加讨论者应当对玄学、科学、哲学等概念明确地给出定义，然后集中讨论中心问题，避免枝蔓。② 陈独秀也批评这次争论中，往往有"下笔千言，离题万里"的情况。③

另有一些参与论争者，则注意揭出张君劢与丁文江两人文章里面存在漏洞或自相矛盾的地方。这虽然客观上有支持自己营垒主将的意思，但对于讨论的深入不无好处。胡适最初发表的那篇《孙行者与张君劢》的文章，就是揭露张君劢文章里的自相矛盾处。④朱经农发表《读张君劢论人生观与科学的两篇文章后所发生的疑问》一文，揭出张君劢文章中至少有八个方面的论述存在自相矛盾。我们这里不暇一一列举，仅摘录其第一点的大意，就可表明，张君劢的文章确有很多自相矛盾处。朱经农指出：

---

① 瞿菊农：《人格与教育》，载张君劢、丁文江等《科学与人生观》，第241页。

② 见孙伏园《玄学科学论战杂话》，载张君劢、丁文江等《科学与人生观》，第132—134页。

③ 见陈独秀《〈科学与人生观〉序》，载张君劢、丁文江等《科学与人生观》，第2页。

④ 见胡适《孙行者与张君劢》，载张君劢、丁文江等《科学与人生观》，第124—125页。

君劢说：人生观"漫无是非真伪之标准"，"初无论理学公例以限制之"，"无所谓方法"，"不为因果律所支配"。但君劢又说："文化转移之枢纽，不外乎人生观。……西洋之有益者如何采之，其有害者如何避之，吾国之有益者如何存之，有害者如何革除之；凡此取舍之间，皆决于观点。"在我们浅学的人看起来，人生观既为文化之枢纽，则文化之有益或有害即为人生观是非真伪之标准。凡人生观能发生有益之文化者，则我采之存之，换一句话说，就认他为是的。凡人生观发生有害之文化者，则我避之除之，换一句话说，就认他为非的。怎样还说没有标准呢？况且，因有益有害而定存革取舍，明明是有方法的，怎样说无所谓方法呢？因其所生文明之有益或有害，而知人生观之是非，明明就是从前所谓"种好因，得好果；种恶因，得恶果"，怎样还说不受因果律的支配呢？①

林宰平是梁启超和张君劢的好友，他们的思想颇为接近，他写了一篇两万四千多字的长文，批评丁文江的文章。他批评丁氏想"用科学的武器来包办宇宙"；说丁氏把科学与科学方法混为一谈；又指责丁氏的论理学观念还是旧的形式论理，形式论理的推论是靠不住的；批评丁氏过信感官的感觉，物是变化的，我们的感官所感觉的物前后未必如一；不满意丁氏谓科学公例的成立，须把非常态的心理都排除在外，而现代心理学极为重视对非常态心理现象的研究；不赞成丁氏那样推崇科学家的人格，过信科学对于人格培养的意义，认为是太抹杀了东方文化的特色了；认为像丁氏这样宣传科学，弄不好，气泡吹得太膨胀会吹破了。文章最后表示，他承认科学对于人生观有益的影响，也不赞成把欧洲战争的责任推到科学的

---

① 朱经农：《读张君劢论人生观与科学的两篇文章后所发生的疑问》，载张君劢、丁文江等《科学与人生观》，第 151—152 页。

头上。① 对此，丁文江竟把他引为同志了。

张东荪是站在张君劢一边的，他发表《劳而无功》一文，用很大的篇幅专挑丁文江文章的毛病。他批评丁文江"对于玄学始终不下一个明切的定义；对于玄学与哲学的关系亦始终无一字提及"。② 丁文江的确没有给出玄学的定义，也没有说清楚玄学与哲学的关系。但张氏说，玄学就是指哲学中本体论与宇宙论的部分而言，却也不很高明。笔者在本节开头指出玄学与哲学虽然都讨论本体论与宇宙论，但玄学不同于哲学的是它杜撰出某种精神性的、神秘的东西来说明本体，说明宇宙，把人们引向神秘主义。这样把玄学与哲学区别开来是非常必要、非常重要的。

张氏还讥笑丁文江给科学所做的界说。丁氏说："科学方法不外将世界上的事实分起类来，求他们的秩序。等到分类秩序弄明白了，我们再想出一句最简单明白的话来概括这许多事实，这叫做科学的公例。"③ 我们必须承认，丁文江给科学所下的定义确实不高明，这根源于丁氏没有足够的哲学修养，没有充分的理论思维的训练。张氏文中曾指出，丁文江对各家哲学的思想关系不很明晰。丁氏崇信马赫的哲学，把感觉视为唯一的实在。因此，他所谓的分类和秩序，都指的是感觉的分类和感觉之间的秩序。科学最基本的特质，是基于对客观事物本身的观察、实验所得到的对事物的认识，经过事实的验证而无误，使我们的认识与客观实际相符合，这才是科学的本质。丁文江因为迷醉于马赫的感觉主义，拒绝承认感觉之外的客观实在，所以无法对科学做出正确的解释。因此，他不但受到张东荪的嘲笑，也受到陈独秀的批评。陈独秀指出，丁文江过信存疑的唯心论，而说不清理应说清楚的一些问题，以致张君劢的玄学仍有市场。

---

① 见林宰平《读丁在君先生的〈玄学与科学〉》，载张君劢、丁文江等《科学与人生观》，第156—180页。

② 张东荪：《劳而无功》，载张君劢、丁文江等《科学与人生观》，第229页。

③ 丁文江：《玄学与科学》，载张君劢、丁文江等《科学与人生观》，第42页。

张东荪批评丁文江不是真正拿科学来攻玄学，而只是采取与自己性质相近的一种哲学学说而攻击与自己性质相远的那种哲学学说，尤其不满丁氏把科学与汉学家的考据混为一谈，认为这样宣传科学是有害无益的。

张氏建议："可不必再争论下去了。因为争论下去必定勉强学哲学的人临时抱佛脚谈科学；同时勉强学科学的人临时抱佛脚谈哲学，这当中便难免不有疏忽。"① 他的说法，并非无的放矢。

（3）思想路向与教育

我前面说过，这次争论的实质意义在于思想与教育的路向，是重视物质文明，还是重视精神文明？还是适当调整两者的关系？我也曾指出，张君劢明确地提出重视精神文明，甚至提出"宁可牺牲富强"，也要大大提倡精神文明的主张。而丁文江对这个重要的中心问题，反而没有引起十分注意。在参与争论的其他学者中间，多数亦未能足够重视此点，但有几位颇自觉地意识到此问题的重要。

支持张君劢的瞿菊农认识到此次争论的深刻意义。他的文章一开头就说："君劢先生的文章上提到教育问题，……这真是实际上极重要的问题，对于人类之未来有极重要的关系。"他认为，现代文明是文艺复兴的产物。他断言："现代的文明便是个人主义和机械主义的文明。"而这种文明在实际社会生活中已充分暴露其弊害。要克服这种弊害，须从教育入手。"现在教育是个人主义机械主义的教育。""所以我们可以断言，改良现代的教育决不仅是形式的改革，科目的增删；须要根本上打破个人主义机械主义的人生观，建设新的人生哲学；从这新的人生哲学上出发，教育乃可以言改革。"简单一句话就是"打倒机械主义"。② 他所提倡的最重要的是，自由意志的教育，这自然是精神文明。

① 张东荪：《劳而无功》，载张君劢、丁文江等《科学与人生观》，第239页。
② 瞿菊农：《人格与教育》，载张君劢、丁文江等《科学与人生观》，第241—243页。

　　在支持丁文江的学者中，王星拱是一位科学家，他却敏感地捕捉到这次争论的深层意义，说话不多，却有点睛之妙。他的文章最后说：

　　　　一个首善的北京城，连一个消粪场都没有，到了暑热的天气，还有许多粪车在街上横行。贫民窟的贫民，都穷到不成人样子。我们天天所用的物品，都是直接地或间接地从外国输入的。到了这样的地步，而负思想先进之责者，还要压迫明物致用的科学，还要摧残维持生活改良生活的无上利器的智慧，我也要套一句老文章来嗟叹一番："呜呼！是亦不可以已乎！"①

　　在这次人生观与科学的论争中，最能抓住中心的要数当时参与争论的学者中年纪最大的吴稚晖老先生。他在《箴洋八股化之理学》一文劈头就说，这次争论，"实在的主旨，张先生是说科学是成就了物质文明，物质文明是促起了空前大战，是祸世殃民的东西。他的人生观是用不着物质文明的"。他认为，当下中国最迫切的就是要大大地发展和提高物质文明。他说："国学大盛，政治无不腐败。因为孔孟老墨便是春秋战国乱世的产物。非再把他丢在毛厕里三十年，现今鼓吹成一个干燥无味的物质文明，人家用机关枪打来，我也用机关枪对打，把中国站住，再整理什么国故，毫不嫌迟。"②

　　当然，吴氏发挥他的物质文明的议论最详尽、最集中、最有说服力的还是那篇被胡适捧得不亦乐乎的《一个新信仰的宇宙观及人生观》。因这篇文章是全部论争的压轴之作，我打算把它与陈独秀、胡适为《科学与人生观》一书所做的序言，以及张君劢为《人生观之论战》一书所写的序言，放在一起来讨论。

---

　　①　王星拱：《科学与人生观》，载张君劢、丁文江等《科学与人生观》，第286页。
　　②　吴稚晖：《箴洋八股化之理学》，载张君劢、丁文江等《科学与人生观》，第305、310页。

（四）对于这次论争的总结与评论

从 1923 年 2 月张君劢的《人生观》一文发表①到这一年的 12 月论文结集，将近一年的时间，先后发表论争文字约三十万言，参与争论的学者二十余位，分属科学与玄学两个阵营，以科学派的人数稍稍居多。据我观察，双方似乎不分胜负。因为这次所争论的问题，可以说从古以来就有，从此以后，也还会继续有争论。在可预见的将来一个很长很长的时间里，可以说谁也说服不了谁。我是个对思想史研究有兴趣的人，不太重视一场思想论争谁胜谁负的问题，我最看重的是，在论争中，在哪些方面，在哪个问题上，提出了新的意见，把问题的思考向前推进了一步。对于争论的双方，不论其本人倾向于哪一方，即使是相反对的一方，也完全有可能因提出新的意见——不论这意见本身的对错——而将论争向前推进一步，从而，也把人们对问题的认识向前推进一步。

我觉得，这次争论比较本章前面所论述的几次争论，都更加深入一些，在一定的意义上可以说是五四时期思想文化论争的一次小结。它既涉及东西文化的关系问题，又涉及文化内部各方面、各层次之间的关系问题，尤其是涉及今后思想、教育路向的问题。在这些问题上，都有较以前各次争论更深一层的认识，把争论提升到一个新的高度。这是我对于这次论争一种总括的认识。但当时身处争论旋涡中的人并未明确意识到这一点。

过去，人们常常认为陈独秀、胡适为《科学与人生观》一书所做的序，即是对这次论争所做的总结。今天看来，似觉不确。我以为一场争论，凡作为一方的参与者，一般都很难做出深入而又客观的总结。中国有句古话，"当局者迷"，这是至理名言。陈、胡、吴稚晖，也可以包括张君劢，他们相对于多数参与争论的其他人来

---

① 张君劢之文发表于《清华周刊》第 272 期，署为 2 月 14 日出刊，则讲演时间必在此前。过去相关记载皆记为 1 月，但未记具体日期，暂时只能记其发表的时间。

说，是比较站得高一些，看得深一些，远一些，但他们毕竟都有明确的派别色彩，所以，很难做到完全客观。

不仅如此，还因为当时中国知识界、思想界，其知识与理论的准备都很不够，按胡适的说法，"中国人的人生观还不曾与科学行见面礼呢"。胡适的说法或许稍嫌夸张，但也终不能说，在中国，科学精神、科学方法已很普及，或已经有很成熟的科学事业，很伟大的科学家。至于人生观方面，人生观属于哲学范畴。中国古已有之的哲学，因科学的不发达、论理学的不发达，所以一直存在着严重的模糊笼统的毛病。近代哲学刚刚起步，至少在当时，还没有什么人真正够得上有所创获的专业的哲学家。胡适自己是学哲学的，可是他从不承认自己是哲学家，他甚至对哲学抱有取消主义的想法。[1] 陈独秀从来没有对哲学下过专门研究的功夫，他对马克思主义哲学，还处于学步的阶段。至于张君劢，可算是专门学过哲学的，并且与柏格森、倭铿、杜里舒这些当时很出名的欧洲哲学家有过直接接触，但这仍不足以使他成为真正专业的哲学家。我们从他的文章就可以看出，他没有严格的逻辑思维的训练，他对上述几位哲学家的思想也不过是有一般的了解。至于他依以为安身立命之基的中国古代心性之学，也不过是比较熟悉，有所领会而已，还看不出有什么独立的创造性的见地。张氏很有将中国古代心性之学与西方现代保守主义哲学结合起来，发展出中国新哲学的志向，他后来终身致力于新儒家哲学的建树，即是发源于此。但新儒家哲学自然不必在这里讨论。

---

① 胡适认为，在古代，因为科学不发达，一切未知的领域，都是哲学讨论的内容。随着科学的发达，原来哲学所讨论的许多问题，逐渐由科学做出解释，于是哲学的地盘越来越小了。他预见，未来哲学将被取消。因为"问题可解决的，都解决了。一时不能解决的，如将来有解决的可能，还得靠科学实验的帮助与证实，科学不能解决的，哲学也休想解决；即使提出解决，也只不过是一个待证的假设，不足以取信于现代的人。故哲学自然消灭，变成普通思想的一部分"。（曹伯言整理：《胡适日记全集》第 5 册，第 631—632 页）

总之，我认为，科学与人生观问题的论争，在内容范围上，在思考深度上，都可以说较前此的各次论争有进步，有提高；但同时也存在一些明显的缺陷。它的意义有待重新加以评估。

在这一小节总结的文字里，除了全部争论文字外，我将较多地关注陈独秀、胡适为《科学与人生观》一书写的序，张君劢为《人生观之论战》一书写的序，以及吴稚晖的两篇文章，特别是他那篇四万字的长文《一个新信仰的宇宙观及人生观》。

（1）这次论争在一定程度上推动了中国思想界的进步

胡适在他写的序言里，埋怨张君劢开篇的文章"不可捉摸"，没有明白地攻击"科学的人生观"。我觉得这是胡适的误解。张君劢的文章确有许多模糊笼统，不严格遵守逻辑公例之处，但他的思想目标是清楚的，那就是吴稚晖所说，这次争论，"实在的主旨，张先生是说科学是成就了物质文明，物质文明是促起了空前大战，是祸世殃民的东西。他的人生观是用不着物质文明的"。[①] 张君劢认为科学不能支配人生观，是要把科学逐出人生观的门外，也就是他根本不承认有什么"科学的人生观"，自然不会把"科学的人生观"作为他攻击的目标。科学只可以同物质打交道，所以造就了物质文明，西洋人就是如此。中国历代先哲先贤，不屑于过问物质，唯关注心性修养，所以造就精神文明。中国应该继续走精神文明之路，"宁可牺牲富强"，也必须如此。所以，中国的教育必须谨守此一条原则。这才是张君劢所提出的问题，不问其行文如何，这个主旨，他还是表示得很清楚的。

我在前文里说，张君劢提出西方文明是物质文明，东方文明是精神文明，这是一个很重要的问题。前此，杜亚泉、梁漱溟、学衡派都没有这样明确的提法。所以，此次争论，比较以前的各次争论，是把问题提到一个新的层面，对东西文明的差异，做出了新的

---

① 吴稚晖：《箴洋八股化之理学》，载张君劢、丁文江等《科学与人生观》，第305页。

概括。同时，讨论物质与精神的问题，不可避免地将争论引向哲学的领域。这是这次争论明显地不同于以往的争论，高出于以往的争论的地方。

在所有参加争论的学者中，吴稚晖最明确地抓住了这次论争的核心，洋洋洒洒地写出四万字的新宇宙观与新人生观来，所要说明的就是，一切的精神文明，其实都离不开物质，而且只有物质文明发达，精神文明才跟着发达。有发达的文明才会有高的道德，因为道德是文明的结晶。所以在他看来，西洋人的道德总和"较高明"，反之，中国鄙弃物质文明的结果，其道德总和显得"低浅"。应该说，吴稚晖的长文确实是很严正地全面回答了张君劢所提出的问题。胡适说，若是把科学的人生观详细揭示出来，那结果就"不是科学能不能解决人生的问题了，乃是上帝的有无，鬼神的有无，灵魂的有无，……等等人生切要问题的解答。只有这种具体的人生切要问题的讨论才可以发生我们所希望的效果，——才可以促进思想上的刷新"。[①] 我认为胡适这个说法不很妥当。是讨论上帝的有无，鬼神的有无，灵魂的有无，能"促进思想上的刷新"呢，还是讨论物质文明与精神文明的关系更能"促进思想上的刷新"呢？我看应该是后者。这是这次争论给中国思想界提出的新问题，对这个问题展开讨论，对这个问题提出解答，就可以促进中国思想界的刷新。胡适后来自己认识到这次争论的核心所在，两年多以后，他发表那篇《我们对于西洋近代文明的态度》一文，相当集中地批评所谓西方文明是物质文明，东方文明是精神文明的谬论。这是后话，这里不论。

这次讨论，按张东荪的说法，是逼迫不懂哲学的人勉力来谈哲学，不懂科学的人勉力来谈科学。结果，虽然谈得不够深入，

[①]　胡适《〈科学与人生观〉序》，载张君劢、丁文江等《科学与人生观》，第20页。

不够精确，但确实接触到一个哲学的大问题，就是精神现象与物质现象、精神科学与物质科学之间的关系问题。张君劢崇尚精神，贬抑物质，又不相信科学能够解决好精神界的问题，所以，他倾向于在物质与精神之间、在物质科学与精神科学之间划一道不可逾越的鸿沟。丁文江否认这个鸿沟的存在，强调物质精神的一致性。哲学上，对世界本原问题一直有两种说法，一种是一元论，一种是二元论（或多元论），而在一元论中又有唯物论与唯心论的区别。张君劢倾向于二元论，丁文江倾向于一元论。但丁氏受欧洲 19 世纪以来的感觉主义、经验主义或所谓经验批判主义哲学的影响甚深。这是因为，那时期欧洲大多数科学家迷醉于这一派哲学，丁文江在此环境中留学，深受此种哲学的影响是毫不足怪的。

世界是统一的，精神的东西都是在物质的基础上产生的，把两者对立起来，把精神与物质的区别看成绝对的，那就滑向二元论了。但也不能像丁文江那样，完全否认两者的区别。

在批判不彻底的二元论或多元论哲学时，彻底的唯物论与唯心论哲学家，客观上成了统一战线的盟友。哲学史告诉我们，彻底的唯心主义哲学家，往往比肤浅的机械论的唯物主义哲学家会给我们更多有益的帮助。丁文江尽管表达得太笨拙，但他提出了物质与精神相统一的问题。作为一个科学家的丁文江，能够这样看问题，对于打破中国历史上长期堆积起来的由于不彻底的模糊笼统的思想习惯所造成的各种不彻底的、昏乱的、多元迷信的有害观念，是有一定积极意义的。而且，我们看到，唐钺等科学家和拥护科学的其他学者，力图用最新生物学与心理学成就来实际说明精神现象与物质现象之间的联系。这是中国学界应用科学成果解释世界，推进哲学世界观进步的一次非常有益的尝试。

过去学界在评论这次科学与人生观的论争时，都特别强调陈独秀为《科学与人生观》一书所写的序。陈独秀的序言最有特色的内容有二：一是他批评丁文江的存疑的唯心论，等于为张君劢的玄学留下地盘，自行放弃阵地；二是批评胡适等人不肯接受历史唯物论。

　　首先应肯定，陈独秀在这次比较不关乎政治的学术思想论争中，运用马克思主义哲学参与论争，是中国学界的一个新动向。他对丁、胡两位的批评在原则上也是对的，彰显出马克思主义哲学，确是较当时输入中国的，以及中国原来固有的其他哲学要高出一筹。

　　丁文江所揭示的存疑的唯心论，固然有缺点，应当批评，但是这种哲学的产生是针对绝对主义和神秘主义的，而且应当承认它对于反对神秘主义是有相当积极意义的。存疑的唯心论的核心观念是拒绝回答在人类已有的感觉经验，一切表象、观念的背后还有什么东西的问题。这一方面表现出对人类认识能力的怀疑，导致不可知论；但另一方面，它也表明科学对于知识的诚实，即知之为知之，不知为不知，是知也。迄今为止，人类对于世界统一性的认知，都还只是理论的推论，此问题不可能像一切具体的物象那样，经过科学实验的手续加以确认。所以科学家拒绝回答这样的问题，是有一定的道理的。陈独秀的意思是说，你不回答这个问题，玄学家就永远有藏身之地。可是，丁文江们不回答，你陈独秀回答了，照样不足以最终消灭玄学家。唯物与唯心的争论，可知论与不可知论的争论，在可以预见的将来，肯定会一直进行下去，没有彻底解决的捷径可供选择。

　　从彻底唯物论的立场上看问题，虽然世界的物质统一性，不能获得通常具体科学实验的验证，但通过严格的理论思维所建立起来的结论是可以令人信服的。这个结论就是，物质世界是离开我们独立存在的，它可以为我们所认识。我们认识世界的手段就是科学。科学暂时不能解决一切问题，但科学是我们能够获得确切知识的唯一途径。世界著名科学家爱因斯坦在其《论科学》一文中所说："相信世界在本质上是有秩序的和可认识的这一信念，是一切科学工作的基础。"① 这是很高明的论断。

陈独秀提出用唯物史观来解释一切社会现象,这也是此次争论中出现的新见解。他说:"我们相信只有客观的物质原因可以变动社会,可以解释历史,可以支配人生观,这便是'唯物的历史观'。"这一方面表明他超越当时中国其他哲学家,在哲学上站到更高的层面,但同时也表明他对唯物史观的理解还是简单化的。第一,唯物史观明确承认,物质的原因是社会变动的根本原因,但并不排斥思想、精神方面的原因也可以发挥作用。第二,在特定的时空条件下,思想、精神方面的原因也可以发挥决定性的作用。在社会行将发生变革和革命的时候,这种情形是明显可见的。陈独秀没有全面论述唯物史观,把这一观念过于简单化。胡适反驳他时指出:"他若不相信思想、知识、言论、教育也可以'变动社会,解释历史,支配人生观',那么,他尽可以袖着手坐待经济组织的变更就完了,又何必辛辛苦苦地努力做宣传的事业,谋思想的革新呢?"②

恩格斯晚年清醒地注意到,由他和马克思共同建立和共同宣传的唯物史观,被一些人过度简单化。他多次在与朋友的通信中深刻论述唯物史观的要义,特别着重地强调,在社会历史领域内,物质决定精神,基础决定上层建筑,是经过一些中间环节的,而且精神、上层建筑是可以反过来影响物质,影响社会的基础的。恩格斯指出:"根据唯物史观,历史过程中的决定性因素归根到底是现实生活的生产和再生产。无论马克思或我都从来没有肯定过比这更多的东西。如果有人在这里加以歪曲,说经济因素是唯一决定性的因素,那末他就是把这个命题变成毫无内容的、抽象的、荒诞无稽的空话。经济状况是基础,但是对历史斗争的进程发生影响并且在许

---

① 〔美〕A. 爱因斯坦:《论科学》,许良英、王瑞智编:《走近爱因斯坦》,第149 页。

② 本段引文,见胡适《答陈独秀先生》,载张君劢、丁文江等《科学与人生观》,第 26—28 页。

多情况下主要是决定着这一斗争的形式的，还有上层建筑的各种因素。"恩格斯在具体分析这些因素的时候，揭示了基础决定上层建筑不是简单的，直接的，一目了然的，而是经过许多中间环节的。诸如："阶级斗争的各种政治形式和这个斗争的成果——由胜利了的阶级在获胜以后建立的宪法等等，各种法权形式以及所有这些实际斗争在参加者头脑中的反映，政治的、法律的和哲学的理论，宗教的观点以及它们向教义体系的进一步发展。这里表现出这一切因素间的交互作用，而在这种交互作用中归根到底是经济运动作为必然的东西通过无穷无尽的偶然事件（即这样一些事物，它们的内部联系是如此疏远或者是如此难于确定，以致我们可以忘掉这种联系，认为这种联系并不存在）向前发展。"[1]

所以，唯物史观虽然承认"物质生活条件是原始的起因，但是这并不排斥思想领域也反过来对这些物质条件起作用"。[2]

陈独秀显然是把马克思恩格斯的唯物史观简单化了，但毕竟是他把唯物史观作为崭新的历史哲学理论带入到中国的思想学术论争中。

（2）论争存在的缺欠

这次论争有许多不足，尚待学者继续研究和讨论，诸如科学与科学精神的本质的问题，科学派并没有给出清晰的界定。

丁文江说："科学方法不外将世界上的事实分起类来，求他们的秩序。等到分类秩序弄明白了，我们再想出一句最简单明白的话来概括这许多事实，这叫做科学的公例。"[3]

这个定义确实不高明。从丁氏对科学的界说，以及他文中相关联的论述可以看出，他崇信马赫的哲学。马赫唯一确认的东西就是

① 《恩格斯致约·布洛赫》（1890 年 9 月 21—22 日），《马克思恩格斯书信选集》，人民出版社 1962 年版，第 466 页。

② 《恩格斯致康·施米特》（1890 年 8 月 5 日），《马克思恩格斯书信选集》，第 464 页。

③ 丁文江：《玄学与科学》，载张君劢、丁文江等《科学与人生观》，第 42 页。

感觉，一切都来源于感觉，一切都是感觉。丁文江所说的事实，并非指离开我们主观，独立存在的事实，而是由我们的感觉构建起来的东西。因此所谓分类，所谓秩序，都指的是感觉的分类和感觉之间的秩序。把一切归结于我们的感觉，这样一种基本观念，一种哲学出发点，不可能对科学，对科学研究的方法，对科学研究所得的结果，做出真切的揭示。科学最基本的特质，是基于对客观事物本身的观察、实验所得到的对事物的认识，经过事实的验证而无误，使我们的认识与客观实际相符合。这才是科学的本质。丁氏既然不承认感觉之外有客观事物的独立存在，自然也就谈不到使我们感觉及认识与客观事物相符合的问题。而科学之所以为科学，就在于我们通过一些手段，一些程序，验证我们的认识是否与客观实际相符合。当时最鲜明地提倡科学的陈独秀曾对科学做过界说，他说："科学者何？吾人对于事物之概念，综合客观之现象，诉之主观之理性而不矛盾之谓也。"① 这个定义虽然不算很严切，但揭示一个最基本的要点，即人运用理性所得客观事物的认识，与事物本身相符合（"不矛盾之谓也"）乃是科学最本质的东西。世界上的事物客观存在，它们本身有一定的内在秩序；这些事物及其内在秩序是可以认识的；认识的正确与否，要经过事实的检验。丁文江因为迷醉于马赫的感觉主义，所以不能给科学下一个严切的定义，因此受到张东荪的嘲笑。陈独秀也批评丁文江过信存疑的唯心论，而说不清理应说清楚的一些问题，以致留给张君劢等人的玄学以很大的空间。

张君劢直接提出的问题是科学不能支配人生观，把人生观与科学分开。科学派没有对科学做出较准确的界说，同时也没有对人生观做出比较准确的界说。所以，当梁启超说："人生问题有大部分是可以——而且必要用科学方法来解决的。却有一小部分——或者还是最重要的部分，是超科学的。" "人生关涉理智方面的事项，

---

① 陈独秀：《敬告青年》，《青年杂志》第 1 卷第 1 号，1915 年 9 月。

绝对要用科学方法来解决。关于情感方面的事项，绝对的超科学。"① 这种似是而非的说法就颇得一些人的赞同。其实，科学派完全可以将人生观的内容分解出各个方面，一个方面一个方面地论证运用科学加以研究的可能性与必要性。梁启超明确说"关于情感方面的事项，绝对的超科学"。其实这也是可以反驳的，没有哪个人的哪一种情感是完全没来由的，不可理解、不可解释的。到了现代，科学实验室里已经可以观察到，人的某种情绪、情感的变化，是与人的大脑的一定部位的神经活动相关联的。由此足以见得，人的情感也不是超科学的。在当年争论进行时，科学派自然不了解今天实验心理学的最新成果，但仍可断定任何情感的产生、变化是有原因的，这些原因是可以进行探求的。

当时科学派没有从这些方面去努力克服玄学家的挑战，而是用力去构建所谓"科学的人生观"，这是枉费了精力。胡适的长文，张东荪认为其主旨是各个学科有各个学科的人生观，这自然并非中肯的评论。但像胡适所说那样，依据某些科学，人们才可能知道宇宙如何如何，社会如何如何，人生如何如何，这样一来，亿万普通老百姓，岂不是永无建立科学的人生观的可能吗？这岂不是让亿万小民的人生观都交给玄学家去安排了吗？我知道，这肯定不是科学派学者的本意。我提出这一点来批评当时的科学派，是在于指出，他们的责任是努力运用科学常识（有人把常识与科学对立起来，认为常识不符合科学。我认为常识是已被普及的以往科学所求得的知识。科学有时是突破以往的常识，实际上只是把知识扩大和提升，并不否定原有常识在其自己应用范围内的有效性，正如相对论并不取消牛顿力学的有效性一样）证明物质生活决定精神生活，以及人们认识物质现象与精神现象的可能性与必然性等，使他们尽量摆脱各种武断迷信、各种神秘主义的影响，养成健全有益的人生

---

① 梁启超：《人生观与科学》，载张君劢、丁文江等《科学与人生观》，第139、142 页。

观。这种人生观并不依赖科学发达，科学发达只是改变、提升健全有益的人生观的科学程度及其表现形式，而不改变其抵制和克服武断迷信与各种神秘主义的本质。王充在科学还很不发达的汉代，也能提出"疾虚妄，重证验"的人生观来，一百年前的中国科学派的学者为何不能提出一种大多数人可以接受的、免受玄学家影响的健全有益的人生观来呢？

科学与玄学的论争不会止息，这个问题不能求得一劳永逸的解决。拥护科学、拥护真理的人们的责任就是随时注意运用已有的知识，去消除和削弱各种武断迷信和各种神秘主义的影响，让尽可能多的人保持一种健全而有益的人生态度。

五　关于古史观的论争

在新文化运动中，关于古史观之争，很引人注目，在近代学术史和思想史上有其重要的意义。

（一）古史论争的缘起

1922 年 9 月，胡适创办的《努力周报》新辟《读书杂志》附刊，以为讨论学术文艺的园地。1923 年胡适到南方休养，在上海见到顾颉刚，他要颉刚为《读书杂志》写稿。当时顾氏正在集中心力考证古史，考虑的问题甚多，而撰写文章却不是随手可及的事。但胡适要他写，他不能不有所报命。于是他把两个月前写给钱玄同一封谈论他的古史见解的信交给《努力周报》的《读书杂志》去发表，标题为《与钱玄同先生论古史书》。此信写于 1923 年 2 月 25 日，发表于《读书杂志》的第 9 期（1923 年 5 月 6 日出版）。信中提出他关于古史的一个中心观念，他认为，现存的古史记载，"时代越后，知道的古史越前；文籍越无征，知道的古史越多"。

还指出："时代愈后，传说中的中心人物愈放愈大。"① 有鉴于此，他认为，古史是"层累地造成的"，钱玄同热烈地赞同顾颉刚的观点，却引起古史学界另一些人的强烈反对，于是发生一场古史观的论争。

反对顾颉刚的人，不大了解顾氏怀疑古史，形成其"层累地造成的中国古史"说的过程，以为顾氏因受新文化运动的影响，心血来潮，轻易地否定古史的可靠性，遂加以严厉的批评。如胡董人说他是"附会周纳"，② 柳诒徵说他"勇于疑古，实属疏于读书"。③ 实则，顾颉刚得出他的"层累地造成的中国古史"说，是经过长期研读古书，逐渐积累心得才终于得出此结论的。但他是一个谨慎的人，他公开发表出来，是要引起史学界的共同研讨。为此，他觉得有必要详细说明他得出此一"惊世骇俗"的重要见解的心路历程。所以，当《古史辨》第一册编辑就绪时，他写出将近七万字的长序，说明他怀疑古史，研究古史，得出"层累地造成的古史"说的漫长过程。

顾氏出身于"江南第一读书人家"，一则家中自有一种读书气氛传衍不衰；二则家中也颇有一点藏书。顾氏自幼即好读书，而且"幼年读书就不肯盲从前人之说"，④ 总要自己认可才是。入北京大学读书时，听过太炎先生的课，而不满今文家"微言大义""通经致用"一套说法，认定"在学问上则只当问真不真，不当问用不用。学问固然可以应用，但应用只是学问的自然的结果，而不是着手做学问时的目的"。⑤

————————

① 顾颉刚：《古史辨》第 1 册，第 79、76 页。

② 胡董人：《读顾颉刚先生论古史书以后》，原载《读书杂志》第 11 期，引自《古史辨》第 1 册，第 101 页。

③ 柳诒徵：《论以〈说文〉证史必先知〈说文〉之谊例》，原载《史地学报》第 3 卷第 1、2 号合刊，引自《古史辨》第 1 册，第 185 页。

④ 顾颉刚：《古史辨》第 1 册，"自序"，第 5 页。

⑤ 顾颉刚：《古史辨》第 1 册，"自序"，第 14 页。

　　1917 年蔡元培长北大，着手改革。此时，新文化运动也已揭开序幕。《新青年》所提倡文学革命、思想革命，一新人们的耳目，提起青年学人创造的勇气。这期间，胡适的文章尤给顾氏以极大的影响。顾氏原是戏迷，曾想过要把种种戏曲故事，理出个历史的线索来，而苦不得其方法。读了胡适关于"井田辨"的文章和《〈水浒传〉考证》的文章，觉得豁然开朗。他自述说："在这些论文中他时常给我以研究历史的方法"，觉得"若能像适之先生考水浒故事一般，把这些层次寻究了出来，更加以有条不紊的贯穿，看它们是怎样地变化的，……研究古史也尽可以应用研究故事的方法"。这一个思想上的触动，对顾氏产生的影响是巨大的。他说："只因我触了这一个机，所以骤然得到一种新的眼光，对于古史有了特殊的了解。"[①] 有了这种新的眼光，新的了解，再去深入研究古史的种种记载，种种传说，就有了不同的看法。他发现，关于古史的传说与记载，总是愈往后，古史往前拉的时间越长，故事也变得越加详细，于是产生一个想法，古史是被"层累地造成的"。

　　中国历史上很早就有人不相信古书记载都是真的，就有人做疑古辨伪的工作。康有为可算是此前疑古辨伪的集大成者。顾颉刚承认自己受到康有为的影响，但他指出，他与康氏有两点重大的区别：一是目的不同，康氏是为政治目的服务的，而顾氏则全无政治上的想法，只是为学问上的求真。二是因为没有掺杂政治的动机，只是为学问而学问，所以，目的与方法是一致的。目的在于求真，方法也是求真的方法。

　　此外，前人的疑古与辨伪都不能彻底。如清代最有名的辨伪大家崔述，他虽疑古书，而决不疑经，即对儒家确定的几部经典的说法，他仍认为是真的，不敢怀疑。顾颉刚是身历新文化运动的一个青年学者，他明确地承认自己深受这个运动以及这个运动中一些领袖人物的影响。这个运动最核心的精神是重新估定一切价值，这给

---

　　① 　顾颉刚：《古史辨》第 1 册，"自序"，第 22—23 页。

了顾颉刚以发表自己独立的古史见解的足够勇气。但要系统完整地叙述出"层累地造成的中国古史"，这是一个相当繁难的巨大工作，他只在给钱玄同的信中大略地说出他的主要见解。一场重要的古史观之争，就此而起。

（二） 争论的焦点

顾颉刚在发表其《与钱玄同先生论古史书》一文时，曾在文前特别说明其发表此文的缘起及文章的要点。关于后者，他指出：其一，"时代愈后，传说的古史期愈长"。其二，"时代愈后，传说中的中心人物愈放愈大"。[1] 据此，他认为现有的古史，是"层累地造成的"。顾氏在论证他的这些基本观点时，以关于尧舜禹的故事在古籍中出现的时序为基本材料。他指出，禹的故事出现最早，而且带有神话性质。起初人们把他当作神来崇拜，后来故事演变，禹成为一个人王。而尧舜的故事出现在后，而且又增加了尧舜禹之间君臣关系和亲属关系的说法。在论证中，顾氏说禹可能是铸在鼎上的一种神兽，或是一个大虫。

后来所有赞同顾氏基本观点的学者，基本上都抓住了顾氏的中心观念，即认为古史是"层累地造成的"这一点，但所有反对顾氏的学者，都避而不谈这个中心。这是很值得注意的一点。

最早在《读书杂志》上发文反驳顾颉刚的是刘掞藜，他在《读书杂志》第11期上发表《读顾颉刚君〈与钱玄同先生论古史书〉的疑问》一文。文章对顾氏疑古的态度，很礼貌地表示"钦佩"，而主要集中辩论禹是人，不是神，更不是什么大虫。刘氏强调说，孔子的时候，已经有《书》（即《尚书》），而且认为《书》是可信的。也就是说，《尚书》中诸如《尧典》《皋陶谟》《禹贡》（按，这几篇文章，有许多学者考订认为是后人的伪作）等篇关于尧舜禹的故事，都是真实可信的。

---

[1]　顾颉刚：《古史辨》第 1 册，第 75—76 页。

另一位反驳顾氏的学者是胡堇人，他是胡适的族叔，颇读些古书，曾是胡适少年时期最主要的知识上的伙伴。不过，他的思想还是有些守旧。他的文章《读顾颉刚先生论古史书以后》，与刘掞藜的文章发表在《读书杂志》的同一期上。其文章很短，基本意思就是辩论禹不是神，而是人。

在见到刘、胡两先生的文章后，顾颉刚做了两次回答。第一次是着重从古史观念上申述自己的意见，这个内容待后面再谈。另一篇文章是比较具体地针对刘、胡两先生的反驳做进一步的申辩。其文《讨论古史答刘、胡二先生》，登在《读书杂志》第12—16期上，文章很长，引文甚多。全文六个部分：（1）禹是否有天神性？（2）禹与夏有没有关系？（3）禹的来源在何处？（4）尧舜禹的关系是如何来的？（5）后稷的实在怎样？（6）文王是纣臣吗？最要之点：一是论证禹最初是具有神性的，是南方民族一个神话人物，周穆王以后才传入中原；二是尧舜后出，且因理想古代有禅让制度，而编出尧舜禹相互禅让的故事。顾氏的文章虽然大量的文字是具体论证尧舜禹的材料，但从上述两个最要之点，还是可以看出，他仍然是围绕他的"层累地造成的古史"说的基本观念展开论述的。

刘掞藜的第二篇反驳文章是在读到顾颉刚发表在《读书杂志》第12期上的《讨论古史答刘、胡二先生》之后，开始撰写并陆续在《读书杂志》的第13—16期上发表出来。顾颉刚的文章甚长，第12期上只写到全文的前两部分，禹的问题还没有讲完，刘氏的文章也就只针对已发表的部分展开其驳论。

刘氏的文章开头部分针对顾颉刚在《读书杂志》第11期上的文章《答刘胡两先生书》里面提出的问题发表意见。顾氏在该文中提出他对古史的几点看法。一是打破民族出于一元的观念。他认为，并非有历史以来就是单一民族的局面。二是打破地域向来一统的观念。他认为中国统一的局面是后来形成的。三是打破古史人化的观念。他认为古史上，人与神没有明确界限，基本上都是神话传说。四是打破古代为黄金世界的观念。刘氏基本上赞成顾氏的第一条意见。对于第二条，刘氏持反对态度，他相信古书上"尧舜抚有交趾"的话。关于第三条，刘氏认为不能因为古书某些记载有人神相混的情形，就断定古史皆是神话传说。第四条，刘氏虽不同意顾氏的一些具体论述，但他也不赞成把古代说成黄金世界。

刘氏在其论述中，两次强调他对于古史的态度是："参之以情，验之以理，断之以证"；或"度之以情，验之以理，决之以证"。① 这给了我们理解刘氏治史的基本态度与方法很重要的依据。

对于顾氏关于禹的论述，刘氏博引《诗》《书》《墨子》等古籍，辩论禹不是神，是人。

反对顾颉刚古史观念的学者，把最大的力量花在论证禹的真实存在，论证他是人，不是神，是治洪水立大功的人。

在这次争论中，有一位自然科学家，著名地质学家丁文江参加讨论。丁文江是胡适的好朋友。顾颉刚是胡适的学生，也是很好的朋友。顾氏听说丁文江一向不信大禹治水的传说，很想知道丁的想法，就写信给丁，要他谈谈对禹的看法。于是，丁文江就给顾颉刚回信，谈了自己对大禹治水的看法。这封信就被收入《古史辨》第 1 册中。丁文江认为，长江不可能有大的洪水泛滥，而黄河的洪水，也只能发生在下游。黄河的中流砥柱是龙门，龙门是天然形成的，与大禹和任何人无关。丁氏断言，石器时代的禹不可能具备治洪水的能力，"所以治水的话我向来不信"。②

到此为止我们看到，刘、胡两位明确反驳顾氏主张的学者，都没有对顾氏的中心观点做出反驳，而仅仅是对顾氏论证其观点所使用的材料提出异议，或做出不同的解释。刘氏虽谈及顾氏关于古史的几条意见，但仍未涉及其"层累地造成的古史"说。所以，他

---

① 刘掞藜：《讨论古史再质顾先生》，《古史辨》第 1 册，第 144、145 页。
② 丁文江：《论禹治水说不可信书》，《古史辨》第 1 册，第 177 页。

们的反驳未曾动摇顾氏的基本结论。

在与顾颉刚辩论古史的过程中还出现一些旁逸斜出的问题，但也颇具理论与方法的意义。一个是柳诒徵的文章《论以〈说文〉证史必先知〈说文〉之谊例》。他针对顾氏在《与钱玄同先生论古史书》中引用《说文》的材料，旁证禹不是人，而可能是一条大虫（这一说法，顾氏不久就放弃了），认为顾氏不懂《说文》所示的"造字之通例"与"说字之通例"。① 后来，有钱玄同和魏建功两先生发表文章，批驳柳氏。钱氏的文章是给顾颉刚的一封信，写于 1925 年 12 月 13 日，发表于《北京大学国学门周刊》第 15—16 期合刊上（1926 年 1 月 27 日出版）。钱氏认为，《说文》所用古字，全出于所谓"壁中书"，即所谓"古文经"，是伪造的，不足凭信。说文中的古字，亦即"古文经"中的古字，与出土的殷商甲骨文的文字相距甚远，而原有的经书，即所谓"今文经"的文字与甲骨文反而相近。所以，钱氏说，《说文》等于是一部"伪字举要"，② 根本不足以用来证明古史。

魏建功的文章，紧紧抓住刘氏文章的内在矛盾，一方面刘氏不反对以文字用为考史的材料，一方面又强调，"不可专信文字，转举古今共信之史籍一概抹杀"。③ 柳氏强调，应当"以史为本"，而彼所谓"以史为本"，即是以已有之各种古史记载为本。这就根本上排斥了疑古的可能，否定了考史的必要。

张荫麟在《学衡》第 40 期上发文《评近人对于中国古史之讨论（古史决疑录之一）》（1925 年 4 月）。张氏文中首先引证一位法国史学家的观点称："若因某书或今存某时代之书无某史事之称述，遂断定某时代无此观念"，④ 是默证，不可轻用以论史。这个

① 见柳诒徵《论以〈说文〉证史必先知〈说文〉之谊例》，《史地学报》第 3 卷第 1、2 期合刊，1924 年 4 月。

② 钱玄同：《论〈说文〉及壁中古文经书》，《古史辨》第 1 册，第 201 页。

③ 魏建功：《新史料与旧心理》，《古史辨》第 1 册，第 204 页。

④ 张荫麟：《评近人对于中国古史之讨论》，《古史辨》第 2 册，第 199 页。

意思是不错的，正是著名学者赵元任先生常说的"言有易，言无难"。言有，通常都是特称判断；而言无乃是全称判断。比如说，"洪洞县无好人"。若有人举出例证，此县某镇某村有某位好人在，则此判断即不能成立。但张氏用此理论反驳顾颉刚，则不是很恰当。因为第一，顾颉刚提出"层累地造成的古史"说，是基于整理现有的古史记载提出的一个假说。这里只在"言有"的范围内。第二，他不否认将来从地下考古工作进展中，会发现新的事实，所以颇慎于"言无"。顾氏在其《古史辨·自序》中说得很清楚。他说："我知道要建设真实的古史，只有从实物上着手的一条路是大路，我的现在的研究仅仅在破坏伪古史的系统上面致力罢了。"①类似的话，顾氏在他的其他文章里也常常提到。所以，顾氏并不曾断言古史上一定没有什么，他只是根据现有史料说明古人是怎样造成现有的古史的。

下面我们再看看对顾颉刚先生的"层累地造成的中国古史"说，明确持支持态度的学者是如何论述的。

钱玄同在顾氏发表其第一篇阐述其"层累地造成的中国古史"说的文章（实即顾氏给钱氏的信）之后，紧接在《读书杂志》的下一期（第 10 期）上，发表了《答顾颉刚先生书》。此文开篇第一句就说："先生所说'层累地造成的中国古史'一个意见，真是精当绝伦。"② 人们知道，钱玄同是疑古最勇的，他给自己起一个表字就叫"疑古玄同"，所以他最能认同顾氏的基本观念。他在此文中主要阐述对旧式学者所迷信的所谓六经的看法：第一，他认为没有所谓孔子删定六经的事实；第二，六经大部分都不是真实的历史，有些可以反映一些史事，但引用时必须审慎。

钱玄同在见到《读书杂志》第 11 期上所刊刘、胡两先生的文章后，在第 12 期上又发表《研究国学应该首先知道的事》一文。

① 顾颉刚：《古史辨》第 1 册，"自序"，第 28 页。
② 钱玄同：《答顾颉刚先生书》，《古史辨》第 1 册，第 81 页。

他提出三点意见：其一，应该知道前人辨伪的成绩，不宜将已经被证明的伪书伪物，再拿来辩护错误的观点；其二，单只知道前人的辨伪成绩还不够，研究古史应当经常持怀疑的态度，"学术之有进步全由于学者的善疑"；[①]　其三，要打破"考信于六艺"的迷信，"断不可无条件的信任"六经所说皆为信史。这就从根本上指出了刘、胡等人根据经书所载，来反对顾颉刚的观点是不足凭信的。

（三）古史观之争的思想史意义

这次关于古史观的争论，引发了一场持续的古史辨运动，一直延续到 40 年代初（《古史辨》所收最晚出的一篇作品是 1941 年 2 月），其间不断有古史考辨的著作出来，使人们对古史有了崭新的知识和观念。《古史辨》一共出版了 7 册，第 1 册出版于 1926 年 3 月，最后一册出版于 1941 年 6 月。

我们这里集中讨论有关古史观的论争所显示出来的思想史上的意义。关于古史观的争论，主要集中在 1923 年至 1925 年这段时间。

1924 年 2 月 22 日，《读书杂志》出版第 18 期，登出胡适的《古史讨论的读后感》。这篇文章要人们注意这次争论的核心所在，要人们注意，围绕这个核心的争论所昭示的思想史上的意义。

胡适指出："顾先生的'层累地造成的古史'的见解真是今日史学界的一大贡献"。但"这几个月的讨论不幸渐渐地走向琐屑的枝叶上去了"。他提醒说："我们不要忘了禹的问题只是一个例"。[②]而反对顾颉刚的学者，却只是抓住这一个例，而忘却了顾氏的根本观点和他的根本方法。胡适概括顾氏的根本观念和根本方法，列为下述几点。

---

① 钱玄同：《研究国学应该首先知道的事》，《古史辨》第 1 册，第 108 页。
② 胡适：《古史讨论的读后感》，《古史辨》第 1 册，第 164、165 页。

（1）把每一件史事的种种传说，依先后出现的次序，排列起来。

（2）研究这件史事在每一个时代有什么样子的传说。

（3）研究这件史事的渐渐演进由简单变为复杂，由陋野变为雅驯，由地方的（局部的）变为全国的，由神变为人，由神话变为史事，由寓言变为事实。

（4）遇可能时，解释每一次演变的原因。

胡适说："这是顾先生这一次讨论古史的根本见解，也就是他的根本方法。他初次应用这方法，在百忙中批评古史的全部，也许不免有些微细的错误。但他这个根本观念是颠扑不破的，他这个根本方法是愈用愈见功效的。"[①]

胡适提到，这个根本方法，他自己在几年前，在讨论古代井田制的问题时也曾用过。顾颉刚也明确承认，他使用这个方法是受到胡适的启发。凡能平心地看问题的学者，都不能不承认这个方法是研究古史的一大创见。应用这个方法，人们可以了解古史上种种传说的演变轨迹，可以发现它们的真实来历，而不盲目迷信它们，从而使我们有可能渐渐地逼近历史的真相。"层累地造成的中国古史"说在史学上的意义就在于此。

反对顾颉刚的学者，不管是公开发表文章的，还是不曾公开发表文章的，他们的根本立场是相信古史记载都是真的，相信古经书是圣人的著作，是不容怀疑的；怀疑古史的真实性，怀疑古圣人的著作是会影响人心的。关于这一点，刘掞藜的文章表达得最清楚。他在《讨论古史再质顾先生》中说：因为顾先生"这种翻案的议论，这种怀疑的精神，很有影响于我国的人心和史界，心有所欲言，不敢不告也"。[②]

---

① 胡适：《古史讨论的读后感》，《古史辨》第 1 册，第 165 页。

② 刘掞藜：《讨论古史再质顾先生》，《古史辨》第 1 册，第 138 页。

胡适指出，顾颉刚的疑古辨伪，会影响到我国的史界，这是毫无疑问的，但说它会影响到人心，则是没有道理的。

在今天的我们看来，如果说会影响到人心，那只是动摇了那些信古、崇古的守旧者的迷信心理。自从中国人面对一个从来不曾遇到的高于我们的近代西方文明以来，一直有人心理上过不去这个坎儿，总觉得我们号称有五千年文明的国家怎么要受这些历史远没有我们悠久的民族的欺负？于是就骂他们是野蛮，尚未进到我们的文明。记得读中学的时候，老师喜欢讲一件事，那是 1950 年代初，苏联和东欧国家的一些学者来参观我们的中国历史博物馆。参观后，他们在留言上写道：“当西方许多民族还在茹毛饮血的时代，中国已经进入高度的文明。”此话传出，人人乐道，觉得这是我们的骄傲。那时，少不更事，也引此为荣。后来慢慢明白事理，觉得这种骄傲心理是很不健康的。祖宗的光荣，祖宗的骄傲，不等于我们的光荣，我们的骄傲。如果我们自己不争气，祖宗的光荣与骄傲一点也帮不了我们的忙。清末时期，士大夫阶层蛮多的人，即以此种骄傲，慰藉自己，瞧不起西方人，瞧不起西方文明，结果是割地赔款，受尽屈辱。本来是以祖宗的光荣，示傲于人，结果却给祖宗丢了脸。这样的历史教训，居然还不足以唤醒一些崇古者的迷梦。

顾颉刚们所做的事，是先要弄清我们的古史、我们的祖先到底是怎样一种情况。我们的古史是不是像古书上所记载的那么悠远，是不是像古书上写的那样美妙的黄金时代？对此产生怀疑，于是就去辨伪书、辨伪事。这样一来，崇古的老先生们心中的许多神圣的偶像都有垮塌下来的危险。这就是他们认为影响人心的理由。

疑古的学者认为，古人所说，古书所载，不一定都是真实可信的。应该首先辨别伪书，清除那些伪造出来的历史，渐渐地逼捁出真历史的实迹。那些尚无可靠记载或实物以证明的远古历史，有待考古学的进步逐渐彰显出来。这样一来，可信的中国历史就没有五千年那么长久了。这也是令守旧者于心不安的一大原因。

这次疑古辨伪的运动，对于打破人们的崇古心理，打破对于古书的迷信是有很大功绩的。

这次古史之争，涉及一个带有根本性的原则问题，那就是做学问，做一切学问，从怀疑的态度出发是否正当？

反对顾颉刚的学者，不论是当时反对他的，还是后来的著述中表示反对的，① 基本上都是批评他不该怀疑古书，不该怀疑古圣人，有些说得稍婉转些，批评他怀疑过当。相反，赞成顾颉刚的学者，恰恰赞赏他怀疑的态度，不迷信的态度。他们都指出，怀疑是学问的出发点。如钱玄同说："我们研究的时候应该常持怀疑的态度才是。"又说："殊不知学术之有进步全由于学者的善疑。"② 魏建功说："科学方法的重要在求真，在勇于怀疑。"③

很显然，一切学问始于怀疑，始于疑问。心中没有疑问，没有问题，从何研究起？科学史上每一次新发现，都是因为发现者对已有的说法产生怀疑，于是去追问，去研究，去探讨，经过不懈的努力，终于有了新的答案。哥白尼之太阳中心说之取代地球中心说，牛顿之发现万有引力，都是如此。在哲学社会科学领域也是如此。一切重要的新学说的产生都是由于对旧有的学说不能满意，产生疑问，乃有创新的动机，以新的学说取代旧的学说。

新发现的原理，新出现的学说，难免有不够完善的地方，但它的生命力是旧有的成见无法扼杀的，它会逐渐完善起来。

有人担心如果承认怀疑的正当性，人们就可能怀疑过度，本当相信的东西也被怀疑。这种担心是完全没有必要的。怀疑不是目的，怀疑是为了求真。如果怀疑错了，经过考信的功夫，那本该相信的东西就会建立在更加可靠的基础上，这没有什么不好。相反，如果相信那本来不可信的东西，那就是迷信。迷信是对人的智力的最大伤害。所以，胡适主张"宁可疑而过，不可信而过"。④ 中国

---

① 参见王汎森《古史辨运动的兴起》，台北，允晨出版公司 1987 年版。

② 钱玄同：《研究国学应该首先知道的事》，《古史辨》第 1 册，第 107、108 页。

③ 魏建功：《新史料与旧心理》，《古史辨》第 1 册，第 211 页。

④ 见胡适对顾颉刚《古今伪书考跋》的批语，载《古史辨》第 1 册，第 10 页。

人因数千年一直为专制政治所困，迷信思想非常严重。人们迷信古人，迷信古书，迷信圣人，迷信伟人，迷信神鬼……太多的迷信，严重束缚了人们的理性、智慧与创造精神的发育与发挥。所以，在中国应当大大提倡怀疑的精神，破除种种迷信，解放人的思想，释放创造的精神。

近年来，回归传统的声音愈来愈高，对于以评判的精神对待传统，倡导近代思想的新文化运动，大为不满，视为断裂传统，反传统，甚至诬之为虚无主义，由此，而对疑古辨伪的史学潮流亦持否定的态度。诚然，顾颉刚代表的疑古辨伪史学是与新文化运动紧密联系在一起的。顾颉刚的《古史辨·自序》清晰地显示这一点，而事实也完全如此。所以，否定新文化运动，也必然否定疑古辨伪的史学潮流。这里，自然没有必要叙说一番新文化运动的历史必然性与合理性及其历史意义。我们只须指出，新文化运动以来一百年来中国历史学及其他各门学术的进步都是以怀疑的精神，评判的精神为前提所取得的，而不是依靠信古、崇古、迷信的精神所取得的。

有人说，顾颉刚代表的疑古派学者，只是做了对伪书伪史的破坏功夫，而于古史的建设工作则没有贡献。此说貌似有理，实则非也。姑且不说，清除伪书伪史，本身就是为寻求真史扫清道路，就是为真古史的建设贡献力量；必须指出，考定伪书伪史之所由来，揭出造作伪书伪史的人物及其事实，这本身就是真史的一部分。

这次古史观之争，对中国考古学的进步，产生了推动作用。学者们都热切期待从地下得到更多历史实物的遗存，以便揭示古史的真相。

将近一百年来，中国大多数学者，都一直肯定以顾颉刚为代表的疑古辨伪工作的意义。马克思主义历史学者郭沫若早在1930年代初，就认为："顾颉刚的'层累地造成的古史'，的确是个卓识。"① 当代著名海外华裔学者余英时则认为，顾颉刚的"'层累构

---

① 郭沫若：《评古史辨》，《古史辨》第7册，第710页。

成说'却是文献学上一个综合性的新创造，其贡献是永久而不可磨灭的"。①

---

① 余英时：《顾颉刚、洪业与中国现代史学》，香港《明报月刊》1981 年 5 月号。

第 十 二 章

五四后的和平改革思想

经五四运动的震荡，中国原有各派政治力量都受到这场狂飙式的政治运动的影响，不得不重新审视中国的政治出路问题。他们共同的反应是，必须大力吸引和培养青年骨干，以壮大自己的力量。于是，新文化运动所呼唤起来的大批青年，也就纷纷投入政治运动。

原有的政治力量，一个是国民党代表的清末以来的革命党；一个是研究系代表的清末以来从事立宪运动的和平改革派。除了这两个主要政派之外，五四以后，中国出现了两股新的力量：一个是主张以暴力推翻现存政治秩序、争取社会主义前途的中国共产党；一个是民国以来渐渐形成的自由主义新知识分子组成的新的和平改革派。

作为革命和改革的对象，旧秩序的维护者是新旧大小军阀（也包括依附他们的政客）。他们掌控着政府和军事力量，极力维护他们的既得利益，并觊觎掠取更大的利益。

我们回看当时中国的政治格局，如果新旧革命党与新旧改革派能够打破党见，实行联合，应该有几分战胜军阀政客的胜算，把混乱的中国带上一条可以谋改革、谋进步的轨道。但新旧革命派一度只有短暂的联合，不能持续很久；而新旧改革派，更没能形成联合。至于新旧革命派与新旧改革派两大股力量的联合，更是不可能的了；所以，即使某些时候，在某些问题上有某种程度的共识，因为不能形成组织上的联合，所以没有力量，不能战胜军阀，结束乱局。

共产党的思想，我们在第九章、第十章已有论述，国民党的思想，亦即其三民主义思想，此时期正在酝酿新的解释，我们留在下一卷里加以论述。这里，我们主要讨论新旧改革派的和平改革思想。

一　"好政府主义"的讨论

（一）问题的提出

提起"好政府主义"，首先一定会想到胡适，因为这个主张是由他提出来的，是他公开地正式地讨论政治问题的开篇之作。

人们都知道，胡适自述，他刚从美国留学归国时，曾下定决心，二十年不谈政治，先要从思想文艺方面，为中国社会打下革新的基础。但仅仅两年之后，他的决心就动摇了。他曾自己说过，五四之后一个多月，陈独秀被捕，他接编《每周评论》时，就感到有不得不谈政治的压力。再一个多月之后，他就发表《多研究些问题，少谈些"主义"！》那篇他自视为他自己谈政治的"引论"的著名文章。此文和四个月后发表的《新思潮的意义》，虽然都没有直接讨论政治话题，但其关乎政治的潜台词，是人人可见的，那就是，他极力主张渐进的和平改革，坚决反对激烈的革命。他对政治混乱、军阀混战的局面下，政府仍持专制主义的压迫政策是极端不满的，所以他有呼吁自由的宣言，有结合同志进行舆论斗争的酝酿。1921 年 5 月，他发起成立不公开的努力会，集结的人员虽不多，但足够支撑他后来办的《努力周报》。努力会成立之后，6 月 18 日，胡适在同安徽籍国会议员谈话时，第一次提出"好政府主义"的主张。一个多月以后的 8 月 5 日，胡适在安庆即以"好政府主义"为题做公开演讲，到这一年的 10 月 22 日，先后三次讲演"好政府主义"。其内容主要有以下几点。

1. 反对无政府主义，把政府视为工具。这是基于工具主义的政治哲学。

2. 政府这个工具，是一种有组织的、有公共目的的权力，运用得当，可发生极大的效力。消极的，可调节和避免社会冲突；积极的，可推动社会进步。

3. 从工具主义的政府观，（1）可得一个评判政府的标准："凡能应公共的需要，谋公共的利益，做到公共的目的，就是好政府；不能为所应为，或为所不应为的，就是坏政府。"（2）可得一个民治主义的原理：人民可随时监督和修理这个工具。（3）还可得一个革命的原理：坏政府、恶政府，人民可以推翻，可以更换。

4. "好政府主义"实行的条件：（1）大家要觉悟：政治不良，什么事都做不得。所以大家应立一个简单的共同目标：好政府；（2）"好人"要结合起来进行奋斗，争取实现好政府。①

1922 年 5 月 7 日，《努力周报》创刊，5 月 14 日第 2 号上便登出由胡适起草的，有蔡元培等 16 人联合署名的《我们的政治主张》，② 其基本内容就是由"好政府主义"充实、发展而来。其主要纲目为：

（1）"我们以为现在不谈政治则已，若谈政治，应该有一个切实的，明了的，人人都能了解的目标。"这个目标就是"应该平心降格的公认'好政府'一个目标，作为现在改革中国政治的最低限度的要求。我们应该同心协力的拿这共同目标来向国中的恶势力作战"。

---

① 见曹伯言整理《胡适日记全集》第 3 册，第 259—262、277、378 页。
② 署名的 16 人是蔡元培、王宠惠、罗文斡、汤尔和、陶知行、王伯秋、梁漱溟、李大钊、陶孟和、朱经农、张慰慈、高一涵、徐宝璜、王徵、丁文江、胡适。其中绝大多数是大学教授。

（2）好政府的内涵："在消极的方面，是要有正当的机关可以监督防止一切营私舞弊的不法官吏。"在积极的方面，"（1）充分运用政治的机关为社会全体谋充分的福利；（2）充分容纳个人的自由，爱护个性的发展"。

（3）好政府的标准是：宪政的政府；公开的政府；实行有计划的政治。

（4）政治改革的下手功夫，反对武力统一；要举行公开的能够代表民意的南北和会。

和会的内容：一是召集民国 6 年被解散的国会；二是克期制定宪法；三是协商裁兵办法；四是和会一切会议公开。

（5）不但要求裁兵，还要裁官：一是严定中央、地方官员的员额；二是废止一切咨议、顾问等拿"干薪"的官吏；三是考试任官。

（6）改革选举制度，改复选制为直选制；定选举舞弊法；大大减少国会及省议会议员额数。

（7）关于财政：一要彻底地会计公开；二要量入为出。

从其内容可以看出，这是一个非常平庸的改革建议。而它的最大缺点还不是它的平庸，是它没有提出实现这一平庸的方案的切实办法。它的目标只是用好政府取代不好的或是坏的政府。而所谓好政府就是有一批"好人"组织起来的政府。但好人怎样才可以组织起一个好政府去替代原来不好的或是坏的政府呢？胡适等人当然是不赞成采取暴力革命的手段，把原有的政府推翻，取而代之。那还有什么办法可以用好政府取代不好的或是坏的政府呢？胡适和他的朋友们始终不曾给出确切的答案。

（二）关于"好政府主义"的讨论

这项改革方案公之于世，并没有引起广泛的注意和较大的反响。一方面大约是因为提方案的人基本上都是读书人。要知道，中国的政治舞台上，从来没有人对书生论政给予认真看待和足够重视的。另一方面，所提的方案有根本性缺欠，就是究竟用什么方法去争取实现"好政府"，没有给出明确的办法。

《我们的政治主张》发表后，北京的《晨报》和《益世报》最先做出反应。这两家报纸同样是书生论政。他们不约而同地提出，政治改革与社会改革孰先孰后、孰重孰轻的问题，认为《我们的政治主张》抛离了社会问题，而单就政治问题上谋求改革是不可能有结果的。例如《晨报》的评论说："政治是为社会而发展的，同时又要待社会而发展。社会方面的工作，比政治方面更重要些；而且政治方面的工作不能单独进行，同时还要靠社会方面的工作做基础。"① 而《益世报》则特别强调普及教育对于政治改革的优先性。它表示："以为今日之事而不从根本之教育入手，皆是费话。"② 其实，两家报纸的议论，正是胡适回国之初，不愿谈政治的理由，与其说是对《我们的政治主张》的质疑，不如说是对胡适改变不谈政治的态度的质疑。我们现在就看看胡适和他的合作者们是如何答复的。

首先著文答复两报记者的是高一涵。他在《努力周报》第3号上发表《政治与社会》一文。他明确宣布："这回《我们的政治主张》的宣言，并不是抛弃我们多年'改良政治必先从改良社会下手'的主张，实在只是贯彻我们多年的主张的一种办法。"他指出，政治与社会的关系很难绝对分清谁是第一，谁是第二，只能求其并行。要想办社会事业，以造进步之基础，恶政府会妨害此种事业。所以，改造恶政府是必行的一步。高氏说：他和他的朋友们并非政治万能论者，"只想要求一个容许或不妨害我们办教育事业的政府"而已。

胡适在《努力周报》第4号上，在答复伯秋和傅斯稜对《努力周报》的批评时说，这两位朋友都希望，胡适和他们的报纸，

---

① 《政治主张的根本疑问》（社论），《晨报》1922年5月16日。
② 转引自高一涵《政治与社会》，《努力周报》第3号，1922年5月。

以后就全力地谈政治，不要再谈什么文学或其他学术问题。胡适声明："我们这个报并不是专谈政治的。政治不过是我们努力的一个方向。我们的希望是：讨论活的问题，提倡活的思想，介绍活的文学。"又说道："现在我们虽然因时势的需要，不能不谈政治问题，但我们本来的主张是仍旧不当抛弃的，我们仍要兼顾到思想与文艺的方面的。"

高、胡两位的答复，都颇温和，唯独丁文江的答复，很有一点火药味。丁氏在《努力周报》第 6 号上发表《答关于〈我们的政治主张〉的讨论》。其中说道："最可怪的是从前乘火打劫的人，现在也居然拿改良社会这种题目来抵制政治改革了。"大约是指，丁文江、胡适及其朋友们，努力从事于思想文艺之类的社会事业的时候，《晨报》《益世报》都积极于政治方面的运动。如果是把这说成"乘火打劫"，未免入罪太深了。

对《我们的政治主张》最严厉的批评，是说它没有提出造成好政府的切实办法。

王振钧等八人向《我们的政治主张》的作者质问道："你们没有明白告诉我们的——还是取革命手段呢？还是取改良手段呢？还是先破坏后建设呢？还是在恶基础上面建筑'好政府'呢？"接着他们坦率地提出自己的办法："我们平素相信政治的澈底改造在平民革命。经十一年来的教训，……不澈底的和平改良，如今已经山穷水尽。政府的改良政策是门面话，人民的改良要求是纸老虎！现在不好再请愿裁兵废督，希望国是会议，只有合全国的平民，下牺牲的决心，作最后的决斗。"他们又进一步说出他们实行这种革命的具体办法，一是"到民间去"，一是"手枪炸弹"。显然是倾向于动员下层人民，进行暴力革命。①

值得注意的是，胡适并没有拒绝王振钧等人的革命主张，他答复说："'最好双方分工并进，殊途同归。'可改良的，不妨先从改

---

① 《关于〈我们的政治主张〉的讨论》，《努力周报》第 4 号，1922 年 5 月。

良下手，一点一滴的改良他。太坏了不能改良的，……那就有取革命手段的必要了。"①

胡适是个彻底的和平改革主义者，他在这里没有断然否定革命。一则是，当时新兴的有组织的政治力量，国民党、共产党，都是主张革命的。这两党内都有胡适颇熟悉的算得上优秀的分子；他即使不赞成他们的主张，也不能不承认他们的主张有其理想的正当性。二则是，在当时，全国性的暴力革命尚非事实，他在原则上承认革命，在理论上显得比较周全。何况他在解释"好政府主义"时，揭出工具主义的政府观，本身即包含有革命的意义。

丁文江的反应有些激烈，他把王振钧等人"手枪炸弹"的主张，直接说成主张暗杀，然后批评这种暗杀主义不道德、不法、不效，惹得那八位署名人中的董秋芳和林之棠两位，再次联名写文进行很激烈的反驳。他们对丁氏断定他们是实行暗杀主义，并谴责为不道德、不法、无效，非常恼火。但可能是情绪化的关系，他们实际上既未承认暗杀主义，也未明确说明，他们的"手枪炸弹"到底是什么意思。② 我们可以推想，这是一些向往革命，而对革命尚未形成系统成熟的想法的青年。

本来，要做和平改革的奋斗，需要结合力量做有组织有计划的活动，这就需要组织政党。然而，胡适、丁文江等，都没有组织政党的勇气。他们搞的努力会始终没有大进展，就连联署于《我们的政治主张》的16人之中，多数亦非努力会的会员。程振基投稿《努力周报》说："诸君既有一个共同目标——好政府——何妨就由诸君发起组织一个'好政府党'。若是徒有议论，没有具体的组织，则我恐怕这些主张只是空谈，未必能有实现的一日。"③ 这个评论是非常中肯的。然而丁文江却回复说，要组织独立的、不需向

①　《关于〈我们的政治主张〉的讨论》，《努力周报》第 4 号，1922 年 5 月。
②　见董秋芳、林之棠《对于宗淹先生的〈平民革命的讨论〉的讨论》，《民国日报·觉悟》1922 年 6 月 19 日。
③　《关于〈我们的政治主张〉的讨论》，《努力周报》第 4 号，1922 年 5 月。

政府要钱的政党，就必须党员自筹党的经费。但实际上"'不名一钱，谋生且不暇'是我们想做好人的通病。现在要教我们提议《我们的政治主张》的人来担任党费，恐怕目前是事实上做不到的"。① 应该承认，丁氏所说确是实情。但丁氏又提出，在争取实现好政府的过程中，只须大家集中一种舆论，不需组织政党。待实现好政府之后，政治上了轨道，然后才可组织政党。② 这就没有什么道理了。

围绕"好政府"的主张进行的讨论，有的涉及很具体的问题，如如何制宪的问题，如何举行南北会议的问题，如何裁兵、如何裁官的问题，如何选举的问题，等等。这些具体问题带有技术性和应用性，不必在这里详加论述。

对胡适的"好政府主义"提出比较严正的、有分量的批评的，还是来自国民党和共产党方面。国民党可以邵力子为代表，共产党可以周恩来为代表。

邵力子是老同盟会会员，五四时期也一度喜欢谈论共产主义，对于各种和平改革的主张皆不谓然。《我们的政治主张》发表后，邵氏于 5 月 18—19 两日的《民国日报》副刊《觉悟》上，登出其批评的文章《读蔡孑民、胡适之诸先生底政治主张》。他在文章中说，要求一个好政府，是"无可反对"的。"但这样的'好政府'如何能使之实现呢？"而关于这一点，蔡、胡们在一般主张里并没有说；在具体主张里面，依然没有说。而这一点恰是需要郑重考虑的。"如果说，先借舆论来造'好政府'，造不成则继以革命；这样，我还可以赞成。倘所谓决战者仅只限于文字的激昂，则我怕'好政府'终是梦想，不能实现的。"因此，邵氏颇有些不客气地质问说："自命好人者自己既不敢革命，又要骂别人革命者为暴

---

① 丁文江：《答关于〈我们的政治主张〉的讨论》，《努力周报》第 6 号，1922 年 6 月。

② 见丁文江《答关于〈我们的政治主张〉的讨论》（续），《努力周报》第 7 号，1922 年 6 月。

徒，真的‘好人’要不跑也不能啊！蔡先生自己不就是‘跑’的一个吗？”邵氏此话有些近乎人身攻击了，大概他暗喻，蔡先生有时离开激烈斗争的现场，或亦包括他同胡适等人一起对孙中山有所批评的情况。

文章还批评蔡、胡诸位自居于旁观，把南北对立视为军阀互斗，反对武力统一，主张先要解决南北问题云云。邵氏认为这些都是无济于事的，“除了自己起来革命或赞助革命以外”，没有任何别的方法。

当围绕着“好政府主义”的问题展开讨论的时候，周恩来在欧洲从事革命活动。大概见到《努力周报》的时间较晚，他的批评文章《评胡适的“努力”》发表在《少年》杂志的第 6 期上，这一期是 1922 年 12 月 15 日出版的。该杂志是中国共产主义青年团旅欧支部办的内部刊物，在巴黎编辑印行。

周恩来的文章开头说：“胡适先生本是我们所敬爱的一个人，他的思想和言论很有些令我们佩服的地方。”但是看了胡适在《努力周报》上发表的政论，“使我们非常失望”。“我们失望的，乃是胡先生对于政治太缺乏了革命的精神。”周氏指出：“胡先生是以‘打图起屋’的人自居，而以‘烧房子’的人待人的。”“只是他所打的图样，是要在破庙将倾的房子上添补丁，添那不可能的补丁，这不但徒劳无功，且更阻止革命的发展。”因为它妨碍人民的觉悟。周氏认为，已沦为半殖民地的中国，主要敌人是两个：国际上的帝国主义，国内的军阀。不起来革命，不建立革命军，帝国主义和军阀都是打不倒的。所以说，胡适先生“以为在世界帝国资本主义和军阀的支配之下便可建立‘好人政府’，实现其政治主张，这不是做梦么？”

文章最后结论道：“我们乃敢大胆地指出，胡先生已是缺乏了革命精神的人。知此乃知他在《努力》上所发表的妥协的统一会议主张，伪和平的联省自治办法，和能说不能行的他们好人政治，都是些不落实际的废话。凡是有革命精神的少年们岂能受其蒙蔽！”

（三）　胡适及其朋友们的努力

"好政府主义"主张的最大缺陷就是它没有给出切实进行的方案，在屡遭质疑之后，仍然没有切实的答案。但胡适等人终不能毫无作为，他们所能做的，还只是舆论的批评。从发表《我们的政治主张》到《努力周报》停刊，这将近一年半的时间里，胡适及其朋友们所发表的，与《我们的政治主张》密切相关的评论文章有十来篇，我们拣较重要的，略加介绍。

《大家起来监督财政！》，这本是《我们的政治主张》里很重要的一项内容。所以此文一开篇胡适就说道："我们在《我们的政治主张》里，对于财政问题只主张两点：（1）澈底的会计公开；（2）根据国家的收入，统筹国家的支出。"文章揭露说："现在政府并不是绝对的没有维持政费与教育费的能力，政费与教育费的所以不能维持，只是因为财政不公开，由几个私人自由分配，自由侵吞，以致正当的用途反没有钱了。"文章最后呼吁，要求政府"会计公开，统筹支配"。如做不到，我们然后"一齐罢工，法庭关门，监狱罢工，银行罢市，以及各机关同时停止！"① 这大概是胡适在争取好人政府的过程中，喊出的最激烈的口号了。

《政论家与政党》，胡适此文表面上是一般性的论述政党与政论家的关系，实质上是特别表明他们是超脱党派利益，为全社会大多数的利益发声的超然的政论家。文中说，有三种政论家：一种是服从政党的政论家，纯粹为政党鼓吹。第二种是表率政党的政论家，"他们观察时势，研究事实，替一党定计画，定方针"。第三种是"监督政党的政论家，他们是'超然'的，独立的。他们只认社会国家，不认党派，只有政见，没有党见"。"这种独立的政论家，越多越有益，越发达越好。"胡适最后说："在这个本来不惯政党政治，近来更厌恶政党政治的中国，今日最大的需要决不在

① 胡适：《大家起来监督财政！》，《努力周报》第 3 号，1922 年 5 月。

政党的政论家，而在独立的政论家"，① 就是像胡适和他的朋友们这类的政论家。我们研究这段历史，也应当承认他们确不是某党某派的代表，他们的确够得上"超然的政论家"。只可惜，在中国，虽然确是需要这样的政论家，但这种超然的政论，也是最没有社会根基的，因而也是最没有社会支持力的。"好政府主义"始终只限于在狭小的知识阶层中赢得同情和支持。

《政治与计画》，在《我们的政治主张》里，提出好政府的一个标准就是要"实行有计画的政治"。胡适在此文中首先强调："我们深信中国的大病在于无计画的漂泊，我们深信计画是效率的源头，我们深信一个平庸的计划胜于无计画的瞎摸索。"② 他在文中称赞了治理山西有成绩的阎锡山，说他有计划地在山西推行普及义务教育，取得很好的效果。

《假使我们做了今日的国务总理》③，这是胡适提出的"解决目前时局的计画"，他分政治与财政两个方面。

政治方面，一是"速即召集一个各省会议"，商讨和议定裁兵、财政、统一、省自治、发展交通等项事业的计划；二是北京政府出面调节奉直私斗，避免战祸的发生。

财政方面，在召开各省会议解决政治问题之后，"从速宣布财政的收支实况"，然后"通盘筹算，做一个目前救急的小计画"，分还积欠，均平现状，而后再研究大借款之可行办法。

这个召集各省会议的提议，胡适后来又两次重提，即 1922 年 10 月 1 日，在《努力周报》第 22 号的"这一周"栏目写的时评，1922 年 11 月 12 日《努力周报》第 28 号的时评《我们还主张召集各省会议》，都是强烈重申召集各省会议的提议，但并没有得到积极的响应。

----

① 胡适：《政论家与政党》，《努力周报》第 5 号，1922 年 6 月。

② 胡适：《政治与计画》，《努力周报》第 7 号，1922 年 6 月。

③ 此文署名 W. G. T.，发表在《努力周报》第 20 号（1922 年 9 月），胡适在将此文收入《胡适文存二集》卷 3 时，改题为《一个平庸的提议》。

胡适的朋友，丁文江、张慰慈、陶孟和等，也先后在《努力周报》上发表过一些与《我们的政治主张》相关的文章，有谈论政治改革目标的，有谈论制宪问题的，等等。连胡适的文章都甚少发生实际的影响，他的朋友们的文章就更不消说了。

胡适还在《努力周报》发表了几篇算得上是监督和批评政府或有势力的军阀政客的文章，如《天津、保定间的捣鬼》（第 6 号，1922 年 6 月 11 日）、《高凌霨证明贿买国会是实》、《蔡元培以辞职为抗议》（第 38 号，1923 年 1 月 21 日）、《国会又出丑了》（第 44 号，1923 年 3 月 18 日）等。此外，《努力周报》从第 7 号起，添设"这一周"作为时事短评的专栏，其中也有不少与《我们的政治主张》相关的短论。总之，胡适和他的朋友们确实为他们的政治主张做了努力。然而这些努力都不过是"清议"而已，在中国政治场中，这些议论，不过是投入大江大湖中的几粒小石子罢了。

（四）"好政府主义"无疾而终

胡适提出的"好政府主义"，低调而平淡，在那个因五四运动的狂飙突进，而使大多数青年日益革命化的氛围中，得不到青年人的支持，甚至也得不到多数青年人的重视。至于有势力的军阀政客，自然更不喜欢这些读书人的议论。那些对和平改革本来存有希望的名流，也对这种纯粹书生之见不抱热情。据说，梁启超及其亲信门徒，还曾因为胡适事前没有同他们沟通意见而很不高兴。由此说来，"好政府主义"的社会基础，实在是太薄弱了。不仅如此，就是参与联署《我们的政治主张》的人们中间，也是各怀己意，不能发挥整体力量，以造成较大的舆论。例如蔡元培只是充当领衔人，不再发表意见。王宠惠、罗文斡是从事实际政治的，他们不便像胡适等人那样发表"清议"式的政论。李大钊是胡适第一个征求意见的人，他自然是赞成胡适的主张的，但作为中共创党主要成员的他，看到党内多人表示反对"好政府主义"，便不可能再公开发表积极支持"好政府"的政治主张。其他如汤尔和、梁漱溟等人，本来与胡适的见解主张就有距离，在社会反响不很热烈的条件下，他们也就没有意兴出来单独表示支持的意见了。所以，自从《我们的政治主张》发表以后，只有胡适自己，和他的几个最接近的朋友，如丁文江、高一涵、张慰慈等几个人，继续发表相关的文章，营造"好政府"的舆论。

"好政府主义"的舆论，先天不足，难以构建起强势的舆论。其先天不足有二：一是理论上不彻底。既然是要求全国的"好人"都集中到一个最低限度的目标，建立"好人政府"，就不应该再说什么与"手枪炸弹"或革命的主张，"分工并进，殊途同归"，和"各行其是，各司其事"的话。二是在实行上，缺乏切实可行的办法。在这两个方面，面对批评和质问时，胡适和他的朋友们往往都陷入被动的尴尬地位。

理论上先天不足，客观上又面临不利的局势。前面已指出，五四运动的余威尚在，青年之多数倾向于革命，不少五四运动中的学生领袖和各层次的骨干分子，都陆续加入国民党与共产党的队伍。而军阀的横行，政客的无耻，更是将青年往革命的路上推。清末的时候，梁启超曾大声指责清政府是制造革命党的大工厂。民国时期，无能的政府与军阀政客又何尝不是干着制造革命党的勾当？在这种客观形势下，"好政府主义"的舆论何能得势！

胡适回顾这段历史时说："《努力》的产生，是由于一点忍不住的冲动，希望在一个无可奈何的境地里，做一点微薄的努力"。① 这几乎是有点失落感了，其"好政府主义"的政治主张是在"无可奈何的境地里，做一点微薄的努力"，也就是说，"好政府主义"的主张是一种无可奈何的选择，是聊胜于无的选择。到《努力周报》发行第 40 期的时候，胡适已感到"我们还应该向国民思想上多做一番功夫。然后可以谈政治改革"。到第 45 期的时候，胡适看

---

① 胡适：《一年了!》,《努力周报》第 53 号，1923 年 5 月。

到"今日支配国事的人，——酒狂之上将、财迷之候补总统、酒色狂之国会议长，——那一个不是'非从其所欲而充分为之不止'的神经病人！"于是重又对政治改革陷入绝望，乃"同人渐渐地朝着一个新的方向去努力。那个新方向便是思想的革新"。① 这岂不是又回到谈政治之前的思想状态了吗？

他的好朋友丁文江，差不多同时，感叹其"好政府"的主张无法实现。那时，他已辞去北京地质调查所所长的职务，到北票煤矿当经理去了。他说，过去总以为，只要好人出来做官，就会政治清明，然而实际上这是不可期的目标。他说："一来同志太少，好人多不肯做官；二来官也太难做，好人都学不会；三来许多好人做了官就变坏了。"② 他的感叹恰好与吴佩孚的高级幕僚白坚武的经验之谈相契合。白坚武总结中国的官场经验说："人即明通，十年作吏，便为混蛋。"③ 政治制度不变革，人民不觉悟，不得到批评与监督政府的权利，则"好人政府"云云，与古代老百姓期盼"清官"一样是无济于事的。丁文江实际上已经承认其"好政府主义"失败了。

胡适的另一个好朋友张慰慈，在《努力周报》第 63 号上发表《政治改革的目标》，认为："改革政治的方法须从人民和制度两方面入手，一方面须提高人民的智识，使他们能尽公民的职务；又一方面须采用适当的制度，使人民易于执行他们的职权。"这等于放弃了"平心降格的公认'好政府'一个目标"。

胡适的又一位朋友高一涵更有意思。他在《努力周报》第 64 号上发表《我们最后的希望》，说他对北京政府、南下议员、北附议员、研究系、政学系、安福系、直隶系、国民党，一概绝望，唯对于教育界、工商界尚存希望。于是他提出一个大大不同于《我

---

① 胡适：《一年半的回顾》，《努力周报》第 75 号，1923 年 10 月。

② 丁文江：《一个外国朋友对于一个留学生的忠告》，《努力周报》第 42 号，1923 年 3 月。

③ 《白坚武日记》第 1 册，江苏古籍出版社 1992 年版，第 369 页。

们的政治主张》的改革入手方案：希望由中等以上学校组织选举会，选出专门学者充任宪法起草委员，人数不得超过五十人。由此制定出来的宪法可保：曾任和现役军人不得当选大总统；曾任和现役军人不得任国务总理；废除代议制，国会成法制局，以考试代选举；采用联邦制；设立护民官。这同样是放弃了"好政府"的简单目标。

胡适认作与他同为英美派代表人物的陶孟和在《努力周报》第 65 号上著文说，中国的问题本来不是简单的、孤立的。然而人们通常都宁愿把复杂的问题简单化，把相连带的问题孤立化，所以对问题不能有全面地透彻地了解，因此也就不能解决问题。"那末，中国的问题应该如何解决呢？我的见解就是先求了解，……求透澈的深远的了解。……有了真的了解就得到真的解决。"这等于说，他们提出《我们的政治主张》时，还没有真正了解中国的问题。所以，他的结论是："我们也必先求了解中国问题各种的情形，然后才有配提议解决方案的资格，然后才有支配那问题的能力。"① 原来，他们是在没有取得提议解决方案的能力的情况下，就贸然提出"好政府"的主张，宜其不能发生效果。

就是在这样的情形下，胡适终于认识到："今日反动的政治已到了登峰造极的地位。……我们谈政治的人，到此地步，真可谓止了壁了。"② 于是，不得不收拾起"好政府"的主张，《努力周报》也就此停刊了。

二 联省自治运动及省制宪法

中国自秦始皇统一六国，建立庞大的中央帝国，后之汉、唐、

---

① 陶孟和：《怎样解决中国的问题》，《努力周报》第 65 号，1923 年 8 月。
② 胡适：《一年半的回顾》，《努力周报》第 75 号，1923 年 10 月。

宋、元、明、清，两千余年一直是大一统的高度集权的中央帝国的统治模式。尽管交通不便，统治起来，颇不方便，但人民之绝大多数是汉人，文化同一，均深受儒家文化熏陶：定于一，不犯上。况且，人民要反抗，须有结合。在那种条件下，人民之相互结合，比起统治者之维护其统治，恐怕更难。所以，只要皇帝、皇室、贵族、官僚不太腐化、暴虐，人民可以忍受很长一个时期。这是汉、唐、宋、明、清各得维持二三百年统治的基本原因。然而，到了近代，交通渐趋便利，各地区，各行业，乃至中央与地方，上层与下层之间，城市与乡村之间，贵族与平民之间，尤其是在中国与外国之间，交换与交流都变得容易和频繁起来。于是，原来老老实实在自家生活的小圈子里，一辈一辈地重复着同样的生活的人们，现在多半知道了一些外部世界的情形，知道了其他地方（外国、外地）、其他人群（贵族、官僚、富人）的生活样式。这不免搅动了他们祖辈遗传的那颗安分守己的心。

本来，清末的革命与改革运动是要建立某种类似西方发达国家的近代民主制度（君主立宪或民主立宪），以便打破大一统的高度集权的中央帝国的统治模式，打破治乱循环的周期律。但因拥护民主的社会势力太弱小，原来似乎可以带领民众走民治之路的有力分子，或者因失败而颓唐，或因身份地位的变化，与民众渐行渐远，只有极少数还能坚持奋斗，却因势单力孤，而不能成事。

在中央帝国的集权被打破之后，旧统治势力星散，其残余势力拼命抓住武力，来维系自己的地位和权利。于是出现军阀、土匪、恶霸和混世的政客、文人相结合，分别占据一块地盘，实际统治民众的混乱局面。他们都力图控制、影响和附庸名义上合法的中央统治权，相互争夺，时不时以兵戎相见，民众苦不堪言。

因此，民国以后，有识者苦心思索，寻觅一种解决时局，引领中国走上民治轨道的方法和途径。

民国成立不久，就开始有人探讨联邦制或许可以帮助中国人摆脱混乱的局面，但当时就好像有点触犯大忌的样子，很少人响应。

经过两度"定于一"的复辟尝试，乱局不但没有得到改变，反而更加不可收拾，于是人们重又提起联邦制的设想。还在"好政府主义"公开提出，引起讨论之前，一部分有识者就提出以争取省自治的方式，消除军阀势力，在省自治的基础上，建立联省政府，实现联邦式的统一，造成真实的统一的民主国。这个主张得到相当一部分人的响应，渐渐形成一场运动，某些省份还搞得有声有色，史上称之为"联省自治运动"。这一节，我们从思想史的角度来研究一下这场运动的得失及其意义。

（一）联省自治运动的社会政治背景

人们何以会想到，要以省自治为基础来达到联邦式的统一，并为民主政治奠定基础呢？

原来，中国自清末以来，特别是经历太平天国运动之后，中央统治权就渐行衰落，地方势力则逐渐增长，地方政权亦随之渐趋增强。地方政权的力量增强是基于地方行政所仰赖的财政、军需等，直接取自地方；原来中央集中统一的财政、军需，相当一部分被地方政府所控制。到后来，甚至部分的任免官吏之权，举办实业、兴办教育之权也多半由地方所掌管。地方势力的增长，则主要是因为地方士绅人数的扩张和参与地方事务的机会大增。我的学生尹飞舟在其博士论文《湖南维新运动研究》一书中指出："19 世纪下半叶以后，地方行政的明显特征就是士绅队伍的壮大和绅权的扩张。"①他具体考察了湖南自太平天国运动以后，士绅数量大增和士绅参与地方行政的大量增加，从而使地方政权与地方势力在国家以及社会中的比重大为增长。湖南只是一个显著例证，其他大多数省份情形亦类似，只是程度有所区别。

清末的立宪运动，使这种趋势有更明显的发展。立宪运动中，最重要的政治现象，一个是大规模的国会请愿运动，一个是各省成

---

① 尹飞舟：《湖南维新运动研究》，湖南教育出版社 1999 年版，第 52 页。

立咨议局。前者这里不论，后者堪称是清末立宪运动的最大实绩。咨议局集中了各省绅商（包括原来意义上的士绅和新兴的资产者）及教育界的代表人物，他们因咨议局之设而取得了对地方大政，包括军政、财政、实业、教育以及部分外交问题的合法发言权，他们在一定程度上还实施了对地方政府及其官员的监督甚至纠弹的权利。如果说，在中国近代史上还曾有过一些真实的民主气象的话，那么，清末咨议局的活动应算得上一个显著的例证。重要的是，在省一级行政活动中，因有众多工、商、教育、新闻及其他各行各业代表人物的积极参与，从而大大增强了各省对中央政府的牵制力。正是这样一种情况，造成了辛亥革命是以各省相继独立的形式实现出来。所以不少人说，辛亥革命当时，中国有最好的机会，借鉴美国的联邦合众国的模式，建立中华联省合众国。这种说法只是历经民初混乱之局，人们的一种惋叹而已。事实上，大一统的观念，在中国绝大多数人们的心目中，是天经地义、牢不可破的观念。民初虽然确有联邦制的微弱呼声，但响应者盖寡。直到经历两次帝制复辟，经历袁世凯、段祺瑞的两度专制之后，人们体验到了，在中国社会现状之下，统一就是专制，专制不成，就继之以割据。人民所需要的统一，人民所需要的民主，都不曾有，也不可能有。于是有识者乃反思清末民初以来的政治演变，觉得单纯追求统一，无论是南北和谈还是武力统一，都无法实现，尤其无法实现人民所需要的民主的统一。不如，从省自治做起，充分发展各省的民主力量，推翻军阀，建立省自治的民主基础，制定和实施省宪法，再联合各省，建立联省政府，实现联邦式的统一。

联省自治论的最初酝酿甚早，但后来演成颇有声势的运动，则有诸多复杂的原因有以促成之。

一战以后，自治之声浪甚高，本来是针对帝国主义殖民制度的，但中国人也能从中汲取于己有用的成分，增加对抗中央权力的勇气。俄国革命后，建立苏维埃联邦，于美国的联邦制之外，又提供一个大国适宜于联邦制的新例证。当时，在中国驻留较久的一些外国人也纷纷发表议论，认为中国不宜于单一制，而应实行联邦制。这些多少属于偶然性的因素，也都多少产生助长联省自治运动的作用。

还有一点，新文化运动给国人注入了许多新思想、新观念，其中对民主思想的理解，显然要比清末以来任何时候都深入得多。民主的实现，必有一个自下而上的过程。既然民国的实践，统一就是专制，不如先削弱中央政府之权，将大部分权力归到省一级，然后再图逐级分权，加强自治基础，使民主制度离人民更近一些，更具体、更实在一些。

自然，历来各种社会运动、政治运动，除了对运动的目标怀有真诚的期盼的人们以外，也总会有一些与运动的目标相左的社会势力，起而加以利用的情况。在联省自治运动中，确有一些地方军阀、政客参与其内。他们的参与，像一把双刃剑，运动上升时期，他们助推运动前行；运动下行时期，他们从内部瓦解运动。

五四运动，迫使中央政府拒绝巴黎和约；在各省，学、工、商各界积极活动，督军、省长往往莫奈其何。这在很大程度上增强了人们对抗军阀政客的自信力。

联省自治运动反对武力统一，要求从省自治做起，树立民治的基础，是一场和平改革运动，所以它既反对军阀，也反对暴力革命。参加运动的主力，一是清末以来的和平改革力量（立宪派及民国以后成长起来的民主派），一是新文化运动中成长起来的自由主义力量（留学归国的知识分子，受新文化运动熏陶的青年等）。联省自治运动持续数年，参与人数众多，报刊发表相关议论涉及面甚广且有相当深度，是中国近代思想史值得重视的一页。

（二）联省自治运动的兴起

民初，自二次革命以后，知识界即有联邦制的讨论。除了人们熟悉的《甲寅》杂志上章士钊等人有很热烈的讨论以外，革命党人戴季陶在东京出版之《民国》杂志上亦曾著长文，颇为系统地论述中国应行联邦制的道理。但那时有此种认识的人尚属少数，有勇气公开谈论此种认识者更少。戴季陶在其文章里就说："夫吾国人之病，每在知而不言。一重要问题，即使其人见之甚周，而亦不愿出诸口"。①

1917 年 3 月、4 月，著名政治评论家李剑农连续在《太平洋》杂志的第 1 卷第 8 号、9 号上发表两篇文章，皆题曰《民国统一问题》。前一篇大旨称，单一制的国家，因地方势力增长到一定地步，中央政府已不能统御。这时，用邦联的形式，避免崩裂，恢复中央政府的实力，达到统一的地步。后一篇文章说，久争废督裁兵而办不到，其原因，一是中国政制，向来只认中央，不认地方；事权不分，财权不分，结果却弄成"尾大不掉"的形势。二是武人政客迷信集权，总想以一派武力打倒其余各派，结果只弄成割据争雄的局面。

李氏的文章明确承认地方势力已非中央所能控驭，割据争雄的局面已成。在此情况下，似乎只有某种形式的联邦制，可以达到解除割据争雄，造成国家统一的局面。

1918 年 1 月，清末民初政治上一向活跃，但因时局混乱而稍稍退避的湖南巨绅熊希龄，发一封电报给另一位颇有影响力的政坛领袖岑春煊。电中称："希龄愚见以为，中国土地之大，人民之多，数千年之历史习惯，又深积于地方主义，今欲行中央集权之统一政治，此后日见其难，实不如改为地方分权之联邦政治，尚可徐善其后。"熊氏希望，能够造成舆论，形成公意，再"由各省特派代表，组织联邦会议，先定一最良之联邦宪法，颁布天下，召集联邦议会，举以前之所谓新旧国会、南北统系、激进、渐进、帝党、民党，各派一概涤除净尽，为新共和革命之一纪元"。② 熊氏的主

---

① 戴季陶：《中华民国与联邦组织》，《民国》第 1 年第 3 号，引自唐文权、桑兵编《戴季陶集（1909—1920）》，华中师范大学出版社 1990 年版，第 754 页。

② 熊希龄：《主张地方分权之联邦制致岑春煊电》，原载《晨钟报》1918 年 1 月 29 日，引自周秋光编《熊希龄集》（中），湖南出版社 1996 年版，第 1149 页。

张，可能是联省自治运动的较早的一个伏笔。

前面说过，辛亥革命是先以一省起义成功，继之以各省独立的形式实现出来的；击败袁世凯的帝制复辟，也是先以一省起义成功，继之以各省独立的形式实现出来的。既然是各省独立，必然是各省内部力量形成某种程度的结合；既然结合了，必然有其特别的利益需要自卫。加之，有些军政势力较为雄厚的省份，其督军、省长及某些政客，常有控制甚至攫夺中央政权的野心；而其他各省，自不甘为其控制、压迫。于是互相争夺，大小战事，时有所闻。以此，如何实现国家统一，造成和平局面，便是国人特别关注的问题。

统一无非两途，或是武力统一，或是谈判和平统一。但各自维护自身利益，都不肯让步妥协，谈判不能取得结果；武力统一，则各自又没有足够实力。所以，便长期扰攘纷争，人民饱受其苦。在这种情况下，有识之士始思考可否于谈判和平统一与武力统一之外，寻求一种适合国情，比较有现实性的统一办法。

1918—1919年两年，大约是因世界局势及中国外交形势的严峻，特别是五四运动的爆发，人们的注意力别有所在。到1920年，因爆发军阀战争，南北谈和无望，如何谋国家之统一、和平又成为人们关注的焦点，于是联省自治的舆论兴起。

1920年，国内除了直皖战争之外，另外两件比较重要的事件，一是湖南的驱逐张敬尧运动；一是广东的驱逐桂系，倡"粤人治粤"的运动。这两个运动都取得了成功，对于联省自治运动很有助力。

联省自治运动首先在湖南发起。

湖南自太平天国运动之后，其地方势力增长格外明显。戊戌维新运动、立宪运动、辛亥革命，都有声有色，出了一批又一批有影响力的人物。新文化运动起来之后，这里再次显示出其革新的活力，驱张运动中就有新文化运动中成长起来的青年领袖的积极参与。

　　驱张运动的成功，直接推动了湖南联省自治运动的兴起。张敬尧6月退出湖南，在湖南拥有雄厚社会政治基础的谭延闿复任湘军总司令并兼任省长。7月，谭氏即发表推动湖南自治的通电，驻上海和北京的湘籍人士出而响应。① 梁启超应邀帮助拟定湖南自治法大纲31条，并对自治法的立法程序提出建议。② 谭氏的湖南自治倡议，也得到了许多非本省籍著名人士的赞助。1920年9月，张继、吴稚晖、李石岑、章炳麟等被邀请至长沙，分别发表支持省自治的讲演，颇壮声势。当时正在中国讲学的著名美国哲学家杜威也到长沙，对湖南自治表示赞许，但他指出，中国人不善组织团体，是一大缺点。蔡元培也在长沙发表支持省自治的讲演。一时间赞成省自治的舆论大得民心。谭延闿乘胜推进，召集各界人士参加自治会议，做出一系列决定，如恢复民国2年被废止的县及各城镇乡自治会，设立全省地方自治筹备处等。

　　省自治运动启动之后，人们的注意力都集中于制定省宪法的问题上。由于人民组织化程度甚低，平时意见交流不充分，形成共识颇难。以此，在由谁、由什么机关来主持制宪，制定一部怎样的省宪法等问题上，各机构之间，各政派之间，各部分人士之间，意见纷纷，难以统一。在此情况下，突然发生局部兵变，导致谭延闿去职离省，拥有较大军事实力的赵恒惕接任湘军总司令。稍后，由省议会选出新的省长。在赵恒惕主持下，省自治和制定省宪法的活动始加速进行。他以快刀斩乱麻的手段，决定由省署特聘有法政专门学识之专家，集议拟出省宪法草案，再由各县县议会推举之宪法审查员进行审查并修正，做成正式草案，予以公布，交由全省人民投票公决，成立正式省宪法。赵氏为顺利推进制宪工作，用力调节省内地域隔阂，分派人员到省外京沪等地，广泛咨询各地各界名流的

---

　　① 参见胡春惠《民初的地方主义与联省自治》，台北，正中书局1983年版，第188—190页。

　　② 见丁文江、赵丰田编《梁启超年谱长编》，第915页。

意见，并取得广泛的舆论支持。至 1921 年 3 月，李剑农、王正廷等 13 位专家及著名人士被聘请为省宪法起草委员。彼等经一个多月，在没有任何干扰的情况下，悉心研究，拟定出湖南省宪法草案及相关重要法律文件。宪法草案于 4 月 22 日由湖南制定省宪法筹备处予以公布，随即进入审查程序。审查会成员为各县所推举，大县 2 人，小县 1 人，计 150 余人参加审查。因意见分歧，久未形成共识。最后因湘军援鄂失败，在危急形势之下，勉强结束审查，将原 136 条宪法草案修改为 141 条，于 1921 年 9 月 9 日将修定案公布。1921 年 12 月 1 日，举行全省公民总投票，以 1800 余万票对 57 万票，省宪法获通过。1922 年 1 月 1 日，宣布湖南省宪法成立，即付诸施行。所谓施行，无非是按与省宪法配套而新制定的省议会组织法、选举法，重新选举议员，组织省议会，按新制定的省长选举法选举省长之类。

湖南省自治，从形式上，走完了全程。一方面，在全国舆论支持下，算是一场民意的胜利；另一方面，由于多年战乱，省库空虚，人民饥寒，又在全国仍是一片扰攘不宁的形势下，湖南自治很难取得实质性的成就。但它对其他省的联治运动起了一定的推进和示范性的作用。

继湖南之后，浙江、四川、广东、福建等省相继发起联省自治运动。此四省先后仿照湖南自定省宪法，其中，福建的省宪法制定较晚，其公布已是 1925 年的事了。其余，江苏、湖北、江西、云南、广西、贵州、安徽等省也有联省自治运动持续进行，但都不如上述几省取得的结果明显。

大体说来，湖南、浙江、广东、四川、福建几省之联省自治运动能够取得明显成就，一则，这几省自清末以来，地方势力蓄积实力较厚，且又有本省籍掌军政实权之人物与之相互联络、策应，如湖南之谭延闿、赵恒惕，广东之陈炯明，四川之刘湘，福建之萨镇冰等。浙江虽无本省籍之军政大员，但时任浙江督军的卢永祥，是直皖战争中败下阵来的，在浙江毫无政治社会基础，他只能略施小技，稍稍延宕制定省宪的工作，却无力扼杀浙江省民的自治运动。

值得注意的是江苏、湖北的地方势力并不弱，何以其联省自治运动竟无成绩可言？此中原因，我以为最基本的是江苏、湖北为历次军阀争战的主要地区，兵连祸结，民穷财尽，多少损害了地方势力的进取心与凝聚力；此外更重要的是，这两地均没有本省籍的有实力的军政大员出而主持。

云南在清末民初屡有不凡的表现，且又有本省籍的军政大员如唐继尧，却何以在联省自治运动中也不曾取得明显的进展？我以为，第一，云南的地方势力，尤其是新式绅商势力，无法与江、浙、湘、川、粤等省相比。第二，唐继尧基本是一旧式军阀，与袁世凯的北洋系有较深的关系。当时北洋系的军阀，基本上都是不赞成甚至反对联省自治的，他们一直迷信武力统一，就连较有近代知识的吴佩孚也不赞成联省自治。既然地方势力本不甚强，其本省籍的军政大员又倾向北洋系，其联省自治运动自然不可能有大的发展。

（三）联省自治运动的思想主张

1. 联省自治所要达到的目标

我们研究过当时提倡联省自治的各种言论和文献，看得出，提倡者一方面把联省自治作为解决乱局，达成联邦式的统一的手段；同时，可能是更加重要的一个方面，是通过联省自治，以促进民主制度的实现。

（1）推倒军阀，促成统一

有一点是非常清楚的，不论是联治派还是反联治派，大家都承认，中国政治社会处在危急混乱之中。他们都想找出一条解决乱局的途径，这就必须先找出造成乱局的原因。联治派认为乱局的根源即在于中央集权。有了集权的中央政府，势必有争夺中央政府权力的斗争。自许为联省自治首建其谋的章太炎宣称："近世所以致乱者，皆由中央政府权藉过高，致总统、总理二职为夸者所必争，而得此者，又率归于军阀。"① 军阀一旦大权在手，便分派自己的心腹到各地去控制。而奉派到各地的军阀，把上峰的赏赐，视为自己囊中物，有此作资本，便不再完全听中央的话，有可能的话，还要四处伸手，扩大地盘，甚至窥视机会，攫取中央或控制中央的权力。李剑农说，国家的统一，早已名存实亡，中央节制不了各省，相反，中央一切受着各省的节制。他并且指出，民国6年国会未解散以前，全国已是如此。此后，西南各省宣告独立，那未宣告独立的各省不也是那样吗？"山西那一件事情是依中央政府的意思办理的？东三省那一件事情是依中央政府的意思办理的？以外北部各省又有那一件事情，那一个官，是依中央政府的意思发动的？"② 这些情况都是确实存在的。各省各自为政，中央无力统御，致生乱局。胡适在回答陈独秀反联治的文章时也说："军阀的权限所以大到这个地步，是因为地方没有权，又因为中央虽有权而无力制裁军阀。"胡适认为："'用集权形式的政治组织，勉强施行于这最不适于集权政治的中国'，是中国今日军阀割据的一个大原因。"③

从上可见，主张联省自治的人士都认为，中国的乱源是中央集权，而集权的政府又没有统御各省的能力，于是掌握武力的军阀就割据称雄。既然中央政府没有能力统御各省军阀，就只有靠各省自治的势力来对付军阀。

军阀的势力何自而来？各地的军阀最初都是由中央政府最高掌权者"分封"的，有的是掌权者的亲信，有的是原有的实力派，中央掌权者一时无力取代，不得不给予承认。亲信得到地盘，视为己有，努力经营，增加实力，为自卫计，不可能完全听中央政府的摆布。前引李剑农的话说的就是这种情形。原有的实力派，更不肯

---

① 章太炎：《联省自治虚置政府议》（又作《联省自治建议书》），原载《益世报》1920年11月9日，引自汤志钧编《章太炎年谱长编（增订本）》上册，中华书局2013年版，第350页。

② 李剑农：《民国统一问题》，《太平洋》第3卷第7号，1922年9月。

③ 胡适：《联省自治与军阀割据》，《努力周报》第19号，1922年9月。

悉心听命于中央。

清末，八旗逐渐衰微，此后再不曾重新建立起真正的国家军队。小站练兵，本想再建国家军队，但自太平天国运动以后，兵为将有，已成定势，小站练成的新军，实际上为袁世凯及其部下所控制。后来的北洋派所依靠的武力，就是以此为基础。

新生的军阀，是在有了地盘之后，浚民膏血，募兵养兵；中国社会，历来游民、土匪多，当兵吃粮，无不乐于投奔。地方军阀上面奉着中央的任命，下面却要靠当地人民来养活。军阀总要养一批政客、仆从，为其出谋划策，四出奔走，除了自卫，还不时窥视邻省，甚至窥视中央。

提倡联省自治的人，首先是把它作为解决国家乱局的一个途径。既然中央无力消除军阀势力和消除军阀间的私斗，那就只有靠地方势力来解除军阀的势力及其私斗。章太炎说："频年扰乱，皆中央政府为厉阶，有之不如其无，中国既不能绝对无政府，则当使地方权重而中央权轻，此自治之说所由起也。"[①] 所以，他们最初的口号是本省人治本省事。凡搞起联省自治运动的各省，都曾提倡这一动员口号，如"湘人治湘""粤人治粤""川人治川"等，把中央任命而又驾驭不了的军阀赶出本省，如湖南之驱逐张敬尧，广东之驱逐桂系军阀。如此，自然是削减一部分军阀势力；倘各省都能如此，自然是推翻军阀势力的一大胜利。

提倡联省自治的人都坚信，这是一个铲除军阀的可行的办法。高一涵说：我们"想用联邦制来使人民组织起来省政府，借人民所组织的省政府来铲除军阀，所以才主张联邦制"。[②] 孙几伊认为，联邦制就是使各省人民各向军阀收还本来应有的权，因为军阀是人民一向反对的。现在给各省以自制宪法的权力，则人民所潜伏的反

---

① 章太炎：《联省自治虚置政府议》，引自汤志钧编《章太炎年谱长编（增订本）》上册，第350页。

② 高一涵：《这一周》，《努力周报》第23号，1922年10月。

军阀的愿望、能力会释放出来。"故知联邦制乃最不利于军阀。我是以敢言，联邦制不但不致造成割据之局，且可打破现存的割据之局。"① 至于胡适，他更是坚信："根据于省自治的联邦制，是今日打倒军阀的一个重要武器。"② 应当承认，他们如此坚信通过联省自治可以推翻军阀势力，是有一些一厢情愿的成分。但我们也应该看到，按联省自治的本旨，各省人民自定省宪法，自选省长，自举议员组织省议会，监督行政，尤其是监督自省的财政，即使是军阀出身的省长，也不可能再同从前一样，任意诛求，任意征伐，为所欲为了。如此，则军阀已不可能再做军阀了。所以，我们从理论上和形势上推论，提倡联省自治的人们认为联省自治可以推倒军阀的说法，并非完全没有道理。

（2）通过联省自治，促进民主政治的实现

提倡联省自治不只是解决政治乱局的一个权宜手段。提倡联省自治的人，是想把联省自治作为实现民主政治，谋求国家长治久安的一项根本之图。这是应当深入探讨的一个问题，而这个问题又包含两个重要的方面：一个是中国是否宜于联邦制的问题；另一个是联省自治是否有利于落实民主制度的问题。

第一个方面，对于中国人来说，是个重大而又敏感的问题。

自从秦始皇统一中国，建立庞大的中央集权国家，历代帝王都承袭他的衣钵，以维护大一统和中央集权为最重要的事情。偶有略近分权的主张，辄遭严厉批判。所以，在中国政治思想史传统中，这几乎是个不容讨论的问题。"大多数人大概都是一听见联邦论即以为是异端邪说的。"③ 民初，《甲寅》讨论这个问题时，反对之声颇不弱。章士钊说："当时东瀛承学之士，旧朝习政之夫，倡言统

---

① 孙几伊：《制宪问题底理论和实际》，《东方杂志》第 19 卷第 21 号（宪法研究号），1922 年 11 月。

② 胡适：《联省自治与军阀割据》，《努力周报》第 19 号，1922 年 9 月。

③ 高一涵：《联邦建国论》，《东方杂志》第 22 卷第 1 号，1925 年 1 月。

一为中华唯一必采之途，反此即为不韪。"① 如今提倡联省制（实即联邦制），照样有人反对。反对联邦论的人，有三种情况。一种是囿于传统，总以为统一比分治好，分治在他们看来就是分裂。这种理论此时已很少有市场，人们已不屑多所讨论。第二种，是略有近代知识的人，他们认为西方的经验，只能先有邦，然后才能谈联邦制。中国一向都是大一统，没有邦，不能将统一的国家人为地分裂为各邦，再搞联邦制。此说貌似有理，实则不然。一则西方倡行联邦制的国家并非皆先有邦后有联邦制。章士钊就指出，法国大革命以后，也曾有联邦论，英国亦然。② 其他人还曾举出南美洲的例子或加拿大的例子以证明之。二则，更重要的是，中国自清末以来，各省已经拥有相当的独立性。辛亥革命、反袁氏称帝，皆以各省独立的形态实现。所以不能笼统地说，中国没有"邦"的实质存在。第三种，则是以革命党为背景的人士，他们的目标是以武力推翻现有的政权，按自己的理想建立统一的新中国。并且他们认为，现实是各地军阀割据，提倡联省自治无异于帮助军阀割据，使其合法化。

中国革命家历来有一种自信，以为通过暴力革命，夺取政权，就等于建立起新的社会制度。孙中山有进一步的认识，认为须经过军政、训政两个阶段才能过渡到宪政实施的阶段。他还认识到，需要搞自下而上的地方自治，才能落实民治主义的政治。可惜孙中山始终没有真正掌握全国政权，没有机会实践他的想法。

政权和政治制度，完全不是一回事。枪杆子造得出新政权，绝造不出新制度。历代攫得政权的新朝帝王，总是宣称"与民更始""咸与维新"，那都是骗人的话。他们最多只有政策的调整，或官僚体制结构上的细微调整，在根本制度上，依然是皇帝通过多层级的、庞大的官僚体系来统治国家，统治人民，这一点丝毫没有变

---

① 章士钊：《联邦论》，《甲寅》第 1 卷第 4 号，1914 年 11 月。

② 见章士钊《联邦论》，《甲寅》第 1 卷第 4 号，1914 年 11 月。

化。所以，革命党人以为，以武力夺取政权，就等于建立新的社会制度的想法，这只是主观的愿望。辛亥革命后的政治现实也完全可以证明这一点。

为了给联邦论正名，并论证联邦制之适合于中国，学者们发表了大量文章阐明他们的观点，就中以唐德昌的文章比较最为系统而全面。他从三个方面论述联省自治（即联邦制）在"今日之中国为根本切要之图"。

他先引述英国政治学家普侥士的说法，认为联邦制有八利：一为分裂之国，可由此制而趋于统一。二为益于国土广大而文明未甚开发之国家，因地制宜，发展个性。三为可免中央集权专制之弊。四为可激发国民参政之兴趣，尽力于公职。五为因国民与政府更为接近，便于监督，利于地方政治社会之改良进步。六为可为新制度提供试验，成功可推广于各邦，均享其利；有失则他邦可免受害。七为各邦发生暴乱或灾荒，不致殃及他邦乃至全国，如单舱隔离之船，遇危难，不致危及全船。八为各邦分担立法，联邦政府之议会有余力关注其他关系全国的重大问题。

然后唐氏明确宣称，联邦制适于中国国情。因为，其一，中国疆域太大，交通不便，实业不发达。其二，人口多，对国事恒取漠不关心态度。联邦制增加人民参政之机会，激发其爱国心。其三，以历史言之，辛亥革命后，本有联邦制之雏形，且革命前各省督抚已有相当独立处分本省事务之权。各省风土人情亦不尽相同，蒙古、西藏且与本部相异，尤适于联邦制。其四，联邦制可使清室复辟成为根本不可能。其五，联邦制可促进教育普及，交通发展。

最后他指出，解决中国现时纷乱之时局亦非联省自治不可。第一，民国以来，各省武人为巩固权位争权夺利，每欲以武力扩张地盘，侵及邻省，兴起大云南主义、大广西主义、大东三省主义等，导国家于分裂之途。联省自治，各省之事，各省自理，省长民选，不敢称兵于邻省，有之，必激起省内人民及邻省共驱之。第二，现时中国之战乱源于北洋系、直系、奉系、皖系等特殊势力，彼等任何一系得势，便任意位置己派私人，占据和扩张地盘，以与他系相斗，遂致争乱不已。实现联省自治，取消督军、巡阅使、护军使，则战乱可不再发生。第三，目前，欲收拾时局，统一南北，亦唯联省自治可以成之。盖主张联省自治，已为各省人民普通之心理。"此时若因其势而利导之，则统一南北，犹反手也。"第四，中国欲图永久之安全，组织一强固之中央政府，非废督裁兵不可。然废督裁兵，又非联省自治不能达到目的。现时各省督军等自言废督裁兵，只是应付舆论，实则此处裁之，彼处增之，或径直借口抵御邻省而扩兵。实行联省自治，各省客军必同时退出，则督军、巡阅使、护军使皆不废而自废。又省长民选，且有省议会之监督，则各省之兵，不裁而自裁。①

文中所述联邦制之一般优点，对中国亦不无意义，而其适合当时中国的国情，可为解决时局的较善途径，则更是所有提倡联省自治者的共识。应当说，在中国政治思想史上，分治论、联邦论第一次不再被视为叛逆邪说，而作为一种正面的理论被提出，并进行热烈的讨论，这是一个不容忽视的进步。

陈达材在其《我国的联邦问题》一文中说，中国人因为长期被专制制度所压制，政治能力非常低下。在此种情况下，欲谋政治的进步，欲求民主制度的实现，必须做到三点：一是使政府的权力分散；二是使政治饭碗的支配权分散；三是使军人与政争分离。这三点，确实都有利于民主制度的实行。特别是第一点，他说，人民的智力和组织力都很差，要监督远离他们的生活实际、千里之外的中央政府，实在是不可能的，但监督离他们较近的省政府、县政府乃至乡政府，自然就变得容易了。因此他说："他们对于国的事情，现虽无若何操纵能力，然对省的事情，比较上总有一点能力，至对于县和乡的事情，操纵的能力更异常增加，不用说了。"②

---

① 见唐德昌《联省自治与现在之中国》，《太平洋》第 3 卷第 7 号，1922 年 9 月。
② 陈达材：《我国的联邦问题》，《努力周报》第 18 号，1922 年 9 月。

废除中央集权制，实行某种形式的分权制、联邦制，会有利于增强人民的政治能力，有利于民主政治的落实，这在理论上应当是没有疑义的。高一涵说："我们想用联邦制来促进各省人民的自治能力，想用联邦制来减少中央与各省的纠纷问题，想用联邦制来使人民组织起来省政府，借人民所组织的省政府来铲除军阀，所以才主张联邦制。"① 杨端六也认为，联省自治可以助长人民参政之智能。②

所以，我们没有理由不承认，联省自治运动是一次民主运动。

2. 从各省制宪及相关评论看民主思想的进步

这次联省自治运动之高潮的表现就是制定省宪法。省宪之制定，大体亦随各省自治运动之发展而先后继之，首先是湖南省，其次是浙江、广东、四川。其中只有湖南正式宣布施行。

制定省宪，在中国属首创，故事前事后讨论与争论颇多。如，关于制定国宪与制定省宪孰先孰后的问题，大部分不赞成必先有国宪，然后才能制定省宪的说法，认为省宪可以先成，或者大体同时进行。又如，关于国权与省权孰取列举主义，孰取概括主义的问题，从一般联邦制的惯例上说，多半国权取列举主义，而邦权取概括主义。争论中，有主张省权取列举主义，而国权取概括主义者；也有主张国权取列举主义，而省权取概括主义者。也有不少人主张国权、省权同取列举主义者。有人批评此种办法，将来一旦发生有未被列举的权力事项发生时，会产生纠葛，甚至混乱。实际上，因各省先行制定省宪，无法取概括主义，故各省省宪均取列举主义。而后来在上海举行的所谓八团体国是会议所拟定的国宪草案，国权、省权均取列举主义。又如，关于国权与省权孰大孰小的问题，有少数较为激进的联省自治的提倡者，主张国权愈缩小愈好，省权

① 高一涵：《这一周》，《努力周报》第 23 号，1922 年 10 月。
② 见杨端六《中国统一之过去现在及将来》，《太平洋》第 3 卷第 7 号，1922 年 9 月。

则愈扩大愈好。章太炎明确主张"当使地方权重而中央权轻"，甚至说："今宜虚置中央政府，但令有颁给勋章授予军官之权，其余一切，毋得自擅"。① 丁燮林等六教授的《分治与统一商榷书》主张："组织极简单之中央机关，于全国适中之地点。……不必分设行政、立法、司法各机关，仅于全国适中地点设置一种中央会议，由各联治区域所派遣之代表组织之。凡划归中央直接处分之事件，即由该会议议决，而由该会议组织若干委员会执行之"。并说："中央职权应缩至极小限度；联治区域之职权应扩充至最大限度。"② 高一涵则认为："单把省定为纯粹做自治事务的自治团体，还不能发展省的政治；必须要把他看作半独立国的政府，才可以发展省的势力。"③

各省制定的省宪法，未取激进的态度，基本上是坚持本省之事由本省自治之立场。下面，我们结合各省宪的内容与相关的评论，看看其民主思想有哪些较为新鲜的东西，或者说，有什么进步之处。

我们前面已经说过，联省自治运动是一次民主政治运动。一部民主政治的宪法，首先必须对人民权利做出充分的揭示，并做出充分的宪法保证。

我们看已经公布的几个省的省宪法，都把人民权利放在宪法的首要位置来表述。其表述的内容均较《临时约法》与"天坛宪草"更为详尽、具体、深入。

举例说，关于人身之自由权的规定，《临时约法》只有第六条第一款的一句话："人民之身体，非依法律不得逮捕、拘禁、审问、处罚"。"天坛宪草"稍有进步，在上述内容之后加上一句：

---

① 章太炎：《联省自治虚置政府议》，引自汤志钧编《章太炎年谱长编（增订本）》上册，第 350 页。

② 丁燮林等：《分治与统一商榷书》，《东方杂志》第 19 卷第 12 号，1922 年 6 月。

③ 高一涵：《省制的讨论》，《努力周报》第 6 号，1922 年 6 月。

"人民被羁押时，得依法律以保护状请求法院，提至法庭审查其理由"。但我们看《湖南省宪法》关于人身自由权的表述要详尽得多，进步得多。它的第六条用了二百多字加以表述：

> 人民有保护其身体生命之权。身体之自由权非依法律不受何种限制或被剥夺。依法而受限制，或被剥夺时，不得虐待或刑讯。除现役军人外，凡人身自由被剥夺时，施行剥夺令之机关，至迟须于二十四小时以内，以剥夺之理由，通知本人，令其得有即时提出申辩之机会；被剥夺人或他人皆得向法庭请求出庭状，法庭不得拒绝之。人民有要求受适当法庭迅速审判之权；除依戒严法规定外，不受军法机关之审判。凡行为，必于其实行以前已经法律规定为犯罪行为，审判时方得以犯罪目之。人民受法庭审判时，非正式宣告判决有罪确定后，不受何种刑罚之执行。人民不受身体上之刑罚。①

这里面有许多内容，是可以放在刑法里边去讲的。但在制定省宪法时，能如此细致地关注到人身自由权这些具体情况，是很值得称道的。事实上，中国人民就是在这些具体方面，饱受其苦，无处申冤。

再有，关于人民保护其私有财产权利的规定，亦十分具体详细。湖南省宪法还设专条规定："人民之身体、住宅、邮电、文书及各种财物，除经本人允许，或依合法之程序外，不受搜索、检查"。

但关于人民言论、刊行及集会、结社等项自由，它加上"在不抵触刑事法典之范围内"的限制，这一点颇受一些学者的诟病。如萧征铭在其《湖南省宪法草案之评议》一文中就批评说，把人民言论、刊行之自由，与普通刑法典联系起来为"失当"。因为言

---

① 《湖南省宪法》，《东方杂志》第 19 卷第 22 号，1922 年 11 月。

论出版自由与政府产生矛盾，必为政治问题，政治问题无罪性可言，用刑法处分之，大谬。可用出版法，按出版法于此种情形，亦只当罚金、停刊，直至没收印本、印板而止；与犯罪全非一事。[①]陈启修在《我理想中之中国国宪及省宪》一文中，强调"基本的自由权应为绝对的"，[②] 即不能做任何法律的限制。孙几伊也指出，中国制定宪法，在关系到人民自由权的规定，其"最大一个弊病，就是一律设定范围……一律用'非依法律不得……'字样，现行法律如《治安警察法》《出版法》，几将人民自由权剥夺净尽"。他强调："自由权有应制限的，有不应制限的，如思想及言论的自由、选择职业的自由、集会结社的自由，皆绝对不应制限。"[③]

这些学者的意见是正确的。事实上，民初制定的《临时约法》，对于这些基本自由权就没有设限制。在这一点上说，《湖南省宪法》反而退步了。

《湖南省宪法》规定，原选举区选民对所选省议会议员不信任时，可撤回。虽然撤回办法实行起来，颇不易，但做出这种规定，无疑是一种进步。这显然是对人民之监督权的高度重视。此条受到一些学者的充分肯定。周鲠生在评论《广东省宪法》时，颇为其不曾采用《湖南省宪法》的这一条规定而深表遗憾。

在联省自治运动中，各省自制宪法，针对中国教育极度落后、人民素质普遍偏低的情况，都对发展教育给予很高的关注。如《湖南省宪法》有专条，其第二十一条规定："人民有受教育之义务"。在宪法第七章"行政"之第二部分，又专为教育设七条规定，包括四年义务教育；教育经费应占省预算支出百分之三十；奖励办理优良之学校；资助贫困而适于受中等以上教育之男女学童；

---

① 见萧征铭《湖南省宪法草案之评议》，《太平洋》第 3 卷第 2 号，1921 年 9 月。

② 陈启修：《我理想中之中国国宪及省宪》，《东方杂志》第 19 卷第 21 号，1922年 11 月。

③ 孙几伊：《制宪问题底理论和实际》，《东方杂志》第 19 卷第 21 号，1922年 11 月。

还规定学校不许驻军，或被军人据为住宅。《浙江省宪法》则将教育列为专章，其第十一章专谈教育，共有 9 条，比《湖南省宪法》还要详细。《广东省宪法》也列有教育专章。

此外，学者在讨论各省宪法草案问题时，还关注各种社会问题，如卫生、慈善事业的立法问题。特别值得注意的是，有多位学者提出要求宪法对生存权与劳动权做出规定，还强烈要求男女平等权利应得到切实保证。还有主张"集产经营"的，这里已经涉及一些社会主义有关的问题。还有一位作者特别著文《中华基尔特社会主义国宪法导言》，主张按基尔特社会主义原则来制定中国宪法。自然，这只是极少数人的意见。

总之，在这次联省自治运动中出现的各省宪法，在关乎民主的认识上，有明显的进步，对于社会问题的关注，也反映出中国思想界受到社会主义思潮的影响。

（四）联省自治运动的失败及其意义评估

联省自治运动，1920 年兴起，1921—1922 年是高潮，1923 年下半，已渐显退潮现象。1925 年曾一度重新抬头。当时，有所谓太湖地区联合运动，包括江浙两省环太湖地区的几个县、市，互相联合，反对军阀互争。《湖南省宪法修正案》获通过。联省自治似有重新抬头的征兆。但这时，改组后的国民党已实现与共产党合作，革命运动趋向高涨。1925 年的五卅运动爆发，标志着革命高潮已经到来，联省自治运动只有偃旗息鼓。

这次运动失败，基本的原因，与历次改革运动失败的原因一样，是它缺乏广泛而深厚的社会基础。

清末以来，历次的改革运动，都是知识分子充当先觉者，提出改革的目标，呼号奔走。因国家和民族危机是客观事实，所以他们的呼号往往能在一定时间、一定范围，得到相当的回应。知识分子除了传播一些新的社会思想和观念，要想在社会政治层面获得真实的进展，就必须联合绅商阶层乃至有一定权势的开明官吏。官吏属于社会权势系统。中国社会因地域广大，人口众多，统治者靠庞大的官僚体系所构成的权势系统来维系社会的整体有序运转。在这个权势系统尚未被彻底打烂，新的社会权势系统尚未形成时，旧的权势系统往往有一定的自我修复能力。在修复过程中，一度表现出离心倾向的官吏，会逐渐回归系统。这时，与官吏有不同程度联系的绅商阶层，就会表现出不同程度的动摇，导致改革运动失去支撑力而归于失败。这是清末以来历次改革运动从兴起到失败的基本轨迹，这次的联省自治运动亦不例外。湖南的谭延闿、赵恒惕，是最明显的支持湖南自治运动的实力派，但他们的目的只是为了巩固和发展自己的势力和地盘。也正因此，他们两人各为自己打算而不能合作。浙江的卢永祥本来就不支持本省的自治运动，不过暂时利用其名义以自固而已，高潮一过，他就改变态度。西南各省就更不用说了。

除了权势系统、知识阶层、绅商阶层，此外则是汪洋大海似的劳动大众。此最占多数的劳动大众，在古代几乎完全是消极的、被动的社会群体，不到生存权普遍地受到直接的威胁，他们都是隐忍度日，不思其他。直到无以为活的地步，他们才会揭竿而起，跟着教主或救世主式的角色打杀一番，幻想借此改变命运。到了近代，由于教育有一定程度的发展，读书识字的人增多，尤其是白话的逐渐通行，以及社会公共文化空间初步形成，新思想、新观念的传播在广度与深度方面都有一定程度的进步。所以，清末以来的改革运动与革命运动，已逐渐影响到一部分下层劳动大众。但这一部分人，不可能对新思想、新观念有什么切实的了解与理解，在大多数情况下，他们是凭借口号的动员力，而做出反应的。而讲到口号的动员力，则通常总是革命的口号远比改革的口号更易于对下层群众起作用。戊戌以后，改革运动与革命运动并进，往往呈现两者争夺下层群众的局面，通常总是革命派更容易争得群众。在我们考察联省自治运动的这个历史时段里，同样是革命运动与改革运动并进的局面，因此也存在着两者争夺群众的情况。不言而喻，除了消极观望的大多数以外，群众多半会选择革命的一方面。

须知，自从俄国革命取得胜利的消息传入中国，尤其是新俄国宣布取消帝俄时代与中国签订的一切不平等条约，中国人对于学习俄国，走俄国式的革命道路就有相当的认同感。中国共产党应运而生，原来的国民党也采取联俄联共的政策，并进行了改组，与共产党合作。于是革命声势大壮，在这样的情况下，联省自治运动要取得下层群众的同情与支持，是非常困难的。

上无可靠的权势的依托，下无群众基础，联省自治运动终必归于失败。

中国有一句古话，"不以成败论英雄"。我们不妨扩而言之"不以成败论历史"。

像中国这样地广人众、交通不便的国家，又有极长的大一统集权专制的历史，要从专制的集权制度，过渡到近代的、某种形式的民主制度，需要经过长期的改革的积累。这个积累的过程，是人民的觉醒，人民的组织，人民的活动，人民的力量逐步提升的过程。没有这样一个长期积累的过程，新制度绝不可能在一个早晨突然出现。这个积累的过程，从清末就已开始，戊戌维新、立宪运动、辛亥革命、民国初立时的创制活动等皆是。没有戊戌维新，不会有立宪运动；没有立宪运动和辛亥革命，不会有民初共和制度的创立。

可惜，这些都没有巩固和持续，都相继被专制主义力量所破坏。但是，同样的，专制主义者的复辟梦想与重建大一统中央集权的梦想，也屡遭挫败。而且，每一次改革所造成的新制度的某些胚芽，并不因为专制主义的反动而全归消灭。立宪运动显然比戊戌维新更进一步；民初的共和创制也显然比立宪运动更进一步。所谓积累的过程，就是这样，一次比一次更进一步，一次比一次留下更多一点的影响和印迹。等到积累到一定高度的时候，新制度有了不拔之基，那时候，民主的新制度就真正可以确立了。

1920年，由湖南首先开始的联省自治运动，是在新的历史条件下掀起的一次民主运动。其目标是在削夺专制主义的最大来源——中央集权政府的权势，同时又把次一级的政府（省）置于各省人民的监督之下。谁都知道，中央政府高高在上，"廪高堂远"，人民完全无法监督它。省一级的政府则不同，省会之地集中了地方上有代表性的民主势力。他们自清末以来，通过兴实业，办教育，办报纸，进行反帝爱国运动（如收回利权运动等）、立宪运动，举办地方自治，特别是成立咨议局等，已经有相当的政治历练。故可以在一定程度上发挥监督地方官员、监督地方财政等作用。这种作用，必然地会限制军阀势力。胡适指出："增加地方的实权，使地方能充分发展他的潜势力，来和军阀作战，来推翻军阀。这是省自治的意义，这是联邦运动的作用。"胡适举例江苏省"这几年中，省议会始终不肯通过一个公债案，我们于此可见地方权力的范围之内，军阀的权威也不能不受限制"。[1] 因为联省自治一度成为强势舆论，以致一般军阀多不敢撄其锋，有人指出："自治运动者，今日最占势力之政治标语也。"[2]

这次联省自治运动中，有几个省制定省宪法，有的还进行了选举和公民投票。在这个过程中，自治、民主的思想得到进一步宣传，相当一部分群众，受到一点自治与民主的训练；尤其是，通过制宪，人们对民主的认识有所深化。我们在前面对此做了分析和评述。有一位作者甚至认为："今兹创造省宪，与辛亥创造共和，有同等价值"。[3] 这固然有些夸张，但亦并非毫无道理。辛亥革命创建起共和国的框架，却未能真正建立起实际起作用的民主制度。在中国要使民主制度逐步落实，需要将权力从中央逐渐下放，到省，到县，到乡，直到落实到人民手里。联省自治，首先争得省自治，应是逐步落实民主制度的重要一步。所以我们承认，联省自治运动是一次民主运动。

①　胡适：《联省自治与军阀割据》，《努力周报》第 19 号，1922 年 9 月。
②　坚瓠：《自治进行之步骤》，《东方杂志》第 18 卷第 12 号，1921 年 6 月。
③　李愚厂：《省宪问题（一）》，《东方杂志》第 19 卷第 22 号，1922 年 11 月。

这次联省自治运动，从中国思想史的角度看，其重要意义还在于，它在一定程度上打破了自秦始皇始两千多年来中国人对大一统的中央集权制的迷信。以往，人们只承认一种统一，那就是集权制的统一，不承认联合的统一。这次联省运动中，所有提倡、拥护联省制的人，都毫无例外地指出，联省是为了统一。在各省制宪法中，也都毫无例外地首先声明，该省为中华民国的一个自治省。在主张联省自治的人们看来，只有这种联省的统一，才是真实的统一。因为集权的统一，现在无法做得到；勉强去做，则只有真实的专制，而并无真实的统一。一旦专制力量衰微，就会酿致天下大乱。这正是中国两千年来逃不出集权统一到天下大乱的周期律的真实轨迹。他们指出，在中国这样地广人众的，经济、文化、交通落后的国家，集权式的统一绝不可能维持长久，久而必乱；只有联合的统一，才能打破这个周期律。

在联省自治运动中，确有一些人明白地反对这场运动。《东方杂志》发表不少批评运动的文章，但都欠缺思想和理论的基础。唯有陈独秀的反对，思想比较明确而清晰。

陈独秀声明："说到地方自治，自然是民主政治的原则，我们本不反对。"这就是说，他不是站在拥护集权统一的立场上来反对联省自治的。他反对联省自治的理由，基本上是一个，即现有的政治现实，除了帝国主义的侵略压迫之外，国内就是军阀割据。军阀割据靠的是他们垄断军政财政大权。联省自治正可被利用来巩固其割据，使其割据合法化。陈独秀由此断定说，联省自治运动是"明目张胆提倡武人割据，替武人割据的现状加上一层宪法保障"。[①] 这显然是过为诛心之论。他认定军阀肯定要利用联治口号为其自己的目的服务，这是对的；但他完全漠视地方民主势力对本省的军政首脑有一定的限制力，亦非确论。

---

① 本段引文，见陈独秀《对于现在中国政治问题的我见》，《东方杂志》第 19 卷第 15 号，1922 年 8 月。

三　八团体国是会议及其制宪

（一）八团体国是会议的由来

联省自治运动的提倡者和拥护者们，本来就怀有通过各省自治促成联省的统一的目的。运动起来之后，各省热心于此的绅商、知识分子都投身于本省的运动中，湖南、四川、广东、浙江进展较快，而其他各省进展有限，且很不平衡。章太炎曾说，联省自治运动须经历三步：各省自治；联省自治；联省政府。当时，联省自治尚未做到，还谈不上成立联省政府的问题。然而，既然联省自治追求联省的统一，则为制止军阀互斗，加强自治各省之间的联络，着手联省会议，筹建联省政府，即是题中应有之义。所以，从1921年春天起，就陆续有召开联省会议，筹建联省政府的倡议与活动出现。

据胡春惠所著《民初的地方主义与联省自治》一书记载，最先提出组建联省政府的是孙中山回粤的广东军政府。查孙中山及其革命党人原来并不赞成联省自治运动，但该运动既已为舆论所拥护，原本主张发展自治的孙中山，容纳此一运动的基本精神，便也不足奇怪。1921年1月6日，孙中山与伍廷芳、唐绍仪、唐继尧联名发表的宣言中即谓："余之所亟亟从事于联省制者，即欲以自治之基而造就巩固不拔之统一政府。"是年4月，孙中山在同美国记者辛默谈话时又说："吾人当根据于地方自治政府之基，而建一中央政府。中央政府所操之权，则以不能归属于地方政府之权为限。"① 可见，当时孙中山确实容纳了联省自治的基本精神。是年8月15日，孙中山致电各省军政长官，告以拟在广东召开联省政府

---

① 转引自陈锡祺主编《孙中山年谱长编》下册，中华书局1991年版，第1329、1345页。

代表会议。由于各省实力派各有各的打算，孙中山的计划未能实现。此外还有赵恒惕曾策划在驱逐王占元之后，于武汉筹建联省政府；浙江的卢永祥则策划在杭州（后改成上海）召开联省会议。这些策划都未能实现。一向反对联省自治的军阀吴佩孚，依其自己的打算，拉拢军阀政客，欲在庐山召集国是会议，谋建统一政府。

由军阀政客牵头组织全国性的国是会议，不可能赢得真正谋求联省自治的绅商和知识分子的信任。于是乃有上海八团体国是会议的出现。

（二）八团体国是会议的召开

上海是近代历次革命与改革运动的一个重要策源地。因为这里是最大的开放港口，列强在这里有租界，有各种经济、政治、文化机构，遂成为中国政府统治力薄弱的地方。自清末以来，革命党与改革派的志士们，都在这里频繁地进行公开的与隐蔽的活动。在这次联省自治运动中，上海也同样是各省开展自治活动的应援力量的活动中心。

由于联省自治运动基本上是以省为单位，各自进行，较少互相联合，尤其缺乏全国性的联合，上海最有影响的全国总商会和全国教育会联合会颇有一批素有全国性声望和影响的人物，在这次联省自治运动中，尚未得机会充分发挥其影响。当军阀政客进行超越各省自治活动的联省会议或国是会议的策划时，他们再也不能缄默了。于是，正当全国总商会会期之中，他们联合全国教育会联合会，举行两会的联席会议（简称"商教联席会议"），就面临的重大内政外交问题进行磋商，以便有所决定，有所行动。

两会的联席会议从1921年10月12日起，连开六次，在10月16日的会议上做出决定：（1）由商教联席会议出面发起，邀请各省省议会、商会、教育会、农会、银行公会、律师公会、报界联合会各推举代表，到上海参加全国公团代表的国是会议。（2）审议通过《全国公团代表会议解决国是组织法》（简称《组织法》）。

（3）将以上两案决议文通电各省上述七团体，征求同意，如得过半数之同意，即行召集开会。

《组织全国公团代表会议解决国是》原案及其说明中，颇道出商教联席会议这次行动的动机。其文云：

> 中华民国主权在民，临时约法早有规定。但我国人民因数千年专制余毒，自身之责任地位向不关心，对于固有主权从未行使。人民既放弃主权，政府即据为己有。政府因无法维持，军阀又出而纷争，举国骚然，不遑宁处。目下外交风云日趋险恶，南北军阀，尤复其豆相煎，不肯稍让，一若国家可亡，自身权利决不可失也者。国事至此，实处绝境。……吾全国教商两界，所负之责任如何重大，自当不辞劳苦，不计怨尤，不屈威权，不惑私利，发挥主权在民之旨，实行国民自决之权，发起全国公团代表会议，以息内争而定国是，并誓以坚决之精神为会议之后盾。①

在说明此次国是会议的重要内容之一是制定国家宪法的问题时，该案解释说："国家根本，即在宪法。天坛宪法，议而中断，苦无续议之期。各省宪法，进行困难，又鲜实行之望。国民制宪，动议既无其人；联省自治，酝酿犹未成熟。纷纭众论，靡所适从，自应全国公团筹商一是，以定大计而利推行。"②

两会的领袖分子，显然颇以砥柱中流自任。军阀政客正是祸国殃民之罪首，他们完全没有资格磋议国是。各省自治尚未成熟，省宪法除湖南宣布实行，其余进行上都遇到困难。只有颇孚全国声望的商教两会，尚可肩起召集国是会议并制定宪法之重任。这当然是他们的自我感觉良好。

---

① 《商教联席会议开会记》，《申报》1921 年 10 月 18 日。
② 《商教联席会议开会记》，《申报》1921 年 10 月 18 日。

在 10 月 16 日的商教联席会议上，有人提出，应当邀请工会代表参加国是会议，但有人提出反对。此事传出，立即引起工会方面的责问，一般舆论亦表同情于工会。后来，工会被邀请加入国是会议。于是，原来拟议的七团体国是会议就变成了八团体国是会议。

国是会议原拟定于 1922 年元旦开会。因届期召集不齐，乃延至 1922 年 3 月 15 日，最后，到 5 月 7 日始正式开会，当时到沪代表有 14 省区 41 人。

此次会议实为联省自治运动中的一个环节，倡议之人、参与之人皆是联省自治之倡议者与拥护者，实质上，是将联省自治运动的合法性提升到国家的层面，遂将制定一部联省宪法视为其最主要的工作。会议组织国宪草议委员会，推与会代表 17 人为委员，各委员复公推沈恩孚、崔藩为正副委员长，又敦请章太炎、蔡元培、张一麐、汪兆铭、张嘉森、张东荪、金邦平 7 人，参与国宪草议委员会的会议。

值得注意的是，被聘为宪草起草人的张君劢，曾经是一个强烈反对联邦制的人，他曾发表联邦十不可论与章士钊等联邦论者抗辩。而如今在联省自治运动中，他竟也改变初衷，赞成联治论，为国是会议起草充满联邦制精神的宪法草案。这一点也可以证明，联省自治运动在当时确曾取得主导舆论潮流的地位。

国是会议历时三个多月，于通过宪法草案后结束。

（三）国是会议宪法草案的批评

张君劢提交的宪法草案分甲、乙两种文本，其实并无多大差异，只是在总统制与委员制上有所分别。当时和后来的评论者都以其甲案为评论的对象，我们今天也只注意其甲案的内容。

据《申报》载称，该宪草交国是会议，从 6 月 24 日至 8 月 22 日，先后开临时会九次，常会七次，逐条讨论，然后获得通过。在向全国公布此宪法草案的通电中，他们极力批判《临时约法》将制宪权归诸国会，严厉批评"天坛宪草"主中央集权之害。电文说："自临时约法以制宪之权赋予国会，铸成大错，使国民欲自决而无由。天坛宪法草案，本集权之证书，……近观中央集权之效，穷兵侵略，乱国十年，人民对之，有如蛇蝎。于是盛倡自治之风，冀行联省之法，匡时救弊，赖此一端。"然后说：

本会八团体同人，知宪法非重新改换不足以建立规模。由是以国是会议之名，预拟国宪草案，以供全国人民采择。其中要点可得略陈：一、定中华民国为联省共和国。二、列举联省政府与省政府之权限。三、定国防军不过二十万人，分驻国防要地，岁费不得过联省政府岁出百分之二十。四、定各省军队改为民团。五、限定何种为联省政府收入，其余皆为各省收入。六、定军人解职未满三年者，于联省政府及省政府，皆不得当选为首长。七、定现役军人不得以文字向公众发表政治意见。举此七者，既以杜野心家之专欲，亦以防割据者之借名。乃至教育、生计，特定专章，使共和精神得深厚之培养，与公平之调剂。此尤前人之所忽略，而今日之所独详也。唯联省政府首长之制，或主大总统，或主行政委员，利害各殊，尚难确定。故特分制宪草两份，甲种仍用大总统及国务院制；乙种用行政委员制。此两种宪草，于联省政府首长之选举，以参议院任初选，以各省议会及各法团任复选，则威吓利诱自无所施于参议院议员。非独容联省政府解散，亦容原选机关撤回，上谄下渎，亦将无效。较诸天坛宪草，其法差为精密，而向来国会议员垄断营私之弊，亦殆可以铲除矣。①

国是会议对其制定的宪法草案颇为踌躇满志。在当时，此宪法草案亦确曾得到一部分舆论的赞同。

这部宪法草案最大的特点在于，它是中国宪法史上唯一一部依

---

① 《国是会议国宪意见之通电》，《申报》1922 年 8 月 16 日。

据联邦制精神制定的宪法草案。

该宪草第一章"总则"的第一条称："中华民国为联省共和国"。可见，国是会议是完全赞成联省自治，并且是在若干省制定省宪的基础上，充分研读已公布之各省宪法的基础上制定出该宪法草案。

下面再具体考察该宪草其他一些重要特点。

其一，宪法草案于联省政府与各自治省的权力划分，取分别列举的方式。其第二章"联省及各省权限之划分"第五条称："凡事之关于全国者，由联省机关立法或执行之。"以下列出 27 条应归联省政府管辖的权力。其第六条称："各省得自定宪法，并事之关于一地方者，由各省或地方机关立法或执行之"。以下列出应归各省或地方管辖的权力 15 条。

关于实现联省自治情况下，联省政府（即中央政府）与各自治省政府的权力划分问题，乃是最为重要的问题。对此，在联省自治运动中有很多的讨论，大致有三种主张：（1）取分别列举的方式，即如国是会议的宪法草案的样子；（2）于各省政府的权力取列举的方式，而于中央政府的权力取概括的方式；（3）于中央政府的权力取列举的方式，而于各省政府的权力取概括的方式。凡是最热心追求联省自治的人士，均主张第三种意见。因为这样最有利于贯彻省自治的原则。中央政府的权力被明确规定下来，一旦超出其权力范围，事实明显可见，便于各省自下而上的监督。而各省政府却可以根据事实的演变，随时扩大自己的权力范围。若相反，采取第二种主张，则事情便刚好反过来，各省的权力被明确束缚于既定范围内，而中央政府却可以根据事实的演变而随时扩张自己的权力。这在有长期中央集权的专制主义传统的中国，无疑会构成对民主政治的重大威胁。

国是会议的宪法草案对联省政府与各省政府的权力采取分别列举的方式，得到一部分人的谅解，以为这是初试联省制度时难免的折中办法；但也遭到一部分人的批评，他们指出，一旦发生新的权力事项，中央与各省势必发生龃龉，等于是为联省自治制度留下一个隐患。

其二，国是会议的宪法草案充分吸收了若干省制定省宪时强化民主意识的优点，并有所发展。如规定军人解职未满三年者，不得担任联省政府与各省政府的首长（宪法草案甲种第二章第七条第二款、第四章第三十一条）；又规定，现役军人不得以文字公开发表政治言论（宪法草案第八章第六十五条）。这些规定对于防止军人干政应是有利的。又如，规定联省政府首长之选举，参议院只任初选，而由各省议会及公团组成选举会实行复选（宪法草案第四章第三十二条第三、四款）。又规定，联省参议院之议员，原选举机关认为议员不合时，原选举人过半数同意，即可以将其召回（宪法草案第三章第二十七条）。这些规定，对于防止贿选，防止议员腐败，应是有利的。

其三，国是会议的宪法草案对于选举制度，特别规定职业团体可以选举其代表人，参加参议院议员的选举（宪法草案第三章第十二条第五、六、七、八款）。这是很值得注意的一项规定。按，中国进入近代转型期的社会结构，行业组织比地域组织的发展程度高，是一个非常明显的特点。这一点，外国来华的人士看得最清楚。杜威就十分重视这一点，他认为，中国社会在走向民主化的过程中，如何结合这一社会特点，将可为世界民主制度发展提供宝贵的贡献。我们稍稍深入研究过中国近代史的人，都会注意到中国社会的这一特点。中国永远不走民主化之路则已，要走民主化的路，就必须充分注意这个特点。八团体组织召集国是会议本身，就彰显出中国社会的这一特点，而其所制定的宪法草案充分强调这一点，乃是顺理成章的事。

其四，国是会议的宪法草案提出"国家对于劳动应颁法律以保护之"（宪法草案第十章第九十五条），显示起草人及参与审议和制定过程的人们，可能受到当时已经兴起的社会主义思潮的影响。

八团体国是会议及其所制定的宪法草案，在当时曾引起舆论的重视，《申报》在将近一年的时间里对它做了相当充分的报道，《东方杂志》等刊物也有报道和评论文章发表。其中有赞同者提出的建议性的意见，也有持反对立场的人提出的批判性意见。赞成者自然都是民主改革派，反对者都是革命派。无论赞成者或反对者，都重视它的存在。

令人遗憾的是，自从那时以来，几乎所有研究中国宪法史或近代思想史的著述，都不提八团体国是会议及其制宪这件事。[①] 这是很不应该的。我想，他们不提它，可能有四种情况：第一，研究者所见资料太少，不曾细心检阅报刊和私人著述，以致根本不知有此事。这种情况可能性极小。第二，大多数人因传统的关系，同情于大一统和集权主义，视联省制（即联邦制）为大逆不道，故对国是会议及其制宪不予正视。第三，心虽未必以国是会议及其制宪为非，但因世俗忌讳，避而不谈。第四，认为国是会议不具法律地位，没有资格制宪，其所制定之宪法草案也就不具研究价值。

前三种情形，都是不对的。历史学的要求，第一就是要正视历史事实。不管你赞成还是反对，喜欢还是厌恶，历史事实必须得承认。

最后一种情形，值得讨论。

民国成立，第一个起宪法作用的是《临时约法》。但随着国会解散，直至复辟帝制，《临时约法》便成废纸。后来的所谓护法，就是要护这个《临时约法》，使其恢复效力，但终未能成功。"天坛宪草"中途而止，是人所共知的。所以，民国长期处于无宪法的状态。每一次大的政治改革运动，差不多都把制宪看作一件重要议题。既然是无宪法状态，政局混乱，没有大家都认同、都信任的合法的制宪机关，则要制宪，自然是原则上人民或法团都可以参加

---

① 按，迄今为止，只有我本人在 20 世纪后期主持撰写的《西方民主在近代中国》一书，曾以三千余字叙述八团体国是会议及其制宪这件历史事实（这一部分由王法周执笔）。该书于 2003 年由中国青年出版社出版。

制宪，都可以提出代表一部分人民意愿的宪法大纲或宪法草案，将来成立合法的制宪机关时，备其采摘。为了说明这个道理，梁启超曾特著《主张国民动议制宪之理由》一文发表。文中说，中国人民于共和知之甚少，于宪法知之更少。要制定一部可以巩固共和民主的宪法，使国民之多数能了解宪法，珍护宪法，则使其参与制宪过程，是最利于达此目的的办法。其文章最后说：

> 我国民诚能有较多数人从事于动议制宪耶！就令此动议终不能以付国民公决，就令此动议不为将来制宪机关所采纳，然对于国家前途，最少亦得有左列之良影响焉：一、能使国民知无宪法不足以为国；二、能使国民知国家立法事业人人皆须参与，而参与并非无其途；三、能使国民知共和国根本精神在某几点，必如何乃为共和，如何便非共和；四、能使国民对于宪法内容经一番讨论别择，了解其意义；五、能使国民讲求宪法之实际运用，不至纯任少数人操纵；六、能使国民知良宪法之不易得，益加爱惜珍护。质而言之，则国民动议制宪者，无异联合多数人公开一次"宪法大讲习会"，无异公拟一部《共和国民须知》，向大众宣传。此实在国民教育上含有绝大意味，而其目前实现之结果如何，正不必深问也。①

我觉得，梁氏所说，对于中国制宪事业，实大有裨益。

我们有理由肯定，八团体国是会议及其制宪，有利于共和民主观念的普及，有利于宪法观念和宪法知识的普及。而且从我们上面指出的国是会议宪法草案的若干特点，亦足以令其在中国宪法史上占一位置。

无论是"好政府主义"，还是联省自治运动，还是八团体国是会议，在当时中国社会，都不可能产生实际的政治效果，都不可能

---

① 梁启超：《主张国民动议制宪之理由》，《饮冰室合集·文集之三十五》，第36页。

达到促进民主政治实现的目的。这当然不影响我们承认其思想史的价值，也不影响我们对民主政治的信仰与追求。诚如我们前面所说的，在中国这样有着两千多年专制政治历史的国家，民主制度的确立，需要一个长期努力、逐渐积累的过程。但置身于混乱无序、人民水深火热的境遇中，人们难免会急于寻觅一个简捷痛快的解决办法。中共创始人陈独秀这时候的思想正是这种思想倾向的突出代表。他看到："中国事，无论统一联治，集权分权，无论民主的政治或社会主义政治，不取革命手段，都只是一场滑稽剧"，并说这是他"牢不可破的迷信"。[①]

这位老革命党人，看穿后壁，道出中国社会问题的症结所在；虽然他把暴力以外的民主政治和社会主义政治都说成滑稽剧，未免过于武断，但他的话也预示了后来很长时间中国历史发展的趋向。

2015 年 9 月 9 日初稿完

---

① 《致胡适信》，任建树主编：《陈独秀著作选编》第 2 卷，第 485 页。

主要参考文献

一 报刊

《申报》

《民国日报》

《时事新报》

《晨报》

《大中华》

《太平洋》

《少年中国》

《东方杂志》

《北京大学日刊》

《北京大学月刊》

《甲寅》

《民铎》

《每周评论》

《努力周报》

《国民》

《国学季刊》

《学衡》

《建设》

《星期评论》

《庸言》

《解放与改造》

《改造》

《新青年》

《新教育》

《新潮》

二　资料汇编、文集

王栻编：《严复集》，中华书局 1986 年版。

中共中央马恩列斯著作编译局研究室编著：《五四时期期刊介绍》，生活·读书·新知三联书店 1959 年版。

中共湖北省潜江市委党史研究室等编：《李汉俊文集》，中共党史出版社 2013 年版。

中国李大钊研究会编注：《李大钊文集》，人民出版社 1999 年版。

《中国近代思想家文库》章士钊卷、张君劢卷、张东荪卷、高一涵卷、杜亚泉卷、罗家伦卷、戴季陶卷、张慰慈卷等，中国人民大学出版社 2014、2015 年版。

中国社会科学院近代史研究所中华民国史研究室等编：《孙中山全集》，中华书局 1981－1986 年陆续出版。

中国社会科学院近代史研究所近代史资料编辑组编：《五四爱国运动》，中国社会科学出版社 1979 年版。

中国社会科学院现代史研究室等选编：《“一大”前后》，人民出版社 1980 年版。

《中国新文学大系》，上海文艺出版社 1935 年版。

中国蔡元培研究会编：《蔡元培全集》，浙江教育出版社 1997 年版。

《六大以前》，人民出版社 1980 年版。

申报馆编：《最近之五十年》，上海书店出版社 1987 年影印本。

冯友兰：《三松堂全集》，河南人民出版社 2001 年版。

《民国经世文编》，上海经世文社 1914 年版。

伍启元：《中国新文化运动概观》，黄山书社 2008 年版。

任建树主编：《陈独秀著作选编》，上海人民出版社 2009 年版。

刘明逵编：《中国工人阶级历史状况（1840—1949）》第 1 卷，中共中央党校出版社 1985 年版

劳乃宣：《桐乡劳先生遗稿》，出版者及出版时间不详。

《杜里舒讲演录》，商务印书馆 1923 年版。

《李达文集》编辑组编：《李达文集》，人民出版社 1980 年版。

汪敬虞编：《中国近代工业史资料》，科学出版社，1957 年版。

沈永宝编：《钱玄同五四时期言论集》，东方出版中心 1998 年版。

张允侯等编：《五四时期的社团》（1—4），生活·读书·新知三联书店 1979 年版。

张君劢、丁文江等著：《科学与人生观》，山东人每年出版社 1997 年版。

张闻天选集传记组等编：《张闻天早期文集》，中共党史出版社 1999 年版。

张静庐辑注：《中国现代出版史料》甲编，中华书局 1954 年版。

陈元晖主编：《中国近代教育史资料汇编》，上海教育出版社 2007 年版。

欧阳哲生主编：《傅斯年全集》，湖南教育出版社 2003 年版。

国宪起草委员会事务处编印：《草宪便览》，1925 年再版。

明立志等编：《蒋梦麟学术文化随笔》，中国青年出版社 2001 年版。

赵清、郑城编：《吴虞集》，四川人民出版社 1985 年版。

《胡适文存》，外文出版社 2013 年版。

《胡适论学近著》，商务印书馆 1935 年版。

姜义华、张荣华编校：《康有为全集》，中国人民大学出版社2007年版。

袁刚等编：《中国到自由之路——罗素在华讲演集》，北京大学出版社2004年版。

袁刚等编：《民治主义与现代社会——杜威在华讲演集》，北京大学出版社2004年版。

顾颉刚：《古史辨》，海南出版社2005年版。

黄远庸：《远生遗著》，商务印书馆1984年影印版。

黄修荣主编：《联共（布）、共产国际与中国国民革命运动（1920－1925）》（1），北京图书馆出版社1997年版。

《第一次中国教育年鉴》，开明书局1934年版。

梁启超：《饮冰室合集》，中华书局1989年影印本。

《梁漱溟全集》，山东人民出版社1989年版。

葛懋春等编：《无政府主义思想资料选》，北京大学出版社1984年版。

舒新城编：《中国近代教育史资料》，人民教育出版社1961年版。

《鲁迅全集》，人民文学出版社1981年版。

樊洪业、张久春选编：《科学救国之梦——任鸿隽文存》，上海科技教育出版社、上海科学技术出版社2002年版。

三　书信集、日记、回忆录等

中国社会科学院近代史研究所中华民国史组编：《胡适来往书信选》，中华书局1979年版。

中国社会科学院近代史研究所编：《五四运动回忆录》，中国社会科学出版社1979年版。

中国革命博物馆整理：《吴虞日记》，四川人民出版社

1984 年版。

汤志钧编：《章太炎年谱长编（增订本）》，中华书局 2013 年版。

劳祖德整理：《郑孝胥日记》，中华书局 1993 年版。

《吴宓自编年谱》，生活·读书·新知三联书店 1995 年版。

汪原放：《回忆亚东图书馆》，学林出版社 1983 年

张人凤、柳和诚编著：《张元济年谱长编》，上海交通大学出版社 2011 年版。

张国焘：《我的回忆》，东方出版社 1991 年版。

罗家伦：《逝者如斯集》，台北，传记文学出版社 1967 年版。

《郑超麟回忆录》，东方出版社 2004 年版。

胡宗刚：《胡先骕先生年谱长编》，江西教育出版社 2008 年版。

《胡适留学日记》，商务印书馆 1947 年版。

《恽代英日记》，中共中央党校出版社 1981 年版。

耿云志：《胡适年谱》，四川人民出版社 1989 年版。

耿云志主编：《胡适遗稿及秘藏书信》，黄山书社 1994 年版。

《顾维钧回忆录》，中国社会科学院近代史研究所译，中华书局 1983—1994 年陆续出版。

《顾颉刚日记》，中华书局 2011 年版。

俾尔德编：《人类的前程》，于熙俭译，商务印书馆 1947 年版。

《钱玄同日记》，福建教育出版社 2002 年影印本。

唐宝林、林茂生：《陈独秀年谱（1879—1942）》，上海人民出版社 1988 年版。

曹伯言整理：《胡适日记全集》，台北，联经出版事业公司 2004 年版。

蒋梦麟：《西潮》，台南，大孚书局 1993 年版。

韩信夫、姜克夫主编：《中华民国史·大事记》，中华书局 2011 年版。

四 专著

丁伟志：《裂变与新生——民国文化思潮述论》，社会科学文献出版社 2011 年版。

王世杰、钱端升： 《比较宪法》，中国政法大学出版社 1997 年版。

方汉奇主编：《中国新闻事业通史》第 2 卷，中国人民大学出版社 1996 年版。

〔日〕石川祯浩：《中国共产党成立史》，袁广泉译，中国社会科学出版社 2006 年版。

叶再生：《中国近代现代出版通史》，华文出版社 2002 年版。

叶秀山、王树人总主编： 《西方哲学史》，江苏人民出版社 2004－2005 年版。

〔美〕列文森：《儒教中国及其现代命运》，郑大华、任菁译，中国社会科学出版社 2000 年版。

朱志敏： 《五四民主观念研究》，北京师范大学出版社 1996 年版。

刘志琴主编：《近代中国社会文化变迁录》，浙江人民出版社 1998 年版。

吴雁南等主编：《中国近代社会思潮》，湖南教育出版社 1998 年版。

〔日〕近藤邦康： 《救亡与传统——五四思想形成的内在逻辑》，丁晓强等译，陕西人民出版社 1988 年版。

〔美〕余英时：《中国思想传统的现代诠释》，台北，联经出版公司 1987 年版。

〔美〕余英时：《文史传统与文化重建》，生活·读书·新知三联书店 2004 年版。

〔美〕余英时：《现代危机与思想人物》，生活·读书·新知三联书店 2005 年版。

沈松乔：《学衡派与五四时期的反新文化运动》，台北，台湾大学出版委员会 1984 年版。

张德旺：《新编五四运动史》，黑龙江人民出版社 2009 年版。

张灏：《时代的探索》，台北，联经出版公司等 2004 年版。

张灏：《幽暗意识与民主传统》，新星出版社 2010 年版。

〔美〕阿里夫·德里克：《中国革命中的无政府主义》，孙宜学译，广西师范大学出版社 2006 年版。

陈万雄：《五四新文化的源流》，三联书店（香港）有限公司 1992 年版。

林毓生：《中国传统的创造性转化》，生活·读书·新知三联书店 1988 年版。

林毓生：《中国意识的危机——"五四"时期激烈的反传统主义》，贵州人民出版社 1988 年版。

欧阳哲生：《新文化的传统——五四人物与思想研究》，广东人民出版社 2004 年版。

〔美〕罗兰·斯特龙伯格：《西方现代思想史》，刘北成、赵国新译，中央编译出版社 2005 年版。

罗志田：《权势转移：近代中国的思想、社会与学术》，湖北人民出版社 1999 年版。

罗志田：《激变时代的文化与政治：从新文化运动到北伐》，北京大学出版社 2006 年版。

金耀基：《从传统到现代》，中国人民大学出版社 1999 年版。

周昌龙：《新思潮与传统——五四思想史论集》，台北，时报文化出版公司 1995 年版。

〔美〕周策纵：《五四运动史》，陈永明等译，岳麓书社 1999 年版。

郑师渠：《在欧化与国粹之间：学衡派文化思想研究》，北京师范大学出版社 2001 年版。

胡春惠：《民初的地方主义与联省自治》，台北，正中书局 1983 年版。

〔美〕费正清：《中国：传统与变迁》，张沛译，世界知识出版社 2002 年版。

耿云志：《近代中国文化转型研究导论（修订版）》，社会科学文献出版社 2016 年版。

《耿云志文集》，上海辞书出版社 2005 年版。

耿云志主编：《近代中国文化转型研究》，四川人民出版社 2008 年版

耿云志等著：《西方民主在近代中国》，中国青年出版社 2003 年版。

郭湛波：《近五十年中国思想史》，山东人民出版社 1997 年版。

〔美〕郭颖颐：《中国现代思想中的唯科学主义（1900—1950）》，雷颐译，江苏人民出版社 1989 年版。

唐宝林：《陈独秀全传》，社会科学文献出版社 2013 年版。

彭明：《五四运动史（修订本）》，人民出版社 1998 年版。

董光璧主编：《中国近现代科学技术史》，湖南教育出版社 1997 年版。

〔美〕富兰克林·鲍默：《西方近代思想史》，李日章译，台北，联经出版公司 1988 年版。

〔美〕墨子刻：《摆脱困境：新儒学与中国政治文化的演进》，颜世安等译，江苏人民出版社 1996 年版

〔美〕薇拉·施瓦支：《中国的启蒙运动——知识分子与五四遗产》，李安英译，山西人民出版社 1989 年版。

五　论文集

王跃、高力克选编：《五四：文化的阐释与评价——西方学者论五四》，山西人民出版社 1989 年版。

中国社会科学院近代史研究所编：《纪念五四运动九十周年国际学术研讨会论文集》，社会科学文献出版社 2012 年版。

中国社会科学院近代史研究所编：《纪念五四运动六十周年学术讨论会论文选》，中国社会科学出版社 1980 年版。

中国社会科学院科研局等编：《五四运动与中国文化建设——五四运动七十周年学术讨论会论文选》，社会科学文献出版社 1989 年版。

牟宗三等：《中国文化的危机与展望——文化传统的重建》，时报文化出版事业有限公司 1984 年版。

汪荣祖主编：《五四研究论文集》，台北，联经出版公司 1979 年版。

张玉法主编：《中国现代史论集》第六辑《五四运动》，台北，联经出版公司 1981 年版。

罗荣渠主编：《从“西化”到现代化——五四以来有关中国的文化趋向和发展道路论争文选》，北京大学出版社 1990 年版。

周阳山主编：《五四与中国》，台北，时报文化出版公司 1979 年版。

郝斌、欧阳哲生编：《五四运动与二十世纪的中国：北京大学纪念五四运动 80 周年国际学术研讨会论文集》，社会科学文献出版社 2001 年版。

耿云志等著、陈于武编：《开放的文化观念及其他——纪念新文化运动九十周年》，国家图书馆出版社 2009 年版。

人名索引

（按姓氏笔画为序）

致　谢

　　本书初稿写成后，承蒙陈以爱教授审阅一过，并提出一些很重要的意见，在此深致谢意。

图书在版编目（CIP）数据

中国近代思想通史. 第五卷 / 耿云志著. —— 北京：
社会科学文献出版社，2022.7
ISBN 978 - 7 - 5201 - 8489 - 2

Ⅰ. ①中⋯ Ⅱ. ①耿⋯ Ⅲ. ①思想史 – 中国 – 近代
Ⅳ. ①B25

中国版本图书馆 CIP 数据核字（2021）第 105577 号

中国近代思想通史（第五卷）

主　　编／耿云志
著　　者／耿云志

出 版 人／王利民
组稿编辑／宋月华
责任编辑／徐思彦
责任印制／王京美

出　　版／社会科学文献出版社·人文分社（010）59367215
　　　　　　地址：北京市北三环中路甲 29 号院华龙大厦　邮编：100029
　　　　　　网址：www. ssap. com. cn
发　　行／社会科学文献出版社（010）59367028
印　　装／三河市东方印刷有限公司

规　　格／开　本：787mm × 1092mm　1/16
　　　　　　印　张：43.75　字　数：609 千字
版　　次／2022 年 7 月第 1 版　2022 年 7 月第 1 次印刷
书　　号／ISBN 978 - 7 - 5201 - 8489 - 2
定　　价／1480.00 元（全八卷）

读者服务电话：4008918866